GRUNDRISSE DES RECHTS

Bernd-Dieter Meier · Kriminologie

Kriminologie

von

Dr. jur. Bernd-Dieter Meier
o. Professor an der Universität Hannover

6., neu bearbeitete Auflage 2021

C.H.BECK

Zitiervorschlag: *Meier* Kriminologie § … Rn. …

www.beck.de

ISBN 978 3 406 76343 4
ISBN E-Book 978 3 406 76958 0

Wilhelmstraße 9, 80801 München
Druck und Bindung: Druckerei C.H.Beck, Nördlingen
(Adresse wie Verlag)

Satz: Thomas Schäfer, www.schaefer-buchsatz.de
Umschlaggestaltung: Druckerei C.H.Beck Nördlingen

Gedruckt auf säurefreiem, alterungsbeständigem Papier
(hergestellt aus chlorfrei gebleichtem Zellstoff)

Vorwort

Der Grundriss „Kriminologie“ versucht einen Überblick über die wichtigsten Probleme, Befunde, Konzepte und Theorien zu geben, die in der Kriminologie gegenwärtig diskutiert werden. Die Darstellung orientiert sich an den Interessen und Bedürfnissen von Studierenden, die sich einen Kernbestand an kriminologischem Grundwissen erarbeiten wollen. Ausgehend von der die meisten Menschen im Zusammenhang mit Kriminalität und Strafe immer wieder bewegenden Frage nach dem „Warum?“ wird zunächst ein allgemeiner Überblick über Geschichte, Theorien und Methoden der Kriminologie gegeben. Auf dieser Grundlegung aufbauend werden sodann die zentralen Sachkomplexe „Kriminalität“, „Täter“, „Opfer“, „Kontrolle“ und „Prävention“ behandelt. Die einschlägigen Begriffe und Konzepte werden ebenso erläutert wie auf ausgewählte empirische Befunde und die aus ihnen zu ziehenden kriminalpolitischen Konsequenzen eingegangen wird. Die Darstellung schließt ab mit Überblicken über die Wirtschaftskriminalität und die Kriminalität im zusammenwachsenden Europa, zwei Themen, denen in der Kriminologie in jüngerer Zeit verstärkt Aufmerksamkeit geschenkt wird.

Die Darstellung richtet sich vornehmlich an Studierende der Rechtswissenschaften, für die die Kriminologie ein Teil ihres Schwerpunktstudiums ist. Geeignet ist das Buch aber auch für Studierende anderer Fachrichtungen, namentlich der Psychologie, der Soziologie, der Sozialpädagogik und der Sozialarbeit, die sich im Rahmen ihres Studiums mit kriminologischen Fragestellungen beschäftigen. Allen Studierenden sei der Grundriss als ein „Lernbuch“ ans Herz gelegt. Es ist nicht damit getan, den Text zu lesen und sich einzelne Schlagworte zu merken. Erforderlich ist es, die angesprochenen Fragestellungen und Zusammenhänge selbstständig zu durchdenken, anhand von Beispielen zu überprüfen und nach den Konsequenzen zu fragen. Dabei sollten die am Ende jeden Kapitels angegebenen Empfehlungen zur vertiefenden Lektüre genutzt und als Anregungen für weitere Ausflüge in das weite Feld der kriminologischen Literatur verstanden werden.

Für die Neuauflage ist die Darstellung an etlichen Stellen überarbeitet worden. Abgesehen von den notwendigen Korrekturen und

Aktualisierungen sind für die vorliegende Auflage Abschnitte über neue, sich aus der Digitalisierung und dem technologischen Fortschritt ergebende Kriminalitätsformen (→ § 5 Rn. 2d, § 6 Rn. 50a), über die Kriminalitätsbelastung im sozialen Nahbereich (→ § 8 Rn. 15aff.) sowie über den Einfluss des sozioökonomischen Status des Beschuldigten auf die justiziellen Erledigungsroutinen (→ § 9 Rn. 61af., 67af., 68a) hinzugekommen. Bei der Überarbeitung haben mich wieder zahlreiche Personen unterstützt, denen ich dafür herzlich danke. Zu nennen sind vor allem meine wissenschaftliche Mitarbeiterin *Mira Behnsen* sowie die studentischen Hilfskräfte *Sophie Busch* und *Celina Weddige*, die sich zum Teil in aufwendiger Kleinarbeit mit vielen Details beschäftigt haben. Für die Schwächen und Defizite, die der Grundriss trotz alledem aufweist, bin ich freilich nach wie vor allein verantwortlich, und ich bitte alle Leserinnen und Leser, mir Hinweise, Anregungen und Kritik weiterhin freimütig zukommen zu lassen (meier@jura.uni-hannover.de).

Hannover, im Oktober 2020 *Bernd-Dieter Meier*

Inhaltsverzeichnis

Abkürzungsverzeichnis XV
Literaturverzeichnis XXI

§ 1. Gegenstand und Erkenntnisinteresse der Kriminologie

I. Was ist Kriminologie? 1

II. Der Verbrechensbegriff in der Kriminologie 4
1. Kriminalität, Delinquenz, abweichendes Verhalten 4
2. Formeller oder materieller Verbrechensbegriff? 6
3. Verbrechen als normatives Konstrukt 9

III. Das Erkenntnisinteresse der Kriminologie 11

§ 2. Entwicklung und gegenwärtige Situation der Kriminologie

I. Die klassische Schule der Kriminologie 14

II. Die Wurzeln der positivistischen Kriminologie 16
1. Die italienische (kriminalanthropologische) Schule 16
2. Die französische (kriminalsoziologische) Schule 18
3. Die Marburger Schule 19

III. Der Aufstieg der nordamerikanischen Kriminologie 21

IV. Die Entwicklung in Deutschland 23
1. Orientierung an biologischen, anthropologischen und psychiatrischen Erklärungen 23
2. Kriminologie im „Dritten Reich“ 25
3. Kriminologie in den alten Bundesländern 1945 bis 1989 26
4. Die Entwicklung der Kriminologie in der ehemaligen DDR 27
5. Die gegenwärtige Situation der Kriminologie 29

§ 3. Kriminologische Theorien

I. Begriff, Bedeutung und Leistungsfähigkeit von kriminologischen Theorien 32
1. Begriff der (kriminologischen) Theorie 33
2. Kriterien für die Beurteilung der Qualität einer Theorie 35

II. Erkenntnisgegenstand, Erklärungsebenen und Reichweite der Kriminalitätstheorien 37

III. Einige ausgewählte Kriminalitätstheorien im Überblick ... 38
1. Die „klassische" Erklärung: Kriminalität als Ergebnis zweckrationalen Handelns ... 38
a) Die Theorie der rationalen Wahl ... 38
b) Kritische Würdigung ... 40
2. Moderne Kriminalbiologie: Identifizierung biologischer Risikofaktoren ... 42
a) Kriminalität und Vererbung ... 43
b) Biologische Auffälligkeiten ... 44
3. Der Einfluss der Persönlichkeit ... 47
a) Grundlagen ... 47
b) Die Kriminalitätstheorie von Eysenck ... 51
4. Soziale Desorganisation und Kriminalität ... 53
a) Die Kriminalitätstheorie von Shaw und McKay ... 53
b) Die „Broken-Windows"-Theorie von Wilson/Kelling ... 55
5. Kriminalität als Folge sozialstrukturellen Drucks ... 58
a) Mertons Anomietheorie ... 58
b) Die allgemeine Drucktheorie von Agnew ... 60
6. Lerntheoretische Erklärungen ... 61
a) Sutherlands Theorie der differentiellen Assoziation ... 62
b) Die Theorie der Neutralisierungstechniken von Sykes/Matza ... 63
c) Die Theorie des sozialen Lernens von Akers ... 64
7. Kontrolltheorien: Kriminalität als Folge fehlender innerer und äußerer Kontrolle ... 66
a) Grundlagen ... 66
b) Hirschis Theorie der sozialen Kontrolle ... 67
c) Die Theorie der fehlenden Selbstkontrolle von Gottfredson/Hirschi ... 69
8. Interaktionistische Theorien: Kriminalität als Ergebnis sozialer Zuschreibung ... 72
a) Grundgedanken des labeling approach ... 72
b) Kritische Würdigung ... 75
c) Theoretische Fortführungen ... 77
9. Stabilität und Wandel: Entwicklungskriminologische Erklärungen ... 78
a) Grundlagen ... 78
b) Thornberrys Wechselwirkungstheorie ... 79
c) Die Lebenslauftheorie von Sampson und Laub ... 81
d) Kritische Würdigung ... 82
10. Mehrfaktorenansatz und Versuche der Theorieintegration ... 84
a) Empirisch ausgerichtete Mehrfaktorenansätze ... 84
b) Theorieverbindende Erklärungsansätze ... 86

IV. Theorievergleich und Folgerungen ... 90

§ 4. Kriminologische Forschungsmethoden

I. Die Notwendigkeit der adäquaten Erfassung der Wirklichkeit ... 92

II. Quantitative und qualitative Verfahren ... 93

III. Probleme der Konzeptualisierung empirisch-kriminologischer Untersuchungen ... 96
1. Auswahl des Forschungsgegenstands ... 96
2. Formulierung der Hypothesen ... 96
3. Wahl der Untersuchungsanordnung und der Methoden ... 98
a) Experimentelle und nicht-experimentelle Designs ... 98
b) Querschnitt- und Längsschnittdesign ... 101
c) Die Grundformen der Datenerhebung ... 103
4. Operationalisierung der Variablen ... 103
5. Konstruktion der Messinstrumente ... 105
6. Bestimmung der Stichprobe ... 107
7. Konzeptualisierung qualitativer Untersuchungen ... 108

IV. Auswertung der erhobenen Daten ... 110
1. Deskriptive Statistik ... 111
2. Statistische Hypothesenprüfung ... 112
a) Bivariate Analysen ... 112
b) Multivariate Analysen ... 114
3. Metaanalysen ... 115
4. Qualitative Datenanalyse ... 116

V. Theoretische Schlussfolgerungen ... 117

§ 5. Kriminalität in der Gesellschaft

I. Kriminalität als Gegenstand des öffentlichen Interesses ... 119

II. Kriminalstatistiken und ihre Aussagekraft ... 123
1. Polizeiliche Kriminalstatistik ... 123
2. Justizstatistiken, Strafverfolgungsstatistik ... 125
3. Grenzen und Fehlerquellen der Kriminalstatistiken ... 126

III. Umfang, Struktur und Entwicklung der registrierten Kriminalität ... 129
1. Umfang und regionale Verteilung ... 129
2. Deliktsstruktur ... 131
3. Aufklärungsquoten ... 134
4. Tatverdächtige ... 134
a) Delikte ... 135
b) Alter und Geschlecht ... 137

c) Nichtdeutsche Tatverdächtige ... 140
5. Entwicklung der registrierten Kriminalität ... 141

IV. Zum Vergleich: Kriminalität im Dunkelfeld ... 147
1. Begriff, Gegenstand und Aufgabe der Dunkelfeldforschung 147
2. Methodische Probleme der Dunkelfeldforschung ... 149
3. Die Befunde und ihre kriminologische Bedeutung ... 150
4. Konsequenzen für die Aussagekraft der PKS ... 154

V. Kriminalpolitische Schlussfolgerungen ... 154

§ 6. Täterpersönlichkeit und soziobiografischer Hintergrund

I. Die Bedeutung des Täters in der Kriminologie ... 157

II. Prävalenz und Inzidenz von Straftaten ... 159

III. Persönlichkeitsdimensionen und Sozialprofile von Mehrfachauffälligen ... 166
1. Grundlagen ... 166
2. Persönlichkeitsprofile ... 168
a) Befunde zur Intelligenz ... 168
b) Befunde zur Impulsivität ... 170
3. Sozialprofile ... 171
a) Familiärer Hintergrund ... 171
b) Schule und Ausbildung ... 174
c) Beziehungen zu Gleichaltrigen ... 176
d) Freizeit, Medien ... 177
e) Alkohol, Drogen ... 179
f) Erwerbstätigkeit und wirtschaftliche Lage ... 182
g) Partnerschaftliche Bindungen ... 184
4. Zusammenfassung und entwicklungskriminologische Einordnung ... 186

IV. Kriminalpolitische Schlussfolgerungen ... 190

§ 7. Probleme der Vorhersage künftiger Straffälligkeit

I. Begriff und Bedeutung der Kriminalprognose ... 193

II. Grundprobleme der Vorhersage kriminellen Verhaltens ... 197
1. Überblick ... 197
2. Basisrate, Auswahlrate und Vorhersagegenauigkeit ... 199

III. Prognosefaktoren ... 201

IV. Prognoseverfahren ... 204
1. Ältere Verfahren ... 204
a) Statistische (aktuarische) Prognose ... 204
b) Klinische Prognose ... 206
c) *Göppingers* Methode der idealtypisch-vergleichenden Einzelfallanalyse ... 208
d) Intuitive Prognose ... 210
2. Neuere Ansätze: Empirisch validierte Kriterienlisten ... 211

V. Zusammenfassung und Schlussfolgerungen ... 214

§ 8. Verbrechensopfer und Viktimisierung

I. Entstehung und Bedeutung der viktimologischen Perspektive ... 217
1. Überblick über die Entwicklung ... 217
2. Der Begriff des „Opfers“ ... 218

II. Die Häufigkeit von Opfererfahrungen in der Bevölkerung ... 221
1. Allgemeine Angaben zur Viktimisierungshäufigkeit ... 221
2. Viktimisierung im sozialen Nahbereich ... 223
3. Unterschiede zwischen Opfern und Nichtopfern ... 226

III. Viktimologische Theorien ... 228
1. Theorie der erlernten Hilflosigkeit ... 229
2. Interaktionistische Theorien; Opferpräzipitation ... 230
3. Situationsorientierte Ansätze ... 231

IV. Das Opfer nach der Tat: Die Folgen der Tat und die Bedürfnislage der Opfer ... 233
1. Die Folgen der Tat für das Opfer ... 234
2. Viktimisierung und spätere Delinquenz ... 237
3. Interessen und Bedürfnisse des Opfers nach der Tat ... 239

V. Viktimisierung im Hellfeld ... 241

VI. Kriminalpolitische Konsequenzen ... 247

§ 9. Strafrechtliche Sozialkontrolle

I. Begriff und Bedeutung der sozialen Kontrolle ... 249

II. Das System der strafrechtlichen Sozialkontrolle ... 251

III. Die Strategien der strafrechtlichen Sozialkontrolle und ihre Problematik ... 256
1. Prävention als Leitgedanke des modernen Strafrechts ... 256

2. Entformalisierung und Diversion ... 260
3. Konfliktschlichtung und Wiedergutmachung ... 262
4. Ausweitung und Vorverlagerung der strafrechtlichen Kontrolle ... 265

IV. Die Selektivität des strafrechtlichen Kontrollsystems ... 267
1. Determinanten des Anzeigeverhaltens ... 268
2. Die Kontrollmacht der Polizei ... 271
a) Die Entstehung des Anfangsverdachts ... 271
b) Die Determinanten des polizeilichen Handelns ... 273
c) Einflussfaktoren für den Ermittlungserfolg ... 275
d) Abschließende Einschätzung ... 276
3. Die Selektionsmechanismen auf staatsanwaltschaftlicher Ebene ... 278
4. Die Selektionsmechanismen auf gerichtlicher Ebene ... 282
5. Zusammenfassung ... 284

V. Kriminologische Erfolgsbeurteilung ... 286
1. Spezialpräventionsforschung ... 287
a) Erfolgsbegriff und methodische Schwierigkeiten der Erfolgsmessung ... 287
b) Empirische Befunde ... 290
2. Generalpräventionsforschung ... 294
a) Methodische Probleme ... 294
b) Empirische Befunde ... 295

VI. Zusammenfassung und Schlussfolgerungen ... 300

§ 10. Kriminalprävention

I. Begriff und Bedeutung der Kriminalprävention ... 303

II. Ansatzpunkte und Wirkungsebenen der Prävention ... 305
1. Kriminalitätstheoretische Anknüpfungspunkte ... 305
2. Universelle, selektive und indizierte Prävention ... 307

III. Kriminalprävention in der Praxis ... 310
1. Organisation von Kriminalprävention ... 310
2. Beispiele kriminalpräventiven Handelns ... 312

IV. Wirksamkeit von Kriminalprävention ... 316
1. Notwendigkeit der wissenschaftlichen Projektevaluation ... 316
2. Systematische Forschungsübersichten ... 316
a) Der Sherman-Report ... 317
b) Evidenzbasierte Kriminalprävention ... 319
3. Strukturelemente wirksamer Kriminalprävention ... 321

V. Rechtspolitische Perspektiven ... 322

§ 11. Wirtschaftskriminalität

I. Begriff, Gegenstand und kriminologische Bedeutung ... 326
1. Materielle Definitionen ... 327
2. Formelle Definitionen ... 328
3. Erscheinungsformen und Besonderheiten ... 330

II. Empirische Befunde zur Wirtschaftskriminalität ... 331
1. Dunkelfelduntersuchungen ... 331
2. Wirtschaftskriminalität im Hellfeld ... 333
3. Strafverfolgung im Bereich der Wirtschaftskriminalität ... 336

III. Erklärung der Wirtschaftskriminalität ... 338

IV. Aspekte der Prävention ... 340

V. Zusammenfassung und Ausblick ... 342

§ 12. Kriminalität und Strafverfolgung in Europa

I. Die Notwendigkeit des Blicks über die Grenzen ... 344

II. Voraussetzungen und Probleme des europäischen Vergleichs ... 347

III. Das „European Sourcebook of Crime and Criminal Justice Statistics“ ... 349
1. Methodische Anlage ... 349
2. Die Verteilung der Eigentumskriminalität als Beispiel ... 351
3. Erklärung der Unterschiede ... 354

IV. Neue Kriminalitätsformen in Europa ... 355
1. Straftaten gegen die finanziellen Interessen der EU ... 355
2. Grenzüberschreitende Kriminalität ... 356

V. Offene Fragen und Ausblick ... 358

Sachverzeichnis ... 361

Abkürzungsverzeichnis

ABL	Alte Bundesländer
ABl.	Amtsblatt
Abs.	Absatz
AEUV	Vertrag über die Arbeitsweise der Europäischen Union
aF	alte Fassung
AGB	Allgemeine Geschäftsbedingungen
AJS	American Journal of Sociology
AQ	Aufklärungsquote
Art.	Artikel
ASR	American Sociological Review
AufenthG	Aufenthaltsgesetz
Aufl.	Auflage
Bd., Bde.	Band, Bände
BewHi	Bewährungshilfe
BGB	Bürgerliches Gesetzbuch
BKA	Bundeskriminalamt
BMFSFJ	Bundesministerium für Familie, Senioren, Frauen und Jugend
BMI	Bundesministerium des Inneren
BMJ(V)	Bundesministerium der Justiz (und für Verbraucherschutz)
BR-Drs.	Bundesratsdrucksache
BritJCrim	British Journal of Criminology
bspw.	beispielsweise
BT-Drs.	Bundestagsdrucksache
Btm	Betäubungsmittel
BtMG	Betäubungsmittelgesetz
BVerfG	Bundesverfassungsgericht
BVerfGE	Entscheidungen des Bundesverfassungsgerichts (Amtliche Sammlung)
BWE	Bundesweite Erfassung
bzgl.	bezüglich
BZRG	Bundeszentralregistergesetz
bzw.	beziehungsweise
CAD	Crime & Delinquency
CPA	Certified Public Accountant
CPP	Criminology & Public Policy

dh	das heißt
DDR	Deutsche Demokratische Republik
ders., dies.	derselbe, dieselbe
DRiZ	Deutsche Richterzeitung
DSM	Diagnostisches und Statistisches Manual Psychischer Störungen
dt.	deutsch
DVJJ	Deutsche Vereinigung für Jugendgerichte und Jugendgerichtshilfen
ebd.	ebenda
ed., eds.	editor(s), Herausgeber
EDV	Elektronische Datenverarbeitung
EG	Europäische Gemeinschaft
EGV	Vertrag zur Gründung der Europäischen Gemeinschaft
EMRK	Europäische Menschenrechtskonvention
engl.	englisch
et al.	et alii, und andere
etc.	et cetera
EU	Europäische Union
EurJCrim	European Journal of Criminology
EurJCrimPolicyRes	European Journal on Criminal Policy and Research
EUV	Vertrag über die Europäische Union
f., ff.	folgende; fortfolgende
FAZ	Frankfurter Allgemeine Zeitung
Fn.	Fußnote
FoR	ForumRecht
FPI	Freiburger Persönlichkeitsinventar
FPPK	Forensische Psychiatrie, Psychologie, Kriminologie
FreizügigkeitsG EU	Gesetz über die allgemeine Freizügigkeit von Unionsbürgern
FS	Forum Strafvollzug
GA	Goltdammer's Archiv für Strafrecht
GeschGehG	Gesetz zum Schutz von Geschäftsgeheimnissen
GmbH	Gesellschaft mit beschränkter Haftung
griech.	griechisch
GVG	Gerichtsverfassungsgesetz
GWB	Gesetz gegen Wettbewerbsbeschränkungen
HCR	Historical, clinical, risk (Prognose-Checkliste)
HGB	Handelsgesetzbuch
Hrsg., hrsg.	Herausgeber, herausgegeben

HwbKrim/*Bearbeiter* .... Handwörterbuch der Kriminologie, 2. Aufl., hrsg. von *Sieverts & Schneider*
HZ .... Häufigkeitszahl

iSd .... im Sinne des
iSv .... im Sinne von
ICD .... International Classification of Diseases
IKV .... Internationale Kriminalistische Vereinigung
InsO .... Insolvenzordnung
IQ .... Intelligenzquotient
IRV .... International Review of Victimology
ital. .... Italienisch

J Crim Jus .... Journal of Criminal Justice
J Exp Criminol .... Journal of Experimental Criminology
JGG .... Jugendgerichtsgesetz
JGGÄndG .... Gesetz zur Änderung des Jugendgerichtsgesetzes
JÖSchG .... Gesetz zum Schutz der Jugend in der Öffentlichkeit
JResCrim .... Journal of Research in Crime and Delinquency
JSS .... Journal of Strategic Security
JuS .... Juristische Schulung
Just. Q. .... Justice Quarterly
JVA .... Justizvollzugsanstalt
JZ .... Juristenzeitung

Kap. .... Kapitel
KFN .... Kriminologisches Forschungsinstitut Niedersachsen
Kfz .... Kraftfahrzeug
KJ .... Kritische Justiz
KKW/*Bearbeiter* .... *Kaiser/Kerner/Sack/Schellhoss* (Hrsg.) Kleines Kriminologisches Wörterbuch, 3. Aufl., 1993
KrimBull .... Kriminologisches Bulletin
KrimGegFr .... Kriminologische Gegenwartsfragen
KrimJ .... Kriminologisches Journal
KrimOJ .... Kriminologie – Das Online-Journal
KrimPäd .... Kriminalpädagogische Praxis
KrimZ .... Kriminologische Zentralstelle
KWG .... Gesetz über das Kreditwesen
KZfSS .... Kölner Zeitschrift für Soziologie und Sozialpsychologie

lat. .... lateinisch
LG .... Landgericht
LKA .... Landeskriminalamt

Mio.	Million
MMPI	Minnesota Multiphasic Personality Inventory
MMR	Multimedia und Recht
MPI	Max-Planck-Institut für ausländisches und internationales Strafrecht; seit 2020 Max-Planck-Institut zur Erforschung von Kriminalität, Sicherheit und Recht
Mrd.	Milliarde
MschrKrim	Monatsschrift für Kriminologie und Strafrechtsreform
NBL	Neue Bundesländer
NJW	Neue Juristische Wochenschrift
NK	Neue Kriminalpolitik
Nr.	Nummer
NStZ	Neue Zeitschrift für Strafrecht
NStZ-RR	NStZ Rechtsprechungs-Report Strafrecht
NZK	Nationales Zentrum Kriminalprävention
OGZ	Opfergefährdungszahl
OK	Organisierte Kriminalität
OLAF	Europäisches Amt für Betrugsbekämpfung
OLG	Oberlandesgericht
ÖZS	Österreichische Zeitschrift für Soziologie
Pb., Pbn.	Proband, Probanden
PCL-R	Psychopathy Checklist Revised
PKS	Polizeiliche Kriminalstatistik
PSB	Periodischer Sicherheitsbericht
PwC	PricewaterhouseCoopers
R & P	Recht und Psychiatrie
RdJB	Recht der Jugend und des Bildungswesens
Rn.	Randnummer
RPsych	Rechtspsychologie
S.	Satz
SAT	Situational Action Theory
SDÜ	Schengener Durchführungsübereinkommen
SexBG	Gesetz zur Bekämpfung von Sexualdelikten und anderen gefährlichen Straftaten
SJZ	Süddeutsche Juristen-Zeitung
SozProb	Soziale Probleme
StA	Staatsanwaltschaft
StGB	Strafgesetzbuch
StPO	Strafprozessordnung
StV	Strafverteidiger

StVG .... Straßenverkehrsgesetz
StVollzG .... Strafvollzugsgesetz
StVS .... Strafverfolgungsstatistik
SZK .... Schweizerische Zeitschrift für Kriminologie

TKG .... Telekommunikationsgesetz
TOA .... Täter-Opfer-Ausgleich
TVBZ .... Tatverdächtigenbelastungszahl

u. a. .... unter anderem
uU .... unter Umständen
UWG .... Gesetz gegen den unlauteren Wettbewerb

VerbrBekG .... Verbrechensbekämpfungsgesetz
vgl. .... vergleiche

WHO .... World Health Organization
WiKG .... Gesetz zur Bekämpfung der Wirtschaftskriminalität
WsFPP .... Werkstattschriften Forensische Psychiatrie und Psychotherapie

zB .... zum Beispiel
ZfRSoz .... Zeitschrift für Rechtssoziologie
ZfS .... Zeitschrift für Soziologie
ZfStrVo .... Zeitschrift für Strafvollzug und Straffälligenhilfe
ZIS .... Zeitschrift für internationale Strafrechtsdogmatik
ZJJ .... Zeitschrift für Jugendkriminalrecht und Jugendhilfe
ZRP .... Zeitschrift für Rechtspolitik
ZStW .... Zeitschrift für die gesamte Strafrechtswissenschaft
ZVI .... Zeitschrift für Verbraucher- und Privatinsolvenzrecht

Literaturverzeichnis

Akers, R. (1985). Deviant Behavior. A Social Learning Approach. 3. Aufl.

Akers, R. (1999). Criminological Theories. Introduction and Evaluation. 2. Aufl.

Albrecht, G. & *Groenemeyer A.* (Hrsg.) (2012), Handbuch soziale Probleme.

Albrecht, H.-J. (Hrsg.) (1999). Forschungen zur Kriminalität und Kriminalitätskontrolle am Max-Planck-Institut für ausländisches und internationales Strafrecht in Freiburg i. Br.

Albrecht, H.-J. u. a. (Hrsg.) (1998). Internationale Perspektiven in Kriminologie und Strafrecht. Festschrift für G. Kaiser.

Albrecht, H.-J. & *Entorf, H.* (Hrsg.) (2003). Kriminalität, Ökonomie und Europäischer Sozialstaat.

Albrecht, P.-A. (2000). Jugendstrafrecht. 3. Aufl.

Albrecht, P.-A. (2010). Kriminologie. 4. Aufl.

Alexander, Franz & *Staub, Hugo* (1929). Der Verbrecher und seine Richter.

Altenhain, K., Dietmeyer, F. & *May, M.* (2013). Die Praxis der Absprachen in Strafverfahren.

Amir, M. (1971). Patterns in Forcible Rape.

Arzt, G. u. a. (Hrsg.). (1992). Festschrift für Jürgen Baumann.

Backhaus, K., Erichson, B., Plinke, W. & *Weiber, R.* (2016). Multivariate Analysemethoden. Eine anwendungsorientierte Einführung. 14. Aufl.

Baier, D., Pfeiffer, C., Simonson, J. & *Rabold, S.* (2009). Jugendliche in Deutschland als Opfer und Täter von Gewalt.

Baier, D. u. a. (2011). Kriminalitätsfurcht, Strafbedürfnisse und wahrgenommene Kriminalitätsentwicklung.

Baier, D. & *Mößle, T.* (Hrsg.). (2014). Kriminologie ist Gesellschaftswissenschaft. Festschrift für Christian Pfeiffer.

Barlow, H. (1996). Introduction to Criminology. 7. Aufl.

Bartsch, T., u. a. (Hrsg.). (2017). 50 Jahre Südwestdeutsche und Schweizerische Kriminologische Kolloquien.

Bauhofer, S. (1999). Wirtschaftskriminalität.

Baumann, U. (2000). Das Verbrechensopfer in Kriminalitätsdarstellungen der Presse. Eine empirische Untersuchung der Printmedien.

Baur, N. & *Blasius, J.* (Hrsg.). (2019). Handbuch Methoden der empirischen Sozialforschung. 2. Aufl.

Baurmann, M. C. (1996). Sexualität, Gewalt und psychische Folgen. 2. Aufl.

Beccaria, C. (1988). Über Verbrechen und Strafe. (Original: 1764).

Beck, U. (1986). Risikogesellschaft. Auf dem Weg in eine andere Moderne.

Becker, G. (1982). Der ökonomische Ansatz zur Erklärung menschlichen Verhaltens.

Becker, H. (1963). Outsiders. Studies in the Sociology of Deviance.

Bellmann, E. (1994). Die Internationale Kriminalistische Vereinigung (1889–1933).
Bereswill, M. & *Greve, W.* (Hrsg.) (2001). Forschungsthema Strafvollzug.
Bergmann, M.C., Baier, D., Rehbein, F. & Mößle T. (2017). Jugendliche in Niedersachsen. Ergebnisse des Niedersachsensurveys 2013 und 2015.
Bergmann, M.C., Kliem, S., Krieg, Y. & Beckmann, L. (2019). Jugendliche in Niedersachsen. Ergebnisse des Niedersachsensurveys 2017.
Birkel, C. u. a. (2019). Der Deutsche Viktimisierungssurvey 2017. Opfererfahrungen, kriminalitätsbezogene Einstellungen sowie die Wahrnehmung von Kriminalität und Unsicherheit in Deutschland.
Blankenburg, E., Sessar, K. & *Steffen, W.* (1978). Die Staatsanwaltschaft im Prozess strafrechtlicher Sozialkontrolle.
Bley, R. (2018). Befragung zu Sicherheit und Kriminalität in Mecklenburg-Vorpommern. Abschlussbericht zur zweiten Befragung in 2018.
Bliesener, T., Lösel, F. & *Köhnken, G.* (Hrsg.). (2014). Lehrbuch der Rechtspsychologie.
Bloy, R. u. a. (Hrsg.). (2010). Gerechte Strafe und legitimes Strafrecht. Festschrift für M. Maiwald.
Bock, M. (2019). Kriminologie. 5. Aufl.
Boers, K. (Hrsg.). (2012). Kriminologische Perspektiven.
Boers, K. & *Reinecke, J.* (Hrsg.). (2007). Delinquenz im Jugendalter. Erkenntnisse einer Münsteraner Längsschnittstudie.
Boers, K. u. a. (Hrsg.) (2013). Kriminologie – Kriminalpolitik – Strafrecht. Festschrift für Hans-Jürgen Kerner.
Boers, K. & *Reinecke, J.* (Hrsg.). (2019). Delinquenz im Altersverlauf. Erkenntnisse der Langzeitstudie „Kriminalität in der modernen Stadt".
Bonta, J., & *Andrews, D. A.* (2017). The Psychology of Criminal Conduct, 6. Aufl.
Bortz, J. & *Schuster, C.* (2010). Statistik für Human- und Sozialwissenschaftler. 7. Aufl.
Boulanger, C., Rosenstock, J., & Singelnstein, T. (2019). Interdisziplinäre Rechtsforschung. Eine Einführung in die geistes- und sozialwissenschaftliche Befassung mit dem Recht und seiner Praxis.
Braithwaite, J. (1989). Crime, shame and reintegration.
Briken, P. u. a. (Hrsg.). (2010). Sexuell grenzverletzende Kinder und Jugendliche.
Büchel, M. & *Hirsch, P.* (2014). Internetkriminalität. Phänomene, Ermittlungshilfe, Prävention.
Bundeskriminalamt (Hrsg.). (2001). Kriminalprävention in Deutschland. Länder-Bund-Projektsammlung 2001.
Bundesministerium der Justiz (Hrsg.). (2000). Kriminalität in den Medien. 5. Kölner Symposium.
Bundesministerium der Justiz und für Verbraucherschutz (Hrsg.). (2017). Berliner Symposium zum Jugendkriminalrecht und seiner Praxis.
Bundesministerium des Inneren & Bundesministerium der Justiz (2006). Zweiter Periodischer Sicherheitsbericht.

Burkart, R. (1998). Kommunikationswissenschaft. Grundlagen und Problemfelder. 3. Aufl.
Bussmann, K.-D. (2016). Wirtschaftskriminologie I. Grundlagen – Markt- und Alltagskriminalität.
Bussmann, K.-D. & *Kreissl, R.* (Hrsg.) (1996). Kritische Kriminologie in der Diskussion. Theorien, Analysen, Positionen.
Cornish, D. & *Clarke, R.* (1986). The Reasoning Criminal. Rational Choice Perspectives on Offending.
Cressey, D. (1953). Other People´s Money.
Cullen, F. T. & *Wilcox, P.* (eds.) (2010). Encyclopedia of Criminological Theory.
Dessecker, A. (Hrsg.). (2006). Jugendarbeitslosigkeit und Kriminalität.
Dessecker, A. & *Sohn, W.* (Hrsg.). (2013). Rechtspsychologie, Kriminologie und Praxis. Festschrift für Rudolf Egg.
Dessecker, A. & *Rettenberger, M.* (Hrsg.). (2018). Medien – Kriminalität – Kriminalpolitik.
Dessecker, A., Harrendorf, S., & Höffler, K. (Hrsg.). (2019). Angewandte Kriminologie – Justizbezogene Forschung.
Diekmann, A. (2012). Empirische Sozialforschung. Grundlagen, Methoden, Anwendung. 23. Aufl.
Dilling u. a. (Hrsg.). (1994). Internationale Klassifikation psychischer Störungen, ICD-10.
Dittmann, J. (2004). Wie funktioniert die Erledigung von Strafverfahren? Eine soziologische Studie über die Arbeitsbewältigung an deutschen Landgerichten und Staatsanwaltschaften.
Doerner, W. G. & *Lab, S. P.* (2015). Victimology. 7th ed.
Dolde, G. (1978). Sozialisation und kriminelle Karriere.
Dölling, D. (1987). Polizeiliche Ermittlungstätigkeit und Legalitätsprinzip. Eine empirische und juristische Analyse des Ermittlungsverfahrens unter besonderer Berücksichtigung der Aufklärungs- und Verurteilungswahrscheinlichkeit.
Dölling, D., Jehle, J.-M. (Hrsg.) (2013). Täter. Taten. Opfer. Grundlagenfragen und aktuelle Probleme der Kriminalität und ihrer Kontrolle.
Dollinger, B., u. a. (Hrsg.). (2014). Fritz Sack. Kriminologie als Gesellschaftswissenschaft. Ausgewählte Texte.
Dollinger, B. & *Schmidt-Semisch-H.* (Hrsg.). (2018). Handbuch Jugendkriminalität. Interdisziplinäre Perspektiven. 3. Aufl.
Döring, N. & *Bortz, J.* (2016). Forschungsmethoden und Evaluation in den Human- und Sozialwissenschaften. 5. Aufl.
Drapkin, I. & *Viano, E.* (eds.) (1974). Victimology.
Dreier, R. & *Sellert, W.* (Hrsg.) (1989). Recht und Justiz im „Dritten Reich“.
Dreißigacker, A. (2017). Befragung zu Sicherheit und Kriminalität. Kernbefunde der Dunkelfeldstudie 2017 des Landeskriminalamtes Schleswig-Holstein.

Dreißigacker, A. u. a. (2016). Wohnungseinbruch: Polizeiliche Ermittlungspraxis und justizielle Entscheidungen im Erkenntnisverfahren. Ergebnisse einer Aktenanalyse in fünf Großstädten.

Dreißigacker, A., von Skarczinski, B., & Wollinger, G. R. (2020). Cyberangriffe gegen Unternehmen in Deutschland. Ergebnisse einer repräsentativen Unternehmensbefragung 2018/2019.

Dünkel, F., u. a. (Hrsg.). (2018). Strafrecht. Wirtschaftsstrafrecht. Steuerrecht. Gedächtnisschrift für Wolfgang Joecks.

Durkheim, E. (1961). Die Regeln der soziologischen Methode.

Durkheim, E. (1973). Der Selbstmord.

Eggert, S., Schnapp, P. & Sulmann, D. (2018). Aggression und Gewalt in der informellen Pflege.

Eifler, S. (2002). Kriminalsoziologie.

Eifler, S. & *Pollich, D.* (Hrsg.). (2014). Empirische Forschung über Kriminalität. Methodologische und methodische Grundlagen.

Eisenberg, U. & Kölbel, R. (2017). Kriminologie. 7. Aufl.

Entorf, H. & *Spengler, H.* (2002). Crime in Europe. Causes and Consequences.

Enzmann, D. u. a. (2018). A Global Perspective on Young People as Offenders and Victims.

Esser, R. u. a. (Hrsg.) (2013). Festschrift für Hans-Heiner Kühne.

European Union Agency for Fundamental Rights (2014). Violence against Women: an EU-wide Survey.

Exner, F. (1931). Studien über die Strafzumessungspraxis der deutschen Gerichte.

Eysenck, H. J. (1977). Kriminalität und Persönlichkeit.

Falkai, P. & *Wittchen, H.-U.* (Hrsg.) (2015). Diagnostisches und Statistisches Manual Psychischer Störungen. DSM-5.

Farrington, D. (ed.). (1994). Psychological Explanations of Crime.

Feltes, T., Pfeiffer, C. & *Steinhilper, G.* (Hrsg.). (2006). Kriminalpolitik und ihre wissenschaftlichen Grundlagen. Festschrift für H.-D. Schwind.

Fetchenhauer, D. (2011). Psychologie.

Feuerhelm, W. (1987). Polizei und „Zigeuner“. Strategien, Handlungsmuster und Alltagstheorien im polizeilichen Umgang mit Sinti und Roma.

Filser, F. (1983). Einführung in die Kriminalsoziologie.

Fischer, G. & *Riedesser, P.* (2009). Lehrbuch der Psychotraumatologie. 4. Aufl.

Flick, U. (2014). Qualitative Sozialforschung. Eine Einführung. 6. Aufl.

Folter, C. T. (2014). Die Abschreckungswirkung der Todesstrafe. Eine qualitative Metaanalyse.

Forschungsgruppe Kriminologie (Hrsg.) (1980). Empirische Kriminologie.

Foucault, M. (1976). Überwachen und Strafen. Die Geburt des Gefängnisses.

Frey, E. (1951). Der frühkriminelle Rückfallsverbrecher.

Garland, D. (2001). The Culture of Control. Crime and Social Order in Contemporary Society.

Garofalo, R. (1914). Criminology.

Geisler, C. (Hrsg.). (1999). Das Ermittlungsverhalten der Polizei und die Einstellungspraxis der Staatsanwaltschaften. Bestandsaufnahme, Erfahrungen und Perspektiven.

Glaubitz, C. u. a. (2018). Ergebnisse der Evaluation der polizeilichen Videobeobachtung in Nordrhein-Westfalen gemäß § 15a PolG NRW.

Glueck, Sh. & *Glueck, E.* (1950). Unraveling Juvenile Delinquency.

Glueck, Sh. & *Glueck, E.* (1960). Predicting Delinquency and Crime.

Glueck, Sh. & *Glueck, E.* (1968). Delinquents and Nondelinquents in Perspective.

Goldberg, B. (2003). Freizeit und Kriminalität bei Jugendlichen.

Göppinger, H. (1983). Der Täter in seinen sozialen Bezügen. Ergebnisse aus der Tübinger Jungtäter-Vergleichsuntersuchung.

Göppinger, H. (1985). Angewandte Kriminologie. Ein Leitfaden für die Praxis.

Göppinger, H. (2008). Kriminologie. 6. Aufl., hrsg. von M. Bock.

Göppinger, H. & *Witter, H.* (1972). Handbuch der forensischen Psychiatrie.

Görgen, T. u. a. (Hrsg.). (2009). Interdisziplinäre Kriminologie. Festschrift für A. Kreuzer. 2. Aufl.

Gottfredson, M. & *Hirschi, T.* (eds.) (1987). Positive Criminology.

Gottfredson, M. & *Hirschi, T.* (1990). A General Theory of Crime.

Grundies, V., Höfer, S. & *Tetal, C.* (2002). Basisdaten der Freiburger Kohortenstudie.

Gusy, C. (2017). Polizei- und Ordnungsrecht. 10. Aufl.

Guzy, N., Birkel, C. & *Mischkowitz, R.* (Hrsg.). (2015). Viktimisierungsbefragungen in Deutschland. Band 1: Ziele, Nutzen und Forschungsstand.

Gysi, J. & *Rüegger, P.* (Hrsg.), (2018). Handbuch sexualisierte Gewalt. Therapie, Prävention und Strafverfolgung.

Hanslmaier, M., Kemme, S., Stoll, K. & *Baier, D.* (2014). Kriminalität im Jahr 2020. Erklärung und Prognose registrierter Kriminalität in Zeiten demografischen Wandels.

Hartmann, A., Schmidt, M., & *Kerner, H.-J.* (2018). Täter-Opfer-Ausgleich in Deutschland. Auswertung der bundesweiten täter-Opfer-Ausgleich-Statistik für die Jahrgänge 2015 und 2016.

Hassemer, W. & *Reemtsma, J. P.* (2002). Verbrechensopfer. Gesetz und Gerechtigkeit.

Haverkamp, R & *Arnold, H.* (Hrg.). (2015). Subjektive und objektivierte Bedingungen von (Un-) Sicherheit. Studien zum Barometer Sicherheit in Deutschland (BaSiD).

Hawkins, D. (ed.). (1996). Delinquency and Crime. Current Theories.

Hecker, B. (2015). Europäisches Strafrecht. 5. Aufl.

Heinz, W. & *Jehle, J.-M.* (Hrsg.) (2004). Rückfallforschung.

Heinzelmann, C., & *Marks, E.* (Hrsg.). (2019). Prävention und Demokratieförderung. Gutachterliche Stellungnahmen zum 24. Deutschen Präventionstag.

Heitmeyer, W. u. a. (1998). Gewalt. Schattenseiten der Individualisierung bei Jugendlichen aus unterschiedlichen Milieus. 3. Aufl.

Hellmann, D. F. (2014). Repräsentativbefragung zu Viktimisierungserfahrungen in Deutschland. Forschungsbericht Nr. 122.

Hellmann, U. & *Schröder, C.* (Hrsg.). (2011). Festschrift für Hans Achenbach.

Hermann, D. & *Dölling, D.* (2001). Kriminalprävention und Wertorientierungen in komplexen Gesellschaften. Analysen zum Einfluss von Werten, Lebensstilen und Milieus auf Delinquenz, Viktimisierung und Verbrechensfurcht.

Hermann, D., & *Pöge, A.* (Hrsg.). (2018). Kriminalsoziologie. Handbuch für Wissenschaft und Praxis.

Hess, A. (2010). Erscheinungsformen und Strafverfolgung von Tötungsdelikten in Mecklenburg-Vorpommern.

Hilgendorf, E. & *Rengier, R.* (Hrsg.). (2012). Festschrift für Wolfgang Heinz.

Hindelang, M. J., *Gottfredson, M. R.* & *Garofalo, J.* (1978). Victims of Personal Crime: An Empirical Foundation for a Theory of Personal Victimization.

Hirschi, T. (1969). Causes of Delinquency.

Hitlin, S. & *Vaisey, S.* (eds.) (2010). Handbook of the Sociology of Morality.

Höffler, K. (Hrsg.). (2015). Brauchen wir eine Reform der freiheitsentziehenden Sanktionen?

Hohlfeld, N. (2002). Moderne Kriminalbiologie.

Hormel, U. & *Scherr, A.* (Hrsg.). (2010). Diskriminierung. Grundlagen und Forschungsergebnisse.

Horoszowski, P. (1980). Economic Special-Opportunity Conduct and Crime.

Höynck, T., *Behnsen, M.*, *Zähringer, U.* (2015). Tötungsdelikte an Kindern unter 6 Jahren in Deutschland. Eine kriminologische Untersuchung anhand von Strafverfahrensakten (1997–2006).

Hüls, S. (2007). Polizeiliche und staatsanwaltschaftliche Ermittlungstätigkeit. Machtzuwachs und Kontrollverlust.

Hurrelmann, K. & *Lösel, F.* (eds.). (1990). Health Hazards in Adolescence.

Jehle, J.-M. (Hrsg.). (2000). Täterbehandlung und neue Sanktionsformen.

Jehle, J.-M. (Hrsg.). (2001). Raum und Kriminalität. Sicherheit der Stadt – Migrationsprobleme.

Jehle, J.-M. (2019). Strafrechtspflege in Deutschland. 7. Aufl.

Jehle, J.-M. & *Wade, M.* (2006). Coping with Overloaded Criminal Justice Systems. The Rise of Prosecutorial Power Across Europe.

Jehle, J.-M. & *Harrendorf, S.* (Hrsg.). (2010). Defining and Registering Criminal Offences and Measures. Standards for a European Comparison.

Jehle, J.-M. u. a. (2010). Legalbewährung nach strafrechtlichen Sanktionen. Eine bundesweite Rückfalluntersuchung 2004 bis 2007.

Jehle, J.-M. u. a. (2013). Legalbewährung nach strafrechtlichen Sanktionen. Eine bundesweite Rückfalluntersuchung 2007 bis 2010 und 2004 bis 2010.

Jehle, J.-M. u. a. (2016). Legalbewährung nach strafrechtlichen Sanktionen. Eine bundesweite Rückfalluntersuchung 2010 bis 2013 und 2004 bis 2013.

Jochum, G. u. a. (Hrsg.). (2013). Grenzüberschreitendes Recht – Crossing Frontiers. Festschrift für Hailbronner.

Kaiser, G. (Hrsg.). (1980). Empirische Kriminologie – Bestandsaufnahme und Ausblick.

Kaiser, G. (1996). Kriminologie. Ein Lehrbuch. 3. Aufl.

Kaiser, G. & *Geisler, I.* (eds.). (1988). Crime and Criminal Justice. Criminological Research in the 2nd decade at the Max-Planck-Institute in Freiburg.

Kaiser, G., Kury, H. & *Albrecht, H.-J.* (Hrsg.) (1988). Kriminologische Forschung in den 80er Jahren.

Kaiser, G., Kerner, H.-J., Sack, F. & *Schellhoss, H.* (Hrsg.). (1993). Kleines Kriminologisches Wörterbuch. 3. Aufl.

Keckeisen, W. (1974). Die gesellschaftliche Definition abweichenden Verhaltens. Perspektiven und Grenzen des labeling approach.

Kerner, H.-J., Göppinger, H. & *Streng, F.* (Hrsg.). (1983). Kriminologie – Psychiatrie – Strafrecht. Festschrift für Heinz Leferenz.

Kerner, H.-J. & *Kaiser, G.* (Hrsg.) (1990). Kriminalität: Persönlichkeit, Lebensgeschichte und Verhalten. Festschrift für H. Göppinger.

Keupp, H. (1976). Abweichung und Alltagsroutine. Die Labeling-Perspektive in Theorie und Praxis.

Kilchling, M. (1995). Opferinteressen und Strafverfolgung.

Killias, M., Kuhn, A. & *Aebi, M.* (2011). Grundriss der Kriminologie. 2. Aufl.

Kindhäuser, U., Neumann, U. & *Paeffgen, H.-U.* (Hrsg.). (2017). Strafgesetzbuch. Nomos Kommentar. 5. Aufl.

Kinzig, J. (1996). Die Sicherungsverwahrung auf dem Prüfstand. Ergebnisse einer theoretischen und empirischen Bestandsaufnahme des Zustandes einer Maßregel.

Knipping-Sorokin, R., Stumpf, T. & *Koch, G.* (2016). Radikalisierung Jugendlicher über das Internet? Ein Literaturüberblick.

Kobbé, U. (Hrsg.). (2017). Forensische Prognosen. Ein transdisziplinäres Praxismanual.Standards – Leitfäden – Kritik.

Kofler, R. (1980). Beruf und Kriminalität. Eine empirische Untersuchung der Zusammenhänge zwischen Beruf und Straffälligkeit bei den Probanden der Tübinger Jungtäter-Vergleichsuntersuchung.

Köllisch, T. (2004). Vom Dunkelfeld ins Hellfeld. Anzeigeverhalten und Polizeikontakte bei Jugendddelinquenz.

Kolsch, J. (2020). Sozioökonomische Ungleichheit im Strafverfahren.

König, R. (Hrsg.) (1978). Handbuch der empirischen Sozialforschung. Bd. 12: Wahlverhalten, Vorurteile, Kriminalität. 2. Aufl.

Koop, G., & *Kappenberg, B.* (2009). Wohin fährt der Justizvoll-Zug? Strategien für den Justizvollzug von morgen.

Kretschmer, E. (1977). Körperbau und Charakter. Untersuchungen zum Konstitutionsproblem und zur Lehre von den Temperamenten. 26. Aufl., neu bearbeitet und erweitert von W. Kretschmer.

Kreuzer, A. (Hrsg.). (1998). Handbuch des Betäubungsmittelstrafrechts.

Kreuzer, A., Römer-Klees, R. & *Schneider, H.* (1991). Beschaffungskriminalität Drogenabhängiger.

Kreuzer, A. u. a. (Hrsg.). (1999). Fühlende und denkende Kriminalwissenschaften. Ehrengabe für Anne-Eva Brauneck.

Krober, H.-L., Dölling, D., Leygraf, N. & *Sass, H.* (Hrsg.). (2006). Handbuch der Forensischen Psychiatrie. Bd. 3: Psychiatrische Kriminalprognose und Kriminaltherapie.

Krüger, C. (2008). Zusammenhänge und Wechselwirkungen zwischen allgemeiner Gewaltbereitschaft und rechtsextremen Einstellungen. Eine kriminologische Studie zum Phänomen jugendlicher rechter Gewaltstraftäter.

Kube, E., Störzer, U. & *Timm K. J.* (Hrsg.). (1992). Kriminalistik. Handbuch für Praxis und Wissenschaft. Bd. 1.

Kuckartz, U. (2014). Mixed Methods. Methodologie, Forschungsdesigns und Analyseverfahren.

Kuhn, A. u. a. (Hrsg.). (2013). Kriminologie, Kriminalpolitik und Strafrecht aus internationaler Perspektive. Festschrift für Martin Killias.

Kühne, H.-H. u. a. (Hrsg.) (2002). Festschrift für Klaus Rolinski.

Kunz, K.-L. (2008). Die wissenschaftliche Zugänglichkeit von Kriminalität. Ein Beitrag zur Erkenntnistheorie der Sozialwissenschaften.

Kunz, K.-L. & Singelnstein, T. (2016). Kriminologie. 7. Aufl.

Kürzinger, J. (1996). Kriminologie. 2. Aufl.

Lamnek, S. (2007). Theorien abweichenden Verhaltens I („Klassische“ Ansätze). 8. Aufl.

Lamnek, S. (2008). Theorien abweichenden Verhaltens II („Moderne“ Ansätze). 3. Aufl.

Lamnek, S (2010). Qualitative Sozialforschung. 5. Aufl.

Lange, H.-J. (Hrsg.). (2008). Kriminalpolitik.

Lange, J. (1929). Verbrechen als Schicksal. Studien an kriminellen Zwillingen.

Laub, J. & *Sampson, R.* (2003). Shared Beginnings, Divergent Lives. Delinquent Boys to Age 70.

Laue, Christian (2010). Evolution, Kultur und Kriminalität. Über den Beitrag der Evolutionstheorie zur Kriminologie.

Lekschas, J., Harrland, H., Hartmann, R. & *Lehmann, G.* (1983). Kriminologie. Theoretische Grundlagen und Analysen.

Lemert, E. (1951). Social Pathology. A systematic approach to the theory of sociopathic behavior.

Lichstein, M. (2017). Opfer-Täter-Ketten, Schnittpunkte und Metamorphosen. Ist der „Kreislauf der Gewalt“ empirisch belegt?

Liebl, K. (2019). Dunkelfeldstudien im Vergleich. Bewertungen der Aussagekraft von Untersuchungen zur Kriminalitätsbelastung.

LKA Niedersachsen (2018). Befragung zu Sicherheit und Kriminalität in Niedersachsen 2017. Bericht zu Kernbefunden der Studie.

LKA Nordrhein-Westfalen (2006). Das Anzeigeverhalten von Kriminalitätsopfern. Kriminalistisch-kriminologische Forschungsstelle, Analysen 2/2006.

Loeber, R. & *Farrington, D. P.* (eds.) (1998). Serious & Violent Juvenile Offenders. Risk Factors and Successful Interventions.

Lombroso, C. (1887). Der Verbrecher in anthropologischer, ärztlicher und juristischer Beziehung.

Lösel, F. (1975). Handlungskontrolle und Jugenddelinquenz. Persönlichkeitspsychologische Erklärungsansätze delinquenten Verhaltens – theoretische Integration und empirische Prüfung.

Lösel, F. (Hrsg.). (1983). Kriminalpsychologie. Grundlagen und Anwendungsbereiche.

Lösel, F. & *Bliesener, T.* (2003). Aggression und Delinquenz unter Jugendlichen. Untersuchungen von kognitiven und sozialen Bedingungen.

Lösel, F., Bender, D. & *Jehle, J.-M.* (Hrsg.). (2007). Kriminologie und wissensbasierte Kriminalpolitik. Entwicklungs- und Evaluationsforschung.

Lüderssen, K. & *Sack, F.* (Hrsg.) (1975). Seminar: Abweichendes Verhalten I. Die selektiven Normen der Gesellschaft.

Lüderssen, K. & *Sack, F.* (Hrsg.) (1975a). Seminar: Abweichendes Verhalten II. Die gesellschaftliche Reaktion auf Kriminalität. Bd. 1.

Luhmann, N. (2017). Die Realität der Massenmedien. 5. Aufl.

Mannheim, H. (ed.) (1972). Pioneers in Criminology. 2. Aufl.

Mannheim, H. & *Wilkins, L. T.* (1955). Prediction Methods in Relation to Borstal Training.

Manzo, G. (ed.) (2014). Analytical Sociology: Actions and Networks.

Maschke, W. (1987). Das Umfeld der Straftat. Ein erfahrungswissenschaftlicher Beitrag zum kriminologischen Tatbild.

Mayring, P. (2015). Qualitative Inhaltsanalyse. Grundlagen und Techniken. 12. Aufl.

McCord, W. und J. (1959). Origins of Crime. A New Evaluation of the Cambridge-Somerville Youth Study.

McCord, J. (ed.) (2004). Beyond Empiricism: Institutions and Intentions in the Study of Crime. Advances in Criminological Theory.

Mednick, S. & *Christiansen, K.* (1977). Biosocial Bases of Criminal Behavior.

Meier, B.-D. (2019). Strafrechtliche Sanktionen. 5. Aufl.

Meier, B.-D., Bannenberg, B. & *Höffler, K.* (2019). Jugendstrafrecht. 4. Aufl.

Melnizky, W. & *Müller, O.* (Hrsg.). (1989). Strafrecht, Strafprozessrecht und Kriminologie: Festschrift für Franz Pallin.

Melzer, W. u. a. (Hrsg.). (2015). Handbuch Aggression, Gewalt und Kriminalität bei Kindern und Jugendlichen.

Mischkowitz, R. (1993). Kriminelle Karrieren und ihr Abbruch. Empirische Ergebnisse einer kriminologischen Langzeituntersuchung als Beitrag zur „Age-Crime Debate".

Möller, I. (2018). Fallschwund bei Vergewaltigungsvorwürfen und polizeiliche Ermittlungstätigkeit.

Momsen, C. & *Grützner, T.* (2020). Wirtschaftsstrafrecht. Handbuch für die Unternehmens- und Anwaltspraxis. 2. Aufl.

Müller, J. L. & *Nedopil, N.* (2017). Forensische Psychiatrie. 5. Aufl.

Müller, U. & *Schröttle, M.* (2004). Lebenssituation, Sicherheit und Gesundheit von Frauen in Deutschland.

Müller-Dietz, H. u. a. (Hrsg.). (2007). Festschrift für Heike Jung.

Münster, P. M. (2006), Das Konzept des reintegrative shaming von John Braithwaite.

Nedopil, N. (2005). Prognosen in der forensischen Psychiatrie – Ein Handbuch für die Praxis.

Neubacher, F. (2020). Kriminologie. 4. Aufl.

Neubacher, F. & *Walter, M.* (Hrsg.) (2002). Sozialpsychologische Experimente in der Kriminologie. Münster: Lit.

Obergfell-Fuchs, J. (2001). Ansätze und Strategien Kommunaler Kriminalprävention.

Obergfell-Fuchs, J. & *Brandenstein, M.* (Hrsg.). (2006). Nationale und internationale Entwicklungen in der Kriminologie. Festschrift für Helmut Kury.

Oberwittler, D. & *Karstedt, S.* (Hrsg.) (2004). Soziologie der Kriminalität. (KZfSS Sonderheft 43/2003).

Opp, K.-D. (1975). Soziologie der Wirtschaftskriminalität.

Ortner, H., Pilgram, A., Steinert, H. (Hrsg.). (1998). New Yorker „Zero-Tolerance"-Politik.

Pfeiffer, C., Kleimann, M., Petersen, S. & *Schott, T.* (2005). Migration und Kriminalität. Ein Gutachten für den Zuwanderungsrat der Bundesregierung.

Pfeiffer, C., Baier, D. & *Kliem, S.* (2018). Zur Entwicklung der Gewalt in Deutschland. Schwerpunkt: Jugendliche und Flüchtlinge als Täter und Opfer.

Puschke, J., & *Singelnstein, T.* (2018). Der Staat und die Sicherheitsgesellschaft.

PwC (2020). Wirtschaftskriminalität – Ein niemals endender Kampf. PwC´s Global Economic Crime and Fraud Survey 2020.

PwC & *Bussmann, K.-D.* (2018). Wirtschaftskriminalität 2018. Mehrwert von Compliance – Forensische Erfahrungen.

Rabold, S., Baier, D. & *Pfeiffer, C.* (2008). Jugendgewalt und Jugenddelinquenz in Hannover. Aktuelle Befunde und Entwicklungen seit 1998.

Raine, A. (1993). The Psychopathology of Crime. Criminal Behavior as a Clinical Disorder.

Raine, A., Brennan, P., Farrington, D. & *Mednick, S.* (eds.) (1997). Biosocial Bases of Violence.

Rasch, W. (1999). Forensische Psychiatrie. 2. Aufl.

Rat für Sozial- und Wirtschaftsdaten (2020). Weiterentwicklung der Kriminal- und Strafrechtspflegestatistik in Deutschland.

Rau, M. (2017). Lebenslinien und Netzwerke junger Migranten nach Jugendstrafe. Ein Beitrag zur Desistance-Forschung in Deutschland.

Rautenberg, M. (1998). Zusammenhänge zwischen Devianzbereitschaft, kriminellem Verhalten und Drogenmissbrauch.

Reckless, W. (1973). The Crime Problem. 5. Aufl.

Rehbinder, M. (2014). Rechtssoziologie. 8. Aufl.

Rettenberger, M. & *v. Franqué, F.* (Hrsg.). (2013). Handbuch kriminalprognostischer Verfahren.

Rettenberger, M., Desssecker, A. & *Rau, M.* (Hrsg.). (2020). Gewalt und Zwang in Institutionen.

Richter, H. (1997). Opfer krimineller Gewalttaten. Individuelle Folgen und ihre Verarbeitung.

Rohde, C. (1996). Kriminologie in der DDR. Kriminalitätsursachenforschung zwischen Empirie und Ideologie.
Ross, E. A. (1901). Social Control.
Rössner, D. & Wulf, R. (1987). Opferbezogene Strafrechtspflege. Leitgedanken und Handlungsvorschläge für Praxis und Gesetzgebung. 3. Aufl.
Rössner, D. u. a. (2002). Düsseldorfer Gutachten: Empirisch gesicherte Erkenntnisse über kriminalpräventive Wirkungen.
Rössner, D. u. a. (2002 a). Düsseldorfer Gutachten: Leitlinien wirkungsorientierter Kriminalprävention.
Rotsch, T. (2015). Criminal Compliance. Handbuch.
Rotsch, T., Brüning, J., & Schady J. (Hrsg.). (2015). Strafrecht – Jugendstrafrecht – Kriminalprävention in Wissenschaft und Praxis. Festschrift für Ostendorf.
Rüdiger, T.G., & Bayerl, P.S. (Hrsg.). Cyberkriminologie. Kriminologie für das digitale Zeitalter.
Rüther, W. (1975). Abweichendes Verhalten und labeling approach.
Sack, F. & König, R. (Hrsg.). (1968). Kriminalsoziologie.
Safferling, C., u. a. (Hrsg.). (2017). Festschrift für Streng.
Sampson, R. J. & Laub, J. H. (1993). Crime in the Making. Pathways and Turning Points through Life.
Sautner, L. (2014). Viktimologie. Die Lehre von Verbrechensopfern.
Scheithauer, H. u. a. (2012). Gelingensbedingungen für die Prävention von interpersonaler Gewalt im Kindes- und Jugendalter. 3. Aufl.
Scheurer, H. (1993). Persönlichkeit und Kriminalität. Eine theoretische und empirische Analyse.
Schiller, H. & Tsambikakis, M. (Hrsg.). (2013). Kriminologie und Medizinrecht. Festschrift für Steinhilper.
Schlepper, C., & Wehrheim, J. (Hrsg.). (2017). Schlüsselwerke der Kritischen Kriminologie.
Schmehl, H.-H. (1980). Jugendliche und heranwachsende Straftäter während ihrer Ausbildung.
Schneider, H. J. (1987). Kriminologie.
Schneider, H. J. (Hrsg.). (2007). Internationales Handbuch der Kriminologie. Bd. 1. Grundlagen der Kriminologie.
Schneider, H. J. (Hrsg.). (2009). Internationales Handbuch der Kriminologie. Bd. 2. Besondere Probleme der Kriminologie.
Schneider, K. (1923). Die psychopathischen Persönlichkeiten.
Schnell, R., Hill, P. & Esser, E. (2013). Methoden der empirischen Sozialforschung, 10. Aufl.
Schöch, H. & Jehle, J.-M. (Hrsg.) (2004). Angewandte Kriminologie zwischen Freiheit und Sicherheit.
Schröttle, M. & Ansorge, N. (2008). Gewalt gegen Frauen in Paarbeziehungen. Eine sekundäranalytische Auswertung zur Differenzierung, Schweregraden, Müstern, Risikofaktoren und Unterstützung nach erlebter Gewalt.
Schubert, A. (1997). Delinquente Karrieren Jugendlicher. Reanalysen der Philadelphia Cohort Studies.

Schulte, P. (2019). Kontrolle und Delinquenz. Panelanalysen zu justizieller Stigmatisierung und Abschreckung.

Schulz, F. (2007). Die Entwicklung der Delinquenz von Kindern, Jugendlichen und Heranwachsenden in Deutschland. Eine vergleichende Analyse von Kriminalstatistiken und Dunkelfelduntersuchungen zwischen 1950 und 2000.

Schumann, K. F. (Hrsg.) (2003). Berufsbildung, Arbeit und Delinquenz.

Schumann, K. F. (Hrsg.) (2003 a). Delinquenz im Lebensverlauf.

Schünemann, B. u. a. (2001). Festschrift für Claus Roxin.

Schwind, H.-D. (2013). Kriminologie. Eine praxisorientierte Einführung mit Beispielen. 22. Aufl.

Schwind, H.-D., Kube, E. & *Kühne, H.-H.* (Hrsg.). (1998). Festschrift für H. J. Schneider.

Sedlmeier, P. & *Renkewitz, F.* (2011), Forschungsmethoden und Statistik in der Psychologie.

Seipel, C. & *Rieker, P.* (2003). Integrative Sozialforschung. Konzepte und Methoden der qualitativen und quantitativen empirischen Forschung.

Sellin, T. (1959). The Death Penalty.

Seligman, M. (1992). Erlernte Hilflosigkeit. 4. Aufl.

Sessar, K. (1981). Rechtliche und soziale Prozesse einer Definition der Tötungskriminalität.

Shaw, C. & *McKay, H.* (1942). Juvenile Delinquency and Urban Areas.

Sherman, L. et al. (1997). Preventing Crime: What works, what doesn't, what's promising. Internet-Publikation: http://www.ncjrs.org/works/ (30.4.2005).

Sherman, L. et al. (2002). Evidence-Based Crime Prevention.

Shoemaker, D. (2000). Theories of Delinquency. An Examination of Explanations of Delinquent Behavior. 4. Aufl.

Sieber, U. u. a. (2011). Europäisches Strafrecht.

Siegel, L. & *Senna, J.* (1997). Juvenile Delinquency. Theory, Practice and Law. 6. Aufl.

Sieverts, R. & *Schneider, H. J.* (Hrsg.). Handwörterbuch der Kriminologie. 5 Bde. 2. Aufl.

Singelnstein, T. & *Stolle, P.* (2012). Die Sicherheitsgesellschaft. Soziale Kontrolle im 21. Jahrhundert. 3. Aufl.

Spirgath, T. (2013). Zur Abschreckungswirkung des Strafrechts. Eine Metaanalyse kriminalstatistischer Untersuchungen.

Steffen, W. (1976). Analyse polizeilicher Ermittlungstätigkeit aus der Sicht des späteren Strafverfahrens.

Stelly, W. & *Thomas, J.* (2001). Einmal Verbrecher – Immer Verbrecher?

Stemmler, G., Hagemann, D., Amelang, M. & *Bartussek, D.* (2011). Differentielle Psychologie und Persönlichkeitsforschung. 7. Aufl.

Stock, J. & *Kreuzer, A.* (Hrsg.). (1996). Drogen und Polizei. Eine kriminologische Untersuchung polizeilicher Rechtsanwendung.

Streng, F. (2012). Strafrechtliche Sanktionen. Die Strafzumessung und ihre Grundlagen. 3. Aufl.

Suhling, S. & *Greve, W.* (2010). Kriminalpsychologie kompakt.
Sutherland, E. (1983). White Collar Crime. The Uncut Version.
Sutherland, E., Cressey, D. & *Luckenbill, D.* (1992). Principles of Criminology. 11. Aufl.
Thomas, J. (2014). Zur abschreckenden Wirkung von Strafe. Eine Untersuchung der Sanktionswirkung auf junge Straftäter.
Tracy, P., Wolfgang, M. & *Figlio, R.* (1990). Delinquency in Two Birth Cohorts.
van Dijk, J., van Kesteren, J. & *Smit, P.* (2007). Criminal Victimization in International Perspective. Key Findings from the 2004–2005 ICVS and EU ICS.
Venzlaff, U. & *Foerster, K.* (2015). Psychiatrische Begutachtung. Ein praktisches Handbuch für Ärzte und Juristen. 6. Aufl., hrsg. von H. Dreßing & E. Habermeyer.
Volbert, R. & *Steller, M.* (Hrsg.). (2008). Handbuch der Rechtspsychologie.
Volckart, B. (1997). Die Praxis der Kriminalprognose. Methodologie und Rechtsanwendung.
Vold, G. B., Bernard, T. J. & *Snipes, J. B.* (1998). Theoretical Criminology, 4. Aufl.
von Hirsch, A. et al. (1999). Criminal Deterrence and Sentence Severity.
von Hentig, H. (1948). The Criminal and his Victim. Studies in the Sociobiology of Crime.
von Liszt, F. (1905 und 1905 a). Strafrechtliche Aufsätze und Vorträge. 2 Bde.
Wallner, S., Weiss, M., Reinecke, J. & Stemmler, M. (2019). Devianz und Delinquenz in Kindheit und Jugend. Neue Ansätze der kriminologischen Forschung.
Walsh, A. & *Ellis, L.* (eds.) (2003). Biosocial Criminology: Challenging Environmentalism´s Supremacy.
Walsh, M., u. a. (2018). Evidenzorientierte Kriminalprävention in Deutschland. Ein Leitfaden für Politik und Praxis.
Walter, M., Brand, T. & *Wolke, A.* (2009). Einführung in kriminologisch-empirisches Denken und Arbeiten.
Walter, M. & *Neubacher, F.* (2011). Jugendkriminalität. 4. Aufl.
Weisburd, D., Farrington, D. & *Gill, C.* (eds.), (2017). What works in Crime Prevention and Rehabilitation. Lessons from Systematic Reviews.
Welsh, B.C. & *Farrington, D. P.* (eds.). (2012). The Oxford Handbook of Crime Prevention.
West, D. J. & *Farrington, D. P.* (1973). Who Becomes Delinquent? Second Report of the Cambridge Study in Delinquent Development.
West, D. J. & *Farrington, D. P.* (1977). The Delinquent Way of Life. Third Report of the Cambridge Study in Delinquent Development.
Wetzels, P. (1997). Gewalterfahrungen in der Kindheit. Sexueller Missbrauch, körperliche Misshandlung und deren langfristige Konsequenzen.
Wetzels, P., Enzmann, D., Mecklenburg, E. & *Pfeiffer, C.* (2001). Jugend und Gewalt.

Whyte, W. (1943). Street Corner Society. The Social Structure of an Italian Slum.
Wikström, P.-O. H., Butterworth, D. A. (2006). Adolescent crime: individual differences and lifestyles.
Wikström, P.-O. H & *Sampson, R. J.* (eds.) (2006). The explanation of Crime: Context, Mechanism and Development.
Wikström, P.-O. H., Oberwittler, D., Treiber, K., Hardie, B. (2012). Breaking rules: the social and situational dynamics of youth people's urban crime.
Wilms, Y. (2009). Ehre, Männlichkeit und Kriminalität.
Wilson, J. Q. & *Petersilia, J.* (eds.). (2011). Crime and Public Policy.
Wischka, B., Pecher, W. & *van den Boogaart, H.* (Hrsg.). (2012). Behandlung von Straftätern. Sozialtherapie, Maßregelvollzug, Sicherungsverwahrung.
Wittig, P. (1993). Der rationale Verbrecher. Der ökonomische Ansatz zur Erklärung kriminellen Verhaltens.
Wolfgang, M. E. (1958). Patterns in Criminal Homicide.
Wolfgang, M. E., Figlio, R., Sellin, T. (1972). Delinquency in a Birth Cohort.

§ 1. Gegenstand und Erkenntnisinteresse der Kriminologie

I. Was ist Kriminologie?

Warum werden Menschen kriminell? Warum gibt es immer wieder Menschen, die sich nicht an die Gesetze halten, sondern die ihre Egoismen auf Kosten anderer ausleben? Menschen, die andere Menschen verletzen, misshandeln, vergewaltigen, töten? Menschen, die stehlen, betrügen, rauben und erpressen? Menschen, die nicht nur einmal, sondern immer wieder mit Straftaten auffällig werden und auch aus einer Inhaftierung „nichts lernen"? 1

Vermutlich hat jede/r schon einmal über diese und ähnliche Fragen nachgedacht.[1] Die Frage nach den Hintergründen und den Folgen von Verbrechen bewegt viele Menschen, und sie bewegt sie immer wieder. Schon die von alters her bekannten Mythen der Menschheitsgeschichte thematisieren das Zuwiderhandeln gegen Verbote, bei denen es sich in der Frühzeit der Entwicklung noch um göttliche Verbote handelte: die Vertreibung aus dem Paradies, weil Adam und Eva vom Baum der Erkenntnis gegessen hatten, oder Kains Brudermord, in dessen Hintergrund das Eifersuchtsmotiv steht. 2

Die meisten von uns werden mit Fragen nach dem Warum dann konfrontiert, wenn sie über Straftaten aus den Medien erfahren. Zeitungen, Nachrichtensendungen und im Internet die sozialen Netzwerke sind häufig voll von Meldungen über Ereignisse und Personen, bei denen kriminelles Handeln eine Rolle spielt. „Einbruchsserie in der Südstadt", „Opfer nach Überfall gestorben", „Schülerin missbraucht" lauten die typischen Meldungen. Die Medien liefern uns Berichte über die Kriminalitätswirklichkeit und regen uns zum Nachdenken an. Manche von uns machen aber auch eigene Erfahrungen mit Kriminalität. Wir werden Zeuge oder Opfer strafbarer Handlungen und suchen nach Erklärungen. Wer, dessen Fahrrad oder Autoradio schon einmal entwendet worden ist, hat sich nicht darüber ge- 3

---

1 Im Folgenden wird wegen der besseren Lesbarkeit trotz berechtigter Kritik in der Regel das generische Maskulinum verwendet; es sind aber jeweils alle Geschlechter gemeint. Dort, wo es angebracht erscheint, wird davon abgewichen.

ärgert und überlegt, wie er sich künftig besser vor solchen Verlusten schützen kann? Aber auch die Rolle des Täters ist uns nicht fremd. Wer hat nicht schon einmal etwas „mitgehen" lassen? Ist mit Bus oder Bahn gefahren, ohne zu bezahlen? Hat Musik, einen Film oder ein Computerprogramm kopiert und an einen Freund weitergegeben, wohl wissend, dass dies nicht erlaubt ist? Hätten wir die Tat auch dann begangen, wenn wir gewusst hätten, dass sie von den Geschädigten sicher entdeckt und geahndet werden wird?

4 Es gibt nicht wenige Menschen in der Gesellschaft, die sich beruflich mit Kriminalität und den Folgen beschäftigen: Ärzte und Psychologen, die die körperlichen und seelischen Verletzungen zu heilen versuchen, die ein Täter angerichtet hat, Versicherungsunternehmen, die die finanziellen Schäden regulieren, Dienstleister, die für die Zukunft Sicherheit versprechen. Die wichtigsten Berufsgruppen sind indes diejenigen, die sich im staatlichen Auftrag mit der Verhinderung und Ahndung von Kriminalität beschäftigen: Polizeibeamte, deren Aufgabe die Gefahrenabwehr sowie die Verfolgung von Straftaten ist, Juristen, die nach einer Tat das Strafverfahren betreiben, Vollzugsbedienstete, die die von den Gerichten verhängten Strafen vollstrecken. Auch diejenigen, für die die Beschäftigung mit Kriminalität und Strafe zum Beruf gehört, fragen sich immer wieder, warum Straftaten begangen werden und welche Konsequenzen daraus zu ziehen sind.

5 Antworten auf solche Fragen versucht die **Kriminologie** zu liefern. Die Kriminologie ist diejenige Wissenschaft, die sich mit Kriminalität als einem sozialen Phänomen beschäftigt, mit den Hintergründen von Straftaten, den Folgen, die das strafbare Verhalten für das Opfer und die Gesellschaft hat, sowie mit der Art und Weise, in der die staatlichen Organe auf das Bekanntwerden strafbarer Handlungen reagieren. Kriminologie ist eine empirische, an der systematischen Erforschung der tatsächlichen Gegebenheiten orientierte Wissenschaft. Sie verfolgt einen interdisziplinären Ansatz, in dem sie die Methoden, Befunde und Theorien anderer Human- und Sozialwissenschaften, namentlich der Psychologie und der Soziologie, aufgreift und fortführt. Bezugspunkt bei allen Fragestellungen ist die Straftat, das Verbrechen.

6 Kriminologie ist etwas anderes als **Kriminalistik,** womit sie häufig verwechselt wird. Die Kriminalistik beschäftigt sich mit den Mitteln und Methoden der Verhütung, Aufdeckung und Aufklärung von Straftaten einschließlich der Fahndung nach Personen und Sachen;

ihr liegt die Perspektive der polizeilichen Kriminalitätsbekämpfung zugrunde. Für die Kriminologie handelt es sich dabei nur um einen Teilaspekt. Die Kriminologie nimmt das gesamte prozesshafte Geschehen in den Blick, das zu einer Tat hinführt und sich an sie anschließt. Sie erfasst die individuellen und gesellschaftlichen Hintergründe von Kriminalität ebenso wie die Folgen und die staatlichen Reaktionen, die kriminelles Handeln auslöst. Sie fragt nach empirischen Regelmäßigkeiten und sucht nach Erklärungen. Die Mittel und Methoden der polizeilichen Kriminalitätsbekämpfung bilden insoweit nur einen Ausschnitt.

Kriminologie ist aber auch etwas anderes als **Juristerei.** Zwar wird 7
die Kriminologie in Deutschland häufig von juristisch ausgebildeten Kriminologen betrieben; ihre Betätigungsfelder sind eng an das Strafrecht angelehnt. Gleichwohl bestehen wesentliche Unterschiede. Das Strafrecht ist eine normative Wissenschaft. Es beschäftigt sich mit den rechtlichen Voraussetzungen, unter denen Strafe verhängt und vollstreckt werden darf. Sein Thema sind die rechtlichen Grenzen der Handlungsfreiheit, die von jedermann beachtet werden müssen, damit ein gedeihliches Zusammenleben gewährleistet ist. Die Kriminologie ist hingegen eine empirische Wissenschaft. In der Kriminologie geht es nicht um die Auslegung von Normen und die Subsumtion von Sachverhalten, sondern um die Untersuchung und Analyse von beobachtbaren sozialen Phänomenen. Im Mittelpunkt steht die Erhebung, Beschreibung und Erklärung von Tatsachen. Auch die Art und Weise, in der das Strafrecht von den Juristen ausgelegt und angewandt wird, kann als eine solche Tatsache empirisch erhebbar gemacht werden und bildet dementsprechend einen der Gegenstandsbereiche der Kriminologie.

Die Kriminologie ist schließlich auch von der **Kriminalpolitik** ab- 8
zugrenzen. Die Kriminalpolitik beschäftigt sich mit der Frage, wie die Strafrechtsordnung zu verändern ist, um den inneren Frieden in der Gesellschaft in der Zukunft besser zu gewährleisten. Zentrale Themen der Kriminalpolitik sind die Kriminalisierung von Verhaltensweisen, die als besonders abträglich erscheinen (zB die Kriminalisierung der Vergewaltigung in der Ehe), und ihr Gegenstück, die Entkriminalisierung von Verhaltensweisen, denen infolge gewandelter gesellschaftlicher Auffassungen keine sozialschädliche Bedeutung mehr beigemessen wird (zB Ehebruch oder Homosexualität). Die Kriminalpolitik beschäftigt sich aber auch mit der Verbesserung von Verfahrensabläufen und Veränderungen im Umgang mit Tätern und

Opfern. Im Hintergrund stehen politische Visionen von Menschenwürde, Freiheit, Gleichheit und Verhältnismäßigkeit; das Ziel ist die Reform des bestehenden Rechts. Kriminalpolitik und Kriminologie bewegen sich in einer engen Wechselbeziehung. Die Kriminalpolitik agiert nicht im „luftleeren Raum“, sondern greift bei ihren Überlegungen und Entscheidungen auf kriminologisches Tatsachenwissen über die Kriminalitätswirklichkeit und mögliche kriminologische Erklärungen zurück. Die Kriminologie ist ihrerseits nicht nur der Ideenlieferant der Kriminalpolitik, sondern macht auch die Kriminalpolitik zum Gegenstand ihrer Analysen.

9 Die Kriminologie lässt sich nach alledem als Grundlagendisziplin verstehen, die mit Kriminalistik, Strafrecht und Kriminalpolitik zwar Gemeinsamkeiten und Überschneidungen aufweist, die sich von diesen anderen Disziplinen jedoch auch recht klar abgrenzen lässt. Als eigenständige empirische Wissenschaft existiert die Kriminologie seit dem späten 19. Jahrhundert; ihre Wurzeln reichen in das 18. Jahrhundert zurück. Der Begriff ist eine Kombination aus „crimen“ (lat., Verbrechen) und „lógos“ (griech., Wissenschaft). Er wird dem französischen Anthropologen *Paul Topinard* zugeschrieben, der den Begriff erstmals 1879 verwendet haben soll.[2] Der Italiener *Raffaele Garofalo* machte den Begriff bekannt, indem er ihn 1885 zur Kennzeichnung seines Buches „Criminologia“ verwendete.[3]

II. Der Verbrechensbegriff in der Kriminologie

1. Kriminalität, Delinquenz, abweichendes Verhalten

10 Bezugspunkt der Kriminologie ist die Straftat, das Verbrechen. Bekannt und geläufig sind aber auch die Begriffe Kriminalität, Delinquenz und abweichendes Verhalten. Worin liegen die Unterschiede?

11 Mit dem Begriff der **„Straftat“** nimmt die Kriminologie Bezug auf die Voraussetzungen, unter denen ein bestimmtes Verhalten vom Gesetz mit Strafe bedroht wird. Dasselbe gilt für den Zentralbegriff des **„Verbrechens“**, der in der Kriminologie ungeachtet der im Strafrecht geläufigen Unterscheidung zwischen Verbrechen und Vergehen (§ 12 StGB) auf alle strafrechtlich relevanten Verhaltensweisen bezogen

2 *Mannheim* 1972, 1; *Kaiser*, in: H. J. Schneider 2007, 25f.
3 Vgl. *Garofalo* 1914 (engl. Übersetzung der ital. Ausgabe von 1885).

wird. Die Begriffe „Straftat“ und „Verbrechen“ werden in der Kriminologie meist gleichsinnig verwendet (zu den Ausnahmen → Rn. 15ff.).

Auch der Begriff der **„Kriminalität“** bezieht sich auf Verhaltensweisen, die das Gesetz mit Strafe bedroht. Anders als die Begriffe „Straftat“ und „Verbrechen“ wird der Begriff der „Kriminalität“ jedoch nicht zur Kennzeichnung von individuellem Verhalten, sondern zur Beschreibung von strafnormverletzendem Verhalten als einer gesellschaftlichen Massenerscheinung verwendet (Kriminalität als „Makrophänomen“). Manche Autoren schränken den Begriff darüber hinaus auf die der Polizei bekannt gewordenen Straftaten ein („Hellfeldkriminalität“).[4] Diese Beschränkung ist indessen nicht zwingend, da die polizeiliche Sichtweise nur eine von mehreren möglichen Perspektiven ist; über die Strafbarkeit eines Verhaltens entscheidet nicht die Polizei, sondern die Justiz. Aber auch strafbares (kriminelles) Verhalten, das der Polizei unbekannt bleibt, weil es von dem Geschädigten nicht zur Anzeige gebracht wird, kann bei entsprechender rechtlicher Würdigung als „Kriminalität“ bezeichnet werden; die Bewertung ist nicht von der Amtsträgereigentschaft abhängig („Kriminalität im Dunkelfeld“).[5] 12

Die Begriffe **„Delikt“** und **„Delinquenz“** werden meist im Zusammenhang mit strafbarem Verhalten Jugendlicher verwendet. Auch sie beziehen sich auf das im Gesetz mit Strafe bedrohte Verhalten, bringen dieses Verhalten jedoch sprachlich neutraler zum Ausdruck als dies mit den Begriffen „Kriminalität“ und „Verbrechen“ möglich ist, denen eine stark negative, abwertende Konnotation anhaftet. Der Begriff der „Delinquenz“ stammt aus der anglo-amerikanischen Kriminologie, wo er seit dem frühen 20. Jahrhundert zur Kennzeichnung der Andersartigkeit jugendlichen Fehlverhaltens im Unterschied zur Kriminalität Erwachsener verwendet wird.[6] Diejenigen deutschen Autoren, die den Begriff der „Kriminalität“ auf das Hellfeld beschränken, verwenden den Begriff der „Delinquenz“, um das Dunkelfeld zu beschreiben. 13

Mit den Begriffen **„abweichendes Verhalten“** und **„Devianz“** wird der Bezugsrahmen des Strafrechts verlassen. Die Begriffe beziehen sich auf alle Verhaltensweisen, die von den in einer Gesellschaft 14

4 Vgl. *P.-A. Albrecht* 2000, 16ff.; aus der Forschungsliteratur *Schulte* 2019, 17ff.
5 Kritik an dieser positivistisch reifizierenden Sicht bei *Kunz* MschrKrim 103 (2020), 154ff.; vgl. auch *Sessar*, in: Hilgendorf/Rengier 2012, 268ff.
6 *Siegel/Senna* 1997, 17ff.; *Shoemaker* 2000, 3f.

geltenden Normen abweichen; die (Straf-)Rechtsnormen bilden insoweit nur einen Ausschnitt. Unter dem Begriff der (sozialen) „Norm" sind in einem allgemeinen soziologischen Sinn alle Verhaltenserwartungen zu verstehen, die das gesellschaftliche Zusammenleben strukturieren. „Abweichend" verhält sich dementsprechend nicht nur, wer die Strafgesetze verletzt (zB einen anderen verletzt oder bestiehlt), sondern auch, wer seine Schulden nicht bezahlt (zivilrechtliche Pflichtverletzung, die die Pflicht zur Zinszahlung auslöst), im Straßenverkehr zu schnell fährt (Verletzung eines verwaltungsrechtlichen, als Ordnungswidrigkeit ahndbaren Verbots), sich prostituiert, im Übermaß raucht oder trinkt oder wer in der Kirche während des Gottesdienstes aufsteht und laut „Buh" ruft (Verstoß gegen soziale Verhaltenserwartungen). Das Konzept des „abweichenden Verhaltens" wird vor allem in der Kriminalsoziologie verwendet.[7] Für die Kriminologie, in deren Mittelpunkt die Verstöße gegen die Strafrechtsnormen stehen, ist es zu breit und ungenau.

2. Formeller oder materieller Verbrechensbegriff?

15 Mit dem Begriff des „Verbrechens" nimmt die Kriminologie auf das im Gesetz mit Strafe bedrohte Verhalten Bezug. Aber ist das Gesetz die einzige Möglichkeit, um diesen Begriff zu definieren? Kann man den Begriff nicht auch unabhängig vom Gesetz mit Inhalt füllen? Gibt es keine *kriminologischen* Gesichtspunkte, anhand derer sich begründen ließe, wann ein Verhalten ein „Verbrechen" ist? In der Vergangenheit sind zahlreiche Versuche unternommen worden, dem formellen einen materiellen Verbrechensbegriff entgegenzustellen. Verallgemeinernd lassen sich wenigstens drei Ansätze unterscheiden.[8]

16 (1) Die erste Möglichkeit, den Verbrechensbegriff materiell zu definieren, besteht darin, dass auf **naturrechtliche Argumentationsmuster** zurückgegriffen wird. Im Hintergrund stehen christlich-theologische Vorstellungen über die Unterscheidung zwischen „delicta mala per se" (Taten die in sich schlecht sind) und „delicta mala quia prohibita" (bloß verbotenen Taten). Diese bereits aus dem Mittelalter stammende Unterscheidung wurde im 19. Jahrhundert von

7 Vgl. *Sack,* in: *König* 1978, 312 ff.; *Lamnek* 2007, 47 ff.
8 Vgl. zum folgenden *Kaiser* 1996, § 36 Rn. 8 ff.; *Kürzinger* 1996, Rn. 11 ff.; weiterführend *Sessar,* in: H.-J. Albrecht u. a. 1998, 427 ff.

Garofalo aufgegriffen und zu einem „natürlichen Verbrechensbegriff" fortentwickelt. Verbrechen sind danach Handlungen, die jede zivilisierte Gesellschaft als kriminell beurteilen muss, weil sie das durchschnittliche Maß an Mitleid und Redlichkeit verletzen.[9] In der jüngeren Diskussion über die Strafbarkeit von Verbrechen unter totalitärer Herrschaft („Nürnberger Prozesse" nach dem 2. Weltkrieg, „Mauerschützenprozesse" nach dem Zusammenbruch der ehemaligen DDR) wurden naturrechtliche Argumentationsmuster zum Teil wiederbelebt.

Bei kritischer Betrachtung ist der „natürliche Verbrechensbegriff" unübersehbar mit der Gefahr von Willkür und Subjektivität verbunden. Zwar erlaubt er in den Kernbereichen des Unrechts relativ eindeutige Abgrenzungen. In den Randbereichen bereitet seine Anwendung jedoch Schwierigkeiten, da hier in der Regel umstritten ist, wann das „durchschnittliche Maß" an Mitleid und Redlichkeit verletzt ist. Wie soll bspw. die Abtreibung einzuordnen sein? Wie der Besitz von Betäubungsmitteln? 17

(2) Die zweite Möglichkeit besteht darin, für die Abgrenzung das aus den Rechtswissenschaften bekannte Konzept des **„Rechtsguts"** zugrunde zu legen. Unter „Verbrechen" können diejenigen Handlungen verstanden werden, die in strafwürdiger Weise Rechtsgüter verletzen, wobei man als „Rechtsgut" solche rechtlich geschützten Interessen ansehen kann, deren Legitimität sich mit der Wertordnung der Verfassung begründen lässt. Im Hintergrund dieses Wegs steht die Überzeugung, dass sich ein materieller, auch kriminalpolitisch verbindlicher Verbrechensbegriff nur normativ begründen lässt, wobei auf die Zielsetzungen und Richtpunkte der Verfassung zurückzugreifen ist. 18

Der „rechtsgutsbezogene Verbrechensbegriff" vermeidet die Schwierigkeiten des „natürlichen Verbrechensbegriffs", denn selbst in den Randbereichen des Unrechts sind eindeutige juristische Wertungen möglich. Mit der Bezugnahme auf rechtlich-normative Wertungen bringt er die Kriminologie jedoch in dieselbe theoretisch-konzeptionelle Abhängigkeit vom positiven Recht wie der formelle Verbrechensbegriff. Hinzu kommt, dass der rechtsgutsbezogene Verbrechensbegriff für die Abgrenzung auf die nationalstaatliche Wertordnung verweist, während die Kriminologie nicht an diese Grenzen gebunden ist und sich wesentliche Impulse gerade aus ihrer interna- 19

9 *Garofalo* 1914, 33f.

tional-vergleichenden Tätigkeit verschafft. Sofern man aber nach darüber hinausgehenden, vom nationalen Recht abgelösten Wertmaßstäben sucht (zB den allgemeinen Menschenrechten), werden diese umso abstrakter und unschärfer, je weiter man die Kreise zieht.

20 (3) Der dritte Ansatz besteht darin, den materiellen Verbrechensbegriff von rechtlichen Erwägungen abzulösen und ihn von seinen sozialen Funktionen her zu bestimmen. „Verbrechen" lässt sich danach definieren als das **„sozialschädliche Verhalten."**[10] Dasselbe ist gemeint, wenn im anglo-amerikanischen Schrifttum von „antisozialem Verhalten" gesprochen wird (vgl. aber die andersartige Begriffsverwendung → § 3 Rn. 38). Die Parallelen zum Begriff des „abweichenden Verhaltens" liegen auf der Hand: In allen Definitionen geht es darum, die enge Anbindung an das Strafrecht zu vermeiden. Gleichwohl sind die Begriffe nicht deckungsgleich; nicht jede Form von abweichendem Verhalten kann auch als sozialschädlich angesehen werden.

21 Der „sozialwissenschaftliche Verbrechensbegriff" hat den Vorteil, dass die zentrale Kategorie der Sozialschädlichkeit einen empirischen Bezug aufweist und damit dem empirischen Wissenschaftsverständnis der Kriminologie besser entspricht als es mit der Bezugnahme auf rechtliche Erwägungen möglich ist. Welche Verhaltensweisen mit welchen sozialen Folgen verbunden sind, lässt sich mit empirischen Mitteln aufklären. Gleichwohl ist auch dieser Ansatz nicht ganz frei von normativen Konturen. Welche Verhaltensweisen in einer Gesellschaft sozialschädlich sind, kann man nicht sagen, wenn man nicht zuvor die grundlegenden Wertvorstellungen festgelegt hat. So sind etwa in einer fundamentalistisch-religiös organisierten Gesellschaft andere Verhaltensweisen dysfunktional als in einer pluralistischen, weltanschaulich neutralen Gesellschaft.

22 Als **Fazit** der Bemühungen um einen materiellen Verbrechensbegriff wird man deshalb festhalten müssen, dass es ein allseits überzeugendes sachliches Konzept nicht gibt. Alle bisherigen Bemühungen sind Einwänden ausgesetzt. Dies bedeutet indessen nicht, dass kriminologische Überlegungen nur auf der Grundlage des formellen Verbrechensbegriffs möglich wären. Der formelle Verbrechensbegriff bildet zwar den Ausgangspunkt und die Grundlage für die weitaus meisten kriminologischen Fragestellungen, aber er stellt keine ab-

---

10 Auch das BVerfG nimmt in der „Inzestentscheidung" auf die Sozialschädlichkeit Bezug (BVerfGE 120, 224, 239f.).

schließende Beschreibung des Gegenstandsbereichs der Kriminologie dar. Materielle, vom positiven Recht unabhängige Aussagen über „Verbrechen" sind in der Kriminologie durchaus möglich. Sie können allerdings nicht für sich beanspruchen, immer und unter allen Umständen Allgemeingültigkeit zu besitzen. Ihnen fehlt die überindividuelle Verbindlichkeit, die dem Recht eigen ist. Stärker noch als die formelle Definition von „Verbrechen" sind die materiellen Abgrenzungen gesellschaftlichen Einflüssen ausgesetzt und unterliegen dem raum-zeitlichen Wandel.[11]

3. Verbrechen als normatives Konstrukt

Die Frage, wann ein Verhalten ein Verbrechen ist, hat nicht nur eine definitorische Seite, bei der es um die Abgrenzung zum „Nichtverbrechen" geht. Die Frage verweist auch auf das erkenntnistheoretische Problem, wie und von wem festgestellt werden kann, ob ein Verhalten die für ein Verbrechen maßgeblichen Voraussetzungen erfüllt. Die Schwierigkeiten resultieren daraus, dass die Eigenschaft als „Verbrechen" einem Ereignis nicht wie ein Kainsmal anhaftet. Die Einordnung als strafrechtlich relevantes Geschehen ist vielmehr das Ergebnis eines komplexen Wahrnehmungs- und Bewertungsprozesses, der im Einzelfall sehr unterschiedlich ablaufen kann. „Verbrechen" ist, wie von den Vertretern des „labeling approach" (dazu genauer → § 3 Rn. 91 ff.) zutreffend herausgearbeitet worden ist, nicht nur ein ontologischer Befund (ein „Realphänomen"), sondern auch ein durch Interpretation der sozialen Wirklichkeit gewonnenes Konstrukt.[12] 23

Jurastudierenden ist der Vorgang der „Herstellung" („Konstruktion") von Straftaten geläufig. Ob zB eine Handlung einen bei Strafe verbotenen Totschlag darstellt, lässt sich erst beantworten, nachdem Fragen des Erfolgseintritts, der Kausalität und objektiven Zurechenbarkeit, des Vorsatzes und des Fehlens von Rechtfertigungs- sowie Schuldausschließungs- und Entschuldigungsgründen geprüft und in einem positiven Sinn beantwortet worden sind. Vor der normativen Einordnung als Straftat („A hat einen Totschlag begangen") existieren zwar Realphänomene (zB Blut an den Händen des A, Stillstand der Vitalfunktionen bei O), die bei den Beteiligten konkrete Bedürfnisse und Erwartungen auslösen können; um ein „Verbrechen" handelt es sich dabei jedoch ohne weitere Prüfungs- und Bewertungsschritte noch nicht. 24

11 Vgl. die Beispiele bei *Kaiser* 1996, § 36 Rn. 23 ff.
12 *Kunz/Singelnstein* 2016, § 2 Rn. 3 ff.; *Kunz* 2008.

25 Entsprechend der Unterschiedlichkeit der Wahrnehmungs- und Bewertungsprozesse, die im Zusammenhang mit strafbaren Handlungen stattfinden, ist die Perspektive des Täters typischerweise eine andere als die des Opfers. Die Wahrnehmungen und Bewertungen der Tatbeteiligten können sich wiederum von der Bedeutung unterscheiden, die Dritte, bspw. die Angehörigen des Opfers, dem Vorgang beimessen. Um Schädigungen wahrzunehmen und strafrechtliche Bewertungen vorzunehmen, braucht man nicht zwingend ein Jurist zu sein.

Beispiel: Im innerfamiliären Zusammenleben werden die meisten strafrechtlich relevanten Verhaltensweisen (zB Ohrfeigen) weder vom Täter noch vom Opfer mit „Kriminalität" in Verbindung gebracht (sondern zB als „Erziehungsmaßnahmen" eingeordnet). Dritte, die außerhalb des familiären Beziehungsgeflechts stehen, können die Problematik mancher Vorgänge häufig eher erkennen.[13]

26 Die strafrechtliche Einordnung eines Vorgangs durch Polizei und Justiz bildet eine eigenständige Wirklichkeitsebene. Die Besonderheit der juristischen (Re-)Konstruktion von Verbrechen besteht darin, dass sich die Einordnungen hier mit konkreten Rechtsfolgen verbinden und (zB mit der Anordnung von U-Haft) staatlichen Zwang auslösen können. Umgekehrt können Fehlwahrnehmungen und -bewertungen seitens der Tatbeteiligten im Strafverfahren wieder korrigiert werden; dies ist die typische Situation der Einstellung eines Verfahrens oder des Freispruchs.

27 Welche dieser unterschiedlichen Perspektiven ist diejenige, die in der Kriminologie maßgeblich ist? Naheliegend ist der Gedanke, für den kriminologischen Zugang zum Verbrechen auf die juristische Perspektive abzustellen, da sich die überindividuelle, gesellschaftliche Bedeutung von „Verbrechen" erst durch die Wahrnehmung und Bewertung seitens der strafrechtlichen Kontrollorgane verbindlich konstituiert. Würde man sich jedoch allein auf die juristische Perspektive beschränken, so würde man sich hierdurch den Blick auf andere, aus kriminologischer Sicht ebenfalls bedeutsame Zugänge zu den Anmaßungen, Ärgernissen, Konflikten und Lebenskatastrophen verstellen, die den juristischen Konstruktionen vorgelagert sind und die auf die Initiierung des strafrechtlichen Kontrollprozesses maßgeblichen Einfluss ausüben (zB durch die Erstattung einer Strafanzeige). Einen Vorrang einzelner Perspektiven kann es deshalb in der Kriminologie

13 Vertiefend *Brennan* IRV 2016, 3 ff.

nicht geben; die individuell und institutionell unterschiedlichen (Re-) Konstruktionen der sozialen Realität stehen sich grundsätzlich gleichberechtigt gegenüber. Von der Verbrechenswirklichkeit lässt sich ein realitätsnahes Bild erst aus der Zusammenführung der unterschiedlichen Perspektiven gewinnen.

III. Das Erkenntnisinteresse der Kriminologie

Was sind die Erkenntnisinteressen der Kriminologie? Warum beschäftigt sich ein ganzer Wissenschaftszweig mit dem Verbrechen? Eine Antwort, die für „die" Kriminologie in ihrer Gesamtheit gültig wäre, lässt sich auf diese Fragen nicht geben. Verallgemeinernd lassen sich jedoch zwei Interessenlagen unterscheiden.[14] 28

Ein unbestrittenes Interesse der Kriminologie geht dahin, zu der sozialen Realität des Verbrechens, seinen individuellen und gesellschaftlichen Hintergründen, den Folgen für das Opfer sowie den staatlichen Reaktionen, die es auslöst, einen festen **Bestand an empirisch gesichertem Wissen** zu erarbeiten. Im Mittelpunkt steht die Gewinnung und Sicherung von Erfahrungswissen, wobei es freilich nicht nur um die Sammlung von empirischen Fakten geht, sondern auch um die Interpretation und die Erklärung der Hintergründe, Zusammenhänge und Strukturen. 29

Die Bedeutung und gleichzeitig auch die Problematik des mit diesem Ansatz verbundenen wissenschaftlichen Anspruchs werden deutlich, wenn man sich vergegenwärtigt, dass die Hintergründe und Folgen von Verbrechen nicht nur von der Kriminologie, sondern auch von anderen Wissenschaftsdisziplinen erforscht werden. Auch für Teile der Psychologie, Psychiatrie, Soziologie und etliche andere Disziplinen bildet das Verbrechen den Anknüpfungspunkt für eigene Theoriebildung und Forschung. Dabei kann man vergröbernd feststellen, dass sich forensische Psychologie und Psychiatrie eher für das individuelle Verhalten, die Kriminalsoziologie eher für die sozialen Hintergründe von Verbrechen sowie für die Prozesse der gesellschaftlichen und juristischen „Konstruktion" interessiert. Für die Kriminologie ergibt sich hieraus nicht nur eine Mittlerfunktion zwischen den verschiedenen Wissenschaftsbereichen. Die Kriminologie kann auch ihren Gegenstand selbst nur dann adäquat erfassen, wenn sie die in den anderen Wissenschaftsbereichen gesammelten Erfahrungen berücksichtigt und in ihre eigenen Forschungen einfließen lässt. Die Kriminologie ist dementsprechend eine interdisziplinäre Wissenschaft. Ihr 30

14 Vgl. zum folgenden *Kaiser*, in: H. J. Schneider 2007, 37ff.; *Kunz/Singelnstein* 2016, § 1 Rn. 7ff.

Ziel ist es, durch die Zusammenarbeit mit den anderen Fachdisziplinen und die Integration der verschiedenen Richtungen zu neuen kriminologischen Theorien zu gelangen, die die Gewinnung, Strukturierung und Sicherung des kriminologischen Erfahrungswissens leiten.

31 Während sich ein Teil der Kriminologen auf diese Aufgabe beschränkt, verfolgt ein anderer Teil zusätzlich ein zweites Interesse. Kriminologie dient nach dem Verständnis dieser Kriminologen nicht nur der Grundlagenforschung, sondern hat auch **praxisbezogene Aufgaben.** Ihr Interesse geht dahin, das Erfahrungswissen vor allem in solchen Themenfeldern zu verbreitern, in denen sich kriminologisches Wissen in justizpraktische Schlussfolgerungen umsetzen lässt. Die Aufmerksamkeit dieser auch anwendungsorientiert arbeitenden Kriminologen gilt deshalb typischerweise den individuellen Hintergründen von Verbrechen, Fragen der Prognose des künftigen Legalverhaltens, den Wirkungen und der präventiven Effektivität der strafrechtlichen Sanktionen sowie den Fragen von Opferwerdung und Opferschutz. Dabei handelt es sich um diejenigen Bereiche, in denen das Strafjustizsystem den größten Bedarf an empirisch fundierter Information hat, um seine zweckgebundenen Entscheidungen rational und möglichst effektiv treffen zu können. Gleichwohl lässt sich die Kriminologie ihre Fragestellungen damit nicht vom Strafrecht „vorschreiben". Sie verliert allein dadurch, dass sie sich auch mit strafrechtlich und kriminalpolitisch relevanten Fragestellungen befasst, nicht ihren Anspruch, eine kritische, autonome Wissenschaft zu sein.[15]

32 Der Anwendungsbezug der Kriminologie ist dennoch nicht unproblematisch. Die Gefahr ist unübersehbar, dass den Verwertungsinteressen von Kriminalpolitik und Justiz im Einzelfall ein Einfluss zukommen kann, der die Unabhängigkeit der wissenschaftlichen Forschung beeinträchtigt. Zu denken ist an die Möglichkeit, dass von den kriminalpolitischen „Abnehmern" auf die methodische Durchführung der Datenerhebung oder die Interpretation der Ergebnisse Einfluss genommen wird. Ebenso besteht die Gefahr, dass der einzelne Wissenschaftler die notwendige Distanz zum Forschungsgegenstand verliert und seiner Arbeit ein unwissenschaftliches, allein an den kriminalpolitischen Verwertungsinteressen ausgerichtetes Gepräge gibt.

33 Auch wenn der Anwendungsbezug der Kriminologie wissenschaftspolitisch nicht unproblematisch ist, kann auf ihn dennoch

15 So aber *P.-A. Albrecht* 2010, 15ff., 86ff.; weiterführend *Kunz* MschrKrim 80 (1997), 165ff.; *Kerner* MschrKrim 96 (2013), 184ff.

nicht verzichtet werden. Sich mit dem Verbrechen nur um seiner selbst willen zu beschäftigen, ist zu kurz gegriffen. Bei Verbrechen geht es um Gefahren, Schäden, Verletzungen und Verluste, an deren Verminderung und Verhinderung ein gesamtgesellschaftliches Interesse besteht. Wenn und soweit es der Kriminologie gelingt, mit ihren Forschungsergebnissen zur Entwicklung einer rationalen, freiheitlich-rechtsstaatlichen Prinzipien ebenso wie den empirischen Befunden verpflichteten Kriminalpolitik einen Beitrag zu leisten, ist dies aus wissenschaftlicher Sicht ein ebenso legitimer wie notwendiger Ansatz.

Empfehlungen zur vertiefenden Lektüre: *Kunz,* Über Zusammenhänge und Distanzen zwischen Kriminologie und Kriminalpolitik, MschrKrim 80 (1997), 161–182; *Kaiser,* Kriminologie als interdisziplinäre und internationale Wissenschaft, in: H. J. Schneider 2007, 25–52; *Sessar,* Zum Verbrechensbegriff, in: *H.-J. Albrecht u. a.* 1998, 421–454.

§ 2. Entwicklung und gegenwärtige Situation der Kriminologie

I. Die klassische Schule der Kriminologie

1 Die ersten Ansätze kriminologischen, erfahrungswissenschaftlichen Denkens finden sich bereits im Mittelalter. Während im Umgang mit dem Verbrechen zunächst ausschließlich religiöse Deutungsmuster und Erklärungen existierten („Gottesurteil"), beginnen im Mittelalter die ersten Versuche, im Strafprozess die Beweisführung auf erfahrungswissenschaftliche Beweismittel umzustellen (zB ärztliche Sachverständigengutachten). Zum Ausdruck gelangt diese Entwicklung in der ersten richterlich angeordneten Leichenöffnung, die im Jahr 1302 in Bologna stattfand.

2 Theoretische Impulse kommen im Vergleich zu diesen ersten empirischen Ansätzen erst sehr viel später; sie ergeben sich im 18. Jahrhundert als ein Produkt der **Aufklärung.** Maßgebliche Impulse gingen namentlich aus von

- dem italienischen Mathematiker und Wirtschaftstheoretiker *Cesare Beccaria* (1738–1794), der 1764 die Schrift „Dei delitti e delle pene"[1] veröffentlichte, in der er sich gegen die damaligen Strafrechts- und Strafvollstreckungsmissstände wandte und eine rationale, auf die Verbrechensvorbeugung abzielende Strafgesetzgebung forderte;
- dem Engländer *Jeremy Bentham* (1748–1832), der als Mitbegründer des Utilitarismus gilt;
- dem Engländer *Samuel Romilly* (1757–1818), der die Abschaffung der Todesstrafe für Diebstahl und Bettelei durchsetzte;
- dem Engländer *John Howard* (1726–1790), der für eine Gefängnisreform eintrat;
- in Deutschland *Johann Anselm v. Feuerbach* (1775–1833), der sich u. a. ebenfalls gegen die Todesstrafe aussprach, die Abschaffung der Folter durchsetzte und unter dessen Einfluss 1813 in Bayern das erste moderne und vielfach vorbildliche StGB entstand.

1 *Beccaria* 1988 (dt. Übersetzung der ital. Ausgabe von 1766).

Die genannten Reformer werden unter dem Begriff der **„klassischen Schule"** zusammengefasst.[2] Kennzeichen der klassischen Schule ist, dass der Mensch als rationales, vernünftiges und eigenverantwortlich handelndes Wesen gesehen wird. Das Verbrechen erscheint als Ergebnis einer an der Verfolgung der eigenen Interessen ausgerichteten Entscheidung des Täters: Verbrechen werden dann begangen, wenn der Täter den potentiellen Nutzen einer Straftat höher einschätzt als die Nachteile, die ihm bei Entdeckung in Form der Bestrafung drohen. Kriminalpolitisch muss die rationale Antwort der Gesellschaft auf das Verbrechen deshalb darin bestehen, für den potentiellen Täter die zu erwartenden Nachteile zu vergrößern und den Nutzen zu vermindern. Die Gesellschaft darf sich dabei jedoch nicht übermäßig harter oder grausamer Strafen bedienen, sondern von dem Recht zu Strafen nur in einem Maß Gebrauch machen, das sich an der Proportionalität von Tat und Strafe orientiert. 3

Als herausgehobener Vertreter der klassischen Schule und Wegbereiter der Kriminologie gilt *Beccaria.* Seine 1764 veröffentlichte Streitschrift wurde innerhalb weniger Jahre in ganz Europa verbreitet und gelesen. Zu den zentralen Forderungen, die *Beccaria* erhob, gehörten das Verbot der Folter, die Abschaffung der Todesstrafe, die strikte Abhängigkeit des Richters vom Gesetz, der Vorrang der Kriminalprävention („besser ist es, den Verbrechen vorzubeugen als sie zu bestrafen"[3]) und die allein an der Schwere der Tat orientierte Bestrafung des Täters („damit die Strafe nicht die Gewalttat eines oder vieler gegen einen einzelnen Bürger sei, muss sie durchaus öffentlich, rasch, notwendig, die geringstmögliche unter den gegebenen Umständen, den Verbrechen angemessen und vom Gesetz vorgeschrieben sein"[4]). Die Aufzählung macht deutlich, dass die Forderungen weniger kriminologisch als kriminalpolitisch orientiert waren.[5] Dennoch ist die Einordnung *Beccarias* als Wegbereiter der Kriminologie richtig, da mit dem Hinweis auf das hinter dem Verbrechen stehende Eigeninteresse des Täters eine wesentliche Voraussetzung für die erfahrungswissenschaftliche Auseinandersetzung mit Kriminalität und Strafe geschaffen wurde. 4

---

2 *Lamnek* 2007, 64ff.; *Vold/Bernard/Snipes* 1998, 14ff.; kritisch *Kaiser* 1996, § 14 Rn. 6.
3 *Beccaria* 1988, 167 (These 41).
4 *Beccaria* 1988, 177 (These 47).
5 Weiterführend *Monachesi,* in: Mannheim 1972, 36ff.; *Küper* JuS 1968, 547ff.

II. Die Wurzeln der positivistischen Kriminologie

5 Zur Konstituierung der Kriminologie als einem eigenständigen Wissenschaftsgebiet kam es erst im Zusammenhang mit dem Positivismus des 19. Jahrhunderts.[6] Als **„Positivismus“** wird dasjenige auf *Auguste Comte* (1798–1857) zurückgehende Wissenschaftsverständnis bezeichnet, das als Basis für wissenschaftliche Erkenntnis nur Tatsachen zulässt und das in der 2. Hälfte des 19. Jahrhunderts die Entwicklung in allen geisteswissenschaftlichen Disziplinen beeinflusst. Der Positivismus ist durch die Vorstellung geprägt, dass sich die Bestimmungsgründe des menschlichen Handelns nicht aus der Entscheidungsfreiheit des Menschen ableiten lassen, sondern dass das menschliche Verhalten allgemeinen Gesetzen („Ursachen“) folgt, die mit erfahrungswissenschaftlichen Methoden erkannt werden können. Auch das Verbrechen beruht nach dem Verständnis der positivistischen Kriminologie nicht auf der freien und eigenverantwortlichen Entscheidung des Täters, sondern lässt sich auf Umstände zurückführen, die der Kontrolle des Täters weitgehend entzogen sind. Welche Umstände dies sind, ist in der positivistischen Kriminologie des späten 19./frühen 20. Jahrhunderts umstritten. Grob verallgemeinernd lassen sich drei Richtungen unterscheiden.[7]

1. Die italienische (kriminalanthropologische) Schule

6 Auf der einen Seite steht die italienische Schule, die die zentralen Ursachen in den **anthropologischen Besonderheiten** des Täters sieht. Mit der italienischen Schule verbinden sich vor allem drei Namen:

- *Cesare Lombroso* (1835–1909), Psychiater und Gefängnisarzt in Turin, der an Gefangenen anthropometrische (dh körpervermessende) Untersuchungen durchführte und 1876 das Buch „L'uomo delinquente“[8] veröffentlichte, in dem er die These entwickelte, der Verbrecher sei von Geburt an zum Verbrechen prädestiniert;

---

6 Göppinger/*Bock* 2008, § 2 Rn. 7 ff.; *Vold/Bernard/Snipes* 1998, 27 ff.
7 Vertiefend *v. Engelhardt,* in: Kerner/Göppinger/Streng 1983, 261 ff.
8 Vgl. *Lombroso* 1887 (dt. Übersetzung der ital. Ausgabe von 1885).

- *Enrico Ferri* (1856–1929), der zunächst zwar *Lombrosos* Ausgangspunkt teilte, sich später aber für die stärkere Berücksichtigung sozialer Faktoren einsetzte;
- *Raffaele Garofalo* (1852–1934), der die These vertrat, der Verbrecher, der das „natürliche Verbrechen" begehe (→ § 1 Rn. 16), sei ein besonderer anthropologischer Typ, der unter einer psychischen und moralischen Anomalie, nämlich einem Mangel an uneigennützigem Empfindungsvermögen leide.

Lombroso wird weithin als Begründer der Kriminologie angesehen. 7
Diese Einordnung resultiert nicht daraus, dass die von ihm vertretenen Auffassungen auch heute noch Wertschätzung genießen würden. Im Gegenteil, *Lombrosos* frühe Thesen wurden schon von seinen Zeitgenossen heftig kritisiert und gelten heute als vollständig überholt. Die besondere Bedeutung *Lombrosos* ergibt sich jedoch daraus, dass er seine theoretischen Überlegungen auf der Grundlage von umfangreichen Studien entwickelte und somit im Umgang mit dem Verbrechen erstmals einen strikt erfahrungswissenschaftlichen Ansatz zugrunde legte.[9]

Lombroso glaubte in seinen Arbeiten festzustellen, dass sich Verbrecher von 8
anderen Menschen in einer Vielzahl von physischen und psychischen Anomalien unterscheiden („Im Allgemeinen sind bei Verbrechern von Geburt die Ohren henkelförmig, das Haupthaar voll, der Bart spärlich, die Stirnhöhlen gewölbt, die Kinnlade enorm, das Kinn viereckig oder vorragend, die Backenknochen breit – kurz, ein mongolischer und bisweilen negerähnlicher Typus vorhanden"[10]). Er deutete dies als Ausdruck des atavistischen, degenerierten Entwicklungsstands der Verbrecher. Ihr zurückgebliebener Entwicklungsstand verhindere es, dass sie sich an die Regeln der zivilisierten Gesellschaft anpassen könnten. Die theoretischen Überlegungen stehen ersichtlich unter dem Einfluss von *Charles Darwin* (1809–1882). Die empirischen Befunde haben sich in späteren Untersuchungen nicht bestätigt. Sie leiden zudem unter ihrer Einseitigkeit; den sozialen Ursachen des Verbrechens maß *Lombroso* in seinen frühen Arbeiten keine Bedeutung bei. Erst später revidierte er seine Auffassung und räumte ein, dass nur etwa ein Drittel der Verbrecher „geborene Verbrecher" seien und dass in den übrigen Fällen soziale Faktoren wirkten.

---

9 Vgl. *Wolfgang*, in: Mannheim 1972, 232 ff.; zum zeitgeschichtlichen Hintergrund *Kury*, in: H. J. Schneider 2007, 68 ff.
10 *Lombroso* 1887, 231 f.

2. Die französische (kriminalsoziologische) Schule

9 Auf der anderen Seite steht die französische Schule, die den kriminalanthropologischen Ansatz ablehnt und die **gesellschaftlichen Entstehungsbedingungen** von Kriminalität in den Mittelpunkt stellt. Gefördert wird die Blickrichtung auf die gesellschaftlichen Ursachen durch die im 19. Jahrhundert in vielen europäischen Ländern begonnenen kriminalstatistischen Datensammlungen. Namentlich Frankreich nahm insoweit eine Vorreiterrolle ein. Erste kriminalstatistische Analysen wurden von *André-Michel Guerry* (1802–1866) und *Adolphe Jacques Quételet* (1796–1874) vorgenommen. Die neue Forschungsrichtung bezeichnete sich als „Moralstatistik“, weil sie Angaben über die „moralischen“ (im Sinne von „sozialen“) Zustände in der Gesellschaft lieferte.[11]

9a Als Gegenstück zu der anthropologisch orientierten italienischen Schule verbindet sich die französische kriminalsoziologische Gegenauffassung vor allem mit den Namen:
- *Alexandre Lacassagne* (1843–1924), der die These vertrat, das Milieu sei der Nährboden der Kriminalität, und auf den der Satz zurückgeht „jede Gesellschaft hat die Verbrecher, die sie verdient“;
- *Gabriel Tarde* (1843–1904), der die Hauptursache der Kriminalität in der Nachahmung sieht und aus der Feststellung, dass ein Verbrecher nur das nachahme, was andere ihm vorgemacht hätten, die These entwickelte „jedermann ist schuldig mit Ausnahme des Kriminellen“.

10 Eine Sonderrolle nimmt der Franzose *Emile Durkheim* (1858–1917) ein, der am Ende des 19. Jahrhunderts die Grundlagen für die moderne Kriminalsoziologie legt. Anders als die positivistische Kriminologie fragt *Durkheim* nicht nach den Ursachen des Verbrechens als einem individuellen Verhalten, sondern nach der Funktion des Verbrechens in der Gesellschaft und den Umständen, die die Entwicklung der gesellschaftlichen Kriminalitätsrate beeinflussen. Das Verbrechen sieht er dabei nicht mehr als eine sozialpathologische Erscheinung, als Übel, das es zu bekämpfen gilt, sondern als einen normalen, sich aus der Sozialstruktur erklärenden Bestandteil der modernen Industriegesellschaft.[12]

---

11 *Kury*, in: H. J. Schneider 2007, 66 f.; *Diekmann* 2012, 96 f.
12 *Lamnek* 2007, 97, 111 ff.; *Vold/Bernard/Snipes* 1998, 123 ff.

Die Auffassung, dass das Verbrechen eine normale und notwendige Erscheinung in jeder Gesellschaft sei, entwickelte *Durkheim* in seinem 1895 veröffentlichten Werk „Die Regeln der soziologischen Methode". Normal sei das Verbrechen deshalb, weil es keine Gesellschaft gebe, in der keine Kriminalität existiere; immer gebe es Menschen, die die Normen verletzten und kriminelle Handlungen begingen. Das Verbrechen sei aber auch eine notwendige Erscheinung, weil es zur Stärkung und Fortentwicklung der kollektiven Normüberzeugungen beitrage. Das Kollektivbewusstsein werde gestärkt, indem der Rechtsbruch öffentlich gemacht und mit Strafe geahndet werde.[13] Für *Durkheim* ist der Umstand, dass es in einer Gesellschaft überhaupt Verbrechen gibt, damit nicht weiter erklärungsbedürftig. Anders ist es jedoch, wenn es infolge von Veränderungen im gesellschaftlichen Gefüge, etwa im Zusammenhang mit Modernisierungsprozessen, zu einem Zusammenbruch der rechtlichen und sozialen Normen kommt. *Durkheim* bezeichnet diesen Zustand als „Anomie". Der Verlust der kollektiven Wertorientierungen kann zu Verhaltensunsicherheit und in verstärktem Maß zu abweichendem Verhalten führen. *Durkheim* setzte sich zwar selbst vor allem mit den Auswirkungen anomischer Zustände auf den Selbstmord auseinander.[14] Seine Überlegungen wurden jedoch von späteren Theoretikern auch auf die Erklärung des Verbrechens übertragen (→ § 3 Rn. 58 ff.). 11

3. Die Marburger Schule

Schon für *Lombroso* und für *Ferri* lässt sich feststellen, dass sie die Ursachen des Verbrechens nur in der Anfangszeit ihres Wirkens allein in anthropologischen Besonderheiten sehen und den sozialen Umständen im weiteren Verlauf ihres Wirkens eine zunehmend größere Bedeutung beimessen. In Deutschland wird dieser Ansatz, der sich nicht auf einen Einflussbereich festlegt, sondern sowohl in individuellen als auch in gesellschaftlichen Faktoren die maßgeblichen Verbrechensursachen sieht, vor allem von *Franz v. Liszt* (1851–1919) verfolgt. 12

Die von *v. Liszt* vertretene **„Anlage-Umwelt-Formel"** kommt am deutlichsten in dem 1898 gehaltenen Vortrag über „Das Verbrechen als sozial-pathologische Erscheinung" zum Ausdruck: „Jedes Verbrechen ist das Produkt aus der Eigenart des Verbrechers einerseits und den den Verbrecher im Augenblick der Tat umgebenden gesellschaftlichen Verhältnissen andererseits; also das Produkt des einen individuellen Faktors und der ungezählten gesellschaftlichen Faktoren."[15] Kriminalpolitisch macht sich *v. Liszt* für die Forderung 13

13 *Durkheim* 1961, 155 ff.
14 *Durkheim* 1973, 279 ff.
15 *v. Liszt* 1905 a, 234.

stark, mit der Verbrechensbekämpfung an eben diese Ursachen des Verbrechens anzuknüpfen. Er setzt sich dabei sowohl für eine wirksamere Kriminalprävention (→ § 10 Rn. 7ff.) als auch für eine differenzierende, an den individuellen Besonderheiten des einzelnen Täters ausgerichtete Form der Sanktionierung ein. Die Grundlagen für letzteres, die Forderung nach einer individualisierenden Strafzumessung, hatte *v. Liszt* bereits im „Marburger Programm" von 1882 entwickelt.[16]

14 *v. Liszts* Suche nach einer **Synthese** zwischen der kriminalanthropologischen und der kriminalsoziologischen Position erscheint rückblickend nicht als neuer, eigenständiger Ansatz, sondern als bloße Addition der bereits bekannten Gesichtspunkte. Aus kriminalitätstheoretischer Sicht liegt hierin sicherlich eine Schwäche. Indem *v. Liszt* den Streit zwischen den Positionen der Kriminalanthropologie und -soziologie aufbricht und die Frage nach den Verbrechensursachen im Sinne eines pragmatischen „sowohl – als auch" beantwortet, gelingt es ihm jedoch, aus den historisch neuen Erkenntnissen der positivistischen Kriminologie erstmals Schlussfolgerungen für die kriminalpolitische und strafrechtliche Praxis zu ziehen.[17] Historisch lässt sich *v. Liszt* damit als Vermittler zwischen Kriminologie und Kriminalpolitik einordnen. Besonders deutlich tritt diese besondere Position *v. Liszts* zutage, als er 1888 zusammen mit dem Holländer *Gerardus Antonius van Hamel* (1842–1917) und dem Belgier *Adolphe Prins* (1945–1919) die Internationale Kriminalistische Vereinigung (IKV) gründet, deren Ziel die Erforschung der Ursachen des Verbrechens ebenso wie die Entwicklung kriminalpolitischer Konzeptionen für die wirksame Reaktion auf Verbrechen ist.[18]

15 Das Wirken *v. Liszts* und der IKV bleibt nicht ohne Folgen. Der kriminalitätstheoretische Ansatz, für die Suche nach den Verbrechensursachen sowohl auf die in der Person des Täters liegenden Besonderheiten als auch auf die sozialen Bedingungen abzustellen, breitet sich zunehmend auch in anderen Ländern aus. *v. Liszts* „Anlage-Umwelt-Formel" entspricht inhaltlich den namentlich in Nordamerika entwickelten und auch heute noch in der Kriminologie am häufigsten vertretenen **Mehrfaktorenansätzen** (→ § 3 Rn. 119ff.). In Deutschland führen die von *v. Liszt* vertretenen Positionen historisch zum **„Schulenstreit"** zwischen der klassischen Strafrechtswissenschaft und der „modernen Schule". Während die klassische Straf-

16 *v. Liszt* 1905, 163ff.
17 *Kaiser* 1996, § 15 Rn. 2; *Kunz/Singelnstein* 2016, § 4 Rn. 25.
18 Ausführlich *Bellmann* 1994.

rechtswissenschaft in Übereinstimmung mit den Annahmen der klassischen Kriminologie weiterhin von der absoluten Willensfreiheit des Menschen ausgeht (Position des Indeterminismus) und hieraus ableitet, die Strafe habe lediglich der Vergeltung zu dienen (absolute Straftheorie), macht die „moderne Schule" *v. Liszts* auf die Abhängigkeit des Handelns von inneren und äußeren Einflussfaktoren aufmerksam (Position des Determinismus) und leitet hieraus ab, dass die Strafe individuell auf den einzelnen Täter zugeschnitten werden müsse, um ihn von weiteren Taten abzuhalten (Theorie der Spezialprävention).[19]

III. Der Aufstieg der nordamerikanischen Kriminologie

In den USA entwickelte sich die Kriminologie als eine in erster Linie **soziologische und sozialpsychologische Disziplin,** die von den Rechtswissenschaften, namentlich dem Strafrecht, weitgehend unabhängig war und ist. Die Entwicklung baute dabei in den USA ebenso wie in Europa auf den Ansätzen kriminologischen Denkens auf, die die europäische Diskussion im 18. und 19. Jahrhundert bestimmt hatten. Besonders deutlich wird der Rückgriff auf die europäischen Ansätze bei *Robert Merton,* der mit seiner erstmals 1938 veröffentlichten Anomietheorie die Überlegungen von *Durkheim* aufgriff (→ § 3 Rn. 58 ff.). Aber auch die übrigen kontinentaleuropäischen Ansätze einschließlich der kriminalanthropologischen Untersuchungen *Lombrosos* wurden in den USA rezipiert. 16

Seit dem Beginn des 20. Jahrhunderts wird die Entwicklung in der Kriminologie weltweit durch die Impulse geprägt, die die nordamerikanische Kriminologie setzt. 17

Auf die verschiedenen Forschungsansätze, Theorien, Kontroversen und Differenzierungen, die die Entwicklung in den USA seither geprägt haben, kann hier nicht im Einzelnen eingegangen werden.[20] Hervorgehoben seien lediglich drei markante Entwicklungslinien, die im 20. Jahrhundert in den USA ihren Ausgangspunkt genommen und auf die europäische Kriminologie zurückgewirkt haben. 17a

Vor dem Hintergrund des rasanten Bevölkerungsanstiegs und der damit verbundenen Probleme wurden in den 1920er und 1930er Jahren an der Uni- 18

19 Vgl. Göppinger/*Bock* 2008, § 2 Rn. 33 ff.
20 Vertiefend *Laub* Criminology 42 (2004), 1 ff.; *Ferdinand*, in: H. J. Schneider 2007, 99 ff.

versität von Chicago eine Vielzahl von Forschungen zum Zusammenhang zwischen Kriminalität und Stadtstruktur durchgeführt, die in der Literatur unter dem Begriff der **„Chicago-Schule"** zusammengefasst werden. Maßgebliche Aufmerksamkeit erlangten die Untersuchungen zur Bandenkriminalität sowie zur Kriminalität in unterschiedlichen Stadtgebieten („delinquency areas"). Die Chicago-Schule beeinflusste die weitere Entwicklung der Kriminologie nicht nur durch die theoretischen Überlegungen, die sie aus den Untersuchungsergebnissen ableitete (Theorien zur sozialen Desorganisation und zur Bildung von Subkulturen; ökologischer Erklärungsansatz), sondern auch durch die Methodenvielfalt, mit der sie sich den Zugang zum Forschungsfeld eröffnete (Einzelfallstudien, teilnehmende Beobachtung).[21]

19 Der zweite wesentliche Impuls ging von der Diskussion um die Berechtigung und Reichweite der **interaktionistischen Perspektive** aus. Anknüpfend an die Thesen *Durkheims* zur Normalität des Verbrechens in der Gesellschaft konzentrierte sich das Interesse großer Teile der nordamerikanischen Kriminologie ab der Mitte des 20. Jahrhunderts auf die Analyse der Prozesse, die der gesellschaftlichen Konstruktion von Verbrechen zugrunde liegen (→ § 1 Rn. 23 ff.). Dabei galt das Interesse weniger den Konsequenzen, die sich aus der öffentlichen Stigmatisierung für die weitere Entwicklung des einzelnen Täters ergeben, als vor allem den Funktionen, die der Kriminalisierung von abweichendem Verhalten in der Gesellschaft zukommt. Der Schwerpunkt dieser Entwicklungsrichtung lag auf der theoretischen Diskussion, nicht auf der Empirie. Die Diskussion griff in den 1970er Jahren auf Europa über und führte auch in Deutschland zu Auseinandersetzungen zwischen „alter" und „neuer" („kritischer") Kriminologie (→ § 3 Rn. 95a, 100 f.).

20 Die dritte markante Entwicklungslinie bildeten die in den USA trotz der Kritik durch die interaktionistischen Theorien unbeirrt fortgeführten Forschungen zu den individuellen Hintergründen von Straftaten und kriminellen Karrieren. Auf der Grundlage eines additiven **Mehrfaktorenansatzes,** der sich bei der Erklärung des Verbrechens in jeder Hinsicht offen zeigte, wurde eine Vielzahl von Untersuchungen durchgeführt, bei denen induktiv nach empirisch belegbaren Unterschieden zwischen Tätern und Nichttätern gesucht wurde. Im Hintergrund standen pragmatische Verwertungsinteressen. Vor allem die im Zusammenhang mit der Verhängung und Vollstreckung der strafrechtlichen Sanktionen erforderlichen Prognosen über das künftige Sozialverhalten des Täters sollten treffsicherer gemacht werden. Maßgebliche Bedeutung kam insoweit den von den 1920er bis in die 1960er Jahre betriebenen Forschungen des Ehepaars *Sheldon* und *Eleanor Glueck* zu, die in Deutschland den Impuls für die Tübinger Jungtäter-Vergleichsuntersuchung setzten (→ § 3 Rn. 119 f.).

21 Heute scheint das Interesse der nordamerikanischen Kriminologie an der Ursachenforschung etwas geringer geworden zu sein. In der Theoriebildung dominieren **lern- und kontrolltheoretische Ansätze**.

---

21 *Wikström*, in: H. J. Schneider 2007, 336 ff.; *Hermann/Laue*, in: Jehle 2001, 96 ff.

Die Aufmerksamkeit gilt den Prozessen, die dem Erwerb pro- und antisozialer Verhaltensweisen vorausgehen; dabei wird nicht nur die Dynamik von Interaktionsprozessen in den Blick genommen, sondern es wird auch danach gefragt, wie sich diese Prozesse in den einzelnen Lebensphasen gestalten. Die Ausdifferenzierung und Fortentwicklung des methodischen Arsenals hat insoweit hilfreiche Dienste geleistet; Längsschnittstudien haben die Voraussetzungen dafür geschaffen, Entwicklungspfade, Übergänge zu neuen Abschnitten und Wendepunkte empirisch deutlich machen zu können (→ § 3 Rn. 102 ff.). Eine große Rolle spielen **präventive Überlegungen**, also die Frage, auf welche Weise Kriminalität im Allgemeinen, insbesondere aber die Entstehung und Perpetuierung krimineller Karrieren verhindert werden kann; dabei wird auch hier ein strikt empirieorientierter Ansatz zugrunde gelegt („evidence-based crime prevention"; → § 10 Rn. 28 ff.). Das in früheren Jahren von der Ursachenforschung besetzte Terrain wird zunehmend von Forschungen besetzt, die sich mit Spezialfragen der Jugend- und der Gewaltkriminalität, insbesondere der Gewalt innerhalb der Familie, der Viktimologie, der Rolle der Polizei sowie den Auswirkungen der harten US-amerikanischen Sanktionierungsstrategien beschäftigen, die seit den 1980er Jahren greifen („three strikes and you are out").[22] Eine einheitliche Richtung lässt sich in alledem kaum noch erkennen; die Kriminologie in den USA stellt sich heute als ein multidisziplinäres Wissenschaftsfeld dar, dessen Kennzeichen gerade in seiner theoretischen und methodischen Vielfalt liegt.[23]

IV. Die Entwicklung in Deutschland

1. Orientierung an biologischen, anthropologischen und psychiatrischen Erklärungen

Im Gegensatz zu der sozialwissenschaftlichen Ausrichtung der nordamerikanischen Kriminologie wurde die Kriminologie in Deutschland bis in die 60er Jahre des 20. Jahrhunderts ausschließlich von **Juristen und Psychiatern** betrieben.[24] Blickt man zunächst auf 22

22 *H. J. Schneider* MschrKrim 90 (2007), 48 ff.; *ders.* MschrKrim 92 (2009), 480 ff.
23 Anschaulich insoweit http://oralhistoryofcriminology.org/
24 Vgl. *Schneider* 1987, 131 ff.; *Kaiser* 1996, § 15 Rn. 3 ff.; *Kunz* MschrKrim 96 (2013), 81 ff.

den Zeitraum bis 1933, so stand im Mittelpunkt die Auseinandersetzung mit biologischen, anthropologischen, medizinischen und psychiatrischen Erklärungen des Verbrechens. Dabei dominierten konstitutions- und erbbiologische Überlegungen. Auch die in den 1920er Jahren von dem Psychiater *Kurt Schneider* entwickelte „Psychopathenlehre" erwies sich als einflussreich.

23 Die **Konstitutionsbiologie** verbindet sich vor allem mit dem Namen *Ernst Kretschmer,* der in dem Werk „Körperbau und Charakter" seine Lehre von den unterschiedlichen Konstitutionstypen entwickelte. Nach *Kretschmer* gibt es drei Körperbautypen: den pyknischen (mittelgroße, gedrungene Figur mit breitem Gesicht), den leptosomen bzw. asthenischen (mager, schmal) und den athletischen Körperbau (kräftig, ausladende Schultern, breiter Kopf). Zwischen Körperbautypus und Temperament soll es einen Zusammenhang geben, der die Begehung von Straftaten erklären können soll: Der Pykniker sei wegen seiner guten sozialen Anpassungsfähigkeit bei allen Delikten unterrepräsentiert, der Leptosom sei häufig in den Kategorien des Diebstahls und des Betrugs anzutreffen, und der Athlet sei bei den gewalttätigen Delikten überrepräsentiert.[25]

24 Die **erbbiologischen Überlegungen** knüpften an *Lombrosos* Thesen an und gingen davon aus, dass die Bereitschaft, kriminelle Handlungen zu begehen, genetisch verankert und damit vererblich sei. Mit einer Arbeit von *Johannes Lange* begann eine Reihe von empirischen Untersuchungen, mit denen versucht wurde, den Einfluss von Erbanlagen auf die Entstehung von Kriminalität nachzuweisen. Die Kriminologie bediente sich dabei der Zwillingsforschung, die danach fragt, ob und inwieweit sich feststellen lässt, dass sich eineiige Zwillinge, die identische genetische Eigenschaften aufweisen, häufiger als zweieiige Zwillinge konkordant verhalten, dh dass beide Zwillinge mit Straftaten auffällig werden. *Lange* stellte eine solche Konkordanz zwar bei 10 von 13 eineiigen Zwillingspaaren, aber nur bei 2 von 17 zweieiigen Zwillingspaaren fest und zog hieraus den Schluss, dass „die Anlage eine ganz überwiegende Rolle unter den Verbrechensursachen spielt."[26]

25 *Kurt Schneider* ist vor allem durch seine **Psychopathenlehre** bekannt geworden. Als „Psychopathie" bezeichnete *Schneider* eine „ererbte abnorme Charakterartung"; sie sollte vorliegen bei Persönlichkeiten, „die an ihrer Abnormität leiden oder unter deren Abnormität die Gesellschaft leidet".[27] *Schneider* unterschied zwischen unterschiedlichen Typen von Psychopathen, stellte allerdings zwischen den einzelnen Typen und Kriminalität keine eindeutigen Beziehungen her. Die Psychopathenlehre konnte damit zur Erklärung kriminellen Verhaltens kaum etwas beitragen, sondern entfaltete ihre Be-

25 So noch *Kretschmer* 1977, 234ff. (1. Aufl. 1921).
26 *Lange* 1929, 14.
27 *K. Schneider* 1923, 16.

deutung vor allem bei der sanktionspolitischen Frage, wie mit straffällig gewordenen Psychopathen umzugehen ist.

Neben den kriminalbiologischen und psychopathologischen Untersuchungen wurden in den 1920er Jahren auch andere empirisch-kriminologische Arbeiten durchgeführt. Impulse setzten insoweit vor allem die kriminologisch tätigen Juristen, namentlich der Strafrechtler *Franz Exner*, der statistische Untersuchungen zur Prognoseforschung sowie zur Wirkung der Todesstrafe initiierte und 1931 eine eigene kriminalstatistische Analyse der Strafzumessungspraxis der deutschen Gerichte veröffentlichte.[28] Daneben gab es weitere Ansätze, die sich gegenüber der herrschenden medizinisch-juristischen Ausrichtung der Kriminologie allerdings nicht durchsetzen konnten. Hinzuweisen ist namentlich auf die psychoanalytischen Arbeiten, die auf die Theorien von *Sigmund Freud* zurückgingen. Bekannt geworden ist die psychoanalytische Kriminaldiagnostik von *Franz Alexander* und *Hugo Staub*.[29] 26

2. Kriminologie im „Dritten Reich"

Die im „Dritten Reich" betriebene Kriminologie knüpfte an die bereits in der Weimarer Republik starke kriminalbiologische Richtung an und baute sie aus. Es kam zu einer Expansion erbbiologischer Vorstellungen, die sich in zahlreichen Zwillingsforschungen und Sippenuntersuchungen niederschlugen, sowie zu einer breiten Rezeption der Psychopathenlehre *Kurt Schneiders*. Die kriminologische Forschung war dabei nicht von vornherein durch politische Absichten geprägt. Das Anlagedenken war jedoch überbetont und führte zu methodisch nicht abgesicherten und in ihren kriminalpolitischen Konsequenzen gefährlichen Aussagen, die von den nationalsozialistischen Machthabern aufgegriffen und zur wissenschaftlichen Legitimation ihrer politischen Absichten missbraucht wurden.[30] 27

Dies zeigt sich an den Konsequenzen, die aus den kriminologischen Untersuchungsergebnissen gezogen wurden. So wurden Wiederholungstäter („Gewohnheitsverbrecher") als gefährlich, unverbesserlich und minderwertig eingeordnet. Das Anlagedenken leistete dieser Einordnung Vorschub, denn 28

28 *Exner* 1931.
29 *Alexander/Staub* 1929.
30 Ausführlich *Dölling*, in: Dreier/Sellert 1989, 194 ff.; *Streng* MschrKrim 76 (1993), 141 ff.; *Ambos*, in: Dessecker/Harrendorf/Höffler 2019, 299 ff.

wenn „wissenschaftlich erwiesen" war, dass kriminelles Handeln auf genetischen Prägungen beruhte, war von den Tätern eine Änderung ihres Verhaltens nicht zu erwarten. Vor dem Hintergrund der nationalsozialistischen Ideologie vom Schutz der Volksgemeinschaft und der Reinhaltung der Rasse lag es nahe, gegen solche Täter drastische Maßnahmen zu fordern: Sicherungsverwahrung (Konzentrationslager), Sterilisation, Eheverbot, und in letzter Konsequenz die Vernichtung der „lebensunwerten" Existenz des Täters. Ihren Niederschlag fanden derartige Vorstellungen zur Verbrechensbekämpfung in zahlreichen Gesetzen (etwa zur Sterilisierung „erbkranker" Personen oder zur drakonischen Strafschärfung bei gefährlichen Gewohnheits- und Sittlichkeitsverbrechern) sowie in einer, die kriminologischen Befunde noch weiter vergröbernden, inhumanen und brutalen Strafrechtspraxis. In der Kriminologie im „Dritten Reich" realisierten sich damit die Gefahren eines naturwissenschaftlich geprägten Positivismus, der über seine Voraussetzungen und Folgen nicht reflektierte.

3. Kriminologie in den alten Bundesländern 1945 bis 1989

29 In der Nachkriegszeit begann sich die Kriminologie allmählich auch in Deutschland zu einer selbstständigen Wissenschaft zu entwickeln. Die Entwicklung verlief allerdings langsam und wurde zusätzlich dadurch gehemmt, dass im Universitätsbereich zahlreiche Vertreter der Kriminalbiologie auch nach dem Zusammenbruch des „Dritten Reichs" zunächst noch präsent blieben.[31] Der eigentliche Durchbruch zu einer selbstständigen Kriminologie, die sich von der starren Blickrichtung auf die strafrechtlichen Verwertungsinteressen löste, sich für soziologische und sozialpsychologische Zusammenhänge öffnete und die empirischen Befunde auf der Grundlage der sozialwissenschaftlichen Forschungsmethoden erhob, erfolgte erst in den 1960er Jahren.[32] Maßgeblich gefördert wurde die Entwicklung durch die **Institutionalisierung** der Kriminologie an den Universitäten. Die ersten Lehrstühle ausschließlich für Kriminologie wurden 1959 in Heidelberg *(Heinz Leferenz)* und 1962 in Tübingen *(Hans Göppinger)* gegründet. Später folgten weitere Lehrstühle sowie außeruniversitäre Forschungseinrichtungen, wobei hier den Anfang 1970 die Gründung der kriminologischen Arbeitsgruppe im Max-Planck-Institut zur Erforschung von Kriminalität, Sicherheit und Recht in Freiburg machte *(Günther Kaiser)*.[33]

---

31 *Streng*, in: Justizministerium des Landes Nordrhein-Westfalen 1997, 217ff.
32 Göppinger/*Bock* 2008, § 2 Rn. 75; *Kaiser* 1996, § 19 Rn. 3ff.
33 Zur Entwicklung der südwestdeutschen und schweizerischen Lehrstühle und Institute genauer *Bartsch u. a.* 2017.

Die **Forschungsfelder** differenzierten sich zunehmend aus. Ein Teil der deutschen Kriminologie beschäftigte sich weiterhin vor allem mit praxisbezogenen Fragen, die ihren Bezugspunkt in der Person des Täters hatten, und bemühte sich auf der Grundlage eines interdisziplinären Ansatzes um weiterführende Erkenntnisse. Die Aufmerksamkeit galt Fragen der Strafzumessung, Prognose, Therapie und Prophylaxe. Ein anderer Teil beschäftigte sich vorwiegend mit kriminalsoziologischen Fragestellungen, rezipierte die Erkenntnisse der nordamerikanischen Kriminalsoziologie und beteiligte sich mit eigenen Beiträgen an der zunehmend internationaler werdenden Diskussion. Das System und die Prozesse der strafrechtlichen Sozialkontrolle zogen verstärkt das Interesse aller Kriminologen auf sich. Es wurden Dunkelfelduntersuchungen und Untersuchungen zur Tätigkeit der Strafverfolgungsbehörden durchgeführt; Fragen der Selektion im Kontrollprozess und der Gleichheit der Rechtsanwendung wurden thematisiert. 30

In den 1980er Jahren intensivierte sich die Forschung im Bereich der Sozialkontrolle und weitete sich aus. Im Vordergrund standen jetzt Fragen der Entstehung und Implementation von Strafrechtsnormen sowie vor allem die Perspektive der Opfer. Thematisiert wurden die Häufigkeit von Viktimisierungen, Art und Ausmaß der erlittenen Schäden, sowie die Erwartungen und Reaktionen der Opfer nach der Tat. Im Jugendbereich wurden Modellprojekte für einen alternativen Umgang mit verurteilten Straftätern initiiert und evaluiert. Ende der 1980er Jahre ergaben sich weitere Akzente aus dem Zusammenbruch der DDR. 31

4. Die Entwicklung der Kriminologie in der ehemaligen DDR

Auch in der ehemaligen DDR begann sich die Kriminologie in den 1960er Jahren als selbstständige Disziplin herauszubilden. Aufgrund ihrer Einbindung in das sozialistische Staatsmodell hatte die Kriminologie in der ehemaligen DDR jedoch eine wesentlich andere Gestalt als in Westdeutschland.[34] Zu den Prämissen der sich selbst als marxistisch-leninistisch bezeichnenden Kriminologie gehörten vor allem zwei Überlegungen: 32

34 Vgl. *Kaiser* 1996, § 18 Rn. 16ff.; ausführlich *Rohde* 1996; *Kräupl*, in: Hilgendorf/Rengier 2012, 141ff.

- Bei der Frage nach den Ursachen der Kriminalität ging die sozialistische Kriminologie von der „allgemeinen Erkenntnis des dialektischen und historischen Materialismus" aus, dass das Sozialverhalten des Menschen von den „konkret-historischen gesellschaftlichen Verhältnissen und den die Gesellschaft bewegenden Widersprüchen" determiniert werde.[35]
- Die schrittweise Zurückdrängung der Straftaten wurde als eine in der sozialistischen Gesellschaft notwendige und erfüllbare Aufgabe angesehen. In der sozialistischen Gesellschaft seien Straftaten ein „aussenseiterisches Verhalten", das in einem unvereinbaren Gegensatz zu den auf den sozialistischen Produktions- und Machtverhältnissen beruhenden Normen des Zusammenlebens sowie zu den Erfordernissen und Möglichkeiten der Entwicklung des Menschen selbst stehe.[36]

33 Vor diesem Hintergrund wurde die Erklärung der in der DDR begangenen Straftaten zu einer der zentralen Fragen der sozialistischen Kriminologie. Die in der DDR vorfindliche Kriminalität wurde vor allem auf zwei Ursachen zurückgeführt: auf die vom „imperialistischen System" ausgehenden Einflüsse und auf die „objektive Dialektik des Lebens in der sozialistischen Gesellschaft" als einem in der Entwicklung begriffenen Organismus mit allen seinen Widersprüchen.[37]

34 Eine Bewertung der sozialistischen Kriminologie aus heutiger Sicht fällt schwer, weil sich der Sozialismus in seiner historischen Entwicklung nicht als die dem Kapitalismus überlegene Alternative erwiesen hat. Dennoch ist darauf hinzuweisen, dass die Vorstellung, es könne gelingen, im Sozialismus Straftaten eines Tages ganz zurückzudrängen, schon im Ansatz nicht realistisch war. Die Existenz von Normen, welcher Art auch immer, setzt denknotwendig das Phänomen der Normabweichung voraus.[38] Selbst wenn es in der sozialistischen Gesellschaft einige der uns heute bekannten Rechtsgüter nicht gäbe (zB kein Eigentum), wird es doch in jeder vorstellbaren Gesellschaft immer zahlreiche Interessen und Werte geben, die im Wege der Sozialkontrolle gegen Angriffe verteidigt werden müssen.

---

35 *Lekschas u. a.* 1983, 291.
36 *Lekschas u. a.* 1983, 138.
37 *Lekschas u. a.* 1983, 390.
38 So schon *Durkheim* 1961, 155ff.

5. Die gegenwärtige Situation der Kriminologie

Der Blick zurück auf die Entwicklung, die die Kriminologie seit dem 18. Jahrhundert genommen hat, zeigt einen kontinuierlichen Prozess der **Ausdifferenzierung und Entfaltung.** Die Kriminologie knüpft mit dem Verbrechen an einen Sachverhalt an, der in allen geschichtlichen Epochen und Gesellschaftsmodellen als erklärungsbedürftiges Phänomen gesehen wird. Entsprechend unterschiedlich und abhängig von den jeweils vorherrschenden wissenschaftlichen Denktraditionen sind die Erklärungen, die die Kriminologie in den letzten 250 Jahren zur Deutung des Verbrechens beigesteuert hat. Das Ergebnis der Entwicklung ist heute ein breiter Bestand an Theorien und Konzepten, die auf unterschiedlichen Ebenen ansetzen und über unterschiedliche Erklärungskraft verfügen. Die Kriminologie hat sich dabei in den letzten Jahrzehnten zu einer internationalen Disziplin entwickelt, die sich nicht mehr als alleinige Domäne von Juristen, Psychiatern, Psychologen oder Soziologen versteht, sondern als eine interdisziplinäre Wissenschaft, für deren Forschung die Methodenvielfalt kennzeichnend ist. 35

Der Versuch, die gegenwärtige Situation der Kriminologie in Deutschland näher zu beschreiben, ist mit Schwierigkeiten verbunden; zu unterschiedlich sind sowohl die Forschungsansätze als auch die theoretischen Konzeptionen, die gegenwärtig die Entwicklung bestimmen. Hier kann nur auf einige Entwicklungslinien aufmerksam gemacht werden, die miteinander in vielfältiger Weise verwoben sind, sich einer genaueren Systematisierung jedoch weitgehend entziehen:[39] 36

- Die Kriminalität, ihre Entstehungsgründe und Folgen werden in thematisch abgegrenzten Kriminalitätsfeldern untersucht und erklärt. Zentrale Themen sind die Gewalt- und die Sexualkriminalität, aber auch der Rechtsextremismus und die durch die Digitalisierung und den technologischen Fortschritt eröffneten Möglichkeiten zur Begehung von Straftaten („Cyber Crime"). Ebenfalls gefragt wird nach den kriminologisch relevanten Auswirkungen von Krisen wie der Flüchtlingskrise von 2015/16, der Covid-19-Pandemie von 2020 („Corona") oder, wenn auch erst zögerlich, dem Klimawandel.
- Einen weiteren Schwerpunkt bilden unverändert die Strategien und Prozesse der strafrechtlichen Kontrolle. Besondere Aufmerksamkeit gilt dabei

39 Vgl. zum Folgenden auch *Boers/Walburg/Kanz* EurJCrim 2017, 667 ff.; *Dölling* FPPK 2016, 243 ff.; für einen Überblick über die Forschungslandschaft eignet sich die Datenbank Krimdex, https://www.praeventionstag.de/nano.cms/forschungsprojekte

nach wie vor der Evaluation von Behandlungsansätzen im (Jugend-) Straf- und Maßregelvollzug sowie der Gestaltung des Übergangs in die Freiheit mit einem individuell angepassten Risikomanagement. Verstärkt geht es aber auch um den Umgang der staatlichen Organe mit Hass und Hetze im Netz und die Unvoreingenommenheit gegenüber Randgruppenangehörigen, insbesondere Angehörigen ethnischer Minderheiten.

- Im Übergangsbereich zur Kriminalpolitik wird – nicht zuletzt vor dem Hintergrund immer knapper werdender öffentlicher Mittel auch zur Verbrechensbekämpfung – ein starker Akzent auf die Entwicklung von evidenzbasierten Modellen der Kriminalprävention gelegt. Die Gewährleistung von Sicherheit wird nicht mehr nur unter dem Gesichtspunkt „objektiver" Sicherheit gesehen, sondern es wird verstärkt auch dem Sicherheitsempfinden und der Wahrnehmung von Unsicherheit Aufmerksamkeit geschenkt.
- Auf dem Gebiet der theoretischen Kriminologie ist ein gewachsenes Interesse an der Entwicklungskriminologie zu beobachten, in deren Folge auch in Deutschland eine Reihe von Längsschnittstudien begonnen worden sind. Auch die neuere „Situational Action Theory" wird rezipiert und zur Grundlage weiterführender Untersuchungen gemacht. Im Übrigen werden der Ausbau der staatlichen Überwachungsinstrumente und der Rückbau der sozialen Sicherungssysteme kritisch begleitet.
- Die in der Forschung eingesetzten Methoden und Auswertungstechniken sind differenzierter geworden. Die quantitative Forschung bewegt sich zum Teil auf einem Niveau, das zwar international anschlussfähig ist, in der Kommunikation mit den nicht sozialwissenschaftlich, sondern juristisch ausgebildeten Teilen der deutschsprachigen Kriminologie aber an Grenzen stößt. Die traditionelle Dominanz der quantitativen Methoden wird zunehmend durch qualitative Ansätze aufgebrochen.
- Organisatorisch ist die Kriminologie heute nicht mehr nur an den Universitäten[40] und den drei schon länger existierenden außeruniversitären Forschungsinstituten angebunden (Forschungsgruppe Kriminologie im Max-Planck-Institut, gegründet 1970;[41] Kriminologisches Forschungsinstitut Niedersachsen, 1980;[42] Kriminologische Zentralstelle, 1981[43]). Eine große Rolle spielen in der kriminologischen Forschung inzwischen auch die kriminalistisch-kriminologischen Forschungsstellen im BKA und in den Landeskriminalämtern sowie die kriminologischen Dienste für den Strafvollzug.[44]

37 Bei alledem kann es kaum erstaunen, dass es „die" Kriminologie als eine nach einheitlichen Prinzipien und auf der Grundlage eines gemeinsamen Selbstverständnisses arbeitende Disziplin in Deutschland

40 *Boers/Seddig* MschrKrim 96 (2013), 115 ff.
41 https://csl.mpg.de/de/
42 https://kfn.de/; *Schwind/Steinhilper*, in: Baier/Mößle 2014, 593 ff.
43 https://www.krimz.de/index.html; *Dessecker/Egg/Sohn*, in: Boers u. a. 2013, 63 ff.
44 Zu letzteren *Suhling/Prätor*, in: Baier/Mößle 2014, 625 ff.

nicht gibt. Auch wenn die großen wissenschaftspolitischen Auseinandersetzungen der 1970er Jahre zwischen „alter“ (konventioneller, „mainstream“) und „neuer“ („kritischer“, „radikaler“) Kriminologie heute nicht mehr geführt werden, kommt die nach wie vor fehlende Homogenität der Disziplin kaum irgendwo deutlicher zum Ausdruck als darin, dass für die deutsche Kriminologie zwei unterschiedliche Fachgesellschaften existieren: die „Kriminologische Gesellschaft“, die die deutsche „Mainstream“-Kriminologie vertritt, sowie die aus dem „Arbeitskreis Junger KriminologInnen“ hervorgegangene, sich vor allem durch ihre fundamentale Kritik am Strafrechtssystem auszeichnende „Gesellschaft für interdisziplinäre wissenschaftliche Kriminologie“. Ein im Jahr 2012 unternommener Versuch, die Situation der deutschen Kriminologie durch ein „Freiburger Memorandum“ zusammenzuführen und in ihrer Wahrnehmung und gesellschaftlichen Bedeutung zu stärken,[45] ist ohne nachhaltigen Erfolg geblieben. Ähnlich wie in den USA (→ Rn. 21) ist die Kriminologie damit auch in Deutschland zu einem Sammelbecken für ganz unterschiedliche Forschungsinteressen und methodische Ansätze geworden, deren gemeinsamen Bezugspunkt freilich stets das Verbrechen bildet.

Empfehlungen zur vertiefenden Lektüre: *H.-J. Albrecht*, Zur Lage der Kriminologie in Deutschland. Eine Einführung, MschrKrim 96 (2013), 73–80; *Boers/Walburg/Kanz*, Crime, crime control and criminology in Germany, EurJCrim 2017, 654–678; *Küper*, Cesare Beccaria und die kriminalpolitische Aufklärung des 18. Jahrhunderts, JuS 1968, 547–553; *Kury*, Geschichte der Kriminologie in Europa, in: H. J. Schneider 2007, 53–98; *Streng*, Der Beitrag der Kriminologie zu Entstehung und Rechtfertigung staatlichen Unrechts im „Dritten Reich“, MschrKrim 76 (1993), 141–168.

45 *H.-J. Albrecht/Quensel/Sessar* MschrKrim 95 (2012), 385 ff.; *H.-J. Albrecht* MschrKrim 96 (2013), 73 ff.

§ 3. Kriminologische Theorien

I. Begriff, Bedeutung und Leistungsfähigkeit von kriminologischen Theorien

1 Das Rückgrat der Kriminologie bilden die kriminologischen Theorien. Mit dem Begriff werden diejenigen theoretischen Aussagesysteme bezeichnet, die die Frage nach den Zusammenhängen in den kriminologisch relevanten Erkenntnisbereichen beantworten. Den bekanntesten und bedeutsamsten Ausschnitt bilden diejenigen Theorien, die sich mit der Entstehung, Entwicklung und Struktur von Delinquenz und Kriminalität beschäftigen. Typische Fragestellungen dieser **Kriminalitätstheorien** lauten: Warum werden Menschen kriminell? Warum gibt es in der Gesellschaft überhaupt „Kriminalität"? Wie erklären sich Schwankungen in der Verbrechensrate? Die kriminologischen Theorien sind hierauf jedoch nicht beschränkt. Sie beantworten auch Fragen nach der Entstehung von Viktimisierungsprozessen und den Besonderheiten bestimmter Täter-Opfer-Beziehungen, sie versuchen, das System der Verbrechenskontrolle zu erklären, sie nehmen Stellung zu den in der Gesellschaft zu beobachtenden Bestrebungen zur Entkriminalisierung oder – umgekehrt – zur Neukriminalisierung oder härteren Sanktionierung bestimmter Verhaltensweisen, kurz: Sie suchen nach Erklärungen für alle diejenigen Phänomene, die mit Kriminalität, dem Täter, dem Opfer und den Prozessen der Kriminalitätskontrolle im Zusammenhang stehen.

2 Bei den kriminologischen Theorien handelt es sich häufig um Ausschnitte aus allgemeineren Theorien, die in den Herkunfts- und Bezugsdisziplinen der Kriminologie entwickelt wurden. Es handelt sich bspw. um speziell auf normabweichendes Verhalten bezogene Ausschnitte allgemeiner psychologischer Verhaltenstheorien oder um Ausschnitte aus soziologischen Konzeptionen, die auf das System der staatlichen Verbrechenskontrolle bezogen werden.

Beispiele: Mit Hilfe der psychologischen Lerntheorie lässt sich die Begehung bestimmter deliktischer Verhaltensweisen genauso erklären wie etwa der Erwerb der Fähigkeit zum Fahrrad fahren (→ Rn. 73 ff.). – Die innerhalb der Soziologie vertretene Theorierichtung des symbolischen Interaktionismus kann sowohl erklären, welche Bedeutung die förmliche Zuschreibung des Etiketts als „kriminell“ für das Selbstverständnis des Betreffenden und sein weiteres Legalverhalten haben kann, wie sie erklären kann, warum sich aus einem Anlächeln unter Fremden ein weitergehender sozialer Kontakt ergeben kann: In beiden Fällen ist das weitere Verhalten geprägt durch die Bedeutung, die der Betreffende der vorangegangenen Interaktion beimisst (→ Rn. 91 ff.).

Obwohl die kriminologischen Theorien inhaltlich ein breites Spektrum abdecken und von ihrer Herkunft her in ganz unterschiedlichen Bezugsdisziplinen verankert sind, gelten für sie einige Gemeinsamkeiten, über die man sich vorab Klarheit verschaffen muss, wenn man ihren Sinn und Zweck richtig verstehen will. Die Gemeinsamkeiten ergeben sich daraus, dass der Bezugspunkt aller kriminologischen Theorien im Tatsachenbereich liegt, namentlich in den empirischen Befunden über die Entstehung, Entwicklung und Struktur von Kriminalität. Mit diesem Tatsachenbezug unterscheiden sich die kriminologischen Theorien von den **juristischen Theorien,** die aus dem Jura-Studium bekannt sind. Juristische Theorien wollen keine Erklärungen für die in der Gesellschaft zu beobachtenden Phänomene liefern, sondern sie wollen rechtliche Zusammenhänge deutlich machen, den Sinngehalt von Rechtssätzen und normativen Konstruktionen durch Auslegung ermitteln helfen und die „richtige“ Rechtsanwendung leiten. 3

1. Begriff der (kriminologischen) Theorie

Mit dem Begriff der **„Theorie“** bezeichnet man in den empirischen Wissenschaften ein System von über den Einzelfall hinausgehenden Aussagen, das dazu dient, Erkenntnisse über einen Tatsachenbereich (zB die statistische Verteilung der Kriminalität in bestimmten Bevölkerungsgruppen oder die Kriminalitätsentwicklung in einzelnen Lebensbereichen) zu ordnen und das Auftreten der Tatsachen zu erklären.[1] Das Ziel liegt in der **Erklärung** der Tatsachen. Es geht darum, Begründungen dafür zu liefern, warum die Tatsachen so sind, wie sie sind, und die empirischen Befunde damit verständlich zu machen. Dabei können sich die Erklärungen sowohl auf objektive, realweltliche Phänomene (zB Misshandlungen von Kindern) als auch auf deren subjektive Deutungen (zB als Erziehungsmaßnahmen oder als Krimi- 4

1 *Schnell/Hill/Esser* 2013, 49 ff.; *Diekmann* 2012, 116 ff.

nalität) beziehen (→ § 1 Rn. 23 ff.). Das Herausarbeiten und Nachvollziehen (Verstehen) subjektiver Einordnungen, Irrtümer, Rechtfertigungen und Bedeutungszuweisungen steht zu problemangemessenen Erklärungen nicht in einem Gegensatz,[2] sondern ist häufig deren notwendige Voraussetzung.

5 Indem Theorien darauf abzielen, Tatsachen zu erklären, unterscheiden sie sich von bloßen **Beschreibungen.** Eine noch so vollständige und genaue Beschreibung der Fakten liefert keinen Ersatz für eine Erklärung. „Erklären" bedeutet, dass angegeben wird, unter welchen Bedingungen bestimmte Einzeltatsachen auftreten bzw. nicht auftreten; es setzt voraus, dass man neben der Kenntnis der Einzeltatsachen zusätzlich die Zusammenhänge zwischen den Einzeltatsachen kennt.[3] Eine „Theorie" liegt dabei erst dann vor, wenn die Zusammenhänge in einer allgemeinen, über den Einzelfall hinausgehenden Weise verdeutlicht werden können.

Beispiel: Um das Verhalten von Autofahrern im Straßenverkehr verständlich zu machen, genügt es nicht, ausführlich zu beschreiben, wie sich die Autofahrer im Verkehr verhalten, zB dass sie in der Regel vor einer roten Ampel anhalten. Verständlich wird das Verhalten dieser Mehrzahl der Autofahrer erst dann, wenn ein Zusammenhang mit den drohenden Sanktionen bei Verletzung der Verkehrsregeln hergestellt und das Verhalten vor der roten Ampel bspw. mit der Abschreckungswirkung von Geldbußen und Fahrverbot erklärt werden kann (denkbar wären natürlich auch andere Erklärungen). In einer allgemeineren Form könnte eine solche zur Erklärung herangezogene „Abschreckungstheorie" etwa lauten: Immer dann, wenn für die Verletzung von Verkehrsregeln Sanktionen angedroht werden, werden die Autofahrer die Verkehrsregeln einhalten.

6 Während man Beschreiben und Erklären voneinander unterscheiden muss, besteht zwischen Erklärung und **Voraussage** kein logischer Unterschied. Beide Tätigkeiten sind gleichermaßen möglich, wenn man über eine Theorie verfügt; dabei blickt die Erklärung in die Vergangenheit und die Prognose in die Zukunft.[4] Der logische Zusammenhang zwischen Erklärung und Voraussage ist wichtig, denn er macht deutlich, dass sich aus kriminologischen Theorien auch Empfehlungen für in die Zukunft gerichtetes, kriminalpolitisches Handeln ableiten lassen: Wenn es mit Hilfe einer Theorie möglich ist, das Auftreten bestimmter Erscheinungen vorherzusagen (zB

---

2 So aber *Kunz/Singelnstein* 2016, § 2 Rn. 11 ff.
3 *Kaiser* 1996, § 5 Rn. 22.
4 *Schnell/Hill/Esser* 2013, 52 ff.

von Kriminalität in einer bestimmten Bevölkerungsgruppe), dann ist es auch möglich, hierauf mit gegenläufigen Maßnahmen zu reagieren (Maßnahmen der Kriminalprävention) und damit die Wahrscheinlichkeit des Eintritts des betreffenden Ereignisses zu beeinflussen.

Beispiel: Wenn sich die Verhaltenskonformität von Autofahrern im Bereich des Straßenverkehrs mit der „Abschreckungstheorie" erklären lässt (s. o.), dann lässt sich vorhersagen, dass es zu einer erhöhten Zahl von Verkehrsvergehen (zB zur Missachtung roter Ampeln) dann kommen wird, wenn die Abschreckungswirkung der bei einer Regelverletzung drohenden Sanktionen nur gering ist. Man kann in diesem Fall einer (im Interesse der Verkehrssicherheit unerwünschten) Fehlentwicklung in der Weise entgegenwirken, dass man entweder bspw. durch den verstärkten Einsatz technischer Überwachungsmaßnahmen die Entdeckungs- und Verfolgungswahrscheinlichkeit einer möglichen Regelverletzung erhöht oder dass man die bei einer Regelverletzung drohenden Sanktionen (Geldbuße, Strafe, Fahrverbot) schärfer fasst. Ob eine dieser Maßnahmen den gewünschten Erfolg nach sich zieht, ist eine mit Hilfe der empirischen Forschungsmethoden beantwortbare Frage (dazu genauer → § 9 Rn. 83 ff.).

2. Kriterien für die Beurteilung der Qualität einer Theorie

Die Unterschiedlichkeit der Bezugsdisziplinen der Kriminologie 7 bringt es mit sich, dass um die Erklärung bestimmter Phänomene oft eine Vielzahl unterschiedlicher Theorien miteinander konkurriert. Wenn dies der Fall ist, stellt sich die Frage, anhand welcher Kriterien sich die Qualität von kriminologischen Theorien beurteilen lässt. Insbesondere dann, wenn mit der Erklärung kriminalpolitische Absichten verfolgt werden, ist es erforderlich, bessere und schlechtere Theorien voneinander trennen zu können.

Bei der Beurteilung der Qualität von Theorien ist es empfehlens- 8 wert, sich zunächst des Erkenntnisgegenstands und der Erklärungsebene der jeweiligen Theorien zu vergewissern.[5] Sinnvoll ist ein Theorienvergleich nur dann, wenn zwei Theorien dasselbe erklären wollen (zB die Entstehung von Kriminalität) und hierfür auf derselben Ebene ansetzen (zB auf der Ebene des individuellen Verhaltens, → Rn. 13). Sind diese Voraussetzungen nicht erfüllt, dann besteht zwischen den betreffenden Theorien kein echtes Konkurrenzverhältnis; die theoretischen Aussagen müssen sich nicht zwingend widersprechen, sondern sie erklären schlicht etwas anderes.[6]

---

5 *Kaiser* 1996, 181 ff., 187 f.
6 *Vold/Bernard/Snipes* 1998, 335.

9 Soweit kriminologische Theorien in einem Konkurrenzverhältnis zueinander stehen, lässt sich ihre Qualität nach den folgenden drei Gesichtspunkten beurteilen[7]:

9a (1) Die Theorie muss einen **Erklärungswert** haben. Einen Erklärungswert hat eine Theorie dann, wenn sie für das (Nicht-)Auftreten des zu erklärenden Phänomens eine Begründung liefert. Bei der Begründung darf es sich nicht um eine bloße Leerformel handeln; tautologische Aussagen („Kriminalität ist das Ergebnis von Straffälligkeit"), Aussagen, die unabhängig von der Beschaffenheit der Realität immer wahr sind („die Ursachen der Kriminalität sind vielschichtig"), sowie kontradiktorische Sätze, die unabhängig von den Fakten immer falsch sind („Kriminalität lässt sich erklären, aber uns fehlen die hierfür notwendigen Erkenntnismöglichkeiten"), sind unbrauchbar.

10 (2) Die Theorie muss **Praxisrelevanz** haben. Praxisrelevanz hat eine Theorie dann, wenn sie nicht nur die Analyse des betreffenden Problems erlaubt, sondern wenn sie auch in der Lage ist, unter Abwägung der möglichen Folgen kriminalpolitische Handlungsempfehlungen abzugeben, etwa zur Kriminalprävention oder zum Umgang mit Straffälligen. Theorien, die der Gesellschaft lediglich einen „Spiegel vorhalten" und in emanzipatorischer Absicht „aufklärerisch" wirken wollen (zB „die Gesellschaft bestraft, um gegenüber dem Verbrecher ihre eigenen kriminellen Tendenzen ausleben zu können" [„Sündenbocktheorie"]), erfüllen dieses Kriterium in der Regel nicht.

11 (3) Die Theorie muss **empirisch abgesichert** sein. Jede Theorie, die den Anspruch erhebt, etwas über die soziale Realität auszusagen, muss sich an dieser messen lassen. Erst aus der Konfrontation der Theorie mit der Wirklichkeit ergibt sich, ob die theoretischen Aussagen richtig oder falsch sind. Die in der Theorie verwendeten Begriffe müssen daher präzise definiert sein und einen Informationsgehalt über die sinnlich wahrnehmbare Realität haben. Empirische Untersuchungen müssen die theoretischen Aussagen bestätigen, zumindest dürfen sie sie nicht widerlegt haben. Da die meisten kriminologischen Theorien mit Wahrscheinlichkeitsaussagen arbeiten (zB „je größer die familiären Belastungen eines Jugendlichen sind, desto größer ist die Wahrscheinlichkeit, dass es zu kriminellen Handlungen kommt") und da Wahrscheinlichkeitsaussagen nicht schon durch die Existenz

7 *Akers* 1999, 6ff.; *Fetchenhauer* 2011, 97ff.; vgl. in diesem Zusammenhang auch die zwischen „Erklären" und „Verstehen" unterscheidenden Überlegungen von *Kunz/Singelnstein* 2016, § 14 Rn. 30ff.

einzelner, weniger Gegenbeispiele widerlegt werden, stellt die empirische Überprüfung der kriminologischen Theorien oft erhebliche methodische und statistische Anforderungen (→ § 4).

II. Erkenntnisgegenstand, Erklärungsebenen und Reichweite der Kriminalitätstheorien

Die Kriminalitätstheorien als der wichtigste Ausschnitt aus dem 12
Spektrum der kriminologischen Theorien beschäftigen sich mit den Gründen für die Entstehung, Entwicklung und Struktur von Delinquenz und Kriminalität. Während die Kriminalitätstheorien damit über einen vergleichsweise einheitlichen Erkenntnisgegenstand verfügen – die Unterschiede zwischen Delinquenz und Kriminalität sind praktisch nur gering (→ § 1 Rn. 13) – kann für die Erklärung auf unterschiedlichen Ebenen angesetzt werden.

Verallgemeinernd lassen sich **drei Erklärungsebenen** unterschei- 13
den. Manche Theorien versuchen, *individuelles Verhalten* zu erklären. Gefragt wird nach den Gründen, die Menschen zu kriminellem Handeln veranlassen, wobei diese Gründe entweder in den individuellen Besonderheiten der betreffenden Personen gesehen werden oder in den Besonderheiten der sozialen Situationen, in denen es zu kriminellem Handeln kommt. Zur Kennzeichnung dieser Gruppe von Theorien spricht man häufig von „Mikrotheorien". Zum zweiten gibt es Theorien, die sich mit dem Phänomen von *Kriminalität in der Gesellschaft* beschäftigen. Die Gründe werden hier nicht auf der individuellen, sondern auf der gesellschaftlichen Ebene gesucht und typischerweise in den Besonderheiten der gesellschaftlichen Sozialstruktur gesehen. Diese Theorien werden auch als „Makrotheorien" bezeichnet. Eine dritte Gruppe von Theorien schließlich beschäftigt sich mit der *Bedeutung des strafrechtlichen Kontrollsystems* für die „Konstruktion" von Kriminalität. Kriminalität wird als das Ergebnis von Etikettierungsprozessen durch die Instanzen der formellen Sozialkontrolle gesehen und es wird danach gefragt, warum die Etikettierungsprozesse in der Gesellschaft auf die zu beobachtende Art und Weise und nicht anders verlaufen. – Der Schwerpunkt der kriminalitätstheoretischen Diskussion liegt traditionell auf den Mikro- und den Makrotheorien.

Unabhängig von der Differenzierung nach den Erklärungsebenen 14
gibt es einen zweiten allgemeinen Gesichtspunkt, nach dem sich die

Kriminalitätstheorien voneinander unterscheiden lassen: die **Reichweite,** die ihren Aussagen zukommt. Bei den meisten Kriminalitätstheorien handelt es sich um „Theorien mittlerer Reichweite". Damit ist gemeint, dass die Theorien sowohl hinsichtlich ihrer Anwendungsmöglichkeiten als auch hinsichtlich ihrer raum-zeitlichen Gültigkeit begrenzt sind. Eine der wesentlichen Leistungen der kriminalitätstheoretischen Diskussion besteht bei diesen Theorien darin herauszuarbeiten, wo die nur selten explizit formulierten Grenzen der jeweiligen Ansätze liegen. Den Theorien mittlerer Reichweite gegenüber stehen „allgemeine Kriminalitätstheorien", die von ihrem Anspruch her keine gegenständliche oder raum-zeitliche Begrenzung aufweisen. Eine der bekanntesten allgemeinen Theorien ist die von *Gottfredson/Hirschi* formulierte Annahme, dass Kriminalität die Konsequenz einer geringen oder fehlenden Selbstkontrolle sei (→ Rn. 84 ff.).

III. Einige ausgewählte Kriminalitätstheorien im Überblick

1. Die „klassische" Erklärung: Kriminalität als Ergebnis zweckrationalen Handelns

a) Die Theorie der rationalen Wahl

15 Will man sich einen Überblick über die wichtigsten Kriminalitätstheorien verschaffen, so muss am Anfang die von der klassischen Schule begründete Erklärung stehen, dass der Mensch ein vernünftiges, selbstbestimmtes Wesen ist, das seine Entscheidungen an der Verfolgung seiner eigenen Interessen ausrichtet (→ § 2 Rn. 3). Diese Ausgangsposition ist in der Entwicklungsgeschichte immer wieder vertreten worden und wird heute vor allem von Ökonomen favorisiert.

16 Im Mittelpunkt der modernen Diskussion steht die „Theorie der rationalen Wahl" (engl.: „rational choice approach"), die maßgeblich auf die Arbeiten des Amerikaners *Gary S. Becker* zurückgeht. Nach *Becker* ist davon auszugehen, „dass eine Person eine Straftat (dann) begeht, wenn der für sie erwartete Nutzen größer ist als der Nutzen, den sie realisieren könnte, wenn sie ihre Zeit und sonstigen Ressourcen für andere Aktivitäten einsetzen würde."[8] Der zur Kennzeichnung dieses Erklärungsansatzes verwendete Begriff der **„rationalen Wahl"** bezieht sich auf die Entscheidungssituation, in der sich der potentielle Täter bei ökonomischer Betrachtung vor der Tat befindet: Ihm stehen mehrere Handlungsalternativen zur Verfügung (Tatbegehung ja/nein), zwischen denen er wählen kann. Rational ist die Entscheidung dann, wenn sich der potentielle Täter für diejenige Alternative entscheidet, die für ihn mit dem größten erwarteten Nutzen verbunden ist.

Zentrale Bedeutung kommt in diesen Überlegungen dem Begriff des **„Nutzens"** zu. Es drängt sich auf, den Nutzen allein ökonomisch zu sehen und die Theorie damit auf die Erklärung von solchen Delikten zu beschränken, bei denen aus der Tat ein finanzieller oder sonstiger wirtschaftlicher Gewinn gezogen werden kann (namentlich also Eigentums- und Vermögensdelikte). Auch wenn der ökonomische Erklärungsansatz bei diesen Delikten besonders plausibel erscheint, würde man ihm jedoch nicht gerecht werden, wenn man ihn hierauf beschränken würde. Die Theorie der rationalen Wahl versteht sich als ein *allgemeiner*, über die Ökonomie hinausgreifender Ansatz zur Erklärung des menschlichen Verhaltens.[9] „Nutzen" kann dementsprechend alles sein, was ein Mensch in einer gegebenen Situation als für sich nützlich definiert, mag es rational erscheinen wie der aus einer Straftat gezogene wirtschaftliche Gewinn, mag es irrational erscheinen wie das Gefühl der Erleichterung und Befriedigung, das sich einstellen kann, wenn der Täter einen ihm verhassten Menschen geschädigt, verletzt oder gedemütigt hat. „Nutzen" im ökonomischen Sinn ist auch der bloße Nervenkitzel, der mit der Tatbegehung einhergeht, die Durchbrechung der Langeweile, die die Tatbegehung bedeutet, oder die Steigerung des Ansehens, das in der Bezugsgruppe durch die Tat gewonnen werden kann; selbst die Begehung eines Selbstmordattentats kann als nützliche Handlung angesehen werden.[10] Der im ökonomischen Ansatz verwendete Begriff der „Rationalität" bezieht sich nicht auf die Bedürfnisse, aus deren Befriedigung der Täter den Nutzen zieht, sondern auf die *Entscheidung*, die er trifft, bevor er die Tat begeht. 17

Bei der Entscheidung muss der Nutzen, den der potentielle Täter aus der Tatbegehung erwartet, verglichen werden mit dem Nutzen, den es für ihn hat, wenn er die Tat *nicht* begeht. Auch dieser alternativ in die Überlegungen einzustellende Nutzen normkonformen Verhaltens (bzw. aus der Sicht der Entscheidung für die Tat formuliert: die „Kosten" der Tat) ist in einem weiten Sinn zu verstehen. **„Kosten"** der Tat sind nicht allein die materiellen und im- 18

8 *G. Becker* 1982, 47f.; ausführlich zum ökonomischen Ansatz *Wittig* 1993; *dies.* MschrKrim 76 (1993), 328ff.; vertiefend *Karstedt/Greve,* in: Bussmann/Kreissl 1996, 171ff.
9 *Gautschi/Berger* MschrKrim 101 (2018), 200ff.
10 *Behringer* Kriminalistik 2018, 216.

materiellen Aufwendungen, die der Täter erbringen muss, um den Tatplan umzusetzen, also die Anschaffungskosten für das Einbruchswerkzeug oder die Tatwaffe, die Transportkosten zum Tatort oder der physische und psychische Aufwand, den die Tatbegehung und die Überwindung der vor ihr liegenden Hemmschwellen erfordert. „Kosten" sind auch und in erster Linie die Folgekosten, die eintreten, wenn die Tat entdeckt wird: die sozialen Einbußen, die mit dem Bekanntwerden der Tat einhergehen (Ansehensverlust, Rufschädigung), und die Sanktionen, die zu erwarten sind, falls sich ein Strafverfahren anschließt. Der Entdeckungswahrscheinlichkeit kommt für die Bestimmung dieser Folgekosten eine maßgebliche Bedeutung zu: Ist die Entdeckungswahrscheinlichkeit nur gering, kann die Kostenbilanz selbst bei harten zu erwartenden Sanktionen günstiger sein als in dem Fall, in dem die Entdeckungswahrscheinlichkeit hoch, die dann drohenden Sanktionen aber eher leicht sind. Es liegt auf der Hand, dass die Einordnung der strafrechtlichen Folgen in den Kontext der „Kosten" das kriminalitätstheoretische Spiegelbild der straftheoretischen Überlegungen zur Abschreckungswirkung der Strafe und des Verfahrens sind (→ § 9 Rn. 17 f.).

b) Kritische Würdigung

19 Bei der Bewertung des Ansatzes ist zu differenzieren. Positiv erscheint zunächst, dass der ökonomische Ansatz die Begehung krimineller Handlungen nicht „pathologisiert", dh er erklärt Kriminalität nicht als individuelle, psychisch oder sozial determinierte Fehlentwicklung, sondern sieht hierin ein **allgemeines Verhaltensschema,** das sich in vergleichbarer Form auch in ganz anderen Bereichen des menschlichen Verhaltens nachweisen lassen können soll (zB bei der Partnerschaftswahl, Erziehung, Religion etc.). Menschen, sagt *Becker,* „werden nicht deshalb ‚Kriminelle', weil sie sich in ihrer grundlegenden Motivation von anderen Menschen unterscheiden, sondern weil ihre Nutzen und Kosten andere sind."[11] Der ökonomische Ansatz ist damit in der Lage, auch (und gerade) das kriminelle Verhalten solcher Täter zu erklären, die keinerlei sichtbare Fehlentwicklungen aufweisen und dennoch Straftaten begehen. Zu denken ist an den großen Bereich der berufsbedingten Kriminalität sowie der Wirtschafts- und Umweltkriminalität, an Beamte, die sich bestechen lassen, an Manager, die trotz erkennbarer Gefährlichkeit Ledersprays, Holzschutzmittel oder ungesunde Babynahrung nicht vom Markt nehmen, und an Tankstellenpächter, die keine ausreichenden Schutzvorkehrungen gegen versickerndes Altöl treffen. Der ökonomische Ansatz leistet damit einen Beitrag zur Erklärung gerade solcher Delinquenzberei-

11 *Becker* 1982, 48.

che, die aus der kriminologischen Betrachtung allzu häufig ausgeblendet bleiben (→ § 11 Rn. 27f.).

20 Gleichwohl weist der ökonomische Ansatz unübersehbare Schwächen auf, die es ausschließen, ihn als allgemeine Theorie zur Erklärung kriminellen Verhaltens zu akzeptieren.[12] Zunächst muss man feststellen, dass der ökonomische Ansatz in seiner Begrifflichkeit äußerst **vage und unbestimmt** und sein Erklärungswert damit nicht sehr groß ist. Versteht man die zentralen Begriffe „Nutzen" und „Kosten" nicht im engeren wirtschaftlichen Sinn, sondern als Konzepte, die sich letztlich mit beliebigen Inhalten füllen lassen,[13] dann ist die Aussagekraft der Theorie gering. Da nicht geklärt wird (und allenfalls lern- oder sozialisationstheoretisch erklärt werden kann), wann ein Mensch welche Faktoren in seine Überlegungen einbezieht und wie gewichtet (Welche Bedeutung haben bspw. Vorurteile? Emotionen?), erlaubt die Theorie letztlich keine Vorhersagen über das tatsächliche Entscheidungsverhalten in einer bestimmten Situation.

21 Der zweite Einwand knüpft daran an, dass dem Entdeckungs- und Bestrafungsrisiko entscheidende Bedeutung beigemessen wird. Obwohl zu der Frage der Abschreckungswirkung von Strafverfolgungsmaßnahmen in der Vergangenheit eine Vielzahl von Untersuchungen durchgeführt worden sind, ist der **empirische Bestätigungsgrad** für diese Annahme nach wie vor **gering.** Die empirischen Untersuchungen zur Generalprävention zeigen, dass von der erwarteten Schwere der Strafe keine und von dem angenommenen Entdeckungsrisiko nur geringe Abschreckungseffekte ausgehen. Eine wesentlich größere Bedeutung kommt für die Erklärung etwa der Einschätzung der moralischen Verbindlichkeit der Norm sowie der Deliktsbegehung im näheren Bekanntenkreis zu (→ § 9 Rn. 75, 83ff.), also solchen Merkmalen, denen in anderen Kriminalitätstheorien ein klarerer Stellenwert beigemessen wird.

22 Ein dritter Einwand ergibt sich daraus, dass die Theorie der rationalen Wahl selbst in dem Bereich, in dem sie auf der Evidenzebene Gültigkeit beanspruchen kann (bei der berufsbedingten Kriminalität sowie der Wirtschafts- und Umweltkriminalität) unvollständig ist. Mit dem Hinweis auf „Kosten" und „Nutzen" ist die Entscheidung nur unvollständig beschrieben; es fehlen jedwede Variablen zur **Si-**

12 Zum folgenden *Akers* 1999, 23ff.; *Wittig* 1993, 126ff.; *Karstedt/Greve*, in: Bussmann/Kreissl 1996, 182ff.

13 Vgl. insoweit die weiterführenden Bemühungen von *Cornish/Clarke* 1986.

tuation, in der die Entscheidung getroffen wird, also namentlich Variablen, die sich auf die Tatgelegenheit, das Vorhandensein von Tatwerkzeugen oder die Existenz eines Tatopfers beziehen. Der Beamte, der sich bestechen lässt, braucht einen interessierten Bürger, der ihn besticht; der Manager, der gesundheitsgefährdende Holzschutzmittel verkauft, braucht Abnehmer, die die Ware kaufen und verbrauchen. Diese Variablen werden in der Theorie der rationalen Wahl zwar stets mitgedacht, explizit formuliert werden sie jedoch nicht. Allerdings ist festzustellen, dass neuere Theorieentwicklungen an dieses Defizit anknüpfen und sich um die Integration des ökonomischen Ansatzes in ein umfassenderes Konzept zur kriminologischen Relevanz der Tatsituation bemühen. Eine herausgehobene Bedeutung kommt in diesem Zusammenhang dem Konzept der Routineaktivitäten zu (→ § 8 Rn. 33 f.).

2. Moderne Kriminalbiologie: Identifizierung biologischer Risikofaktoren

23 Als „moderne Kriminalbiologie“ lässt sich diejenige, etwa seit den 1970er Jahren in Erscheinung tretende Forschungsrichtung bezeichnen, die sich mit den Zusammenhängen zwischen bestimmten biologischen Auffälligkeiten und kriminellem Verhalten beschäftigt. Von ihren entwicklungsgeschichtlichen Vorläufern, namentlich *Lombrosos* Forschungen, unterscheidet sich die moderne Kriminalbiologie vor allem in zwei Punkten: Sie beschränkt sich nicht auf die im ausgehenden 19. und frühen 20. Jahrhundert im Mittelpunkt stehende Frage, ob kriminelles Handeln auf ererbten Eigenschaften des Täters beruht, sondern sie bezieht das gesamte Spektrum möglicher **biologischer Einflüsse auf menschliches Verhalten** in ihre Betrachtungen ein. Dabei misst sie auch den Umweltbedingungen und ihrem Zusammenspiel mit der biologischen Basis Bedeutung zu (biosoziale und soziobiologische Erklärungsansätze). Darüber hinaus geht die moderne Kriminalbiologie nicht mehr davon aus, dass die biologischen Umstände das Verhalten des Menschen auf eine Weise determinieren, die den Weg in die Kriminalität unausweichlich macht (so trug bezeichnenderweise das von *J. Lange* 1929 veröffentlichte Buch [→ § 2 Rn. 24] noch den Titel „Verbrechen als *Schicksal*“). Die moderne Richtung sieht in bestimmten biologischen Besonderheiten lediglich **Risikofaktoren,** die die Wahrscheinlichkeit dafür erhöhen, dass es

beim Zusammentreffen mit bestimmten weiteren Bedingungen (zB in spezifischen Situationen) zu Straftaten kommt. Sie will also lediglich einen *Baustein* für ein umfassenderes Verständnis der individuellen Hintergründe von Kriminalität und Delinquenz liefern.

a) Kriminalität und Vererbung

Die Zusammenhänge, die die moderne Kriminalbiologie zutage gefördert hat, sind vielgestaltig.[14] Zunächst spielt auch heute noch die Frage eine Rolle, ob und inwieweit kriminelles Handeln Erbeinflüssen unterliegt. Dabei muss man sich von der Vorstellung freimachen, es existiere ein einzelnes Gen, das über die Straffälligkeit eines Menschen entscheide. Derartige Vorstellungen hat es in der Kriminologie zwar tatsächlich gegeben. So wurde etwa in den 1960er Jahren angenommen, eine eher zufällig bei verschiedenen verurteilten Mördern festgestellte Chromosomenaberration (XYY-Konstitution) sei die Ursache besonderer Aggressivität („Mörderchromosom"). Systematische Untersuchungen haben diese Annahme jedoch nicht bestätigt. Wenn heute nach dem Einfluss von Genetik und Vererbung gefragt wird, wird von einem **indirekten Einfluss** ausgegangen: Man nimmt an, dass bestimmte Gene den Aufbau und die Regulierung von bestimmten biologischen bzw. neurochemischen Faktoren (Proteine, Enzyme, Hormone, Neurotransmitter) kodieren und damit *mittelbar* auf das Verhalten Einfluss nehmen und bspw. zu aggressiven Handlungsweisen prädisponieren.[15] **24**

Um empirisch zu ermitteln, ob und inwieweit Kriminalität auf Erbeinflüssen beruht, sind in der Kriminologie drei verschiedene Methoden angewandt worden: **25**

- Familienstudien, die nach Konkordanzen (Übereinstimmungen) im Legalverhalten von Eltern und Kindern fragen;
- Zwillingsstudien, die danach fragen, ob sich eineiige Zwillinge im Legalbereich häufiger konkordant verhalten als zweieiige Zwillinge;
- Adoptionsstudien, die untersuchen, ob das Legalverhalten adoptierter Kinder häufiger mit dem ihrer biologischen oder mit dem ihren sozialen (Adoptiv-)Eltern übereinstimmt.

---

14 Vgl. *Raine* 1993, in Deutschland rezipiert von *Hohlfeld* 2002; ferner *Raine* u. a. 1997; *Walsh/Ellis* 2003.

15 *Zerbin-Rüdin* KrimGegfr 16 (1984), 14; *Hohlfeld* 2002, 104.

Als Beispiel für eine Adoptionsstudie kann eine Untersuchung von *Hutchings* und *Mednick* aus den 1970er Jahren dienen. Zugrunde lag eine Stichprobe von 1.145 männlichen Personen, die zwischen dem 1.1.1927 und dem 31.12.1941 in Kopenhagen (Dänemark) geboren und adoptiert worden waren. Bis 1971 waren 16,2 % der Adoptierten strafrechtlich auffällig geworden. Dabei zeigte sich, dass die Kriminalitätsbelastung der Adoptierten höher war, wenn der biologische Vater kriminell und der Adoptivvater unbelastet war (22,0 %), als im umgekehrten Fall, dass der biologische Vater unbelastet und nur der Adoptivvater kriminell war (11,5 %). Am höchsten war die Kriminalitätsbelastung der Adoptierten indes, wenn beide Väter strafrechtlich in Erscheinung getreten waren (36,2 %).[16]

26 Die Ergebnisse der empirischen Forschung lassen sich in der Weise zusammenfassen, dass zwischen Erbfaktoren und Kriminalität zwar ein gewisser Zusammenhang zu bestehen scheint, dass dieser **Zusammenhang** jedoch nur sehr **schwach ausgeprägt** ist und umso schwächer ausfällt, je anspruchsvoller das methodische Design der Untersuchung ist. Für Adoptionsstudien, die wegen der Trennung von Erb- und Umwelteinflüssen aus methodischer Sicht das beste Untersuchungsdesign aufweisen, konnte in einer Anfang der 1990er Jahre durchgeführten Meta-Analyse lediglich eine mittlere Effektstärke von 0,11 nachgewiesen werden.[17] Ein Zusammenhang mit bestimmten Erscheinungsformen der Kriminalität wie etwa Gewaltdelikten ließ sich im Übrigen bislang noch nicht nachweisen. Hinzu kommt, dass bislang auch noch nicht ausreichend geklärt ist, worauf die geringere kriminelle Belastung von Frauen gegenüber Männern beruht (→ § 5 Rn. 42 ff.), denn auch die Geschlechtsbestimmung ist ein genetischer Vorgang, so dass eigentlich eine kriminelle Gleichverteilung zu erwarten wäre.[18] Über die Rolle, die die genetische Ausstattung und damit auch mögliche Erbeinflüsse bei der Kriminalitätsentstehung spielen, und darüber, wie diese Rolle ggf. zu erklären ist, besteht deshalb in der Kriminologie bis heute kein Konsens.

b) Biologische Auffälligkeiten

27 Die moderne Kriminalbiologie beschäftigt sich nicht nur mit Erbeinflüssen. Der Schwerpunkt der aktuellen Forschungsbemühungen liegt in der Identifizierung von solchen biologischen bzw. neuroche-

16 *Hutchings/Mednick,* in: Mednick/Christiansen 1977, 132.
17 *Walters* Criminology 30 (1992), 604.
18 Vgl. allerdings *Choy/Raine/Venables/Farrington* Criminology 55 (2017), 465 ff., die in diesem Zusammenhang auf die Bedeutung der Herzfrequenz hinweisen.

mischen Faktoren, die die Wahrscheinlichkeit kriminellen Handelns erhöhen. Folgende Befunde kennzeichnen das Bild:[19]

- Ein Einfluss des **Hormonhaushalts** auf aggressives bzw. kriminelles Handeln hat sich bislang nicht nachweisen lassen. Sofern sich Korrelationen zwischen dem männlichen Sexualhormon Testosteron und Aggression beobachten ließen, ist die Kausalrichtung ungeklärt; es ist ebenso denkbar, dass erhöhte Hormonausschüttungen aggressives Handeln begünstigt haben, wie denkbar ist, dass Aggressivität zu erhöhten Ausschüttungen geführt hat. 28
- Differenziert muss die Frage beantwortet werden, welche Bedeutung Neurotransmittern zukommt. Als **„Neurotransmitter"** werden diejenigen chemischen Substanzen (Botenstoffe) bezeichnet, die im zentralen oder im autonomen Nervensystem der Informationsweitergabe dienen. Während die Untersuchungen bzgl. Dopamin und Noradrenalin keine bzw. keine eindeutigen Zusammenhänge erbracht haben, scheint dies bei Serotonin anders zu sein: Ein geringer Serotoninspiegel scheint die Impulsivität und damit die Wahrscheinlichkeit fremd- oder auto- (dh gegen sich selbst gerichteten) aggressiven Verhaltens nachweisbar zu erhöhen. Allerdings kann im Serotoninspiegel dabei schon deshalb nicht als „die" entscheidende Ursache für Impulsivität und Aggressivität gesehen werden, weil Neurotransmitter nur Botenstoffe sind, deren Auftreten wiederum von anderen Umständen abhängig ist. 29
- Konsistent sind die Befunde zum Zusammenhang zwischen Beeinträchtigungen des zentralen Nervensystems und antisozialem Verhalten. Das **„Zentralnervensystem"** ist derjenige aus Gehirn und Rückenmark bestehende Teil des Nervensystems, der das Fühlen, Denken und Handeln steuert. Wiederholt hat sich ein Zusammenhang zwischen Beeinträchtigungen des Frontallappens, in dem sich die Motorik und das Planen von Handlungsabfolgen vollziehen, mit Aggression und Gewalt gezeigt. Insbesondere Funktionsstörungen im präfrontalen Cortex, die mit Hilfe bildgebender Verfahren sichtbar gemacht werden können, scheinen bedeutsam zu sein, was sich mit der Relevanz dieser Region für die Steuerung und Organisation der kognitiven Prozesse, namentlich die Verhaltenssteuerung, erklären lässt. Daneben scheint der Amygdala (dem im limbischen System des Gehirns gelegenen Mandelkern) eine be- 30

19 *Raine* 1993; *Moffitt/Ross/Raine*, in: Wilson/Petersilia 2011, 66ff.; *Dreßing/Dreßing* MschrKrim 97 (2014), 345ff.

sondere Bedeutung zuzukommen, die die soziale Informationsverarbeitung steuert und wesentlich an der Affektregulierung beteiligt ist. Auch zwischen einer Überaktivität bestimmter amygdalärer Funktionen und aggressiv-gewalttätigem Verhalten sind wiederholt Korrelationen festgestellt worden.

31 – Zahlreiche neuere kriminalbiologische Untersuchungen beschäftigen sich mit dem Zusammenhang zwischen Auffälligkeiten des autonomen (vegetativen) Nervensystems und Kriminalität. Das **„autonome Nervensystem"** ist derjenige Teil des Nervensystems, der die inneren Lebensfunktionen wie Atmung, Verdauung und Stoffwechsel steuert. Empirisch wurden vor allem zwei Indikatoren für die Funktionsweise des autonomen Nervensystems in den Blick genommen: die Herzfrequenz und die Hautleitfähigkeit. Während die Befunde zur Hautleitfähigkeit inkonsistent waren, wurde hinsichtlich der Pulsfrequenz wiederholt ein Zusammenhang von niedrigem Herzschlagrhythmus und antisozialem Verhalten festgestellt. Ein Erklärungsansatz stellt dabei einen Zusammenhang mit dem niedrigen autonomen Erregungsniveau („autonomic underarousal") der Betreffenden her: Das niedrige Erregungsniveau, das sich in der geringen Pulsfrequenz ausdrücke, dränge die Betreffenden zur Suche nach Aufregung („sensation seeking") und begünstige damit die Begehung von antisozialen Handlungen. Ein anderer Erklärungsansatz deutet die geringe Pulsfrequenz als Ausdruck einer geringeren Furchtlosigkeit der Betreffenden gegenüber neuen Reizen, die die Bereitschaft zur Begehung antisozialer Handlungen erhöhe.

32 – Ob und inwieweit **äußere Einwirkungen** auf die biologische Basis wie zB Kopfverletzungen, pränatale Schädigungen, Geburtskomplikationen oder bestimmte Umweltgifte (zB Blei) die Wahrscheinlichkeit kriminellen Handelns erhöhen, lässt sich empirisch nicht eindeutig beantworten.

33 Der Überblick zeigt, dass die neuere Forschung vor allem durch die Suche nach empirischen Zusammenhängen und weniger durch das Bemühen um theoretische Durchdringung geprägt ist. Selbst wenn man davon ausgeht, dass die moderne Kriminalbiologie nicht den Anspruch erhebt, eine umfassende Erklärung für die Entstehung von antisozialem Verhalten und Kriminalität zu liefern, ist derzeit noch weitgehend unklar, ob und inwieweit sich die biologischen Ansätze mit anderen theoretischen Erklärungsansätzen verknüpfen las-

sen. Überwiegend scheint eine Verknüpfung in Form eines dem Mehrfaktorenansatz verpflichteten **biosozialen Modells** favorisiert zu werden, wonach kriminelles Verhalten, namentlich Aggression und Gewalt, sowohl (neuro-)biologische als auch (psycho-)soziale Ursachen hat, die in einer empirisch noch nicht ganz geklärten Wechselbeziehung zueinander stehen.[20] Einen ganz anderen Weg geht die **soziobiologische** (evolutionsbiologische) **Kriminologie,** die aggressives und antisoziales Verhalten als Ausdruck fortbestehender Einflüsse des Evolutionsprozesses interpretiert. Bestimmte Formen aggressiven männlichen Verhaltens sollen danach als Zeichen des hormonell gesteuerten Konkurrenzkampfes um knappe Ressourcen und damit um Attraktivität für weibliche Sexualpartner zu verstehen sein – ein hochspekulativer, empirisch kaum validierbarer Ansatz, der anderen, insbes. Umwelteinflüssen zu wenig Gewicht einräumt.[21] Für sich genommen dürfen die Erkenntnisse der modernen Kriminalbiologie deshalb nicht überbewertet werden; einzelne nachweisbare Einflüsse bestimmter biologischer bzw. neurochemischer Auffälligkeiten liefern noch keine hinreichende Erklärung für eine bestimmte Form des Sozialverhaltens. Nutzbar sind die von der Hirnforschung ermittelten Befunde allerdings in den Bereichen von Prognose und Prävention: Wenn und soweit im Einzelfall neurobiologische Risikofaktoren für antisoziales Verhalten erkennbar sind, kann gefahrträchtigen Entwicklungen uU durch geeignete therapeutische Maßnahmen entgegengewirkt werden.

3. Der Einfluss der Persönlichkeit

a) Grundlagen

Von psychologischer und psychiatrischer Seite wird häufig auf die Bedeutung der Persönlichkeit für das menschliche Handeln hingewiesen. Mit dem Begriff der **„Persönlichkeit“** wird ein **theoretisches Konstrukt** bezeichnet, das die vielfältigen und komplexen Beziehungen zwischen den Denkprozessen (Kognitionen), den Gefühlen (Affekten, Emotionen) und den offen sichtbaren Verhaltensweisen eines Menschen beschreibt. Die „Persönlichkeit“ ist nicht gleichbedeutend 34

20 KKW-*Buikhuisen,* 267ff.; *Raine/Brennan/Farrington,* in: Raine u. a. 1997, 13ff.
21 *Ellis,* in: Walsh/Ellis 2003, 13ff.; *Ellis* EurJCrim 2005, 287ff.; dazu *Fetchenhauer,* in: Feltes/Pfeiffer/Steinhilper 2006, 841ff: sowie grundlegend *Laue* 2010, 323ff.

mit dem konkreten Verhalten in einer spezifischen Situation, sondern sie besteht aus dem bei jedem Menschen einzigartigen System von Handlungsbereitschaften (Dispositionen, traits), das das Verhalten in verschiedenen Situationen und zu verschiedenen Zeitpunkten konsistent beeinflusst. Die „Persönlichkeit“ entzieht sich der unmittelbaren Wahrnehmung und kann nur aus dem Verhalten erschlossen werden.[22]

35 Man kann sich der Frage nach den Zusammenhängen zwischen Persönlichkeit und Kriminalität von zwei Seiten nähern: von der psychologischen und von der psychiatrischen Seite. Die Annäherungen der beiden Fachdisziplinen unterscheiden sich darin, dass die Psychologie von den „normalerweise“ zu erwartenden Dimensionen der Persönlichkeit ausgeht, während die Psychiatrie ihren Ausgangspunkt in der Psychopathologie (dh der Lehre von den psychiatrischen Krankheitsbildern und ihrer Behandlung) und damit bei „gestörten“ Persönlichkeiten nimmt. Beide Ausgangspunkte sind aus theoretischer Sicht gleichwertig. Die Grenzen zwischen „normalen“ und „gestörten“ Persönlichkeiten sind fließend; nur eine typologisierende, einzelne Umstände besonders hervorhebende Betrachtung erlaubt die entsprechenden Zuordnungen.

36 In der (kriminal-)*psychologischen* Forschungsliteratur stehen meist **eigenschaftstheoretische Überlegungen** zu den verschiedenen Dimensionen von „Persönlichkeit“ im Vordergrund, wobei zum Teil mit sehr unterschiedlichen, begrifflich und konzeptionell nicht immer ganz klaren Konstrukten gearbeitet wird. Die methodische Grundlage der Forschungstätigkeit bilden in der Regel „Persönlichkeitsinventare“, worunter Zusammenstellungen von Persönlichkeitsdimensionen (Skalen) zu verstehen sind, die induktiv mittels multivariater statistischer Verfahren gewonnen werden. Bekannt geworden sind etwa der Minnesota Multiphasic Personality Inventory (MMPI) oder das Freiburger Persönlichkeitsinventar (FPI), mit denen Persönlichkeitsdimensionen wie Lebenszufriedenheit, Leistungsorientierung oder Aggressivität gemessen werden können.[23]

37 Die empirischen Forschungen der Kriminalpsychologie haben ergeben, dass sich zwischen registrierten Straftätern und anderen Probanden in den verschiedenen Persönlichkeitsdimensionen zahlreiche Unterschiede feststellen lassen. So wurde festgestellt, dass zu den markantesten, dh den am deutlichs-

22 *Suhling/Greve* 2010, 82f.; *Fetchenhauer* 2011, 163f.
23 Vgl. *Stemmler/Hagemann/Amelang/Bartussek* 2011, 108ff.

ten von einer nichtstraffällig gewordenen Vergleichspopulation abweichenden Persönlichkeitseigenschaften straffälliger Männer folgende Merkmale gehören: geringere Lebenszufriedenheit; erhöhte spontane Aggressivität; hohe Emotionalität, die sich in körperlichen Beschwerden, Erregung, reaktiver Aggressivität und Ängstlichkeit äußert; große Impulsivität mit Risikobereitschaft; hohe Psychotizismus-Werte mit geringer emotionaler Empathie; geringeres Selbstkonzept; erhöhte externale Kontrollüberzeugungen, dh die Straffälligen glauben zwar an ihre eigenen Fähigkeiten, fühlen sich aber auch dem Zufall ausgeliefert (vgl. auch → § 6 Rn. 26 ff.).[24]

In der *psychiatrischen* Beschäftigung mit der (gestörten) Persönlichkeit wird heute meist auf zwei international anerkannte Instrumente zurückgegriffen: das von der American Psychiatric Association entwickelte Klassifikationssystem DSM-5 (Diagnostisches und Statistisches Manual Psychischer Störungen, 5. Ausgabe)[25] und den von der WHO entwickelten Diagnoseschlüssel ICD-10 (International Classification of Diseases, 10. Überarbeitung).[26] Beide Instrumente arbeiten mit operationalisierten Kriterien und erlauben die Zuordnung von beobachtbaren Verhaltensauffälligkeiten zu spezifischen Störungsbildern. Aus der Vielzahl unterschiedlicher Störungsbilder kommt im kriminologischen Kontext der **„antisozialen“** (DSM-5) bzw. **„dissozialen“** (ICD-10) **Persönlichkeitsstörung** die größte Bedeutung zu. 38

Beispielhaft seien hier die im ICD-10 (60.2) genannten Kriterien für das Vorliegen einer „dissozialen Persönlichkeitsstörung“ genannt. Sie ist gekennzeichnet durch: herzloses Unbeteiligtsein gegenüber den Gefühlen anderer; deutliche und andauernde verantwortungslose Haltung und Missachtung sozialer Normen, Regeln und Verpflichtungen; Unfähigkeit zur Aufrechterhaltung dauerhafter Beziehungen, obwohl keine Schwierigkeit besteht, sie einzugehen; sehr geringe Frustrationstoleranz und niedrige Schwelle für aggressives, einschließlich gewalttätiges Verhalten; fehlendes Schuldbewusstsein oder Unfähigkeit, aus negativer Erfahrung, insbesondere Bestrafung, zu lernen; deutliche Neigung, andere zu beschuldigen oder plausible Rationalisierungen anzubieten für das Verhalten, durch welches die Betreffenden in einen Konflikt mit der Gesellschaft geraten sind. 38a

Es liegt auf der Hand, dass mit den dargestellten Konstrukten – gleich ob sie „normale“ oder „gestörte“ Persönlichkeiten beschreiben 39

24 *Scheurer* 1993, 134 ff.; *Caspi et al.* Criminology 32 (1994), 163 ff.; vertiefend *Suhling/Greve* 2010, 86 ff.
25 *Falkai/Wittchen* 2015.
26 *Dilling u. a.* 1994; zur 2022 in Kraft tretenden 11. Überarbeitung https://icd.who.int/en.

– zunächst nur angegeben wird, *welche* Dimensionen der Persönlichkeit es sind, die mit kriminellem Handeln in Zusammenhang stehen. Noch nicht geleistet ist damit die *Erklärung* der Zusammenhänge: *Warum* erhöhen die entsprechenden psychologischen oder psychiatrischen Befunde die Wahrscheinlichkeit kriminellen Handelns?[27] Um den Zusammenhang zwischen Persönlichkeit und Kriminalität zu erklären, müssen von der Persönlichkeitsforschung **Anleihen bei anderen theoretischen Aussagen** gemacht werden. Die „Persönlichkeit" stellt aus psychologischer und psychiatrischer Sicht zwar ein zentrales Element der Kriminalitätserklärung dar, aber es ist für sich genommen nicht hinreichend, um die Bedingungen kriminellen Handelns abschließend anzugeben.

40 Für eine umfassende kriminologische Theorie fehlen Aussagen in zweierlei Richtung: Zum einen muss geklärt werden, wie die Persönlichkeitsebene und die Verhaltensebene miteinander verknüpft sind, *warum* also bestimmte Ausprägungen der Persönlichkeit die Wahrscheinlichkeit kriminellen Handelns erhöhen. Die hiermit verbundenen Fragen verdienen schon deshalb Aufmerksamkeit, weil die „Persönlichkeit" selbst nicht sichtbar ist, sondern nur aus dem Verhalten in konkreten Situationen erschlossen werden kann. Wer aus einer Gewalttat auf Aggressivität, aus einer Brandstiftung auf Pyromanie oder aus der Tatsache der wiederholten Begehung von Straftaten auf eine Persönlichkeitsstörung schließt, kann die betreffenden kriminellen Verhaltensweisen nicht mit eben diesen Eigenschaften der Persönlichkeit wieder „erklären"; dies wäre ein klassischer Zirkelschluss. Bei der Erfassung der „Persönlichkeit" und der Begründung der Zusammenhänge muss daher auf andere Umstände Bezug genommen werden.

Zum zweiten muss in einer umfassenden Theorie auch geklärt werden, in welchem Verhältnis die Persönlichkeitsebene und die soziale Umwelt des Einzelnen stehen. Dabei geht es nicht nur um die Frage, unter welchen Bedingungen in der sozialen Umwelt welche Persönlichkeitsdimensionen entstehen. Beantwortet werden muss auch die Frage, unter welchen Bedingungen die Persönlichkeit als Erklärungsansatz für kriminelles Handeln an Grenzen stößt und durch andere Erklärungen ersetzt werden muss. Empirisch lässt sich etwa zeigen, dass unter entsprechenden Umwelteinflüssen auch unauffällige Persönlichkeiten mit hoher Aggressivität reagieren können. Bekannt ist das Stanford Prison Experiment, bei dem „good people in an evil place" versetzt wurden und bei dem sich gezeigt hat, dass auch „normale" Studierende in der ihnen zugewiesenen Rolle als Aufseher zu sadistischen Verhaltensweisen in der Lage sind.[28]

27 *Suhling/Greve* 2010, 86.
28 *Zimbardo u. a.*, in: Neubacher/Walter 2002, 69 ff.; zusammenfassend *Neubacher* 2020, 129 ff.

Insbesondere von Seiten der Psychologie sind eine Reihe von theoretischen Ansätzen entwickelt worden, die, ausgehend von einem **Mehrebenenmodell der Kriminalitätsentstehung** dem *Persönlichkeitsbereich* eine **zentrale Rolle** bei der Erklärung kriminellen Handelns zusprechen.[29] Als Beispiel für eine derartige „persönlichkeitsübergreifende" Theorie sei hier auf den schon etwas älteren, in der Literatur nicht unumstrittenen Ansatz von *Eysenck* eingegangen, der heute zwar nicht mehr vertreten wird, der aber deutlich macht, wie Persönlichkeitseigenschaften und weitere erklärende Umstände in einem theoretischen Modell zusammenwirken können. 41

b) Die Kriminalitätstheorie von Eysenck

Der deutschstämmige, nach England ausgewanderte Psychologe *Hans Eysenck* (1916–1997) verknüpfte seine Überlegungen zur Persönlichkeit von Straftätern mit kriminalbiologischen und lerntheoretischen Hypothesen. Den Ausgangspunkt bildete ein Modell der Persönlichkeitsbeschreibung, das auf den drei Dimensionen Psychotizismus, Extraversion und Neurotizismus aufbaute.[30] 42

Mit dem Begriff des „Psychotizismus" wird die emotionale Unansprechbarkeit bezeichnet. Personen mit hohen Psychotizismus-Werten sind aggressiv, kalt, egozentrisch, unpersönlich, impulsiv, antisozial, uneinfühlsam. „Extraversion" bezeichnet die Außenorientierung. Extravertierte Persönlichkeiten sind im Gegensatz zu introvertierten Persönlichkeiten gesellig, lebhaft, aktiv, selbstbehauptend, reizhungrig, sorglos, dominant, aufbrausend, abenteuerlustig. „Neurotizismus" nimmt auf die emotionale Labilität/Stabilität Bezug. Personen, die auf der Neurotizismus-Skala hohe Werte aufweisen, sind ängstlich, niedergeschlagen, angespannt, irrational, scheu, stimmungsschwankend, haben ein geringes Selbstwerterleben. 43

Nach *Eysenck* sind alle drei Dimensionen der **Persönlichkeit biologisch-neurophysiologisch verankert** (→ Rn. 31). Aufgrund unterschiedlicher Erregungsmuster und Schwellenwerte im autonomen Nervensystem sprechen Personen, die hohe Neurotizismus-Werte zeigen, eher auf Reize an als emotional stabile Persönlichkeiten; sie zeigen Überreaktionen auf Stress und brauchen lange Erholungsphasen. Aufgrund von Unterschieden im aufsteigenden Retikulärsystem des Hirnstamms (dh dem Maschenwerk des Nervensystems im Ge- 44

29 Übersicht bei *Scheurer* 1993, 30 ff.; KKW-*Lösel*, 533 ff.
30 Grundlegend *Eysenck* 1977; zusammenfassend *Eysenck*, in: Farrington 1994, 63 ff.; vgl. auch *Stemmler/Hagemann/Amelang/Bartussek* 2011, 284 ff.

hirn) versuchen Extravertierte anders als Introvertierte, die kortikale Erregung durch Reize anzuheben; sie suchen die Reize, während die introvertierten Persönlichkeiten eher Reizvermeider sind. Aufgrund ihrer kortikalen Untererregung sind Extrovertierte schwieriger zu konditionieren als Introvertierte; die neurophysiologischen Unterschiede wirken sich also im **Lernverhalten** aus. Die zentrale Instanz, die in einer konkreten Situation über die Begehung einer Straftat entscheidet, ist nach *Eysenck* das Gewissen. Das **„Gewissen"** versteht er als eine konditionierte Reaktion, d. h. als eine innerpsychische Instanz, die im Wesentlichen durch vorangegangene Lernprozesse geprägt wird. Dabei hat *Eysenck* vor allem den Prozess des Lernens durch „klassische Konditionierung" im Blick (dazu genauer → Rn. 74). Die Begehung von Straftaten kann damit zu den einzelnen Dimensionen der Persönlichkeit in Beziehung gesetzt werden: Wenn **extravertierte Persönlichkeiten schlechter konditionierbar** sind als andere, lässt sich die Begehung von Straftaten als das Ergebnis einer durch die Persönlichkeit des Täters bedingten fehlgeschlagenen oder fehlerhaft verlaufenen Form der Gewissensbildung erklären.

45 Die Kriminalitätstheorie von *Eysenck* beeindruckt durch die Verknüpfung von persönlichkeitspsychologischen, neurophysiologischen und lerntheoretischen Befunden. Dennoch vermag sie nicht zu überzeugen.[31] Zunächst fällt auf, dass die Persönlichkeitsdimension des Psychotizismus nicht in den lerntheoretischen Zusammenhang eingeordnet wird; *Eysencks* lerntheoretische Aussagen beziehen sich in erster Linie auf das Merkmal der Extraversion. Sodann fällt auf, dass mit der Bezugnahme auf die biologisch-neurophysiologischen Entstehungsgründe der „Persönlichkeit" die prägende Bedeutung von **biografischen Erfahrungen** ausgeblendet wird. Auch ist die Bezugnahme auf das Konditionierungsmodell wohl zu eng gedacht; gerade im Zusammenhang mit so komplexen Prozessen wie der Gewissensbildung dürften auch **soziale und kognitive Aspekte** eine erhebliche Rolle spielen, die von *Eysenck* jedoch nicht berücksichtigt werden. Abgesehen von diesen eher theoretischen Schwächen ist die empirische Befundlage nicht eindeutig.[32] Dabei ist freilich zu berücksichtigen, dass *Eysenck* auch gar nicht den Anspruch erhebt, mit seiner Theorie *sämtliche* Erscheinungsformen kriminellen Handelns erklären zu können, sondern vielmehr in erster Linie auf die Erfassung

31 *Lösel*, in: Lösel 1983, 32 f.; *Ortmann* 1987, 91 ff.
32 Vgl. *Scheurer* 1993, 52 ff.; *Ullrich et al.* MschrKrim 82 (1999), 297.

des „aktiv antisozialen, psychopathischen Kriminellen" abzielt.[33] *Eysencks* Theorie hat mithin nur eine vergleichsweise beschränkte Reichweite und bezieht sich in erster Linie nur auf die kleine Gruppe der mehrfach auffälligen „gestörten" Täter.

4. Soziale Desorganisation und Kriminalität

Einen ganz anderen Ansatz als die bisher skizzierten Theorien, die mit ihren Erklärungen beim Individuum ansetzen, wählen die soziologischen Kriminalitätstheorien, die auf gesellschaftliche Zusammenhänge abstellen. Kriminalsoziologische Theorien sind im 20. Jahrhundert in großer Bandbreite entwickelt worden, wobei theoretische Querverbindungen, Fortentwicklungen und Integrationsansätze die Übersicht erschweren.[34] Gleichwohl lassen sich einige markante Hauptstränge erkennen. Den ersten Hauptstrang bilden dabei die aus der Chicago-Schule (→ § 2 Rn. 18) hervorgegangenen Überlegungen, die Kriminalität mit der sozialen Desorganisation von Gemeinschaften erklären und die sich wesentlich mit den Namen *Shaw* und *McKay* verbinden. 46

a) Die Kriminalitätstheorie von Shaw und McKay

Ausgangspunkt der auf *Clifford Shaw* (1886–1957) und *Henry McKay* (1899–1980) zurückgehenden Theorie der sozialen Desorganisation ist die Beobachtung, dass die Kriminalitätsbelastung in einer Stadt wie Chicago ungleich verteilt ist. Sie ist am größten in denjenigen Wohngebieten, die sich unmittelbar an die innerstädtischen Geschäfts- und Produktionsstätten anschließen, und sie wird umso geringer, je weiter die Stadtteile vom Zentrum entfernt sind. Dabei weist die Belastung eines Stadtgebiets mit Kriminalität und anderen sozialen Problemen (zB Arbeitslosigkeit, Armut, Drogenmissbrauch) eine erhebliche Konstanz auf: Sie bleibt auch dann hoch, wenn die Bewohner in andere Stadtgebiete umziehen und neue Bewohner einziehen. Für *Shaw* und *McKay* lässt diese Beobachtung nur eine Schlussfolgerung zu: Die maßgeblichen Ursachen für Kriminalität müssen in den einzelnen Stadtgebieten und ihrer jeweiligen Struktur angelegt sein; sie dürfen nicht bei den Personen und ihren individuel- 47

33 *Eysenck* 1977, 71.
34 Kompakte Darstellung bei *Eifler* 2002.

len Besonderheiten gesucht werden, sondern müssen in den Werten, Normen, Einstellungen und Beziehungen liegen, die das Leben innerhalb eines Stadtteils prägen.

48 *Shaw* und *McKay* sehen die maßgebliche Ursache für die Kriminalitätsentstehung darin, dass in den besonders kriminalitätsbelasteten Gebieten **keine homogenen Wertvorstellungen** existieren und dass diejenigen Institutionen, die in anderen Stadtgebieten die informelle Sozialkontrolle ausüben (intakte Familien, Jugendzentren, Religionsgemeinschaften etc.), hier weitgehend fehlen.[35] Beide Gesichtspunkte sind eng miteinander verknüpft: Gerade *weil* in den kriminalitätsbelasteten Gebieten die sonst üblichen Mechanismen der informellen Sozialkontrolle ausfallen und ein Zustand besteht, der als **„soziale Desorganisation"** bezeichnet werden kann, können kriminalitätsbegünstigende Wertvorstellungen Verbreitung finden, die von den Kindern und Jugendlichen beobachtet, erlernt und an die nachfolgende Generation weitergegeben werden können. Hierdurch entsteht nach *Shaw/McKay* in den betreffenden Stadtteilen eine eigene „Tradition der Delinquenz", die einen von den jeweiligen Personen unabhängigen, zeitüberdauernden Charakter hat. Da die Chicago-Schule ihre Überlegungen zu den in einem Stadtgebiet ablaufenden sozialen Prozessen in Anlehnung an biologisch-ökologische Prinzipien formulierte, wird die Theorie der sozialen Desorganisation gelegentlich auch als **(sozial-) „ökologische" Kriminalitätstheorie** bezeichnet.[36]

49 An der hier nur knapp skizzierten Kriminalitätstheorie fällt zunächst auf, dass das Konzept der sozialen Desorganisation von *Shaw/McKay* selbst nur unzureichend entwickelt wurde; seine Bedeutung wurde erst in der späteren Rezeption herausgearbeitet. Darüber hinaus lässt die von *Shaw/McKay* vorgelegte Theorie **wichtige Fragen offen:** Weder erklärt sie, warum es in den hochdelinquenzbelasteten Gebieten auch normkonformes Verhalten gibt, noch erklärt sie normabweichendes Verhalten in denjenigen Stadtteilen, die über eine intakte soziale Organisation verfügen. Auch die Frage, welche Umstände dafür maßgeblich sind, dass es in manchen Gebieten zu der beschriebenen Zusammenballung von sozialen Problemen kommt, bleibt offen.[37] **Empirisch** hat sich die Theorie in ihrer ursprünglichen Form zudem **nur unzureichend** bewährt, was aller-

35 *Shaw/McKay* 1942, 170 ff., 315 ff.
36 Vgl. *Vold/Bernard/Snipes* 1998, 140 ff.
37 *Shoemaker* 2000, 86 f.

dings vor allem eine Folge davon sein dürfte, dass *Shaw/McKay* ihre Begriffe ebenso wie den möglichen Anwendungsbezug ihrer Theorie nur unzureichend expliziert haben.[38] Trotz dieser kaum übersehbaren Schwächen ist der von *Shaw/McKay* entwickelte Ansatz in der Kriminologie jedoch einflussreich gewesen und hat den Anstoß zu einer Vielzahl von weiteren Untersuchungen und Theorieentwicklungen gegeben. Auch heute noch finden Forschungen statt, die sich der Tradition der Chicago-Schule verpflichtet fühlen.[39] In Deutschland stehen die Forschungen zur kommunalen Kriminalprävention zur Theorie der sozialen Desorganisation in einer engen Verbindung (→ § 10 Rn. 10f., 18).

b) Die „Broken-Windows"-Theorie von Wilson/Kelling

In den Kontext der sozialökologischen Kriminalitätstheorien lässt 50
sich die in den 1990er Jahren heftig diskutierte „Broken-Windows"-Theorie von *James Wilson* und *George Kelling* einordnen.[40] Ähnlich wie *Shaw/McKay* suchen auch *Wilson/Kelling* nach den Ursachen der Kriminalität in den Zuständen und sozialen Prozessen, die sich in manchen Stadtgebieten beobachten lassen. Dabei konstruieren sie einen Verstärkerkreislauf, der im Ergebnis in die Begehung von Straftaten einmündet.

Den maßgeblichen Auslöser für kriminelles Handeln sehen *Wilson/Kelling* 51
im **städtebaulichen Verfall** (urban decay), der sich mancherorts beobachten lässt. Der Verfall, der sich bspw. in zerbrochenen, nicht ausgetauschten Fensterscheiben zeigen soll (daher der Name „broken windows"), lockt fremde, ungebetene Personen an, für die der städtebauliche Verfall **mangelnde soziale Kontrolle** signalisiert. Die angelockten Personen legen unerwünschte, nicht notwendig auch kriminelle Verhaltensweisen an den Tag (**public disorder,** zB aggressives Betteln, öffentlicher Alkoholkonsum oder Drogengebrauch, Prostitution etc.). Bei den Bewohnern lösen diese Verhaltensweisen Furcht vor Kriminalität, insbesondere Gewaltkriminalität, aus. Die „anständigen" Bürger ziehen sich aus dem öffentlichen Raum zurück und tragen auf diese Weise zu einer tatsächlichen **Verringerung der sozialen Kontrolle** innerhalb des betreffenden Gebiets bei. Durch den Rückzug wird den angelockten Personen die Begehung von Straftaten objektiv erleichtert. Die Begehung von Straftaten

---

38 *Vold/Bernard/Snipes* 1998, 148ff.; vgl. aber auch *Sampson/Groves* AJS 94 (1989), 774ff.

39 Vgl. *Oberwittler,* in: H.-J. Albrecht 1999, 403ff.; *ders.*, in: Oberwittler/Karstedt 2004, 135ff.; *Sampson* Criminology 40 (2002), 213ff.

40 *Wilson/Kelling* The Atlantic Monthly, März 1982, 29ff. (dt. Übersetzung in KrimJ 1996, 121ff.).

wiederum erhöht die **Verbrechensfurcht** und bewirkt einen weiteren Rückzug der „anständigen" Bürger.

52 Obwohl der „Broken-Windows"-Ansatz und die Theorie der sozialen Desintegration mit der Bezugnahme auf den städtischen Raum einen gemeinsamen Ausgangspunkt haben, bestehen zwischen den theoretischen Konzepten zwei Unterschiede: Anders als *Shaw/McKay* erklären *Wilson/Kelling* Kriminalität nicht als direkte Folge eines Zustands, sondern als Ergebnis eines sich verstärkenden, in Kriminalität einmündenden Interaktionsprozesses zwischen den „anständigen", die soziale Kontrolle ausübenden Bürgern und den sich auffällig und unangemessen verhaltenden, angelockten „Besuchern". Darüber hinaus spielt bei *Wilson/Kelling* die Verbrechensfurcht der „Anständigen" eine maßgebliche Rolle, denn sie gibt den Grund dafür ab, warum sich die soziale Kontrolle in einem Bezirk verringert.

53 Trotz dieser Erweiterungen und Verbesserungen kann in der „Broken-Windows"-Theorie **keine überzeugende Erklärung** für die Entstehung von Kriminalität gesehen werden. So bleiben *Wilson/Kelling* die Antwort auf die zentrale Frage schuldig, *warum* bei nachlassender sozialer Kontrolle Straftaten begangen werden. *Shaw/McKay* hatten diese Frage mit dem Hinweis auf die kriminalitätsbegünstigenden Wertvorstellungen beantwortet. Für *Wilson/Kelling* könnte die Antwort bei den Bindungs- bzw. Kontrolltheorien liegen (s. u. Rn. 76 ff.); gesagt wird dies jedoch nicht. Darüber hinaus bleibt ungeklärt, welche Bedingungen dafür maßgeblich sind, ob in einem Stadtteil soziale Probleme (ausgedrückt im städtebaulichen Verfall) auftreten oder nicht. Nicht ausgeschlossen erscheint es, dass sowohl die sozialen Probleme als auch das kriminelle Handeln der ungebetenen „Besucher" auf gemeinsame, von *Wilson/Kelling* aber nicht genannte Gründe zurückzuführen sind, wobei etwa an gesellschaftliche Mängellagen wie Armut, Arbeitslosigkeit, soziale Ungleichheit oder Diskriminierung zu denken ist. Der städtebauliche Verfall wäre in diesem Fall nur **Symptom,** aber **nicht die Ursache** von Delinquenz und Kriminalität.

54 Ist die theoretische Durchdringung der Kriminalitätsursachen damit nur gering, so bietet die „Broken-Windows"-Theorie auf der anderen Seite ein erstaunliches **Potential für kriminalpräventive Maßnahmen:** Kriminelles Verhalten kann nach *Wilson/Kelling* schon dadurch zurückgedrängt werden, dass aktiv gegen prä-kriminelle Formen abweichenden Verhaltens vorgegangen wird, zB gegen Graf-

fiti-Schmierereien, Betteln, Schwarzfahren etc. Bekannt geworden ist insoweit die in den 1990er Jahren erprobte **„Zero-Tolerance"**-Strategie der Polizei von New York City.[41]

Ende der 1980er, Anfang der 1990er Jahre hatte die Kriminalitätsentwicklung in New York City neue Höhepunkte erreicht; 1990 lag die Häufigkeitszahl für Mord und Totschlag bei 31 pro 100.000 Einwohner (in Deutschland: 3,8). Die Kriminalität war am höchsten in den schwarzen Wohnvierteln Brooklyns, der südlichen Bronx und dem nördlichen Manhattan. Dort hatte ein Zerfall der sozialen Strukturen stattgefunden; die Ghettos waren baulich und sozial heruntergekommen. Das Aufkommen der Droge *Crack* im Jahr 1985 hatte zu einem Kampf um Marktanteile sowie zu einer epidemieartigen Verbreitung von Schusswaffen geführt. 55

Zurückgehend auf das „Broken-Windows"-Paradigma wurde das New York Police Department reformiert und die neue Polizeistrategie des „Quality of Life Policing" eingeführt. Kennzeichen waren häufigere Kontrollen, die „Entwaffnung" der Bevölkerung, „zero tolerance" gegenüber ordnungswidrigem, störendem Verhalten. Kernstück waren die wöchentlich zweimal stattfindenden „Crime Control Strategy Meetings", die der Informationsverarbeitung, der Kommunikation und der Kontrolle innerhalb der Polizei dienten. Von der Polizei wurden u. a. folgende Maßnahmen ergriffen:

- Um die (verbotene) Straßenprostitution einzudämmen, wurden die Autos der Freier konfisziert. Um den Lärmpegel einzudämmen, wurden überlaute Motorräder, Autos mit dröhnender Musik und „Ghetto Blasters" aus dem Verkehr gezogen. Kinderspielplätze und Parks wurden nachts geschlossen und tagsüber patroulliert. Drogendealer wurden verdrängt.
- Die polizeiliche Kontrolldichte wurde erhöht. Viele ordnungsstörende Verhaltensweisen waren als Ordnungswidrigkeiten verboten. Der Verstoß berechtigte die Polizei dazu, die Personalien des Täters festzustellen; zugleich wurde überprüft, ob etwas gegen ihn vorlag. Der Täter konnte – offiziell oder nicht offiziell – durchsucht werden. Ggf. wurde er mit zur Wache genommen. Dort wurde er ausführlich vernommen, auch zu Kontakten, Hintermännern etc. Hierdurch erhöhte sich der Informationsstand der Polizei.
- Auch im Einzelfall eher harmlose Verhaltensweisen wurden verfolgt: Schulschwänzer wurden von der Straße aufgegriffen und zur Schule gebracht; aggressive Bettler wurden in die Schranken verwiesen; das Verbot, auf Gehwegen mit dem Fahrrad zu fahren, wurde durchgesetzt. Das Hochschaukeln von kriminellen Karrieren wurde hierdurch bereits im Ansatz unterbunden.

Selbst wenn sich die „Broken-Windows"-Theorie als ein praxisnaher und nach den vorliegenden Befunden vielleicht auch wirksamer 56

41 Vgl. *Hess* KrimJ 28 (1996), 179ff.; *Ortner/Pilgram/ Steinert* 1998; *Greene,* in: Jehle 2001, 43ff.; *Hess* ZStW 116 (2004), 66ff.; weiterführend *Newburn/Jones* Theoretical Criminology 2007, 221ff.; *Feltes,* in: Lange 2008, 231ff.

Ansatz zur Kriminalprävention erweist (die empirischen Evaluationsstudien mahnen insoweit zur Skepsis[42]), darf man die kriminalpolitische Leistungsfähigkeit des Ansatzes nicht überschätzen. Polizeipraktiken, die sich gegen jede Form non-konformen Verhaltens richten („zero tolerance"), sind unweigerlich mit einem **Verlust an Freiheit** verbunden.[43] Die in Deutschland wichtige juristische Unterscheidung zwischen kriminellem (verbotenem) und prä-kriminellem, aber eben *nicht* verbotenem Verhalten wird durch polizeiliche „zero tolerance"-Strategien, wie sie in New York City praktiziert worden sind, konterkariert. Mit der **Gefahr von Übergriffen** durch gedankenlose oder besonders eifrige Polizeibeamte (Polizeibrutalität) ist ebenso zu rechnen wie mit **erhöhten Kosten,** die für die Verhängung und Vollstreckung von mehr und härteren Sanktionen anfallen.

5. Kriminalität als Folge sozialstrukturellen Drucks

57 Einen zweiten Hauptstrang bilden innerhalb der Kriminalsoziologie diejenigen Auffassungen, die Kriminalität mit der Sozialstruktur der Gesellschaft in Verbindung bringen und nach Zusammenhängen mit Armut, Arbeitslosigkeit und sozialer Ungleichheit fragen. Der zentrale Grundgedanke ist, dass Kriminalität eine Folge des Drucks ist, der von der Ungleichverteilung der sozio-ökonomischen Ressourcen in der Gesellschaft ausgeht. Vorläufer derartiger Auffassungen finden sich bereits im 19. Jahrhundert; zu erinnern ist an die Ausführungen von *Karl Marx* zum Holzdiebstahlsgesetz (1842) und von *Friedrich Engels* zur Lage der arbeitenden Klasse in England (1845).[44] – Eine der bekanntesten sozialstrukturellen Kriminalitätstheorien des 20. Jahrhunderts ist die 1938 von *Merton* vorgelegte Anomietheorie.

a) Mertons Anomietheorie

58 Nach *Robert K. Merton* (1910–2003) wird die Sozialstruktur einer Gesellschaft durch zwei Elemente geprägt: die kulturell definierten **Ziele,** nach denen die Gesellschaftsmitglieder streben (Wohlstand, Prestige, hoher sozialer Status), und die institutionalisierten **Mittel,**

42 Vgl. *Streng,* in: H.-J. Albrecht u. a. 1998, 924 ff.; *Laue* MschrKrim 82 (1999), 284 ff.; *Hermann/Laue,* SozProb 2003, 107 ff.; zu den Folgen der „zero tolerance"-Strategie in New York City *Greene,* in: Jehle 2001, 43 ff.

43 *Hess* KrimJ 28 (1996), 188 f.; *Streng,* in: H.-J. Albrecht u. a. 1998, 936 ff.

44 Textauszüge abgedruckt bei *Filser* 1983, 265 ff.

worunter *Merton* die rechtlich zulässigen und moralisch gebilligten Wege und Möglichkeiten versteht, mit denen die kulturellen Ziele erreicht werden können.[45] Zwischen den beiden Elementen besteht nach *Merton* ein Gleichgewicht, solange die Gesellschaftsmitglieder Befriedigung sowohl aus den erreichten Zielen beziehen als auch daraus, dass sie sich dabei der institutionell vorgeschriebenen Mittel bedienen. Sobald diese Voraussetzung jedoch nicht mehr gegeben ist, weil die Ziele auf den institutionalisierten Wegen nicht mehr erreicht werden können, soll ein Zustand des Ungleichgewichts und der Instabilität eintreten, den *Merton* unter Bezugnahme auf *Durkheim* (→ § 2 Rn. 11) als **„Anomie"** bezeichnet. In einer Situation der Anomie stehen die Gesellschaftsmitglieder unter einem besonderen Druck; es kommt zu Anpassungsproblemen, die sich auch in abweichendem Verhalten niederschlagen können.

Theoretisch sind nach *Merton* fünf Anpassungsmuster denkbar: Konformi- 59
tät, Innovation, Ritualismus, Rückzug und Rebellion. Konformität bedeutet, dass sich die Gesellschaftsmitglieder nur auf diejenigen Ziele konzentrieren, die sie mit den ihnen zur Verfügung stehenden Mitteln auch erreichen können. Innovation steht für Anpassungsformen, bei denen die Ziele nicht mit den institutionalisierten, sondern mit anderen, kriminellen Mitteln erreicht werden; zu denken ist an Straftaten wie Diebstahl und Betrug. Ritualismus beschreibt die Anpassung, bei der die Ziele aufgegeben und die institutionalisierten Wege ritualistisch, d. h. ohne jede weitere Zielverwirklichungsabsicht eingehalten werden. Rückzug bedeutet die Aufgabe von Zielen und Mitteln; er kann sich in Verhaltensweisen wie Alkohol- oder Drogenmissbrauch, in psychischen Erkrankungen oder im Rückzug in virtuelle Welten niederschlagen. Rebellion steht für den Versuch, die alten Ziele und Mittel durch eine neue Sozialstruktur zu ersetzen. Für welchen Anpassungstyp sich ein Gesellschaftsmitglied entscheidet, ist nach *Merton* abhängig von dem spezifischen kulturellen Hintergrund des einzelnen und soll wesentlich durch seine Sozialisation bestimmt werden, die wiederum maßgeblich durch die Klassen- bzw. Schichtzugehörigkeit geprägt wird.

Aus kriminologischer Sicht sind vor allem diejenigen Anpassungs- 60
typen von Interesse, die mit der Ablehnung bzw. Ersetzung der institutionalisierten Mittel einhergehen: Innovation, Rückzug und Rebellion. Mit Hilfe dieser drei Anpassungstypen lassen sich eine Vielzahl von Erscheinungsformen der Kriminalität erklären, die von der Eigentums- und Vermögensdelinquenz über die Betäubungsmitteldelinquenz bis hin zur Staatsschutzkriminalität reichen.

45 *Merton* ASR 3 (1938), 672 ff. (dt. Bearbeitung in: *Sack/König* 1968, 283 ff.).

61 Gleichwohl darf die Erklärungskraft der Anomietheorie nicht überschätzt werden.[46] Die Anomietheorie lebt davon, dass **vieles im Unklaren** gehalten wird. Dies betrifft etwa die Frage, warum sich ein Individuum im Zustand der Anomie für eine bestimmte Anpassungsform entscheidet und nicht für eine andere;[47] mit dem Hinweis auf die Sozialisation stellt *Merton* lediglich einen vagen theoretischen Bezugsrahmen zur Verfügung. Unklar ist und bleibt auch der Begriff des kulturell definierten „Ziels", an dem sich die Gesellschaft orientiert. In seiner Vagheit und Unschärfe öffnet der Begriff der Anomietheorie die Tür zur Beliebigkeit. Nimmt man hinzu, dass auch die **Praxisrelevanz** der Anomietheorie **nur gering** ist, weil sich aus ihren Aussagen zur Sozialstruktur keine unter den gegebenen gesellschaftlichen Bedingungen realisierbaren Handlungsanweisungen für die Kriminalitätsprophylaxe ableiten lassen,[48] so muss man feststellen, dass die Anomietheorie zwar einen erheblichen heuristischen Wert hat, da sie auf die Relevanz sozialstruktureller Merkmale bei der Kriminalitätserklärung hinweist, dass sie als alleinige Erklärung für Kriminalität und kriminelles Verhalten jedoch nicht taugt.

b) Die allgemeine Drucktheorie von Agnew

62 Neuere Fortentwicklungen knüpfen an *Mertons* These an, dass Kriminalität eine Folge des Drucks ist, der auf dem Täter lastet. Hervorzuheben ist die in den 1990er Jahren von *Robert Agnew* vorgelegte **„allgemeine Drucktheorie"** („general strain theory"). *Agnew* unterscheidet zwischen zwei verschiedenen Arten des Drucks:

- Druck, der davon ausgeht, dass positiv bewertete Ziele nicht erreicht werden (hier übernimmt *Agnew* die Überlegungen *Mertons* zum Auseinanderfallen von kulturell definierten Zielen und Mitteln); sowie
- Druck, der davon ausgeht, dass positiv bewertete Handlungsanreize vorenthalten bzw. genommen oder negative Handlungsanreize gesetzt werden, wobei etwa an die Störung oder Beendigung einer engen persönlichen Beziehung ebenso zu denken ist wie an verbale Beleidigungen oder körperliche Angriffe durch Dritte (hier übernimmt *Agnew* die Erkenntnisse der Psychologie zu den Ursachen von Stress und Aggressivität).

46 *Kaiser* 1996, § 39 Rn. 5.
47 KKW/*Sack*, 276.
48 Vgl. *Lamnek* 2007, 269 ff.

Nach *Agnew* erhöht jede Form des Drucks die Wahrscheinlichkeit von Frustration, Zorn, Angst oder anderen negativen Gefühlen. Aus den **negativen Gefühlen** erwächst das Bedürfnis, dem Druck durch Gegenmaßnahmen zu entgehen oder ihn in seinen Wirkungen abzumildern; dabei ist das Übertreten der durch das Strafrecht gezogenen Grenzen zwar nur eine mögliche, aber nicht ganz unwahrscheinliche Form der Reaktion. Dem Zorn misst *Agnew* eine besondere Bedeutung bei, da er das Empfinden für erlittene Ungerechtigkeit erhöhe, das Bedürfnis nach Vergeltung auslöse und die Hemmschwelle absenke, wodurch die Wahrscheinlichkeit, dass es zu Straftaten kommt, erheblich ansteige.[49] Wie auf Druck reagiert wird, soll dabei von Persönlichkeitsvariablen wie der individuellen Empfindlichkeit und Widerstandsfähigkeit abhängig sein.[50] 63

Gegenüber der Anomietheorie *Merton*scher Prägung stellt die allgemeine Drucktheorie insofern eine wichtige Fortentwicklung dar, als sie aufgrund der Ausdifferenzierung von Drucksituationen in der Lage ist, ein noch breiteres Spektrum an kriminellen Verhaltensweisen zu erklären als es die Anomietheorie vermag. Dies gilt insbesondere für die Erklärung von nicht eigennützig motivierter Gewaltkriminalität. Demgegenüber ist die **Erklärungsebene** der allgemeinen Drucktheorie **eine andere** als die der Anomietheorie: Während die Anomietheorie die sozialstrukturellen Entstehungsbedingungen von Kriminalität thematisiert, setzt die Drucktheorie mit ihrer Erklärung auf der Ebene des Individuums an. Die Theorien von *Merton* und *Agnew* sind damit weiter voneinander entfernt als es zunächst den Anschein hat. 64

6. Lerntheoretische Erklärungen

Lerntheorien, die den dritten Hauptstrang innerhalb der Kriminalsoziologie bilden, gehen von der Annahme aus, dass kriminelles Verhalten erlerntes Verhalten ist, d. h. ein Verhalten, das sich aus den Erfahrungen erklärt, die der Einzelne im Verlauf seiner Entwicklung macht. Die kriminologischen Lerntheorien setzen damit eine Theorielinie fort, die Ende des 19. Jahrhunderts bereits von *Tarde* einge- 65

49 *Agnew* Criminology 30 (1992), 59 f.; zur empirischen Überprüfung vgl. *Agnew/White* Criminology 30 (1992), 475 ff.; *Agnew et al.* Criminology 40 (2002), 43 ff.; *Baron* Criminology 42 (2004), 457 ff.; zur Anwendbarkeit im Zusammenhang mit dem Klimawandel *Agnew* Theoretical Criminology 2012, 27 ff.

50 *Agnew* Criminology 54 (2016), 181 ff.

schlagen worden war (→ § 2 Rn. 9). – Eine der ersten und wichtigsten kriminologischen Lerntheorien ist die unter dem Einfluss der Chicago-Schule entstandene, 1939 vorgelegte „Theorie der differentiellen Assoziation" von *Edwin H. Sutherland* (1883–1950).

a) Sutherlands Theorie der differentiellen Assoziation

66 *Sutherland* geht davon aus, dass kriminelles Verhalten in Interaktion mit anderen Personen in einem Kommunikationsprozess gelernt wird. Aus dieser Annahme erklärt sich der Name der Theorie: Der Begriff der **„Assoziation"** bezeichnet die Kontakte zu anderen Personen bzw. Verhaltensmustern. Das Erlernen krimineller Verhaltensweisen findet nach *Sutherland* hauptsächlich in kleinen persönlichen Gruppen statt. Den Medien misst er nur eine relativ unbedeutende Rolle bei der Entstehung kriminellen Verhaltens bei.[51]

67 Wichtig ist für *Sutherland, was* gelernt werden muss, damit es zu kriminellem Verhalten kommt. Für ihn schließt das Lernen kriminellen Verhaltens zweierlei ein: das Erlernen der Techniken zur Ausführung des Verbrechens, und das Erlernen der spezifischen Richtung von Motiven, Trieben, Rationalisierungen (d. h. verstandesmäßigen Rechtfertigungen), und Attitüden (Einstellungen). Welche spezifische Richtung die Motive und Triebe nehmen, ob sie also mehr zu normkonformem oder zu normabweichendem Verhalten drängen, ist dabei von der Bedeutung abhängig, die die unmittelbare Umgebung des Betreffenden den Rechtsnormen beimisst. Aus diesen Vorüberlegungen leitet *Sutherland* seine zentrale These ab: „Eine Person wird delinquent infolge des Überwiegens der die Verletzung begünstigenden Einstellungen über jene, die Gesetzesverletzungen negativ beurteilen." Er geht dabei davon aus, dass jeder Mensch sowohl kriminalitätsbegünstigende als auch konformes Verhalten begünstigende Kontakte habe (dies ist mit dem Begriff der „differentiellen" Kontakte gemeint), und dass es für die Frage, ob ein Mensch selbst kriminell werde, auf das Überwiegen der kriminalitätsbegünstigenden Kontakte ankomme. Welche Art von Kontakten überwiege, sei von der Häufigkeit, Dauer, Priorität und Intensität der Kontakte abhängig.

68 **Empirisch** ist die Theorie **nur schwer zu überprüfen,** da *Sutherland* keine genauen Angaben dazu macht, wie die kriminalitätsbegünstigenden Kontakte beschaffen sein müssen, damit sie die gegenläufigen, konformes Verhalten begünstigenden Kontakte überwiegen. Der vage Hinweis auf „Häufigkeit, Dauer, Priorität und Intensität"

51 *Sutherland/Cressey/Luckenbill* 1992, 88 ff. (die endgültige Fassung erhielt die Theorie in der 4. Aufl. des Lehrbuchs von *Sutherland* [1947]; dt. Übersetzung in: *Sack/König* 1968, 395 ff.).

lässt offen, wie sich diese Kategorien zueinander verhalten. Auch in theoretischer Hinsicht ist die Theorie Einwänden ausgesetzt, denn sie lässt offen, wie die kriminalitätsbegünstigenden Kontakte zustande kommen. Sozialstrukturelle Aspekte, wie sie insbesondere von der Anomietheorie thematisiert worden sind, werden von *Sutherland* vernachlässigt. Der gewichtigste Einwand, der sich aus heutiger Sicht gegen *Sutherlands* Theorie erheben lässt, geht indessen dahin, dass ihr jeder **Bezug zu den Prinzipien** fehlt, die die **allgemeine Lernpsychologie** zur Erklärung von Lernvorgängen entwickelt hat. Diesem Einwand trägt erst die erst später entwickelte Theorie des sozialen Lernens von *Akers* Rechnung (→ Rn. 73 ff.).

b) Die Theorie der Neutralisierungstechniken von Sykes/Matza

Unter den Fortentwicklungen von *Sutherlands* Theorie ist zu- 69
nächst auf die 1957 vorgelegte „Theorie der Neutralisierungstechniken" von *Gresham Sykes* und *David Matza* hinzuweisen. Der Ansatz greift die Frage auf, *was* gelernt werden muss, damit Straftaten begangen werden können, und knüpft dabei an *Sutherlands* Begriff der „Rationalisierung" an, der von *Sykes/Matza* „Neutralisierung" genannt wird.[52]

Den Ausgangspunkt bildet die Feststellung, dass Straftäter die ge- 70
sellschaftlichen Werte und Normen grundsätzlich als verbindlich akzeptieren. Mit dieser Feststellung grenzen sich *Sykes* und *Matza* von den Subkulturtheorien ab, die davon ausgehen, dass Straftäter ihr Handeln an eigenen Werten orientieren, die in bewusster Abgrenzung zu den „herrschenden", für die gesamte Gesellschaft verbindlichen Werten und Normen gebildet werden.[53] *Sykes/Matza* halten diese These für unzutreffend, denn sie sei mit der Beobachtung unvereinbar, dass die meisten Täter nach ihrer Entdeckung Schuld und Scham empfänden. Wenn es allerdings richtig ist, dass Straftäter die gesamtgesellschaftlichen Werte und Normen grundsätzlich anerkennen, stellt sich die Frage, welche psychischen Mechanismen es Tätern ermöglichen, sich in einer konkreten Tatsituation über die Rechtsnormen hinwegzusetzen. Die Antwort sehen *Sykes/Matza* in den subjektiven Rechtfertigungen (den „**Neutralisierungstechniken**"), die die Täter heranziehen, um die sich aus dem Widerspruch zwischen Normen und Handeln ergebenden Spannungen zu lösen und sich

52 *Sykes/Matza* ASR 22 (1957), 664 ff. (dt. Übersetzung in: *Sack/König* 1968, 360 ff.).
53 Übersicht bei *Lamnek* 2007, 147 ff.

nach der Tat vor Schuld- und Schamgefühlen zu bewahren. In Übereinstimmung mit *Sutherland* gehen *Sykes/Matza* dabei davon aus, dass die Neutralisierungstechniken im Kontakt mit anderen erlernt werden müssen.

71 *Sykes/Matza* unterscheiden zwischen fünf Techniken: Leugnung der Verantwortlichkeit für die Tat (denial of responsibility), indem der Täter die Tat dem Zufall oder ungünstigen Umwelteinflüssen zuschreibt; Leugnung, einen Schaden angerichtet zu haben (denial of injury), indem etwa bei Eigentumsdelikten darauf verwiesen wird, dem Geschädigten mache der Verlust der Sache wegen des Versicherungsschutzes nichts aus; Leugnung, einen anderen zum Opfer gemacht zu haben (denial of the victim), indem dem Opfer eine „unrechte" Tat untergeschoben wird, für die die eigene Tat als „Strafe" erscheint; Herabsetzung der an der Strafverfolgung beteiligten Personen (condemnation of the condemners); sowie Berufung auf höherstehende Maßstäbe wie etwa die ungeschriebenen Normen einer Jugendbande (appeal to higher loyalties).

72 *Sykes/Matza* setzen sich in ihrem Ansatz nicht mit der Frage auseinander, wie der Täter überhaupt dazu kommt, eine Straftat begehen zu wollen; die Tatmotivation wird als nicht erklärungsbedürftiges Faktum unterstellt. Als Kriminalitätstheorie lässt sich der Ansatz deshalb kaum bezeichnen, eher nur als eine modellhafte, empirisch zudem kaum überprüfbare **Skizze der psychischen Mechanismen,** die dem Täter die Begehung der Tat ermöglichen.[54] Dennoch verdient der Ansatz Beachtung, denn er weist auf einen kleinen, aber bedeutsamen Ausschnitt aus dem Tatgeschehen hin, dem in der jüngeren kriminalpolitischen Diskussion verstärkt Aufmerksamkeit geschenkt wird: Wenn die These von *Sykes/Matza* nämlich richtig ist, dass erst die Neutralisierungsmechanismen die Tatbegehung ermöglichen, dann ist es naheliegend, diesen Mechanismen dadurch entgegenzuwirken, dass ein Täter nach einer Tat mit den konkreten Folgen seiner kriminellen Handlungen direkt konfrontiert und unerwünschten Lerneffekten dadurch entgegengewirkt wird. Praktisch bedeutsam wird dieser Gedanke vor allem beim Täter-Opfer-Ausgleich, der dem Täter die Auseinandersetzung mit dem konkret bewirkten Opferleid abverlangt (→ § 9 Rn. 27).

c) Die Theorie des sozialen Lernens von Akers

73 Die von *Ronald Akers* vorgenommene Fortführung von *Sutherlands* Theorie knüpft an die Frage an, *wie* gelernt wird, und nimmt

54 Vgl. aber *Amelang/Schahn/Kohlmann* MschrKrim 71 (1988), 178 ff.

dabei auf die Prinzipien Bezug, die die allgemeine Lernpsychologie zur Erklärung von Lernvorgängen entwickelt hat.

Nach den Erkenntnissen der Lernpsychologie lassen sich drei Grundmodelle des Lernens unterscheiden:[55] 74

- das Prinzip der „klassischen Konditionierung" (Reiz-Reaktions-Lernen), das sich mit dem Namen *Iwan Pawlow* (1849–1936) verbindet und besagt, dass Verhalten durch äußere Reize verändert werden kann;
- das Prinzip der „operanten (instrumentellen) Konditionierung", das wesentlich auf *Burrhus Frederick Skinner* (1904–1990) zurückgeht und nicht auf die Bedeutung von Reizen (Signalen), sondern auf die durch das Verhalten bewirkten Konsequenzen (Verstärker) abstellt; erlerntes Verhalten zeichnet sich danach dadurch aus, dass es als Mittel (Instrument) für die Herbeiführung bestimmter Erfolge bzw. zur Vermeidung von Misserfolgen eingesetzt wird (Lernen am Erfolg);
- das vor allem von *Albert Bandura* entwickelte Prinzip des „Beobachtungslernens", das stärker die kognitiven Prozesse (Denkprozesse) betont, die im Zusammenhang mit Lernvorgängen stattfinden; erlerntes Verhalten besteht danach hauptsächlich in der Nachahmung (Imitation) von beobachteten Modellhandlungen.

Eine an das Prinzip der klassischen Konditionierung anknüpfende Theorie ist die bereits oben skizzierte Kriminalitätstheorie von *Eysenck* (→ Rn. 42ff.). Ein das Verhalten steuernder Außenweltreiz ist danach die in der Kindheit auf ein unerwünschtes Verhalten erfolgende Strafe durch die Eltern. Die Erfahrung des Bestraftwerdens kann im weiteren Verlauf der Entwicklung Angstreaktionen (konditionierte Reaktionen) bereits im Vorfeld von Straftaten auslösen und den Betreffenden so zum Unterlassen der entsprechenden Handlungen motivieren. 74a

Akers verknüpft in seiner „Theorie des sozialen Lernens" *Sutherlands* Assoziationstheorie mit dem psychologischen Lernmodell der operanten Konditionierung, berücksichtigt aber auch die Möglichkeit des Beobachtungslernens.[56] Ob abweichendes Verhalten erlernt wird, ist nach *Akers* vor allem davon abhängig, ob es **differentiell verstärkt** wird, d. h. ob diejenigen positiven Konsequenzen, die normabweichendes Verhalten nach sich zieht (zB der Verbrechensgewinn), stärker wirken als diejenigen Konsequenzen, die normkonformes Verhalten nach sich zieht. Die Lernprozesse vollziehen sich nach *Akers* nicht nur in sozialen Interaktionen, sondern können auch in nichtsozialen Situationen gelernt werden. Dabei spielt namentlich die **Beobachtung** der Konsequenzen, die das Handeln von **Modellperso-** 75

55 *Fetchenhauer* 2011, 75ff.

56 *Akers* 1985, 39ff.; *ders.* 1999, 62ff. (Erstveröffentlichung 1966 zusammen mit *Burgess*).

nen im Fernsehen oder in anderen Medien auslöst, eine wesentliche Rolle. Die weiteren Bedingungen, die die Wahrscheinlichkeit kriminellen Handelns erhöhen, übernimmt *Akers* aus der Theorie der differentiellen Assoziation. *Akers* Theorie teilt damit zwar auf der einen Seite manche der Schwächen, die die Theorie der differentiellen Assoziation aufweist, stellt aber auf der anderen Seite mit ihrer Einbeziehung der lernpsychologischen Überlegungen eine bedeutsame theoretische Fortentwicklung dar.[57]

7. Kontrolltheorien: Kriminalität als Folge fehlender innerer und äußerer Kontrolle

a) Grundlagen

76 Im Gegensatz zu den bislang skizzierten Theorien fragen die Kontrolltheorien, die den vierten Hauptstrang innerhalb der kriminalsoziologischen Theorien bilden, nicht danach, warum sich Menschen *abweichend* verhalten, sondern danach, warum sie sich *konform* verhalten. Im Hintergrund steht die These der klassischen Kriminologie, dass sich jeder Mensch dann abweichend verhält, wenn dies für ihn mit einem Nutzen verbunden ist (→ Rn. 15 f.). Mit der umgekehrten Frage nach den **Gründen für Konformität** soll versucht werden zu erklären, wie es kommt, dass die meisten Menschen nicht straffällig werden, obwohl auch sie kriminalitätsfördernden Einflüssen (zB einem in hohem Maß desorganisierten Stadtteil, sozialstrukturellem Druck, Kontakten zu kriminellen Personen etc.) ausgesetzt sind. Den maßgeblichen Grund sehen die Kontrolltheorien in der **Existenz innerer** (psychischer) **und äußerer** (sozialer) **Kontrollmechanismen:** Der Einzelne befolge die Regeln der Gesellschaft deshalb, weil er über die Fähigkeit verfügt, sein Verhalten zu kontrollieren und Konflikte mit der Rechtsordnung zu vermeiden, und weil er in soziale Gruppen oder Institutionen eingebunden ist, die die bestehenden Regeln und Normen wirksam durchsetzen können. Delinquenz wird dementsprechend als die Konsequenz der Schwäche oder des Fehlens derartiger psychischer und/oder sozialer Kontrollmechanismen erklärt.[58]

57 Zur empirischen Seite *Pratt et al* Just. Q. 27 (2010), 765 ff.
58 So bereits *Reiss* ASR 16 (1951), 196.

Der Begriff der **„Kontrolle"** steht in einem Zusammenhang mit den Mechanismen und Prozessen der informellen und formellen Sozialkontrolle (→ § 9 Rn. 1 ff.). Die Kontrolltheorien, insbesondere in der von *Hirschi* geprägten Lesart (→ Rn. 80 ff.), verwenden ihn in einem präventiven Sinn und bezeichnen mit ihm die Integration des Einzelnen in die Gesellschaft, die der Begehung von Straftaten entgegenwirkt. Treffender als der Begriff der „Kontrolltheorien" wäre deshalb eigentlich der Begriff der „Integrationstheorien".[59] 77

Einer der ersten Vertreter der Kontrolltheorie ist *Walter Reckless* (1898–1988), der allerdings nicht mit dem Begriff der „Kontrolle", sondern dem des „Halts" (deshalb auch „Halttheorie", containment theory) arbeitet.[60] *Reckless* unterscheidet zwischen dem inneren und dem äußeren Halt. Der innere Halt wird durch das Selbstkonzept des Einzelnen getragen. Dieses entscheidet darüber, wie jemand auf bestimmte Erlebnisse und Impulse reagiert und sie verarbeitet. Ein günstiges Selbstkonzept ermöglicht nach *Reckless* eine günstige innere Verarbeitung und schafft so einen inneren Halt gegenüber den Belastungen, denen der Einzelne ausgesetzt ist (vgl. zu dem insoweit vergleichbaren moderneren psychologischen Konzept der Resilienz → § 6 Rn. 23). Der äußere Halt wird durch die Strukturen gewährleistet, die den Einzelnen unmittelbar umgeben, etwa das Familienleben, die Nachbarschaft oder sonstige haltgewährende Gruppen. Ist der äußere Halt schwach, muss der innere Halt entsprechend stärker sein, um den kriminellen Versuchungen standhalten zu können. Umgekehrt ist ein starker äußerer Halt in der Lage, ein ungünstiges Selbstkonzept auszugleichen. Der Mangel an innerem und äußerem Halt soll zur Straffälligkeit führen. 78

Während *Reckless'* Unterscheidung von innerem und äußerem Halt eine recht einfache Begründung für konformes Verhalten liefert, bemühen sich neuere Kontrolltheorien um die stärkere Ausdifferenzierung der maßgeblichen Kontrollmechanismen. Eine einflussreiche Formulierung stammt dabei von *Hirschi* aus dem Jahr 1969. 79

b) Hirschis Theorie der sozialen Kontrolle

Die von *Travis Hirschi* (1935–2017) vorgelegte Theorie stellt die Bindung des Einzelnen an die Gesellschaft in den Mittelpunkt. Nach *Hirschi* wird die Bindung durch vier Elemente geprägt:[61] 80

- die enge persönliche **Bindung an andere Menschen** (attachment to others), die sich in der Rücksichtnahme auf die Wünsche und Erwartungen der anderen ausdrückt;

59 *Friday/Kirchhoff,* in: Schwind/Kube/Kühne 1998, 78.
60 *Reckless* 1973, 50 f., 55 ff.; *ders.* MschrKrim 44 (1961), 11 ff.
61 *Hirschi* 1969, 16 ff.

- das **Verpflichtungsgefühl** gegenüber dem bisher Erreichten (commitment to achievement), das sich in der rationalen Kalkulation niederschlägt, welche Risiken und Nachteile sich aus einer Straftat für die bislang erreichte Stellung in der Gesellschaft ergeben;
- die **Einbindung in konventionelle Aktivitäten** wie Arbeit oder Militärdienst (involvement in conventional activities), die dem Einzelnen schon von den äußeren Rahmenbedingungen her keine Möglichkeit lässt, sich abweichend zu verhalten;
- den **Glauben an die Verbindlichkeit moralischer Wertvorstellungen** (belief in the moral validity of rules).

81 Je stärker die vier Bindungselemente ausgeprägt sind, desto unwahrscheinlicher ist es, dass Straftaten begangen werden. Umgekehrt sollen Straftaten umso wahrscheinlicher werden, je schwächer die Bindung in einem der genannten Bereiche ist. Dabei geht *Hirschi* davon aus, dass die Stärke eines Elements Ausstrahlungswirkung auf die anderen Elemente hat. Wer also bspw. gefühlsmäßig an Menschen gebunden ist, die sich konform verhalten, der ist wahrscheinlich auch selbst in konventionelle Aktivitäten eingebunden und bereit, moralische Wertvorstellungen als verbindlich zu akzeptieren.

82 Obwohl mit der (fehlenden) Bindung an die Gesellschaft ein zentraler Gesichtspunkt für die Kriminalitätserklärung herausgegriffen wird, ist *Hirschis* Ansatz nicht in der Lage, alle Erscheinungsformen des Verbrechens zu erklären. Die Kriminalität derjenigen, die sozial gut integriert sind (man denke etwa an den großen Bereich der Wirtschaftskriminalität, dazu genauer → § 11), wird von der Theorie nicht erfasst. In der empirischen Forschung ist die Relevanz der von *Hirschi* herausgestellten Bindungselemente zwar überwiegend bestätigt worden. Die Zusammenhänge waren jedoch meist nur schwach ausgeprägt,[62] was darauf hindeutet, dass neben den von *Hirschi* genannten Elementen noch weitere Einflüsse maßgeblich sind. Die neuere Forschung hat insoweit gezeigt, dass vor allem das **Alter** eine entscheidende Rolle spielt: Art und Ausmaß der sozialen Einbindung in die Gesellschaft sind nicht in allen Altersstufen gleich, sondern können im Verlauf der Entwicklung erheblichen Veränderungen unterliegen (→ Rn. 102 ff.).

83 Gleichwohl hat die von *Hirschi* vorgelegte Formulierung der Kontrolltheorie in der Kriminologie **breite Zustimmung** gefunden. Mit

62 Vgl. *Akers* 1999, 88 ff.; *Shoemaker* 2000, 183 ff.

dem Grundgedanken, dass Kriminalität vor allem auf eine unzureichende Integration in die Gesellschaft und das Fehlen von tragfähigen personal-sozialen Bindungen zurückzuführen ist, trifft *Hirschi* auf ein auch in Laienkreisen verbreitetes Verständnis der Ursachen von Kriminalität.[63] *Hirschis* Theorie ist dabei in der Lage, auch neuere soziologische Überlegungen zB zur zunehmenden Individualisierung der Gesellschaft oder zur sozialen Desintegration aufzunehmen und kriminologisch umzuformulieren.[64] Gleichzeitig verfügt seine Theorie über eine **klare kriminalpolitische Anwendungsperspektive:** Wenn kriminelles Handeln die Folge einer unzureichenden oder fehlgeschlagenen Integration ist, dann müssen Maßnahmen der Prävention vor allem auf die Integration von Randständigen und Außenseitern, auf die Verbesserung der Bedingungen, unter denen Kinder und Jugendliche aufwachsen und ihre Erfahrungen sammeln, auf die Verbesserung der „Startbedingungen" in das Leben und die Beseitigung von strukturellen Benachteilungen wie zB Jugendarbeitslosigkeit gerichtet sein.

c) Die Theorie der fehlenden Selbstkontrolle von Gottfredson/ Hirschi

Einen theoretischen Schwenk vollzog *Hirschi* im Jahr 1990. In die- 84
sem Jahr legte er zusammen mit *Michael Gottfredson* eine neue Kriminalitätstheorie vor, die die Begehung von Straftaten mit einem anderen Konstrukt, nämlich der **differentiellen Fähigkeit zur Selbstkontrolle** („self-control") erklärt.[65] Kriminelle Handlungen werden nach *Gottfredson/Hirschi* von denjenigen Menschen begangen, die kaum oder gar nicht in der Lage sind, ihre kurzfristigen Bedürfnisse unter Kontrolle zu halten. Wenn die kurzfristigen Bedürfnisse mit den langfristigen Interessen kollidieren, sollen diejenigen Menschen, die nur über eine geringe Fähigkeit zur Selbstkontrolle verfügen, ihre Bedürfnisse befriedigen, während die Menschen mit einer größeren Fähigkeit zur Selbstkontrolle sich an den Folgen ihres Handelns und den Schranken orientieren, die ihnen von außen auferlegt werden.

Der im Zentrum der Theorie stehende Begriff der **„Selbstkontrolle"** bedeu- 85
tet nach dem Verständnis von *Gottfredson/Hirschi* „Anfälligkeit für die Verlo-

63 *Kaiser* 1996, § 27 Rn. 19.
64 Vgl. *Beck* 1986; *Heitmeyer u. a.* 1998, 31 ff.
65 *Gottfredson/Hirschi* 1990, 85 ff.

ckungen des Augenblicks" („people ... differ in the extent to which they are vulnerable to the temptations of the moment"). Der Begriff hat Ähnlichkeiten zu dem Begriff des „Gewissens", unterscheidet sich hiervon jedoch dadurch, dass jener sich mehr auf moralische Kategorien bezieht, während sich „Selbstkontrolle" mehr auf die Fähigkeit zur Voraussicht und Folgenabschätzung bezieht. Menschen, die nur über eine geringe Fähigkeit zur Selbstkontrolle verfügen, sind nach *Gottfredson/Hirschi* impulsiv, unempfindlich, eher körperlich als geistig orientiert, risikobereit, nicht vorausschauend und sollen auch nur über geringe verbale Fähigkeiten verfügen. Straftaten begingen sie deshalb, weil kriminelle Handlungen in den meisten Fällen die sofortige, schnelle und einfache Befriedigung von Bedürfnissen ermöglichten („money without work, sex without courtship, revenge without court delays"). Typischerweise seien kriminelle Handlungen spannende, riskante, aufregende Handlungen, sie erforderten nur geringe Fähigkeiten und keine Vorbereitung, und dies seien Gesichtspunkte, die bei Menschen mit nur einer geringen Fähigkeit zur Selbstkontrolle die entsprechenden Anreize böten.

86 *Gottfredson/Hirschi* meinen, dass Menschen mit geringer Selbstkontrolle nicht notwendig Straftaten begehen müssten; auch andere, nicht kriminelle Handlungen wie Rauchen, Trinken, der Genuss von Betäubungsmitteln, Teilnahme am Glücksspiel oder das unüberlegte Zeugen von Kindern seien Handlungen, die der kurzfristigen Bedürfnisbefriedigung unter Außerachtlassung der langfristigen Folgen dienten und die deshalb ebenfalls gerade von Menschen mit geringer Selbstkontrolle begangen würden. Die geringe Selbstkontrolle sei dementsprechend die Wurzel sowohl für Straftaten als auch für verwandte (analoge) Formen der kurzfristigen Bedürfnisbefriedigung (**These der Austauschbarkeit** dieser Verhaltensweisen). Diese Austauschbarkeitsthese führt zu weitreichenden Konsequenzen. Da *Gottfredson/Hirschi* davon ausgehen, dass die Fähigkeit zur Selbstkontrolle ein stabiler, sich nur über lange Zeiträume hinweg verändernder Persönlichkeitszug ist **(Stabilitäts- oder Kontinuitätsthese)**, ergibt sich hieraus, dass abweichendes Verhalten – sei es kriminelles, sei es sonstiges, der kurzfristigen Bedürfnisbefriedigung dienendes Verhalten – schon relativ früh vorhergesagt werden kann. Wenn die Kontinuitätsthese richtig ist, stellt sich allerdings auch die Frage nach dem in vielen Fällen zu beobachtenden Ende krimineller Karrieren: Wie ist es zu erklären, dass die meisten Menschen ab einem gewissen Punkt in ihrer Entwicklung mit der Begehung von Straftaten aufhören? Nach *Gottfredson/Hirschi* kann dieser empirische Einwand die Kontinuitätsthese nicht widerlegen, denn die meisten Menschen begingen in höherem Alter zwar keine Straftaten mehr, wohl aber legten sie andere, nicht kriminelle Formen abweichenden Verhaltens an den Tag (vgl. dazu genauer → Rn. 102).

87 Wenn die Stärke der Selbstkontrolle eines Menschen für die Begehung krimineller Handlungen wesentlich ist, kommt der Frage Bedeutung zu, welche Faktoren für die Ausbildung der Selbstkontrolle maßgeblich sind. *Gottfredson/Hirschi* verweisen insoweit auf die

überragende **Bedeutung früher Einflüsse:** Geringe Selbstkontrolle sei die Folge des Fehlens von Erziehung, Kontrolle und Verhaltenstraining. Die Bedeutung der frühen familialen Erziehung könne kaum überschätzt werden, und auch die Schule spiele in dieser Hinsicht noch eine wichtige Rolle. Damit sind zugleich die wesentlichen Einwirkungsbereiche benannt, bei denen nach *Gottfredson/Hirschi* Präventionsüberlegungen ansetzen müssen, die darauf abzielen, die individuellen Fähigkeiten zur Selbstkontrolle zu verbessern.

Die Kritik an der Theorie setzt bei dem Konzept der „Selbstkon- **88**
trolle“ an. Festzustellen ist, dass dem Konzept die im kriminologischen Zusammenhang **erforderliche Trennschärfe fehlt,** da es sich gemäß der Austauschbarkeitsthese auch auf nicht-kriminelles abweichendes Verhalten bezieht. Sogar der Vorwurf der Tautologie ist erhoben worden: Wenn abweichendes Verhalten als Beleg dafür genommen werde, dass ein Mensch nur ein geringes Maß an Selbstkontrolle aufweise, dann führe es zu einem Zirkelschluss, wenn das abweichende Verhalten mit eben dieser geringen Selbstkontrolle erklärt werde.[66]

Konzeptionell bleibt die Theorie der fehlenden Selbstkontrolle die **89**
Antwort auf zahlreiche Fragen **schuldig.** Offen bleibt etwa das Verhältnis von Selbstkontrolle und äußerer Kontrolle: Sollen die Mechanismen der äußeren Kontrolle nur noch indirekt bedeutsam sein, weil der Einzelne sie im Rahmen der Sozialisation internalisiert hat?[67] Wie sind die Taten von Personen zu erklären, denen eine hohe Fähigkeit zur Selbstkontrolle bescheinigt werden muss, zB die Taten, die von Managern oder Politikern im Zusammenhang mit der Berufsausübung begangen werden?[68] Welche Bedeutung kommt Gruppeneinflüssen zu, zB dem Einfluss, den die Zugehörigkeit zu einer Jugendbande ausmacht? In welchem Verhältnis stehen Sozialisationseinflüsse, die nicht mehr der familialen oder schulischen Sozialisation zuzurechnen sind, zur Entwicklung der Fähigkeit zur Selbstkontrolle? Welche Rolle spielen die Massenmedien, das Internet? Welche Rolle spielen Erfahrungen im Umgang mit dem Strafjustizsystem? Ergänzungen der Theorie, die etwa auf die Befunde der sozialpsychologischen Lerntheorien zurückgreifen, scheinen hier unvermeidlich.

---

66 *Akers* 1999, 92f.; *Lamnek* 2008, 131.
67 *Akers* 1999, 89f.
68 Vgl. *Barlow* 1996, 514f.

90 Die **empirische Absicherung** der Theorie ist derzeit **noch keineswegs gesichert**. Da der zentrale Begriff der „Selbstkontrolle" sich kaum klar definieren und in überprüfbare Variablen umsetzen lässt,[69] ist der empirische Zugang schwierig. Zwar lässt sich immer wieder feststellen, dass die fehlende Selbstkontrolle bei vielen Delikten zur Erklärung beiträgt,[70] aber sie ist nie das einzige Element, das kriminelles Handeln erklärt; der Anspruch, das Konstrukt verweise auf eine *allgemeine* Kriminalitätserklärung ist zu hoch gegriffen. Im Ergebnis wird man deshalb festhalten müssen, dass *Gottfredson/Hirschi* 1990 eine Theorie vorgelegt haben, die zwar für viel Diskussionsstoff gesorgt hat, die ihre Überlegenheit gegenüber früheren Ansätzen, namentlich gegenüber der Theorie der sozialen Kontrolle aus dem Jahr 1969, bislang aber noch nicht erwiesen hat.

8. Interaktionistische Theorien: Kriminalität als Ergebnis sozialer Zuschreibung

a) Grundgedanken des labeling approach

91 Die interaktionistischen Kriminalitätstheorien, die den fünften Hauptstrang innerhalb der kriminalsoziologischen Theorien bilden, unterscheiden sich von den bislang skizzierten Ansätzen darin, dass sie nicht das kriminelle Handeln als das erklärungsbedürftige Phänomen ansehen, sondern die **gesellschaftliche Reaktion,** die auf das kriminelle Handeln folgt. Kriminalität wird nicht als Eigenschaft verstanden, die einem Verhalten objektiv anhaftet, sondern als ein Vorgang, der seine eigentliche, soziale Bedeutung erst durch die gesellschaftliche **Zuschreibung** erhält (→ § 1 Rn. 23 ff.). Die interaktionistischen Kriminalitätstheorien wurzeln in der auf *George Herbert Mead* (1863–1931) zurückgehenden Denkrichtung des **symbolischen Interaktionismus,** wonach die Menschen auf der Basis subjektiver Interpretationen von sich selbst und ihrer Umwelt handeln. Erst indem sie den Dingen (Menschen, Gegenständen, Ideen) eine Bedeutung beimessen, schaffen sie den Rahmen, der ihnen die für ihr Handeln erforderliche Orientierung gibt. Frühe Ansätze, diese Überlegungen auf die Kriminologie zu übertragen, finden sich bereits bei

69 Vgl. *Grasmick et al.* JResCrim 1993, 5 ff.; *Fetchenhauer/Simon* MschrKrim 81 (1998), 301 ff.; *Bornewasser u. a.* MschrKrim 90 (2007), 443 ff.; *Baier/Branig* MschrKrim 92 (2009), 505 ff.

70 *Vazsonyi/Mikuška/Kelley* J Crim Jus 2017, 48 ff.

Sutherland, in dessen Theorie die Bedeutung, die die unmittelbare Umgebung eines potentiellen Täters den Rechtsnormen beimisst, bereits eine Rolle spielt (→ Rn. 67).

Der Perspektivenwechsel, den die interaktionistischen Kriminalitätstheorien vollziehen, indem sie nicht das Verhalten des Täters, sondern die gesellschaftliche Reaktion in den Mittelpunkt stellen, eröffnet den Zugang zu einer Vielzahl neuer Fragestellungen. In der Entwicklung der Kriminologie haben dabei zunächst diejenigen Untersuchungen dominiert, die sich mit den Auswirkungen der offiziellen Etikettierung eines Menschen als „Straftäter" auf das **Selbstbild** beschäftigt haben. Indem ein Mensch von den Strafverfolgungsorganen als „Krimineller" bezeichnet und behandelt wird, wird nach den interaktionistischen Theorien eine Rollenzuweisung geschaffen, die der Betreffende mit einer gewissen Wahrscheinlichkeit in sein Selbstbild übernimmt und zur Richtschnur seines Handelns macht („self-fulfilling prophecy"). Wenn dieser Fall eintritt, haben die Strafverfolgungsorgane freilich eine Konsequenz herbeigeführt, die das Gegenteil dessen ist, was eigentlich beabsichtigt war: Sie haben weitere Straftaten nicht verhindert, sondern die Entstehung oder Verfestigung krimineller Karrieren geradezu gefördert. Die interaktionistischen Theorien knüpfen an diese nicht intendierte Konsequenz an und sehen die zentrale Bedingung für (weiteres) kriminelles Handeln in der strafrechtlichen Reaktion: Indem auf bestimmte Verhaltensweisen mit Etikettierung und Stigmatisierung reagiert wird, wird das Problem erst geschaffen, das eigentlich gelöst werden soll. Entsprechend dieser Sichtweise wird dieser Theorieansatz auch als „Etikettierungsansatz", „Definitionsansatz" oder auf englisch als „labeling approach" bezeichnet. 92

Einer der ersten, der auf die Bedeutung der strafrechtlichen Reaktion für die weitere Entwicklung des Täters hingewiesen hat, war *Edwin M. Lemert* (1912–1996). *Lemert* unterscheidet in seiner 1951 vorgelegten Arbeit zwischen **primärer und sekundärer Abweichung.**[71] 93

Primäre Abweichung ist diejenige Abweichung, die zwar Reaktionen der Umwelt auslöst, die aber bei dem sich abweichend Verhaltenden noch keine Veränderung des Selbstbildes iSd „offiziellen" Definition als Abweicher bewirkt, sondern die von ihm lediglich als „schwieriger Bestandteil" seiner im übrigen sozial akzeptierten Rolle („merely troublesome adjuncts of normally 93a

71 *Lemert* 1951, 75f.

conceived roles") rationalisiert wird. Primäre Abweichung ist also auf jeden Fall die erste Straftat im Verlauf einer kriminellen Karriere, aber es können auch noch weitere Straftaten hinzukommen. Sekundäre Abweichung ist demgegenüber diejenige Abweichung, die sich daraus ergibt, dass der Täter den ihm aufgedrückten Stempel, das Etikett als „Krimineller", in sein Selbstkonzept übernommen hat und sich nun dieser ihm zugeschriebenen Rolle entsprechend verhält.

94 Als Begründer der interaktionistischen Kriminalitätstheorie und des labeling approach gilt indessen nicht *Lemert,* sondern *Howard S. Becker.* Auch *Becker* entwickelte 1963 ein **Karrieremodell** zur Erklärung der Entstehung von Delinquenz und Kriminalität.[72]

95 Erster Schritt einer kriminellen Karriere ist danach die Begehung einer Regelverletzung, möglicherweise, aber nicht notwendigerweise einer Straftat. Diese erste Tat geschieht möglicherweise nur ungewollt (zB fahrlässig). Bei der Erklärung dieser ersten Straftat helfen nach *Becker* die traditionellen Theorien nicht weiter. Zwischen Abweichenden und Konformen bestehe kein motivationaler Unterschied. Vielmehr hätten die meisten Menschen oft den Impuls, sich abweichend zu verhalten; dass sie es nicht täten, sei mit ihrer Einbindung in die Gesellschaft zu erklären (zu den Kontrolltheorien, die Becker insoweit in Bezug nimmt, genauer → Rn. 76 ff.).

Der zweite Schritt ist nach *Becker* die Aufrechterhaltung krimineller Aktivitäten über einen längeren Zeitraum. Zwar soll einer der Mechanismen, die zur Entstehung derartiger stabiler Verhaltensmuster führen, die Entwicklung krimineller Motive und Interessen sein, die von dem sich abweichend Verhaltenden in Interaktionen mit anderen Abweichenden gelernt werden. Der wichtigste Impuls soll indes ausgehen von der Erfahrung, inhaftiert und öffentlich als „Krimineller" etikettiert zu werden („the experience of being caught and publicly labeled as a deviant"). Dieser Vorgang habe wichtige Konsequenzen für die weitere Teilnahme am sozialen Leben und das Selbstbild des Abweichenden. Die Behandlung als „Krimineller" produziere eine sich selbst erfüllende Voraussage. Der normale Handlungsspielraum des öffentlich Stigmatisierten, also sein Spielraum für konforme Handlungsmöglichkeiten, werde eingeschränkt und er sei geradezu gezwungen, ungesetzliche Verhaltensweisen zu entwickeln. Bei der Entstehung einer kriminellen Karriere sei der letzte Schritt oft der Anschluss an eine organisierte Gruppe von Abweichenden.

95a Auch in Deutschland fand der labeling approach in den 1970er Jahren zahlreiche Anhänger. Im Mittelpunkt standen dabei vor allem die Rezeption der US-amerikanischen Forschungen und die Kritik an der in Deutschland bis dahin vorherrschenden Täterorientierung, die schlichtweg leugnete, dass Kriminalität nicht nur ein Realphänomen,

---

72 *Becker* 1963, 19 ff.

sondern auch ein durch Interpretation gewonnenes Konstrukt ist (→ § 1 Rn. 23). Namentlich *Fritz Sack*, der prominenteste Vertreter der „neuen", „kritischen Kriminologie", wies immer wieder darauf hin, dass Kriminalität nur als Ergebnis eines interaktiven Prozesses zu verstehen sei, bei dem eine wechselseitige Rollenzuschreibung stattfinde, die eine neue soziale Wirklichkeit erzeuge.[73] Daneben gab es indes auch deutlich moderatere Auffassungen[74], und es wurden ähnlich wie in den USA auch in Deutschland Karrieremodelle zur Erklärung individuellen Verhaltens entwickelt.[75]

b) Kritische Würdigung

Bei der Beurteilung des labeling approach gilt es zunächst, zwei positive Leistungen des Ansatzes hervorzuheben. Von sämtlichen bisher skizzierten Kriminalitätstheorien unterscheidet sich der labeling approach darin, dass er auf die **zentrale Bedeutung der strafjustiziellen Einordnung eines Vorgangs** als „Straftat" verweist. Ob ein Verhalten ein mit Strafe ahndbares Delikt darstellt, muss aus einem Vorgang erst durch Interpretation und Zuschreibung erschlossen werden. Die Strafverfolgungsorgane tragen dabei die Verantwortung für die Richtigkeit der Zuschreibung; ihre Aufgabe ist es, die Zuschreibung nach einem rechtsstaatlich festgelegten Verfahren vorzunehmen und Falschbeschuldigungen auszuscheiden. In keiner anderen Kriminalitätstheorie wird die notwendige Mitwirkung der Strafverfolgungsorgane an der öffentlichen „Konstruktion" von Straffälligkeit und Kriminalität thematisiert. 96

Die zweite positive Leistung besteht darin, dass der labeling approach auf die **Ambivalenz der mit der Verurteilung** des Täters **einhergehenden Wirkungen** hinweist. Während die Strafverfolgungsorgane von ihrem Anspruch her auf Prävention, mithin auf die Verhinderung weiterer Straftaten abzielen (→ § 9 Rn. 13 ff.), macht der labeling approach deutlich, dass eine Verurteilung auch nichtintendierte Effekte haben kann, die im Ergebnis zu einer Verfestigung krimineller Karrieren führen können. Der Etikettierungsansatz erscheint damit besonders zur Erklärung von Mehrfachauffälligkeit geeignet. Zugleich beugt er einer allzu großen Selbstgewissheit des 97

73 *Sack*, in: König 1978, 337 f.; Nachdruck dieses und weiterer Texte von *Sack* bei *Dollinger u. a.* 2014; weitere Vertreter zB *Keckeisen* 1974; *Keupp* 1976; zur Einordnung auch *Schlepper/Wehrheim* 2017.
74 *Rüther* 1975; *ders.* BewHi 1978, 188 ff.
75 *Quensel* KJ 3 (1970), 375 ff.; dazu *Quensel* ZJJ 2014, 28 ff.

Strafjustizsystems vor und gibt Anlass, die zur Rechtfertigung des staatlichen Strafens herangezogenen theoretischen Legitimationen in Frage zu stellen.

98 **Als Kriminalitätstheorie** vermag der labeling approach hingegen **nicht zu überzeugen.** Auch wenn es richtig ist, dass ein Vorgang wie die Begehung einer Straftat seine soziale Bedeutung erst durch öffentliche Zuschreibung erhält, ist es zu kurz gegriffen, für die Kriminalitätserklärung allein oder auch nur überwiegend auf diese Zuschreibungsprozesse abzustellen. Die öffentliche Verurteilung eines Straftäters („Im Namen des Volkes") ereignet sich nicht im luftleeren Raum, sondern ist die Konsequenz eines Verhaltens, das die Normen der Gesellschaft in gravierender Weise verletzt hat. Kriminalität ist nicht nur ein normatives Konstrukt, sondern auch ein Realphänomen, das unabhängig von jedweder Zuschreibung in der Welt ist (→ § 1 Rn. 23). Primär erklärungsbedürftig ist deshalb dieses tatsächliche **Verhalten, nicht die** polizeiliche oder strafjustizielle **Reaktion** darauf. Indem der labeling approach nicht ausreichend zwischen der für Täter und Opfer meist mit Händen greifbaren Existenz von Anmaßungen, Konflikten und Lebenskatastrophen einerseits und der sozialen Deutung dieser Verhaltensweisen als „Kriminalität" andererseits differenziert, sondern allein die strafrechtliche Reaktion in den Mittelpunkt der Betrachtung stellt, werden die Akzente falsch gesetzt.[76]

99 Auch die **Reichweite** des Ansatzes ist **beschränkt.** Unerklärt bleibt nicht nur die primäre Abweichung, die den Ausgangspunkt für die erste Zuschreibung bildet. Ebenfalls nicht erklärt wird, welche weiteren Umstände daran mitwirken, ob ein Täter die ihm von den Verfolgungsorganen zugewiesene Rolle in sein Selbstbild übernimmt und sich entsprechend verhält. Insoweit ist vor allem an Persönlichkeitsvariablen, Vorerfahrungen und den Grad der sozialen Integration zu denken, die die von der Verurteilung ausgehenden, stigmatisierenden Wirkungen verstärken, ihnen aber auch entgegenwirken können. Ebenso wenig wie es richtig ist, die präventiven, auf die Herbeiführung von positiven Lerneffekten setzenden Wirkungen eines Urteils zu überschätzen (→ § 9 Rn. 69 ff.), erscheint es richtig, die negativen, zur Verfestigung krimineller Karrieren führenden Effekte zu überschätzen. Förmliche, öffentliche Verurteilungen dürfen – jedenfalls in Deutschland – aus rechtlichen Gründen erst dann erfolgen, wenn

76 Das wird auch anerkannt von *Kunz/Singelnstein* 2016, § 13 Rn. 20 ff.

ein Täter die Altersgrenze der strafrechtlichen Verantwortlichkeit überschritten und damit wesentliche Stadien des Sozialisationsprozesses bereits durchlaufen hat. Anzunehmen, dass von diesen Urteilen eine größere verhaltenssteuernde Kraft ausgeht als von den Erfahrungen, die den Weg des Täters *vor* dem Urteil geprägt haben, ist nicht plausibel (→ § 9 Rn. 5). Die **empirischen Belege,** auf die sich der labeling approach berufen kann, sind dementsprechend auch eher **dürftig.** Zwar gibt es Hinweise darauf, dass formelle Sanktionierungen die Wahrscheinlichkeit weiterer Straftaten erhöhen.[77] Die Hinweise sind jedoch keinesfalls so beeindruckend, dass aus ihnen geschlossen werden könnte, die förmliche Sanktionierung sei der ausschlaggebende Grund für die weitere Straffälligkeit.

c) Theoretische Fortführungen

Aus dem Grundgedanken des labeling approach heraus, dass Kriminalität erst durch die strafrechtliche Reaktion geschaffen wird, die auf eine Straftat folgt, sind in der Vergangenheit nicht nur Theorien entwickelt worden, die sich mit den Wirkungen der Reaktion auf das weitere Legalverhalten des Täters beschäftigt haben. Entwickelt worden sind auch eine Vielzahl von Theorien, die sich mit der Frage beschäftigen, *warum* die Gesellschaft auf abweichendes Verhalten mit Strafe reagiert und nach welchen Kriterien sie bei der Verhängung und Vollstreckung von Strafe vorgeht. Die erste Frage war bereits von *Durkheim* aufgeworfen worden, der die wesentliche Funktion von Strafe in der Stärkung und Fortentwicklung des Kollektivbewusstseins sah (→ § 2 Rn. 11). Neuere Entwicklungen thematisieren vor allem die Funktionalisierung von Kriminalität und Strafe für die Aufrechterhaltung und Festigung von gesellschaftlichen Macht- und Herrschaftsinteressen. Dabei wird die empirisch belegbare hohe Selektivität des strafrechtlichen Kontrollprozesses (→ § 9 Rn. 32 ff.) für **herrschaftskritische Analysen** genutzt. 100

Diese Entwicklungsrichtung soll hier nicht vertieft werden, da sie sich von den empirischen Bezügen weit entfernt und thematisch eher der Strafrechtssoziologie als der Kriminologie zuzurechnen ist. Hingewiesen sei lediglich auf den maßgeblichen Einfluss des französischen Philosophen und Sozialkritikers *Michel Foucault* (1926–1984) und dessen bedeutsamsten Werks „Überwachen und Strafen".[78] In der Folge etablierte sich ein eigenständiger kriminologischer 101

77 Vgl. *Greve/Enzmann,* in: Bereswill/Greve 2001, 220 ff.; aber auch *Farrington* BritJCrim 17 (1977), 112 ff.; *Killias/Kuhn/Aebi* 2011, 327 ff.
78 *Foucault* 1976; hierzu *Uhl,* in: Schlepper/Wehrheim 2017, 237 ff.

Zweig, die „Konfliktkriminologie“, deren zentrale These ist, dass es in der bürgerlichen Gesellschaft über die grundlegenden Werte und Ziele keinen Konsens gibt.[79] Neomarxistische Ansätze, die feministische Perspektive sowie der Abolitionismus stehen dieser Entwicklungslinie nahe. Verallgemeinernd wird insoweit zuweilen auch von „Neuer“, „Kritischer“ oder „Radikaler Kriminologie“ gesprochen.[80] Die Vertreter dieser Linie forschen selbst nicht empirisch, sondern begnügen sich mit der kritischen Analyse des Strafrechtssystems und seiner Funktion in der Gesellschaft.

9. Stabilität und Wandel: Entwicklungskriminologische Erklärungen

a) Grundlagen

102 Den Ausgangspunkt der entwicklungskriminologischen Ansätze bildet die Kritik an dem von *Gottfredson/Hirschi* vertretenen „Stabilitätspostulat“ (→ Rn. 86).[81] Nach *Gottfredson/Hirschi* ist die aus geringer Selbstkontrolle folgende Neigung eines Menschen zur Begehung von Straftaten ein zeitüberdauernder Wesenszug, der sich bereits früh im Leben zeigt und über lange Zeiträume hinweg erhalten bleibt. Diese These steht zu der empirisch gesicherten Beobachtung in einem offensichtlichen Widerspruch, dass mit zunehmendem Alter weniger Straftaten begangen werden (→ § 5 Rn. 39 ff.). *Gottfredson/Hirschi* erklären die abnehmende Häufigkeit von Straftaten mit Reifungsprozessen: Die Neigung zur Begehung von Straftaten bleibe zwar bestehen, aber sie äußere sich mit zunehmendem Alter *anders,* nicht mehr zwingend in der Begehung krimineller Handlungen.[82]

103 Die Entwicklungskriminologie hält diese Erklärung für unzureichend. Sie bezweifelt, dass Beginn, Verlauf und Beendigung von kriminellen Karrieren nach einheitlichen Gesichtspunkten beurteilt werden können, und vertritt die Auffassung, dass sich kriminelle Karrieren in Abhängigkeit von Faktoren entwickeln, die ihrerseits ebenfalls der Veränderung unterworfen sind. Für die kriminalitätstheoretische Erklärung bedeutet dies, dass für die Erklärung des Ver-

79 Vgl. *Kaiser* 1996, § 32 Rn. 18 ff.; *Vold/Bernard/Snipes* 1998, 235 ff.; *Akers* 1999, 137 ff.; *Eifler* 2002, 48 ff.

80 Überblick bei *Kunz/Singelnstein* 2016, § 1 Rn. 12 ff., § 13 Rn. 27 ff.; die Diskussion fortführend *Klimke*, in: Rettenberger/Dessecker/Rau 2020, 237 ff.

81 Vgl. *Mischkowitz* 1993, 31 ff.; *Stelly/Thomas/Kerner/Weitekamp* MschrKrim 81 (1998), 106 ff.; *Stelly/Thomas* 2001, 66 ff.

82 *Hirschi/Gottfredson* AJS 89 (1983), 552 ff.; *Gottfredson/Hirschi* 1990, 124 ff.

haltens **in verschiedenen Entwicklungsstadien unterschiedliche Einflussfaktoren** herangezogen werden müssen. Dabei muss berücksichtigt werden, dass es in jedem Lebenslauf **Wendepunkte** geben kann, die der bisherigen Entwicklung eine neue Richtung geben können.

Das Kennzeichen der Entwicklungskriminologie ist damit die Einbeziehung der *Zeit* in die Überlegungen: Kriminalität wird als das Ergebnis eines sich dynamisch verändernden Entwicklungsprozesses gesehen. Die entwicklungskriminologischen Ansätze weisen insoweit Ähnlichkeiten zu den interaktionistischen Erklärungsansätzen auf (→ Rn. 91 ff.), unterscheiden sich von ihnen jedoch darin, dass sie sich um die Verknüpfung mit den Aussagen anderer Kriminalitätstheorien, namentlich der Kontrolltheorien, bemühen. – Zur Verdeutlichung sei auf zwei Konzepte genauer eingegangen.[83] 104

b) Thornberrys Wechselwirkungstheorie

Terence Thornberry knüpft mit seinen Überlegungen zur Jugendkriminalität an die Kontrolltheorie von *Hirschi* aus dem Jahr 1969 (→ Rn. 80 ff.) sowie an die Lerntheorie von *Akers* (→ Rn. 73 ff.) an. Ebenso wie *Hirschi* versteht auch *Thornberry* Kriminalität als Ergebnis einer Schwächung von Bindung an die Gesellschaft und die damit einhergehende Kontrolle über das Verhalten. Anders als *Hirschi* ist *Thornberry* jedoch der Auffassung, dass diese Schwächung nicht direkt zu kriminellem Verhalten führt, sondern lediglich zu einem breiteren Spektrum möglicher Verhaltensweisen. Zu kriminellem Verhalten komme es erst dann, wenn der Einzelne bei geschwächten Bindungen auf Bedingungen treffe, die es ermöglichten, dass kriminelles Verhalten in Interaktion mit anderen gelernt und verstärkt werde.[84] 105

Thornberry hält in seinem Modell sechs Variablen für wesentlich: die emotionale Bindung an die Eltern (attachment to parents), das Verpflichtungsgefühl gegenüber der Schule (commitment to school), den Glauben an konventionelle Werte (belief in conventional values), den Kontakt zu delinquenten Gleichaltrigen (associations with delinquent peers), die Übernahme delinquenter Werte (adopting delinquent values) und die Durchführung krimineller Handlungen (engaging in criminal behavior). Die ersten drei Variablen kennzeichneten die Bindung an die Gesellschaft, die letzten drei stünden für diejenigen Faktoren, die Lernprozesse ermöglichten und kriminelles Verhalten verstärkten. 106

83 Überblick über weitere Ansätze bei *Farrington* Criminology 41 (2003), 221 ff.
84 Grundlegend *Thornberry* Criminology 25 (1987), 863 ff.

107 Das Charakteristische an *Thornberrys* Ansatz besteht darin, dass die genannten Variablen nicht nur in *eine* Richtung wirken sollen, indem ihr (Nicht-)Vorliegen die Durchführung krimineller Handlungen (un-)wahrscheinlicher macht. Nach *Thornberry* beeinflussen sich die genannten Variablen **wechselseitig,** und zwar in den unterschiedlichen Entwicklungsstadien eines Jugendlichen auf unterschiedliche Weise (deshalb auch „Wechselwirkungstheorie“, interactional theory of delinquency). Die Bindung an die Eltern, der in den frühen Jahren noch eine prägende Bedeutung zukommt, kann sich nach *Thornberry* bspw. dann verändern, wenn sich der Jugendliche delinquenten Gleichaltrigen anschließt oder wenn er vielleicht auch selbst erste kriminelle Handlungen begeht; dabei wird die Begehung weiterer Taten umso wahrscheinlicher, je schwächer die Bindung an die Eltern wird. Ähnliche „**Regelkreise**“ sollen sich für die anderen Variablen aufstellen lassen. Dabei betont *Thornberry,* dass das kriminelle Verhalten des Jugendlichen nicht nur als abhängige Variable verstanden werden darf, die durch das Zusammenwirken der anderen Variablen erklärt wird, sondern dass es am Zustandekommen und der Verstärkung von kriminalitätsbegünstigenden Kreisläufen einen eigenen Anteil hat. Kriminelles Verhalten kann damit nach *Thornberry* unter bestimmten Umständen zur indirekten Ursache weiterer krimineller Handlungen werden.

108 Auf der Grundlage dieser allgemeinen Überlegungen werden von *Thornberry* für die Erklärung der Delinquenz der jungen (11- bis 13-jährigen), der mittleren (15- bis 16-jährigen) und der älteren (18- bis 20-jährigen) Jugendlichen unterschiedliche Erklärungsmodelle angeboten. *Thornberry* macht dabei deutlich, dass sich mit der Entwicklung des Jugendlichen auch die Bindungen verändern und frühere Bindungen, zB an die Eltern, durch neue ersetzt werden. Für die Erklärung der Kriminalität der älteren Jugendlichen führt er deshalb zwei weitere Variablen ein: die Einbindung in konventionelle Aktivitäten (commitment to conventional activity) und die Bindung an die eigene, selbst gegründete Familie (commitment to family). Wenn und soweit derartige neue Bindungen entstünden, sei mit dem Abbruch krimineller Karrieren zu rechnen, da es nun zu *gegenläufigen* Kreisläufen komme: Mit den neuen Bindungen verlören die bisherigen Bindungen an delinquente Gleichaltrige und delinquente Werte an Bedeutung. Allerdings sei die Chance, dass es zu diesen kriminalitätshemmenden neuen Bindungen komme, nur gering, wenn in früheren Phasen infolge kriminellen Handelns bereits die Bindungen an die Eltern und die Schule geschwächt gewesen seien.

c) Die Lebenslauftheorie von Sampson und Laub

Robert Sampson und *John Laub* greifen *Thornberrys* Ansatz auf und führen ihn fort. Auch sie gehen davon aus, dass Kriminalität die Folge geschwächter sozialer Bindungen ist und dass sowohl die Art als auch die Stärke der Bindungen im Verlauf der Entwicklung variieren. Da *Sampson* und *Laub* den informellen Bindungen ein besonderes Gewicht beimessen, bezeichnen sie ihren Ansatz als **Theorie der altersabhängigen informellen sozialen Kontrolle** (age-graded theory of informal social control).[85] 109

In ihrem Modell beschäftigen sich *Sampson* und *Laub* zunächst mit der Kinder- und Jugenddelinquenz. Die entscheidenden Ursachen sehen sie in der Schwächung der familiären und schulischen Bindungen, aber sie erkennen darüber hinaus auch delinquenten Einflüssen seitens Gleichaltriger oder der Geschwister Bedeutung zu. Die Stärke der jeweiligen Bindungen wird nach *Sampson/Laub* zum einen durch sozialstrukturelle Faktoren geprägt wie bspw. den sozioökonomischen Status, die Familiengröße oder den Familienzusammenhalt, zum anderen durch individuelle Eigenheiten des Kindes/Jugendlichen, zB sein Temperament, seine Neigung zu Wutausbrüchen oder frühes abweichendes Verhalten. 110

Auch bei Erwachsenen wird Kriminalität als Folge fehlender oder geschwächter Bindungen angesehen, allerdings sind für Erwachsene andere Bindungen wesentlich als für Kinder oder Jugendliche; bei Erwachsenen stehen in dem Modell von *Sampson/Laub* die Bindungen an die Arbeit und den (Ehe-) Partner im Vordergrund. Ob es überhaupt und ggf. in welcher Ausprägung es zum Entstehen derartiger Bindungen kommt, wird nach *Sampson/Laub* maßgeblich durch die Entwicklung in der vorangegangenen Jugendphase bestimmt: Bei straffällig gewordenen Jugendlichen kann es infolge der Straffälligkeit zu einer **kumulativen Anhäufung von Schwierigkeiten und Problemen** kommen, die das Zustandekommen der für das Erwachsenenalter typischen Bindungen erschwert. Konsequenz ist eine kontinuierliche Entwicklung von der Kinder-/Jugendkriminalität hin zur Erwachsenenkriminalität. 111

Die Beziehung zwischen Kinder-/Jugendkriminalität und Erwachsenenkriminalität ist in dem Modell von *Sampson* und *Laub* nicht unabänderlich. Im Lebenslauf, der in ihrer Theorie durch die Konzepte 112

85 Grundlegend *Sampson/Laub* 1993; zusammenfassend *Laub/Sampson* Criminology 31 (1993), 301 ff.; vgl. auch *Sampson/Laub* MschrKrim 92 (2009), 226 ff.

von Entwicklungspfaden (trajectories) und Übergängen (transitions) beschrieben wird, kann es zu Wendepunkten (turning points) kommen, die der Entwicklung eine neue Richtung geben können. Infolge von Veränderungen wie der Einstellung in ein festes Arbeitsverhältnis, Eheschließung, Elternschaft o. Ä. können neue soziale Bindungen entstehen, die Erwachsenenkriminalität trotz ungünstiger Ausgangsbedingungen unwahrscheinlich machen. Umgekehrt können derartige Wendepunkte auch in eine negative Richtung wirken und zu Straffälligkeit auch bei solchen Erwachsenen führen, die sich bislang konform verhalten haben.

113 Von Interesse ist damit die Frage, ob sich derartige „Wendepunkte" konzeptionell erfassen und damit voraussagen lassen. *Sampson/Laub* arbeiten insoweit zunächst mit dem Konzept des „sozialen Kapitals": Jeder Mensch verfüge über bestimmte Fähigkeiten, die ihm das Eingehen neuer personaler Bindungen ermöglichten. Im Übrigen äußern sie sich nur sehr vage und bleiben die Antwort letztlich schuldig: Zahlreiche Faktoren könnten eine Rolle spielen, die sich nicht näher einordnen ließen, unter ihnen Zufall und Glück, aber etwa auch die gesellschaftlichen und historischen Rahmenbedingungen des jeweiligen Lebenslaufs.

d) Kritische Würdigung

114 Für die Beurteilung der entwicklungskriminologischen Überlegungen kommt es zunächst darauf an, wie die empirischen Befunde zu den Ursachen von Kontinuitäten bzw. Diskontinuitäten kriminellen Handelns sind: Stimmt das von *Gottfredson/Hirschi* vertretene „Stabilitätspostulat" und lässt sich Straffälligkeit als Ausdruck einer zeitüberdauernden geringen Selbstkontrolle einordnen? Oder sind Beginn, Verlauf und Beendigung von kriminellen Karrieren eine Folge der sich verändernden sozialen Bindungen des Individuums, so dass Straffälligkeit als Ausdruck einer spezifischen Entwicklungsphase angesehen werden muss?

115 Eine Neuauswertung des Datenmaterials, das der *Unraveling Juvenile Delinquency*-Studie des Ehepaars *Glueck* zugrunde gelegen hat (→ Rn. 120), liefert Hinweise darauf, dass sich zwar zwischen sozial auffälligem, antisozialem Verhalten im Kindes- bzw. Jugendalter und späterer Delinquenz im Erwachsenenalter ein Zusammenhang nachweisen lässt, dass es aber (entgegen dem Stabilitätspostulat!) bei Frühauffälligkeit auch zu einem Abbruch krimineller Karrieren kommen kann. Maßgebliche Faktoren hierfür sind – in Übereinstimmung mit den entwicklungskriminologischen Annahmen – die stabile

Einbindung in das Arbeitsleben sowie die partnerschaftliche Bindung.[86] Aus dem Datenmaterial der Tübinger Jungtäter Vergleichsuntersuchung ergibt sich ergänzend, dass sich diejenigen Wiederholungstäter, die ihre kriminelle Karriere abbrechen, von den weiterhin Straffälligen auch in Merkmalen wie der Häufigkeit von Milieukontakten und dem Vorhandensein von Alkoholproblemen deutlich unterscheiden; der Abbruch der kriminellen Karriere geht also – zumindest insoweit – nicht mit dem Fortbestehen von anderen Anzeichen für geringe Selbstkontrolle einher.[87] Die empirischen Befunde deuten damit auf die **Überlegenheit der entwicklungskriminologischen Annahmen** hin. Andererseits machen die empirischen Befunde auch deutlich, dass die von der Entwicklungskriminologie zugrunde gelegte Bezugnahme auf die Kontrolltheorie von *Hirschi* nicht sämtliche Erscheinungsformen der Kriminalität erklären kann; Jugenddelinquenz beruht in vielen Fällen – vor allem bei einmaliger oder nur gelegentlicher Begehung – nicht auf einer Schwächung der familiären und schulischen Bindungen, sondern geht mit einem ansonsten unauffälligen Lebensstil und guter sozialer Einbindung einher.[88]

Auf der theoretischen Ebene stellt die Entwicklungskriminologie eine **wesentliche Fortentwicklung** dar. Indem sie den Verlauf sowie den Abbruch krimineller Karrieren in ihre Überlegungen einbezieht, gelingt es ihr, auch solche Gesichtspunkte zu thematisieren und theoretisch zu verorten, die in den meisten anderen Theorien übersehen oder zu Unrecht als irrelevant abgetan werden: die Veränderlichkeit der wesentlichen Einflussgrößen für kriminelles Verhalten, ihre wechselseitigen Beziehungen und die Gegenüberstellung von kriminalitätsbegünstigenden und -hemmenden Faktoren, die die individuelle Entwicklung in neue Bahnen lenken. Auch wenn manche Fragen theoretisch noch nicht abschließend geklärt sind – etwa die Frage nach den Bestimmungsfaktoren für das Auftreten von „Wendepunkten" – stellt die Entwicklungskriminologie damit ein vergleichsweise starkes Modell zur Kriminalitätserklärung zur Verfügung. 116

Die **Praxisrelevanz** der entwicklungskriminologischen Ansätze ist **erheblich.** Indem sie Kriminalität als Bestandteil eines übergreifenden, dynamischen Entwicklungsprozesses einordnen, machen sie deutlich, dass für präventive Eingriffe zahlreiche Ansatzpunkte existieren. Dabei kann an stützende und helfende Frühinterventionen, die in der Frühphase der Entwicklung insbesondere die familiären Bindungen stärken, ebenso gedacht werden wie an besondere, auf Rein- 117

86 *Sampson/Laub* 1993, 139ff.
87 *Stelly/Thomas/Kerner/Weitekamp* MschrKrim 81 (1998), 115ff.; *Stelly/Thomas* 2001, 292ff.
88 *Thomas/Stelly/Kerner/Weitekamp* KZfSS 1998, 324f.; *Stelly/Thomas* 2001, 189ff.; vgl. auch *Schumann* 2003 a, 214ff.

tegration und die Schaffung von neuen Bindungen abzielende Behandlungsmaßnahmen im Strafvollzug (→ § 10 Rn. 7 ff.). Auf der pragmatischen Ebene kommt dementsprechend vor allem der Herausarbeitung der **protektiven (Schutz-)Faktoren** sowie der auf ihre Stärkung abzielenden Interventionsformen Bedeutung zu. Die Entwicklungskriminologie steht damit in engem Zusammenhang mit der neueren kriminologischen Resilienzforschung (→ § 6 Rn. 23).

10. Mehrfaktorenansatz und Versuche der Theorieintegration

118 Der Überblick über die Kriminalitätstheorien zeigt, dass sich gegen viele Ansätze der Einwand erheben lässt, dass die betreffende Theorie die Verbrechenswirklichkeit nur unzureichend erfasst; sie erklärt *einzelne*, aber *nicht alle* Erscheinungsformen des Verbrechens. In der Kriminologie ist diese beschränkte Reichweite der meisten Theorien bereits relativ früh erkannt worden. Die Konsequenzen, die aus der Erkenntnis der Unzulänglichkeit gezogen worden sind, sind indessen unterschiedlich gewesen: Während sich ein Teil der Kriminologen aus der kriminalitätstheoretischen Diskussion weitgehend zurückgezogen hat und heute ein eher offenes Konzept favorisiert, sucht ein anderer Teil der Kriminologen den Ausweg in der Theorieintegration.

a) Empirisch ausgerichtete Mehrfaktorenansätze

119 Das gemeinsame Kennzeichen der empirisch ausgerichteten Mehrfaktorenansätze ist, dass sie sich bei der Erklärung der Kriminalität nicht auf eine bestimmte Theorie beschränken, sondern grundsätzlich für *sämtliche* der bislang genannten Umstände – Persönlichkeitsmerkmale, Sozialisationseinflüsse, Lernprozesse ebenso wie sozialstrukturelle Merkmale und Stigmatisierungswirkungen – offen sind. Ihre Unterschiede bestehen in der Konkretisierung der Bereiche, denen die maßgeblichen Faktoren („Risikofaktoren"; dazu genauer → § 6 Rn. 23) zu entnehmen sind. Ein frühes, typisches Beispiel für die Verwendung des Mehrfaktorenansatzes sind die Arbeiten des Ehepaars *Sheldon* und *Eleanor Glueck* (1896–1980 bzw. 1898–1972).

120 Die bekannteste Studie der *Gluecks* ist eine großangelegte Untersuchung zu den Ursachen der Jugendkriminalität, die unter dem Namen **„Unraveling Juvenile Delinquency"** bekannt wurde.[89] Die Untersuchungspopulation bestand

89 *Glueck/Glueck* 1950.

aus zwei Gruppen: 500 zwischen 11 und 17 Jahre alten Jugendlichen, die wegen wiederholter Delinquenz in einer Besserungsanstalt untergebracht waren, sowie 500 Jugendlichen aus Boston, Mass., die bis zum Erhebungszeitpunkt noch nicht auffällig geworden waren. Die *Gluecks* verfuhren nach der Methode der „matched pairs", d. h. für jeden delinquenten Jugendlichen wurde ein nichtdelinquenter ausgesucht, der mit dem delinquenten im Hinblick auf Alter, Intelligenz, ethnische Herkunft und Wohnviertel vergleichbar war. Dies geschah, um den möglichen Einfluss dieser vier Faktoren auf die Straffälligkeit ausschließen und sich ganz auf die Suche nach den weiteren Faktoren konzentrieren zu können, die sich mit Straffälligkeit in Verbindung bringen ließen. Ein interdisziplinär zusammengesetztes Team erhob mit unterschiedlichen Verfahren sämtliche Informationen über die betreffenden Jugendlichen, die zu erlangen waren; die Bandbreite reichte von Merkmalen des Körperbaus über Persönlichkeitsmerkmale bis hin zu Informationen über die frühkindliche Sozialisation, die schulischen Leistungen und das Freizeitverhalten der Jugendlichen. Allein die Erhebungsphase der Untersuchung erstreckte sich über einen Zeitraum von 8 Jahren. In der Auswertung stellten die *Gluecks* zunächst fest, in welchen Punkten sich Delinquente von Nichtdelinquenten unterschieden. In einem zweiten Schritt verdichteten sie die gewonnenen Erkenntnisse und setzten sie in eine Prognosetafel sowie in vorsichtig formulierte Annahmen über die möglichen Ursachen der Jugendkriminalität um. – Zu der ursprünglichen Studie aus dem Jahr 1950 gab es zwei Nachfolgeuntersuchungen, die durchgeführt wurden, als die Betreffenden 25 bzw. 31 Jahre alt waren.[90] Eine vollständige Neuauswertung des gesamten Datenmaterials erfolgte schließlich durch *Sampson* und *Laub* (→ Rn. 109ff.) in der zweiten Hälfte der 1980er Jahre.[91]

Die Mehrfaktorenansätze leiden unter dem eingangs beschriebenen **121** Problem der Wechselwirkung von Erklärungskraft und Reichweite. Da die Reichweite dieser Ansätze sehr groß ist (letztlich lassen sich *alle* Erscheinungsformen des Verbrechens multifaktoriell erklären), ist ihre **Erklärungskraft** zwangsläufig **beschränkt:** Für die Erklärung *aller* Verbrechensformen kann lediglich auf allgemeine Formeln wie „Anlage und Umwelt" (vgl. *v. Liszt;* → § 2 Rn. 13) verwiesen werden. Hinzu kommt, dass die Mehrfaktorenansätze durch die beliebige – jedenfalls nicht theoriegeleitete – Auswahl der relevanten Faktoren empirisch **niemals widerlegt** werden können. Erweist sich ein Faktor als irrelevant, ist es eben ein anderer, der zur Erklärung der Kriminalität geeignet sein mag, ohne dass dies die Theorie grundsätzlich erschüttern würde, ja, der Mehrfaktorenansatz erfährt hierdurch geradezu eine Bestätigung.

---

90 *Glueck/Glueck* 1968.
91 *Sampson/Laub* 1993; weitere Auswertungen bei *Laub/Sampson* 2003.

122 Von soziologischer Seite hat dies den Mehrfaktorenansätzen in der Vergangenheit erhebliche Kritik eingetragen.[92] Berechtigt ist diese Kritik gleichwohl nur zum Teil. Der Vorzug der Mehrfaktorenansätze besteht nämlich nicht darin, dass sie die Gesamtheit aller Kriminalitätsformen erklären können, sondern darin, dass sie aufgrund ihrer Offenheit in der Lage sind, für ganz unterschiedliche Formen von Delinquenz unterschiedliche Erklärungen anzubieten, die jeweils erheblich konkreter sind als die bisher genannten Einzelansätze und die deshalb häufig eine **erhebliche Praxisrelevanz** haben. Freilich bleibt das (theoretische) Problem bestehen, dass die Mehrfaktorenansätze nicht angeben können, unter welchen Bedingungen sie welche Faktoren für wesentlich halten und welches relative Gewicht diesen Faktoren dabei in ihrem Verhältnis zueinander zukommt.

b) Theorieverbindende Erklärungsansätze

123 Eine größere Bedeutung haben in der neueren Kriminologie diejenigen Ansätze, die sich um die Integration der skizzierten Einzeltheorien oder auch nur von Theorieelementen bemühen. Einzelne Beispiele hierfür wurden bereits angesprochen (→ Rn. 33, 41, 45).

124 Im Hintergrund der theorieverbindenden Erklärungsansätze steht die Beobachtung, dass die Aussagen der meisten Einzeltheorien zueinander nicht im Widerspruch stehen. Die Heterogenität der meisten Einzelaussagen ist in erster Linie eine Folge davon, dass den verschiedenen Theorien unterschiedliche Erkenntnisgegenstände und Erklärungsebenen zugrunde liegen. Zwar sind einige Grundpositionen auf den ersten Blick miteinander unvereinbar. So fällt es bspw. schwer, in dem Menschen ein Wesen zu sehen, das sich vor seinem Handeln genau überlegt, welche Handlungsalternativen ihm offenstehen, und zugleich ein Wesen, das sich aus der Situation heraus spontan für ein Handeln entscheidet. Man kann in der strafrechtlichen Sanktion nicht eine Reaktion auf die Tat sehen, die dem Täter den fehlenden Erfolg seines Handelns spürbar vor Augen führt und ihn zur Änderung seines Verhaltens veranlasst, und zugleich eine Reaktion, die das Selbstbild des Täters in einem negativen Sinn verändert und zur Festigung krimineller Karrieren beiträgt. Bei genauerer Betrachtung zeigt sich indes, dass viele theoretische Grundpositionen in ihrer Reichweite beschränkt sind und deshalb bei entsprechenden Differenzierungen sehr wohl miteinander vereinbart werden können. Vielleicht ist der Mensch *sowohl* das eine *als auch* das andere Wesen und entscheidet in Abhängigkeit von der Situation *manchmal* in kühler Abwägung, *manchmal* spontan?[93] Eine Kriminalitätstheorie stünde in diesem Fall vor der Aufgabe,

92 *Cohen*, in: Sack/König 1968, 219ff.; *Lamnek* 2007, 77ff.
93 *Laue* 2010, 256, 301f.

die Bedingungen angeben zu müssen, unter denen sich das Handeln jeweils nach dem einen oder nach dem anderen Muster vollzieht. Vielleicht ist die strafrechtliche Sanktion *sowohl* erforderlich, um Lerneffekte zu erzeugen, *als auch* ein Instrument, das stigmatisiert und künftiges kriminelles Handeln wahrscheinlicher machen kann? Ein in der Kriminologie bekannter Ansatz von *Braithwaite* sieht das so und unterscheidet konsequent zwischen den beschämenden, aber nicht desintegrierend wirkenden sowie den stigmatisierenden und ausgrenzenden Funktionen der Strafe.[94]

Die derzeit wohl prominenteste Theorie, die einen integrativen Ansatz verfolgt, ist die von *Per-Olof Wikström* entwickelte und erstmals in den 2000er Jahren vorgestellte **Situational Action Theory (SAT).**[95] Klassisch wird hier danach gefragt, warum Menschen moralische Regeln brechen und damit abweichendes Verhalten zeigen. Um diese Frage zu beantworten, setzt *Wikström* Aussagen unterschiedlicher theoretischer Schulen miteinander in Verbindung. *Wikströms* SAT basiert auf der Annahme, dass eine (kriminelle) Handlung das Resultat des Zusammentreffens von einer Person mit einer bestimmten (kriminellen) Neigung (*disposition*) und einem bestimmten (kriminogenen) Umfeld (*setting*) ist. Das Aufeinandertreffen führt zu einer Interaktion beider Faktoren; ein Wahrnehmungs-Entscheidungs-Prozess wird aktiviert, dessen Folge die durchgeführte (kriminelle) Handlung ist. **125**

Welche Neigung ein Mensch hat, hängt nach der SAT von den persönlichen Moralvorstellungen der Person und deren individueller Fähigkeit zur Selbstkontrolle ab. Je mehr die persönlichen Moralvorstellungen und die gesetzlichen Regeln übereinstimmen und je stärker die Selbstkontrolle ist, desto unwahrscheinlicher wird eine Regelverletzung. Wie kriminogen ein Umfeld ist, hängt davon ab, welche moralischen Normen dort herrschen, mit welcher Durchsetzung der Normen zu rechnen ist und welche Gelegenheiten und/oder Spannungen das Umfeld bietet. Warum Menschen überhaupt unterschiedliche kriminelle Neigungen entwickeln und warum es zu unterschiedlich kriminogenen Umgebungen kommt (Ursache der Ursachen), beleuchtet die SAT zwar nicht primär. Kriminelle Neigungen und kriminogene Umgebungen haben nach *Wikström* aber wiederum eigene Entstehungsgeschichten, die letztlich die eigentliche **125a**

94 *Braithwaite* 1989, 98 ff.; vgl. dazu *Münster* 2006.
95 *Wikström*, in: McCord 2004, 1 ff.; *ders.*, in: Wikström/Sampson 2006, 61 ff.; *ders.*, in: Hitlin/Vaisey 2010, 211 ff.; *ders.*, in: Cullen/Wilcox 2010, 1000 ff.; *ders.*, in: Manzo 2014, 74 ff.; *ders.* MschrKrim 98 (2015), 177 ff.; *Wikström/Mann/Hardie* EurJCrim 2018, 10 ff.

Ursache der Kriminalität sind. Nur wenn man beides, die Entstehung von kriminogenen Neigungen und Umgebungen und die von kriminellen Handlungen, versteht und deren Zusammenhänge erfasst, kann man nach *Wikström* das Phänomen Kriminalität als Ganzes verstehen.

125b Geht man bei der SAT weiter ins Detail, ergibt sich für den entscheidenden Wahrnehmungs-Entscheidungs-Prozess ein zweistufiges Selektionsmodell, das die kriminelle Handlung erklärt. Grundlegend wird davon ausgegangen, dass ein Mensch nur deswegen handelt, weil er eine bestimmte Motivation (Wunsch/Bedürfnis oder empfundene Herausforderung) dafür hat. Diese Motivation entsteht, wenn eine bestimmte Person auf eine bestimmte Umgebung trifft. Welche Handlung dann zur Motivationsbefriedigung ergriffen wird, hängt vom Zusammenwirken der persönlichen Moralvorstellungen der Person und vom moralischen Umfeld ab, in dem sich die Person befindet. Diese Interaktion von persönlicher und umgebungsspezifischer Moral ergibt einen **„moralischen Filter"**, der die erste Stufe der Handlungsselektion darstellt. Dabei gibt es Personen, die kriminelle Handlungen überhaupt nicht in Betracht ziehen, deren moralischer Filter umgehend funktioniert. Bei anderen ist der moralische Filter durchlässiger, sie ziehen neben legalen auch kriminelle Handlungen in Betracht. Hier sind zwei Arten der Entscheidungsfindung, welche Handlung ergriffen wird, zu unterscheiden. Entweder handelt die Person **habituell**, folgt also automatisierten Verhaltensregeln, **oder** sie trifft eine **rational-reflektierte Entscheidung**. Beim ersten Prozess entscheidet sich die Person also für eine Handlung, weil sie „gewohnheitsmäßig" in einer bestimmten Situation immer so handelt, ohne lange darüber nachzudenken. Es wird nur eine, die kriminelle Handlungsvariante, überhaupt wahrgenommen. Andere Faktoren, wie etwa Abschreckung, haben auf diese automatisierte Entscheidung keinen Einfluss. Anders ist es bei der rational-reflektierten Entscheidung. Hier werden von einer Person Vor- und Nachteile der Handlungsvarianten gegeneinander abgewogen. Die SAT geht dabei davon aus, dass Menschen grundsätzlich regelorientiert handeln und diejenige Handlungsvariante auswählen, die für sie ein moralisch akzeptables Mittel darstellt, um die Motivation bestmöglich zu befriedigen.[96] Entscheidender Einflussfaktor bei dem Abwägungsprozess, an dessen Ende eine kriminelle oder legale Handlung steht, ist die internale und/oder externale Kontrolle. Reflektiert ein Mensch, kann internale Kontrolle, dh Selbstkontrolle, dazu führen, dass eine Person den eigenen Moralvorstellungen auch in einem kriminogenen Umfeld zu folgen vermag. Andersherum kann externale Kontrolle, worunter *Wikström* Abschreckung versteht, dazu führen, dass eine kriminalitätsgeneigte Person die moralischen Normen eines Umfelds eher befolgt. Voraussetzung

96 Anders die Rational-Choice-Theorien, die primär im Eigennutz den größten Motivator für die Entscheidung sehen; krit. vertiefend *Opp/Pauwels* MschrKrim 101 (2018), 223 ff.

für eine Einflussmöglichkeit von Kontrollmechanismen bleibt aber immer, dass die Person überhaupt nachdenkt und abwägt.

Wikström vereint in der SAT somit Aussagen unterschiedlicher Kriminalitätstheorien in einem einheitlichen Modell. Die Theorie selbst wurde sukzessiv im Rahmen von zwei empirischen Studien entwickelt, der „Peterborough Youth Study"[97] (PYS), gewissermaßen das Pilotprojekt, und der nachfolgenden „Peterborough Adolescent and Youth Adult Development Study"[98] (PADS+). Die PADS+, die als „eine der anspruchsvollsten, reichhaltigsten und elaboriertesten kriminologischen Untersuchungen aller Zeiten"[99] bezeichnet wird, ist eine Panelstudie mit einem weitreichenden methodischen Spektrum. U.a. wurden von 2004 bis 2012 gut 700 Schüler (Teilnahmealter zu Studienbeginn 12–13 Jahre) der Stadt Peterborough zu Einstellung und Verhalten befragt und methodisch vielfältige Erhebungen zum sozialen Umfeld und Verhalten der Probanden durchgeführt. **125c**

Wie kaum eine andere Kriminalitätstheorie hat es die SAT geschafft, innerhalb kurzer Zeit den Anstoß zu zahlreichen neueren Forschungsunternehmen zu geben. Die bislang vorliegenden Befunde scheinen die Thesen der SAT weitgehend zu bestätigen.[100] So konnten neben *Wikström* selbst auch zahlreiche andere Forscher Belege dafür finden, dass kriminogene Neigungen und ein kriminogenes Umfeld tatsächlich interagieren und bei Aufeinandertreffen wahrscheinlicher zu kriminellen Handlungen führen. Die zentrale Aussage der SAT, dass Moral ein entscheidender Faktor ist, konnte ebenfalls durch Studien belegt werden. Auch zum Zusammenspiel von Moral und Selbstkontrolle finden sich einige die SAT stützende Untersuchungen. Uneinheitlicher ist die Befundlage, wenn es um die Wechselwirkungen zwischen Moralität und Abschreckung geht. Zu der Annahme, dass bei sinkender Moralität, dh bei Menschen, bei denen der moralische Filter häufiger versagt, der Faktor Abschreckung stärker zum Tragen kommt als bei Menschen mit hoher Moralität, konnten bisher keine einheitlichen Befunde vorgelegt werden.[101] **125d**

Wikströms SAT hat gegenüber früheren Versuchen der Theorieintegration, die sich im Wesentlichen darin erschöpften, den bekannten **125e**

97 *Wikström/Butterworth* 2006.

98 *Wikström/Oberwittler/Treiber/Hardie* 2012; weitere Informationen zur PADS+ Studie auch unter www.pads.ac.uk.

99 *Hirtenlehner* MschrKrim 95 (2012), 383.

100 Überblick bei *Pauwels* MschrKrim 98 (2015), 284 ff.; *Pauwels/Svensson/Hirtenlehner* EurJCrim 2018, 32 ff.

101 Die SAT stützende Befunde bei *Wikström/Tseloni/Karlis* EurJCrim 2011, 401 ff.; *Svensson* CAD 2015, 3 ff.; *Mesko/Hirtenlehner/Bertok* MschrKrim 98 (2015), 297 ff.; anders bei *Pauwels/Weerman/Bruinsma/Bernasco* EurJCrim 2011, 386 ff.; *Gallupe/Baron* CAD 2014, 284 ff.

Erklärungsfaktoren einen festgelegten Platz zuzuweisen, den Vorteil, dass auch Interaktionsprozesse und Wirkmechanismen berücksichtigt werden. Dass Faktoren nachweisbar nicht nur additiv, sondern auch multiplikativ zusammenwirken, ist ein nicht zu unterschätzender Erkenntnisgewinn bei der Erklärung kriminellen Verhaltens. Auch für die Kriminalpolitik bringt die SAT, gerade was die Einflussmöglichkeiten von Kontrollmechanismen angeht, neue und beachtenswerte Ansatzpunkte. *Wikströms* SAT gilt deshalb als ein in sich schlüssiger, relevanter und empirisch gut überprüfbarer Erklärungsansatz, dem in der gegenwärtigen Kriminologie zu Recht viel Aufmerksamkeit zuteil wird.

IV. Theorievergleich und Folgerungen

126 Als Ergebnis der Beschäftigung mit Kriminalitätstheorien kann nach alledem festgehalten werden: Die Suche nach „der" Kriminalitätstheorie, also einer Theorie, die in der Lage ist, sämtliche Erscheinungsformen des Verbrechens zu erklären, stellt die Kriminologie vor erhebliche Probleme. Die meisten der bisher entwickelten Theorien erklären nur einzelne Erscheinungsformen der Kriminalität, nicht das Gesamtspektrum. Soweit sich die skizzierten Ansätze als allgemeine Kriminalitätstheorien verstehen, verfügen sie meist nur über einen geringen Erklärungswert. Hinzu kommt, dass die bisher entwickelten Theorien auf unterschiedlichen Erklärungsebenen ansetzen: Manche Theorien suchen die wesentlichen Gründe für die Kriminalitätsentstehung auf der Ebene des Individuums, also in der Person des Täters oder in seinen Beziehungen zur Umwelt. Andere Theorien suchen die Gründe auf der strukturellen Ebene, also in der sozialen Schichtung der Gesellschaft oder in den Zugangschancen zu den verfügbaren institutionellen Mitteln. Wieder andere Theorien setzen auf der institutionellen Ebene an und fragen nach der Funktionalität des Verbrechens und der Bedeutung der sozialen Reaktion. Gegenwärtig kreisen die meisten theoretischen Bemühungen darum, die bislang bekannten Erklärungsansätze miteinander zu verbinden und ein möglichst universelles System von widerspruchsfreien theoretischen Aussagen über die Verbrechensentstehung zu entwickeln.

127 Dass eine allseits befriedigende allgemeine Kriminalitätstheorie bislang noch nicht gefunden worden ist, ist indessen nicht zwangsläufig

ein Nachteil und stellt die Relevanz der Beschäftigung mit den bislang entwickelten Teiltheorien nicht grundsätzlich in Frage. Schon die Tatsache, dass von allen Bezugsdisziplinen der Kriminologie und innerhalb der Bezugsdisziplinen aus unterschiedlichen Perspektiven Beiträge zur Erklärung der Entstehung, Entwicklung und Struktur von Delinquenz und Kriminalität vorgelegt worden sind, hat das Verständnis für die Grundfragen der Kriminologie trotz gewisser Qualitätsmängel mancher Einzeltheorie maßgeblich bereichert. Dabei geht es bei der Beschäftigung mit den Kriminalitätstheorien nicht um rein akademische Spielereien mit Begriffen, Konzepten und Perspektiven. Der besondere Wert der kriminologischen Theorien liegt darin, dass sich aus ihnen (sofern es sich um gute Theorien handelt; → Rn. 9 ff.) konkrete Handlungsempfehlungen für kriminalpolitische Maßnahmen ableiten lassen, mit denen sozialschädlichem – und deshalb kriminellem, mit Strafe bedrohtem – Handeln entgegengewirkt werden kann. Obwohl sich also die skizzierten Ansätze vordergründig nur mit rein theoretischen Fragen der Theoriebildung und des Theorievergleichs beschäftigen, können sie **tief in die Praxis hineingreifende Implikationen** entfalten, was anschaulich in dem englischen, *Kurt Lewin* zugeschriebenen Aphorismus zum Ausdruck kommt: „There is nothing as practical as a good theory." Der Überblick über die Kriminalitätstheorien zeigt dabei, dass sich nicht alle Theorien gleichermaßen für die Erklärung aller Fragen in den kriminologisch relevanten Erkenntnisbereichen eignen: Theorien, die nach den sozialstrukturellen Bedingungen für Kriminalität fragen, machen nur mittelbar Aussagen zum individuellen Verhalten; Theorien, die die Entstehung und Entwicklung krimineller Karrieren erklären, machen keine Aussagen zur Delinquenz von Erst- und Gelegenheitstätern. Für den nutzbringenden Umgang mit den Kriminalitätstheorien kommt es deshalb stets darauf an, zunächst den Erkenntnisgegenstand, die Erklärungsebene und die Reichweite der jeweiligen Theorie zu analysieren, ehe nach konkreten Konsequenzen für die Kriminalpolitik gefragt wird.

Empfehlungen zur vertiefenden Lektüre: *Agnew*, Foundation of a General Strain Theory of Crime and Delinquency, Criminology 30 (1992), 47–87; *Gautschi/Berger*, Abweichendes Verhalten als rationale Wahl, MschrKrim 101 (2018), 200–222; *Sack*, Probleme der Kriminalsoziologie, in: Dollinger u. a. 2014, 40–161 (Original: 1978); *Sampson/Laub*, A Life-Course Theory and Long-Term Project on Trajectories of Crime, MschrKrim 92 (2009), 226–239; *Wikström*, Situational Action Theory, MschrKrim 98 (2015), 177–186.

§ 4. Kriminologische Forschungsmethoden

I. Die Notwendigkeit der adäquaten Erfassung der Wirklichkeit

1 Von ihrem Anspruch her zielt die Kriminologie darauf ab, wissenschaftlich begründete, dh systematisch gewonnene und intersubjektiv überprüfbare Aussagen über die soziale Wirklichkeit zu treffen. Die Kriminologie bedient sich dabei eines besonderen, in der sozialwissenschaftlichen Methodologie verankerten Arsenals an Erhebungs-, Untersuchungs- und Forschungsmethoden. Um die Vorgehensweise der Kriminologie richtig verstehen und die ermittelten empirischen Befunde besser einordnen zu können, ist deshalb ein etwas genauerer Blick auf die Grundlagen der kriminologischen Methodik erforderlich. Dabei kann es im Folgenden nur um eine erste Grundorientierung gehen, die die Beschäftigung mit dem Spezialschrifttum zu den Methoden der empirischen Sozialforschung nicht ersetzen kann.[1]

2 Grundsätzlich gibt es zwei Möglichkeiten, sich auf wissenschaftlichem Weg einen Zugang zur sozialen Wirklichkeit zu verschaffen. Der naheliegende Weg besteht in dem Versuch, die Wirklichkeit in ihren jeweils interessierenden Merkmalen in ihrer Gesamtheit zu erfassen, also eine **Total- (Voll-) Erhebung** aller interessierenden Merkmale und Merkmalsträger durchzuführen. Beispiele für derartige Totalerhebungen bilden die amtlichen Statistiken, die von den dafür zuständigen Behörden zB über das Kriminalitätsaufkommen (Polizeiliche Kriminalstatistik) oder die Aburteilungspraxis der Gerichte (Strafverfolgungsstatistik) veröffentlicht werden. Auch die in unregelmäßigen Abständen stattfindenden Volkszählungen gehören hierzu. Der Vorteil dieser Vorgehensweise besteht darin, dass sämtliche interessierenden Merkmalsträger erfasst werden, also zB sämtliche in Deutschland ermittelten Tatverdächtigen oder sämtliche Abgeurteilten. Der Nachteil besteht darin, dass sich diese Totalerhebungen stets nur auf eine geringe Zahl von Merkmalen beziehen können (zB Alter und Geschlecht); der Einbeziehung einer größeren Anzahl von

---

1 Vgl. etwa *Baur/Blasius* 2019; *Döring/Bortz* 2016; *Schnell/Hill/Esser* 2013; *Flick* 2014; *Walter/Brand/Wolke* 2009.

Merkmalen stehen die begrenzten Kapazitäten der die Daten erhebenden Stellen entgegen.

In den meisten Fällen muss man deshalb, um sich einen Zugang zur sozialen Wirklichkeit zu verschaffen, einen anderen Weg einschlagen: Man muss versuchen, die Wirklichkeit nur in einem Ausschnitt zu erfassen, um aus den insoweit ermittelten Merkmalen Rückschlüsse auf die Gesamtheit zu ziehen. In diesem Fall spricht man von einer **Teilerhebung,** die nur an einer Teilmenge der Grundgesamtheit (Stichprobe) durchgeführt wird. Das zentrale Problem bei dieser zweiten, meist ökonomischeren Vorgehensweise besteht darin sicherzustellen, dass der Rückschluss auf die Gesamtheit der interessierenden Phänomene wirklich zulässig ist; das ist nur dann der Fall, wenn die Stichprobe für die Grundgesamtheit repräsentativ ist. Dieser zweiten Herangehensweise soll im Folgenden das Augenmerk gelten. 3

Anders als bei den Kriminalstatistiken ist der Erkenntnisgegenstand von Teilerhebungen nicht von vornherein festgelegt; grundsätzlich kann jede empirisch fassbare Erscheinung in der sozialen Wirklichkeit zum Gegenstand einer Stichprobenuntersuchung gemacht werden. Entscheidend ist – und hierin besteht neben dem Problem der Repräsentativität das zweite Hauptproblem der empirischen Forschungsmethodik –, dass man mit Hilfe der Untersuchung den interessierenden Gegenstand möglichst adäquat erfasst. Hierzu kann man sich prinzipiell zweier unterschiedlicher Herangehensweisen bedienen: quantitativer und qualitativer Verfahren. 4

II. Quantitative und qualitative Verfahren

Quantitative Verfahren versuchen, den interessierenden Gegenstandsbereich durch Klassifizieren, Messen, Tabellieren und die Anwendung statistischer Methoden zu erfassen. 5

Beispiel: Um Art und Ausmaß von Gewalt in der Schule zu erfassen, wird eine Fragebogenaktion unter Schülern durchgeführt. Gefragt wird zB nach der Häufigkeit von Gewalthandlungen eines bestimmten Typs sowie nach dem Alter und Geschlecht von Tätern und Opfern. Die erhobenen Daten werden nach mathematisch-statistischen Prinzipien ausgewertet.

Im Hintergrund dieser Verfahren steht die wissenschaftstheoretische Vorstellung, dass sich die Sozialwissenschaften (zu denen auch die Kriminologie gehört) bei der Ermittlung sozialer Tatbestände die 6

Naturwissenschaften zum Vorbild nehmen sollten. Anzustreben sei die nomothetische (dh gesetzmäßige) Erklärung sozialer Tatbestände mittels Aussagen, die in ihrem jeweiligen Anwendungsbereich allgemeingültig seien. – So überzeugend dieser Ansatz auf den ersten Blick wirkt, so unübersehbar sind die Nachteile, die sich bei genauerer Betrachtung zeigen: Indem die quantitativen Verfahren die soziale Wirklichkeit als eine vorgegebene Größe betrachten, die nur statistisch ausgemessen zu werden braucht, um sie zu verstehen, blenden sie die individuellen Wahrnehmungs- und Bewertungsprozesse aus, die in der sozialen Wirklichkeit eine entscheidende Rolle spielen (→ § 1 Rn. 23 ff.; → § 3 Rn. 91 ff.). Zudem verlieren die quantitativen Verfahren bei ihrer Suche nach den allgemeinen Strukturen unvermeidlich die individuellen Besonderheiten von Einzelfällen aus dem Blick.

Beispiele: Mit Hilfe quantitativer Erhebungs- und Auswertungsmethoden lässt sich die Bedeutung seltener individueller Ereignisse (zB der den Unterricht belastenden Hyperaktivität eines Schülers oder ungewöhnlicher intellektueller Fähigkeiten) für die Entwicklung einer an der Untersuchung teilnehmenden Person nicht erfassen. Auch individuelle Relevanzbezüge können nicht richtig eingeschätzt werden. Man denke einerseits an die Mofaleidenschaft eines Schülers, dessen Eltern ein Motorradgeschäft haben, und andererseits an die gleiche Eigenschaft eines anderen, mittellosen Schülers, der sich kein Mofa leisten kann.

7 **Qualitative Verfahren** versuchen demgegenüber, den interessierenden Gegenstandsbereich sinnverstehend zu erfassen. Das klassische Instrument dieser Herangehensweise ist die Einzelfallstudie, mit deren Hilfe der Forscher Aufschluss über individuelle Lebenswelten und Sinnzusammenhänge gewinnen will.

Beispiel: Mit einzelnen Jugendlichen werden biografisch-narrative Interviews durchgeführt, dh Interviews, bei denen die Jugendlichen in ihrer eigenen Sprache (also ohne die Einschränkungen, die sich aus durch präzise vorformulierten Fragestellungen ergeben können) über Ereignisse aus ihrem Leben berichten. Diese Vorgehensweise erlaubt es, die für den einzelnen Jugendlichen maßgeblichen Zusammenhänge, Prozesse und Entwicklungen nachzuvollziehen. Bei der Auswertung mehrerer Interviews lassen sich Regelmäßigkeiten und typische Entwicklungsverläufe erkennen, die sich zur Begehung von Gewalttaten in der Schule in Beziehung setzen lassen.

8 Im Hintergrund der qualitativen Verfahren stehen die Ablehnung des naturwissenschaftlichen Vorbilds und die Betonung der idiografischen (das Eigentümliche, Einmalige, Singuläre beschreibenden) Methode. Das Geflecht des sozialen Lebens ist nach Auffassung der Ver-

treter der qualitativen Sozialforschung nur in seiner einzel- und ganzheitlichen Komplexität verstehbar; mit den quantitativen Methoden werde die Analyse der individuellen Lebenswelt einer wesensfremden Form und Struktur unterworfen. – In ihrer Bezugnahme auf den Einzelfall weisen die qualitativen Erhebungsmethoden große Ähnlichkeiten zu der Vorgehensweise des Gerichts im Strafverfahren auf: Auch im Strafverfahren geht es ausschließlich um den Einzelfall.[2] Für die Kriminalpolitik haben die Ergebnisse der qualitativen Forschung demgegenüber häufig nur eine eingeschränkte Bedeutung, denn die Kriminalpolitik orientiert sich vorzugsweise an „harten Daten" und allgemeingültigen, über den Einzelfall hinausweisenden Zusammenhängen.

Die Unterscheidung zwischen quantitativen und qualitativen Methoden darf nicht überbewertet werden; die Gemeinsamkeiten sind größer als die Unterschiede. Auf der einen Seite muss man feststellen, dass die quantitativen Verfahren die Kontextabhängigkeit jeden situativen Handelns nicht ernsthaft leugnen können. Die Gewinnung und Deutung quantitativer Daten ist methodologisch nichts anderes als die Anhäufung und Deutung qualitativer Einzelbeobachtungen über den Gegenstandsbereich, einschließlich aller Probleme von Einseitigkeit, Selektivität und Subjektivität, die im allgemeinen mit den qualitativen Verfahren verbunden sind. Auf der anderen Seite muss man feststellen, dass sich in den qualitativ beobachteten situativen Handlungen situationsübergreifende Regelhaftigkeiten und Strukturen abbilden können, die in den jeweiligen Handlungen als „objektive Realität" berücksichtigt und zugrundegelegt werden. Das Verständnis sozialer Erscheinungen kann sich dementsprechend nicht auf die Analyse von Sinnkomplexen beschränken, sondern muss den gegebenen sozialen oder historischen Kontext in die Analyse einbeziehen. In vielen Fällen lässt sich deshalb erst mit der **Kombination von quantitativen und qualitativen Methoden**, den mixed methods, ein klares, abgerundetes Bild von der sozialen Wirklichkeit erlangen.[3] 9

Quantitative und qualitative Verfahren folgen in der Konzeptualisierung und Auswertung ihrer eigenen Methodik. Wegen ihrer größeren Bedeutung in der Kriminologie wird im Folgenden zunächst das Vorgehen bei der Konzeptualisierung, Durchführung und Auswertung einer quantitativen Untersuchung beschrieben, ehe auf die Vorgehensweise bei einer qualitativen Untersuchung genauer eingegangen wird. 9a

2 Zu den Unterschieden von qualitativen Interviews und polizeilichen Vernehmungen *Lehmann/Leimbach* NK 2020, 293 ff.

3 Weiterführend *Seipel/Rieker* 2003, 213 ff., 251 ff.; *Kuckartz* 2014, 27 ff.; *Fuchs/Hofinger/Pilgram* KrimJ 2016, 5 ff.

III. Probleme der Konzeptualisierung empirisch-kriminologischer Untersuchungen

1. Auswahl des Forschungsgegenstands

10 Quantitative kriminologische Untersuchungen werden meist nach einem allgemeinen, in den empirischen Sozialwissenschaften bewährten Schema durchgeführt. Am Anfang eines konkreten Projekts steht zwangsläufig die Auswahl des Forschungsgegenstands, also die Festlegung desjenigen Problembereichs, über den empirische Aussagen getroffen werden sollen. Der Anlass, der zu einem Forschungsprojekt führt, kann verschieden sein; den Anstoß kann ein soziales (praktisches) Problem, ein Problem der kriminologischen Theoriebildung oder auch ein Auftrag geben.

11 Ist ein Forschungsprojekt initiiert, so muss der Gegenstandsbereich meist zunächst im Tatsächlichen noch genauer strukturiert werden. Hierbei helfen frei assoziierende Ideensammlungen, Gespräche und Explorationen, also noch eher unsystematische Erkundungen des Gegenstandsbereichs.

Beispiel: Geplant wird eine Untersuchung über die Kriminalitätsbelastung in unterschiedlichen Stadtteilen, denn es hat sich herausgestellt, dass die Kriminalitätsbelastung in einem Stadtteil („Nordstadt") deutlich größer ist als in einem anderen („Südstadt"). Bei der Strukturierung eines solchen Ausgangspunkts wird man sich die betreffenden Stadtviertel genauer ansehen und sich erste Eindrücke verschaffen. Beobachtungen, Gespräche, Lektüre von Statistiken etc. erweitern das Vorwissen des Forschers.

2. Formulierung der Hypothesen

12 Den zweiten Schritt bildet die theoretische Vorbereitung der Untersuchung: die begriffliche Strukturierung des Gegenstandsbereichs und die Formulierung der Forschungsfragen in Form von forschungsleitenden Hypothesen. Die Funktion dieses zweiten Schritts, der meist als „Konzeptualisierung" bezeichnet wird, besteht in der Transformation des gewählten Gegenstandsbereichs in empirisch überprüfbare Aussagen.

13 Der zweite Arbeitsschritt beginnt mit der systematischen **Auswertung des Erkenntnisstands** zu dem zu untersuchenden Problem.

Man muss prüfen, ob und welche empirischen Untersuchungen zu dem betreffenden Problem bereits vorliegen und ob es theoretische Überlegungen gibt, an denen sich die Untersuchung orientieren kann.

Beispiel: In der fiktiven Untersuchung über die Kriminalitätsbelastung in unterschiedlichen Stadtteilen muss danach gefragt werden, *warum* die Kriminalitätsbelastung in der „Nordstadt" höher sein kann als in der „Südstadt": Ist die Sozialstruktur in den betreffenden Gebieten eine andere? Ist die Bevölkerungsdichte höher? Ist die Bauweise eine andere? Die Untersuchung kann dabei eingebettet werden in den Kontext allgemeinerer Kriminalitätstheorien, zB zur sozialen Desorganisation (→ § 3 Rn. 46 ff.). Dabei wird es in der Regel erforderlich sein, auch andere empirische Studien heranzuziehen und daraufhin auszuwerten, ob und inwieweit sie einen Beitrag zur Beantwortung der Forschungsfrage leisten.

Im Anschluss an die Auswertung des bereits vorhandenen Erkenntnisstands werden **Hypothesen** über den zu untersuchenden Gegenstand gebildet, also Annahmen über die erwarteten Verteilungen und Zusammenhänge in dem betreffenden Bereich. Voraussetzung der Hypothesenformulierung ist dabei, dass sie widerspruchsfrei formuliert und die für den Gegenstandsbereich relevanten Begriffe **operationalisiert** (definiert) werden. Solange Begriffe noch nicht präzise definiert sind, können sie ihre Ordnungs- und Kommunikationsfunktion nicht erfüllen. 14

Beispiel: Man muss sich zB Klarheit darüber verschaffen, wie der Begriff „Stadtteil" definiert werden soll. Durch Wohnzusammenhänge und -strukturen? Durch Bezugnahme auf die Verwaltungsgrenzen? Und was soll „Kriminalität" bedeuten? Bekanntgewordene Kriminalität? Strafbares Verhalten im Dunkelfeld?

Bei der Formulierung der Hypothesen ist zwischen zwei Arten von Forschungsfragen zu unterscheiden: jenen, die nach der Beschaffenheit eines sozialen Phänomens fragen, und jenen, die nach Kausalzusammenhängen zwischen verschiedenen sozialen Phänomenen fragen. Forschung, die von Fragen der ersten Art geleitet wird, nennt man deskriptiv, die von Fragen der zweiten Art geleitete Forschung verifizierend (vgl. hierzu auch bereits → § 3 Rn. 5). 15

Das Ergebnis **deskriptiver Forschung** ist die Beschreibung und Klassifikation sozialer Phänomene einschließlich der Feststellung von Häufigkeitsverteilungen. Deskriptive Forschung drückt sich etwa in dem Satz aus: „Im Stadtteil ‚Nordstadt' gibt es eine erhebliche (wie wird der Begriff definiert?) Kriminalitätsbelastung". Das Ergebnis **verifizierender Forschung** ist demgegenüber die *Erklärung* so- 16 zialer Phänomene, das Bemühen um die Identifizierung derjenigen Bedingungen, bei deren Vorliegen das untersuchte Phänomen auftritt oder nicht auftritt. Wenn die Annahmen über die vermuteten oder erwarteten Zusammenhänge als Hypothesen formuliert werden, müssen immer mindestens zwei Merkmale (Variablen) angesprochen werden. Eine Hypothese könnte also bspw. lauten: „Jugendliche, die in prekären wirtschaftlichen Verhältnissen leben, werden häufiger straffällig als andere Jugendliche." Dabei bezeichnet man die Variable, die in dem untersuchten Zusammenhang als vermutlicher Bedingungs- oder Kausalfaktor fungiert, als **unabhängige Variable** (im Beispiel also die prekären wirtschaftlichen Verhältnisse), während die sich in Abhängigkeit von ihr verändernde Variable **abhängige Variable** genannt wird (im Beispiel die Straffälligkeit).[4]

3. Wahl der Untersuchungsanordnung und der Methoden

17 Im dritten Schritt ist zu entscheiden, wie die Untersuchung durchgeführt werden soll, um möglichst aussagekräftige Ergebnisse zu erhalten. Dabei muss man sich überlegen, welche Untersuchungsanordnung man wählen und mit welchen Methoden man die Daten erheben will. „Untersuchungsanordnung" und „Methoden" sind zu unterscheiden.

a) Experimentelle und nicht-experimentelle Designs

18 Die Untersuchungsanordnung (das „Design" der Studie) entscheidet darüber, ob und in welchem Ausmaß die zu untersuchenden Variablen kontrolliert und manipuliert (verändert) werden können, was für die Feststellbarkeit von Kausalbeziehungen von Bedeutung ist.

19 Kausalbeziehungen lassen sich ausschließlich mit Experimenten nachweisen. Als **„Experiment"** wird die wiederholbare Beobachtung eines Phänomens unter kontrollierten Bedingungen bezeichnet. Die Kontrolle der Bedingungen erfolgt dabei durch die forschende Person.[5] Im Untersuchungsmaterial müssen mindestens zwei Gruppen gebildet werden, in denen der experimentelle Stimulus, dessen Einfluss geprüft werden soll, entweder vorhanden oder nicht vorhanden ist (Untersuchungs- und Kontrollgruppe). Erforderlich ist, dass die

4 Weiterführend zur Hypothesenbildung *Döring/Bortz* 2016, 145 ff.; 161 ff.
5 *Schnell/Hill/Esser* 2013, 215 ff.; *Diekmann* 2012, 337 ff.

Zuweisung der Versuchspersonen zu den beiden Gruppen allein in den Händen der forschenden Person liegt und von dieser allein nach Zufallskriterien vorgenommen wird; in der sozialwissenschaftlichen Terminologie wird insoweit von „randomisieren“ gesprochen. Nur wenn eine Zufallszuweisung erfolgt, lässt sich postulieren, dass sich die sonstigen auf die Situation einwirkenden Faktoren (die „Moderator-“ oder „Störvariablen“) zwischen den beiden Gruppen ebenfalls gleichmäßig und nach Zufall verteilen und damit für etwaige Unterschiede in der abhängigen Variablen bedeutungslos sind. Zeigen sich nach dem Setzen des Stimulus in der abhängigen Variablen zwischen den beiden Gruppen signifikante Unterschiede, kann dieser Unterschied unter den genannten Voraussetzungen allein auf dem Stimulus, konkret: auf dem Einfluss der geprüften unabhängigen Variablen beruhen.

Beispiel: Es soll untersucht werden, ob ein kriminalpädagogisches Schülerprojekt, das in der „Südstadt“ durchgeführt wird (unabhängige Variable), Auswirkungen auf das Legalverhalten der Jugendlichen (abhängige Variable) hat. In diesem (fiktiven) Schülerprojekt werden Straftaten, die von Schülern gegenüber anderen Schülern begangen werden, nicht wie in der „Nordstadt“ zur Anzeige gebracht, sondern es werden in der Schule mit Tätern und Opfern Gespräche geführt, die auf eine einvernehmliche Konfliktlösung abzielen. – Die Durchführung eines Experiments setzt voraus, dass zwei Gruppen gebildet werden: Schüler, die das schulinterne Verfahren der Konfliktlösung durchlaufen (Untersuchungsgruppe), und Schüler, die es nicht durchlaufen, gegen die also die sonst übliche Strafanzeige erstattet wird (Kontrollgruppe). Wird bekannt, dass ein Schüler eine Straftat begangen hat, muss die Zuteilung zur Untersuchungs- oder Kontrollgruppe nach Zufallskriterien erfolgen (also zB der 1., 3., 5. (…) Schüler zur Untersuchungsgruppe, der 2., 4., 6. (…) Schüler zur Kontrollgruppe). Wenn eine derartige Zufallsauswahl gewährleistet ist, kann davon ausgegangen werden, dass eine signifikant bessere Legalbewährung derjenigen Jugendlichen, die das Schülerprojekt durchlaufen haben, seine Ursache in dem Schülerprojekt und nicht in irgendwelchen anderen Einflüssen hat.

Echte Experimente, bei denen die forschende Person sämtliche 20
maßgeblichen Umstände kontrollieren und beeinflussen kann, sind in der Kriminologie **selten.**[6] Aus rechtlichen und ethischen Gründen ist der Spielraum für Experimente im Bereich der Deliktsbegehung und der strafrechtlichen Kontrolle begrenzt. Insbesondere dann, wenn die Auswirkungen von Maßnahmen geprüft werden sollen, die

6 Vertiefend *Kroher/Wolbring* MschrKrim 101 (2018), 297ff.

mit Eingriffen in grundrechtlich geschützte Bereiche verbunden sind, darf sich die Verhängung der entsprechenden Maßnahmen allein an Recht und Gesetz, nicht aber am Zufall orientieren. Experimente sind darüber hinaus in der Regel mit einem hohen Forschungsaufwand verbunden, der ihre Durchführbarkeit zusätzlich begrenzt. Anstelle von Experimenten werden in der Praxis deshalb gelegentlich versuchs*ähnliche* Forschungsanordnungen durchgeführt.

21 Beim **Quasi-Experiment** fehlt der forschenden Person die Möglichkeit, auf die Bildung einer Kontrollgruppe und die Zuweisung der Teilnehmer auf die jeweiligen Gruppen, Einfluss zu nehmen. Man kann auch sagen, Quasi-Experimente sind Experimente ohne Randomisierung.[7] Konsequenz ist, dass man durch Vorher-nachher-Messungen und den Vergleich der Gruppen, bei denen der Stimulus wirksam bzw. nicht wirksam war, nur zu einer groben Einschätzung über die Kausalität der unabhängigen Variablen gelangen kann. Nicht auszuschließen ist, dass etwaige Unterschiede in der abhängigen Variable auf anderen Umständen beruhen, die von der forschenden Person nicht kontrolliert werden können.

Beispiel: Die Polizei führt in der „Südstadt" ein neuartiges kriminalpräventives Projekt ein: Alle Jugendlichen, die strafrechtlich auffällig werden und gegen die ein Ermittlungsverfahren eingeleitet wird, werden von der Polizei im Anschluss an die Vernehmung zur Sache in einem jugendgemäßen normverdeutlichenden Gespräch über den Sinn und Zweck des betreffenden Verbots, die Folgen der Tat für das Opfer und die den Täter erwartenden schul-, zivil- und strafrechtlichen Konsequenzen aufgeklärt. – Eine experimentelle Untersuchung der Auswirkungen dieses Gesprächs (unabhängige Variable) auf das weitere Legalverhalten der Jugendlichen (abhängige Variable) kommt unter den genannten Voraussetzungen nicht in Betracht, da sich das Projekt in der „Südstadt" auf *alle* strafrechtlich in Erscheinung getretenen Jugendlichen bezieht und damit keine Kontrollgruppe gebildet werden kann. In Betracht kommt jedoch eine quasi-experimentelle Untersuchungsanordnung, wenn man davon ausgeht, dass die Jugendlichen in der „Südstadt" mit den Jugendlichen in der „Nordstadt", wo das Projekt nicht durchgeführt wird, verglichen werden können. Die Frage, welche Jugendlichen in der „Südstadt" und welche in der „Nordstadt" wohnen, ist dem Einfluss des Forschers allerdings entzogen. Die forschende Person kann lediglich darauf *hoffen,* dass sich die Jugendlichen in den beiden Stadtteilen „irgendwie" gleich verteilen; sicher ist das jedoch keineswegs. Wenn die Jugendlichen in der „Südstadt" eine signifikant bessere Legalbewährung aufweisen, kann das bspw. auch darauf beruhen, dass die Jugendlichen in der „Südstadt" sozial besser eingebunden sind oder

7 *Diekmann* 2012, 356; *Schnell/Hill/Esser* 2013, 220f.

dass die Gelegenheitsstruktur zur Begehung von Straftaten eine andere ist. Die forschende Person kann zwar versuchen, diesen Einfluss dieser weiteren Variablen (der „Moderator-" oder „Störvariablen") in der statistischen Auswertung zu berücksichtigen (→ Rn. 44 f.). Ganz gelingen wird das jedoch nie, da die Anzahl dieser weiteren Variablen theoretisch unbegrenzt ist. Die Aussagekraft von Quasi-Experimenten ist damit deutlich geringer als die der zuvor beschriebenen „echten" Experimente.

Soweit im Zusammenhang mit dem Setzen eines Stimulus keine 22
Vorher-nachher-Messungen, sondern nur Nachher-Messungen durchgeführt werden können, spricht man von einer **„Ex-Post-Facto-Anordnung"** der Untersuchung. Bei dieser Anordnung werden die mutmaßlichen unabhängigen und abhängigen Variablen nur zu *einem* Zeitpunkt – nämlich im Nachhinein – gemessen und auch die Vergleichsgruppenbildung erfolgt erst im Nachhinein. Über die Kausalität des Einflusses der geprüften unabhängigen Variablen können bei diesem nicht-experimentellen Design keine Aussagen gemacht werden.[8]

Beispiel: In einer Untersuchung zur Jugendgewalt werden Jugendliche zu Art und Ausmaß ihres Medienkonsums (vermutete unabhängige Variable) sowie zu Art und Ausmaß ihres Gewalthandelns (vermutete abhängige Variable) gefragt. Entsprechend den Antworten zum Medienkonsum (Nutzung gewalthaltiger Computerspiele ja/nein) werden zwei Gruppen gebildet und zum Gewalthandeln der Jugendlichen (Anzahl der begangenen Körperverletzungen innerhalb der letzten 12 Monate) in Beziehung gesetzt. Auch wenn sich zeigt, dass die Jugendlichen, die gewalthaltige Computerspiele nutzen, signifikant mehr Körperverletzungen begehen, sagt dies nichts über die Kausalität des Medienkonsums aus; es handelt sich um eine bloße Korrelation (s. u. Rn. 40, 43), die vielerlei Gründe haben und letztlich nur theoretisch plausibel gemacht werden kann.

b) Querschnitt- und Längsschnittdesign

Eng mit der Frage, ob ein experimentelles, quasi-experimentelles 22a
oder nicht-experimentelles Design gewählt wird, ist die Frage verbunden, ob die Erhebung einmal oder mehrmals durchgeführt werden soll. Zwei Untersuchungsanordnungen sind insoweit zu unterscheiden: Querschnitt- und Längsschnittdesigns.[9]

Bei **Querschnittuntersuchungen** werden die relevanten Variablen 22b
nur einmal, gleichzeitig erhoben. Querschnittuntersuchungen liefern

8 *Schnell/Hill/Esser* 2013, 222 ff.
9 *Diekmann* 2012, 303 ff.; *Schnell/Hill/Esser* 2013, 229 ff.

zu dem betreffenden Bereich eine Bestandsaufnahme, können zur zeitlichen Abfolge von Ereignissen aber nur begrenzte Aussagen machen.

Beispiel: In einer Untersuchung zur Jugendgewalt können Jugendliche zwar danach gefragt werden, ob sie zu einer Zeit, als sie noch in den Kindergarten gingen, von ihren Eltern geschlagen wurden. Die Zuverlässigkeit der entsprechenden Angaben ist jedoch gering: An leichte oder gelegentliche Schläge werden sich die meisten Jugendlichen nicht mehr erinnern; bei schwereren Misshandlungen ist mit Verdrängungseffekten zu rechnen.

22c Bei **Längsschnittuntersuchungen** finden wiederholte Erhebungen statt; die relevanten Variablen werden wenigstens zu zwei unterschiedlichen Zeitpunkten erhoben. Je nachdem, ob die Erhebungen dabei an unterschiedlichen Stichproben durchgeführt oder in derselben Stichprobe wiederholt werden, spricht man von Trend- oder Paneldesign.

22d Beim **Trenddesign** wird dieselbe Erhebung zu unterschiedlichen Zeitpunkten an unterschiedlichen Stichproben durchgeführt. Beispiel sind die Schülerbefragungen des KFN, bei denen die Schülerinnen und Schüler der 9. Jahrgangsstufen befragt werden. Die Befragungen fanden zum ersten Mal in den 1990er Jahren statt und sind seitdem mehrfach wiederholt worden.[10] Bei diesem Erhebungsdesign können auf der Ebene der Aggregatdaten (dh der aufsummierten Daten) über die Zeit Veränderungen festgestellt werden. So kann bspw. festgestellt werden, dass sowohl der Medienkonsum als auch das Ausmaß des Gewalthandelns gestiegen ist. Hieraus kann zwar nicht auf einen Kausalzusammenhang geschlossen werden, da die ausgewerteten Stichproben unterschiedlich sind (es handelt sich um zwei hintereinander geschaltete ex-post-facto-Anordnungen; → Rn. 22); bei entsprechender theoretischer Begründung kann hierin aber doch eine Richtung, ein Trend, gesehen werden.

Beim **Paneldesign** wird dieselbe Erhebung an derselben Stichprobe zu unterschiedlichen Zeiten wiederholt. Beispiel ist die in Münster und Duisburg durchgeführte Schülerstudie, bei der Schülerinnen und Schüler erstmals in der 7. Jahrgangsstufe befragt wurden und seitdem regelmäßig jährlich befragt werden.[11] Bei dieser Untersuchungsanordnung können auf der Ebene der Individualdaten (dh der auf jeden einzelnen Schüler bezogenen Daten) über die Zeit Veränderungen festgestellt werden. So kann bspw. festgestellt werden, dass bei einem Teil der Schüler im Verlauf eines Jahres der Medienkonsum steigt und im Verlauf des nächsten Jahres *bei denselben Schülern* eine signifikant höhere Zahl begangener Körperverletzungen festgestellt wird. Auf der Individualdatenebene lassen sich damit kriminologisch relevante Entwicklungen erkennen, die bei Querschnitt- und Trenduntersuchungen nicht zu ermit-

---

10 Zuletzt *Bergmann/Kliem/Krieg/Beckmann* 2019.
11 Zuletzt *Boers/Reinecke* 2019.

teln wären. Es kann deshalb nicht überraschen, dass Paneluntersuchungen in der Kriminologie derzeit als das bestangesehene Forschungsdesign gelten. Ein nicht zu unterschätzender praktischer Nachteil ist freilich, dass Paneluntersuchungen sehr aufwendig sind und ihr Ertrag erst nach langer Zeit sichtbar wird.

c) Die Grundformen der Datenerhebung

Der zweite Schritt nach der Wahl der Untersuchungsanordnung ist die Wahl der Erhebungsmethode(n). In der empirischen Sozialforschung werden zahlreiche unterschiedliche Methoden angewandt. Sämtliche Methoden lassen sich jedoch auf drei Grundformen reduzieren: die Befragung (Interview), die Beobachtung und die Inhalts- bzw. Dokumentenanalyse (in der Kriminologie häufig in Form von Aktenanalysen).[12] 23

Beispiel: Um Art und Ausmaß von Gewalt in der Schule zu erfassen, können unterschiedliche Methoden angewandt werden: Befragung von Schülern und Lehrern; Beobachtung des Geschehens auf dem Pausenhof; Analyse von Aufsätzen, die die Schüler zu dem Thema angefertigt haben; Auswertung der Schulakten über einzelne Schüler und besondere Vorkommnisse; Auswertung von Strafakten, soweit einzelne Vorfälle den Strafverfolgungsbehörden angezeigt worden sind. Ein abgerundetes Bild wird man vermutlich erst dann erhalten, wenn man die genannten Methoden miteinander kombiniert.

4. Operationalisierung der Variablen

Wenn die Untersuchungsanordnung und die Methode(n) festgelegt sind, müssen die zu untersuchenden Variablen operationalisiert, dh erhebbar und messbar gemacht werden. Die Operationalisierung von Begriffen bereitet unterschiedliche Schwierigkeiten, je nachdem ob der Begriff einen direkten oder einen indirekten empirischen Bezug hat. Von Begriffen mit einem **direkten empirischen Bezug** spricht man, wenn das von ihm bezeichnete Phänomen unmittelbar beobachtet werden kann wie zB „Graffiti", „zerbrochene Fenster" oder bestimmte Verhaltensweisen wie „Alkohol trinken" oder „am Straßenrand liegen". Bei der Operationalisierung dieser Begriffe braucht lediglich festgelegt zu werden, unter welchen Voraussetzungen vom Vorhandensein des begrifflich bezeichneten Phänomens aus- 24

12 *Schnell/Hill/Esser* 2013, 311 ff.; *Diekmann* 2012, 434 ff.; zu Aktenanalysen vertiefend *Leuschner/Hüneke* MschrKrim 99 (2016) 464 ff.; *Klopp* MschrKrim 102 (2019), 119 ff.

gegangen werden soll. Oft aber hat man es mit Begriffen zu tun, deren empirischer Bezug nur **indirekt** ist, dh sich nicht unmittelbar beobachten lässt. Zu denken ist etwa an Persönlichkeitsmerkmale wie „Intelligenz“ oder „Aggressivität“, an politische Einstellungen, an sozialstrukturelle Merkmale wie „Wohlstand“ oder an Merkmale wie „Lebensqualität“ oder „Zufriedenheit mit den Wohnverhältnissen“. Auch diese Begriffe müssen, wenn sie in die Formulierung von empirischen Forschungsfragen eingehen, irgendwie „greifbar“ gemacht werden.

Beispiel: In einer Untersuchung sollen Aussagen zum Grad der sozialen Integration von Personen gemacht werden. Dabei soll mit dem Begriff der „sozialen Integration“ die Eingliederung einer Person in die für sie wichtigsten Beziehungsbereiche bezeichnet werden. Dieses Phänomen ist nicht unmittelbar wahrnehmbar. Fraglich ist deshalb, an welchen unmittelbar wahrnehmbaren Tatbeständen sich das Vorliegen eines solchen Zustands beobachten lässt. Vermutlich sind zur Kennzeichnung der sozialen Integration eines Menschen die familiäre, die berufliche und die örtliche Integration am bedeutsamsten. Die persönlichen/familiären Bindungen, die Existenz eines Beschäftigungsverhältnisses und die Beständigkeit des Wohnsitzes können deshalb als Indikatoren für das gemeinte, unmittelbar nicht wahrnehmbare Phänomen angesehen werden. Mit der bloßen Benennung solcher Indikatoren ist der Begriff indessen noch nicht operationalisiert. Erforderlich ist vielmehr, dass angegeben wird, unter welchen Voraussetzungen vom Vorliegen persönlicher/familiärer Bindungen etc. ausgegangen werden soll. Hierfür kann man zB darauf abstellen, ob eine Person ständig mit einem festen Partner (zB einem Ehepartner) zusammenlebt oder ob sie ggf. auch noch (zB bei jüngeren Personen) in der Elternfamilie lebt. Diese und andere Einzelfragen können durch unmittelbare Wahrnehmung beantwortet werden.

25 Die Operationalisierung von Variablen ist mit zwei Problemen konfrontiert: dem Problem der Gültigkeit (Validität) und dem der Zuverlässigkeit (Reliabilität).[13] Eine Operationalisierung ist **gültig** (valide), wenn man durch Vollzug der in der operationellen Definition angegebenen Messoperationen genau das erfasst, worauf der Begriff mit seinem Bedeutungsinhalt verweist.

Beispiel: In einer Untersuchung soll die Häufigkeit des sexuellen Missbrauchs innerhalb der Familie erhoben werden. Der zentrale Begriff des sexuellen Missbrauchs kann ganz unterschiedlich operationalisiert werden, je nachdem welche Ziele man mit der Untersuchung verfolgt. Bei einem weiten Begriffsverständnis kann man daran denken, auch sexualisierte Blicke, heimliches Beobachten oder beiläufige Berührungen über der Kleidung als „sexuel-

13 Zum Folgenden *Schnell/Hill/Esser* 2013, 141 ff.; *Diekmann* 2012, 247 ff.

len Missbrauch“ einzuordnen, obwohl solche Verhaltensweisen aus der Sicht des Gesetzgebers mangels Erheblichkeit (vgl. § 184h Nr. 1 StGB) dem Straftatbestand des sexuellen Missbrauchs (§ 176 StGB) nicht unterfallen. Für eine Untersuchung, die die justizielle Reaktion auf Kindesmissbrauch im Blick hat, wäre eine solche weit gefasste Operationalisierung nicht valide, denn es würden nicht ausschließlich solche Verhaltensweisen erhoben, die der Gesetzgeber mit Strafe bedroht hat.

Eine Operationalisierung ist **zuverlässig** (reliabel), wenn das Erhebungsinstrument bei wiederholter Anwendung die gleichen Ergebnisse bringt (Wiederholbarkeit), und zwar auch bei Anwendung durch verschiedene Forscher (Objektivität). 26

Beispiel: Beschränkt man sich in einer Untersuchung zum sexuellen Missbrauch auf die vom Gesetzgeber in § 176 StGB mit Strafe bedrohten Verhaltensweisen, so muss man dieses Verhalten auf eine Weise benennen und beschreiben, die für jeden an der Untersuchung Beteiligten eine eindeutige Zuordnung und Abgrenzung erlaubt. Die im Gesetz verwendete Umschreibung („Wer sexuelle Handlungen an einer Person unter vierzehn Jahren vornimmt…“) kann dabei nicht verwendet werden, denn sie gibt nicht an, was genau unter einer „sexuellen Handlung“ zu verstehen ist. Divergierende Gerichtsentscheidungen, bei denen bestimmte Verhaltensweisen (zB der Gute-Nacht-Kuss oder das sexuelle Experimentierhandeln nahezu Gleichaltriger) unterschiedlich eingeordnet werden, verdeutlichen das Problem. In der sozialwissenschaftlichen Terminologie ausgedrückt kann man sagen, dass das Gesetz zwar eine valide (weil immer zutreffende), aber keine reliable (dh immer zu eindeutigen Ergebnissen führende) Definition des mit Strafe bedrohten Vorgangs liefert. Um in einer empirischen Untersuchung zu einer zuverlässigen Operationalisierung zu gelangen, muss deshalb zunächst die Bandbreite der in Betracht kommenden Verhaltensweisen ermittelt und für die Zuordnung von Zweifelsfällen eine klare Anweisung gegeben werden.

5. Konstruktion der Messinstrumente

Eng mit dem Schritt der Operationalisierung der Variablen hängt der nächste Schritt, die Konstruktion der Messinstrumente, zusammen. Mit dem Begriff des „Messinstruments“ bezeichnet man den standardisierten Teil der jeweils angewandten Methode. Die Grundform aller Messinstrumente ist die Skala. 27

Eine **Skala** gibt die in einer Dimension aufgetragenen Ausprägungen des untersuchten Merkmals an. Man unterscheidet also bei einem bestimmten zu untersuchenden Objekt (zB bei einer Person oder auch einer von einem Gericht verhängten Sanktion) zwischen den verschiedenen Dimensionen dieses 28

Objekts (also zB Geschlecht, Schulleistungen, Alter etc. oder Strafart und -höhe) und analysiert diese Dimensionen auf ihre Merkmalsausprägungen (Werte) hin (also zB männlich – weiblich; Durchschnittsnote 3,7 etc.). Die Einteilung und Anordnung der Merkmalsausprägungen kann man grafisch auf einer horizontalen Achse darstellen, auf deren einzelnen Abschnitten die Ausprägungen aufgetragen sind. Den einzelnen Ausprägungen werden systematisch, dh für alle Merkmale gleich und nach einer gleichbleibenden Zuordnungsregel, eine Menge von Zahlen oder auch Symbolen zugeordnet (zB männlich = 1, weiblich = 2; Schulnoten = 01 (…) 15 oder „sehr gut", „gut", „befriedigend" (…) „ungenügend"). Die Achse mit den zugeordneten Ausprägungen bildet dann eine Skala; den Vorgang des Zuordnens nennt man **„Messen"**.

29 Die Genauigkeit einer Messung hängt einerseits von der Systematisierung der Zuordnung, andererseits von der Qualität der Skala ab. Die vier wichtigsten Arten von Skalen sind:

- Nominalskala: Die Ausprägungen schließen sich nur logisch aus; das Kriterium ist Gleichheit – Verschiedenheit (zB ja – nein; männlich – weiblich; evangelisch – katholisch – andere).
- Ordinalskala: Die Ausprägungen lassen sich in eine Rangordnung bringen; das Kriterium ist größer – kleiner (zB häufig, selten, nie; sehr zufrieden, zufrieden, unzufrieden).
- Intervallskala: Die Unterschiede zwischen den Ausprägungen sind gleich groß; das Kriterium ist die Gleichheit der Intervalle (zB Temperatur nach Celsius, Intelligenzquotient oder der Kontostand).
- Ratio-Skala: Die Verhältnisse der Werte sind gleich, zudem hat der Wert „Null" einen empirischen Sinn (zB Zeit, Geschwindigkeit, Prozentsatz).

Die genannten Skalen unterscheiden sich hinsichtlich ihrer mathematischen Eigenschaften und der statistischen Operationen, die man mit ihnen durchführen kann (→ Rn. 42). Jede höhere Skala schließt die niedrigere ein und lässt sich ihrerseits auf ein niedrigeres Niveau verringern. So lässt sich das Alter nicht nur auf einer Intervallskala angeben (zB auf einer Skala von 0 bis 99 Jahren), sondern auch auf einer Ordinalskala (zB Kind bis 14 Jahre, Jugendlicher 14 bis 18 Jahre, Heranwachsender 18–21 Jahre, Erwachsener älter als 21 Jahre) oder auf einer Nominalskala (zB jung – alt). Die Verringerung des Skalenniveaus ist stets mit einem Informationsverlust verbunden.

30 Auch die Messinstrumente müssen den Kriterien der Validität und Reliabilität genügen. Um die Validität oder die Reliabilität zu überprüfen, stehen verschiedene statistische Verfahren zur Verfügung.[14]

14 *Schnell/Hill/Esser* 2013, 141 ff.

6. Bestimmung der Stichprobe

Ist die Grundgesamtheit, über die Aussagen getroffen werden sollen, so groß, dass eine Totalerhebung nicht in Betracht kommt, oder sind die Datenquellen, die über die Grundgesamtheit existieren, in den interessierenden Punkten unvollständig, muss eine Teilerhebung durchgeführt werden. Eine Teilerhebung erfordert die Konstruktion einer **Stichprobe,** worunter die nach bestimmten Regeln erfolgende Entnahme einer begrenzten Anzahl von Einheiten aus der Grundgesamtheit verstanden wird, die das Ziel verfolgt, Aussagen über die Grundgesamtheit zu machen. 31

Das mit der Konstruktion einer Stichprobe verbundene Ziel, Aussagen über die Verteilung bestimmter Merkmale in der Grundgesamtheit zu machen, setzt die **Repräsentativität** der Stichprobe voraus. Eine Stichprobe bzw. die auf ihrer Grundlage gewonnenen Ergebnisse sind in dem Maß für die Gesamtheit, aus der die Stichprobe entnommen wurde, repräsentativ, in dem sich die Ergebnisse auf die Gesamtheit verallgemeinern lassen. 32

Eine Teilerhebung ist nie völlig repräsentativ, sondern bildet die Grundgesamtheit immer nur annähernd ab. 33

Beispiel: Wenn in der Grundgesamtheit aller Bewohner eines Stadtteils (ausweislich der Angaben im Einwohnermelderegister) eine Geschlechterproportion von 45:55 besteht, dann wird in einer Teilerhebung vielleicht eine Proportion von 47:53 auftreten. In dieser Situation ist es wichtig angeben zu können, dass der „wahre“ Wert der Grundgesamtheit mit einer bestimmten Sicherheit (zB mit 99 %-iger Sicherheit) in einem Intervall (Vertrauensintervall) von zB ± 5 % ober- bzw. unterhalb des in der Teilerhebung gefundenen Wertes liegt. Eine derartige Aussage ist möglich und zulässig, wenn die Teilerhebung so durchgeführt wird, dass sie den Forderungen der mathematisch-statistischen Stichprobentheorie entspricht. Das ist dann der Fall, wenn es sich bei der Teilerhebung um eine „Zufallsstichprobe“ (random sample) handelt.

Eine **„Zufallsstichprobe“** ist dann gewährleistet, wenn jede Einheit der Grundgesamtheit eine berechenbare (für den Fall der einfachen Zufallsstichprobe: die gleiche) Chance besitzt, in die Teilerhebung aufgenommen zu werden. Um diese Forderung zu erfüllen, müssen folgende Regeln eingehalten werden:[15] 34

15 *Schnell/Hill/Esser* 2013, 263 ff.; *Döring/Bortz* 2016, 291 ff.; *Walter/Brand/Wolke* 2009, 47 f.

1. Die Grundgesamtheit muss physisch oder symbolisch gegenwärtig und manipulierbar sein. Bei einer Untersuchung zur Kriminalität im Stadtteil kann insoweit zB auf die Einwohnermeldedatei zurückgegriffen werden; hierbei besteht allerdings die Gefahr, dass man diejenigen Personen nicht erfasst, die nicht gemeldet sind (zB sich illegal aufhaltende Migranten).
2. Die Einheiten der Grundgesamtheit müssen gut durchgemischt sein. Man kann den Mischvorgang dabei symbolisch durchführen, etwa indem man sich vom Computer eine Liste mit Zufallszahlen erstellen lässt oder indem man zB aus der Einwohnermeldedatei jede 100. Eintragung für die Auswertung heranzieht.
3. Jede Einheit darf nur einmal (bzw. alle Einheiten müssen gleich häufig) in der Grundgesamtheit oder in der die Grundgesamtheit repräsentierenden Datei enthalten sein.

Sind die Voraussetzungen für eine Zufallsstichprobe nicht erfüllt, müssen die sich hieraus ergebenden Verzerrungen im Datenmaterial bei der Auswahl der anzuwendenden statistischen Prüfverfahren sowie bei der Dateninterpretation berücksichtigt werden.

7. Konzeptualisierung qualitativer Untersuchungen

34a Die Durchführung qualitativer Untersuchungen (s. o. Rn. 7f.) folgt keinem vergleichbar festgelegten Schema, wie es vorstehend für quantitative Untersuchungen dargestellt wurde. Zwar gilt auch bei qualitativen Studien, dass die einzelnen Arbeitsschritte aufeinander aufbauen und die Vorgehensweise insofern strukturiert ist. Während sich quantitative Untersuchungen jedoch durch einen linearen Forschungsprozess auszeichnen, in dessen Rahmen es um die statistische Überprüfung der am Anfang stehenden Hypothese geht, ist das Kennzeichen qualitativer Untersuchungen der **zirkuläre Prozess,** bei dem das Ergebnis aus der Interpretation und Verdichtung von Einzelbeobachtungen gewonnen wird. Die Vorgehensweise ist induktiv, nicht deduktiv: Im Einzelfall wird nach dem Verallgemeinerbaren gesucht; Interpretationen des Materials werden zu Vorannahmen in Beziehung gesetzt und durch die wiederholte Konfrontation mit dem Untersuchungsgegenstand fortentwickelt. Die Datenerhebung und die Datenauswertung, die beim quantitativen Forschungsprozess streng voneinander getrennt werden können (→ Rn. 12ff., → Rn. 36ff.), gehen bei der qualitativen Vorgehensweise ineinander über.[16]

Beispiel: In einer Studie über junge rechte Gewaltstraftäter interessiert die Frage, wie sich allgemeine Gewaltbereitschaft und rechtsextreme Einstellun-

16 *Flick* 2014, 122ff.; *Döring/Bortz* 2016, 25ff., 67ff.

gen zueinander verhalten.[17] Denkbar ist sowohl, dass sich zunächst durch spezifische Bedingungen des Aufwachsens allgemein die Bereitschaft zur Gewaltausübung entwickelt und die Hinwendung zum Rechtsextremismus mit der Übernahme rechts gerichteter Einstellungen erst später erfolgt. Denkbar ist aber auch der umgekehrte Weg, dass zunächst der Anschluss an rechts orientierte Gruppen erfolgt und die Gewaltbereitschaft hierdurch erst ausgelöst wird. Mit einem standardisierten, quantitativen Vorgehen lassen sich die Zusammenhänge nur unzureichend aufklären. Weiterführend ist jedoch eine Vorgehensweise, die die einzelnen Entwicklungsverläufe in den Mittelpunkt stellt und aus der Rekonstruktion einzelner Abläufe und ihrer Bedeutung für die weitere Entwicklung zu neuen, allgemeinen Einsichten in die Zusammenhänge und Wechselwirkungen von Gewaltbereitschaft und rechtsextremen Einstellungen gelangt.

Auch wenn am Anfang des qualitativen Forschungsprozesses keine **34b** Hypothesen stehen, muss die Fragestellung der Untersuchung genau formuliert und die forschende Person für das Untersuchungsthema sensibilisiert werden. Qualitative Forschung ist nicht mit Beliebigkeit des Vorgehens gleichzusetzen; vielmehr muss zu Beginn eine Verständigung darüber stehen, welche Aspekte zutage gefördert werden sollen. Anders als Hypothesen, die nur widerlegt oder bestätigt werden können, werden die Forschungsfragen in qualitativen Untersuchungen offen gehalten für neue, nicht vorhergesehene Erkenntnisse. In der Offenheit gegenüber dem Untersuchungsgegenstand besteht der wesentliche Strukturunterschied zu den quantitativen Vorgehensweisen.

Die Offenheit des qualitativen Ansatzes schlägt sich im **Vorgehen** **34c** **bei der Datenerhebung** nieder. Zwar wurzeln auch die qualitativen Erhebungsmethoden in den drei Grundformen der Befragung, der Beobachtung und der Inhaltsanalyse (→ Rn. 23). Die Datenerhebung wird jedoch auf eine Weise ausgestaltet, die den Untersuchungsgegenstand in seinen Eigenheiten möglichst vollständig erfasst. Typische Herangehensweisen sind das offene, dh nicht standardisierte, sondern lediglich leitfadengestützte Interview, bei dem die Befragten die Gelegenheit zur Darstellung ihrer subjektiven Sicht auf das jeweilige Thema erhalten, die Beobachtung von Personen und Interaktionen im natürlichen Lebensumfeld sowie die hermeneutische Analyse von Bildern oder Texten (Tagebüchern, Leserbriefen, Chatverläufen etc.).

Beispiel: In einer in den 1930er Jahren im Kontext der „Chicagoer Schule" (→ § 2 Rn. 18) entstandenen Studie lebte der Soziologe *William Whyte* (1914–

17 *Krüger* 2008.

2000) mehr als 3 Jahre in „Cornerville", einem von italienischen Einwanderern geprägten Stadtteil von Boston.[18] Sein Ziel war es, die Strukturen in dem gemeinhin als undurchsichtig und gefährlich angesehenen Viertel genauer aufzuklären. Whyte identifizierte zwei Gruppen von jungen Männern (die „Corner Boys" und die „College Boys"), analysierte die Gruppenstrukturen und wies auf die Anpassungsleistungen der jungen Männer und die Zusammenhänge mit ihrem beruflichen und gesellschaftlichen Aufstieg hin. *Whytes* Studie gilt als eine der ersten und wichtigsten Untersuchungen, die mit der Methode der teilnehmenden Beobachtung durchgeführt wurde.

34d Noch weitgehend ungeklärt ist die Frage, nach welchen Kriterien sich die Qualität einer qualitativen Untersuchung beurteilen lässt. Die bei quantitativen Untersuchungen eingeführten Kriterien der Validität und Reliabilität (→ Rn. 25 f.) lassen sich nur eingeschränkt übertragen; sie gehen davon aus, dass der untersuchte Gegenstandsbereich über eine „objektive" Dimension verfügt, die gültig und zuverlässig erhoben werden kann, während es das Kennzeichen des qualitativen Forschungsprozesses ist, dass hier gerade die „subjektive" Sicht auf den Gegenstand in Rede steht. Zum Teil wird deshalb dafür plädiert, bei qualitativen Untersuchungen mit eigenen Gütekriterien zu arbeiten. Hierzu gehören etwa die Glaubwürdigkeit einer Studie, die durch die Kombination unterschiedlicher Perspektiven (Triangulation) erreicht werden kann, die Übertragbarkeit der Ergebnisse auf andere Situationen sowie die Verlässlichkeit und Bestätigbarkeit des Forschungsprozesses.[19]

IV. Auswertung der erhobenen Daten

35 Die Auswertung des in einer Untersuchung erhobenen Datenmaterials setzt ein umfassendes Spezialwissen voraus. Im vorliegenden Zusammenhang kann lediglich auf die Grundstruktur des Auswertungsprozesses hingewiesen werden. Dabei wird auch hier zunächst auf die meist rechnergestützt erfolgende mathematisch-statistische Auswertung des in einer quantitativen Untersuchung erhobenen Datenmaterials eingegangen, ehe der Blick auf die Auswertung qualitativer Untersuchungen gerichtet wird. – Im quantitativen Auswertungsprozess kommt der Unterscheidung von deskriptiver und ana-

18 *Whyte* 1943.
19 *Seipel/Rieker* 2003, 128 ff.; *Flick* 2014, 487 ff.; *ders.*, in: Baur/Blasius 2019, 473 ff.; *Döring/Bortz* 2016, 106 ff.; *Lamnek* 2010, 127 ff.

lytischer (Prüf-)Statistik maßgebliche Bedeutung zu. Damit wird die bereits im Zusammenhang mit der Hypothesenbildung angesprochene Unterscheidung von deskriptiver und verifizierender Forschung (→ Rn. 16) wieder aufgegriffen.

1. Deskriptive Statistik

Die beschreibende oder deskriptive Statistik verfolgt das Ziel, die 36
Häufigkeit der erhobenen sozialen Phänomene darzustellen und Verteilungen zu beschreiben. Die Beschreibung erfolgt anhand statistischer Maßzahlen. Dabei kommen namentlich in Betracht:

- das arithmetische Mittel, das aus der Summe der Messwerte, geteilt durch ihre Anzahl gebildet wird und das den Durchschnitt einer Verteilung angibt,
- der Median als derjenige Wert in der nach ihrer Größe geordneten Rangreihe, der die Reihe halbiert,
- der Modalwert als der in einer Verteilung am häufigsten vorkommende Messwert,
- die Variationsweite, die die Differenz zwischen dem größten und dem kleinsten Messwert einer Verteilung bezeichnet,
- die Varianz, die die mittlere quadratische Abweichung aller Messwerte einer Verteilung von ihrem arithmetischen Mittel angibt,
- die Standardabweichung, die Wurzel der Varianz, die bei normalverteilten Messwerten Aussagen über den Bereich erlaubt, in dem ein bestimmter Anteil aller Messwerte liegt (zB befinden sich im Bereich des arithmetischen Mittels ± 1 Standardabweichung ca. 68 % aller Messwerte).

Beispiel: Die Befragung der Bewohner im Stadtteil „Nordstadt" führt zu dem Ergebnis, dass 52,1 % der Befragten angeben, im letzten Jahr (mindestens) einen Ladendiebstahl begangen zu haben. Die Spannbreite der Angaben (Variationsweite) reicht dabei von einem bis zu 15 Diebstählen. Der Durchschnittswert (arithmetisches Mittel) liegt bei 1,8 Diebstählen, der Median (= die 50 % – Marke) bei 1,3 Diebstählen, der Modalwert (der am häufigsten genannte Wert) bei 1.

Trägt man die ermittelten Werte in ein Schaubild ein (die Anzahl der Dieb- 37
stähle von 0 bis 15 auf der horizontalen X-Achse, die Häufigkeit der entsprechenden Nennungen auf der vertikalen Y-Achse), so zeigt sich ein in der Kriminologie immer wiederkehrendes Grundmuster: Die Werte verteilen sich in der Grafik in Form einer umgekehrten J-Kurve. Die meisten Befragten (47,9 %) geben an, keinen Diebstahl begangen zu haben, viele haben nur eine

Tat begangen, manche zwei, noch weniger drei, und nur sehr wenige Befragte geben sich als „Intensivtäter" zu erkennen, die mehr als drei Taten bis hin zu 15 Diebstählen begangen haben. Der umgekehrt J-kurvenförmige Verlauf der Werte in der Grafik deutet an, dass das Verhalten der Befragten einem sozialkulturellen Normdruck unterliegt, der normabweichendes Verhalten zu einem nach Häufigkeit, Dauer und Schwere zunehmend seltener werdenden Ereignis macht.[20] Da sich die Werte in der Grafik nicht nach dem Muster einer statistischen Normalverteilung verteilen (denn dann müsste sich der am häufigsten genannte Wert in der Mitte der Kurve befinden), ist es nicht möglich bzw. nicht sinnvoll, die Standardabweichung zu berechnen.

2. Statistische Hypothesenprüfung

38 Im Mittelpunkt der Auswertung des Datenmaterials steht in der Regel nicht die beschreibende Darstellung der erhobenen Daten, sondern die statistische Prüfung der die Untersuchung leitenden Forschungshypothesen, also die Prüfung der zu Beginn der Untersuchung (→ Rn. 16) aufgestellten Annahmen über den Zusammenhang zwischen den untersuchten Merkmalen (analytische, Prüf- oder Inferenzstatistik). Die in der Hypothese formulierte Erwartung geht bei sozialwissenschaftlichen Fragestellungen regelmäßig dahin, dass der angenommene Zusammenhang lediglich mit einer gewissen *Wahrscheinlichkeit* auftritt; anders als bei naturwissenschaftlichen Zusammenhängen wird von vornherein nicht erwartet, dass die Hypothese immer und unter allen Umständen zutrifft. Einzelne Gegenbeispiele, in denen der angenommene Zusammenhang nicht zutrifft, können die Hypothese deshalb nicht widerlegen. Bedeutung kommt den Gegenbeispielen erst dann zu, wenn sie überzufällig häufig auftreten und daher anzunehmen ist, dass sie einer *anderen* als der in der Hypothese formulierten Gesetzmäßigkeit folgen. Bei der statistischen Hypothesenprüfung werden die Grundsätze der mathematischen Wahrscheinlichkeitsrechnung angewandt.

a) Bivariate Analysen

39 Der Blick sei zunächst auf die vergleichsweise einfache statistische Prüfung des Zusammenhangs zwischen *zwei* Merkmalen gerichtet (zweidimensionale oder bivariate Analyse). Angenommen, die Hypothese lautet „Jugendliche, die in prekären wirtschaftlichen Verhältnis-

20 Vgl. *Kaiser* 1996 § 31 Rn. 44 f.

sen leben, werden häufiger straffällig als andere Jugendliche" (→ Rn. 16), dann wird die Untersuchung Daten sowohl zu den wirtschaftlichen Verhältnissen der Jugendlichen (prekär/nicht prekär) als auch zur Straffälligkeit (straffällig/nicht straffällig) erbracht haben. Die Daten lassen sich in diesem vergleichsweise einfachen Fall in einer Vierfeldertafel darstellen. Bei der statistischen Prüfung der Hypothese (H^1) wird von der Frage ausgegangen, wie die Verteilung aussehen müsste, wenn zwischen den Merkmalen *kein* Zusammenhang bestünde (sog. **Nullhypothese**, H^0); mit dieser bei Geltung der Nullhypothese zu erwartenden Verteilung wird die tatsächliche Verteilung verglichen. Wenn sich mathematisch-statistisch feststellen lässt, dass die tatsächliche Verteilung mit einer über 95%-igen Wahrscheinlichkeit nicht auf einer zufälligen Varianz der untersuchten Stichprobe beruht (→ Rn. 33), wird die Nullhypothese als widerlegt angesehen und es wird davon ausgegangen, dass die eigentliche Hypothese (H^1, sog. **Alternativhypothese**) beibehalten werden kann. Die Sicherheit, mit der die Nullhypothese zurückgewiesen und die Alternativhypothese angenommen werden kann, wird durch das **Signifikanzniveau** angegeben.[21]

In der Statistik hat man sich darauf verständigt, für die Widerlegung der Nullhypothese eine Sicherheit von 95% als erforderlich, aber auch ausreichend anzusehen. Üblicherweise wird bei der statistischen Analyse allerdings nicht die Sicherheit, sondern die Irrtumswahrscheinlichkeit angegeben. Die Angabe $p < 0{,}05$ bedeutet also, dass die Wahrscheinlichkeit dafür, dass ein festgestellter Zusammenhang zufällig ist (die Irrtumswahrscheinlichkeit), weniger als 5% beträgt, die Nullhypothese also mit einer mehr als 95%-igen Sicherheit zurückgewiesen werden kann. 40

Signifikanztests können lediglich eine Aussage über die *Sicherheit* von Zusammenhängen zwischen zwei Merkmalen treffen, aber nicht über die *Stärke* der Zusammenhänge. Obwohl eine Untersuchung zu signifikanten Ergebnissen führt, können die ermittelten Zusammenhänge schwach und damit bedeutungslos sein. Um Aussagen über die Stärke eines Zusammenhangs zu treffen, müssen andere statistische Verfahren durchgeführt werden, die ein Maß für die Effektstärke liefern. Bei der bivariaten Hypothesenprüfung leistet diese Aufgabe der **Korrelationskoeffizient**.[22] 41

21 *Döring/Bortz* 2016, 52ff., 657ff.; *Schnell/Hill/Esser* 2013, 437ff.; *Walter/Brand/Wolke* 2009, 50ff.

22 *Sedlmeier/Renkewitz* 2011, 288ff.; *Schnell/Hill/Esser* 2013, 442ff.; *Döring/Bortz* 2016, 816ff.

42 Der Wertebereich von Korrelationskoeffizienten bewegt sich zwischen –1 und +1, wobei +1 eine vollständige funktionale Abhängigkeit zwischen den beiden geprüften Variablen und –1 einen der geprüften Hypothese entgegengesetzten Zusammenhang angibt, während bei 0 kein Zusammenhang zwischen ihnen besteht. Bei einem Wert von 0,1 kann man von einem kleinen, bei 0,3 von einem mittleren und bei 0,5 schon von einem großen Effekt sprechen.

43 Für die Berechnung des Korrelationskoeffizienten und des Signifikanzniveaus stehen jeweils mehrere Verfahren zur Verfügung. Die Auswahl des für die Lösung des einzelnen Problems richtigen Verfahrens ist dabei von verschiedenen Faktoren abhängig wie zB dem Skalenniveau der untersuchten Variablen (→ Rn. 29), der Verteilung ihrer Messwerte (Normalverteilung?), der Größe der Stichproben oder auch der Frage, ob verschiedene Messwerte ein und desselben Falls miteinander verglichen werden (abhängige Stichproben) oder gleiche Messwerte verschiedener Fälle (unabhängige Stichproben). Hinsichtlich der Einzelheiten muss an dieser Stelle auf die Lehrbücher der Statistik verwiesen werden.[23]

b) Multivariate Analysen

44 Die statistische Prüfung kann sich nur in den seltenen Fällen auf den Zusammenhang zwischen zwei Merkmalen beschränken. Erforderlich ist in der Regel die Einbeziehung einer dritten und noch weiterer Variablen in die Prüfung, um auch komplexere Zusammenhänge statistisch deutlich machen zu können.

Beispiel: In einer Untersuchung über die Straffälligkeit Jugendlicher wird man sich nicht darauf beschränken können, lediglich nach dem Zusammenhang zwischen wirtschaftlich prekären Lebensverhältnissen und Kriminalität zu fragen (→ Rn. 39). Die Darstellung der Kriminalitätstheorien hat gezeigt, dass es eine Vielzahl weiterer Umstände gibt, die sich mit Straffälligkeit in Zusammenhang bringen lassen; erinnert sei etwa an die prosozialen Bindungen, über die ein Jugendlicher verfügt und die ihn möglicherweise auch dann von Straftaten abhalten können, wenn er in prekären Verhältnissen lebt, an die Kontakte, die er zu anderen delinquenten Jugendlichen hat, und die Erfahrungen, die er bereits mit den Strafverfolgungsorganen gesammelt hat (→ § 3 Rn. 66, 80 f., 92 ff.).

45 Zur Prüfung der mehrdimensionalen Zusammenhänge stehen zahlreiche **multivariate Verfahren** zur Verfügung, zB die Regressions-, die Diskriminanz- oder die Faktorenanalyse. Hier gilt es in besonde-

23 Vgl. etwa *Bortz/Schuster* 2010, 97 ff.

rer Weise, auf die Anwendungsvoraussetzungen für die einzelnen Analyseverfahren zu achten. Auf die Einzelheiten mehrdimensionaler Testverfahren kann hier wiederum nicht näher eingegangen werden; auch insoweit muss auf die Lehrbücher der Statistik verwiesen werden.[24]

3. Metaanalysen

Zu bestimmten Fragestellungen wird in der Regel nicht nur eine **45a** einzige Untersuchung erstellt, die sämtliche interessierenden Fragen abschließend beantwortet, sondern es werden von verschiedenen Forschungsgruppen Untersuchungen durchgeführt, die sich in ihrer Fragestellung und methodischen Anlage möglicherweise leicht unterscheiden und in ihren Ergebnissen zuweilen auch kein konsistentes Bild vermitteln. Um sich in diesen Fällen dennoch vom Forschungsstand einen zuverlässigen Eindruck zu verschaffen, können Metaanalysen durchgeführt werden. Bei einer Metaanalyse werden nicht die für die Forschungsfrage unmittelbar relevanten Daten auf der Objektebene (zB die psychosozialen Belastungsfaktoren von Schülern und ihr Zusammenhang mit Delinquenz), sondern die zu der betreffenden Frage erstellten Studien als Untersuchungsgut genommen und nach den für eine quantitative Untersuchung geltenden Prinzipien ausgewertet. Eine **Metaanalyse** ist mithin eine Auswertung bereits vorliegender Primärstudien auf einer übergeordneten (Meta-) Ebene, die mit dem Ziel erfolgt, ein statistisch gesichertes, „objektives" Bild vom jeweiligen Forschungsstand zu erhalten. Bei einer Metaanalyse müssen sämtliche zu der betreffenden Frage vorliegenden Studien erfasst werden. Die jeweiligen Untersuchungsergebnisse sowie die zur Beschreibung der methodischen Anlage der jeweiligen Studie notwendigen Merkmale (zB Untersuchungsdesign, Operationalisierung der Variablen, Stichprobengröße) bilden in der Metaanalyse den Datensatz.[25] In Metaanalysen können auch die für die Überprüfung der Wirksamkeit von Maßnahmen ermittelten Effektgrößen miteinander verglichen werden. Die Qualität der Ergebnisse ist freilich in allen Fällen von der Güte der zugrunde liegenden Primärstudien abhängig.

---

24 *Backhaus/Erichson/Plinke/Weiber* 2016; *Bortz/Schuster* 2010, 337 ff.; *Schnell/Hill/Esser* 2013, 444 ff.

25 *Sedlmeier/Renkewitz* 2011, 662 ff.; *Schnell/Hill/Esser* 2013, 457 f.; *Döring/Bortz* 2016, 191 ff., 893 ff.

4. Qualitative Datenanalyse

45b Während die statistische Datenauswertung das Kennzeichen des quantitativen Forschungsprozesses ist, wird das erhobene Material beim qualitativen Vorgehen sinnverstehend interpretiert. Um bei der Interpretation regelgeleitet und intersubjektiv überprüfbar vorgehen zu können, werden die durchgeführten Befragungen und Beobachtungen zunächst verschriftlicht (transkribiert). Die Auswertung des hierdurch entstehenden meist sehr umfangreichen Textmaterials kann durch spezielle Programme unterstützt und erleichtert werden.

45c Für das Vorgehen bei der qualitativen Datenanalyse gibt es verschiedene Techniken, unter denen die Auswahl entsprechend der Fragestellung und Zielsetzung der jeweiligen Untersuchung erfolgt. Vor allem zwei Strategien werden in der Forschungspraxis häufig angewandt: die **qualitative Inhaltsanalyse**, die darauf abzielt, das Textmaterial auf seine wesentlichen Strukturen zu reduzieren, um hierdurch zu allgemeinen Aussagen über den untersuchten Forschungsgegenstand zu gelangen, und die **gegenstandsbegründete Theoriebildung**, die den umgekehrten Weg geht und nicht auf die Reduzierung des Textmaterials, sondern auf die Zuordnung von Begriffen und Codes, das Herausarbeiten von Beziehungen zwischen ihnen und die hieraus folgende Formulierung von Kategorien und Theorien abzielt.[26]

Wesentliche Schritte bei der qualitativen Inhaltsanalyse sind die Zusammenfassung, die Explikation und die Strukturierung. Bei der Zusammenfassung geht es um die Reduzierung des Materials mit dem Ziel, hierdurch zu Aussagen auf höheren Abstraktionsebenen zu gelangen. Die Explikation verfolgt das Ziel, unklare und interpretationsbedürftige Textstellen durch die Berücksichtigung ihres Kontextes verständlich zu machen. Mit Strukturierung ist gemeint, dass das Material unter inhaltlichen Gesichtspunkten geordnet wird, dass Kategorien gebildet werden und sich hieraus die Struktur des Textes erschließt.[27] Die gegenstandsbegründete Theoriebildung, die auch als „Grounded-Theory"-Ansatz bezeichnet wird, geht davon aus, dass die zu entwickelnden Kategorien und Theorien in dem erhobenen Material verankert („grounded"), aber nicht sichtbar sind, sondern durch Codierung erst herausgearbeitet werden müssen. Die im Textmaterial enthaltenen Aussagen werden in ihre Sinneinheiten zergliedert (segmentiert) und mit abstrakteren Begriffen, den Codes, belegt. Die Codes werden dann untereinander verglichen und ausdifferenziert, auf das Textmaterial zurückbezogen und auf erkennbare Struk-

26 *Flick* 2014, 386ff.; *Döring/Bortz* 2016, 607ff.; *Seipel/Rieker* 2003, 189ff.
27 *Mayring* 2015, 54ff.

turen hin ausgewertet. Aus der zunehmenden Abstrahierung der Begriffe erwachsen neue Einsichten und Theorien.[28]

Beispiel: In der erwähnten Studie über junge rechte Gewaltstraftäter (→ Rn. 34a) wurden die durchgeführten Interviews mit einer qualitativen Inhaltsanalyse ausgewertet. Bei der Strukturierung des Materials erfolgte die erste Orientierung anhand zeitlicher Abläufe und der Zuordnung einzelner Textpassagen zu den verschiedenen Sozialisationsinstanzen. Hiervon ausgehend wurden weitere Kategorien und Subkategorien gebildet, die sich auf Personen, Themen und Einstellungen bezogen und zu denen Paraphrasen und Zusammenfassungen gefertigt wurden, die jeweils aus den einzelnen Interviews abgeleitet wurden. Auf diese Weise konnten die individuellen Biografien mit Blick auf die untersuchte Fragestellung auf sehr hohem Abstraktionsniveau zusammengefasst werden. Durch den Vergleich individueller Entwicklungsverläufe mit den Biografien anderer Gewalttäter und die Beobachtung von Gemeinsamkeiten und Unterschieden konnte schließlich festgestellt werden, dass es für die Entwicklung von Gewaltbereitschaft und rechtsextremen Einstellungen mehrere typische Verlaufsmuster gibt, an die mit präventiven Überlegungen angeknüpft werden kann.[29]

V. Theoretische Schlussfolgerungen

An die Auswertung der Ergebnisse schließen sich in den meisten 46
Untersuchungen theoretische Schlussfolgerungen an, deren Inhalt und Charakter je nach der Art der Untersuchung variiert. Allgemein kann man sagen, dass in diesem Stadium des Forschungsprozesses der Geltungsbereich der gewonnenen Aussagen abgesteckt wird, dass die Ergebnisse eventuell verallgemeinert oder in einen Zusammenhang mit einer bereits bestehenden Theorie gestellt werden. Kriminologische Arbeiten schließen oft damit ab, dass sie die **rechtspolitischen Konsequenzen** der Untersuchungsergebnisse diskutieren. Lässt sich etwa in einer empirischen Untersuchung ein Zusammenhang zwischen dem Stadtteil und der Kriminalitätsbelastung herstellen, so können sich hieraus Konsequenzen für Veränderungen in dem höher belasteten Stadtteil ergeben (zB Maßnahmen der kommunalen Kriminalprävention; → § 10 Rn. 18 ff.). Die kriminalpolitischen Überlegungen müssen sich dabei aus den empirischen Befunden ableiten lassen; sie unterliegen in weitergehendem Maß der Kontrolle und Kritik als die empirischen Ergebnisse der Untersuchung.

---

28 *Flick* 2014, 387 ff.
29 *Krüger* 2008, 70 ff.

Empfehlungen zur vertiefenden Lektüre: *Döring/Bortz*, Forschungsmethoden und Evaluation in den Sozial- und Humanwissenschaften, 5. Aufl., 2016; *Diekmann,* Empirische Sozialforschung, 23. Aufl., 2012; *Flick*, Qualitative Sozialforschung, 6. Aufl., 2014; *Schnell/Hill/Esser,* Methoden der empirischen Sozialforschung, 10. Aufl., 2013; *Walter/Brand/Wolke*, Einführung in kriminologisch-empirisches Denken und Arbeiten, 2009.

§ 5. Kriminalität in der Gesellschaft

I. Kriminalität als Gegenstand des öffentlichen Interesses

1 Aus dem breiten Spektrum der kriminologischen Themenfelder stößt kaum ein Einzelthema auf so starkes Interesse der Öffentlichkeit wie die Frage nach Umfang, Struktur und Entwicklung der Kriminalität. Wie viele Straftaten begangen werden, um welche Delikte es sich dabei im Einzelnen handelt und welche Veränderungen sich über die Jahre hinweg feststellen lassen, sind Fragen, die nicht nur innerhalb der Kriminologie diskutiert werden, sondern mit denen sich auch die Öffentlichkeit immer wieder auseinandersetzt.

2 Erklärlich wird das Interesse der Öffentlichkeit an den kriminologischen Fragen, wenn man sich den Zusammenhang mit dem Politikfeld der **inneren Sicherheit** vergegenwärtigt. Kriminalität ist nicht nur der Sammelbegriff für ein Verhalten, das um der Gerechtigkeit und Besserung des Täters willen von der Polizei aufgeklärt und von der Justiz verfolgt und sanktioniert wird. Kriminalität ist auch ein sozialer Tatbestand, der für die Gesellschaft einen Zustand von Unsicherheit signalisiert. Kriminalität bedeutet, dass Schäden angerichtet und Menschen verletzt, abstrakter: dass (straf-) rechtlich geschützte Werte und Interessen (Rechtsgüter) gefährdet oder beeinträchtigt werden. Wenn man davon ausgeht, dass der Staat die Aufgabe hat, die innere Sicherheit zu gewährleisten,[1] dann lassen sich das Auftreten und die Verbreitung von Kriminalität auch als Anzeichen dafür interpretieren, dass der Staat diese Schutzaufgabe nur unzureichend erfüllt. Umfang, Struktur und Entwicklung von Kriminalität erscheinen als Indikatoren für ein Versagen der staatlichen Organe und werden zu Gegenständen der politischen Auseinandersetzung.

2a Die Wahrnehmung und Bewertung von Kriminalität ist das Ergebnis individuell, institutionell und gesellschaftlich unterschiedlicher Konstruktionsprozesse. Die Perspektive von Tätern ist dabei typischerweise eine andere als die von Opfern, und beide unterscheiden sich nicht selten von der strafrechtlichen Bewertung durch Polizei und Justiz (→ § 1 Rn. 23 ff.). Auch die **Medien** spielen in diesem Prozess eine bedeutende Rolle, da die meisten Menschen ihr Wissen über

1 Zur Herleitung und den Grenzen dieser Staatsaufgabe genauer *Gusy* 2017, 35 ff.

Kriminalität und Strafe nicht aus eigener Erfahrung, sondern aus Online- und Offline-Medien, namentlich aus Zeitungen, dem Fernsehen und Postings in den sozialen Netzwerken beziehen. Auf den Punkt gebracht wird dies von dem Soziologen *Niklas Luhmann* (1927–1998): „Was wir über unsere Gesellschaft, ja über die Welt, in der wir leben, wissen, wissen wir durch die Massenmedien.“[2]

2b Die Art und Weise, in der in Medien über Kriminalität berichtet wird, ist aus kriminologischer Sicht in vielfacher Weise verzerrt. Auch wenn die Taten, über die berichtet wird, tatsächlich stattgefunden haben, liefert die **massenmediale Berichterstattung** in der Regel doch keinen getreuen Spiegel der Verbrechenswirklichkeit, sondern versucht, durch die Art der Themenauswahl und eine besondere Aufmachung die Aufmerksamkeit der Adressaten auf sich zu ziehen.[3] Nachrichtenwert haben nur solche Ereignisse, die sich aus der Masse der gewöhnlich vorkommenden Alltagsfälle in irgendeiner Weise abheben, sei es, dass sie durch eine erhebliche Schwere der Tat („sex sells“), durch Dramatik, Kuriosität, Prominenz eines Beteiligten oder durch sonstige skandalträchtige Einzelheiten gekennzeichnet sind; Bilder, Reportagen und Exklusivinterviews personalisieren den Vorgang und erwecken den Eindruck von Authentizität. Ein Vergleich der Gewaltberichterstattung im deutschen Fernsehen mit den Angaben in der Polizeilichen Kriminalstatistik zeigte, dass 44 % der Gewalttaten, über die 2014 in den Medien berichtet wurde, vollendete Tötungsdelikte waren, während diese in der Statistik nur knapp 0,1 % ausmachten. Über Sexualdelikte wurde noch um ein Vielfaches häufiger berichtet als über Gewaltdelikte. Im Mittelpunkt der Berichterstattung stand typischerweise das Leid der Opfer, wobei das Opfer gerne als unschuldig und hilflos dargestellt wurde.[4]

2c Konsequenz ist, dass viele Menschen gelegentlich glauben, die Welt sei so, wie sie sich in den Medien darstellt, und nicht so, wie sie sich aus anderen Perspektiven, zB aus den Ergebnissen von Täter- und Opferbefragungen oder den Statistiken von Polizei und Justiz erschließt. Kriminologen sprechen insoweit von **„subjektiver“ oder „gefühlter“ Kriminalität** im Unterschied zur „objektiven“ Kriminalität, die sich aus anderen Quellen, namentlich der Perspektive der Polizei ergibt.[5] In einer schon etwas älteren Untersuchung des KFN zeigte sich, dass dieser Glaube Auswirkungen auf die Einschätzung der allgemeinen Kriminalitätsentwicklung hat: Während die polizeilich registrierte Kriminalität im Zeitraum 1993 bis 2003 zurückgegangen war (→ Rn. 48), äußerte eine repräsentative Stichprobe von Befragten die Vermutung, dass die Zahl der Straftaten gestiegen sei. Besonders deutlich war die Überschätzung

2 *Luhmann* 2017, 9.
3 *Walter/Neubacher* 2011, 311 ff.
4 *Hestermann* Kriminalistik 2016, 731 ff.; *ders.*, in: Dessecker/Rettenberger 2018, 27 ff.; *ders.*, in: Dollinger/Schmidt-Semisch 2018, 67 ff.
5 *Haverkamp/Arnold*, in: Haverkamp/Arnold 2015, 355 ff.; *Haverkamp* forum kriminalprävention 2/2015, 52 ff.; *Feltes* NK 2019, 3 ff.

der Kriminalitätsbelastung für die Deliktskategorie des Sexualmords: Die Befragten nahmen an, die Zahl der Sexualmorde habe im Durchschnitt um 260 % zugenommen, während sie aus der Sicht der Polizei tatsächlich um 37,5 % zurückgegangen war.[6] Ebenfalls anzunehmen ist, dass die Kriminalitätsdarstellung in den Medien Auswirkungen auf die Wahrnehmung und Bewertung von Kriminalität als gesellschaftlichem Problem hat und so Einfluss auf kriminalpolitische Einstellungen nimmt. In einer weiteren Analyse des KFN zeigte sich, dass der häufige Konsum von Boulevardzeitungen und den Nachrichtensendungen privater Sender mit einem höheren Strafbedürfnis einhergeht und die Konsumenten härtere Strafen fordern lässt als die Lektüre deutschlandweiter Tageszeitungen wie der Süddeutschen Zeitung oder der FAZ.[7] In der Konsequenz steigt der Druck auf die Akteure im politischen Bereich, den gewachsenen Straferwartungen durch normative Anpassungen Rechnung zu tragen.[8]

Wenig untersucht sind bislang die Veränderungen, die sich aus der Digitali- 2d
sierung und der **Verlagerung** der Medienlandschaft **in das Internet** für die Wahrnehmung und Bewertung der Kriminalitätslage ergeben. Webbasierte Diskussionsforen ermöglichen den Nutzern die unmittelbare und häufig auch unreflektierte Reaktion auf journalistische Berichte über Taten und Täter, die ihrerseits wiederum weitere Reaktionen, Einordnungen und Bewertungen auslösen können; im Zusammenhang mit der Berichterstattung über Straftaten kann dies zu einem lawinenartigen Anschwellen kritischer und sogar beleidigender Äußerungen („shitstorm“) führen, die den Ausgangsbefund völlig überzeichnen. Umgekehrt können über die sozialen Medien wie Facebook oder Twitter auch ohne journalistische Recherche und Bewertung Meldungen über Ärgernisse, Konflikte und als strafwürdig empfundene Verhaltensweisen von jedermann verbreitet und mit entsprechendem Bildmaterial visualisiert werden, was sich wiederum mit Nachrichtenwert verbinden kann und worüber dann auch in den klassischen Medien berichtet wird. Auch hieraus kann sich, wie sich etwa im Zusammenhang mit dem Vorwurf übermäßiger Polizeigewalt gelegentlich zeigt, politischer Handlungsdruck aufbauen. Über die sozialen Netzwerke können sich auf diesem Weg neue Zugänge zur Kriminalitätswirklichkeit und ihrem gesellschaftlichen Kontext ergeben, die in der klassischen Berichterstattung, vielleicht auch in polizeilichen und wissenschaftlichen Analysen, sonst ausgeblendet bleiben. Für die Kriminologie eröffnen sich damit neue Forschungsfelder.

Lässt man die besondere Form der „Medienkriminalität“ außer Be- 2e
tracht, da sie in ihrer kriminologischen Bedeutung bislang erst wenig erforscht ist,[9] dann gibt es für den empirischen Zugang zum Themenfeld Kriminalität zwei Ansatzpunkte, die wegen ihrer unterschiedlichen Aussagekraft auseinander zu halten sind. Zum einen lässt sich

6 *Pfeiffer/Windzio/Kleimann* MschrKrim 87 (2004), 417 ff.
7 *Baier u. a.* 2011, 150 ff.
8 *Hoven* MschrKrim 100 (2017), 161 ff.
9 Vertiefend bereits *Kaiser* ZRP 2002, 30 ff.

an die Erfahrungen anknüpfen, die aufgrund *eigener* (also nicht medial vermittelter) Wahrnehmung mit Kriminalität gemacht werden, wobei sich weiter danach differenzieren lässt, ob es sich um Erfahrungen mit der eigenen Begehung von Straftaten, um Opfererfahrungen oder um sonstige Formen der eigenen Wahrnehmung (zB von Zeugen) handelt. Methodisch lässt sich diese Form des Zugangs vor allem mit Hilfe von Befragungen gestalten („Täter-", „Opfer-", „Informantenbefragungen"); denkbar sind aber auch Beobachtungen oder Dokumentenanalysen wie die Auswertung von Unfallmeldungen oder Versicherungsunterlagen. Zum anderen kann man an den Umstand anknüpfen, dass der Verdacht der Begehung einer Straftat den Strafverfolgungsbehörden, namentlich der Polizei bekannt und zum Gegenstand staatlicher Ermittlungsmaßnahmen gemacht worden ist. Hier stehen für den Zugang vor allem die Auswertung von Strafakten sowie auf der Ebene von Aggregatdaten (dh aufsummierter Daten) die Kriminalstatistiken zur Verfügung. Beide Zugangswege eröffnen ganz unterschiedliche Blickwinkel auf das Themenfeld Kriminalität.[10]

2f Für die gesellschaftliche Wahrnehmung und die (kriminal-)politische Diskussion kommt von diesen beiden Wegen dem in den Kriminalstatistiken gezeichneten Bild die größere Bedeutung zu, und auch in der geschichtlichen Entwicklung steht die Beschäftigung mit den Kriminalstatistiken am Anfang: Während die Anfänge der systematischen Erfassung von Polizei- und Justizdaten bis in das 19. Jahrhundert zurückreichen (→ § 2 Rn. 9), entwickelte sich die stichprobenbasierte Umfrageforschung erst gegen Ende der 1930er Jahre.[11] Für die Betrachtung von Umfang, Struktur und Entwicklung der Kriminalität wird im Folgenden deshalb zunächst auf die Kriminalstatistiken abgestellt. Auf die Befunde der Selbstberichtsstudien, die das den Strafverfolgungsbehörden unbekannt bleibende „Dunkelfeld" der Kriminalität beleuchten, wird erst im Anschluss (→ Rn. 52 ff.) sowie im Zusammenhang mit den Ergebnissen der Täter- und der Opferforschung eingegangen (→ § 6 Rn. 5 ff.; → § 8 Rn. 9 ff.).

10 Krit. zur Erkennbarkeit von „Kriminalität" mit Hilfe von Befragungsforschung und Kriminalstatistiken *Kunz* 2008, 54 ff.; *Sessar*, in: Hilgendorf/Rengier 2012, 262 ff.
11 *Schnell/Hill/Esser* 2013, 14 ff.; *Diekmann* 2012, 109 ff.

II. Kriminalstatistiken und ihre Aussagekraft

1. Polizeiliche Kriminalstatistik

Für Aussagen über die von den Behörden registrierte Kriminalität stehen verschiedene statistische Erkenntnismittel zur Verfügung. Erstes und in der Öffentlichkeit am stärksten beachtetes Instrument ist die Polizeiliche Kriminalstatistik (PKS). Die PKS wird seit 1953 geführt. Sie wird jährlich vom Bundeskriminalamt (BKA) herausgegeben und basiert auf den Informationen, die dem BKA von den Landeskriminalämtern und diesen von den einzelnen Polizeidienststellen zur Verfügung gestellt werden. Zusätzlich zum Jahrbuch veröffentlicht das BKA im Internet eine Vielzahl von Einzeltabellen und ermöglicht so auch die weiterführende, eigene Berechnung von Häufigkeiten und Verteilungen.[12] 3

Im ersten Band des Jahrbuchs werden die von der Polizei bearbeiteten rechtswidrigen Taten („**Fälle**") aus dem Bereich des Kern- und Nebenstrafrechts ausgewiesen. Einbezogen sind auch die vom Zoll bearbeiteten Rauschgiftdelikte; nicht enthalten sind die Staatsschutz- und die Verkehrsdelikte. Anhand der Strafverfolgungsstatistik (→ Rn. 9 ff.) lässt sich schätzen, dass 2018 bezogen auf das Gesamtaufkommen der amtlich bekannt gewordenen Kriminalität auf die Staatsschutzdelikte ein Anteil von etwa 0,3 % und auf die Straßenverkehrsdelikte ein Anteil von gut 20 % entfällt. Das Gesamtaufkommen aller bekannt gewordenen Straftaten liegt also deutlich über dem aus der PKS ersichtlichen Kriminalitätsvolumen. Ebenfalls nicht in der PKS erfasst sind Taten, die außerhalb der Bundesrepublik begangen werden (zB von deutschen Touristen im Ausland), sowie Verstöße gegen die Strafgesetze der Länder (Ausnahme: Verstöße gegen die Landesdatenschutzgesetze). Der polizeilichen Erfassung liegt ein unter teils strafrechtlichen, teils kriminologischen Aspekten aufgebauter Straftatenkatalog zugrunde. Zusätzlich wird angegeben, ob bei der Tat Schusswaffen oder das Internet verwendet wurde. Letzteres liefert einen Anhaltspunkt für die Erfassung des Kriminalitätsfelds Cybercrime. 4

In ihrem zweiten Teil des ersten Bands enthält die PKS Angaben zur **Aufklärung** der registrierten Fälle. Ein Fall gilt dann als aufgeklärt, wenn nach dem polizeilichen Ermittlungsergebnis ein mindestens namentlich bekannter oder auf frischer Tat ergriffener Tatverdächtiger festgestellt worden ist. Angegeben wird hier vor allem die Aufklärungsquote (AQ), also der Anteil der aufgeklärten Fälle an der Gesamtzahl der bekanntgewordenen Fälle. Für die auf- 5

12 Bundeskriminalamt, Polizeiliche Kriminalstatistik; im Internet abrufbar unter www.bka.de; vertiefend *Cramer/Mischkowitz*, in: Dölling/Jehle 2013, 715 ff.

geklärten Fälle werden im Jahrbuch u. a. auch Angaben dazu gemacht, ob die Tat von einem alleinhandelnden Tatverdächtigen begangen wurde oder ob der Tatverdächtige zuvor schon einmal polizeilich in Erscheinung getreten war. Unabhängig von der Aufklärung wird im dritten Teil des ersten Bands bei Eigentums- und Vermögensdelikten die Höhe des materiellen **Schadens** angegeben. Ist ein Schaden nicht bezifferbar, wird ein ideeller Schaden von 1 Euro registriert.

6 Der zweite Band des Jahrbuchs liefert für die Taten, die sich gegen höchstpersönliche Rechtsgüter richten, insbes. also für die Gewalt- und die Sexualdelikte, Angaben zu den **Opfern**. Neben dem Alter und Geschlecht geht es dabei vor allem auch um die Beziehung des Opfers zum Tatverdächtigen. Hier wird zwischen den Kategorien Ehe/Partnerschaft/Familie, informellen Beziehung (Freundschaft oder Bekanntschaft), formellen Beziehungen in Institutionen, ungeklärten und keinen Beziehungen unterschieden. Ebenfalls ausgewiesen werden im zweiten Band Straftaten, die gegen Vollstreckungsbeamte bzw. Rettungsdienst- und Feuerwehrkräfte begangen werden.

7 Im dritten Band finden sich Angaben zur Person des **Tatverdächtigen.** Als tatverdächtig gilt eine Person dann, wenn sie nach dem polizeilichen Ermittlungsergebnis aufgrund zureichender tatsächlicher Anhaltspunkte verdächtig ist, eine rechtswidrige Tat begangen zu haben; dazu zählen auch Mittäter, Anstifter und Gehilfen. Ebenfalls erfasst werden Taten, die von strafunmündigen Kindern oder von schuldunfähigen psychisch Kranken begangen werden, also von Personen, gegen die wegen fehlender Schuldfähigkeit von der Staatsanwaltschaft keine Anklage erhoben und von den Gerichten kein Urteil erlassen werden darf. Tatverdächtige, für die innerhalb des Berichtszeitraums mehrere Fälle der gleichen Straftat festgestellt werden, werden in der PKS nach Umstellungen in den Jahren 1984 und 2009 nur einmal gezählt („echte" Tatverdächtigenzählung).

7a Der vierte Band des Jahrbuchs liefert zusammenfassende Angaben zu ausgewählten **Straftatengruppen** wie Mord und Totschlag, Raub, Diebstahl und Betrug sowie zu tatbestandsübergreifenden **Erscheinungsformen der Kriminalität**. Letztere werden in der PKS über sog. Summenschlüssel erfasst und ausgewiesen. Beispiele sind die Betäubungsmittelkriminalität, die Gewaltkriminalität, die Wirtschaftskriminalität und die Straßenkriminalität. Bezogen auf die jeweiligen Kriminalitätsbereiche werden die Fallzahlen, die Angaben zum Schaden, den Opfern und den Tatverdächtigen sowie die Entwicklungen im 15-Jahreszeitraum dargestellt.

8 Die PKS sagt weder etwas aus über die der Polizei verborgen bleibende Kriminalität noch darüber, ob die von der Polizei registrierten Sachverhalte auch aus justizieller Sicht als „Straftaten" einzuordnen sind. Die PKS ist jedoch eine vergleichsweise zuverlässige und aussagekräftige Informationsquelle, soweit es um die Beurteilung polizeilicher Fragen geht (zB um die Notwendigkeit oder den Ausbau poli-

zeilicher Ressourcen) oder um den „input" in das System der strafrechtlichen Sozialkontrolle (dazu → § 9 Rn. 7ff.).

2. Justizstatistiken, Strafverfolgungsstatistik

Von der Polizeistatistik sind die Justizstatistiken zu unterscheiden. 9
Die Justizstatistiken können auf eine längere Geschichte zurückblicken. In Deutschland wurde eine einheitliche Abgeurteiltenstatistik erstmals 1882 veröffentlicht; die ersten statistischen Erhebungen gab es 1803 in Bayern, 1809 in Baden. Heute werden die Justizstatistiken jährlich vom Statistischen Bundesamt herausgegeben. Sie lassen sich in verschiedene Einzelstatistiken untergliedern, die sich an den Stadien des Strafverfolgungsprozesses orientieren (Staatsanwaltschaftsstatistik, Strafverfolgungsstatistik, Strafvollzugsstatistik, Bewährungshilfestatistik). Ergänzt werden die Justizstatistiken durch eine nicht-amtliche Rückfallstatistik, die auf der Grundlage der vom Bundeszentralregister gespeicherten Daten die Legalbewährung der Verurteilten nach unterschiedlichen Sanktionsformen angibt (dazu genauer → § 9 Rn. 71). Aus kriminologischer Sicht kommt die größte Bedeutung der **Strafverfolgungsstatistik** (StVS) zu, die die Angaben zur Aburteilungspraxis der Gerichte enthält.[13]

Die StVS liefert Informationen zu den Personen, die innerhalb des Berichts- 10
jahres wegen Straftaten rechtskräftig abgeurteilt wurden. Mit dem Begriff des **„Abgeurteilten"** werden Angeklagte bezeichnet, gegen die entweder ein Strafbefehl erlassen oder das Strafverfahren nach Eröffnung des Hauptverfahrens durch Urteil oder Einstellungsbeschluss rechtskräftig abgeschlossen wurde. Mit dem Begriff der **„Verurteilten"** wird lediglich eine Teilmenge der Abgeurteilten bezeichnet, nämlich diejenigen Angeklagten, gegen die entweder nach allgemeinem Strafrecht Freiheitsstrafe, Strafarrest oder Geldstrafe verhängt oder deren Straftat nach Jugendstrafrecht mit Jugendstrafe, Zuchtmitteln oder Erziehungsmaßregeln geahndet wurde. Nachgewiesen werden für beide Personengruppen Alter, Geschlecht, Staatsangehörigkeit, die Art der Straftat und die Art der richterlichen Entscheidung. Zusätzlich werden die Personen mit Untersuchungshaft, Wiederholungstäter sowie die wegen Straftaten an Kindern Abgeurteilten nach der Art der Tat und der Zahl der Opfer ausgewiesen.

Die StVS geht über den Erfassungsbereich der PKS insofern hinaus 11
als sie sich auf *alle* Straftaten bezieht, also auch auf die Straßenver-

---

13 Statistisches Bundesamt, Strafverfolgung (Fachserie 10, Reihe 3); im Internet abrufbar unter www.destatis.de; vertiefend *Brings*, in: Hilgendorf/Rengier 2012, 21ff.

kehrs- und die Staatsschutzkriminalität. Andererseits enthält sie im Vergleich zur PKS einen *engeren* Ausschnitt aus dem Gesamtaufkommen der Kriminalität, da sie nur diejenigen Straftaten erfasst, die von der Polizei aufgeklärt und von der Staatsanwaltschaft zur Anklage gebracht worden sind. Nicht in der StVS erfasst sind diejenigen Fälle, in denen die Staatsanwaltschaft das Verfahren wegen fehlenden hinreichenden Tatverdachts oder unter Zweckmäßigkeitsgesichtspunkten eingestellt hat (→ § 9 Rn. 23 ff., 58 ff.).

3. Grenzen und Fehlerquellen der Kriminalstatistiken

12 Die PKS, die StVS und die weiteren Justizstatistiken sind von ihrer Funktion her Nachweise der betreffenden Institution über die Art und den Umfang der von ihr jeweils geleisteten Tätigkeit; sie verfolgen keine spezifisch kriminologischen Ziele. Will man die Statistiken dennoch für Aussagen zu Umfang, Struktur und Entwicklung der „tatsächlichen" Kriminalität heranziehen, müssen die Grenzen und Fehlerquellen berücksichtigt werden, die ihre Aussagekraft einschränken. Dabei sind insbesondere die folgenden Punkte im Blick zu behalten:[14]

13 (1) Soweit die Statistiken Hinweise auf Umfang und Struktur der Kriminalität liefern, ist zu berücksichtigen, dass die Taten nur in einer sehr **vergröberten und holzschnittartigen Form** Eingang in die Statistik finden. Eindeutige Rückschlüsse auf die Kriminalitätswirklichkeit sind kaum möglich.

- Die Taten werden in den Statistiken nur gezählt, nicht gewichtet. Ein Bagatelldiebstahl hat in der Statistik denselben Stellenwert wie der Diebstahl einer Geldbörse, bei dem mehrere tausend Euro entwendet werden; eine Körperverletzung durch Zufügung „blauer Flecke" hat denselben Stellenwert wie eine Körperverletzung, bei der das Opfer längere Zeit im Krankenhaus gelegen hat.
- Ein Täter, der mehrere Taten begeht, wird in der PKS unterschiedlich gezählt: Begeht er innerhalb des Berichtszeitraums mehrere gleichartige Straftaten (zB mehrere Ladendiebstähle), so wird dies nur als *ein* Fall erfasst; begeht er hingegen mehrere verschiedene Straftaten (zB einen einfachen und einen schweren Diebstahl), so wird dies bei der Einzeldarstellung der Delikte jeweils gesondert, bei zusammenfassenden Darstellungen hingegen wieder nur einfach berücksichtigt.

---

14 *Heinz* Kriminalistik 2017, 427 ff.; *ders.* NK 2020, 3 ff.

- Die StVS weist auch bei tatmehrheitlich konkurrierenden Delikten nur eine einzige Tat aus. Sie orientiert sich dabei an der Schwere des Strafrahmens, nicht an der Schwere des konkret verwirklichten Delikts. Dies gilt indes nur dann, wenn der Angeklagte wegen der mehreren Taten in *einem* Verfahren abgeurteilt wird. Wird er in mehreren Verfahren abgeurteilt, so werden die Taten mehrfach gezählt.
- Die Meldungen der Dienststellen der Polizei und der Geschäftsstellen der Justiz, die die Grundlage der statistischen Auswertung bilden, sind trotz EDV-gestützter Erfassung nicht immer genau und zuverlässig.[15]

(2) Soweit mehrere Jahrgänge einer Statistik miteinander verglichen werden, sind die **Veränderungen** zu beachten, die zwischenzeitlich in der Gesellschaft und im System der strafrechtlichen Sozialkontrolle stattgefunden haben. Demografische Veränderungen (dh Veränderungen in der Zusammensetzung der Wohnbevölkerung, zB durch Abwanderung und Zuwanderung) müssen ebenso im Blick behalten werden wie veränderte Kontrollstile (verändertes Anzeigeverhalten oder geänderte Ermittlungsstrategien der Polizei), Gesetzesänderungen oder Änderungen in den für die jeweilige Statistik maßgeblichen Erfassungsregeln. Aus der Statistik ablesbare Veränderungen (Zuwächse, Rückgänge) müssen nicht notwendig Veränderungen in der Verbrechenswirklichkeit widerspiegeln, sondern können eine Vielzahl von anderen Gründen haben. Die im 19. Jahrhundert vorherrschende Annahme, zwischen bekannt gewordener Kriminalität und Kriminalitätswirklichkeit bestehe auch über Jahre hinweg ein konstantes Verhältnis, ist durch die empirische Forschung widerlegt worden.[16] 14

(3) Die Daten aus unterschiedlichen Statistiken können **nicht miteinander verglichen** werden. Der Grund hierfür liegt darin, dass jede Einrichtung nur die sie selbst betreffenden Informationen sammelt. Weder stimmen die Erfassungsgrundsätze überein noch beziehen sich die Statistiken auf dieselben Fälle. Zieht sich die Bearbeitung eines Verfahrens über den Jahreswechsel hinweg, so wird es in der nächstfolgenden Statistik erst im Folgejahr erfasst. Aus kriminologischer Sicht wünschenswert wäre eine Verlaufsstatistik, die für eine bestimmte Grundgesamtheit (zB für die von der Polizei ermittelten Tatverdächtigen) angeben würde, welche Reaktionswege die einzelnen Instanzen der Strafrechtskontrolle jeweils gewählt haben. Eine solche Verlaufsstatistik ist jedoch derzeit nicht in Sicht.[17] 15

15 *Anschaulich Höynck/Ernst,* in: BMJV 2017, 164f.
16 *Schwind* 2013, § 2 Rn. 69f. und Vorauflage § 5 Rn. 51.
17 Vgl. allerdings Rat für Sozial- und Wirtschaftsdaten 2020.

16 Kriminologische und kriminalpolitische Aussagen über „die“ Kriminalität stützen sich in der Regel auf die PKS. Angesichts der Tatsache, dass die Polizei die Eingangsinstanz in den Prozess der strafrechtlichen Sozialkontrolle ist und die Polizeidaten damit Informationen liefern, die noch nicht durch die justiziellen Entscheidungsmechanismen verändert worden sind, ist die Bezugnahme auf die PKS grundsätzlich nicht zu beanstanden. Andererseits ergeben sich jedoch gerade hieraus auch Einschränkungen. Gerade *weil* die Polizeidaten noch keine justizielle Prüfung durchlaufen haben und *weil* sie den Gesamtbereich der Kriminalität nicht vollständig abdecken, kann und darf die PKS nicht die einzige Datenquelle sein, anhand derer Aussagen über Umfang, Struktur und Entwicklung gewonnen werden. Wissenschaftlich fundierte Aussagen über „die“ Kriminalität setzen deshalb voraus, dass den PKS-Daten die Informationen aus anderen Erkenntnisquellen, namentlich aus den Justizstatistiken gegenübergestellt werden. Für ein abgerundetes, wirklichkeitsnahes Bild ist es darüber hinaus erforderlich, neben den amtlichen Statistiken empirische Einzeluntersuchungen zu den von den Statistiken nicht erfassten Bereichen in den Blick zu nehmen. Einbezogen und ausgewertet werden müssen namentlich Dunkelfelduntersuchungen zur Häufigkeit der der Polizei verborgen bleibenden Kriminalität (→ Rn. 52 ff.), aber auch Untersuchungen zu den Determinanten des Anzeigeverhaltens, des Ermittlungshandelns der Polizei und der Arbeitsroutinen der Strafverfolgungsorgane (→ § 9 Rn. 32 ff.). Erst derartige Einzeluntersuchungen ermöglichen es, den Ausschnitt aus der „tatsächlich“ begangenen Kriminalität genauer zu bestimmen, der sich in den amtlichen Statistiken niederschlägt.

17 Als Beispiele für eine solche, auch andere Erkenntnisquellen ausschöpfende Analyse konnten der 2001 veröffentlichte **Erste und** der 2006 veröffentlichte **Zweite Periodische Sicherheitsbericht** (PSB) der Bundesregierung angesehen werden.[18] Verfasst wurde der PSB von einem Gremium, das sich sowohl aus Vertretern staatlicher Stellen (Bundeskriminalamt, Statistisches Bundesamt, Kriminologische Zentralstelle) als auch aus Wissenschaftlern (Kriminologen, Soziologen, Psychologen) zusammensetzte. Das Ergebnis der jeweils mehrjährigen Zusammenarbeit war ein umfassendes Kompendium über die Kriminalitätslage in Deutschland, das die Erkenntnisse aus den vorhandenen amtlichen Datensammlungen und die verfügbaren Ergeb-

18 BMI/BMJ, 1. und 2. PSB; im Internet abrufbar unter www.bka.de.

nisse wissenschaftlicher Untersuchungen differenziert und abgewogen miteinander verknüpfte. In der Kriminologie besteht über die Sinnhaftigkeit derartiger umfassender Analysen Einigkeit.

III. Umfang, Struktur und Entwicklung der registrierten Kriminalität

1. Umfang und regionale Verteilung

Blickt man vor diesem Hintergrund auf die wichtigsten Informationen, die in der PKS zur Verfügung gestellt werden, so zeigt sich zum Umfang der bekannt gewordenen Kriminalität, dass von der Polizei 2019 etwa 5,4 Mio. Straftaten registriert wurden. 18

Diese Zahl ist beeindruckend, sagt aber für sich genommen relativ wenig aus. Um die Zahl mit anderen Zahlen vergleichbar zu machen, insbesondere um Aussagen zur Kriminalitätsentwicklung innerhalb des Bundesgebiets, aber auch innerhalb der einzelnen Bundesländer machen zu können, muss eine **Häufigkeitszahl** (HZ) gebildet werden, die die Zahl der bekannt gewordenen Fälle pro 100.000 Einwohner angibt. Auf diese Weise ist es möglich, die Kriminalität innerhalb eines Gebietes unabhängig von Unterschieden in der Bevölkerungszahl zu analysieren. Die HZ lag für das Bundesgebiet im Jahr 2019 bei 6.548 Straftaten pro 100.000 Einwohner. 19

Betrachtet man die räumliche Verteilung der registrierten Straftaten, lassen sich zwei wichtige Beobachtungen machen. Zum einen besteht ein **Stadt-Land-Gefälle:** Die Kriminalitätsbelastung ist in der Regel in Großstädten mit mehr als 500.000 Einwohnern am höchsten, während sie in den Gemeinden mit weniger als 20.000 Einwohnern am geringsten ist. „Spitzenreiter" unter den Großstädten war im Jahr 2019 Frankfurt/M. mit einer HZ von 15.194, gefolgt von Berlin mit einer HZ von 14.086. Dass es auf der anderen Seite aber auch Großstädte mit deutlich geringeren HZen gibt, zeigen die Beispiele von Stuttgart (Einwohnerzahl gut 600.000; HZ 8.561) und München (Einwohnerzahl ca. 1,4 Mio.; HZ 6.132). 20

Die Höherbelastung in den meisten Großstädten lässt sich, soweit die PKS einen Rückschluss auf die Kriminalitätswirklichkeit erlaubt, kriminologisch mit den unterschiedlichen Lebensbedingungen in der Stadt und auf dem Land erklären, die mit unterschiedlichen Tatgelegenheiten und einer unterschiedlichen Kontrolldichte verbunden sind. Berücksichtigt werden muss bei der Interpretation allerdings auch, dass die statistischen Angaben durch Erhe- 21 bungsmängel verzerrt sein können: Da bei der Berechnung der HZen die amtlich gemeldete Wohnbevölkerung zugrunde gelegt wird, nicht aber Pendler, Durchreisende, Touristen und andere, nicht am Ort der Tat gemeldete Personen (zB Wohnsitzlose, Illegale), die sich gerade in den Großstädten konzentrieren dürften, sind die für die Großstädte errechneten HZen in der Tendenz überhöht. Dieser Umstand ist vor allem bei der Erklärung der augenscheinlich hohen Kriminalitätsbelastung in Frankfurt/M. zu berücksichtigen, wo die amtlich gemeldete Wohnbevölkerung nicht nur um die Pendler aus dem Umland, sondern bspw. auch um die anreisenden Messebesucher und die Flughafenpassagiere ergänzt werden muss.

22 Zum zweiten lässt sich feststellen, dass zwischen den Bundesländern ein **Nord-Süd-Gefälle** besteht (vgl. Tab. 5.1). In den nördlichen Bundesländern, insbesondere in den norddeutschen Stadtstaaten, ist die Kriminalitätsbelastung hoch, während sie nach Süden hin abnimmt.

Tab. 5.1: Kriminalitätsverteilung nach Bundesländern 2019

Bundesland	erfasste Fälle	Häufigkeitszahl
Baden-Württemberg	573.813	5.184
Bayern	603.464	4.615
Berlin	513.426	14.086
Brandenburg	171.828	6.841
Bremen	78.228	11.454
Hamburg	210.832	11.451
Hessen	364.833	5.823
Mecklenburg-Vorpommern	111.329	6.916
Niedersachsen	506.582	6.346
Nordrhein-Westfalen	1.227.929	6.847
Rheinland-Pfalz	241.529	5.913
Saarland	74.719	7.543
Sachsen	271.796	6.665
Sachsen-Anhalt	173.347	7.850
Schleswig-Holstein	183.445	6.333
Thüringen	129.301	6.033
Bundesgebiet insgesamt	**5.436.401**	**6.548**

Quelle: PKS Jahrbuch 2019, Bd. 1, 25

23/24 Die Erklärung dieses Nord-Süd-Gefälles bereitet Schwierigkeiten. Teilweise kann die höhere Kriminalitätsbelastung im Norden auf das bereits erwähnte Stadt-Land-Gefälle zurückzuführen sein, da sich mit Bremen, Hamburg und Berlin drei bedeutende Großstädte im Norden des Bundesgebiets befinden.

Teilweise können aber auch regional unterschiedliche Erfassungsmodalitäten eine Rolle spielen. Es kann sein, dass die Polizei im Süden der Bundesrepublik bereits im Vorfeld der Anzeigeerstattung mit einem Tatverdacht anders umgeht als im Norden, etwa in der Weise, dass ein Vorgang eher entdramatisiert und nicht als „Straftat" registriert wird (vgl. dazu → § 9 Rn. 44). Tatsächlich begangene Delikte gelangen dann nicht in die Statistik.

2. Deliktsstruktur

Schlüsselt man die der Polizei bekannt gewordenen Straftaten nach ihrer Deliktsstruktur auf, zeigt sich eine klare **Dominanz der gewaltlosen Eigentums- und Vermögensdelikte.** 2019 entfiel allein ein Drittel (33,5 %) aller registrierten Straftaten auf den einfachen und den schweren Diebstahl und deutlich mehr als die Hälfte (59,3 %) auf die drei Deliktsgruppen Diebstahl, Sachbeschädigung und Betrug (Tab. 5.2). 25

Schlüsselt man die **Diebstahlsdelikte** weiter auf, lässt sich unabhängig von der Differenzierung zwischen einfachem und schwerem Diebstahl feststellen, dass in der Kriminalitätswirklichkeit vor allem drei Formen des Diebstahls vorherrschen: der Ladendiebstahl, der Fahrraddiebstahl und der Diebstahl an und aus Kfz (zB Navigationsgeräte oder Musikanlagen). Allein diese drei Deliktsformen stellten 2019 mit 825.589 Straftaten mehr als zwei Fünftel (45,3 %) der registrierten Diebstahlsdelikte und fast ein Sechstel (15,2 %) des gesamten Kriminalitätsaufkommens. Soweit es den Diebstahl an und aus Kfz sowie den Fahrraddiebstahl betrifft, dürften die hohen Zahlen vor allem aus der Anzeigepflicht resultieren, die die Kasko- und Hausratversicherungen den Geschädigten in den Versicherungsbedingungen auferlegen; beim Ladendiebstahl können die hohen Zahlen auf ein konsequentes Anzeigeverhalten der betroffenen Ladeninhaber („Jeder Diebstahl wird angezeigt!") zurückzuführen sein. Der Diebstahl in und aus Wohnungen machte 2019 demgegenüber nur 7,2 % und der Diebstahl von Kfz nur 1,5 % aller Diebstahlsdelikte aus. 26

Tabelle 5.2: Anteile einzelner Straftaten(gruppen) an der Gesamtkriminalität 2019

Straftaten(gruppen)	erfasste Fälle		AQ
	N	%	
Straftaten insgesamt	5.436.401	100,0	57,5
Diebstahl *ohne* erschwerende Umstände	1.025.321	18,9	40,3
davon: Ladendiebstahl	303.552	5,6	90,5
Betrug	832.966	15,3	66,6
davon: Leistungserschleichung (§ 265a StGB)	200.901	3,7	98,8
Diebstahl *unter* erschwerenden Umständen	796.891	14,7	14,8
Sachbeschädigung	563.062	10,4	24,2
Vorsätzliche einfache Körperverletzung	386.517	7,1	90,7
Betäubungsmitteldelikte	359.747	6,6	92,5
Straftaten gegen das AufenthG/AsylG/FreizügigkeitsG EU	165.619	3,0	98,9
Gefährliche und schwere Körperverletzung	133.084	2,4	82,9
Urkundenfälschung	73.560	1,4	81,4
Raub, räuberische Erpressung und räuberischer Angriff auf Kraftfahrer	36.052	0,7	59,0
Veruntreuungen (§§ 266, 266a, 266b StGB)	16.788	0,3	97,1
Vergewaltigung (§ 177 VI, VII, VIII StGB)	8.541	0,16	84,4
Mord und Totschlag (§§ 211, 212, 213, 216 StGB)	2.315	0,04	94,0

Quelle: PKS Jahrbuch 2019, Bd. 1, 19, 35

27 Die Schadenssummen sind bei den Diebstahlsdelikten insgesamt eher gering. Zwar wurde durch alle Diebstähle 2019 nach der PKS ein volkswirtschaftlicher Gesamtschaden von beinahe 2,1 Mrd. Euro verursacht. In einem Drittel aller einfachen Diebstähle sowie in mehr als zwei Drittel aller Ladendiebstähle betrug der Schaden im Einzelfall jedoch weniger als 50 Euro, wobei für die Berechnung vom Verkehrswert der entwendeten Sache ausgegangen wird.

Bei den **Betrugsdelikten** dominieren in der Rechtswirklichkeit zwei Formen: der Waren- bzw. Warenkreditbetrug und die Leistungserschleichung. Beim Waren- bzw. Warenkreditbetrug handelt es sich um Betrugsformen, bei denen der Täter die Ware entweder als Mittel zum Betrug einsetzt (er verspricht eine Ware zu liefern, die er gar nicht hat oder nur in minderwertiger Qualität liefern kann) oder bei denen er eine Ware betrügerisch erlangen will; 2019 war jede dritte Betrugstat (34,9 %) ein solcher Waren- oder Warenkreditbetrug. Der Schaden war hier überwiegend beträchtlich und lag nur in gut einem Viertel der Fälle (28,0 %) unter 50 Euro. Am zweithäufigsten wurden von der Polizei Leistungserschleichungen nach § 265a StGB registriert. Da es sich hierbei weit überwiegend um Delikte handelt, die im Öffentlichen Personennahverkehr begangen werden, lag der Schaden hier in über 90 % der Fälle unter 50 Euro. 28

Die sonstigen Straftaten stellen demgegenüber zusammen weniger als die Hälfte der registrierten Kriminalität. Die **Gewaltdelikte,** die in der Öffentlichkeit immer wieder im Mittelpunkt stehen, sind 2019 am Kriminalitätsaufkommen lediglich mit 3,3 % beteiligt, wobei das häufigste Einzeldelikt die gefährliche bzw. die schwere Körperverletzung ist. Dabei muss man allerdings berücksichtigen, dass die einfache Körperverletzung in dem vom BKA verwendeten Summenschlüssel nicht enthalten ist; sie allein ist am Kriminalitätsaufkommen mit 7,1 % beteiligt (Tab. 5.2). Die **Sexualdelikte** stellen in ihrer Gesamtheit nur einen Anteil von 1,3 %; hier dominieren als Einzeldelikte die sexuelle Belästigung und der sexuelle Missbrauch von Kindern. Im Themenfeld **Cybercrime** sind zwei Deliktsformen zu unterscheiden: Straftaten, die sich gegen informationstechnische Systeme und Daten richten (Cybercrime im engeren Sinn, etwa das Ausspähen oder Abfangen von Daten), und Straftaten, die mittels informationstechnischer Systeme begangen werden (zB wenn bei Online-Versandhäusern betrügerische Geschäfte abgewickelt werden). Die erste Form ist am Kriminalitätsaufkommen mit einem Anteil von 1,8 % vertreten, die zweite ist deutlich häufiger (4,6 %). Eine erwähnenswerte quantitative Bedeutung kommt den **Verstößen gegen das BtMG** zu; am Gesamtaufkommen der Kriminalität machen die Rauschgiftdelikte einen Anteil von 6,6 % aus. Eine Sonderrolle nimmt schließlich die **Wirtschaftskriminalität** ein. Sie ist am Gesamtaufkommen der Fälle zwar nur mit 0,7 % vertreten; die Höhe der angerichteten Schäden ist jedoch beträchtlich (vgl. dazu im Einzelnen → § 11 Rn. 1, 19 f.). 29

3. Aufklärungsquoten

30 Von den ca. 5,4 Mio. Straftaten, die der Polizei 2019 bekannt geworden sind, wurden ca. 3,1 Mio. Straftaten aufgeklärt. Dies entspricht einer AQ von 57,5 %. Diese Gesamtaufklärungsquote sagt für sich genommen nur wenig aus, da die AQ bei den einzelnen Straftatengruppen erheblichen Schwankungen unterliegt. Die Aufschlüsselung zeigt, dass vor allem beim schweren Diebstahl, der am gesamten Kriminalitätsaufkommen mit fast einem Siebtel vertreten ist, die AQ mit nur 14,8 % erstaunlich gering ist (Tab. 5.2).

31 Bei der Erklärung der Schwankungsbreite der AQ bei den einzelnen Deliktsarten hilft die Unterscheidung zwischen der **reaktiven und** der **proaktiven Tätigkeit** der Polizei weiter (→ § 9 Rn. 43 ff.). Bei den weitaus meisten Delikten wird die Polizei auf eine Anzeige aus der Bevölkerung hin tätig, sie *reagiert* also mit ihren Ermittlungen auf den ihr vorgetragenen Tatverdacht. Soweit die Polizei wegen der Schwere der Tat in diesen Fällen nicht besondere Ermittlungsaktivitäten entfaltet (wie etwa bei Mord und Totschlag, bei politischer Motivation oder bei Sexualdelikten), wird die Aufklärung vor allem durch den Umstand bestimmt, ob vom Anzeigeerstatter bereits eine konkrete Person als Tatverdächtiger benannt werden kann oder nicht. Kann der Anzeigeerstatter eine solche Person benennen (wie etwa regelmäßig bei Urkundsdelikten, der Untreue oder in den Fällen, in denen der Anzeigeerstatter den Verdächtigen selbst bereits vorläufig festgenommen hat, zB bei Ladendiebstahl oder Beförderungserschleichung), ist die Aufklärung des Sachverhalts sehr viel wahrscheinlicher als in den Fällen, in denen sich die Anzeige gegen Unbekannt richtet (wie typischerweise beim Einbruchsdiebstahl oder dem Diebstahl an oder aus Kfz).

32 Bei manchen Delikten wird die Polizei demgegenüber nicht auf eine Anzeige hin, sondern von sich aus tätig. Ein solches, *proaktives* Tätigwerden findet sich vor allem in den Bereichen, in denen ein personales Opfer fehlt und die Anzeigebereitschaft der Bevölkerung gering ist: im Straßenverkehr, unter den Konsumenten illegaler Drogen, bei den Aufenthaltsdelikten und in bestimmten Bereichen der Wirtschaft. Sofern die Polizei bei ihrem Vorgehen von einer Straftat Kenntnis erlangt, ist ihr zugleich meist auch die Identität des Täters bekannt, was zur Folge hat, dass sich in der PKS für die betreffenden Deliktsbereiche in der Regel eine hohe AQ feststellen lässt.

4. Tatverdächtige

33 In der PKS wird eine Straftat dann als „aufgeklärt" registriert, wenn die Ermittlungen zur Feststellung eines Tatverdächtigen ge-

führt haben. 2019 wurden von der Polizei ca. 2,0 Mio. Tatverdächtige ermittelt.

Der Umstand, dass etwa 3,1 Mio. Straftaten aufgeklärt, aber nur ca. 2,0 Mio. 34
Tatverdächtige ermittelt wurden, erklärt sich daraus, dass die Tatverdächtigen in der PKS auch dann nur einmal registriert werden, wenn sie innerhalb des Berichtszeitraums mehrfach auffällig werden („echte Tatverdächtigenzählung", → Rn. 6). 2019 wurde mehr als die Hälfte (59,8 %) der aufgeklärten Straftaten in diesem Sinne von Mehrfachtätern begangen, dh von Personen, die schon zuvor wenigstens einmal als tatverdächtig in Erscheinung getreten waren. Auf der anderen Seite wurde etwa jede zehnte Tat (11,8 %) nicht von alleinhandelnden Tätern, sondern von Tätergemeinschaften (Mittätern oder Tätern und Teilnehmer) begangen. Da die PKS weder über die Anzahl der Delikte der Mehrfachtäter noch über die Zahl der Personen, die an einer Tat beteiligt waren, genaue Angaben macht, lassen sich die Zahlen für die aufgeklärten Fälle und die für die Tatverdächtigen nicht miteinander vergleichen.

a) Delikte

Richtet man den Blick zunächst auf die Delikte, die den von der 35
Polizei ermittelten Tatverdächtigen zur Last gelegt werden, so lässt sich feststellen, dass sich die Tatverdächtigen vor allem aus dem Bereich der leichteren Delinquenz rekrutieren, namentlich aus dem Bereich des Betrugs, des einfachen Diebstahls und der einfachen Körperverletzung, sowie aus der Betäubungsmittelkriminalität (Tab. 5.3). Die Struktur der Delikte, die den ermittelten Tatverdächtigen zur Last gelegt werden, ist also nicht identisch mit der Struktur der Delikte, die den Polizeidienststellen insgesamt bekannt werden (vgl. Tab. 5.2), sondern weist – der deliktsspezifisch unterschiedlichen AQ entsprechend – eine hiervon abweichende Reihung auf. Diejenigen Personen, die von der Polizei als tatverdächtig ermittelt werden, sind dementsprechend kein Spiegelbild derjenigen Personen, die die polizeilich bekannt gewordenen Straftaten in ihrer Gesamtheit begehen, sondern stellen eine **durch die Ermittlungstätigkeit der Polizei bedingte Auswahl** dar (zu den Einflussfaktoren für den polizeilichen Ermittlungserfolg → § 9 Rn. 49 ff.)

Tabelle 5.3: Delikte der ermittelten Tatverdächtigen 2019

Straftaten(gruppen)	Ermittelte Tatverdächtige insgesamt[19]	
	N	%
Straftaten insgesamt	**2.019.211**	**100,0**
Betrug	354.529	17,6
davon: Leistungserschleichung (§ 265a StGB)	139.447	6,9
Diebstahl *ohne* erschwerende Umstände	324.474	16,1
davon: Ladendiebstahl	214.647	10,6
Vorsätzliche einfache Körperverletzung	321.744	15,9
Betäubungsmitteldelikte	284.390	14,1
Straftaten gegen das AufenthG/AsylG/Freizügigkeits G EU	149.950	7,4
Gefährliche und schwere Körperverletzung	141.232	7,0
Sachbeschädigung	124.216	6,2
Diebstahl *unter* erschwerenden Umständen	80.100	4,0
Urkundenfälschung	56.052	2,8
Raub, räuberische Erpressung und räuberischer Angriff auf Kraftfahrer	26.678	1,3
Veruntreuungen (§§ 266, 266a, 266b StGB)	11.851	0,6
Vergewaltigung (§ 177 VI, VII, VIII StGB)	7.392	0,4
Mord und Totschlag (§§ 211, 212, 213, 216 StGB)	2.987	0,1

Quelle: PKS 2019, Tabelle 20

36 Anschaulich machen lässt sich die Divergenz von bekannt gewordenen und polizeilich aufgeklärten Straftaten am Beispiel der Diebstahlsdelikte: Obwohl 14,7 % aller registrierten Taten auf Diebstahl unter erschwerenden Umständen entfallen (Tab. 5.2), werden nur 4,0 % der Tatverdächtigen einer solchen Tat beschuldigt, wohingegen einem Sechstel aller Tatverdächtigen (16,1 %) ein Diebstahl ohne erschwerende Umstände und jedem 10. Tatverdächtigen (10,6 %) sogar nur ein Ladendiebstahl zur Last gelegt wird (Tab. 5.3), also ein Delikt, das im Vergleich zu den anderen Delikten eher geringfügig ist und im Gesamtspektrum der Kriminalität insgesamt eine deutlich geringere Rolle spielt.

19 Personen, gegen die im Berichtsjahr mehrfach ermittelt wurde, werden bei der Gesamtzahl der Straftaten nur einmal gezählt. Die Tatverdächtigen bei den einzelnen Straftaten(gruppen) lassen sich daher nicht zur Gesamtzahl der Tatverdächtigen addieren.

b) Alter und Geschlecht

Die absoluten und relativen Zahlen über die Tatverdächtigen sagen für sich genommen wiederum nur wenig aus. Um Aussagen über die Kriminalitätsbelastung einzelner Alters- oder Bevölkerungsgruppen machen zu können, muss eine Verhältniszahl gebildet werden, die die Zahl der Tatverdächtigen pro 100.000 Personen der jeweiligen Alters- oder Bevölkerungsgruppe angibt (**Tatverdächtigenbelastungszahl,** TVBZ). Auf diese Weise ist es möglich, die Kriminalitätsbelastung unabhängig von Schwankungen in der demografischen Entwicklung zu analysieren. 37

Im Durchschnitt lag die so errechnete TVBZ 2019 bei 2.432. Die Zahl bezieht sich auf die Wohnbevölkerung am 31.12. des Vorjahres; in ihr sind Deutsche wie Nichtdeutsche und sämtliche Altersgruppen, einschließlich der Kinder unter 8 Jahren enthalten. Freilich ist diese Zahl ungenau; sie enthält nur einen Näherungswert. Hinsichtlich der nichtdeutschen Tatverdächtigen ist festzustellen, dass die Meldeunterlagen, die die Grundlage für die Berechnung der Verhältniszahlen bilden, keine Angaben über die amtlich nicht gemeldeten Nichtdeutschen enthalten, die sich in Deutschland entweder legal (zB als Touristen, Geschäftsreisende, Grenzpendler etc.) oder illegal aufhalten. Hinsichtlich der Kinder unter 8 Jahren ist festzustellen, dass Registrierungen wegen des Verdachts der Begehung einer strafbaren Handlung extrem selten erfolgen, so dass es sinnvoll ist, sie bei der genaueren kriminologischen Analyse „außen vor" zu lassen. Seit 1995 werden in der PKS deshalb nur noch die TVBZen für Deutsche ab einem Alter von 8 Jahren mitgeteilt. 38

Betrachtet man vor diesem Hintergrund die Verteilung der Tatverdächtigen auf die einzelnen Alters- und Geschlechtsgruppen (Tab. 5.4), sind zwei Beobachtungen bemerkenswert. Zum einen lässt sich feststellen, dass unabhängig vom Geschlecht die Delinquenzbelastung **in der Gruppe der 14- bis 24-Jährigen am größten** ist, während sie in der Gruppe der älteren Menschen über 60 sowie der Kinder unter 12 am geringsten ist. Bezogen auf ihren Anteil in der Bevölkerung werden also vor allem Jugendliche und junge Erwachsene mit Straftaten auffällig. 39

Fraglich ist, ob und inwieweit diese aus der PKS ersichtliche Altersverteilung Rückschlüsse auf eine „tatsächliche" Höherbelastung der 14- bis 24-Jährigen zulässt. Es gibt Hinweise darauf, dass der Tatnachweis bei jüngeren Tatverdächtigen leichter zu führen ist als bei älteren Tatverdächtigen (→ § 9 Rn. 54). Dies könnte die Schlussfolgerung nahelegen, dass sich in der PKS nur die höhere Wahrscheinlichkeit der Jugendlichen und Heranwachsenden widerspiegelt, von der Polizei überführt („kriminalisiert") zu werden. Andererseits ist zu berücksichtigen, dass sich die Höherbelastung der jüngeren Al- 40 tersgruppen auch in Dunkelfelduntersuchungen zeigt (→ Rn. 60). Es ist daher davon auszugehen, dass die aus der PKS ersichtliche Verteilung die Altersstruktur der „wirklichen" Kriminalität im Kern zutreffend wiedergibt.

41 Erklären lassen dürfte sich die Konzentration der Kriminalitätsbelastung auf die Jugendlichen, Heranwachsenden und jungen Erwachsenen vor allem mit den Besonderheiten dieser Lebensphase, die durch Risikobereitschaft und Suche nach dem eigenen Platz in der Gesellschaft, aber auch durch Unsicherheit und leichte Beeinflussbarkeit gekennzeichnet ist. Wie die Kontrolltheorie zeigt (→ § 3 Rn. 76 ff.), wird die Wahrscheinlichkeit normkonformen Verhaltens umso größer, je stärker die Bindung des Einzelnen an die Gesellschaft und ihre Institutionen ist, was wiederum im Wesentlichen ein Alterseffekt ist.[20]

42 Zum zweiten lässt sich feststellen, dass Kriminalität vor allem ein männliches Verhalten ist. Die TVBZ der **männlichen Tatverdächtigen** ist im Durchschnitt etwa **dreimal höher** als die der weiblichen Tatverdächtigen. Lediglich in der Altersgruppe der 12- bis 17-Jährigen ist das Verhältnis etwas ausgeglichener; hier ist die TVBZ der männlichen Tatverdächtigen nur etwa doppelt so hoch wie die der weiblichen. Die Höherbelastung der Männer ist im Übrigen auch vom Delikt abhängig, wegen dem von der Polizei ermittelt wird. Bei gefährlicher und schwerer Körperverletzung sind Männer etwa viermal so stark belastet wie Frauen, bei den Sexualdelikten ist der Unterschied sogar noch deutlicher. Umgekehrt ist die Belastung der Männer beim einfachen Diebstahl und beim Waren-/ Warenkreditbetrug nur etwa doppelt so hoch; hier sind Frauen also häufiger beteiligt als bei den anderen Delikten.[21]

43 Auch hinsichtlich der Geschlechterverteilung ist nach den vorliegenden Dunkelfelduntersuchungen davon auszugehen, dass die PKS die Strukturen der „wirklichen" Kriminalität im Kern zutreffend abbildet. Insbesondere gleichen sich die Unterschiede bei den leichteren Delikten (insbes. bei Beförderungserschleichung und Ladendiebstahl) im Dunkelfeld noch stärker aneinander an als dies aus der PKS ersichtlich ist (→ Rn. 61a).

20 Zur Erklärung der Jugendkriminalität ausführlich *Walter/Neubacher* 2011, 90 ff.
21 Vertiefend *Leuschner* FPPK 2020, 130 ff.

Tabelle 5.4: Alters- und Geschlechtsstruktur der Tatverdächtigen 2019[22]

Altersgruppen		insgesamt	männlich	weiblich
Kinder ab 8 Jahren		**1.264**	**1.734**	**770**
davon:	8 bis unter 10	408	631	174
	10 bis unter 12	936	1.355	495
	12 bis unter 14	2.439	3.203	1.635
Jugendliche		**4.954**	**6.895**	**2.907**
davon:	14 bis unter 16	4.640	6.126	3.075
	16 bis unter 18	5.257	7.639	2.743
Heranwachsende		**5.344**	**8.058**	**2.489**
	18 bis unter 21			
Erwachsene		**1.727**	**2.636**	**879**
davon:	21 bis unter 25	4.281	6.413	2.050
	25 bis unter 30	3.520	5.177	1.802
	30 bis unter 40	3.053	4.463	1.612
	40 bis unter 50	2.114	3.087	1.057
	50 bis unter 60	1.360	1.978	742
	60 bis unter 70	843	1.258	452
	70 bis unter 80	507	777	284
	80 Jahre und älter	261	454	146
	insgesamt	**1.949**	**2.950**	**1.002**

Quelle: PKS Jahrbuch 2019, Bd. 3, 101

Für die Erklärung der unterschiedlichen Kriminalitätsbelastung der Geschlechter gibt es zahlreiche Ansätze. Am plausibelsten scheint es, die Unterschiede auf unterschiedliche Sozialisationsverläufe von Jungen und Mädchen zurückzuführen, die zu unterschiedlichen Ausprägungen sozialer Kontrolle und der Fähigkeit zur Selbstkontrolle führen. Möglicherweise geraten junge Männer aufgrund eines geringeren informellen Kontrolldrucks häufiger in Situationen, aus denen heraus sich Geschehensabläufe entwickeln, die in die Begehung von Straftaten einmünden. Nicht auszuschließen ist aber auch, dass Frauen im Zuge ihrer Sozialisation andere, subtilere und normkonforme Ausdrucksformen von Aggressivität oder von Ärger- und Stressbewältigung entwickeln als Männer.[23] **44**

22 Tatverdächtigenbelastungszahlen; nur Deutsche; ohne Kinder unter 8 Jahre.
23 *Eisenberg/Kölbel* 2017, § 48 Rn. 45 f.

c) Nichtdeutsche Tatverdächtige

45 Nichtdeutsche Tatverdächtige werden in der PKS gesondert ausgewiesen. TVBZen werden nicht errechnet, vielmehr werden lediglich die absoluten Zahlen angegeben. 2019 wurden 699.261 Nichtdeutsche als Tatverdächtige ermittelt, wobei der größte Anteil aus der Türkei sowie – mit deutlichem Abstand – aus Rumänien, Syrien und Polen stammte. Nichtdeutsche Tatverdächtige stellen damit **etwa ein Drittel (34,6 %) aller Tatverdächtigen,** obwohl der Anteil der Nichtdeutschen an der Wohnbevölkerung deutlich geringer ist (12,2 %). Die Anteile nichtdeutscher Tatverdächtiger variieren dabei in den einzelnen Altersklassen: Bei den Kindern liegt der Anteil bei 28,7 % und bei den Jugendlichen sogar nur bei 22,7 %, während er sowohl bei den Heranwachsenden als auch bei den Erwachsenen deutlich höher liegt (33,9 % bzw. 36,3 %). Mehr als drei Viertel der nichtdeutschen Tatverdächtigen (77,6 %) sind männlich. Der Anteil der weiblichen Tatverdächtigen ist damit bei Nichtdeutschen geringer als bei Deutschen (22,4 % gegenüber 26,3 %).

46 Der hohe Anteil der nichtdeutschen Tatverdächtigen wird in der öffentlichen Diskussion häufig mit einer höheren Kriminalitätsbelastung und Gefährlichkeit gleichgesetzt. Solche Gleichsetzungen, die geeignet sind, die Einstellungen gegenüber „Ausländern“, insbesondere gegenüber Geflüchteten zu verändern und Furcht vor importierter Kriminalität zu fördern,[24] sind erheblichen methodischen Einwänden ausgesetzt.[25] Zum einen ist die genaue Zahl der in Deutschland lebenden bzw. sich aufhaltenden Nichtdeutschen nicht bekannt (Grenzpendler, Durchreisende, Touristen, illegal zugewanderte Personen werden statistisch nicht erfasst), so dass keine zuverlässigen TVBZen berechnet werden können. Zum anderen kann vermutet werden, dass die Kontrolldichte und Anzeigebereitschaft gegenüber Nichtdeutschen größer sind als gegenüber Deutschen (→ § 9 Rn. 37); die Wahrscheinlichkeit, von der Polizei als Tatverdächtiger ermittelt zu werden, ist bei Zugewanderten also vermutlich größer als bei Deutschen. Hinzu kommt, dass ein erheblicher Teil der Straftaten, die Nichtdeutschen zur Last gelegt werden (2019: 21,3 %), auf Verstöße gegen das AufenthaltsG und das AsylG entfallen, also auf Straftaten, die eng mit dem Aufenthaltsstatus der Nichtdeutschen zusammenhängen und von Deutschen fast gar nicht begangen werden (können).

47 Soweit die Verbrechenswirklichkeit auch bei Beachtung dieser Rahmenbedingungen durch eine höhere Belastung der Nichtdeutschen gekennzeichnet ist, ist bei der Erklärung Vorsicht angebracht. Es ist zu berücksichtigen, dass

---

24 *Hirtenlehner/Groß/Meinert*, SozProb 2016, 17 ff.; *Hirtenlehner/Groß*, Kriminalistik 2018, 169 ff.; *Hirtenlehner* MschrKrim 102 (2019), 262 ff.

25 *Heinz*, in: Jochum u. a. 2013, 845 ff.; *Feltes* Kriminalistik 2016, 694 ff.

von „der" Ausländerkriminalität kaum gesprochen werden kann. Es gibt in Deutschland verschiedene Gruppen von Nichtdeutschen, die sich nicht nur in ihrem Aufenthaltsstatus, sondern auch im Grad ihrer Integration in die bundesrepublikanische Gesellschaft deutlich voneinander unterscheiden (Arbeitnehmer, Asylbewerber, Touristen, Studierende, Illegale etc.). Es kann deshalb nicht überraschen, dass auch die Kriminalitätsbelastung dieser verschiedenen Gruppen zum Teil sehr unterschiedlich ist. Vielmehr scheint die unterschiedliche rechtliche Bleibeperspektive kriminologisch bedeutsam zu sein: Geflüchteten, die keine Bleibeperspektive haben, fehlt möglicherweise häufiger eine sinnvolle Tagestruktur, die das Risiko von konflikthaften Auseinandersetzungen und Gewalthandlungen erhöhen kann.[26] Sucht man nach weiteren Erklärungen, so kann eine gewisse Bedeutung den anomietheoretischen (schlechtere Platzierungschancen in der Gesellschaft aufgrund sprachlicher oder sonstiger Diskriminierung), den kontrolltheoretischen (weniger soziale Bindungen zu bereits Integrierten) sowie den entwicklungstheoretischen (Hintergründe der Zuwanderung nach Deutschland, Migration als Wendepunkt) Erklärungsansätzen zukommen. Die Erklärungen knüpfen damit an dieselben Überlegungen an, die auch für die Kriminalität von deutschen Staatsangehörigen gelten. Anders als es zuweilen in politischen Debatten geäußert wird, kann der Aufenthaltsstatus als solcher oder der Umstand, dass der Tatverdächtige einen Migrationshintergrund hat, die Begehung von Straftaten für sich genommen nicht erklären. Kriminalität ist keine Frage des Reisepasses oder der ethnischen Zugehörigkeit, sondern der biographischen Entwicklung und der Lebenslage.[27]

5. Entwicklung der registrierten Kriminalität

Betrachtet man die Entwicklung über die Jahre hinweg, so wird 48
deutlich, dass die Kriminalitätsbelastung in den vergangenen Jahrzehnten deutlich abgenommen hat. Während die HZ der bekannt gewordenen Taten 1994 im wiedervereinigten Deutschland noch bei 8.038 gelegen hatte, belief sie sich 2019 nur noch auf 6.548, was einem Rückgang um – 18,5 % entsprach (Abb. 5.1). Dabei ist besonders auffällig der **Rückgang beim schweren Diebstahl**; hier ist die HZ im Zeitraum 1994 bis 2019 sogar um deutlich mehr als die Hälfte zurückgegangen (– 67,2 %), während der Rückgang beim einfachen Diebstahl im selben Zeitraum geringer ausfällt (– 32,6 %). Umgekehrt gibt es in demselben zeitlichen Abschnitt aber auch Anstiege, etwa bei dem quantitativ ebenfalls bedeutsamen Delikt des Betrugs

26 *Pfeiffer/Baier/Kliem* 2018, 80 f.; vertiefend *Glaubitz/Bliesener* NK 2019, 142 ff.
27 *Feltes* Kriminalistik 2016, 696; vertiefend *Wetzels/Brettfeld/Farren* MschrKrim 101 (2018), 85 ff.

(+ 38,9 %). Der Rückgang bei den Diebstahlsdelikten dürfte zum Teil auf die gestiegene Effektivität von Präventionsbemühungen in diesem Bereich zurückzuführen sein (etwa soweit es den Diebstahl in und aus Kfz betrifft); zum Teil dürften aber auch geänderte Erledigungsstrategien der Geschädigten (etwa im Bereich des Ladendiebstahls Hausverbot und Einklagen zivilrechtlicher Ansprüche) eine Rolle spielen. Im **Betrugsbereich** entfallen die größten Anstiege auf den Waren- und Warenkreditbetrug (+ 215,3 %); diese Entwicklung dürfte wesentlich mit der in diesen Zeitraum fallenden Verbreitung des Internets in Zusammenhang stehen, woraus sich für den Betrug neue Handlungsfelder eröffnet haben.[28]

28 Vertiefend *Tonry* Crime and Justice 43 (2014), 1 ff.

Abb. 5.1: Kriminalitätsentwicklung seit 1994 (Häufigkeitszahlen)

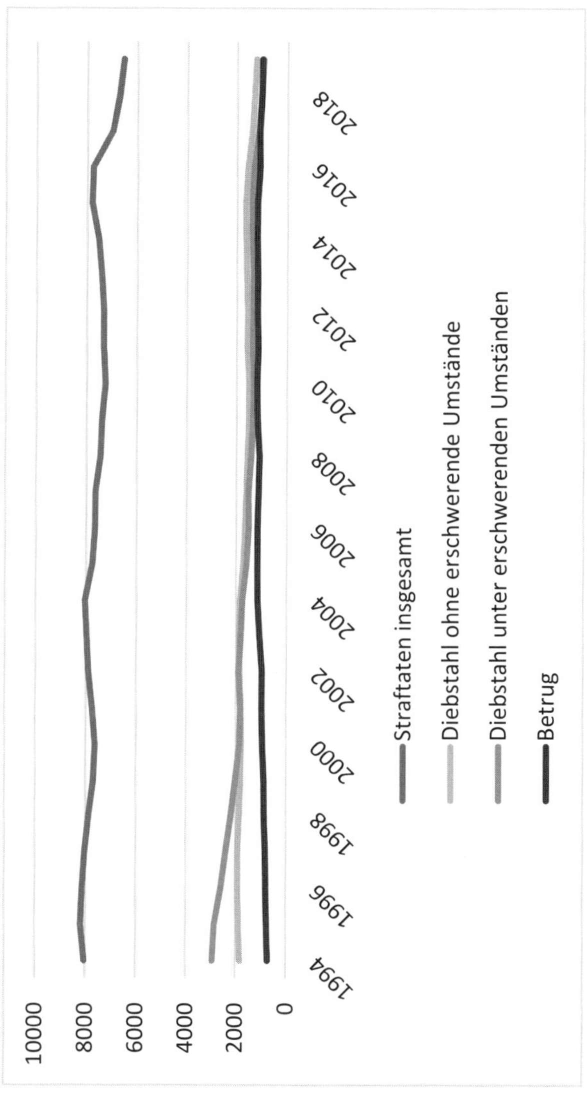

49 Bei den ermittelten Tatverdächtigen ist der Mehrjahresvergleich schwierig, da die Erfassungs- bzw. Berechnungsmodalitäten 2009 und 2013 geändert wurden (Einführung einer „echten" Tatverdächtigenzählung und Änderung der Datenbasis bei den Bevölkerungszahlen). Gleichwohl zeigt sich auch hier ein **deutlicher Rückgang der Belastungszahlen**. Verallgemeinernd lässt sich feststellen, dass die TVBZen in den 1990er Jahren bis in die erste Hälfte der Nullerjahre gestiegen waren, wobei die Anstiege sowohl bei den Jugendlichen als auch bei den Heranwachsenden besonders deutlich ausgefallen waren (Abb. 5.2). Der Spitzenwert wurde von den (männlichen und weiblichen) Jugendlichen im Jahr 2001 mit einer TVBZ von 7.416, von den Heranwachsenden im Jahr 2004 mit einer TVBZ von 7.921 erreicht. Auch die Zahlen für die tatverdächtigen Kinder waren angestiegen; hier war der Scheitelpunkt der Kurve schon 1998 erreicht (TBVZ: 2.417). Seither sind die Zahlen in allen drei Altersgruppen und auch bei den Erwachsenen (Spitzenwert 2004 mit einer TVBZ von 2.634) deutlich zurückgegangen, wenn sich auch bei den Kindern und Jugendlichen seit 2017 wieder leichte Anstiege verzeichnen lassen, die allerdings nicht an das Niveau früherer Jahre anknüpfen (zu den Werten für 2019 vgl. Tab. 5.4).[29]

29 Vertiefend *Antholz* FPPK 2017, 81 ff.; *Baier* FPPK 2020, 141 ff.

Abb. 5.2: Entwicklung der Tatverdächtigenbelastungszahlen (nur Deutsche)

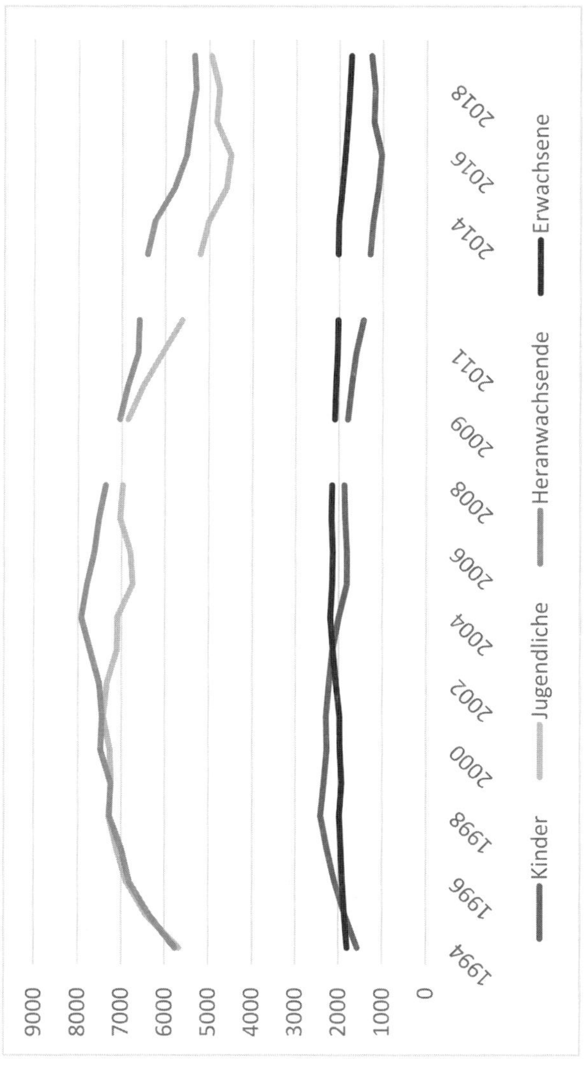

50 Bei der Interpretation der Zahlen ist zu berücksichtigen, dass die Entwicklung der TVBZ von der Entwicklung der Aufklärungsquote abhängig ist. Selbst bei einer gleichbleibenden HZ steigt die TVBZ an, wenn es der Polizei gelingt, mehr Fälle aufzuklären und dadurch mehr Tatverdächtige zu ermitteln. Beispiel: Wenn sich die HZ bei einem Delikt innerhalb von zwei Jahren nicht verändert (also etwa konstant bei 1.000 liegt), es der Polizei aber aufgrund geänderter Ermittlungsstategien gelingt, die AQ von 50 % auf 55 % zu erhöhen, erhöht sich auch die TVBZ um etwa 10 % (genau lässt sich dies wegen der Mehrfachtäter- und der Tatgemeinschaftenproblematik nicht vorhersagen; → Rn. 34). Ein aus der PKS ersichtlicher Anstieg der TVBZ lässt sich dementsprechend nicht zwingend als „Kriminalitätsanstieg" interpretieren, sondern spiegelt häufig nur ein geändertes Kontrollverhalten der Polizei wider, ohne dass sich notwendig die „objektive" Sicherheitslage verändert haben muss. Vergleichbares gilt für den Rückgang der TVBZ, der nicht zwingend auf eine verbesserte Sicherheitslage hinweisen muss, sondern der auch nur durch eine Verschlechterung der AQ bedingt sein kann. Altersbezogene Untersuchungen zur Kriminalitätsentwicklung (zB zur Jugendkriminalität) sind deshalb allein anhand der PKS nicht möglich, vielmehr muss zusätzlich wenigstens auch die Entwicklung der AQ, und damit der HZ in den Blick genommen werden.

51 Dass allerdings auch Letzteres nicht ausreicht, um sich einen zuverlässigen Überblick über die Entwicklung der „objektiven" Kriminalitätslage zu verschaffen, wird deutlich, wenn man sich die Abhängigkeiten vergegenwärtigt, in denen die HZ steht. Ob die HZ steigt oder fällt, mag zwar auch dadurch bestimmt werden, ob „tatsächlich" mehr oder weniger Straftaten begangen werden. In erster Linie ist die HZ aber vom Anzeigeverhalten der Geschädigten sowie von der Intensität der proaktiven Ermittlungstätigkeit der Polizei abhängig (→ Rn. 31 f.). Auch wenn innerhalb von zwei Jahren „objektiv" nicht mehr Straftaten begangen werden, wird in der PKS ein Kriminalitätsanstieg registriert, wenn sich im zweiten Jahr mehr Geschädigte entschließen, den Tatverdacht der Polizei mitzuteilen, oder wenn bei Delikten ohne personales Opfer (zB bei Btm-delikten oder der Verbreitung von Kinderpornographie) mehr Ermittlungen von Amts wegen durchgeführt werden. Ob es in der zeitlichen Entwicklung insoweit Veränderungen gegeben hat, lässt sich nur mit empirischen Untersuchungen klären, die versuchen, das „Dunkelfeld" der Kriminalität und die Prozesse aufzuhellen, die zur Kenntniserlangung durch die Polizei geführt haben.

51a Über die Auswirkungen der **Covid-19-Pandemie („Corona")** auf die Kriminalität ist zum Zeitpunkt der Drucklegung nur wenig bekannt. Anzunehmen ist, dass die im März 2020 begonnenen Maßnahmen der Infektionskontrolle, insbesondere das social distancing, zu einer weiteren – aber wahrscheinlich nur vorübergehenden – Verringerung der allgemeinen Kriminalitätsbelastung führen, weil sich durch die Maßnahmen die Möglichkeiten zur unbeobachteten Begehung von Straftaten im öffentlichen und halböffentlichen Raum verringert haben. So ist etwa beim Ladendiebstahl und der Beförderungserschleichung, aber auch beim Wohnungseinbruchsdiebstahl mit einem Rückgang der Kriminalitätsbelastung zu rechnen, während im Bereich der häuslichen Gewalt, aber auch bei den über das Internet begangenen Straftaten, insbesondere beim Waren- bzw. Warenkreditbetrug ein Anstieg zu erwarten ist.[30] Es wird interessant sein anhand der PKS 2020 zu prüfen, inwieweit sich diese Annahmen bestätigen, und nach den Gründen für etwaige Abweichungen zu fragen. Die durch die Pandemie geschaffenen gesellschaftlichen Veränderungen bieten methodisch eine einmalige (quasi-experimentelle; → § 4 Rn. 21) Chance, um den Einfluss von Umfeldfaktoren auf die Kriminalitätsbelastung genauer zu untersuchen.

IV. Zum Vergleich: Kriminalität im Dunkelfeld

1. Begriff, Gegenstand und Aufgabe der Dunkelfeldforschung

Der Begriff des **„Dunkelfelds“** lässt sich definieren als die Differenz zwischen der Anzahl der „objektiv“ stattgefundenen Fälle von Kriminalität (also der Gesamtmenge derjenigen Handlungen, die bei einer juristisch korrekten Einordnung als „kriminelles Unrecht“ zu bezeichnen sind) und der Anzahl der Fälle, die in der PKS als amtlich bekannt geworden ausgewiesen werden.[31] Der Begriff des Dunkelfelds bezeichnet das „unsichtbare“ und deshalb „dunkle“ kriminelle Verhalten. Die Bestimmung der Sichtbarkeit/Unsichtbarkeit erfolgt dabei aus der Perspektive der Strafverfolgungsorgane; auf das Wissen anderer Personen oder Institutionen (Opfer, Anzeigeerstatter, Familienangehörige, Freunde, Arbeitgeber, Versicherungen etc.) kommt es nicht an, denn mit dem Begriff des Dunkelfelds ist nicht die „heimliche Tat“ gemeint. Der Begriff ist aber auch nicht mit dem des „unaufgeklärten Falls“ identisch, der in der PKS zur Bildung der AQ herangezogen wird. Die unaufgeklärten Fälle sind diejenigen Fälle, bei denen zwar kein Tatverdächtiger ermittelt werden konnte, bei denen die Tat aber immerhin der Polizei bekannt und damit „sichtbar“ geworden ist. 52

Die kriminologische Erforschung des Dunkelfelds geht in zwei Richtungen: Zum einen bemüht sich die Forschung um die quantitative und gelegentlich auch qualitative Erfassung der „objektiv“ stattgefundenen, der Polizei aber nicht zwingend bekannt gewordenen 53

30 *Neubert u. a.* KrimOJ 2020, 338 ff.
31 Kritisch vertiefend *Kunz* MschrKrim 103 (2020), 150 ff.

Fälle von Kriminalität und versucht, ihren Umfang und ihre Strukturen deutlich zu machen. Das Ziel dieses Forschungsansatzes besteht darin, einen **genaueren Zugang zur Kriminalitätswirklichkeit** zu gewinnen und dabei auch Aufschluss über solche tat-, täter- und opferbezogenen Umstände zu erhalten, die in der PKS nicht ausgewiesen sind. Insbesondere ist es (nur) auf diesem Weg möglich, die Taten in ihrem jeweiligen sozialen Kontext zu untersuchen, also zu fragen, ob es sich bei einer Körperverletzung beispielsweise um einen Fall von häuslicher Gewalt, Gewalt auf dem Schulhof oder um einen politisch motivierten Angriff auf einen Obdachlosen gehandelt hat. Zum anderen bemüht sich die Dunkelfeldforschung darum, das Verhältnis zwischen Dunkelfeld und Hellfeld genauer aufzuklären und anzugeben, wie viele Taten im Dunkelfeld bleiben, wenn der Polizei eine Tat bekannt wird. Ausgedrückt wird dieses Verhältnis von unbekannt gebliebener und bekannt gewordener Kriminalität durch die **„Dunkelziffer"**. Die Kenntnis dieser Dunkelziffer ermöglicht Angaben zu der Größe des Ausschnitts aus der „tatsächlich" begangenen Kriminalität, der sich in der PKS abbildet, und erlaubt damit Einschätzungen zur Aussagekraft der PKS. Ebenfalls möglich ist es der Frage nachzugehen, warum Straftaten angezeigt werden oder warum umgekehrt auf die Erstattung einer Anzeige verzichtet wird. Hieraus lassen sich Erkenntnisse über das der Polizei entgegengebrachte Vertrauen und die mit einer Strafanzeige verbundenen Erwartungen gegenüber Polizei und Justiz gewinnen.

54 Methodisch arbeitet die Dunkelfeldforschung vornehmlich mit dem Instrument der **Befragung** (→ Rn. 2e, § 4 Rn. 23). Je nach Fragestellung lassen sich Täter-, Opfer- und Informantenbefragungen unterscheiden.[32]

55 Bei einer Täterbefragung werden die Befragten um Auskunft gebeten, ob sie innerhalb eines bestimmten Zeitraums eine Straftat begangen haben. Opferbefragungen ermitteln, ob die Betreffenden viktimisiert worden sind. Informantenbefragungen sind Umfragen bei Dritten (zB bei Versicherungen oder in den Compliance-Abteilungen von Unternehmen), ob sich in ihrem Zuständigkeitsbereich eine Straftat ereignet hat, die den Behörden nicht gemeldet wurde. Da es im vorliegenden Zusammenhang allein um die bessere Einschätzung des durch die PKS vermittelten Kriminalitätslagebilds geht, wird im Folgenden lediglich auf die *Täter*befragungen genauer eingegangen (zu den Ergebnissen der Opferbefragungen → § 8 Rn. 9ff.).

32 Vertiefend *Prätor*, in: Eifler/Pollich 2014, 38ff.; *Kunz/Singelnstein* 2016, § 17 Rn. 19ff.

2. Methodische Probleme der Dunkelfeldforschung

Für die Durchführung von Dunkelfelduntersuchungen gelten die allgemeinen Standards der empirischen Sozialforschung. Große Probleme können die **Gültigkeit (Validität)** und die **Zuverlässigkeit (Reliabilität)** der Erhebungsinstrumente bereiten (→ § 4 Rn. 25 f.). 56

Um das „wirkliche" Kriminalitätsaufkommen im Dunkelfeld gültig und zuverlässig messen zu können, müssen die Fragen auf eine Weise formuliert werden, die von den Befragten verstanden wird. Die Fragen dürfen nicht die gesetzlichen Merkmale eines Straftatbestands in Bezug nehmen, sondern müssen umgangssprachliche Formulierungen des Gemeinten enthalten. Dies ist freilich insofern problematisch, als die umgangssprachlichen Formulierungen meist keine ebenso exakten Verhaltensbeschreibungen enthalten wie die gesetzlichen Formulierungen; sie sind vergröbernd und ungenau (zB „Hast du schon einmal jemanden abgezockt oder bestohlen?"). Weitere Schwierigkeiten ergeben sich aus der Gefahr von falschen Angaben, die die Befragten zB aufgrund von Erinnerungslücken machen. Viele Straftaten werden von den Betreffenden wieder vergessen, und zwar insbesondere diejenigen – vor allem leichteren – Taten, die nicht zur Anzeige gebracht worden sind. Je länger der Zeitraum ist, der in der Untersuchung abgefragt wird, desto ungenauer ist das Ergebnis, da sich die Betreffenden an die weiter zurückliegenden Ereignisse schwerer erinnern können. Üblicherweise wird in den Dunkelfeldbefragungen nach den innerhalb der letzten 12 Monate begangenen/erlebten Taten gefragt; möglich sind allerdings auch deutlich längere Referenzzeiträume (zB 5 Jahre oder die gesamte Lebenszeit). Da Fragen nach Straftaten oft affektiv aufgeladene Sachverhalte betreffen, ist überdies mit Verdrängungs- und Beschönigungstendenzen zu rechnen sowie mit Renommiergehabe und Prahlerei. 57

Methodische Probleme kann auch die **Stichprobenbildung** bereiten. Ziel jeder Stichprobe ist es, ein repräsentatives Abbild der erhobenen Verteilungen in der Grundgesamtheit zu liefern. Voraussetzung hierfür ist, dass theoretisch alle Mitglieder der Grundgesamtheit dieselbe Chance haben, in die Stichprobe aufgenommen zu werden (→ § 4 Rn. 34). In der Praxis ist diese Voraussetzung kaum einzuhalten; bestimmte Personengruppen sind für die Dunkelfeldforschung nur schwer zugänglich. 58

Beispiele: Kranke, Betreuungsbedüftige, Obdachlose oder Geflüchtete sind in einer repräsentativen Dunkelfeldstudie nur schwer zu erreichen. Im Ergebnis führt dies zu einer Mindererfassung gerade solcher Teilpopulationen, die aus kriminologischer Sicht besonders interessant erscheinen. Viele Untersuchungen sind deshalb von vornherein nicht auf Repräsentativität angelegt, sondern bemühen sich um die Erfassung der „typischen" Strukturen der Dunkelfeldkriminalität anhand besonders leicht zugänglicher Teilpopulationen. Besondere Aufmerksamkeit erfahren dabei immer wieder Schülerinnen und Schüler, und zwar aus zwei Gründen: Zum einen sind in Deutschland alle Kinder ab dem 6. Lebensjahr zum Schulbesuch verpflichtet. Mit Befragungen an Schulen werden deshalb der Idee nach alle Angehörigen eines Geburtsjahrgangs erreicht. Zum anderen korreliert strafrechtlich relevantes Verhalten mit dem Alter; 14- bis 24-Jährige sind stärker belastet als andere (→ Rn. 39ff.; Tab. 5.4). Befragungen, die an Schulen durchgeführt werden (häufig in den 9. Jahrgangsstufen), sprechen damit eine Altersgruppe an, die in kriminologischer Hinsicht besonders interessant erscheint. Allerdings kann sich auch bei derartig eingeschränkten Untersuchungen das Problem der mangelnden Erreichbarkeit stellen; bei einer Befragung unter Schülerinnen und Schülern sind bspw. die am Befragungstag Abwesenden (Kranke, Schulschwänzer) nicht erreichbar. Hinzu kommt, dass mit derartigen Schülerbefragungen nur die jugendtypische Delinquenz erfasst wird (vornehmlich also leichte Eigentums- und Vermögensdelikte sowie leichte Gewaltdelinquenz), nicht aber solche Formen strafbaren Verhaltens, die typischerweise von Erwachsenen begangen werden, bspw. Diebstahl am Arbeitsplatz, Steuerhinterziehung, Versicherungsbetrug oder die Misshandlung von pflegebedürftigen Angehörigen.

59 Solche und andere methodische Probleme schränken den Aussagegehalt von Dunkelfelduntersuchungen ein. Auch Dunkelfelduntersuchungen sind deshalb nicht in der Lage, ein abschließendes Bild über die „wirkliche" Kriminalität zu vermitteln. Sie liefern aber Annäherungswerte, die im Zusammenhang mit anderen Daten in kriminologischen Analysen verwendet werden können.

3. Die Befunde und ihre kriminologische Bedeutung

60 Versucht man, die wichtigsten Befunde der bisherigen Täterbefragungen zur Jugenddelinquenz zusammenzufassen, so zeigt sich folgendes Bild:[33]

(1) In der sozialen Wirklichkeit werden deutlich mehr Straftaten begangen als aus der PKS ersichtlich ist. Unter jungen Menschen (Jugendlichen, Heranwachsenden, aber auch Kindern) sind Verhaltensweisen, die nach den gesetzlichen Regelungen als Straftaten einzuord-

33 Vgl. zum Folgenden *Wetzels/Enzmann/Mecklenburg/Pfeiffer* 2001, 193ff.; *Rabold/Baier/Pfeiffer* 2008, 41ff.; *Baier/Pfeiffer/Simonson/Rabold* 2009, 64ff.; *Bergmann/Baier/Rehbein/Mößle* 2017, 42ff.; *Bergmann/Kliem/Krieg/Beckmann* 2019, 28ff.; *Boers/Reinecke* 2019.

nen sind, nichts Ungewöhnliches. Nach den übereinstimmenden Ergebnissen einer Vielzahl von Untersuchungen kann es als gesichert gelten, dass es **im statistischen Sinn normal** ist, wenn ein Jugendlicher im Verlauf seiner Entwicklung eine oder mehrere Straftaten begeht.

(2) Die Mehrzahl der im Dunkelfeld begangenen Delikte be- **61**
schränkt sich auf **einige wenige Abweichungen** und befindet sich dem Schweregrad nach **im Bagatellbereich.**

Typische im Dunkelfeld begangene Delikte sind Beförderungserschleichung („Schwarzfahren“), das illegale Downloaden, Ladendiebstahl, Sachbeschädigung und einfache Körperverletzung. In einer 2017 durchgeführten Befragung des KFN unter Schülerinnen und Schülern der 9. Jahrgangsstufen in Niedersachsen („Niedersachsensurvey“) stachen die beiden ersten Delikte heraus: Mehr als ein Viertel der Neuntklässler (26,1 %) gab an, innerhalb der letzten 12 Monate wenigstens einmal „schwarz gefahren“ zu sein; ebenfalls gut ein Viertel (28,9 %) bekannte sich zu einer strafbaren Urheberrechtsverletzung („illegaler Download“). Die anderen Delikte blieben in ihrer Häufigkeit dahinter zurück, allerdings zeigte sich in Bezug auf die Lebenszeitprävalenz, dass 15,8 % der Befragten angaben, überhaupt schon einmal einen Ladendiebstahl, 15,7 % eine Körperverletzung und 11,0 % eine Sachbeschädigung begangen zu haben. Die schwereren Formen von strafnormverletzendem Verhalten sind demgegenüber unter Schülerinnen und Schülern sehr selten. Delikte wie Einbruchsdiebstahl, Raub und Erpressung sind die Ausnahme.[34]

Im statistischen Sinn normal ist es dementsprechend lediglich, einige wenige und auch nur leichte Delikte zu begehen. Sowohl die Anzahl als auch die Schwere der Taten folgen einer umgekehrt J-kurvenförmigen Verteilung (→ § 4 Rn. 37), dh eine steigende Delinquenzbelastung ist ein zunehmend seltener werdendes Ereignis. Die Verteilung signalisiert, dass sich die meisten Menschen, auch Jugendliche, ungeachtet gelegentlicher kleinerer Abweichungen grundsätzlich an den strafbewehrten Verhaltensnormen orientieren.

(3) Die leichteren Delikte, namentlich Beförderungserschleichung **61a**
und Ladendiebstahl, werden nach den Schülerbefragungen von Frauen ebenso häufig begangen wie von Männern. **Bei schwerwiegenderen Verstößen,** vor allem wenn es um Gewaltanwendung geht, sind **Frauen** demgegenüber **deutlich seltener** beteiligt als Männer.

In der erwähnten Schülerbefragung des KFN von 2015 gaben sogar mehr Mädchen als Jungen an, innerhalb der letzten 12 Monate „schwarz gefahren“

34 *Bergmann/Kliem/Krieg/Beckmann* 2019, 33, 41.

zu sein oder einen Ladendiebstahl begangen zu haben. 26,1 % der weiblichen Jugendlichen, aber nur 25,4 % der männlichen Jugendlichen bekannten sich zu einer Beförderungserschleichung, 4,3 % der jungen Frauen, aber nur 3,7 % der jungen Männer zu einem Ladendiebstahl. Bei den übrigen Delikten lag die Täterrate der Jungen über der der Mädchen.[35]

61b (4) Unsicher ist die Befundlage hinsichtlich der Delinquenzbelastung von Tätern mit **Migrationshintergrund.** Während die PKS-Daten auf eine Höherbelastung von nichtdeutschen Tatverdächtigen hinweisen (→ Rn. 45), führen Dunkelfelduntersuchungen z. T. zu abweichenden Ergebnissen. Nicht zuletzt wegen der kriminalpolitischen Implikationen (→ Rn. 46) besteht hier noch erheblicher Forschungsbedarf.[36]

Anders als in der PKS kann in Dunkelfelduntersuchungen nicht nur nach der Staatsangehörigkeit, sondern umfassender nach der Herkunft gefragt werden, so dass auch Personen mit Migrationshintergrund erfasst werden können, die die deutsche Staatsangehörigkeit bereits erlangt haben. Die Befragung des KFN zeigte, dass Schüler mit Migrationshintergrund signifikant häufiger als andere personale Gewalt ausüben. Während im Niedersachsensurvey von 2017 nur 6,0 % der Schülerinnen und Schüler ohne Migrationshintergrund angaben, innerhalb der letzten 12 Monate eine Gewalttat begangen zu haben, bekannten sich 11,5 % der Befragten mit Migrationshintergrund zur Begehung einer Gewalttat.[37] Auch in früheren Schülerbefragungen des KFN hatte sich diese Höherbelastung der Befragten mit Migrationshintergrund gezeigt, wobei sich insbesondere Männer aus dem südosteuropäischen Raum und der Türkei als belastet erwiesen.[38] Das KFN erklärte diesen Befund u. a. mit den in der Türkei vorherrschenden und nach Deutschland importierten gewaltlegitimierenden Männlichkeitsnormen („Kultur der Ehre").[39] Auf der anderen Seite zeigte eine Schülerbefragung der Universität Münster, dass sich in Duisburg die Täteranteile von Migranten und Nichtmigranten über mehrere Befragungszeitpunkte hinweg nicht signifikant voneinander unterschieden, und zwar auch nicht im Bereich der Gewaltdelikte. Türkeistämmige weibliche Jugendliche waren im Vergleich zu weiblichen Jugendlichen ohne Migrationshintergrund sogar besonders unauffällig.[40] Die Münsteraner Forscher führten den Unterschied auf die besonderen Akkulturationsbedingungen in einer Großstadt zurück.[41]

---

35 *Bergmann/Baier/Rehbein/Mößle* 2017, 54.
36 *Wetzels/Brettfeld/Farren*, MschrKrim 101 (2018), 85 ff.
37 *Bergmann/Kliem/Krieg/Beckmann* 2019, 42.
38 *Rabold/Baier/Pfeiffer* 2008, 45; *Baier/Pfeiffer/Simonson/Rabold* 2009, 70 f.
39 Vgl. *Pfeiffer/Kleimann/Petersen/Schott* 2005, 68 ff.; *Baier/Pfeiffer/Simonson/Rabold* 2009, 71 ff.
40 *Walburg*, in: Boers/Reinecke 2019, 347 ff.
41 *Walburg*, in: Boers/Reinecke 2019, 376 ff.

(5) Soweit sich in der PKS seit 2017 ein **(Wieder-) Anstieg der Kriminalitätsbelastung** bei Kindern und Jugendlichen zeigt (→ Rn. 49), wird diese Entwicklung in Dunkelfeldbefragungen bestätigt. Im Vergleich von 2015 und 2017 nahmen Gewalt und Diebstahl in den Niedersachsensurveys des KFN sowohl in der 12-Monats-Prävalenz als auch in der Lebenszeitprävalenz wieder signifikant zu.[42] 61c

(6) Unabhängig von Alter, Geschlecht und Migrationshintergrund gilt, dass **nur ein Teil** der Delikte und Delinquenten **entdeckt, verfolgt und sanktioniert** wird; die meisten Auffälligkeiten bleiben ungeahndet oder werden informell reguliert. Statistisch ist es also zwar normal, im Jugendalter die Strafnormen zu übertreten, aber statistisch ist es nicht normal, deswegen auch förmlich zur Verantwortung gezogen zu werden. 62

Dies zeigte sich deutlich in einer früheren Befragung des KFN, in der 57,6 % der Neuntklässler angaben, im Laufe der letzten 12 Monate „schwarz gefahren“ zu sein. Über einen Polizeikontakt wegen der Tat berichteten demgegenüber nur 12,1 % derjenigen, die das Delikt begangen hatten. Die Entdeckungsquote variierte dabei mit dem Delikt: Sie lag höher bei Ladendiebstahl, Autoeinbruch und Körperverletzung (34,8 % – 26,2 % – 23,8 %), während sie bei anderen Delikten wie dem Fahren ohne Führerschein darunter lag (6,3 %).[43]

Die Befunde verallgemeinernd stellt sich die Frage nach den Kriterien, die darüber entscheiden, ob ein Fall ins Blickfeld der Strafverfolgungsorgane gelangt oder im Dunkelfeld verbleibt. Die Frage spielt in der Kriminologie eine große Rolle; so wird bspw. in zahlreichen Untersuchungen geprüft, ob es eine positive Diskriminierung von Frauen („Ritterlichkeitsthese“) oder eine negative Diskriminierung von Nichtdeutschen gibt. Um die Frage zu beantworten, müssen die Motive der Anzeigeerstatter ebenso in den Blick genommen werden wie die Verdachtsgewinnungsstrategien der Polizei (→ § 9 Rn. 32 ff.). Drei Kriterien lassen sich allerdings auch in Täterbefragungen als entscheidend für die Wahrnehmung durch die Polizei ausmachen: die **Schwere,** die **Häufigkeit** und die **Versatilität** (= Vielseitigkeit, Bandbreite) der begangenen Delikte. Je schwerer ein Delikt ist, je mehr Delikte begangen werden und je größer die Breite der verschiedenartigen deliktischen Verhaltensweisen ist, desto größer ist die Wahrscheinlichkeit, dass der Täter entdeckt und strafrechtlich verfolgt wird. 62a

42 *Bergmann/Kliem/Krieg/Beckmann* 2019, 31, 41.
43 *Rabold/Baier/Pfeiffer* 2008, 42, 44.

63 Konsequenz der unterschiedlichen Wahrnehmung durch die Polizei ist, dass die **Deliktsbelastung der polizeilich bekannt gewordenen Delinquenten** im Hinblick auf die Schwere, die Häufigkeit und die Versatilität der begangenen Taten deutlich **größer** ist als die der unentdeckt gebliebenen Delinquenten.

4. Konsequenzen für die Aussagekraft der PKS

64 Was bedeuten diese Ergebnisse für die Aussagekraft der PKS-Daten? Die PKS macht nur einen Teil der tatsächlich begangenen Kriminalität deutlich; sie zeigt nur die „Spitze des Eisbergs".[44] Der von der **PKS** erfasste Ausschnitt ist **delikts- und personenspezifisch verzerrt.** Auf der einen Seite lässt sich zwar feststellen, dass die PKS die auch anhand von Dunkelfelduntersuchungen belegbare Höherbelastung von Jugendlichen und Männern zutreffend wiedergibt; jedenfalls in diesen beiden zentralen Strukturmerkmalen stimmen die Perspektiven auf Kriminalität überein. Auf der anderen Seite wird von der Polizei vor allem die schwerere Kriminalität wahrgenommen sowie die Kriminalität derjenigen, die mit zahlreichen oder verschiedenartigen Delikten auffallen. Dementsprechend wird die „objektive" Kriminalitätslage in der PKS bei den schwereren Delikten und den Delikten der Mehrfachtäter genauer abgebildet als bei den leichteren Delikten und den Delikten der Einfach- oder Gelegenheitstäter. Im Ergebnis bedeutet dies, dass die PKS-Daten in ihrer Gesamtheit kein wirklichkeitsgetreues Abbild des tatsächlichen Kriminalitätsgeschehens liefern, sondern allenfalls im Bereich der schwereren Kriminalität als Indikatoren für die „objektive" Kriminalitätslage herangezogen werden können. Im Bagatellbereich ist die PKS dagegen nur ein sehr unzuverlässiger Indikator für die Kriminalitätswirklichkeit.

V. Kriminalpolitische Schlussfolgerungen

65 Welche Schlussfolgerungen lassen sich aus den genannten Befunden für die Beurteilung der Sicherheitslage ziehen? Ist Deutschland ein unsicheres Land? Die große Zahl der polizeilich registrierten Kriminalität weist auf einen gesellschaftlichen Zustand hin, in dem „Kri-

44 *Schwind* 2013, § 2 Rn. 66a.

minalität" zum Alltag gehört. Die Begehung von Straftaten ebenso wie korrespondierend das Erlebnis der Viktimisierung (→ § 8 Rn. 11ff.) bilden für einen nicht unbeträchtlichen Teil der Bevölkerung – vor allem der jüngeren Bevölkerung – einen festen Bestandteil ihrer Lebenserfahrung. Zum Opfer einer Straftat zu werden gehört zum Lebensrisiko.

Für die Frage, wie dieser Befund kriminalpolitisch zu bewerten ist, muss differenziert werden. Straftat ist nicht gleich Straftat; schweren Delikten kommt eine andere Bedeutung zu als leichten. Im Bereich der leichteren Delinquenz macht die große Diskrepanz zwischen dem Hellfeld der registrierten Kriminalität und dem Dunkelfeld der tatsächlich erlebten, der Polizei aber nicht gemeldeten Kriminalität deutlich, dass der Zustand der Gefährdung durch Kriminalität von den Betroffenen offenbar nicht als sonderlich problematisch empfunden wird. Anders lässt es sich kaum erklären, dass der größte Teil der leichteren Delikte der Polizei nicht gemeldet wird, liegt doch nach den Ergebnissen von Opferbefragungen das vorrangige Motiv für die Nichtanzeige einer Tat in der Abwägung, dass der mit einer Anzeige verbundene Aufwand den Ertrag nicht lohne (dazu genauer → § 8 Rn. 50f.). 66

Anders stellt es sich im Bereich der schwereren Kriminalität dar, wo die Diskrepanz zwischen Hell- und Dunkelfeld geringer ist und die PKS die „objektive" Kriminalitätslage genauer widerspiegelt. Insoweit ist freilich festzustellen, dass dieser Bereich, dem auch in den Medien eine besondere Aufmerksamkeit zuteil wird, in der Kriminalitätswirklichkeit eine deutlich geringere Rolle spielt als es zunächst den Anschein hat. Bezogen auf das Gesamtaufkommen der polizeilich registrierten Kriminalität, der noch nicht einmal die Verkehrsdelikte einschließt, stellen die in der Öffentlichkeit als besonders beunruhigend empfundenen schweren Gewalttaten einen Anteil von ca. 3 %, die Sexualdelikte einen Anteil von etwa 1 %. Das Risiko, Opfer eines vorsätzlichen Tötungsdelikts zu werden (2019: 2.315 polizeilich registrierte Fälle von vollendetem Mord und Totschlag), ist geringer als zB das Risiko, im Straßenverkehr getötet zu werden (2019: 3.046 Todesfälle im Straßenverkehr). Derartige Vergleiche sollen die besondere Qualität von Straftaten nicht verharmlosen. Sie zeigen jedoch, dass schwere Kriminalität ein vergleichsweise seltenes Ereignis ist, dem im Vergleich zu anderen Lebensrisiken noch nicht einmal eine herausgehobene Bedeutung zukommt. Viel spricht deshalb dafür, dass die Kriminalitätslage trotz einer nach manchen spektakulären 67

Einzeldelikten von den redaktionellen Medien geschürter und durch die sozialen Medien wabernder Hysterie derzeit **keinen Anlass zur Besorgnis** bietet. Dass Deutschland im Übrigen auch im europäisch-internationalen Vergleich eher ein „sicheres" Land ist, wird sich in einem anderen Zusammenhang zeigen (→ § 12 Rn. 16ff.).

Empfehlungen zur vertiefenden Lektüre: *Baier*, Entwicklung der Jugendkriminalität im deutschsprachigen Raum, FPPK 2020, 141 – 148; *Feltes*, Die „German Angst". Woher kommt sie, wohin führt sie? NK 2019, 3 – 12; *Heinz*, Das kriminalstatistische System in Deutschland, Kriminalistik 2017, 427 – 435; *Prätor*, Ziele und Methoden der Dunkelfeldforschung, in: Eifler & Pollich 2014, 31 – 66; *Wetzels, Brettfeld & Farren*, Migration und Kriminalität, MschrKrim 101 (2018), 85 – 111.

§ 6. Täterpersönlichkeit und soziobiografischer Hintergrund

I. Die Bedeutung des Täters in der Kriminologie

1 Einen der Schwerpunkte der Kriminologie – wenn nicht *den* Schwerpunkt schlechthin – bildet die Beschäftigung mit dem Täter. Der Anstoß für die wissenschaftliche Auseinandersetzung mit dem Täter geht dabei nicht nur von den immer wieder vorgebrachten Informationsbedürfnissen der Öffentlichkeit aus („Wer tut so etwas?"). Maßgeblich sind vor allem die **Verwertungsinteressen des Strafrechts:** Aus der Sicht des Strafrechts ist es der Täter, dem sein Handeln zugerechnet wird und der als Person für sein Verhalten einstehen muss. Die Hintergründe seines Handelns, die Motivation zur Tat, das Maß des individuellen „Andershandelnkönnens", die Wahrscheinlichkeit zu erwartender weiterer Taten und die Möglichkeit der Beeinflussbarkeit des künftigen Verhaltens durch die Sanktion sind die typischen Fragestellungen, mit denen sich das Strafrecht bei der Entscheidung über die Sanktion beschäftigt. Aber auch für die **forensische Psychologie und Psychiatrie** steht die Person des Täters im Mittelpunkt: Die Schuldfähigkeitsbegutachtung, die Behandlung psychisch kranker oder verhaltensauffälliger Täter im Straf- oder Maßregelvollzug und die Erstellung von psychologischen oder psychiatrischen Verhaltensvorhersagen sind ohne Erfahrungswissen über die individuellen Entstehungsgründe von Verbrechen nicht denkbar. Es liegt in der Konsequenz dieser von der Strafrechtswissenschaft sowie von Psychologie und Psychiatrie ausgehenden Impulse, dass sich die Kriminologie seit dem ausgehenden 19. Jahrhundert immer wieder mit der empirisch-systematischen Beschreibung und Analyse von Täterpersönlichkeiten und den soziobiografischen Merkmalen der Wege in die Kriminalität beschäftigt hat.

2 Der in der 2. Hälfte des 20. Jahrhunderts gewachsenen methodologischen Reflexion, aber auch den Einflüssen der Kriminalsoziologie und namentlich der Theorierichtung des labeling approach (→ § 3 Rn. 91 ff.) ist es indes zu verdanken, dass die Frage nach dem Täter heute nicht mehr so unbedarft gestellt wird wie in den Anfangszeiten

der Kriminologie. Mit der Ausdehnung und Problematisierung des Verbrechensbegriffs (→ § 1 Rn. 10ff.) sowie mit dem Erkennen der Selektivität der strafrechtlichen Kontrollprozesse (→ § 9 Rn. 32ff.) ist die Beantwortung der **Frage nach dem Täter ungenauer und unsicherer** geworden. Die Behauptung, dass sich Straftäter und Nichtstraftäter in mehr voneinander unterscheiden als darin, dass die einen eine Straftat begehen und die anderen nicht, ist heute nicht mehr selbstverständlich. Die Leichtigkeit, mit der die Grenze des strafbaren Verhaltens überschritten werden kann – man denke nur an den Bereich der Fahrlässigkeitsdelikte oder den großen Bereich der Verkehrsdelinquenz –, aber auch die von der Dunkelfeldforschung zutage geförderte Erkenntnis, dass die Begehung von Straftaten im Jugendalter eine durchaus normale Erscheinung ist (→ § 5 Rn. 60), lassen die Frage nach etwaigen Besonderheiten in der Täterpersönlichkeit heute als schon im Ansatz problematisch erscheinen.

3 Die traditionelle Kriminologie verfuhr im Wesentlichen nach der Methode, dass Extremgruppen von Straffälligen (Strafgefangene, Sicherungsverwahrte, psychisch kranke Straftäter) auf das (Nicht-) Vorliegen bestimmter Merkmale hin untersucht und mit einer Stichprobe Nichtstraffälliger verglichen wurden. Unterschiede zwischen den Gruppen wurden als die „Ursachen" der Kriminalität interpretiert. Diese Schlussfolgerung war indessen schon deshalb angreifbar, weil die durch einen Extremgruppenvergleich gewonnenen Aussagen nicht auf die Gesamtheit aller Straffälligen verallgemeinert werden können, sondern sich auf die jeweils untersuchte Teilpopulation beschränken. Angreifbar war die Schlussfolgerung aber auch und vor allem deshalb, weil sie unausgesprochen voraussetzte, dass die „kriminelle Handlung" als ein „objektiv" vorhandenes, von der Justiz vorgefundenes und juristisch verarbeitetes Phänomen existierte. Dass diese Voraussetzung nicht richtig ist, dass amtlich registrierte Kriminalität vielmehr von einer Vielzahl weiterer Faktoren abhängig ist, die – beginnend beim Opfer und Anzeigeerstatter – ihren Standort im Prozess der Strafverfolgung haben, gilt heute als allgemein anerkannt. Durch einen bloßen Gruppenvergleich gewonnene Unterschiede zwischen „registrierten" und „nicht-registrierten" Straftätern sagen dementsprechend nicht nur etwas über mögliche Ursachen der kriminellen Handlung aus, sondern auch über den Prozess der Etikettierung und Sanktionierung des jeweils Handelnden durch die an der jeweiligen Entscheidung beteiligten Personen und Institutionen – eine der notwendigen, wenn auch unbequemen Erkenntnisse des labeling approach.

4 So berechtigt die Kritik an dem täterorientierten Forschungsansatz in der Kriminologie auch ist, so deutlich muss man allerdings sehen, dass der Bedarf namentlich des Strafrechts an empirisch abgesicherten Informationen über „den Täter" nicht geringer geworden, sondern

eher noch gestiegen sind. Man denke nur an die durch das SexBG von 1998 bewirkten Veränderungen im Sanktionssystem, die Ausdehnung des Anwendungsbereichs der Sicherungsverwahrung oder die Möglichkeiten zur Gestaltung des Übergangsmanagements mit Hilfe von Strafrestaussetzung und Führungsaufsicht. Fragen der Prävention und Prognose oder der Behandelbarkeit unter den besonderen Bedingungen des Straf- und Maßregelvollzugs, aber auch in Freiheit lassen sich nur bzw. allenfalls dann beantworten, wenn über diejenigen Umstände, die das Täterhandeln beeinflussen, ausreichende Informationen vorliegen. Die Konsequenz aus der Kritik kann deshalb nicht darin bestehen, künftig auf die täterorientierte Forschung in der Kriminologie zu verzichten. Auch in Zukunft wird die Beschäftigung mit der Persönlichkeit des Täters und den soziobiografischen Hintergründen der Tat **eines der Kernelemente der empirisch-kriminologischen Forschung** bilden müssen. Dabei ist es allerdings unabdingbar, sich der Grenzen und Gefahren des täterorientierten Forschungsansatzes bewusst zu sein. Aussagen über die Person „des Täters" müssen auch das Dunkelfeld in die Betrachtung mit einbeziehen. Methodisch muss für die Suche nach differenzierenden Merkmalen eine Herangehensweise gewählt werden, die den Selektionseffekt ausschaltet. Anstelle von Querschnittsvergleichen zwischen zwei Stichproben müssen Längsschnittanalysen durchgeführt werden, die bereits zu Zeitpunkten ansetzen, zu denen die Probanden (dh die an der Untersuchung teilnehmenden Personen) noch keinen Kontakt zu den Strafverfolgungsorganen gehabt haben.

II. Prävalenz und Inzidenz von Straftaten

Die Beschäftigung der Kriminologie mit der Person des Täters be- 5
ginnt bei der Frage nach der Häufigkeit der Begehung von Straftaten. Ist die Begehung von Straftaten ein Verhalten, das über die Gesellschaft hinweg gleich verteilt ist, oder lassen sich in der Verteilung der Häufigkeit Strukturen erkennen? Zur Beantwortung dieser Fragen greift die Kriminologie auf Kohortenstudien zurück.

Mit dem Begriff der **„Kohortenstudie"** bezeichnet man ganz allgemein die 6
Untersuchung einer Gruppe von Personen, die während eines bestimmten Zeitraums demselben Ereignis ausgesetzt war. Im Regelfall beziehen sich Kohortenuntersuchungen auf Geburtskohorten, dh auf diejenigen Personen, die in einem festgelegten Bezugsgebiet innerhalb eines bestimmten Zeitraums ge-

boren wurden. Durch Erhebungen (zB Befragungen), die in regelmäßigen Abständen an allen Untersuchungsteilnehmern durchgeführt werden, lassen sich Entwicklungsverläufe feststellen und zu den Lebensumständen der Betreffenden in Beziehung setzen. Methodisch handelt es sich um Längsschnittuntersuchungen in der Form des Paneldesigns (→ § 4 Rn. 22c), bei denen meist die Entwicklung in zwei oder mehr Kohorten miteinander verglichen werden.

7 Eine der ältesten und wohl bekanntesten Kohortenstudien in der Kriminologie stellt die **„Philadelphia Birth Cohort Study"** von *Marvin E. Wolfgang u. a.* dar, in der zwei Altersjahrgänge berücksichtigt wurden. In der ersten Untersuchung wurden sämtliche Jungen des Geburtsjahrgangs 1945 erfasst, die zwischen ihrem 10. und 18. Geburtstag in Philadelphia (USA) lebten (N = 9.945). Ausgewertet wurden sämtliche Informationen, die über die Jungen bei offiziellen Stellen bekannt waren (Unterlagen der Schule, Polizeiakten).[1] In der zweiten Untersuchung wurden die Jungen des Geburtsjahrgangs 1958 erfasst (N = 13.160). Die politischen, gesellschaftlichen und kulturellen Rahmenbedingungen, unter denen die zweite Kohorte aufwuchs, hatte sich gegenüber den Bedingungen in der Nachkriegszeit erheblich verändert, wohingegen die rechtlichen Bedingungen für den Umgang der Polizei mit den straffällig gewordenen Jugendlichen nahezu unverändert geblieben waren.[2]

Aus der großen Zahl von Kohortenstudien, die in der Folgezeit durchgeführt wurden, ist die **„Cambridge Study in Delinquent Development"** hervorzuheben, die von *Donald J. West* und *David P. Farrington* durchgeführt wurde. Sie untersuchte die Entwicklungsverläufe von 411 Jungen, die 1953 in London geboren waren. Die Studie begann 1961 und wird seit nunmehr über 50 Jahren fortgeführt.[3] Weitere wichtige Studien aus neuerer Zeit sind die „Rochester Youth Development Study" *(Terence P. Thornberry)*, die „Denver Youth Study" *(David Huizinga)* und die „Pittsburgh Youth Study" *(Rolf Loeber)*, die in den 1980er Jahren in den USA begonnen wurden, sowie die „Peterborough Adolescent and Young Adult Development Study", die 2002 unter der Leitung von *Per-Olof Wikström* begonnen wurde und die den Hintergrund der Situational Action Theory (→ § 3 Rn. 125 ff.) bildet.

8 Die kriminologische Forschung in Deutschland arbeitet aus forschungspraktischen und datenschutzrechtlichen Gründen vorwiegend nicht mit Geburtskohorten, sondern mit „Registriertenkohorten", bei denen den Anknüpfungspunkt für die Aufnahme in die Untersuchungsstichprobe die Tatsache bildet, dass sich über die Angehörigen bestimmter Untersuchungsjahrgänge in den offiziellen Registern Eintragungen finden. Die **„Konstanzer Kohortenstudie"** untersuchte mit diesem Design die strafrechtliche Auffälligkeit derjenigen, die 1961 bzw. 1967 in den alten Bundesländern geboren worden

1 *Wolfgang/Figlio/Sellin* 1972.
2 *Tracy/Wolfgang/Figlio* 1990; vgl. hierzu auch die Reanalyse des Datenmaterials durch *Schubert* 1997.
3 Vgl. aus jüngerer Zeit *Farrington/Coid/West* MschrKrim 92 (2009), 160 ff.; *Farrington et al.* EurJCrimPolicyRes 2013, 135 ff.

waren und bis zur Vollendung des 18. Lebensjahrs mindestens eine Eintragung im Bundeszentralregister aufwiesen.[4] Die **„Freiburger Kohortenstudie"** untersucht die Auffälligkeit derjenigen, die in den Jahren 1970, 1973, 1975 und 1978 sowie 1985 und 1988 geboren und mindestens einmal in der polizeilichen Personenauskunftsdatei (PAD) von Baden-Württemberg registriert wurden.[5] Es gibt freilich auch in Deutschland andere Beispiele, etwa die **„Bremer Längsschnittstudie"**, die die Entwicklung von Schülern aus Haupt- und Sonderschulen verfolgte, die 1989 die 9-jährige Schulpflicht erfüllt hatten und die Schule verlassen konnten,[6] sowie die 2000 begonnenen **Münsteraner und Duisburger Panelstudien** „Jugendkriminalität in der modernen Stadt".[7]

Die Verteilung der Häufigkeit von Straftaten wird in diesen und anderen Untersuchungen mit den Begriffen der Prävalenz und Inzidenz beschrieben. 9

Der Begriff der **„Prävalenz"** gibt die Zahl der *Personen* an, auf die innerhalb eines festgelegten Zeitraums ein bestimmtes Merkmal zutrifft, zB die Zahl derjenigen Personen, die innerhalb eines Jahres ein Gewaltdelikt begangen haben. Die Prävalenzrate der polizeilich registrierten Personen bezeichnet dementsprechend den Anteil derjenigen Personen an der Gesamtbevölkerung, die von der Polizei als Tatverdächtige registriert worden sind. Der Begriff der **„Inzidenz"** gibt demgegenüber die Häufigkeit an, mit der innerhalb eines festgelegten Zeitraums ein bestimmtes *Ereignis* auftritt, zB die Zahl der innerhalb eines Jahres registrierten Gewaltdelikte. Die Inzidenzrate von Polizeikontakten bezeichnet dementsprechend die Häufigkeit von polizeilichen Registrierungen in einer bestimmten Bevölkerungsgruppe. Das *Verhältnis* zwischen Inzidenz- und Prävalenzrate zeigt an, wie viele Ereignisse auf die Personen mit den betreffenden Merkmalen entfallen. 10

Zur Prävalenz und Inzidenz registrierter Straftaten haben die Kohortenstudien insbesondere die folgenden Befunde erbracht:

(1) Die **Prävalenz offizieller Registrierung** ist bei Betrachtung der Längsschnittperspektive deutlich **größer** als es nach Querschnittanalysen oder Betrachtung der polizeilichen Jahresstatistiken (PKS) den Anschein hat. 11

Dass dies so sein muss, wird schnell deutlich, wenn man sich folgendes vor Augen führt: Aus der PKS ergibt sich, dass innerhalb eines Jahres 4,9 % der deutschen Jugendlichen (6,9 % der Männer, 2,9 % der Frauen) als Tatverdäch- 12

4 *Heinz/Spieß/Storz*, in: Kaiser/Kury/H.-J. Albrecht 1988, 638 ff.

5 *Karger/Sutterer*, in: Kaiser/Geisler 1988, 89 ff.; *Grundies*, in: H.-J. Albrecht 1999, 371 ff.; *Grundies/Höfer/Tetal* 2002; *H.-J. Albrecht/Grundies* MschrKrim 92 (2009), 326 ff.

6 *Schumann*, 2003 und 2003 a; *ders.* MschrKrim 87 (2004), 222 ff.; *ders.*, in: Dessecker 2006, 43 ff.

7 Zur methodischen Anlage *Pöge/Wittenberg*, in: Boers/Reinecke 2007, 57 ff.; *Bentrup*, in: Boers/Reinecke 2019, 95 ff.

tige polizeilich registriert wurden (→ § 5 Tab. 5.4). Hierbei handelt es sich um eine Momentaufnahme, die sich nur auf das Jahr 2019 bezieht. Auf den einzelnen Jugendlichen bezogen muss die Wahrscheinlichkeit, von der Polizei registriert zu werden, oberhalb der Marge von 4,9 % liegen, da der Jugendliche nicht nur in 2019, sondern während seiner gesamten Jugendzeit (also zwischen dem 14. und 17. Lebensjahr) von der Polizei als Tatverdächtiger ermittelt werden kann. Die Höhe des auf die Person bezogenen Registrierungsrisikos während des 14. bis 17. Lebensjahrs lässt sich anhand der PKS nicht berechnen. Hierfür bedarf es einer Längsschnittuntersuchung, die an die Entwicklung der Jugendlichen anknüpft.

13 Ein Beispiel ist die Freiburger Kohortenstudie, die die Zahl der Personen angibt, die innerhalb bestimmter Altersstufen wenigstens einmal von der baden-württembergischen Polizei registriert wurden. Die Studie zeigt, dass die durchschnittliche kumulierte Prävalenzrate für den 4-Jahreszeitraum zwischen dem 14. und dem 17. Lebensjahr für die deutschen männlichen Jugendlichen bei 13,1 % und für die deutschen weiblichen Jugendlichen bei 4,8 % lag (zu den in früheren Jahren höheren Belastungszahlen → § 5 Rn. 48 ff.). Die Werte für die ausländischen Jugendlichen lagen in beiden Gruppen deutlich darüber (27 % für die männlichen, 8,4 % für die weiblichen Jugendlichen),[8] was sich so ja auch in der PKS andeutet (→ § 5 Rn. 45). Betrachtet man die von Geburt an kumulierten Prävalenzraten (erste polizeiliche Registrierungen werden bereits für 7-Jährige nachgewiesen), dann liegen diese erwartungsgemäß noch höher: Für die Kohorte der 1978 Geborenen wurde festgestellt, dass die Lebenszeitprävalenz der polizeilichen Registrierungen bis zum vollendeten 17. Lebensjahr bei den deutschen Männern bei 17,9 %, bei den deutschen Frauen bei 6,7 % lag; die Werte für die ausländische Wohnbevölkerung wurden nicht mitgeteilt.[9]

14 In den Kohortenstudien aus dem anglo-amerikanischen Bereich lagen die Prävalenzraten noch darüber. So zeigte sich etwa in der „Philadelphia Birth-Cohort Study“, dass von den 1945 Geborenen bis zur Vollendung des 18. Lebensjahrs 34,9 % der (männlichen) Teilnehmer wenigstens einmal von der Polizei als Tatverdächtige registriert wurden, von den 1958 Geborenen wurden 32,8 % polizeilich registriert.[10] Die Zahlen sind indes nicht direkt mit den deutschen Befunden vergleichbar, weil die rechtlichen Rahmenbedingungen für den Kontakt zu Polizei und Justiz unterschiedlich sind (Definition des strafrechtlich relevanten Verhaltens, Altersgrenzen der strafrechtlichen Verantwortlichkeit etc.).

15 Die Längsschnittstudien zeigen, dass die Prävalenz polizeilicher Auffälligkeit erheblich ist. **Jeder 10. Bürger** – nur auf den männlichen Teil der Bevölkerung bezogen wahrscheinlich jeder fünfte –

8 *Grundies/Höfer/Tetal* 2002, 143 ff. – Die Zahlen geben die über die Kohorten gemittelten Werte an.
9 *Grundies/Höfer/Tetal* 2002, 137 ff., 148.
10 *Wolfgang/Figlio/Sellin* 1972, 65; *Tracy/Wolfgang/Figlio* 1990, 39.

wird im Verlauf seines Heranwachsens von den Strafverfolgungsorganen einer Straftat beschuldigt und **in ein förmliches Verfahren verwickelt.** Bei Nichtdeutschen ist dies noch häufiger zu beobachten als bei Deutschen. Auch wenn man die Altersspanne weiter ausdehnt und auch die Zeiten bis zum Erreichen des 21., 25., 30. oder eines noch höheren Lebensalters erfasst, wachsen die Werte für die Lebenszeitprävalenz weiter an. Als Tatverdächtiger auffällig zu werden und in das Visier der Polizei zu geraten, trifft mithin nicht nur einen kleinen Teil der Bevölkerung. Freilich muss umgekehrt ebenso festgehalten werden, dass sich die Mehrheit der Bevölkerung auch ausweislich der Längsschnittstudien strafrechtlich unauffällig verhält. Obwohl die Begehung von Straftaten im Dunkelfeld ein (statistisch) normales, ubiquitäres Phänomen ist, wird nur ein Teil der Delikte entdeckt, nur ein Teil der Delinquenten wird von der Polizei registriert, verfolgt und von der Justiz sanktioniert (so schon → § 5 Rn. 62). Konsequenz ist, dass die **Kriminalität im Hellfeld nicht** über die einzelnen Bevölkerungsgruppen hinweg **gleich verteilt** ist; die kriminelle Auffälligkeit und die strafrechtliche Verfolgung konzentrieren sich auf eine – quantitativ allerdings bedeutsame – Minderheit in der Bevölkerung.

(2) Die **Inzidenz** strafrechtlicher Auffälligkeit ist deutlich **größer** 16
als die **Prävalenz,** dh von den Strafverfolgungsorganen werden sehr viel mehr Taten als Täter erfasst. Der Grund für diese Inkongruenz liegt in der Vielzahl von Taten, die von einer **kleinen Gruppe** von **Mehrfach- und Intensivtätern** begangen werden.

Das Phänomen wurde erstmals in der Philadelphia-Studie genauer beleuch- 17
tet. Von den 1945 Geborenen, die innerhalb des Referenzzeitraums mindestens einmal auffällig geworden waren (N = 3.475), wurden insgesamt 10.214 polizeilich registrierte Straftaten begangen. Dies bedeutet indessen nicht, dass jeder der Registrierten im Durchschnitt 3 Taten beging, vielmehr zeigte sich bei der statistischen Analyse eine umgekehrt J-kurvenförmige Verteilung: Knapp die Hälfte der Registrierten (46,4 %) war nur wegen eines einzigen Delikts auffällig geworden, ein kleinerer Anteil wegen 2 Delikten, ein noch kleinerer wegen 3 Delikten etc.; 627 Personen wurden wegen 5 oder mehr Delikten von der Polizei registriert. *Wolfgang u. a.* bezeichneten diese Gruppe als die „chronischen Straftäter". Auf die gesamte Kohorte bezogen stellte diese Gruppe zwar nur einen Anteil von 6,3 % der Personen; die Gruppe hatte jedoch mehr als die Hälfte aller polizeilich bekannt gewordenen Straftaten (51,9 %) begangen. Ein ähnliches Bild zeigte sich in der Kohorte der 1958 Geborenen. Hier waren 7,5 % der Kohorte wegen 5 oder mehr Delikten auffällig geworden; von ihnen wurde deutlich mehr als die Hälfte aller Delikte (60,6 %) begangen.[11]

11 *Wolfgang/Figlio/Sellin* 1972, 88; *Tracy/Wolfgang/Figlio* 1990, 83.

18 Auch in den deutschen Untersuchungen bestätigte sich die herausgehobene Rolle der Vielfachtäter, wobei ihr Anteil an der Gesamtkohorte hier sogar noch geringer war als in der Philadelphia-Studie. In der Konstanzer Kohortenstudie wurde im Geburtsjahrgang 1967 die breite Masse der Jugendlichen in der Altersspanne zwischen 14 und 17 nur ein einziges Mal registriert (73,0 % der Männer; 89,1 % der Frauen). Ein Viertel der Männer (25,2 %) und ein Zehntel der Frauen (10,5 %) trat mit 2–4 Registrierungen in Erscheinung. Der Anteil der Vielfachtäter (5 oder mehr Registrierungen) betrug bei den Männern 1,8 %, bei den Frauen 0,3 %.[12] Ähnlich verhielt es sich in der Freiburger Studie. In der 1973-Kohorte waren die meisten registrierten männlichen Deutschen (63,3 %) bis zur Vollendung ihres 18. Lebensjahres nur ein einziges Mal auffällig geworden, 26,0 % wurden als Mehrfachtäter eingestuft (2–4 Registrierungen), und nur 10,7 % als Vielfachtäter mit 5 oder mehr Registrierungen. Bezogen auf die gesamte Kohorte der männlichen Deutschen stellte diese Gruppe einen Anteil von 1,9 %, der sich bis zur Vollendung des 21. Lebensjahrs auf 3,3 % erhöhte. Bei den weiblichen Deutschen lag der Anteil der Vielfachtäter an der Kohorte bei 0,2 % bis zur Vollendung des 18. und bei 0,4 % bis zur Vollendung des 21. Lebensjahrs.[13] Bei allen Angaben zeigt sich die in der Kriminologie typische umgekehrt J-kurvenförmige Verteilung (→ § 4 Rn. 37).

19 Welche Schlussfolgerungen lassen sich aus den genannten Befunden ziehen? Von Bedeutung sind vor allem die Befunde zum Verhältnis von Inzidenz und Prävalenz strafrechtlicher Auffälligkeit. Sie liefern einen Hinweis darauf, dass es aus kriminologischer Sicht kaum sinnvoll ist, zwischen von der Polizei registrierten Straftätern und solchen Personen zu unterscheiden, die nicht in das Blickfeld der Strafverfolgungsorgane getreten, sondern im Dunkelfeld geblieben sind. Sinnvoll und notwendig ist es vielmehr, zwischen Einfach- bzw. Gelegenheitstätern auf der einen und Mehrfach- bzw. Intensivtätern (mehr als 5 Straftaten) auf der anderen Seite zu unterscheiden. Im Hinblick auf das Ausmaß der begangenen kriminellen Handlungen und die damit einhergehenden wirtschaftlichen Schäden und individuellen Verletzungen verdient diese zahlenmäßig zwar nur relativ kleine, aus strafrechtlicher Sicht aber besonders aktive Gruppe von Tätern besondere Aufmerksamkeit. Für die Kriminologie stellen sich insoweit vor allem zwei Fragen.

20 Zum einen fragt sich, ob sich in der Wiederholung von Straftaten Muster erkennen lassen, die mit der Biografie des Täters verknüpft und zum Anknüpfungspunkt für Prognose und Prävention gemacht

12 *Heinz/Spieß/Storz*, in: Kaiser/Kury/H.-J. Albrecht 1988, 649ff.
13 *Grundies*, in: H.-J. Albrecht 1999, 375f.

werden können. In Anlehnung an konventionelle Verläufe beruflicher Entwicklung wurde lange Zeit von „kriminellen Karrieren" gesprochen, die mit Begriffen wie Beginn (Einstieg), Dauer, Spezialisierung, Intensität (Eskalation) und Beendigung (Abbruch, Ausstieg) konzeptionell erfasst und empirisch beleuchtet werden;[14] heute spricht man eher von **unterschiedlichen Verlaufsformen**.[15] Die Forschungsinteressen konzentrieren sich hier derzeit auf die Frage, welche Berechtigung das Konzept der Persistenz (Ausdauer, Hartnäckigkeit) hat: Gibt es so etwas wie einen „chronischen Täter", der immer wieder mit Straftaten in Erscheinung tritt und getreu der Devise „einmal Verbrecher – immer Verbrecher"[16] nie aufhört? Oder kommen auch Vielfachtäter früher oder später „zur Ruhe" und führen ein mehr oder weniger geordnetes, normkonformes Leben? Welche Umstände sind für dieses „Abstandnehmen" von weiterer Straffälligkeit (desistance) maßgeblich?[17] Die an die Untersuchungen des Ehepaars *Glueck* (→ § 3 Rn. 120) anknüpfenden Analysen der Lebensläufe von ehemals schwer auffälligen Jugendlichen im Alter von 70 Jahren geben Anlass, hier eine eher dynamische Perspektive einzunehmen und davon auszugehen, dass auch augenscheinlich persistente Straftäter unter bestimmten Voraussetzungen ihre kriminellen Karrieren abbrechen.[18]

Zum anderen stellt sich die Frage, ob sich für diese Tätergruppe **21**
der Intensivtäter Besonderheiten feststellen lassen, die sie von Nichtauffälligen, aber auch von Einfach- und Gelegenheitstätern unterscheidet. Die eingangs angesprochene Suche nach „dem Täter" wiederholt sich also und spitzt sich zu auf „Intensivtäter": Gibt es über die bloße Tatsache der mehrfachen Begehung von Straftaten hinausgehende **Umstände, Merkmale, Risikofaktoren**, in denen sich Mehrfach- und Intensivtäter von anderen abheben? Die Frage ist nicht nur von genuin kriminologischem Interesse, da sie in engem Bezug zur kriminalitätstheoretischen Diskussion über die Erklärung des Verbrechens steht. Sie ist auch von kriminalpolitischem Interesse, denn angesichts der Vielzahl von Taten und den damit einhergehenden Schäden und Verletzungen erscheint es kriminalpolitisch naheliegend,

14 Vgl. *Piquero/Farrington/Blumstein* Crime and Justice (30) 2003, 359ff.; *Grundies*, in: Dölling/Jehle 2013, 36ff.
15 *Boers*, MschrKrim 102 (2019), 3ff.; *ders.*, in: Boers/Reinecke 2019, 3ff.
16 So der Titel des Buches von *Stelly/Thomas* 2001.
17 Zusammenfassend *Boers/Herlth*, MschrKrim 99 (2016), 101ff.; *Hofinger* NK 2013, 317ff.; *Matt* ZJJ 2013, 248ff.
18 *Laub/Samson* 2003; *H.-J. Albrecht/Grundies* MschrKrim 92 (2009), 326ff.

gerade auf diese Tätergruppe durch gezielte Sanktionierung einzuwirken. Auf sie soll daher im Folgenden genauer eingegangen werden.

III. Persönlichkeitsdimensionen und Sozialprofile von Mehrfachauffälligen

1. Grundlagen

22 Es gibt, wie bereits festgestellt (→ § 4 Rn. 22a ff.), zwei große methodische Wege, auf denen der Frage nach Unterschieden zwischen registrierten Straftätern und nicht auffällig gewordenen Personen nachgegangen werden kann: Querschnittsvergleiche und Längsschnittanalysen. Längsschnittstudien sind aus methodischer Sicht aussagekräftiger, da sie die dynamischen Faktoren genauer erfassen und ihre Bedeutung für die Begehung von Straftaten besser einschätzen können (→ § 4 Rn. 22c). Gleichwohl muss man feststellen, dass sich die in den Längsschnittstudien ermittelten Befunde kaum wesentlich von denjenigen unterscheiden, die in den traditionellen Querschnittuntersuchungen erhoben werden.

23 Wenn und soweit sich empirisch zwischen registrierten Straftätern und anderen Personen Unterschiede feststellen lassen, stellt sich die Frage nach der **Interpretation** der Befunde. Grundsätzlich richtet sich die Interpretation wie auch sonst nach dem mit der jeweiligen Untersuchung verfolgten theoretischen Ansatz. Vor allem die ältere Forschungsliteratur wurde durch Arbeiten bestimmt, die in der Tradition des Mehrfaktorenansatzes standen und ihre theoretischen Überlegungen nicht explizit formulierten. In der Folge wurden empirisch ermittelte Unterschiede häufig ohne weitere theoretische oder methodische Reflexion als „kriminogene Faktoren" bezeichnet, wodurch sie in einen Zusammenhang mit der Diskussion über die Ursachen von Kriminalität gestellt wurden. Die neuere Forschungsliteratur rückt von einer derartig weitreichenden Interpretation ab. Empirisch ermittelte Umstände, die die Wahrscheinlichkeit der erstmaligen Begehung von Straftaten oder der Begründung persistenter Verlaufsformen erhöhen, werden theoretisch zurückhaltender als **„Risikofaktoren"** bezeichnet. Das Vorliegen personaler Risikofaktoren beschreibt die Vulnerabilität (Anfälligkeit) einer Person für sozial

auffällige, strafbare Verhaltensweisen; soziale Risikofaktoren (Stressoren) kennzeichnen die Belastungen, denen sie ausgesetzt ist.[19] Umgekehrt werden solche Umstände, die der Begehung von Straftaten entgegenwirken, als **„protektive Faktoren"** (Schutzfaktoren) bezeichnet. Das Konzept der „protektiven Faktoren" knüpft an die Beobachtung an, dass Personen auch *nicht* straffällig werden können, *obwohl* sie in einer durch Risikofaktoren belasteten Umgebung aufwachsen. Die strafrechtliche Unauffälligkeit trotz des Vorliegens von Belastungsfaktoren deutet auf spezifische Fähigkeiten einer Person hin, die in der psychologischen Literatur als „Resilienz" bezeichnet werden.[20]

Nimmt man vor diesem methodischen Hintergrund die in der empirischen Forschung ermittelten Risikofaktoren selbst genauer in den Blick, so lassen sich über die Mehrfachauffälligen zunächst zwei allgemeine Feststellungen treffen. Zum einen hat die bisherige Forschung die Kernaussage des Mehrfaktorenansatzes insofern bestätigt als sie gezeigt hat, dass die Risikofaktoren für kriminelles Verhalten im Allgemeinen und für Mehrfachauffälligkeit im Besonderen breit gestreut sind. Anders als es die Aussagen mancher eindimensionalen Kriminalitätstheorie vermuten lassen, greift es zu kurz, wenn nur *entweder* psychologisch/psychiatrische Variablen *oder* die Einflüsse einzelner Sozialisationsfelder *oder* bestimmte sozialstrukturelle Gegebenheiten in den Blick genommen werden. Erforderlich ist nach den neueren Forschungsbefunden vielmehr der Blick auf die **Gesamtheit aller Faktoren aus dem bio-psycho-sozialen Bereich.** Kriminelles Verhalten ist in diesem Sinn „multifaktoriell" bedingt, was freilich nicht heißt, dass nicht auch in der Vielzahl der Faktoren Regelmäßigkeiten erkennbar wären, die sich theoretisch verdichten und erklären ließen. 24

Zum anderen hat sich – begünstigt durch das methodische Design der Längsschnittuntersuchungen – gezeigt, dass die kriminelles Verhalten fördernden Faktoren nicht als rein statische Größen betrachtet werden dürfen. Die Risikofaktoren entfalten ihre kriminalitätsfördernde Wirkung in einem empirisch noch nicht genauer aufgeschlüsselten Wechselspiel; sie bedingen und beeinflussen sich vielfach gegenseitig. Für die vollständige Erfassung der Risikofaktoren muss 25

19 Vertiefend *Stemmler/Wallner/Link*, in: Hermann/Pöge 2018, 247f.

20 *Farrington* Criminology 38 (2000), 1ff.; *Suhling/Greve* 2010, 127ff.; *Bliesener*, in: Volbert/Steller 2008, 78ff.; *ders*, in: Bliesener/Lösel/Köhnken 2014, 51ff.; *Stemmler/Wallner/Link*, in: Hermann/Pöge 2018, 247f.

deshalb auch ein Gesichtspunkt in die Betrachtung einbezogen werden, der in den frühen Kriminalitätstheorien weitgehend vernachlässigt worden ist: die **zeitliche Dimension** bzw. – auf die Person bezogen – die **Entwicklung** der Betroffenen, in deren Verlauf den von der Forschung ermittelten Risikofaktoren ein ganz unterschiedliches Gewicht zukommen kann (zur Entwicklungskriminologie genauer → § 3 Rn. 102ff.). So liegt es auf der Hand, dass diejenigen Risikofaktoren, die in einem engen Zusammenhang mit dem kriminellen Verhalten Jugendlicher stehen, nicht identisch zu sein brauchen mit denjenigen Faktoren, die kriminelles Verhalten Erwachsener begünstigen; die Erwachsenenkriminalität kann zwar auf der einen Seite eine bereits im Jugendalter begonnene Linie fortsetzen, sie kann auf der anderen Seite aber auch das Ergebnis einer neuen, sich in früheren Phasen noch nicht abzeichnenden Linie sein.

2. Persönlichkeitsprofile

26 Wie bereits im Zusammenhang mit den kriminalitätstheoretischen Darlegungen zum Einfluss der Persönlichkeit gesagt wurde, hat die neuere täterbezogene Forschung gezeigt, dass sich registrierte Straftäter, namentlich Mehrfach- und Intensivtäter, von nur gelegentlich delinquierenden oder unauffällig bleibenden Personen in vielerlei Hinsicht in ihren Persönlichkeitsprofilen unterscheiden. Hohe Werte in den Bereichen Extraversion, emotionale Labilität (Neurotizismus), emotionale Unansprechbarkeit (Psychotizismus), und Depressivität, externale Kontrollüberzeugen und ein negativeres Selbstbild stechen heraus (→ § 3 Rn. 36f.). Auf zwei weitere in der Kriminologie immer wieder erörterte Bereiche sei im Folgenden genauer eingegangen: Intelligenz und Impulsivität.

a) Befunde zur Intelligenz

27 In verschiedenen Untersuchungen hat sich gezeigt, dass zwischen Intelligenz, also der kognitiven Leistungsfähigkeit eines Menschen, und Kriminalität ein Zusammenhang besteht: Der Gesamt-IQ von Straftätern liegt zwar im Normalbereich; bei dem Vergleich mit dem Durchschnittswert für Nichtdelinquente ist jedoch in vielen Untersuchungen ein erheblicher, wenn auch nicht zwingend signifikant **geringerer Wert** festgestellt worden. Die von den Straffälligen im Ver-

balteil des Intelligenztests erzielten Werte liegen dabei meist unter den im Handlungsteil erzielten Werten.[21]

Was bedeutet ein solcher Befund? Man muss sich von der Vorstel- 28
lung freimachen, dass man es hier mit einem direkt wirkenden Kausalfaktor für die Kriminalitätsentstehung zu tun hat. Straftaten werden nicht deshalb begangen, weil die Menschen „zu dumm" sind, um die Strafgesetze einzuhalten und zu beachten; eine ungefähre Verbotskenntnis kann bei den meisten Menschen vorausgesetzt werden. Es ist andererseits auch nicht so – dies ist ein häufig vorgebrachter Einwand nicht nur von Vertretern des labeling approach –, dass der Zusammenhang zwischen Intelligenz und Kriminalität lediglich eine Folge des mit der Intelligenzschwäche einhergehenden höheren Entdeckungs- und Überführungsrisikos ist, denn der Zusammenhang zeigt sich auch im Hinblick auf die in Befragungen ermittelte, offiziell unentdeckt gebliebene Dunkelfeldkriminalität. Die in den empirischen Untersuchungen ermittelten besonderen Persönlichkeitsprofile von Mehrfachauffälligen und Intensivtätern wirken eher **indirekt** auf die Begehung von Straftaten hin, indem sie auf die Auslösung und Verfestigung von Entwicklungsprozessen Einfluss nehmen, die im Ergebnis in Kriminalität münden. Um es am Beispiel der Intelligenzschwäche zu verdeutlichen: Denkbar ist etwa, dass ein geringerer IQ mit größeren Anpassungsschwierigkeiten und schlechteren Leistungen in Schule, Ausbildung und Beruf im Zusammenhang steht, was die Wahrscheinlichkeit von Kriminalität im Zusammenwirken mit wiederum anderen Risikofaktoren erhöhen kann – eine Vermutung, die freilich ihrerseits der genaueren Überprüfung bedarf. Verdeutlichen muss man sich im Übrigen auch, dass die Intelligenzschwäche nur einen statistisch ermittelten *Risiko*faktor darstellt, der nicht in Frage stellt, dass Straftaten auf der anderen Seite auch von hochintelligenten Menschen begangen werden (Beispiele: politische Kriminalität, Wirtschaftskriminalität etc.). Allerdings scheint die Wahrscheinlichkeit, dass es bei hochintelligenten Menschen zu entsprechenden Handlungen kommt, nach den vorliegenden Erkenntnissen signifikant geringer zu sein.

21 *Glueck/Glueck* 1950, 198ff.; *West/Farrington* 1973, 84ff.; *Göppinger* 1983, 133ff.; *Remschmidt/Walter*, MschrKrim 92 (2009), 199; zusammenfassend *Farrington/Loeber/Ttofi*, in: Welsh/Farrington 2012, 50f.

b) Befunde zur Impulsivität

29 Zum zweiten hat sich in vielen Untersuchungen gezeigt, dass sich Mehrfach- und Intensivtäter von Vergleichsprobanden durch ein höheres Maß an Impulsivität unterscheiden. Mit dem Begriff der **„Impulsivität"** wird die Neigung eines Menschen zu spontanem, unkontrolliertem, meist von starken Affekten begleiteten Handlungen verstanden; sie kann sowohl die Folge eines vermehrten Impulsantriebs als auch die Folge einer verminderten Impulskontrolle sein.[22] Erhöhte Impulsivität äußert sich bspw. in erhöhter Risikobereitschaft, in unüberlegten Reaktionen und Entscheidungen oder in der reduzierten Fähigkeit, zugunsten späterer größerer Belohnungen auf unmittelbare kleinere Belohnungen zu verzichten. Im Zusammenhang mit Delinquenz scheint die auf der Verhaltensebene gezeigte Impulsivität von größerer Bedeutung zu sein als die kognitive Impulsivität.[23]

30 Die größere Impulsivität, die vor allem bei Mehrfach- und Intensivtätern beobachtet worden ist, weist begriffliche und konzeptionelle Überschneidungen mit in der Psychiatrie bekannten Störungsbildern auf. Eine wesentliche Rolle spielt die Impulsivität bspw. im Zusammenhang mit der „antisozialen" bzw. „dissozialen Persönlichkeitsstörung" (→ § 3 Rn. 38). Zu denken ist aber auch an die hyperkinetische Störung, die durch Unaufmerksamkeit, Überaktivität und Impulsivität gekennzeichnet ist. Derartige Überschneidungen bedeuten nicht, dass Mehrfach- und Intensivkriminalität zwingend in einem psychopathologischen Zusammenhang zu interpretieren ist. Sie deuten allerdings an, dass die Persönlichkeitsprofile von Mehrfachauffälligen Akzentuierungen aufweisen, die sich in vergleichbarer Form auch bei „gestörten" Personen finden. Dabei ist in Erinnerung zu behalten, dass die Grenzen zwischen „normalen" und „gestörten" Persönlichkeiten fließend sind; die Zuordnung beruht auf der wertenden Einstufung der in den einzelnen Persönlichkeitsdimensionen festzustellenden Ausprägungen. Es überrascht dementsprechend nicht, dass auch die angesprochenen psychopathologischen Störungsbilder ihrerseits eng mit Kriminalität korrelieren.[24]

31 Die erhöhte Impulsivität derjenigen Personen, deren weiterer Lebensweg durch Mehrfach- und Intensivkriminalität gekennzeichnet ist, kann sich in der Entwicklung schon relativ früh in **Verhaltensauffälligkeiten** niederschlagen. Am Anfang überraschend vieler krimineller Karrieren lassen sich Aufmerksamkeitsdefizit- und Hyper-

22 *Müller/Nedopil* 2017, 236.
23 *Lösel* 1975, 163 ff., 179 ff.; *Scheurer* 1993, 137 f.; vgl. auch *Caspi et al.* Criminology 32 (1994), 168 ff.
24 Vgl. *Maier/Hauth/Berger/Saß* Nervenarzt 2016, 62.

aktivitätsstörungen beobachten.[25] Schon das „schwierige Kind", das durch übermäßige Unruhe, Unregelmäßigkeiten im Schlaf-Wach-rhythmus, leichte Reizbarkeit und kindlich aggressives, sich in Wutanfällen äußerndes Verhalten gekennzeichnet ist, kann Interaktionsprozesse in Gang setzen, die im Ergebnis späteres kriminelles Verhalten begünstigen.[26] Aber auch in höheren Altersstufen und in anderen Lebensbereichen kann sich die Impulsivität als Merkmal erweisen, das die Auseinandersetzung mit der Umwelt erschwert. Kriminalitätstheoretisch ist die erhöhte Impulsivität von Mehrfach- und Intensivtätern in der Theorie der fehlenden Selbstkontrolle (→ § 3 Rn. 84 ff.) verarbeitet worden.[27]

3. Sozialprofile

Die Risikofaktoren für Mehrfach- und Intensivkriminalität können nach den vorliegenden empirischen Befunden nicht allein im besonderen Persönlichkeitsprofil der Täter verortet werden. Neben den personalen, auf die Person des Täters bezogenen Umständen müssen auch die sozialen, in der unmittelbaren Lebenswelt des Täters sowie in den sozialstrukturellen Rahmenbedingungen seiner Entwicklung wurzelnden Risikofaktoren berücksichtigt werden. Die einzelnen Lebensbereiche dürfen dabei nicht isoliert voneinander, sondern müssen in ihrer wechselseitigen Abhängigkeit gesehen werden. Ebenso darf nicht übersehen werden, dass der von den Umweltfaktoren ausgehende Einfluss zum Teil auch durch den Täter selbst, seine Persönlichkeit und sein Verhalten, mit geprägt wird. 32

a) Familiärer Hintergrund

Den Ausgangspunkt der kriminologischen Betrachtung bildet traditionell die Frage nach dem familiären Hintergrund. Zur Begründung kann dabei auf die Entwicklungspsychologie verwiesen werden: Nach ihr empfängt die Persönlichkeitsentwicklung aus den in der Herkunftsfamilie ablaufenden Prozessen die entscheidenden Impulse. 33

---

25 *Loeber*, in: Hurrelmann/Lösel 1990, 240 f.; zusammenfassend *Farrington/Loeber/Ttofi*, in: Welsh/Farrington 2012, 48 f.

26 *Sampson/Laub* 1993, 85 ff.; umgekehrt zur Resilienz des „einfachen Kinds" *Lösel/Bender*, in: Jehle 2000, 128 ff.

27 *Baier/Branig* MschrKrim 92 (2009), 505 ff.; *Forrest et al.* Criminology 57 (2019), 512 ff.

In der Interaktion mit dem unmittelbaren Umfeld werden diejenigen kognitiven, kommunikativen, emotionalen und sozialen Kompetenzen erlernt, die für die weitere Entwicklung wesentlich sind. Die Kriminologie hat sich dementsprechend schon früh darum bemüht, die Verhältnisse, unter denen später Straffällige im Unterschied zu Nichtstraffälligen aufgewachsen sind, genauer aufzuklären. Besondere Aufmerksamkeit hat sie dabei der Familienstruktur sowie dem elterlichen Erziehungsverhalten geschenkt.

34 Nach den vorliegenden Befunden kann man davon ausgehen, dass zwischen den spezifischen Verhältnissen in der Herkunftsfamilie und späterer Kriminalität ein empirisch belegbarer Zusammenhang besteht.[28] Das stärkste Gewicht scheint dabei solchen Faktoren zuzukommen, die die **Qualität der Eltern-Kind-Beziehung**, das „Familienklima", kennzeichnen. Ein inkonsistenter Erziehungsstil scheint für die weitere Entwicklung des Kindes ebenso problematisch zu sein wie eine übermäßig harte, durch den Einsatz körperlicher Bestrafungsmethoden gekennzeichnete Erziehung (→ § 8 Rn. 43 ff.). Auch eine mangelnde Beaufsichtigung, bei der das Kind sich selbst überlassen wird, scheint spätere Delinquenz zu fördern. Negativ für die weitere Entwicklung wirkt es sich offenbar zudem aus, wenn das Kind seitens der Eltern Zurückweisung erfährt und die emotionale Bindung gestört ist. **Formale Faktoren** wie der Familienstand der Eltern oder die in der früheren Kriminologie viel diskutierte strukturelle Unvollständigkeit der Familie (Broken-Home-Situation, dh Fehlen eines Elternteils nach Trennung, Scheidung oder Tod) stehen zwar ebenfalls mit kriminellem Verhalten in Zusammenhang.[29] Bei multivariater Betrachtung reduziert sich ihr Einfluss jedoch, so dass die Vermutung naheliegt, dass es sich insoweit nur um einen *Indikator* für Störungen im Eltern-Kind-Verhältnis handelt.[30]

35 Neben den Merkmalen, die die Eltern-Kind-Beziehung kennzeichnen, sind für die weitere Entwicklung die **sozialstrukturellen Rahmenbedingungen** bedeutsam, innerhalb derer sich das Familienleben gestaltet. Randständigkeit und Armut der Familie, soziale Auffälligkeiten der Eltern (insbes. Alkoholismus, psychische Störungen, Kri-

28 *Glueck/Glueck* 1950, 79 ff.; *West/Farrington* 1973, 26 ff.; *Göppinger* 1983, 29 ff.; *Dolde* 1978; *Thomas/Stelly/Kerner/Weitekamp* KZfSS 1998, 316 f.; *Lay/Ihle/Esser/Schmidt* MschrKrim 84 (2001), 119 ff.; *Weiss/Link/Stemmler* RPsych 2015, 285 ff.

29 *Skarðhamar* EurJCrim 2009, 203 ff.

30 *Sampson/Laub* 1993, 77 ff.; ebenso *Thomas/Stelly/Kerner/Weitekamp* KZfSS 1998, 317 ff.; *Demuth/Brown* JResCrim 41 (2004), 58 ff.; vgl. aber auch *Baier*, in: Hermann/Pöge 2018, 201 ff.

minalität), aber auch die Familiengröße oder die Beengtheit der Wohnverhältnisse können die Entwicklung des Kindes erheblich belasten. Dies gilt erst recht dann, wenn das Familienleben nicht nur durch einzelne dieser Faktoren geprägt wird, sondern durch das gleichzeitige Zusammentreffen *mehrerer* Faktoren, was in der Literatur mit dem Begriff der **„Multiproblemfamilie"** gekennzeichnet wird. Die damit angesprochenen Zusammenhänge sind jedoch keineswegs eindeutig. Überwiegend scheint es sich um indirekte Beziehungen zu handeln. Die meisten der genannten Belastungsfaktoren lassen sich mit der späteren Delinquenz des Kindes nicht direkt in Zusammenhang bringen, sondern lediglich mit denjenigen Variablen, die die Gestaltung der Eltern-Kind-Beziehung kennzeichnen. Die sozialstrukturellen Rahmenbedingungen beeinflussen die weitere Entwicklung offenbar vor allem in der Weise, dass sie auf das Erziehungsverhalten der Eltern, die Beaufsichtigung des Kindes und die Entwicklung der gefühlsmäßigen Bindungen Einfluss nehmen.

Außer durch die Eltern und ihre Art des Umgangs mit dem Kind **36**
sowie durch die sozioökonomischen Parameter wird die weitere Entwicklung zum dritten auch durch das Kind selbst mitbestimmt. Die bereits erwähnten **Verhaltensauffälligkeiten** scheinen schon in einem vergleichsweise frühen Stadium Fehlhaltungen zu signalisieren, die unabhängig von dem spezifischen familiären Hintergrund mit späterer Delinquenz in direktem Zusammenhang stehen. Gleichzeitig dürfte auch von einem indirekten Einfluss auszugehen sein. „Schwierige Kinder", die persönlichkeitsbedingt zu Aufmerksamkeitsstörungen, Hyperaktivität, Missstimmungen, Wutausbrüchen oder ähnlich problematischen Verhaltensweisen neigen, können durch ihr Verhalten bei den Eltern Frustration und Aggression auslösen, die sich in einem inkonsistenten oder übermäßig harten Erziehungsstil niederschlagen. Die Folge kann eine Stabilisierung des unerwünschten Verhaltens sein, was wiederum mit späterer Straffälligkeit korreliert. Bei alledem ist allerdings auch an dieser Stelle noch einmal zu betonen, dass die genannten Risikofaktoren die weitere Entwicklung nur in der Gegenüberstellung von Mehrfach- und Intensivtätern auf der einen und nicht oder nur gelegentlich Auffälligen auf der anderen Seite prägen; geringfügige Delinquenz, namentlich die passagere (dh vorübergehende) Jugenddelinquenz, lässt sich mit Hilfe der genannten Merkmale nicht erklären.[31]

---

31 *Thomas/Stelly/Kerner/Weitekamp* KZfSS 1998, 320f.

b) Schule und Ausbildung

37 Mit zunehmendem Alter tritt der prägende Einfluss der Herkunftsfamilie zugunsten des Einflusses anderer, sekundärer Sozialisationsinstanzen wie Schule, Freundeskreis und Medien zurück. In der Kriminologie wird meist der **Schule** die größte Aufmerksamkeit geschenkt. Dies ist verständlich, weil die Schule diejenige Instanz ist, die sich schon von ihrer Zielsetzung her intentional und mit hohem personellem und finanziellem Aufwand mit der Erziehung, Bildung und Persönlichkeitsentwicklung von Kindern und Jugendlichen beschäftigt. Alle Kinder verbringen einen großen Teil ihrer Zeit in der Schule; ihre Anwesenheit wird durch die Schulpflicht rechtlich abgesichert. Die Kriminologie interessiert sich vor allem für die Frage, ob sich im schulischen Verhalten sowie in den erreichten Leistungen zwischen Straffälligen und Nichtstraffälligen Unterschiede feststellen lassen.

38 Die empirischen Befunde lassen sich in der Weise zusammenfassen, dass Kinder und Jugendliche, deren weiterer Lebensweg durch erhebliche Kriminalität gekennzeichnet ist, vielfach auch in der Schule Auffälligkeiten zeigen.[32] Die Auffälligkeiten lassen sich auf drei Ebenen ausmachen: auf der Einstellungsebene, auf der Verhaltensebene und auf der Leistungsebene. Die **Einstellung** der Straffälligen **gegenüber der Schule** ist häufig durch Desinteresse und Ablehnung der schulischen Anforderungen geprägt. Dabei mag die bereits angesprochene Minderbegabung (Überforderung) ebenso eine Rolle spielen wie eine tatsächliche oder vermeintliche Zurückweisung, die der Betreffende wegen seines wirtschaftlichen oder sozialen Hintergrunds erfährt. Auf der **Verhaltensebene** zeigen sich sowohl Unterrichtsstörungen als auch Aggressionen gegenüber Sachen und Personen. Herausragendes, in der Kriminologie nicht erst in jüngster Zeit diskutiertes Phänomen ist jedoch das massive Schulschwänzen: Der Anteil der massiven Schulschwänzer ist unter späteren Straffälligen in der Regel erheblich größer als unter den Teilnehmern der jeweiligen Kontrollgruppe.[33] Das Schwänzen lässt sich dabei sowohl als Indikator für das geringe Interesse am schulischen Lehrangebot als auch als Indikator für das Ausweichen gegenüber den schulischen Anforderungen deuten. Auf der **Leistungsebene** sticht der geringe Schuler-

32 *Glueck/Glueck* 1950, 135 ff.; *Göppinger* 1983, 60 ff.; ausführlich *Schmehl* 1980; *Theimann*, in: Boers/Reinecke 2019, 275 ff.

33 *Glueck/Glueck* 1950, 146 ff.; *West/Farrington* 1973, 180 f.; *Göppinger* 1983, 63 f.; *Huizinga/Jakob-Chien*, in: Loeber/Farrington 1998, 55 ff.

folg der mehrfach Straffälligen heraus. Er äußert sich in einem schlechten Leistungsstand und Klassenwiederholungen, bei älteren Untersuchungsteilnehmern in vorzeitigem Schulabbruch und einem geringen Niveau des erreichten Schulabschlusses (Förderschule, Hauptschule ohne Abschluss). Interpretieren lässt sich der geringe Schulerfolg sowohl als Folge der geringen oder fehlenden Einbindung des Jugendlichen (zB infolge des Desinteresses oder des Schulschwänzens) als auch als Ursache für die weitere Schwächung der Bindung an die Schule. Vermutlich wird man davon ausgehen müssen, dass letztlich alle schulischen Variablen in einem engen Wechselwirkungsverhältnis zueinander stehen.

Bei den Auffälligkeiten, die die straffällig werdenden Jugendlichen in der Schule zeigen, kann es sich um die *Folgewirkungen* von Problemen handeln, die im familialen Umfeld bestehen. Dabei ist im Blick zu behalten, dass die schulische Bindung des Kindes sowohl durch die von außen auf die Familie einwirkenden Belastungsfaktoren als auch durch das eigene Verhalten des Kindes selbst beeinflusst wird. Verhaltensauffälligkeiten, die das Kind bereits in der Familie zeigt, scheinen sich auch in der Schule fortsetzen; „schwierige Kinder" sind offenbar häufig auch „schwierige Schüler".[34] Man wird indessen die schulischen Schwierigkeiten nicht ausschließlich als die Konsequenz von Problemen ansehen dürfen, die die Kinder von zu Hause in die Schule „mitbringen". Desinteresse, Verhaltensauffälligkeiten und Leistungsschwächen können ihre Ursache auch im schulischen Umfeld haben. In den meisten kriminologischen Untersuchungen werden diese Aspekte zwar nicht erhoben. Das Verhalten der Lehrer und die Qualität ihrer Beziehungen zu den Schülern dürfen dennoch als mögliche Ursache von Schulschwierigkeiten nicht aus dem Blick verloren werden. 39

Ebenfalls berücksichtigt werden muss, dass es sich bei den mit Kriminalität korrelierenden schulischen Auffälligkeiten der Kinder bereits um Rückwirkungen aus ersten Delinquenzhandlungen und den damit einhergehenden Sanktionserfahrungen handeln kann. Straffälligkeit und Sanktionierung können sich für die Einbindung in den Schulbetrieb und das Erreichen bestimmter schulischer Qualifikationen als Belastung darstellen und damit selbst zur indirekten Ursache weiterer Kriminalität werden (vgl. *Thornberrys* Wechselwirkungstheorie, → § 3 Rn. 105 ff.). Der Altersverteilung bei der polizeilich registrierten Kriminalität entsprechend dürfte diesen Gesichtspunkten mit steigendem Alter der Schüler eine zunehmende Bedeutung zukommen. 40

Die angesprochenen Wechselbeziehungen sind auch für den Bereich der **beruflichen Ausbildung** zu vermuten. Die empirischen Befunde deuten darauf hin, dass sich die mehrfach Straffälligen von den 41

34 *Sampson/Laub* 1993, 113 f.

Nichtauffälligen auch in diesem Bereich in vielen Punkten signifikant unterscheiden.[35] Sie verlassen früher die Schule bzw. brechen die Schulausbildung ab, nehmen keine Berufsausbildung auf und haben kein oder nur ein geringes Interesse an weiterer Ausbildung. Sie zeichnen sich durch ein eher negatives Ausbildungsverhalten aus (zB ungenügende Arbeitsleistung, Unzuverlässigkeit, Blaumachen), ferner durch Lehrabbruch und wiederholten Wechsel der Lehrstelle. Viele erreichen keinen qualifizierten Abschluss. Auf der anderen Seite gibt es Hinweise darauf, dass das Nichterreichen bestimmter Abschlüsse für sich genommen noch keinen aussagekräftigen Prädikator für weitere Delinquenz bietet.[36]

c) Beziehungen zu Gleichaltrigen

42 Neben Schule und Ausbildung spielen in der Entwicklung die Beziehungen zu Gleichaltrigen eine wesentliche Rolle. Anders als die Interaktionen mit Eltern und Lehrern sind die Interaktionen mit Gleichaltrigen stärker durch Symmetrie geprägt; die Beziehungen entspringen vergleichbaren Lebens- und Entwicklungslagen. Der Kontakt mit den Gleichaltrigen, der Vergleich mit anderen, die Erfahrung von Zustimmung oder Ablehnung sowie die Entstehung von Freundschaften tragen dementsprechend auf eine ganz eigene Weise zur Bildung des Selbstkonzepts und zum Erwerb von Sozialkompetenz bei. Auch in der Kriminologie wird gesehen, dass sich damit vor allem bei Jugendlichen aus der Bezugsgruppe wesentliche Impulse für die Begehung von Straftaten ergeben können. Schon früh wurde deshalb begonnen, die Zusammenhänge genauer aufzuklären, die zwischen den sozialen Beziehungen zu Gleichaltrigen (peer-group) und Kriminalität bestehen.

43 Die Untersuchungen zeigen, dass zwischen dem Kontaktverhalten eines Jugendlichen und Kriminalität ein Zusammenhang besteht: Der **Kontakt zu anderen Straffälligen** korreliert eng mit der Wahrscheinlichkeit eigener Straffälligkeit. Wer Straftaten begeht, bewegt sich überzufällig häufig in einem Umfeld (Cliquen, Banden, Subkulturen, Szenen etc.), in dem kriminelles Verhalten üblich ist.[37] Krimi-

35 *Glueck/Glueck* 1968, 71 ff.; *Göppinger* 1983, 68 ff.; *Schmehl* 1980, 149 ff.

36 *Ehret/Othold/Schumann,* in: Schumann 2003, 115 ff.; *Schumann* MschrKrim 87 (2004), 228 ff.

37 *Glueck/Glueck* 1950, 163 ff.; *West/Farrington* 1977, 60 ff.; *Göppinger* 1983, 109 ff.; *Thornberry et al.* Criminology 32 (1994), 47 ff.; *Thornberry,* in: Loeber/Farrington 1998, 147 ff.; *Baier/Wetzels,* in: Dessecker 2006, 69 ff.; *Bentrup,* in: Boers/Reinecke 2019, 243 ff.

nalitätstheoretisch wird dieser Zusammenhang schon in der Theorie der differentiellen Assoziation (→ § 3 Rn. 65 ff.) thematisiert.

Bei der Interpretation dieses Zusammenhangs muss man zweierlei im Blick behalten. Zum einen ist empirisch noch nicht abschließend geklärt, in welchem zeitlichen Verhältnis der Kontakt zu anderen Straffälligen und die eigene Begehung von Straftaten zu sehen sind. Im Allgemeinen wird angenommen, dass der Kontakt der eigenen Straffälligkeit zeitlich vorausgeht und insofern „Ursache" der Kriminalität ist. Denkbar ist aber auch, dass sich der in den empirischen Untersuchungen festgestellte Kontakt erst aus der Straffälligkeit – zB aus der Inhaftierung – ergeben hat und insofern „Konsequenz" der Kriminalität ist. Schließlich ist als dritte Möglichkeit denkbar, dass der Kontakt zu anderen Straftätern weder das eine noch das andere ist, sondern ein bloßer Indikator für eine bestimmte Erscheinungsform von Kriminalität, nämlich diejenige Kriminalität, die unter Beteiligung mehrerer erfolgt. Die bislang vorliegenden Untersuchungen haben insoweit noch keine eindeutigen Befunde erbracht. **44**

Zum zweiten steht der Kontakt zu den straffälligen peers vermutlich in einem Wechselwirkungsverhältnis mit den Einflussgrößen aus den anderen Sozialisationsbereichen. Anders als die vorgegebenen Beziehungen zu Eltern und Geschwistern beruhen die Beziehungen zu den peers auf eigenen Entscheidungen; die Freunde werden *selbst gewählt.* Es ist davon auszugehen, dass die Selbstwahlprozesse wesentlich durch die vorangegangenen Sozialisationsverläufe mitbestimmt werden: Nach den Ergebnissen verschiedener Studien scheinen Belastungsfaktoren aus dem familialen Umfeld die Bindung an delinquente peers zu erhöhen.[38] Umgekehrt wird man annehmen können, dass die Eltern bei stabilen familialen Bindungen auf die Auswahl der Freunde in einem positiven Sinn Einfluss nehmen. Darüber hinaus wird die Auswahl vermutlich durch Persönlichkeitsvariablen gesteuert, was mit dem Sprichwort „gleich und gleich gesellt sich gern" anschaulich angesprochen wird. **45**

Die Wahl der Freunde kann wiederum Rückwirkungen auf den Grad der sozialen Einbindung haben. Wenn Freunde gewählt werden, die mit Straffälligkeit in Verbindung stehen, kann dies zu einer Schwächung der Bindung an diejenigen Instanzen führen, die diese Wahl ablehnen. Die Bindung an das familiale Umfeld kann ebenso geringer werden wie die Bindung an das schulische Umfeld; auch ist anzunehmen, dass die Wahl delinquenter Freunde Auswirkungen auf die Bindung an nichtdelinquente Freunde hat. Der Kontakt zu straffälligen peers kann damit die Wahrscheinlichkeit eigener Straffälligkeit nicht nur direkt, sondern auch indirekt erhöhen. **46**

d) Freizeit, Medien

Kriminalität, namentlich Jugendkriminalität, vollzieht sich überwiegend im Freizeitbereich, dh in demjenigen zeitlichen Handlungs- **47**

---

38 *Sampson/Laub* 1993, 115 f.; *Wetzels/Enzmann/Mecklenburg/Pfeiffer* 2001, 274 ff.

raum, der weder durch die biologischen Notwendigkeiten (Schlaf, Krankheit etc.) noch die verbindlichen Vorgaben Dritter (Herkunftsfamilie, Schule, Ausbildung etc.) bestimmt wird. Es verwundert deshalb nicht, dass in der Kriminologie auch den Zusammenhängen zwischen der Art der Freizeitgestaltung und der Begehung von Straftaten genauer nachgegangen wird. Dies geschieht allerdings überwiegend eher beiläufig, quasi als „Nebenprodukt" von Untersuchungen, die sich eigentlich mit der Familie, der Schule oder der Bezugsgruppe beschäftigen.[39]

48 In den meisten Untersuchungen zeigt sich ein einheitliches Bild: Das Freizeitverhalten registrierter Straftäter lässt sich vom Freizeitverhalten einer eher unauffälligen Population deutlich unterscheiden. Das Freizeitverhalten der Straffälligen zeichnet sich vor allem durch **Unstrukturiertheit und inhaltliche Offenheit** aus. Es vollzieht sich typischerweise auf eine Weise, die nicht in andere Zusammenhänge eingebunden ist, sondern es ist ungeplant, spontan und wird aus dem Augenblick heraus bestimmt.[40]

49 Die Befunde sind mit Vorsicht zu betrachten. Die verwendeten Begriffe sind zum Teil nicht trennscharf, die Erhebungsmethoden (Befragung der Jugendlichen) fehleranfällig.[41] In seiner konkreten Ausgestaltung unterliegt das Freizeitverhalten insbesondere von Jugendlichen einem kontinuierlichen Wandel, der es schwierig macht, Strukturen zu identifizieren und entsprechende Zuordnungen vorzunehmen. Zudem erlauben die vorliegenden Untersuchungen auch hier nicht, zuverlässig danach zu unterscheiden, ob eine spezifische Form der Freizeitgestaltung „Ursache" oder „Konsequenz" von Kriminalität ist.

50 Die kriminologische Bedeutung des Freizeitbereichs darf nicht überschätzt werden. Anders als die Familie, die Schule oder die Bezugsgruppe der Gleichaltrigen steht die „Freizeit" nicht für eine personale oder institutionelle Dimension von Bindung, sondern sie steht lediglich für einen *Freiraum*, der vom einzelnen ausgefüllt werden kann. Ob und wie die Freizeit ausgefüllt wird, hängt ebenso von der Art und Stärke der vorhandenen Bindungen wie von der einzelnen Persönlichkeit ab; so liegt es auf der Hand, dass Personen, die bspw. über ein hohes Maß an Extraversion verfügen, ein anderes Freizeitverhalten an den Tag legen als introvertierte Personen. Die krimino-

39 Vgl. allerdings auch *Goldberg* 2003; *dies.*, in: Feltes/Pfeiffer/Steinhilper 2006, 861 ff.; *Pöge/Haertel* ZJJ 2015, 140 ff.
40 *Glueck/Glueck* 1950, 160 ff.; *dies.* 1968, 107 ff.; *West/Farrington* 1977, 44 ff., 68 ff.; *Göppinger* 1983, 89 ff.
41 *Lösel* ZfStrVo 1983, 75.

logische Bedeutung des Freizeitbereichs liegt dementsprechend vor allem in seiner **„Signalwirkung“:** Die Art und Weise, in der mit „Freizeit“ umgegangen wird, kann Entwicklungen anzeigen, die kriminelles Verhalten wahrscheinlicher machen können. Es ist deshalb richtig, die Freizeitgestaltung als „Frühwarnbereich“ für beginnende Fehlentwicklungen anzusehen;[42] eine darüber hinausgehende, eigenständige Bedeutung kommt ihm indessen kaum zu.

Dies gilt auch für die Mediennutzung als einen der wichtigsten 50a Teilbereiche der Freizeitgestaltung. Dem Zusammenhang zwischen der Art der **Mediennutzung** und der Begehung von Straftaten wird in der Kriminologie erst in der jüngeren Zeit wieder verstärkt Aufmerksamkeit geschenkt, nachdem die Diskussion über viele Jahrzehnte von der Frage beherrscht wurde, ob der Konsum von Gewalt- oder Sexualdarstellungen Auswirkungen auf Aggressionsbereitschaft und Kriminalität hat.[43] In der jüngeren Zeit geht es vor allem um die Wirkungen von dissozialen Verhaltensweisen und Straftaten, die im Netz begangen werden, sei es, dass es sich dabei um die Verbreitung von Cyberbullying unter Jugendlichen, um den Besitz und die Verbreitung von kinderpornographischem Material oder um Hass und Hetze im Netz („Online-Extremismus“) handelt. Gerade zum letzten Punkt zeigen die Forschungen erneut, dass das Netz Radikalisierungsprozesse zwar verstärken und beschleunigen, aber für sich genommen nicht erklären kann. Das Internet ist lediglich ein „Resonanzraum“;[44] ob es zu Straftaten kommt oder nicht, hängt von anderen Umständen ab.[45]

e) Alkohol, Drogen

Einen besonderen Aspekt stellen für die weitere Entwicklung die 51 Verfügbarkeit und der Gebrauch von legalen und illegalen Drogen dar. In zahlreichen Untersuchungen hat sich gezeigt, dass Alkohol- und Betäubungsmittelgebrauch auf der einen und Delinquenzkarrieren auf der anderen Seite oft eng **ineinander verwoben** sind. Personen, die angeben, dass sie häufig erhebliche Mengen Alkohol trinken, treten häufiger als Straftäter in Erscheinung als Personen, die keine derartigen Angaben machen. Dabei scheint diese Beziehung offenbar

42 Göppinger/*Bock* 2008, § 22 Rn. 19.
43 Überblick bei *Brosius/Peter/Kümpel*, in: Hermann/Pöge 2018, 233 ff.
44 *Knipping-Sorokin/Stumpf/Koch* 2016, 31 ff.
45 *Meier* MschrKrim 95 (2012), 197 f.; zur Erklärung von Radikalisierungsprozessen Beelmann, in: Heinzelmann/Marks 2019, 195 ff.

vor allem dann zu bestehen, wenn sich der Alkoholkonsum mit der Einbindung in gefährdete peer-groups und einem unstrukturierten Freizeitverhalten verbindet.[46] Entsprechendes gilt für den Gebrauch von Betäubungsmitteln: Auch Personen, die regelmäßig Betäubungsmittel konsumieren, werden häufiger als Straftäter auffällig als Personen, die keine Betäubungsmittel konsumieren.[47] Inwieweit sich diese Befunde auch auf nicht stoffgebundene Süchte wie die Glücksspielsucht übertragen lassen, ist bislang erst wenig erforscht.[48]

52 Bei der Interpretation der genannten Befunde muss man neben dem unterschiedlichen Verbreitungsgrad von Alkohol und Betäubungsmitteln[49] und der damit einhergehenden unterschiedlichen kulturellen Eingebundenheit die unterschiedlichen Wirkungsebenen ebenso im Blick behalten wie den Umstand, dass die rechtlichen Grenzen des Alkohol- bzw. Betäubungsmittelgebrauchs unterschiedlich weit gezogen sind. Die kriminalitätsfördernde Bedeutung des **Alkohols** scheint vor allem in seiner Funktion als mitgestaltender Faktor der tatauslösenden Situation zu liegen: Alkohol enthemmt, regt an, vermittelt das trügerische Gefühl der erhöhten Leistungsfähigkeit, steigert die Impulsivität und fördert aggressive Reaktionen. Die Konsequenz ist, dass es beim Zusammentreffen mit anderen situativen Faktoren leichter zur Begehung von Straftaten kommen kann, namentlich zu Aggressionsdelikten; im Blick zu behalten ist allerdings auch der große Bereich der Verkehrskriminalität, namentlich die Bereiche Verkehrsgefährdung, Unfallverursachung und unerlaubtes Entfernen vom Unfallort. Es verwundert dementsprechend nicht, dass in empirischen Untersuchungen immer wieder festgestellt wird, dass verurteilte Straftäter rückblickend angeben, sie seien bei der Tat alkoholisiert gewesen.

53 Neben dieser direkten, die Tatbegehung unmittelbar ermöglichenden oder erleichternden Funktion kann Alkohol eine indirekte Wirkung entfalten. Chronischer Missbrauch von Alkohol kann mit psychischen, körperlichen und neurologischen Folgen einhergehen, die sich in sozial auffälligem Verhalten und Störungen der Beziehungen zur Umwelt niederschlagen. Gedacht werden kann etwa an einen

---

46 *West/Farrington* 1977, 44ff.; *Göppinger* 1983, 97, 155; *Maschke* 1987, 69ff.

47 *West/Farrington* 1977, 50ff.; *Huizinga/Jakob-Chien,* in: Loeber/Farrington 1998, 48ff.; *Quensel,* in: Kreuzer u. a. 1999, 153ff.

48 *Hayer* ZJJ 2020, 30ff.

49 Zur Epidemiologie vgl. die factsheets der Deutschen Hauptstelle für Suchtfragen, https://www.dhs.de/informationsmaterial/factsheets.html

Kreislauf, der von Einschränkungen der Leistungsfähigkeit am Arbeitsplatz und alkoholbedingtem „blau machen" über Streitigkeiten mit Arbeitskollegen und Vorgesetzten zur Kündigung und Entlassung in die Arbeitslosigkeit führt, mithin zu Situationen, die die Wahrscheinlichkeit kriminellen Handelns ihrerseits erhöhen. Dem regelmäßigen starken Alkoholkonsum wird insoweit in der Literatur eine alle Lebensbereiche durchziehende „Hintergrundwirkung" zugeschrieben.[50] Dabei muss man freilich auch hier wieder berücksichtigen, dass chronischer Missbrauch von Alkohol nicht nur die strafbarem Handeln zeitlich vorausgehende „Ursache" sein kann, sondern auch die *Folge* von Kriminalität und damit einhergehender Sanktionierung und Vollzugserfahrung. Zur Kennzeichnung der Unterschiede spricht man hier zum Teil vom „Alkoholismus chronisch Straffälliger" im Unterschied zur zuvor angesprochenen „Straffälligkeit chronischer Alkoholiker".[51] Die Zusammenhänge sind auch hier vielschichtig und empirisch noch nicht abschließend geklärt.

Ähnlich vielschichtig ist die Einordnung der kriminalitätsfördern- **54**
den Wirkung des Gebrauchs von **Betäubungsmitteln.** Die unmittelbare kriminalitätsfördernde Bedeutung scheint hier geringer zu sein als beim Alkohol; der Konsum von Betäubungsmitteln hat offenbar nur relativ selten eine direkte tatauslösende oder -erleichternde Relevanz. Eine größere Bedeutung haben demgegenüber offenbar die *indirekten* Wirkungen des Drogengebrauchs. Die neuere Literatur ordnet das Verhältnis von Drogengebrauch und Kriminalität dabei nicht in einfache „Ursache–Wirkung"-Beziehungen ein, sondern versteht Drogenmissbrauch und Delinquenz als zwei sich gegenseitig verstärkende Bestandteile eines allgemein **devianten Lebensstils;** Drogen- und Delinquenzkarrieren werden danach durch dieselben, hier bereits angesprochenen personalen und sozialen Risikofaktoren begünstigt.[52] Für eine solche, die Kausalitätsfrage offen lassende Einordnung spricht dabei, dass schon der bloße Besitz von Betäubungsmitteln eine Straftat darstellt (§ 29 I 1 Nr. 3 BtMG), Drogengebrauch und Kriminalität sich also schon aus rechtlichen Gründen gar nicht voneinander trennen lassen. Darüber hinaus spricht für diese Sichtweise aber auch das Phänomen der Beschaffungskriminalität, dem

50 Göppinger/*Brettel* 2008, § 27 Rn. 32.
51 KKW/*Kerner*, 6 ff.; *Kaiser* 1996, § 55 Rn. 25.
52 *Rautenberg* 1998, 83 ff.; vgl. auch *Kreuzer* 1991, 312 ff.; *ders.*, in: Kreuzer 1998, § 3 Rn. 208 ff., 279 ff.

im Zusammenhang mit Betäubungsmitteln eine sehr viel größere Bedeutung zukommen dürfte als im Zusammenhang mit Alkohol.

f) Erwerbstätigkeit und wirtschaftliche Lage

55 Mit zunehmendem Alter tritt die Bedeutung des Einflusses von Familie, Schule und Ausbildung zurück zugunsten des Einflusses zweier Bereiche, die erst im Erwachsenenalter eine Rolle spielen und geradezu als Indikatoren für das Verlassen der Jugendphase angesehen werden können: die Erwerbstätigkeit und die partnerschaftliche Bindung, die häufig mit der Gründung einer eigenen Familie einhergeht. Aus beiden Bereichen empfängt der einzelne neue Anstöße für seine Entwicklung, sie weisen ihm neue Aufgaben in neuen sozialen Bezugsfeldern zu und führen zur Stabilisierung der Persönlichkeits- und Identitätsbildung. Darüber hinaus schafft die Erwerbstätigkeit in der Regel die Grundlage für die materielle Unabhängigkeit und Teilhabe am gesellschaftlichen Leben.

56 Im Mittelpunkt der Forschungen zum Zusammenhang zwischen Erwerbstätigkeit und Straffälligkeit steht traditionell die Frage nach der Bedeutung von **Arbeitslosigkeit.** Man darf diese Frage indes nicht überbewerten. Das äußere Faktum der Arbeitslosigkeit ist für sich genommen kriminologisch kaum aussagekräftig.

57 Für die kriminologische Relevanz dürfte es vor allem darauf ankommen, mit welchen Begleitumständen die Arbeitslosigkeit einhergeht. Die Dauer der Arbeitslosigkeit dürfte ebenso bedeutsam sein wie die Verfügbarkeit von Lohnersatzleistungen. Insbesondere dürfte es aber auch darauf ankommen, aus welchen *Gründen* jemand von Arbeitslosigkeit betroffen ist: Liegen die Gründe in der Person des Betreffenden oder in seinem Verhalten, kommt der Arbeitslosigkeit eine größere kriminologische Aussagekraft zu als dann, wenn die Gründe in betrieblichen Erfordernissen oder konjunkturellen Entwicklungen liegen. Es ist deshalb von vornherein zu vermuten, dass es für den Zusammenhang mit Kriminalität weniger auf das „Ob" der Erwerbstätigkeit als vielmehr auf das „Wie" und „Warum" ankommt.

58 Auch wenn nicht auf das äußere Faktum der Arbeitslosigkeit abgestellt wird, hat die empirische Forschung etliche Zusammenhänge mit Mehrfach- und Intensivkriminalität ermittelt: Die mehrfach auffälligen Täter sind häufig nur unzureichend in das Erwerbsleben eingebunden; ihre **wirtschaftliche Situation** ist durch geringe Einkünfte und Schulden gekennzeichnet (relative Armut).[53] Die Erwerbsbiogra-

53 Weiterführend zum Zusammenhang zwischen Schulden und Kriminalität *Bock/Brettel*, ZVI-Sonderheft 2009, 2 ff.

fie der Straffälligen ist gekennzeichnet durch raschen Wechsel der Arbeitsstellen, durch längerfristige Unterbrechungen der Erwerbstätigkeit, aber auch durch nachlässiges Verhalten am Arbeitsplatz (zu spät kommen, „blau machen", schlechte Arbeitsleistungen etc.).[54] Umgekehrt lässt sich feststellen, dass ein stabiles Beschäftigungsverhältnis offenbar einen erheblichen Einfluss auf den *Abbruch* krimineller Karrieren hat: Je besser die Stabilität des Beschäftigungsverhältnisses zu beurteilen ist, desto geringer ist der Anteil der Straffälligen.[55]

Die in diesen Zusammenhängen zum Ausdruck kommende Bedeu- 59
tung der Erwerbsbiografie für die Begehung von Straftaten muss im Kontext der Entwicklung in den anderen Sozialisationsbereichen gesehen werden. Auffälliges Verhalten am Arbeitsplatz, häufiger Arbeitsstellenwechsel und Erwerbslosigkeit können die **Folgewirkung von Problemen und Auffälligkeiten in der** schulischen und beruflichen **Ausbildung** sein. Der Umstand, dass es einer Person nicht gelingt, im Erwerbsleben Fuß zu fassen, kann die Konsequenz davon sein, dass die schulische oder berufliche Ausbildung abgebrochen oder nur mit einer geringen formalen Qualifikation abgeschlossen wurde, die zum Bestehen auf dem Arbeitsmarkt nicht genügt. Aber auch spezifische **Persönlichkeitsstrukturen** können eine Rolle spielen: Ein unstetes Arbeitsverhalten, häufiger Arbeitsstellenwechsel und Arbeitslosigkeit können Indikatoren dafür sein, dass der Betreffende mit den im Arbeitsleben notwendigen Anpassungsleistungen nicht zurechtkommt (mangelhaft ausgebildetes Durchhaltevermögen). Auf der anderen Seite kann es sich bei den Schwierigkeiten, im Erwerbsleben Fuß zu fassen, aber auch hier wieder um **Folgewirkungen vorangegangener Kriminalität** und damit einhergehender Inhaftierungen handeln. Der Status des „Vorbestraftseins" kann sich bei der Re-Integration in das Erwerbsleben als Hemmnis erweisen und durch die Erschwerung der Entstehung neuer Bindungen zur indirekten Ursache weiterer Straftaten werden.[56] Über die Kausalität der Erwerbslosigkeit und der anderen erwerbsbiografischen Merkmale für die wiederholte Begehung von Straftaten kann deshalb nur

54 *Glueck/Glueck* 1968, 90ff.; *West/Farrington* 1977, 64ff.; *Farrington* BritJCrim 26 (1986), 335ff.; *Göppinger* 1983, 73ff.; ausführlich *Kofler* 1980.

55 *Sampson/Laub* 1993, 139ff.; *Mischkowitz* 1993, 197ff.; *Stelly/Thomas/Kerner/Weitekamp* MschrKrim 81 (1998), 115ff.; *Stelly/Thomas* 2001, 275ff.; vgl. auch *Grobbin/Prein/Reyels/Seus,* in: Schumann 2003, 175ff.; *Schumann* MschrKrim 87 (2004), 233ff.

56 *Schumann* MschrKrim 87 (2004), 236ff.

mit Vorbehalt gesprochen werden; in erster Linie dürfte es sich auch insoweit um Indikatoren für Gefährdungslagen handeln, die die Wahrscheinlichkeit von Straftaten erst im Zusammenwirken mit anderen Belastungen erhöhen.

g) Partnerschaftliche Bindungen

60 Die empirischen Zusammenhänge zwischen partnerschaftlicher Bindung, der Gründung einer eigenen Familie (Elternschaft) und Kriminalität sind in der Kriminologie bislang erst in Ansätzen erforscht worden.

61 Auf der einen Seite ist diese Feststellung überraschend, denn sie steht in gewissem Widerspruch zu der Vielzahl von Untersuchungen, die zum Zusammenhang zwischen dem Aufwachsen in der Herkunftsfamilie und späterer Kriminalität durchgeführt worden sind. Auf der anderen Seite ist es verständlich, dass sich die Kriminologie mit der Aufklärung der Relevanz von Partnerschaft und eigener („Prokreations-") Familie schwer tut: Anders als die Arbeitsaufnahme, die im wesentlichen ökonomischen Erwägungen folgt, beruhen das Eingehen von Partnerschaften und die Gründung einer eigenen Familie weitgehend auf höchst individuellen Entscheidungen, die sowohl durch die äußeren Umstände, namentlich die Verfügbarkeit eines geeigneten Partners, als auch durch die Persönlichkeit des einzelnen und seine individuellen Präferenzen determiniert werden. Standardisierte Verlaufs- und Entwicklungsmuster, die als Folie für die Erfassung und Interpretation von Befunden dienen könnten, fehlen weitgehend; lediglich die Ehe als formalisierte Form der Partnerschaft sowie die Existenz von Kindern können als einigermaßen verlässliche Orientierungsmarken dienen. „Harte Daten" liegen dementsprechend nur zu einigen wenigen Punkten vor.

62 Nach den vorliegenden Befunden ist von einem Zusammenhang zwischen Familienstand und Kriminalität auszugehen: Personen, die als Mehrfach- und Intensivtäter in Erscheinung treten, sind häufig ledig oder geschieden, wohingegen Personen, die sich eher unauffällig verhalten, verheiratet sind.[57] Feststellen lässt sich auch, dass das Eingehen einer Ehe offenbar einen erheblichen Einfluss auf den *Abbruch* krimineller Karrieren hat: Geht ein Mehrfachauffälliger eine Ehe ein, so reduziert sich hierdurch die Wahrscheinlichkeit weiterer Taten.[58] Auch das Fehlen einer ehelichen Beziehung signalisiert mithin offenbar eine Gefährdungslage, die mit Kriminalität korreliert. Ähnlich

57 *Glueck/Glueck* 1968, 80ff.; *Göppinger* 1983, 117ff.; *King u. a.* Criminology 45 (2007), 33ff.

58 *Sampson/Laub* 1993, 139ff.; *Thomas/Stelly/Kerner/Weitekamp* KZfSS 1998, 321ff.; *Stelly/Thomas* 2001, 275ff.; *Sampson/Laub/Wimer* Criminology 44 (2006), 465ff.

wie es sich bereits in den anderen Sozialisationsbereichen gezeigt hat, scheint es allerdings auch hier wieder weniger auf den äußeren Umstand anzukommen, *ob* jemand verheiratet ist oder nicht. Die größere Bedeutung scheint der **Qualität der partnerschaftlichen / ehelichen Beziehungen** beizumessen zu sein: Wird das Eheleben als „gestört“ beschrieben, so ist die kriminologische Aussagekraft eine andere als dann, wenn die Ehe „intakt“ ist bzw. wenn die bestehenden ehelichen Bindungen als „stark“ einzuordnen sind. Kriminologisch scheint darüber hinaus bedeutsam zu sein, ob die Eheschließung in der Entwicklung als „Zäsur“ empfunden wird.

So zeigte sich in der Tübinger Jungtäter-Vergleichsuntersuchung, dass zwei Drittel der Häftlingsprobanden auch nach der Eheschließung ihr früheres Leben mit all seinen spezifischen Auffälligkeiten beibehielten: Sie gingen weiterhin keiner geregelten Arbeit nach und verbrachten ihre Freizeit nach wie vor überwiegend außerhäuslich und unstrukturiert. Die Vergleichsprobanden konzentrierten sich demgegenüber nach der Eheschließung, insbesondere jedoch, wenn ein Kind vorhanden war, in ihrer Freizeit fast ganz auf die Familie.[59] **63**

Der zuletzt genannte Befund macht deutlich, dass auch das Eingehen und die Gestaltung von partnerschaftlichen / ehelichen Beziehungen nicht isoliert von der Persönlichkeitsentwicklung und den Einflüssen aus den anderen Sozialisationsbereichen gesehen werden darf. Dabei ist im Blick zu behalten, dass die Qualität der ehelichen Beziehungen nicht einseitig bestimmt wird, sondern sich aus der wechselseitigen Interaktion der Partner heraus entwickelt. Die Frage, welche Bedeutung der Partnerschaft bzw. Ehe individuell beigemessen wird, hängt dementsprechend nicht nur von der Persönlichkeit des einzelnen sowie den Beobachtungen und Lernprozessen ab, die er in der Herkunftsfamilie gemacht hat, sondern auch von der **Beziehungsdynamik**, die ihrerseits durch äußere Faktoren wie ein unregelmäßiges Arbeitsverhalten, Arbeitslosigkeit, Straftaten, Inhaftierungen und den Kontakt zu anderen Straffälligen wesentlich belastet werden kann. Der Umstand, dass es einem Täter nicht gelingt, eine stabile, intakte Ehe einzugehen und damit aus der Eheschließung eine kriminalitätshemmende Bindung zu erfahren, kann dementsprechend gleichermaßen die Folge vorangegangener Sozialisationsverläufe wie die Konsequenz von Straftaten und Inhaftierungen sein. Umgekehrt kann sich die Bindung an einen Ehepartner dann als stabilisierender, weiteren Straftaten entgegenwirkender Faktor erweisen, **64**

59 *Göppinger* 1983, 120f.

wenn es dem Täter trotz widriger Ausgangsbedingungen gelingt, mit der Eheschließung eine Zäsur zu setzen und einen neuen Entwicklungsweg einzuschlagen.

4. Zusammenfassung und entwicklungskriminologische Einordnung

65 Im Mittelpunkt der empirisch-kriminologischen Beschäftigung mit Mehrfachauffälligen steht die Frage, ob es über die bloße Tatsache der mehrfachen Begehung von Straftaten hinausgehend Umstände, Merkmale, Risikofaktoren o. Ä. gibt, in denen sich Mehrfach- und Intensivtäter von nicht oder weniger auffälligen Personen unterscheiden. Die z. T. mit großem methodischem Aufwand durchgeführten Untersuchungen zeigen, dass es derartige Unterschiede sehr wohl gibt. Die kleine Gruppe der Mehrfachauffälligen hebt sich sowohl durch besondere Akzentuierungen im Persönlichkeitsprofil als auch durch besondere Belastungen und Benachteiligungen im Sozialprofil deutlich ab.

66 Versucht man die empirischen Befunde zu gewichten und fragt danach, welchen Umständen für die Begründung von kriminellen Karrieren eine herausgehobene Bedeutung zukommt, so ist die Identifizierung von einzelnen Faktoren nicht möglich. Mehrfach- und Intensivkriminalität lässt sich in der Regel nicht auf einzelne Umstände wie Intelligenz, Vernachlässigung, Misserfolg in der Schule, Arbeitslosigkeit oder Armut zurückführen, denen bei allen Menschen in allen Altersstufen dieselbe Bedeutung zukommt. Entscheidend ist nach den vorliegenden Befunden gerade die **Vielzahl** der kriminalitätsbegünstigenden Faktoren, die erst in ihrem **Zusammenwirken** und **mit unterschiedlichem Gewicht in den einzelnen Entwicklungsstufen** die Begehung von Straftaten wahrscheinlicher machen. Kriminelle Karrieren lassen sich nur als das **Ergebnis eines längerfristigen Prozesses** verstehen, der an irgendeinem, im Nachhinein nicht näher bestimmbaren Punkt seinen Ausgang genommen und durch das Zusammenwirken von Bedingungen, die sowohl in der Persönlichkeit des Täters als auch seinem sozialen Umfeld zu verorten sind, die Wahrscheinlichkeit fortgesetzten kriminellen Handelns erhöht hat (vgl. Übersicht 6.1).

Übersicht 6.1: Risikofaktoren für wiederholte Straffälligkeit

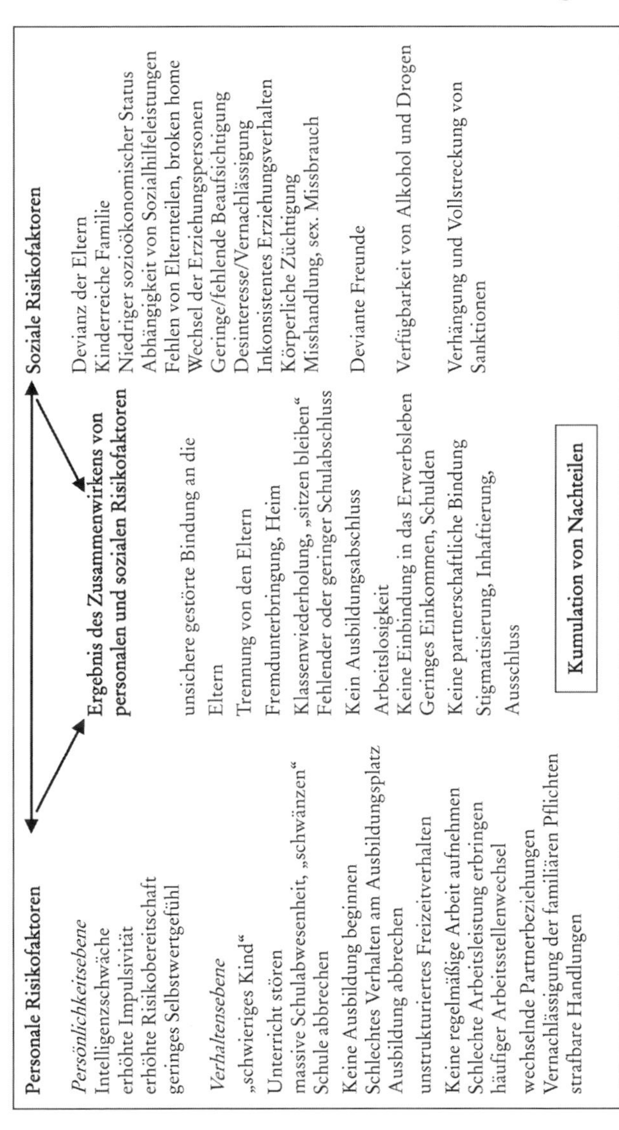

67 Die vorstehend im Einzelnen angesprochenen Ausschnitte namentlich aus dem Sozialbereich von Mehrfachauffälligen dürfen nicht in der Weise missverstanden werden, dass sie in allen Fällen für die Entwicklung krimineller Karrieren dieselbe Bedeutung hätten. Die empirische Forschung hat gezeigt, dass es unterschiedliche Wege in die Kriminalität gibt, wobei in der Literatur meist danach unterschieden wird, in welchem Alter die ersten kriminellen Handlungen begangen worden sind („Früh-" bzw. „Spätkriminalität"). Es liegt auf der Hand, dass zB die besonderen Bedingungen der frühkindlichen Sozialisation zwar für die **„Frühkriminalität"**, namentlich für die intensive Jugendkriminalität, maßgeblich sein können, dass sie aber geringere Bedeutung für die im Heranwachsenden- oder Erwachsenenalter beginnende „Spätkriminalität" haben. Für die **„Spätkriminalität"** dürfte es eher auf den Einfluss der Freunde, die Ausgestaltung der Freizeit und die Bewältigung der Leistungsanforderungen des Erwerbslebens ankommen.

68 Was bedeutet nun die Feststellung, dass Mehrfach- und Intensivkriminalität in dem dargestellten Sinn „multifaktoriell" bedingt ist, für die kriminalitätstheoretische Erklärung? Muss man sich vor dem Hintergrund der empirischen Befunde mit dem Hinweis begnügen, dass Mehrfachauffälligkeit letztlich nicht erklärt werden kann? Eine solche Schlussfolgerung zu ziehen, wäre höchst unbefriedigend, denn solange man über die Frage, *warum* sich kriminelle Karrieren auf die beschriebene Weise entwickeln, keine konzeptionellen Vorstellungen hat, bleiben die empirischen Befunde bedeutungslos. Erst eine die Befunde verdichtende, systematisierende und erklärende Interpretation ermöglicht es, aus den Befunden empirisch fundierte Konsequenzen für den weiteren Umgang mit dem Phänomen der Mehrfach- und Intensivkriminalität zu ziehen.

69 Angesichts der Vielfalt der empirischen Befunde liegt es auf der Hand, dass monokausale Erklärungen zu kurz greifen. Mehrfachauffälligkeit lässt sich allein mit persönlichkeitstheoretischen Überlegungen ebenso wenig erklären wie allein mit lern- oder kontrolltheoretischen Aussagen; auch die Perspektive des labeling approach erfasst nur insofern einen wichtigen Punkt, als sie auf die die Entwicklung und Verfestigung krimineller Karrieren prägende Bedeutung von Inhaftierung und Sanktionierung hinweist. Die theoretische Verdichtung der Befunde kann deshalb nur in der Bezugnahme auf ein breit angelegtes, um die Integration unterschiedlicher Ansätze bemühtes Konzept gelingen. Gerade für die Erklärung von Mehrfachauffällig-

keit dürften dabei das überzeugendste Konzept die neueren **entwicklungskriminologischen Ansätze** bereithalten, die kriminelles Handeln als das Ergebnis komplexer, dynamischer Entwicklungsverläufe ansehen (→ § 3 Rn. 102ff.).

Für die Entstehung ebenso wie für den Verlauf und den Abbruch 70 krimineller Karrieren kommt es danach wesentlich auf die Mechanismen der informellen sozialen Kontrolle an, die sich aus den mit dem Alter variierenden Bindungen an Eltern, Schule, Freunde, Beruf und Partner ergeben. Die kriminalitätstheoretische Bedeutung der hier dargestellten Einzelbefunde liegt darin, dass sie – soweit sie nicht in Einzelbereichen (wie bspw. bei langdauernder Arbeitslosigkeit) bereits das völlige Fehlen von Bindungen widerspiegeln – **in ihrer Kumulation** zu einer **Schwächung** gerade **solcher sozialen Bindungen** führen, **die der Begehung von Straftaten entgegenwirken** (Kriminalität als Ergebnis sich kumulierender Nachteile;[60] vgl. Übersicht 6.1). Auch die Erfahrungen in der Kindheit und der frühen Jugend können so zu Risikofaktoren werden, die mit späterer Kriminalität korrelieren; sie können zu Risikofaktoren werden, die mit ihren Auswirkungen auf die anderen Bindungsbereiche der Entwicklung der Betroffenen ein bestimmtes, kriminelles Handeln begünstigendes Gepräge geben. Dabei ist es nicht ausreichend, die Begehung von Straftaten und die damit einhergehende Verfolgung und Sanktionierung nur als abhängige, erklärungsbedürftige Variable zu sehen. Das kriminelle Verhalten kann in diesem Prozess selbst zu einem Risikofaktor werden, dem am Zustandekommen und der Verstärkung von weiteren kriminalitätsbegünstigenden Kreisläufen eine eigenständige Bedeutung zukommt.[61]

Erklärungsbedürftig ist indessen nicht nur, warum bestimmte Um- 71 stände die Begehung von Straftaten wahrscheinlicher machen. Erklärungsbedürftig ist auch, warum einzelne trotz widriger Startbedingungen andere Entwicklungen nehmen; warum sie *nicht* straffällig werden, *obwohl* auch sie erheblichen Belastungen ausgesetzt sind. Die Frage ist bislang sowohl in der empirischen Forschung als auch theoretischen Diskussion erst wenig beleuchtet worden und hat auch in der vorstehenden Darstellung der Einzelbefunde nur eine untergeordnete Rolle gespielt. Die Frage bildet den Ausgangspunkt der Suche

60 *Laub/Sampson* Criminology 31 (1993), 305ff.; aus deutscher Sicht grundsätzlich zustimmend *Stelly/Thomas/Kerner/Weitekamp* MschrKrim 81 (1998), 119f.; *Bliesener*, in: Bliesener/Lösel/Köhnken 2014, 51ff.

61 *Thornberry* Criminology 25 (1987), 876; *Schulte*, in: Boers/Reinecke 2019, 431ff.

nach **protektiven oder Schutzfaktoren,** dh der Suche nach solchen Faktoren, die den Einfluss von Risikofaktoren „abpuffern" und den einzelnen vor dem Weg in die Kriminalität bewahren. Eine herausgehobene Rolle kommt in diesem Zusammenhang offenbar der **Resilienz** zu, dh der psychischen Widerstandsfähigkeit in einer hochrisikobelasteten Umgebung („Unverwundbarkeit"; → Rn. 23). Schutzfaktoren können sich jedoch nicht nur aus psychischen Dispositionen, sondern auch aus dem sozialen Kontext ergeben, etwa aus der sicheren Bindung an eine Bezugsperson oder der von anderen erfahrenen Zuwendung. Die Forschung hinsichtlich des Zusammenwirkens von Risiko- und Schutzfaktoren und ihrer wechselseitigen Bedeutung für die Wahrscheinlichkeit von kriminellem Verhalten steht indessen noch am Anfang.

IV. Kriminalpolitische Schlussfolgerungen

72 Welche Schlussfolgerungen können aus den empirisch-kriminologischen Befunden zur Täterpersönlichkeit und den soziobiografischen Hintergründen der Tat gezogen werden? Bezieht man die Frage nicht auf „den Täter" schlechthin, sondern auf die kleine Teilgruppe der Mehrfachauffälligen, stellt sie sich vor allem mit Blick auf die kriminalpolitischen Konsequenzen, die zur Eingrenzung der von dieser Tätergruppe ausgehenden massiven Kriminalität gezogen werden können.

73 Eine mögliche Konsequenz kann darin bestehen, für die kleine Gruppe der Intensivtäter Sanktionsstrategien zu entwickeln, die ihnen *physisch* jede Form der Fortsetzung ihrer kriminellen Karrieren nimmt. In der Literatur wird diese Konsequenz häufig in Anlehnung an die in den 1980er Jahren einsetzende Wende in der US-amerikanische Kriminalpolitik als **„selective incapacitation"** bezeichnet, worunter in erster Linie die nach der Gefährlichkeit (i. S. von Rückfallwahrscheinlichkeit) differenzierende Inhaftierung von Mehrfachauffälligen zu verstehen ist.[62] In der deutschen Kriminalpolitik verbindet sich dieser Ansatz mit den Schlagworten der „Sicherheit" und des „präventiven Opferschutzes". Wenn man diejenigen Personen, die mit hoher Wahrscheinlichkeit weitere Straftaten begehen

62 *Blumstein/Cohen/Farrington* Criminology 26 (1988), 24 ff.; *Spelman* Crime and Justice 27 (2000), 419 ff.

werden, inhaftiert – so die dahinterstehende Überlegung –, dann können auf diese Weise eine Vielzahl von Straftaten einschließlich des damit verbundenen menschlichen Leids vermieden werden. Das Problem dieser kriminalpolitischen Strategie besteht indes in der Prämisse, dass man die Täter, die mit hoher Wahrscheinlichkeit weitere Straftaten begehen werden, schon in einem möglichst frühen Stadium ihrer kriminellen Karriere (ex-ante) identifizieren kann.[63] Das Problem liegt also in der *Prognose* der künftigen Straffälligkeit, die nicht nur durch individuell unterschiedlich verlaufende Kriminalitätskarrieren und den immer wieder zu beobachtenden Spontanabbruch krimineller Karrieren, sondern auch durch das bislang noch weitgehend ungeklärte Verhältnis von Risiko- und Schutzfaktoren erheblich erschwert wird. Eine befriedigende, die Gefahr von Fehleinschätzungen gering haltende Lösung dieses Problems ist derzeit nicht in Sicht (dazu ausführlich → § 7).

Die zweite mögliche Konsequenz kann darin bestehen, an die em- 74
pirisch ermittelten Gründe für die Entstehung und Verfestigung krimineller Karrieren anzuknüpfen und nach solchen Maßnahmen zu fragen, die auf die Beseitigung oder doch Neutralisierung dieser Gründe abzielen. Dieser zweite Weg nimmt den großen Bereich der **entwicklungsbezogenen Prävention** in den Blick und bemüht sich um **„Gegensteuerung“.** Im Mittelpunkt stehen insoweit Maßnahmen der universellen (primären) und selektiven (sekundären) Prävention, also Maßnahmen der Familien-, Schul-, Wirtschafts- und Sozialpolitik, die darauf abzielen, durch die Einflussnahme auf Erziehung und Sozialisation, schulische und berufliche Ausbildung sowie durch die Schaffung von spezifischen Hilfs- und Beratungsangeboten die kriminalitätsfördernde Bedeutung der genannten Belastungsfaktoren zu reduzieren (ausführlich → § 10). Wenn es zu einer Straftat gekommen ist, sind Maßnahmen der indizierten (tertiären) Prävention gefragt. Die Befunde zur indirekt kriminalitätsfördernden Bedeutung der staatlichen Strafe legen es dabei nahe, mit der Strafe im Zweifel eher zurückhaltend zu reagieren und die Spielräume, die auch die schuldangemessene Sanktionierung eröffnet, zur Verwirklichung des Strafzwecks der **positiven Spezialprävention** möglichst weitgehend zu nutzen. Ambulante Sanktionsformen sind stationären vorzuziehen; soweit Freiheitsentzug unvermeidlich ist, ist er möglichst als Behandlungsvollzug, nicht als Verwahrvollzug auszugestalten. Maßnahmen

63 Vgl. zur Kritik ausführlich *Kunz/Singelnstein* 2016, § 21 Rn. 23 ff.

wie soziales Training, Unterstützung beim Erwerb von berufsqualifizierenden Abschlüssen oder Therapieangebote können auch in einer intramuralen (dh auf die Gefängniswelt beschränkten) Lebenssituation geeignet sein, bei der Bewältigung von biografischen Belastungen zu helfen und Perspektiven für ein Leben ohne Straftaten zu eröffnen. Dabei setzt die erfolgreiche, an den individuellen Besonderheiten des einzelnen Täters ansetzende Behandlung im Vollzug voraus, dass über die Risikofaktoren, die die Wahrscheinlichkeit kriminellen Handelns erhöhen, empirisch begründete Klarheit besteht (zum RNR-Ansatz bei der Straftäterbehandlung → § 9 Rn. 80).

75 Es ist die Aufgabe der praktischen Kriminalpolitik darüber zu entscheiden, welchem dieser beiden völlig gegensätzlichen Konzepte der Vorzug zu geben ist. Anders als noch in den 1970er Jahren, die durch die Verabschiedung des allein am Resozialisierungsgedanken und damit am zweiten Weg orientierten StVollzG gekennzeichnet waren, scheint die gegenwärtige Situation vor allem durch den Wunsch nach mehr „Sicherheit durch Inhaftierung“ geprägt zu sein.

Empfehlungen zur vertiefenden Lektüre: *Boers/Herlth*, Delinquenzabbruch. Hauptaspekte des gegenwärtigen Forschungsstands, MschrKrim 99 (2016), 101–122; *Boers*, Delinquenz im Altersverlauf, MschrKrim 201 (2019), 3–42; *Farrington/Coid/West*, The Development of Offending from Age 8 to Age 50: Recent Results from the Cambridge Study in Delinquent Development, MschrKrim 92 (2009), 160–173; *Stelly/Thomas/Kerner/Weitekamp*, Kontinuität und Diskontinuität sozialer Auffälligkeiten im Lebenslauf, MschrKrim 81 (1998), 104–122; *Stemmler/Wallner/Link*, Risikofaktoren für die Entwicklung dissozialen Verhaltens in der Kinheit und Jugend, in: Hermann/Pöge 2018, 247–261.

§ 7. Probleme der Vorhersage künftiger Straffälligkeit

I. Begriff und Bedeutung der Kriminalprognose

Einen der wichtigsten Anwendungsbereiche der empirischen Befunde zu den entwicklungskriminologischen Hintergründen der Tat bildet die Vorhersage des künftigen Täterverhaltens. Auf der Grundlage dessen, was aus der bisherigen Entwicklung über einen Täter bekannt ist, wird die Einschätzung abgeleitet, wie sich der Betreffende in Zukunft voraussichtlich verhalten, insbesondere ob und mit welcher Wahrscheinlichkeit er weitere Straftaten begehen wird. 1

Eine solche, auf das Verhalten einer bestimmten Person bezogene Individualprognose ist nicht die einzige Art von Prognose, die es in der Kriminologie gibt. Es gibt auch Kollektivprognosen, die die allgemeine Kriminalitätsentwicklung in einem bestimmten Gebiet, für einen bestimmten Zeitraum oder eine bestimmte Bevölkerungsgruppe voraussagen. Ein Beispiel hierfür sind Expertisen, die in den Jahren 2009/10 zur **voraussichtlichen Entwicklung der Jugendkriminalität** bis zum Jahr 2020 erstellt wurden. Hintergrund war der demographische Wandel, der in einer alternden Gesellschaft den Rückgang von Jugendkriminalität und Jugendgewalt erwarten ließ.[1] Der spätere Vergleich der vorhergesagten Entwicklung mit der tatsächlichen Kriminalitätsentwicklung zeigte, dass die registrierte Jugendkriminalität tatsächlich sehr viel stärker gesunken war als es vorhergesagt worden war: Dass die Belastung auch in den Zehnerjahren unabhängig von der demographischen weiter zurückgehen würde (→ § 5 Rn. 49; Abb. 5.2), war genauso wenig vorhergesehen worden wie die fluchtbedingte Migration nach Deutschland in den Jahren 2015/16.[2] Ein anderes Beispiel sind Prognosen, die von der Polizei zur Einbruchswahrscheinlichkeit in einzelnen Stadtgebieten erstellt werden. Der Idee nach werden die vorhergesagten Einbrüche durch Polizeipräsenz vor Ort verhindert (**predictive policing**).[3] Derartige raumbezogene Instrumente tragen zur Stabilisierung raumbezogener gesellschaftlicher Selektivität bei, was ihren Einsatz als problematisch erscheinen lässt; vor allem aber ist ihre Effektivität derzeit noch weitgehend ungeklärt.[4] Auf Kollektivprognosen und ihre Metho- 2

---

1 *Görgen/Kraus/Taefi* ZJJ 2011, 412 ff.; *Hanslmaier/Kemme/Stoll/Baier* 2014.
2 *Kemme/Taefi/Görgen* ZJJ 2019, 350 ff.
3 *Suckow* Kriminalistik 2018, 347 ff.
4 *Belina* MschrKrim 99 (2016), 85 ff.; *Seidensticker* MschrKrim 100 (2017), 291 ff.; *Singelnstein* NStZ 2018, 1 ff.

dik wird im Folgenden nicht weiter eingegangen, da sie im Zusammenhang mit strafrechtlichen Entscheidungen keine Rolle spielen, sondern die Grundlage von politischen Planungsentscheidungen bilden (zB bzgl. der Personalausstattung von Polizei und Justiz oder der Einrichtung neuer Vollzugsanstalten).

3 Innerhalb der Individualprognosen lässt sich unterscheiden zwischen Frühprognosen und Rückfallprognosen. **Frühprognosen** zielen auf die Ermittlung von Personen ab, die noch keine Straftaten begangen haben, von denen aber mit einer gewissen Wahrscheinlichkeit anzunehmen ist, dass sie dies eines Tages tun werden. In der Kriminologie bekannt geworden sind die Untersuchungen von *Sheldon* und *Eleanor Glueck* (→ § 2 Rn. 20; § 3 Rn. 119 f.), die in der Mitte des 20. Jahrhunderts die These vertraten, dass sich diejenigen Jungen, die später einmal straffällig werden würden, bereits im Alter von 6 Jahren anhand von drei Merkmalen identifizieren ließen (Aufsicht seitens der Mutter, Erziehung durch die Mutter, Zusammenhalt der Familie).[5] Derartige Frühprognosen können für die Initiierung von jugendhilferechtlichen Maßnahmen von Interesse sein, spielen aber im strafrechtlichen Kontext ebenfalls keine Rolle, da dieser daran anknüpft, dass bereits eine Straftat begangen worden ist. Aus strafrechtlicher Sicht stehen die **Rückfallprognosen** im Mittelpunkt des Interesses, bei denen danach gefragt wird, ob bzw. mit welcher Wahrscheinlichkeit es nach einer ersten Auffälligkeit zu weiteren Delikten kommen wird.

4 Das strafrechtliche Sanktionssystem verlangt dem Gericht an zahlreichen Punkten eine Prognose über das künftige Legalverhalten des Täters ab. Verallgemeinernd lassen sich Urteils- und Entlassungsprognosen unterscheiden. **Urteilsprognosen** muss das erkennende Gericht im Zusammenhang mit der Auswahl der im Einzelfall in Betracht kommenden Sanktionsart treffen, zB bei der Entscheidung über die Strafaussetzung zur Bewährung (vgl. § 56 I 1 StGB: „… wenn zu erwarten ist, dass der Verurteilte sich schon die Verurteilung zur Warnung dienen lassen und künftig auch ohne die Einwirkung des Strafvollzugs *keine Straftaten mehr begehen wird*“) oder bei der Entscheidung über die Verhängung einer Maßregel der Besserung und Sicherung (zB § 63 S. 1 StGB: „… wenn die Gesamtwürdigung des Täters und seiner Tat ergibt, dass von ihm infolge seines Zustandes *erhebliche rechtswidrige Taten … zu erwarten sind* und er deshalb für die Allgemeinheit gefährlich ist“); letztere werden im Hinblick auf die Formulierung im Gesetzestext auch „Gefährlichkeitsprognosen“ genannt. **Entlassungsprognosen** müssen von der Strafvollstreckungskammer im Zusammenhang mit Entscheidungen über die Aus-

5 *Glueck/Glueck* 1950, 257 ff.; *dies.* BritJCrim 4 (1964), 215 ff.

setzung des Restes einer Freiheitsstrafe zur Bewährung (vgl. § 57 I StGB: „... wenn dies *unter Berücksichtigung des Sicherheitsinteresses der Allgemeinheit* verantwortet werden kann“) oder der weiteren Vollstreckung der Unterbringung im Maßregelvollzug getroffen werden (§ 67d II StGB: „... wenn zu erwarten ist, dass der Untergebrachte außerhalb des Maßregelvollzugs *keine erheblichen rechtswidrigen Taten mehr begehen wird*“). Zu den Urteils- und den Entlassungsprognosen gesellen sich als dritte Prognoseart die **Flucht- und Missbrauchsprognosen** hinzu, die im Fall der Vollstreckung von Freiheitsstrafe oder einer freiheitsentziehenden Maßregel bei Entscheidungen über die Gewährung von Vollzugslockerungen getroffen werden müssen (vgl. § 11 II StVollzG: „... wenn nicht zu befürchten ist, dass der Gefangene *sich dem Vollzug der Freiheitsstrafe entziehen* oder die Lockerungen des Vollzuges *zu Straftaten missbrauchen* werde“). Vergleichbare Prognoseentscheidungen werden dem Gericht im Anwendungsbereich des Jugendstrafrechts abverlangt (vgl. zB § 21 I 1, § 88 I JGG). Kriminalprognosen haben in der strafgerichtlichen Praxis eine dementsprechend große Bedeutung. Sie sind Ausdruck der Entscheidung des Gesetzgebers für ein individualisierendes, spezialpräventiv ausgerichtetes Sanktionssystem, für das es bei der Auswahl und Bemessung einer Rechtsfolge maßgeblich darauf ankommt, ob die betreffende Strafe oder Maßregel für die Verhinderung weiterer Taten erforderlich ist.

Das Ziel jeder Prognose ist es, das (Nicht-)Auftreten des Sachver- 5
halts, um dessen Prognose es geht, möglichst richtig vorherzusagen. Angestrebt wird die möglichst hohe Treffsicherheit; die Gefahr der Fehleinschätzung soll möglichst gering sein. Dass dieses allgemeine Ziel, das jeder Prognose eigen ist, im Zusammenhang mit Kriminalprognosen besondere Bedeutung hat, wird deutlich, wenn man sich die Konsequenzen vor Augen führt, die mit einer Fehleinschätzung verbunden sind. Bei der Kriminalprognose können **zwei Arten von Fehleinschätzungen** auftreten:

(1) Die Prognose, es werde zu keinen weiteren Straftaten kommen, 6
kann falsch sein; der Täter wird entgegen der Erwartung **erneut straffällig.** Die neue Tat kann nicht nur auf der Seite des Opfers mit erheblichem menschlichem Leid verbunden sein. In die (medienvermittelte) Kritik geraten häufig auch Gutachter und Vollzugsbedienstete, die rückblickend „falsche“ Prognosen abgegeben haben, und das Gericht, das eine „falsche“ Entscheidung getroffen hat. Die Vorwürfe

können bis hin zur Einleitung von strafrechtlichen Ermittlungen gegen die betreffenden Verantwortungsträger führen.[6]

7 (2) Die Prognose, dass es zu weiteren Straftaten kommen werde, kann falsch sein; der Täter begeht in diesem Fall entgegen der Erwartung **kein weiteres Delikt.** Das Problem bei dieser Konstellation besteht darin, dass die Unrichtigkeit der Prognose meist nicht bewiesen werden kann.[7] Der Täter wird im Hinblick auf die von ihm ausgehende Gefahr inhaftiert oder aus dem Vollzug nicht entlassen und so nicht nur physisch daran gehindert, weitere Straftaten zu begehen, sondern ebenso daran gehindert, unter Beweis zu stellen, dass er entgegen der Erwartung zu einem Leben ohne Straftaten durchaus in der Lage ist. Auch der Freiheitsverlust für den zu Unrecht ungünstig Prognostizierten ist mit erheblichem Leid verbunden (nun allerdings auf der Seite des Täters, für dessen Perspektive sich Medien und Politik typischerweise nicht interessieren). Hinzu kommen die oft erheblichen, von der Allgemeinheit zu tragenden Kosten für die Sanktionsvollstreckung, die bei richtiger Prognose hätten vermieden werden können.

8 Die verschiedenen Kombinationsmöglichkeiten von vorhergesagtem Ergebnis und tatsächlichem Ereignis lassen sich in einer Vierfeldertafel veranschaulichen (Tab. 7.1). Als „positiv" werden dabei diejenigen Fälle bezeichnet, in denen der Eintritt des betreffenden Ereignisses (dh die Rückfälligkeit) positiv vorausgesagt wird, als „negativ" die Fälle, in denen der Nichteintritt des Ereignisses vorausgesagt wird. „Richtig" sind die Fälle, in denen sich die (positive oder negative) Prognose rückblickend als zutreffend erweist („Treffer"), „falsch" diejenigen, in denen die Prognose unzutreffend war. Das Ziel der Kriminalprognose besteht darin, die Zahl der „Treffer" möglichst hoch und die Zahl der Fehleinschätzungen möglichst gering zu halten.

Tab. 7.1: Prognosegenauigkeit und Prognoseirrtümer

		Tatsächliches Ergebnis	
		weitere Tat	keine weitere Tat
Vorhergesagtes Ergebnis	hohes Rückfallrisiko	„Treffer" richtig positiv	falsch positiv
	geringes Rückfallrisiko	falsch negativ	„Treffer" richtig negativ

6 Vgl. BGHSt 64, 217; *Schiemann* NStZ 2020, 416; *Ledebrink(Schauf* FS 2020, 284; zur zivilrechtlichen Seite *Spickhoff* FPPK 2017, 244 ff.

7 Vgl. insoweit aber die Untersuchungsansätze von *Alex* FPPK 2011, 244 ff.; *ders.*, in: Höffler 2015, 21 ff.; *Müller u. a.* MschrKrim 94 (2011), 253 ff.

Wenn es in der Realität zu einer anderen Entwicklung kommt als vorhergesagt, insbesondere wenn der Täter entgegen der Prognose eine weitere Straftat begeht („falsch negative“ Prognose), realisiert sich das Fehleinschätzungsrisiko, das jeder Prognose immanent ist. Von einem „Fehler“ kann solange nicht gesprochen werden, wie der Gutachter oder das Gericht bei der Erstellung der Prognose ordnungsgemäß vorgegangen ist (also zB den zugrunde gelegten Prognosesachverhalt vollständig aufgeklärt hat).[8] Ein Vorwurf ist in diesen Fällen nicht berechtigt. Um sprachlich Klarheit zu schaffen, wird in den Fällen, in denen sich bei ordnungsgemäßer Prognoseerstellung das Fehleinschätzungsrisiko realisiert, nicht von Prognosefehler, sondern von Prognoseirrtum gesprochen.

II. Grundprobleme der Vorhersage kriminellen Verhaltens

1. Überblick

Die richtige Vorhersage künftiger Ereignisse ist eine komplexe, nur schwer zu bewältigende Aufgabe. Schon die Erfahrungen, die wir alle täglich mit der Zuverlässigkeit von Wettervorhersagen machen, lassen die Problematik erkennen. Gegenüber der Wettervorhersage stellt die Vorhersage künftigen menschlichen Verhaltens dabei noch einmal gesteigerte Anforderungen, da das menschliche Verhalten nicht das Ergebnis naturgesetzlicher Abläufe ist, sondern auch durch den menschlichen Willen, durch Erfahrungen und Kosten-Nutzen-Abwägungen, aber auch durch Spontaneität und Intuition, sowie durch sich ändernde Außenwelteinflüsse gesteuert wird. Gleichwohl ist es nicht gänzlich unmöglich, menschliches Verhalten vorherzusagen. Es gibt **Verhaltensregelmäßigkeiten,** die in gewissem Rahmen die Vorhersage des künftigen Verhaltens erlauben. Dies gilt grundsätzlich auch für die Vorhersage kriminellen Verhaltens. 9

Auch wenn die Erstellung einer Kriminalprognose keine von vornherein als unlösbar zu bezeichnende Aufgabe ist, ist sie mit **erheblichen Schwierigkeiten** konfrontiert. Unabhängig von der Entscheidung für ein bestimmtes Prognoseverfahren stellen sich bei jeder Kriminalprognose die folgenden Probleme:[9] 10

8 Überblick über die Fehlermöglichkeiten bei der psychiatrischen Gutachtenerstellung bei *Foerster/Dreßing*, in: Venzlaff/Foerster 2015, 71 ff.; vertiefend *Rettenberger/Eher* R & P 2016, 50 ff.; Mindestanforderungen für Prognosegutachten werden formuliert von *Boetticher u.a.* NStZ 2019, 553 ff.

9 *Schöch*, in: H. J. Schneider 2007, 361 ff.; *Leygraf*, in: Venzlaff/Foerster 2015, 414 ff.

11 (1) Der **Zeitraum,** auf den sich die Vorhersage bei einer Kriminalprognose bezieht, ist in der Regel sehr lang. In Einzelfällen kann er zwar kurz sein wie zB bei der Missbrauchsprognose nach § 11 II oder § 13 I 2 StVollzG (im Höchstfall 3 Wochen), in den meisten Fällen ist er aber ohne weitere Einschränkung allgemein auf die Zukunft gerichtet (vgl. § 56 I 1 StGB: „künftig“). Je länger der Zeitraum ist, auf den sich die Prognose beziehen soll, desto unsicherer wird die Vorhersage. Man kennt das Problem von der Wetterprognose.

12 (2) Bei dem Verhalten, um dessen Vorhersage es geht, handelt es sich in der Regel um ein vergleichsweise **seltenes Ereignis.** Straftaten, namentlich schwere Straftaten, werden nur selten begangen. Zur Kennzeichnung der Häufigkeit, mit der das vorherzusagende Ereignis in der Population auftritt, auf die die Prognose angewendet werden soll, wird der Begriff der **„Basisrate“** (base rate) verwendet. Bei Ereignissen, deren Basisrate nur gering ist, kommt es unvermeidbar zu einem hohen Anteil falsch positiver Vorhersagen (dazu genauer → Rn. 16).

13 (3) Das **situationsspezifische Bezugsfeld,** in dem die Person handelt, deren Verhalten vorhergesagt werden soll, ist in der Regel nicht bekannt. Bekannt sind lediglich die personalen und sozialen Risikofaktoren (→ § 6 Rn. 66 Übersicht 6.1), aus denen auf Verhaltensregelmäßigkeiten geschlossen wird. Verhalten ist jedoch niemals ausschließlich durch diese personalen Faktoren bedingt, sondern stets auch durch die situativen Rahmenbedingungen wie etwa die Existenz eines potentiellen Opfers oder eines Tatobjekts, das für den potentiellen Täter einen hohen materiellen oder immateriellen Wert aufweist und das nicht ausreichend geschützt wird (→ § 8 Rn. 31 ff.). Wenn über das situationale Bezugsfeld nichts bekannt ist, können auch über die Wahrscheinlichkeit, mit der es zu weiteren Straftaten kommt, nur unzureichende Aussagen getroffen werden.

14 Hinzu kommt als weiteres allgemeines Problem, dass jede Prognose **Folgewirkungen** im Verhalten auslösen kann. Derjenige, dem attestiert wird, dass er eine günstige Prognose aufweist, kann sich besondere Mühe geben, dieser Prognose gerecht zu werden, und sich straffrei führen. Umgekehrt kann derjenige, dem eine ungünstige Prognose ausgestellt wird, diese Zuschreibung in sein Selbstbild übernehmen und sich genau so verhalten, wie es von ihm erwartet wird; dies ist der kriminalitätstheoretische Ausgangspunkt des labeling approach (→ § 3 Rn. 92). Jede Verhaltensprognose kann auf diese Weise zu einer **sich selbst erfüllenden Prophezeiung** (self-fulfilling-

prophecy) werden. Anders als die ersten drei Probleme ist diese Gefahr für die Vorhersagegenauigkeit freilich tendenziell von Vorteil: Sie führt nicht zu einer Beeinträchtigung der Vorhersagegenauigkeit, sondern zu einer Erhöhung der „Trefferquote“: Auch Prognosen, die zum Zeitpunkt ihrer Erstellung „an sich falsch“ waren, können dadurch, dass sich der Prognostizierte genauso verhält, wie es von ihm erwartet wird, zu einer richtigen Prognose werden.

2. Basisrate, Auswahlrate und Vorhersagegenauigkeit

Das Ziel jeder Prognose ist es, das betreffende Ereignis möglichst 15
genau vorherzusagen. Bezogen auf Kriminalität geht es also darum, die Quote der „Treffer“ möglichst hoch und diejenige der Fehleinschätzungen möglichst gering zu halten. Vermieden werden sollen unnötige freiheitsentziehende Sanktionen (falsch Positive) ebenso wie neue Taten, die bei einer anderen Ausgestaltung der Sanktion vermeidbar gewesen wären (falsch Negative).

In der Praxis lässt sich eine absolut hohe Zahl von treffgenauen, 16
richtigen Prognosen nicht erreichen. Da die Begehung von Straftaten ein vergleichsweise seltenes Ereignis ist – anders formuliert: ein Ereignis ist, dessen **„Basisrate“** nur gering ist –, kommt es, wenn man eine große Zahl von Prognosen statistisch betrachtet, unvermeidlich zu **systematischen Verzerrungen.** Je geringer die Basisrate des vorherzusagenden Ereignisses ist, desto größer ist der Anteil derjenigen Vorhersagen, die den Eintritt dieses Ereignisses zu Unrecht prognostizieren.

Beispiel: Angenommen es geht um die Entlassung eines Sexualtäters aus dem Strafvollzug zum Zweidrittelzeitpunkt (§ 57 I StGB). Normativ kommt es darauf an, ob die Aussetzung der Strafrestvollstreckung unter Berücksichtigung des Sicherheitsinteresses der Allgemeinheit verantwortet werden kann. Konkret bedeutet das, dass nicht mit weiteren Straftaten zu rechnen ist. Nehmen wir an, die Vorhersagegenauigkeit (Treffsicherheit) einer Prognose soll bei 95 % liegen, dh die Prognose soll in 95 % aller Fälle zu richtigen, und nur in 5 % aller Fälle zu falschen Ergebnissen führen. Diese Annahme ist bereits äußerst anspruchsvoll, denn das Optimum, eine 100 %-ige Sicherheit, gibt es im Bereich der Prognosen nicht. Nehmen wir weiter an, die Basisrate von weiteren Straftaten liege für verurteilte Sexualtäter bei 20 %.[10] Diese Angabe beruht auf einer bloßen Setzung; die Basisrate lässt sich methodisch nicht

10 Hierzu genauer *Groß/Stübner* und *Groß/Nedopil*, in: Kobbé 2017, 117 f. und 142 ff.

exakt berechnen. Viele Verurteilte werden nicht aus dem Strafvollzug entlassen, obwohl sie nie wieder eine Straftat begehen würden; manche werden entlassen und begehen erneut Straftaten, aber über diese Taten wird nichts bekannt. Die Annahme einer Basisrate von 20 % bedeutet, dass von 1.000 zu Freiheitsstrafe verurteilten Sexualtätern, die aus dem Strafvollzug entlassen werden, 200 erneut Straftaten begehen.

Wenn man davon ausgeht, dass die Vorhersagegenauigkeit bei 95 % liegt, dann werden von den insgesamt 1.000 Personen 950 Personen richtig und 50 Personen falsch zugeordnet. Dabei entfallen auf die Gruppe der richtig Positiven 190 (95 % von 200 Tätern) und auf die Gruppe der richtig Negativen 760 Personen (95 % von 800 Nicht-Tätern). 50 Personen (5 % von 1.000) werden falsch eingeschätzt. Dabei werden 40 Personen zu Unrecht als positiv („gefährlich") und 10 zu Unrecht als negativ („ungefährlich") eingestuft. Die Gruppe der falsch Beurteilten weist damit ein schiefes Bild auf: Die Zahl der falsch Negativen ist deutlich geringer (20 % der falschen Zuordnungen) als die der falsch Positiven (80 % der falschen Zuordnungen). Anders ausgedrückt: Infolge der geringen Basisrate wird das Risiko, dass es zu weiteren Straftaten kommen wird, systematisch überschätzt. Statistisch gesehen wird das Risiko der Fehleinschätzung umso größer, je geringer die Basisrate ist, je seltener also solche Ereignisse sind, die vorhergesagt werden sollen.

17 Die Vorhersagegenauigkeit ist nicht nur von der Basisrate abhängig. Ähnliche systematische Verzerrungen ergeben sich aus der Auswahlrate und dem Umschlagspunkt. Als **„Auswahlrate"** (selection ratio) bezeichnet man den Anteil derjenigen Fälle, für die der Eintritt des betreffenden Ereignisses – also zB die hohe Wahrscheinlichkeit der Begehung weiterer Straftaten – positiv vorausgesagt wird.[11] Je größer die Auswahlrate ist, desto schlechter wird bei geringer Basisrate die Vorhersagegenauigkeit. Der **„Umschlagspunkt"** (cutting score, „Grenzwert") ist auf der Skala der Prognosefaktoren (Prädiktoren) diejenige Stelle, an der aus einer günstigen Prognose eine ungünstige wird. Das Verständnis der Zusammenhänge ist komplex und setzt mathematisch-statistisches Grundwissen voraus. Wegen der Einzelheiten muss hier auf das Spezialschrifttum verwiesen werden.[12]

11 *Dahle*, in: Kröber/Dölling/Leygraf/Sass 2006, 12f.
12 *Kühl/Schumann* R & P 1989, 130ff.; *Endres* ZfStrVo 2000, 68ff.; *König* R & P 2010, 67ff.; *Müller/ Nedopil* 2017, 347ff.

III. Prognosefaktoren

Auch wenn sich zeigt, dass die Vorhersage künftiger Straffälligkeit ganz grundsätzlich und völlig unabhängig von irgendeinem spezifischen Verfahren mit einer Vielzahl von methodischen Problemen behaftet ist, stellt sich die Frage, wie bei der Erstellung einer Kriminalprognose vorzugehen ist. Dabei bietet es sich an, zunächst einen Blick auf die Merkmale (Prognosefaktoren, Prädiktoren) zu werfen, anhand derer die Prognosestellung erfolgt, ehe in einem zweiten Schritt auf die einzelnen Verfahren eingegangen wird (→ Rn. 24 ff.). 18

Die **Auswahl der Prädiktoren** ist, wissenschaftlich betrachtet, von der jeweils zugrunde gelegten Verhaltenstheorie abhängig. Wenn man weiß (oder zu wissen glaubt), warum ein Mensch unter bestimmten situativen Bedingungen straffällig wird, dann lassen sich diese Überlegungen in die Zukunft verlängern und es lässt sich eine Aussage darüber treffen, ob der Betreffende künftig wahrscheinlich weitere Straftaten begehen oder sich straffrei führen wird (→ § 3 Rn. 6). So klar und einfach sich dieser Zusammenhang aus theoretischer Sicht formulieren lässt, so schwierig ist seine Einlösung in der Praxis. Die empirischen Untersuchungen zur Täterpersönlichkeit und den soziobiografischen Hintergründen der Tat zeigen, dass die Begehung von Straftaten mit einer Vielzahl von Risikofaktoren aus der psycho-sozialen Entwicklung korreliert; es gibt nicht einen einzelnen Umstand, der als „der" zentrale Gesichtspunkt mit Straffälligkeit in Verbindung gebracht werden könnte (→ § 6 Rn. 66). Der einzige Umstand, der sich bei der Rückfallprognose mit einer gewissen Plausibilität aus dem Kreis dieser vielfältigen Faktoren herausheben lässt, ist die Tatsache, dass der Betreffende bereits einmal (oder ggf. auch häufiger) straffällig geworden ist.[13] 19

Die Plausibilität des Rückgriffs auf das **bisherige Legalverhalten** folgt aus der Überlegung, dass dieser Umstand anzeigt, *dass und in welcher Weise* der Täter in seinem Handeln durch die auf ihn einwirkenden Faktoren beeinflusst wird. Hat er eine oder mehrere Straftaten begangen, so ist dies ungeachtet der konkreten bio-psycho-sozialen Hintergründe, die sein Handeln im Einzelfall bestimmt haben mögen, ein **Indikator für die Stärke und das Gewicht der** bei ihm vorhandenen **Gefährdungslage;** die Taten signalisieren, dass in der Vergangenheit offenbar Prozesse stattgefunden haben (kriminalitätstheore- 20

13 *Kurlychek u. a.* Criminology and Public Policy 5 (2006), 483 ff.

tisch formuliert: Ausgrenzungserfahrungen, Bindungsverluste, Kumulation von Benachteiligungen etc.), die sich bereits mindestens einmal in einer Normübertretung niedergeschlagen haben. Angesichts dieses Indizcharakters kann es nicht verwundern, dass das bisherige Legalverhalten in allen Verfahren, die bislang zur Kriminalprognose entwickelt worden sind, einen zentralen Bezugspunkt bildet. In der strafjustiziellen Praxis ist die strafrechtliche Vorauffälligkeit nicht selten sogar der einzige Prädiktor, der für die Beurteilung des künftigen Legalverhaltens des Täters herangezogen wird.

21 Auf die bisher in einem Bereich gezeigte Entwicklung abzustellen ist ein geläufiger Vorgang. Zeigen lässt sich dies an einem ganz anders gelagerten Beispiel: der Leistungsprognose. Wer sich als Jurastudierende/r überlegt, ob er/sie das Erste Examen voraussichtlich bestehen wird, wird angesichts der Unkenntnis der Aufgaben, die im staatlichen Teil gelöst werden müssen, versuchen, aus den bisherigen Leistungen im Studium auf den wahrscheinlichen Ausgang des Examens zu schließen. In der Sache ist dies nichts anderes, als wenn ein Richter aus den Einträgen eines Angeklagten im Bundeszentralregister auf das künftige Legalverhalten schließt. Das Beispiel der Examensprognose macht freilich sogleich deutlich, worin die Probleme liegen, wenn man sich für die Prognose allein an den äußeren, aus der Vergangenheit bekannten Umständen orientiert: Die weiter zurückliegenden Umstände (bei der Examensprognose zB die in den ersten Semestern erzielten Noten) sind wahrscheinlich nicht so bedeutsam wie die zeitlich weniger weit zurückliegenden Umstände (die Noten in den „großen Scheinen"); zwischenzeitlich können neue Entwicklungen eingesetzt haben, die allein bei Betrachtung der formalen Kriterien außen vor bleiben (zB nach Erlangung des letzten für das Examen notwendigen Scheins ist man zum Repetitor gegangen); Persönlichkeitsvariablen können sich auswirken (zB die Prüfungsangst oder auch die Leistungsmotivation: weiß ich überhaupt, warum ich das Examen machen will?); die in der Zukunft liegenden Rahmenbedingungen müssen berücksichtigt werden (hat man eine stabile Lerngruppe, auf die man sich in der Examenszeit verlassen kann?). Wenn man es sich genau überlegt, lässt sich der voraussichtliche Erfolg im Examen anhand der Noten, die man im Studium in den Scheinen erzielt hat, nur sehr unzureichend vorhersagen.

22 Trotz aller Plausibilität ist es dementsprechend problematisch, für die Kriminalprognose maßgeblich oder gar ausschließlich auf das bisherige Legalverhalten abzustellen. Auch wenn die empirische Forschung Belege dafür liefert, dass antisoziales Verhalten relativ stabil ist und kriminelle Karrieren in ihrer Entwicklung ein hohes Maß an Kontinuität aufweisen, kann allein aus diesen im Rückblick gewonnenen Befunden **nicht eindeutig** geschlossen werden, dass auch in einem konkreten Einzelfall, selbst wenn er alle Zeichen für die Entwicklung einer kriminellen Karriere aufweist, mit weiteren Straftaten zu rechnen ist. Kriminelle Karrieren werden nicht nur begonnen und

fortgesetzt, sondern sie werden infolge von Veränderungen in der Entwicklung des Täters auch wieder *beendet.* Antisoziales Verhalten ist dementsprechend auch durch Instabilität, kriminelle Karrieren sind auch durch Diskontinuitäten gekennzeichnet.[14] Jede Straftat kann in der persönlichen Entwicklung die letzte gewesen sein; statistisch gesehen nimmt die Wahrscheinlichkeit des Abbruchs einer kriminellen Karriere mit der Zahl der Verurteilungen sogar deutlich zu.[15] Vor einer Überbetonung der strafrechtlichen Vorbelastung muss deshalb gewarnt werden. Verwertbar ist dieser Umstand bei der Kriminalprognose nur dann, wenn zugleich danach gefragt wird, aus welchen Gründen die bisherigen Taten begangen wurden und ob und ggf. wie sich diese Begleitumstände seither verändert haben.

Das für die Kriminalprognose erforderliche **Prädiktorenfeld** kann 23
nach alledem nur **mehrdimensional** gestaltet sein. Berücksichtigt werden müssen die von der empirischen Forschung ermittelten Risikofaktoren für kriminelles Handeln ebenso wie die möglichen Schutzfaktoren, personale Faktoren – Persönlichkeitsprofil, Verhalten im nichtstrafrechtlichen Bereich, Einstellungen – ebenso wie die Besonderheiten der bisherigen Entwicklung und des gegenwärtigen sozialen Umfelds. Die Begehung von Straftaten und die Wahrscheinlichkeit des Rückfalls dürfen insbesondere nicht nur als das Ergebnis einer statischen Abfolge von Entwicklungsschritten gesehen werden, vielmehr müssen die Dynamik des Entwicklungsgeschehens, die wechselseitige Beeinflussung der einzelnen Risiko- und Schutzfaktoren sowie etwaige Veränderungen in der Persönlichkeit und im Umfeld des Täters angemessen einbezogen werden. Zur Kennzeichnung der unterschiedlichen zu berücksichtigenden Umstände wird in der Literatur von **„statischen"** (gleich bleibenden) und **„dynamischen"** (änderbaren) **Rückfallfaktoren** gesprochen.[16] Würde man bei der Prognose nur die statischen, auf Dauer unabänderlich feststehenden Risikofaktoren für kriminelles Handeln berücksichtigen (zB nur die Störungen in der frühkindlichen Eltern-Kind-Beziehung, das Leistungsversagen in Schule und Beruf oder nur die strafrechtliche Vorauffälligkeit), so müsste dem Täter unter bestimmten Umständen unentrinnbar bis an sein Lebensende *immer* eine negative Prognose gestellt werden; es gäbe keine Möglichkeit, aktuelle Veränderungen

14 *Stelly/Thomas/Kerner/Weitekamp* MschrKrim 81 (1998), 108 ff.
15 *Kerner*, in: H.-J. Albrecht u. a. 1998, 156 ff.
16 *Schöch*, in: H. J. Schneider 2007, 370; *Müller/Nedopil* 2017, 346.

aufzugreifen, in der Behandlung zu nutzen und in der Prognosestellung zu verarbeiten.

IV. Prognoseverfahren

24 Wie wird bei der Erstellung einer Kriminalprognose nun konkret vorgegangen? Herkömmlich wird zwischen drei Methoden unterschieden: der statistischen, der klinischen und der intuitiven Methode. Die statistische und die klinische Methode gelten als „wissenschaftliche“ Prognoseverfahren, die intuitive Methode als Vorgehensweise der Praxis. Eine Sonderform der klinischen Methode ist die von *Göppinger* entwickelte Methode der idealtypisch vergleichenden Einzelfallanalyse. Damit sind jedoch nur die historischen Ausgangspunkte bezeichnet; insbesondere die statistischen Verfahren sind in der forensischen Psychologie und Psychiatrie kontinuierlich weiterentwickelt und mit der klinischen Methode verbunden worden. Heutige Prognoseverfahren zielen auf die Kombination von statistischer und klinischer Prognose ab.

1. Ältere Verfahren

a) Statistische (aktuarische) Prognose

25 Grundlage der statistischen (aktuarischen, nomothetischen) Methode sind empirische Untersuchungen, bei denen Stichproben von mehrfach auffälligen Wiederholungstätern (zB von Inhaftierten) mit Stichproben von Nichtstraffälligen bzw. Einfach- und Gelegenheitstätern verglichen werden. Ohne Bindung an eine spezielle Kriminalitätstheorie werden **empirisch-statistisch** diejenigen Faktoren ermittelt, anhand derer sich die beiden Stichproben voneinander unterscheiden lassen. Die so ermittelten Faktoren werden als **Prognosefaktoren** für die Rückfälligkeit interpretiert und in Prognosetafeln zusammengefasst.

26 Es liegt auf der Hand, dass die Güte und Vorhersagegenauigkeit eines statistischen Verfahrens davon abhängig sind, welche Faktoren für die Vorhersage ausgewählt und wie sie zueinander in Beziehung gesetzt werden. In den frühen, sehr einfachen statistischen Verfahren wurden sämtliche Faktoren, anhand derer sich die beiden Konstruktionsstichproben (Rückfalltäter und Nichtrückfalltäter) unterscheiden ließen, als gleichwertig behandelt. Um ein

Maß für die Rückfallwahrscheinlichkeit bei Vorliegen einer bestimmten Zahl von Faktoren zu erhalten, wurden die Probanden aus den beiden Gruppen daraufhin überprüft, ob und in welchem Ausmaß bei ihnen die zuvor ermittelten, differenzierenden Merkmale vorlagen. Dabei zeigte sich in der Regel, dass bei den Nichtrückfälligen keine oder nur sehr wenige, bei den Rückfälligen hingegen mehrere oder – im Extremfall – sämtliche Merkmale gegeben waren. Der Anteil der Rückfälligen bei Vorliegen einer bestimmten Anzahl von Faktoren wurde als Rückfallwahrscheinlichkeit interpretiert und in Prognosetafel aufgenommen.

Ein Beispiel für eine Prognosetafel, die auf einem derartigen „einfachen Punktverfahren" aufbaute, war die in den 1960er Jahren entwickelte Tafel von *F. Meyer.*[17] Die Tafel war vorgesehen für die Prognose bei der Verhängung von bzw. Entlassung aus Jugendstrafe von unbestimmter Dauer (§ 19 JGG aF; beseitigt durch das 1. JGGÄndG von 1990). Für die Urteilsprognose waren 19, für die Entlassungsprognose 21 Faktoren heranzuziehen. Lagen bei einem konkret zu beurteilenden straffällig gewordenen Jugendlichen 0 bis 2 Faktoren vor, so gab *Meyer* für die Urteilsprognose die Rückfallwahrscheinlichkeit mit 22 % an; lagen 3 bis 6 Faktoren vor, so sollte die Rückfallwahrscheinlichkeit 58 % betragen; lagen 7 oder mehr Faktoren vor, so ging *Meyer* bereits von einer Rückfallwahrscheinlichkeit von 100 % aus. 27

In anderen frühen Prognosetafeln wurden die Faktoren nicht gleichwertig behandelt, sondern gewichtet; man sprach insoweit von „Punktwertverfahren". Als Gewichtungsfaktor wurde dabei zum Teil auf den Prozentsatz der Rückfälligen in den entsprechenden Unterklassen, zum Teil auf die Korrelationskoeffizienten zurückgegriffen, die in der Konstruktionsstichprobe für die Stärke des Zusammenhangs der betreffenden Faktoren mit dem Rückfall ermittelt worden waren.[18] Teilweise wurde auch in der Weise verfahren, dass dem Anwender in Grenzen anheimgestellt wurde, wie stark er einen einzelnen Faktor gewichten wollte (zB ob ein bestimmter „Basispunktwert" mit einem Faktor zwischen 1 und 5 multipliziert werden sollte).[19] Eine dritte Gruppe schließlich stellten „Strukturprognosetafeln" dar. Bei diesen Verfahren wurden die Wechselbeziehungen der einzelnen Faktoren untereinander berücksichtigt und es wurden für die verschiedenen Merkmalskombinationen differenzierte Rückfallwahrscheinlichkeiten angegeben.[20] Aus heutiger Sicht erscheinen diese zuletzt genannten Verfahren als richtiger Ansatz, da sie der notwendigen Mehrdimensionalität des Prädiktorenfelds Rechnung trugen (→ Rn. 23). Historisch können sie als Vorläufer heutiger rechnergestützter **algorithmenbasierter Prognoseverfahren** angesehen werden.[21] 28

17 *Meyer* MschrKrim 48 (1965), 243 f.
18 *Glueck/Glueck* 1950, 257 ff.; *dies.* 1960, 23 ff.; *Mannheim/Wilkins* 1955, 137 ff.
19 *Frey* 1951, 321 ff.
20 *Grygier* BritJCrim 6 (1966), 269 ff.
21 *Müller/Pöchhacker* ÖZS 2019 (Supplement 1), 157 ff.

29 Die frühen, auf empirisch-statistischem Weg konstruierten Prognosetafeln waren erheblicher Kritik ausgesetzt. Kritisiert wurde vor allem die **mangelnde Treffsicherheit** der ermittelten Prognosefaktoren; es wurde bezweifelt, dass sich der Rückfall mit Hilfe der Prognosetafeln richtig vorhersagen lasse. Insbesondere im Bereich des breiten Mittelfelds lasse die Treffsicherheit erheblich nach. Darüber hinaus wurde eingewandt, dass die Prognosetafeln lediglich Auskunft über **gruppenbezogene Rückfallwahrscheinlichkeiten** gäben; sie sagten lediglich etwas aus über die statistische Rückfallverteilung in der Konstruktionsstichprobe, erlaubten aber keine Aussagen über das Risiko in einem konkret zu beurteilenden Einzelfall.

30 Die Berechtigung des ersten Einwands ist offensichtlich, wenn man die in den frühen Tafeln verwendeten Prognosefaktoren vor dem Hintergrund der oben angestellten Überlegungen zur Notwendigkeit der Berücksichtigung möglichst umfassender Informationen aus möglichst vielen Bereichen des Täters und seines Umfelds betrachtet. In der Prognosetafel von *Meyer* wurden ausschließlich statische Faktoren aus der Vorgeschichte berücksichtigt; das Spektrum der Prognosefaktoren reichte von dem Merkmal „Kriminalität bei mindestens einem Elternteil" über das Merkmal „Beginn der Kriminalität vor Vollendung des 15. Lebensjahres" bis zu dem Merkmal „Betteln oder Landstreicherei vor Vollendung des 21. Lebensjahres". Dynamische Faktoren blieben ebenso unberücksichtigt wie Faktoren, die auf die aktuelle Situation des Betreffenden Bezug nahmen (zB Arbeitslosigkeit, Höhe des verfügbaren Einkommens, Schuldenbelastung, Drogen- oder Alkoholmissbrauch, Vorhandensein einer stabilen Partnerbeziehung etc.).[22] Es liegt auf der Hand, dass ein Instrument, das derartige Umstände unberücksichtigt ließ, keine hohe Treffsicherheit aufweisen konnte. – Der zweite Einwand (die Vernachlässigung der Besonderheiten des Einzelfalls) leitet über zu den klinischen Prognoseverfahren.

b) Klinische Prognose

31 Anders als für die statistische Prognose, die sich an Gruppenwahrscheinlichkeiten orientiert, ist für die klinische (idiografische) Prognose allein der **Einzelfall** maßgeblich. Auf der Grundlage einer Exploration, die nach den allgemeinen Grundsätzen der psychologischen oder psychiatrischen Persönlichkeitsdiagnostik erfolgt, wird

22 Vgl. *Spiess,* in: Kaiser 1980, 435 ff.; *Kaiser* 1996, § 88 Rn. 9.

das Individuum in seiner Einzigartigkeit erfasst. Die Einzelbefunde werden vor dem Hintergrund des allgemeinen kriminologischen Wissens und der persönlichen Erfahrung des Gutachters im Umgang mit Straffälligen gewichtet, bewertet und in prognostische Schlussfolgerungen umgesetzt. Obwohl der Begriff „klinische" Prognose darauf hinzudeuten scheint, dass das Verfahren nur für „klinische Fälle" iSv psychopathologischen Auffälligkeiten gedacht ist, ist es grundsätzlich in allen Fällen einsetzbar, in denen Prognoseentscheidungen getroffen werden müssen.[23]

Auch bei den klinischen Prognoseverfahren sind Unterschiede erkennbar. 32
Frühe Prognoseverfahren waren ganz auf die Erfassung und Beurteilung der **Persönlichkeitsstruktur des Täters** fixiert; dem sozialen Umfeld des Täters wurde keine eigenständige Bedeutung beigemessen. Ein Beispiel bildete die Empfehlung von *Leferenz* in den 1970er Jahren, im Einzelfall anhand von Leitphänomenen (gemütsmäßiger Defekt, Willensschwäche, Minderbegabung) die kriminogenen Persönlichkeitsstrukturen herauszuarbeiten und einer von vier Prognosegruppen (günstig, zweifelhaft/eher günstig, zweifelhaft/eher ungünstig, ungünstig) zuzuordnen. Betont wurde, dass eine solche Individualprognose nur von Gutachtern gestellt werden könne, die bereits über erhebliche Erfahrung im Umgang mit Straffälligen verfügten.[24]

Neuere klinische Prognoseverfahren bezogen demgegenüber auch die so- 33
zialen Faktoren mit ein. Ein Beispiel für eine solche **eher offene Vorgehensweise** war das von *Rasch* empfohlene Rahmenkonzept[25], das in leicht abgewandelter Form auch heute noch Gültigkeit beansprucht. Der Gutachter muss danach vier Dimensionen berücksichtigen: die zur Aburteilung anstehende Tat, wobei er danach fragen soll, ob die Tat stärker durch die Persönlichkeit geprägt wurde oder ob eher situative Bedingungen maßgeblich waren; die Persönlichkeit des Täters, die unter der Fragestellung zu beurteilen ist, welche Verhaltensdispositionen erkennbar sind; die Entwicklung des Täters seit Begehung der Tat, wobei sowohl das beobachtbare Verhalten (weitere Straftaten? bei Inhaftierung: Anpassung?) als auch die Auseinandersetzung mit der Tat zu beurteilen sind; schließlich die zukünftige Lebensperspektive des Täters, die auch unter dem Gesichtspunkt ausgeleuchtet werden soll, wie das soziale Umfeld des Täters (zB nach Entlassung aus der Haft) gestaltet werden kann, so dass es seinerseits verhaltensstabilisierend wirkt.

Die Kritik an den klinischen Prognoseverfahren war und ist ver- 34
haltener. Es wird anerkannt, dass es der klinischen Prognose gelingt, alle im Einzelfall bedeutsamen Faktoren zu erfassen und in ihrer Be-

23 *Dahle*, in: Kröber/Dölling/Leygraf/Sass 2006, 30 ff., 46 ff.
24 *Leferenz*, in: Göppinger/Witter 1972, 1374 ff.
25 *Rasch* 1999, 374 ff. und 394 ff. (Beispiel für ein Prognosegutachten); *Leygraf*, in: Venzlaff/Foerster 2015, 420 ff.

deutung zu gewichten. Ebenfalls anerkannt wird, dass sich die Legalprognose in eine enge Verbindung zur Behandlungsprognose bringen lässt und es ermöglicht, etwaige Veränderungen im Behandlungsprozess sowie im sozialen Empfangsraum bei der Prognosestellung zu berücksichtigen. Kritisiert wird hingegen, dass der Erfolg der klinischen Prognose weitgehend **vom Fachwissen und der individuellen Erfahrung des Gutachters abhängig** sei. Die bei der Begutachtung zugrunde gelegten Beurteilungskriterien ebenso wie die Methodik seien in ihrer Herkunft und Bedeutung unklar; die Regeln, aus denen sich der Schluss auf das zukünftige Verhalten des Täters ergebe, stünden nicht von vornherein fest, sondern ergäben sich erst aus der Betrachtung des Einzelfalls. Hinzu kommen die praktischen Gesichtspunkte der **Kosten** und der **Verfahrensverlängerung:** Klinische Prognosegutachten können nur in Ausnahmefällen eingeholt werden; sie eignen sich nicht für die Voraussage des künftigen Verhaltens in den zahlreichen Fällen der Alltagskriminalität.

35 Der Einwand der geringen Nachvollziehbarkeit und Transparenz ist ernst zu nehmen. Die Gefahren der klinischen Prognose werden deutlich, wenn man sie mit der Vorgehensweise bei der statistischen Prognose vergleicht: Während die Prognosetafeln dort verbindlich vorgeben, welche Umstände in welcher Weise berücksichtigt werden müssen, besteht bei der klinischen Prognose sowohl die Gefahr, dass wichtige, prognostisch relevante Umstände außer Betracht gelassen werden, als auch die umgekehrte Gefahr, dass der Gutachter bestimmte Umstände und Zusammenhänge überinterpretiert und die Rückfallwahrscheinlichkeit systematisch überschätzt. Dabei mag es eine Rolle spielen, dass die in der Regel psychiatrisch ausgebildeten Prognostiker ihre Erfahrung gerade nicht in den großen Bereichen der Alltagskriminalität sammeln, sondern anhand von **Extremgruppen,** die nicht selten auch psychopathologische Auffälligkeiten zeigen.

c) *Göppingers* Methode der idealtypisch-vergleichenden Einzelfallanalyse

36 Als Sonderform der klinischen Prognose, die im internationalen Raum keine Entsprechung hat, kann die von *Göppinger* in den 1980er Jahren entwickelte und heute vor allem noch von *Bock* verfochtene Methode der „idealtypisch vergleichenden Einzelfallanalyse“ angesehen werden.[26] Den empirischen Hintergrund bilden die Ergebnisse der Tübinger Jungtäter-Vergleichsuntersuchung.

Bei der **„Methode der idealtypisch-vergleichenden Einzelfallanalyse“** werden die Verhaltens- und Reaktionsweisen der im konkreten Fall zu beurteilenden Person verglichen mit verschiedenen Formen von Idealtypen. Bei diesen Idealtypen handelt es sich um Abstraktionen von kriminologisch relevanten Verhaltensweisen, Sachverhalten und Entwicklungen, die in verdichtender Betrachtung der „typischen“ Befunde der Tübinger Jungtäter-Vergleichsuntersuchung gewonnen wurden und die in der Wirklichkeit allenfalls als Ausnahme vorkommen. Aus dem Vergleich des Einzelfalls mit dem idealtypischen Verhalten von straffälligen und nichtstraffälligen Personen im Lebenslängsschnitt und den kriminorelevanten Konstellationen im Lebensquerschnitt wird unter Berücksichtigung der Relevanzbezüge und Wertvorstellungen des Täters eine Aussage über den Stellenwert des Delikts im allgemeinen Sozialverhalten des Täters gewonnen. Anders als etwa bei der Anwendung von statistischen Prognosetafeln handelt es sich also nicht um eine quantitative, sondern um eine qualitative Vorgehensweise. Anders als bei der klinischen Prognose kann die Einschätzung auch von einem nicht psychologisch oder psychiatrisch ausgebildeten Strafrechtspraktiker vorgenommen werden.

Obwohl die von *Göppinger* vorgeschlagene Methode der idealty- 37
pisch-vergleichenden Einzelfallanalyse gerade auf die Anwendung in der strafjustiziellen Alltagspraxis zielt, ist sie **in ihren Einsatzmöglichkeiten beschränkt.**[27] Die kriminalprognostischen Aussagen, die mit der Methode gewonnen werden können, sind abhängig von der Stichprobe, anhand derer die zentralen Vergleichskategorien gewonnen wurden. Der Umstand, dass die Tübinger Untersuchung auf einem Vergleich von Extremgruppen – 200 männlichen Häftlingen im Alter zwischen 20 und 30 Jahren, die mindestens 6 Monate Freiheitsstrafe zu verbüßen hatten, und 200 männlichen Personen gleichen Alters aus der Durchschnittspopulation – basierte, bedeutet auch hier, dass sich klare Aussagen letztlich nur in den Extrembereichen kriminellen Verhaltens erzielen lassen; im Bereich der leichteren Kriminalität (zB bei Fahrlässigkeits- und Bagatelldelikten) sind trennscharfe Aussagen kaum möglich. Die Eignung des Verfahrens bezieht sich überdies vor allem auf Täter, die **Eigentums- oder Vermögensdelikte** begangen haben; Aggressions- und Sexualdelikte werden nicht adäquat erfasst. Auf andere Tätergruppen ist das Instrument nur mit

26 Grundlegend *Göppinger* 1985; vgl. auch Göppinger/*Bock* 2008, §§ 15ff.; *Bock* 2019, Rn. 352ff.
27 Vgl. zum folgenden auch die Kritik von *Graebsch/Burkhardt* ZJJ 2006, 140ff.; *dies.* StV 2008, 327ff.

Modifikationen übertragbar. Für die kriminologische Beurteilung von Jugendlichen ist es in der hier wiedergegebenen Form ebenso ungeeignet[28] wie für die Beurteilung von straffällig gewordenen Frauen, bei denen zumindest die Bezugskriterien aus dem Leistungsbereich der Anpassung bedürfen, oder von Migranten, die aus einem anderen Kulturkreis nach Deutschland gekommen sind.[29] Die von *Göppinger* entwickelte Methode kann deshalb nicht mehr als einen Bezugsrahmen liefern, der im Einzelfall jeweils noch weiter ausgefüllt werden muss.

d) Intuitive Prognose

38 Das in der Strafrechtspraxis am weitesten verbreitete Verfahren war und ist die intuitive Prognose. Ihr Kennzeichen ist, dass ein prognostisch nicht ausgebildeter Beurteiler (zB ein Richter oder eine Staatsanwältin) die Rückfallwahrscheinlichkeit gefühlsmäßig (intuitiv) einzuschätzen versucht, wobei er / sie sich auf eine mehr oder weniger große Erfahrung im Umgang mit Straftätern stützt **(„Menschenkenntnis“).** Die Grundlage der Einschätzung bilden „Alltagstheorien“ (naive Verhaltenstheorien) über menschliches Handeln. Dabei besteht begründeter Anlass zu der Vermutung, dass die wesentlichen Faktoren, die von Richtern oder Staatsanwälten der intuitiven Prognose zugrunde gelegt werden, mit den in den wissenschaftlichen Prognoseverfahren verwendeten Prädiktoren weitgehend übereinstimmen. So spielen bei der intuitiven Prognose immer wieder die strafrechtliche Vorbelastung des Täters, seine Sozialisationsbiografie, das Arbeitsverhalten, das Bestehen sozialer Bindungen und Hinweise auf das Vorliegen einer Suchtproblematik eine Rolle.[30]

39 Die Einwände, die gegen die intuitive Methode erhoben werden, richten sich vor allem gegen die **ungesicherte methodische Basis.** Die persönliche Erfahrung des Strafrechtspraktikers im Umgang mit Straffälligen, die die Grundlage der intuitiven Methode bildet, wird in der Regel durch die subjektive Wahrnehmung verzerrt und durch die eigene Werthierarchie des jeweiligen Beurteilers geprägt. Die Erfahrung beruht nicht auf objektiv-systematischen Beobachtungen, sondern auf den Feststellungen, die im Zusammenhang mit den wiederholt auffälligen Tätern (im Justizjargon manchmal abfällig als

28 Vgl. demgegenüber jedoch die Ausführungen von *Schallert,* DVJJ-Journal 1998, 17 ff. sowie *Rössner/Bannenberg,* in: Meier/Bannenberg/Höffler 2019, § 6 Rn. 35 ff.

29 Vgl. hierzu die Replik von *Rau* 2017, 263 ff.

30 *Kaiser* 1996, § 88 Rn. 4; Göppinger/*Brettel* 2008, § 14 Rn. 33.

„Kunden" bezeichnet) getroffen werden. Diejenigen Täter, denen trotz erheblicher Belastungen der „Ausstieg" aus einer kriminellen Karriere gelingt, bleiben der Strafjustiz unbekannt. In der Tendenz führt die selektive Wahrnehmung zu einer Überbewertung der strafrechtlichen Vorbelastung und anderer Negativmerkmale.

2. Neuere Ansätze: Empirisch validierte Kriterienlisten

Die Entwicklung ist bei den bislang dargestellten Verfahren nicht stehen geblieben. Insbesondere von Seiten der forensischen Psychiatrie wurden erhebliche Bemühungen unternommen, die Vorteile der klinischen und der statistischen Methode miteinander zu kombinieren. Das Ergebnis der Bemühungen sind empirisch validierte Kriterienlisten, die als **Leitfaden für die Prognoseerstellung** dienen. Den methodischen Ausgangspunkt bilden nach wie vor die klinischen Verfahren, die auf die Einzelfallbeurteilung durch erfahrene psychologisch oder psychiatrisch ausgebildete Sachverständige setzen.[31] Im Unterschied zu den früheren klinischen Verfahren ist die Auswahl und Bewertung der prognostisch relevanten Informationen jedoch transparent und intersubjektiv (auch von Juristen!) nachvollziehbar. Verwendet werden Zusammenstellungen von **Risikokriterien,** anhand derer die Abschätzung des individuellen Rückfallrisikos einer Person abgegeben werden kann. Die Risikokriterien beruhen auf empirisch-statistischen Studien zu den persönlichen und sozialen Hintergründen von Rückfälligkeit. Sie geben präzise – wenngleich manchmal fachsprachlich verfremdet – an, auf welche Einzelpunkte bei der Prognosestellung zu achten ist, sie verhindern, dass einzelne, prognostisch relevante Punkte übersehen werden, und sie vermeiden Redundanzen. 40

Inzwischen gibt es eine vergleichsweise große Zahl von empirisch validierten, standardisierten Prognoseinstrumenten, die für unterschiedliche Zielgruppen entwickelt wurden.[32] Beispielhaft genannt sei der **HCR-20,** der in Kanada für die Vorhersage des weiteren Verhaltens von Personen entwickelt worden ist, die mit gewalttätigem Verhalten auffällig geworden sind und bei denen der Verdacht auf eine psychische Erkrankung oder Persönlichkeitsstörung besteht.[33] Das Instrument besteht aus insgesamt 20 Kriterien, die auf die Vorge- 41

31 Im Ansatz ebenso *Brettel/Rettenberger/Retz* R & P 2018, 154ff.; *Rettenberger* FPPK 2018, 28ff.
32 Übersicht bei *Rettenberger/v. Franqué* 2013; *Kobbé* 2017, 159ff.
33 *v. Franqué*, in: Rettenberger/v. Franqué 2013, 256ff.

schichte („historische" oder „H-items"), das gegenwärtige Störungsbild („klinische" oder „C-items") sowie auf die künftig zu erwartenden äußeren Umstände („Risiko Management" oder „R-items") Bezug nehmen. Die Vorhersage wird in Wahrscheinlichkeitsaussagen formuliert („niedriges", „mittleres", „hohes Risiko"), wobei gleichzeitig angegeben werden soll, für welchen Zeitraum die Vorhersage Gültigkeit beanspruchen kann und welche Faktoren das Risiko in dem betreffenden Zeitraum verändern können. Bekannt geworden ist in Deutschland aber auch die von *Nedopil* entwickelte Kriterienliste (**„Integrierte Liste der Risikovariablen", ILRV**), in die der HCR-20 Eingang gefunden hat (vgl. Übersicht 7.1).[34] Bezug genommen wird in vielen dieser Instrumente auf die Art und Ausprägung einer bei dem Betreffenden feststellbaren Persönlichkeitsstörung, die anhand einer weiteren Kriterienliste ermittelt werden kann (**PCL-R, Psychopathy Checklist Revised**).[35]

42 Die empirisch validierten Kriterienlisten stellen gegenüber den früheren Vorgehensweisen bei der klinischen Prognose eine wesentliche **Fortentwicklung** dar.[36] Zwar sind sie für die Anwendung in der strafjustiziellen Alltagspraxis nicht geeignet, da die Erfassung und Bewertung der einzelnen Kriterien nach wie vor eine psychologische oder psychiatrische Fachausbildung voraussetzt. Besonders deutlich kommt dies in der Bezugnahme auf psychopathologische Störungsbilder zum Ausdruck, deren Vorliegen ohne Fachausbildung nicht beurteilt werden kann. Der wesentliche Vorzug der neueren Instrumente besteht indessen darin, dass sie es auch dem (juristisch ausgebildeten) Laien ermöglichen, Prognosegutachten zu analysieren und auf ihre **Plausibilität** zu **überprüfen.** Sie können damit einen wertvollen Beitrag dazu leisten, im Prozess zu einer genaueren und verantwortungsvolleren Vorhersage über die künftige Straffälligkeit zu gelangen.

34 *Yundina/Tippelt/Nedopil*, in: in: Rettenberger/v. Franqué 2013, 311 ff.; *Müller/Nedopil* 2017, 352; Originalversion *Nedopil* 2005, 282 ff.

35 *Mokros*, in: Rettenberger/v. Franqué 2013, 83 ff; *Hollerbach u. a.* FPPK 2018, 186 ff.

36 Vgl. hierzu aber auch *H. Schneider* StV 2006, 99 ff.; *Bock* StV 2007, 269 ff.; *Boetticher u. a.* NStZ 2009, 478 ff.

Übersicht 7.1: Integrierte Liste der Risikofaktoren nach Nedopil

A. Ausgangsdelikt
1. Statistische Rückfallwahrscheinlichkeit
2. Bedeutung situativer Faktoren für das Delikt
3. Einfluss einer vorübergehenden Krankheit
4. Zusammenhang mit einer Persönlichkeitsstörung
5. Erkennbarkeit kriminogener oder sexuell devianter Motivation

B. Anamnestische Daten (Vorgeschichte)
1. Frühere Gewaltanwendung
2. Alter bei erster Gewalttat
3. Stabilität von Partnerbeziehungen
4. Stabilität in Arbeitsverhältnissen
5. Alkohol-/Drogenmissbrauch
6. Psychische Störung
7. Frühe Anpassungsstörungen
8. Persönlichkeitsstörung
9. Frühere Verstöße gegen Bewährungsauflagen

C. Postdeliktische Persönlichkeitsentwicklung (klinische Variablen)
1. Krankheitseinsicht und Therapiemotivation
2. Selbstkritischer Umgang mit bisheriger Delinquenz
3. Besserung psychopathologischer Auffälligkeiten
4. Pro-/antisoziale Lebenseinstellung
5. Emotionale Stabilität
6. Entwicklung von Coping- (= Bewältigungs-) Mechanismen
7. Widerstand gegen Folgeschäden durch Institutionalisierung

D. Der soziale Empfangsraum (Risikovariablen)
1. Arbeit
2. Unterkunft
3. Soziale Beziehungen mit Kontrollfunktionen
4. Offizielle Kontrollmöglichkeiten
5. Konfliktbereiche, die rückfallgefährdende Situationen wahrscheinlich machen
6. Verfügbarkeit von Opfern
7. Zugangsmöglichkeiten zu Risiken (destabilisierende Einflüsse)
8. Compliance (= Bereitschaft zur Mitarbeit an therapeutischen Maßnahmen)
9. Stressoren (mögliche belastende Anforderungen)

E. PCL-R Wert

V. Zusammenfassung und Schlussfolgerungen

43 Kriminelles Verhalten ist – in Grenzen – vorhersagbar. Der Prognoseforschung ist es bisher zwar nicht gelungen, ein empirisch validiertes Instrument zu entwickeln, das die treffsichere Vorhersage des künftigen Legalverhaltens aller Menschen in allen Situationen und unter allen Bedingungen erlaubt. Eine derartige Erwartung wäre jedoch auch illusionär. Der Mensch ist kein programmiertes Wesen, bei dem es lediglich darauf ankommt, das „Programm" zu entschlüsseln, um vorherzusagen, welche weitere Entwicklung der Betreffende nehmen wird. Selbstreflexivität, Lernprozesse, Intuition und Spontaneität sowie sich ändernde Außenwelteinflüsse machen das künftige Verhalten nur schwer kalkulierbar. Dennoch gibt es **Verhaltensregelmäßigkeiten,** an die bei der Prognosestellung angeknüpft werden kann. Dabei erscheinen die neueren Ansätze, die auf die Identifizierung von hochspeziellen Risikogruppen abzielen (zB Gewalttäter mit einer psychischen Erkrankung oder Persönlichkeitsstörung), besonders vielversprechend. Die Einengung dieser Lösungsansätze folgt in der Tendenz der Blickverengung, die auch in der kriminologischen Grundlagenforschung zur Täterpersönlichkeit und den soziobiografischen Hintergründen der Tat festgestellt wurde. Auch dort verläuft die wesentliche Trennlinie heute nicht mehr zwischen Straffälligen und Nichtstraffälligen, sondern zwischen Mehrfach- und Intensivtätern auf der einen und den nicht oder nur gelegentlich Auffälligen auf der anderen Seite (→ § 6 Rn. 19, 65 ff.).

44 Auch bei einem solchermaßen auf die Beurteilung von „Extremgruppen" reduzierten Ansatz ist freilich vor übersteigerten Erwartungen zu warnen. **Fehleinschätzungen** sind auch insoweit **unvermeidlich.**[37] Auf die Abhängigkeit der Treffsicherheit von der Basis- und der Auswahlrate wurde hingewiesen. Vor allem die Basisrate wirkt sich bei der prognostischen Beurteilung von Extremgruppen als Verzerrungsfaktor aus, da die Basisrate des vorherzusagenden Ereignisses (zB eine erneute Gewalttat) hier in der Regel noch deutlich geringer ist als in der großen Zahl der alltäglich vorkommenden Strafrechtsfälle. Die Größe der Basisrate muss daher bei der Prognose

37 *Nedopil/Stadtland*, in: Lösel/Bender/Jehle 2007, 541 ff.

in Rechnung gestellt werden (und sie wird es zum Teil auch; vgl. die Integrierte Liste von *Nedopil,* A. 1.). Auch und gerade bei der Verwendung von wissenschaftlichen Prognosetechniken ist es daher unverzichtbar, dass die Grenzen des betreffenden Verfahrens offengelegt werden.

Die Grenzen, an die die empirisch begründete Vorhersage des 45
künftigen Legalverhaltens stößt, verweisen für die Entscheidung, die im Einzelfall getroffen werden muss, auf die **Letztverantwortung des Gerichts.** Letztlich ist es das Gericht, das die Aussage des Prognostikers in eine konkrete Entscheidung (zB die Entlassung aus dem Maßregelvollzug) umsetzen muss und das dabei nicht nur die vom Prognostiker angegebene Rückfallwahrscheinlichkeit berücksichtigen darf. Die richterliche Entscheidung beruht auf einer umfassenden Interessenabwägung, in die neben der empirisch zu ermittelnden Rückfallwahrscheinlichkeit die Schwere der im Fall einer Fehlentscheidung zu erwartenden Taten, die Dauer der im Fall einer Fehlentscheidung vom Verurteilten zu erleidenden freiheitsentziehenden Sanktion und auch die Treffsicherheit der Prognose einfließen müssen. Berücksichtigt werden müssen auch die Wirkungen, die mit einer individualisierenden Ausgestaltung der Sanktion bzw. ihrer Vollstreckung (zB Auflagen, Weisungen oder Führungsaufsicht) für die Risikoeinschätzung erreicht werden können. Die Rückfallprognose ist immer auch eine Prognose über die gerade mit Hilfe der Sanktion erzielbaren Effekte für das künftige Legalverhalten des Täters.[38] Der Prognostiker kann diesen Aspekt der richterlichen Entscheidungsfindung unterstützen, indem er diejenigen dynamischen Risiko-, aber auch Schutzfaktoren explizit benennt, für die die Prognose gilt, und dabei angibt, mit welchen Veränderungen insoweit zu rechnen ist. Aber auch wenn sich die Prognose des künftigen Legalverhaltens damit als ein Anwendungsbereich der Kriminologie darstellt, bei dem empirisch begründete Aussagen und normative Kontrollinteressen eng beieinanderliegen, darf die Rollenverteilung hierdurch nicht verwischt werden: Der empirisch arbeitende Prognostiker ist – trotz aller Relevanz seines Beitrags für die Entscheidungsfindung – kein Richter.

38 *Schöch,* in: H. J. Schneider 2007, 365.

Empfehlungen zur vertiefenden Lektüre: *Dahle*, Methodische Grundlagen der Kriminalprognose, FPPK 2007, 101–110; *Gretenkord*, Warum Prognoseinstrumente?, in: Rettenberger/v. Franqué 2013, 19–36; *Nedopil*, Von der intuitiven Prognose zum evidenzbasierten Risikomanagement, in: Dessecker/Sohn 2013, 435–445; *Rettenberger*, Intuitive, klinisch-idiographische und statistische Kriminalprognosen im Vergleich – die Überlegenheit wissenschaftlich strukturierten Vorgehens, FPPK 2018, 28–36.

§ 8. Verbrechensopfer und Viktimisierung

I. Entstehung und Bedeutung der viktimologischen Perspektive

1. Überblick über die Entwicklung

Das Verbrechensopfer spielt in der Kriminologie erst seit den 1970er Jahren eine herausgehobene Rolle. Ebenso wie das Strafrecht das Opfer aus seinen Überlegungen weitgehend ausgeblendet und das Verbrechen auf einen Konflikt des Täters mit der Allgemeinheit reduziert hatte, glaubte auch die Kriminologie über lange Zeit hinweg, für die Analyse und das Verständnis von Straftaten allein auf die Person des Täters abstellen zu können. Auch der strafrechtliche Kontrollprozess, der sich an das Bekanntwerden der Tat anschließt, wurde ausschließlich aus der Täterperspektive betrachtet. Wichtig erschien allein die Frage, ob, wie und mit welchen Effekten der Täter sanktioniert wurde, während die Frage, was nach der Tat mit dem Opfer geschah, allenfalls am Rand erörtert wurde. 1

Für die Erweiterung des kriminologischen Forschungsfelds um die viktimologische Perspektive (Viktimologie = Lehre vom Verbrechensopfer) waren unterschiedliche Entwicklungen maßgebend. Frühe Ansätze ergaben sich bereits in den 1940er Jahren.[1] Zur vollen Blüte entfaltete sich die Opferforschung jedoch erst in den 1970er und 80er Jahren, als in der Gesellschaft die **Sensibilität für Gewalt und ihre Folgen** wuchs. Gefördert wurde die Entwicklung durch die Befunde der empirisch-kriminologischen Sanktionsforschung. Diverse Untersuchungen, die sich mit der Frage der Beeinflussbarkeit des Täters durch die strafrechtlichen Sanktionen beschäftigt hatten, hatten zu ernüchternden Ergebnissen geführt (→ § 9 Rn. 81; „nothing works"). Kriminalpolitisch hatten die Befunde zur Konsequenz, dass über alternative Konzepte im Umgang mit der Tat nachgedacht wurde, wobei die Schadenswiedergutmachung und der Täter-Opfer-Ausgleich eine wesentliche Rolle spielten (→ § 9 Rn. 26 ff.). Auch die 2

1 Grundlegend *von Hentig* (1941), in: Drapkin/Viano 1974, 45 ff.; weitere Ansätze bei *Doerner/Lab* 2015, 6 ff.

Thesen des labeling approach zu den Selektionsmechanismen im Strafprozess sowie die erweiterten Möglichkeiten der empirischen Sozialforschung in der Befragungstechnik trugen zur Blickschärfung für das Opfer bei.

3 Heute ist die Viktimologie zu einem wesentlichen, **unverzichtbaren Bestandteil der Kriminologie** geworden. Die Beschäftigung mit dem Opfer kann heute von der Beschäftigung mit der Tat, dem Täter und der strafjustiziellen Kontrolle nicht mehr weggedacht werden. Man hat erkannt, dass an der Tat nicht nur der Täter, sondern eben auch das Opfer beteiligt ist und dass dem Opfer in seiner Funktion als Anzeigeerstatter und Beweismittel (Augenscheinsobjekt, Zeuge) für die Einleitung und Durchführung des Strafverfahrens und damit für die öffentliche Beschäftigung mit Kriminalität eine zentrale Bedeutung zukommt. Erkannt hat man aber auch, dass das Opfer durch die Tat in ganz spezifischer Weise berührt wird und dass das Strafverfahren in seiner herkömmlichen Gestalt den Interessen und Bedürfnissen des Opfers nach der Tat nicht immer Rechnung trägt.

2. Der Begriff des „Opfers"

4 Der für die Viktimologie zentrale Opferbegriff ist schillernd und unscharf. Einer der Begründer der Viktimologie, *Benjamin Mendelsohn* (1900–1998), sah als Gegenstand der Viktimologie nicht nur das Verbrechensopfer an, sondern auch das Opfer von Unfällen oder Naturkatastrophen. In der Wissenschaft konnte sich diese Sichtweise jedoch nicht durchsetzen, weil sie keine klare Abgrenzung erlaubte. Durchgesetzt hat sich demgegenüber ein engerer Opferbegriff, der sich im Anschluss an einen anderen Begründer der modernen Viktimologie, *Hans v. Hentig* (1887–1974), auf das Verbrechensopfer beschränkt und sich damit eng an die Vorgaben des Strafrechts (Rechtsgutsbegriff) und die juristische Terminologie (Begriff des „Geschädigten" bzw. „Verletzten") anlehnt. Nach diesem engeren Verständnis wird heute unter einem **„Opfer"** meist eine natürliche Person verstanden, die als direkte Folge eines Verstoßes gegen die Strafrechtsnormen einen Schaden, insbesondere eine Beeinträchtigung ihrer körperlichen Unversehrtheit, seelisches Leid oder einen wirtschaftlichen Nachteil, erlitten hat.[2] Verkürzt und verallgemeinert

2 Vgl. etwa die Legaldefinition in der Richtlinie 2012/29/EU, ABl. Nr. L 315/57 vom 14.11.2012, Art. 2 Nr. 1 a).

kann man sagen, dass Opfer diejenige Person ist, die von einem strafrechtlich relevanten Konflikt direkt betroffen ist.

Der skizzierte Opferbegriff wirft eine Vielzahl von Fragen auf. Zunächst stellt sich die Frage, inwieweit es richtig ist, nur **natürliche Personen** zu den Opfern zu rechnen. Auch juristische Personen können geschädigt werden (Bsp. Ladendiebstahl), auch die Allgemeinheit kann in gewissem Sinn „Opfer" sein („Kollektivopfer" im Unterschied zum „Individualopfer"; man denke an Steuerhinterziehung oder den großen Bereich der Umweltkriminalität). Dabei liegt es auf der Hand, dass die genannten Erweiterungen konzeptionell nur schwer zu erfassen sind und dass die genannten Opferkategorien in ihrer Betroffenheit andere Probleme aufwerfen als sie bei natürlichen Personen anzutreffen sind. Gleichwohl erscheint es richtig, für die Analyse und das Verständnis des Kriminalitätsgeschehens und der Folgen der Tat nicht zwingend auf der Ebene der individuellen Betroffenheit stehen zu bleiben, sondern anzuerkennen, dass sich Straftaten auch auf anderen Ebenen auswirken können. Insoweit wird in der Literatur anschaulich von einer „sich verflüchtigenden Opfereigenschaft"[3] gesprochen. 5

Zum zweiten fragt sich, ob es richtig ist, nur diejenigen Personen zu den Opfern zu rechnen, die als **direkte Folge der Tat** einen Schaden erlitten haben. Mit dieser Beschränkung blendet man aus, dass die Tat auch Folgen bei anderen Personen als den Rechtsgutsträgern haben kann (zB bei den Angehörigen eines Gewaltopfers). Auch bei Personen, die zu dem direkten Tatopfer in keiner persönlichen Beziehung stehen, sondern das Tatgeschehen nur als unbeteiligte Zeugen beobachten (zB bei einer Geiselnahme), können als Folge dieser indirekten Beteiligung an der Tat psychische Beeinträchtigungen auftreten, die mit denen der direkt Geschädigten vergleichbar sind. In diesem Zusammenhang ist darauf hinzuweisen, dass gelegentlich auch der Täter selbst Opfer sein kann. Zu denken ist etwa an die Situation der Notwehr oder der Nothilfe, aber etwa auch an diejenigen Situationen, in denen der Täter als Konsequenz der von ihm verschuldeten Tat (zB bei einem Unfall oder infolge des Eingreifens der Polizei) selbst erhebliche Verletzungen erleidet. Es ist richtig und notwendig, auch derartige Folgen in die Betrachtung mit einzubeziehen, wobei man sich allerdings der Besonderheiten solcher indirekten Opfersituationen bewusst sein muss. 6

---

3 *Kaiser* 1996, § 47 Rn. 12.

7 Zum dritten muss man sich vergegenwärtigen, dass die Opferstellung, gerade wenn sie an die strafrechtliche Rechtsgutsverletzung anknüpft, erst **durch das Strafverfahren** seine **Konturen** erhält. Ob es tatsächlich zu einer Schädigung gekommen ist und welches Ausmaß die Schädigung einnimmt, lässt sich verbindlich erst dann sagen, wenn ein Gericht das Tatgeschehen festgestellt hat. Der Begriff des „Opfers" teilt insoweit die Probleme, die auch der Begriff des „Täters" aufwirft (→ § 9 Rn. 7). Soweit empirische Forschungen an Verfahrensstadien anknüpfen, die vor dem Urteil liegen (also zB an polizeilich bekannt gewordene Verletzungen), oder an Ereignisse, die im Dunkelfeld geblieben sind, müsste richtigerweise vom „angeblichen Opfer" bzw. vom „angeblichen Täter" gesprochen werden. Falschbezichtigungen kommen durchaus vor,[4] was wiederum zu einem Rollenwechsel führt, denn sie machen aus dem vermeintlichen „Opfer" einen strafbar handelnden „Täter" (vgl. §§ 164, 187 StGB).

8 Für die kriminologische/viktimologische Forschung schließlich stellt sich die Frage, wie im Einzelfall festgestellt werden soll, ob eine Person einen Schaden erlitten hat bzw. von einem strafrechtlichen Konflikt betroffen ist. Gegenüber stehen sich ein **objektiver,** normativierender, auf die Feststellung des „Betroffenseins" durch den Forscher gegründeter, und ein **subjektiver,** auf das Opfer*erleben* abstellender **Opferbegriff.** Die mit Opferbefragungen arbeitende Forschung favorisiert den subjektiven Opferbegriff, da Sachverhalte, die subjektiv nicht empfunden werden, empirisch nicht ohne Schwierigkeiten erhebbar sind. „Opfererleben" definiert sie als ein zeitlich abgegrenztes, individuierbares (dh eine Person betreffendes) Ereignis, das als aversiv (negativ, unangenehm, bedrohlich, schädigend) wahrgenommen wird, das als unkontrollierbar erlebt wird, das einer oder mehreren Personen als Urheber bzw. Täter zugeschrieben wird und das aus der Sicht des Opfers eine normative Erwartung verletzt (also als „ungerecht" empfunden wird).[5] Dass diese methodische Herangehensweise nur von begrenztem Nutzen ist, zeigt allerdings das Beispiel des Betrugs, bei dem das Opfer definitionsgemäß gerade *nicht* (oder erst zu spät) erkennt, dass es getäuscht wird. Auch konstitutionsbedingte Nichtwahrnehmungen von Viktimisierungen können nicht erfasst werden (zB Viktimisierungen von Kleinkindern, die

---

4 Vgl. *Eisenberg/Kölbel* 2017, § 26 Rn. 8 f.

5 *Greve/Hellmers/Kappes*, in: Bliesener/Lösel/Köhnken 2014, 199; *Greve/Rühs/Kappes*, in: Guzy/Birkel/Mischkowitz 2015, 492.

bspw. einen Missbrauch altersbedingt nicht als „verbotenes Tun" empfinden), während andererseits normative Überempfindlichkeiten erfasst werden, obwohl sie aus kriminologischer Sicht kaum bedeutsam sind. Die Forschung muss deshalb dafür offen sein, je nach Fragestellung auch mit einem objektiven Opferbegriff zu arbeiten.

II. Die Häufigkeit von Opfererfahrungen in der Bevölkerung

Die Beschäftigung der Kriminologie/Viktimologie mit dem Opfer 9 beginnt bei der Frage nach der **Verteilung des Viktimisierungsrisikos** in der Bevölkerung. Die wichtigsten Grundinformationen ergeben sich insoweit aus den Opferbefragungen (victim surveys), die, angestoßen durch entsprechende Studien in den USA (National Crime Victimization Survey) und dem Vereinigten Königreich (British Crime Survey), in den letzten Jahren verstärkt auch in Deutschland durchgeführt worden sind.[6] Eine wichtige Rolle spielen insoweit der vom Bundeskriminalamt durchgeführte „Deutsche Viktimisierungssurvey 2017", der an eine Vorgängeruntersuchung aus dem Jahr 2012 anschließt, sowie vergleichbare Untersuchungen, die von einzelnen Landeskriminalämtern in den jeweiligen Bundesländern durchgeführt werden.

Methodologisch stellen sich bei der Durchführung von Opferbefragungen 10 dieselben Probleme, die auch bei anderen Arten der Dunkelfeldforschung auftreten (→ § 5 Rn. 56 ff.). Schwierigkeiten kann namentlich die Formulierung der Fragen in den Erhebungsinstrumenten bereiten, die einerseits verständlich sein müssen, sich aber andererseits nicht allzu weit von den strafrechtlichen Vorgaben entfernen dürfen. Bei Fragen nach leichteren Delikten ist überdies mit Erinnerungsverlusten, bei Fragen nach Taten, die einen starken Persönlichkeitsbezug aufweisen, mit Verdrängungseffekten und fehlender Auskunftsbereitschaft zu rechnen.

1. Allgemeine Angaben zur Viktimisierungshäufigkeit

Im Mittelpunkt des Interesses steht zunächst die Frage nach der 11 Prävalenz, also des Anteils derjenigen Personen in der Bevölkerung, die innerhalb eines bestimmten Zeitraums Opfer einer kriminellen

6 *Mischkowitz*, in: Guzy/Birkel/Mischkowitz 2015, 29 ff.

Handlung geworden sind (→ § 6 Rn. 10). Opfer *irgendeiner* Straftat sind die meisten Menschen schon einmal geworden; bei Zugrundelegung der lebenslangen Perspektive stellen Opfererfahrungen ähnlich wie Tätererfahrungen eine nahezu ubiquitäre Erscheinung dar. Fragt man genauer nach, zeigen sich allerdings **deliktsspezifische Unterschiede**.

12 In den in Deutschland durchgeführten Viktimisierungsstudien berichten die Befragten am häufigsten von eher leichten Delikten. Ähnlich wie auf der Täterseite (→ § 5 Rn. 61) machen den größten Anteil **gewaltlose Eigentums- und Vermögensdelikte** aus.

Deutlich wird das im „Deutschen Viktimisierungssurvey 2017". In der für Deutschland repräsentativen Untersuchung wurden 31.192 Personen im Alter von wenigstens 16 Jahren telefonisch nach ihren Viktimisierungserfahrungen innerhalb der letzten 12 Monate bzw. fünf Jahre befragt. Dabei wurde danach unterschieden, ob die Befragten selbst Opfer geworden waren oder ob sie wussten, dass Vergleichbares einer anderen Person aus dem Haushalt passiert war (sog. Personen- und Haushaltsdelikte).[7] Bezogen auf die letzten 12 Monate zeigte sich, dass bei den Personendelikten am häufigsten von Betrug (Waren- oder Dienstleistungsbetrug; 4,7 % der Befragten) sowie von Datenverlusten oder sonstigen Schäden durch Schadsoftware (Viren, Würmer oder Trojaner) berichtet wurde (4,5 %). Ebenfalls eine nennenswerte Rolle spielten der Diebstahl persönlichen Eigentums (3,1 %) sowie die Körperverletzung (3,0 %). Bei den Haushaltsdelikten dominierte der Fahrraddiebstahl (2,9 % der Privathaushalte). Über gravierendere Eigentumsdelikte wie insbesondere versuchten oder vollendeten Einbruchsdiebstahl (1,4 bzw. 0,5 %) oder Raub (1,0 %) berichteten demgegenüber nur sehr wenige Befragte. Diejenigen Delikte, die auf der Täterseite darüber hinaus noch eine große Rolle spielen – Ladendiebstahl und Beförderungserschleichung (→ § 5 Rn. 61) –, wurden in der Untersuchung nicht erfasst.

13 Gegenüber den gewaltlosen Eigentums- und Vermögensdelikten sind **Gewalt- und Sexualdelikte** seltenere Ereignisse. Auch wenn Viktimisierungserfahrungen an sich für viele Menschen zu den unvermeidlichen Bestandteilen ihrer Lebenserfahrung gehören, spielen Gewaltdelikte dabei keine herausgehobene Rolle.

Dies zeigt sich in einer Opferbefragung, die 2017 in Niedersachsen durchgeführt wurde und an der sich 18.070 Personen beteiligten; die Studie ist für Niedersachsen repräsentativ.[8] Die Häufigkeit von Körperverletzungen war

7 *Birkel u. a.* 2019, 12 ff.

8 LKA Niedersachsen 2018, 40 ff.; zu vergleichbaren Studien vgl. *Dreißigacker* 2017, 35 ff. (Schleswig-Holstein); *Bley* 2018, 76 ff. (Mecklenburg-Vorpommern); *Liebl* 2019, 27 ff. (Sachsen und Hessen).

insgesamt etwas geringer als im „Deutschen Viktimisierungsurvey“ (2,1 %). Darüber hinaus wurde weiter danach unterschieden, ob es sich um eine leichte oder schwere Körperverletzung handelte und ob sie mit oder ohne eine Waffe begangen worden war. Verallgemeinernd ließ sich feststellen, dass die bejahenden Antworten umso seltener waren, je schwerer die abgefragte Modalität war. Über wenigstens ein Sexualdelikt innerhalb der letzten 12 Monaten berichteten noch etwas weniger Befragte (1,8 %; bei Einschluss von Exhibitionismus allerdings 2,4 %). In den meisten Fällen wurde angegeben, dass die Betreffenden „sexuell bedrängt“ worden seien, was rechtlich eher unspezifisch ist, aber uU den Rückschluss auf sexuelle Übergriffe oder Belästigungen (§ 177 I, II oder § 184i StGB) erlaubt.

Während sich die bisher mitgeteilten Befunde auf einen Bevölkerungsquer- 14
schnitt von wenigstens 16 Jahre alten Befragten beziehen, zeigen Untersuchungen in jüngeren Altersgruppen eine deutlich höhere Opferprävalenz. In einer 2017 durchgeführten Befragung des KFN unter Schülerinnen und Schülern der 9. Jahrgangsstufen (8.938 Befragte, „Niedersachsensurvey“; dazu schon → § 4 Rn. 22c, → § 5 Rn. 61 ff.) gaben im Durchschnitt 14,4 % der Befragten an, innerhalb der vorangegangenen 12 Monate Opfer eines der abgefragten Gewaltdelikte geworden zu sein. Es dominierte der Tatbestand der Körperverletzung durch eine einzelne Person mit 9,3 %, gefolgt von Raub (3,5 %), Körperverletzung mit Waffe (2,9 %), Erpressung (2,3 %), Körperverletzung durch mehrere Personen (2,3 %) und sexueller Gewalt (1,0 %).[9] Jugendliche scheinen danach insgesamt gefährdeter zu sein als Erwachsene. Dabei ist zu berücksichtigen, dass Opfer- und Täterrollen bei Jugendlichen in vielen Fällen ineinander übergehen; viele Jugendliche treten nicht nur als Opfer, sondern auch als Täter der entsprechenden Handlungen in Erscheinung.[10]

2. Viktimisierung im sozialen Nahbereich

Nicht übersehen werden darf, dass bei manchen Formen der De- 15
linquenz mit zurückhaltender Offenheit der Befragten gerechnet werden muss. Soweit es etwa den Bereich der Sexualdelinquenz oder den der Delinquenz innerhalb der Familie betrifft, ist zu vermuten, dass die Befragten eine erhebliche Scheu davor haben, sich gegenüber unbekannten Interviewenden mitzuteilen. In der Literatur spricht man insoweit vom **„absoluten“** oder **„doppelten Dunkelfeld“**, bei dem die Taten nicht nur den Strafverfolgungsorganen, sondern auch den von Forschungsinstituten für die Interviews eingesetzten Personen verborgen bleiben.[11] Um diesem methodischen Hindernis entge-

9 *Bergmann/Kliem/Krieg/Beckmann* 2019, 34 ff.
10 *Baier/Pfeiffer/Simonson/Rabold* 2009, 66 ff.
11 *Prätor*, in: Eifler/Pollich 2014, 32.

genzuwirken, werden in manchen Studien spezielle Techniken angewandt, um Aufschluss über die Viktimisierungshäufigkeit in diesen „Tabu-Bereichen" zu erhalten.

15a Eine dieser Techniken ist die Arbeit mit „Selbstausfüllern" oder „Drop-Off"-Fragebögen. Die Befragten bekommen hier im Anschluss an ein persönliches („face to face") Gespräch die Gelegenheit, in Abwesenheit des Interviewenden einen schriftlichen Zusatzfragebogen auszufüllen und später in einem verschlossenen Umschlag zurückzugeben. Dass sich auf diesem Weg andere – mutmaßlich zuverlässigere – Ergebnisse erzielen lassen, ließ sich an einer schon etwas älteren Befragung zu Gewalterfahrungen von Frauen aus dem Jahr 2004 zeigen.[12] Interviewt wurden 10.264 Frauen im Alter von 16 bis 85 Jahren. Legte man nur die Angaben im persönlichen Interview zugrunde, hatte knapp ein Drittel der Befragten (32 %) ab dem 16. Lebensjahr wenigstens einmal körperliche Gewalt erfahren. Dieser Anteil erhöhte sich auf 37 %, wenn man zusätzlich die Angaben in den schriftlichen Fragebögen auswertete. Von Formen sexueller Gewalt berichteten bei Berücksichtigung beider Auswertungsformen 13 % der Frauen (nur im Interview 12 %). Körperliche Gewalt, sexuelle Gewalt oder beides hatten 40 % der Frauen (nur im Interview 35 %) schon wenigstens einmal in ihrem Leben erfahren.

15b Setzt man für die Datenerhebung solche oder ähnlich sensible Techniken ein, lassen sich Eindrücke von der **Häufigkeit von Viktimisierungserfahrungen im sozialen Nahbereich** gewinnen. Dabei ist es hilfreich sich vor Augen zu führen, dass es zum Auftreten körperlicher und sexueller Gewalt, aber auch anderer Viktimisierungsformen wie finanzieller Ausbeutung vor allem dann kommen kann, wenn die räumliche Nähe mit soziostrukturellem Druck (Armut, beengten Wohnverhältnissen), situativen Belastungen und einer unaufgearbeiteten, konflikthaften Beziehungsdynamik einhergeht. Übergriffe zum Nachteil physisch oder psychisch Schwächerer treten dabei in jede Richtung auf, entfalten sich aber besonders häufig zum Nachteil von Frauen, Kindern und älteren, pflegebedürftigen Angehörigen. Noch heute häufig zitiert wird die bereits angesprochene Studie zu **Gewalterfahrungen von Frauen** aus dem Jahr 2004 (→ Rn. 15a), in der 25 % der Befragten angaben, in ihrem Leben körperliche und/oder sexuelle Gewalt durch ihren aktuellen oder früheren Partner erfahren zu haben (23 % nur körperliche, 7 % nur sexuelle Gewalt).[13] Jede 4. Frau konnte mithin in dieser Studie über Erfahrungen mit Beziehungsgewalt berichten.

12 *Müller/Schröttle* 2004, 14 ff., 28.
13 *Müller/Schröttle* 2004, 28 ff.; vertiefend *Schröttle/Ansorge* 2008.

Die Ergebnisse der Studie gingen damit über die Gewaltprävalenzen hinaus, die wenige Jahre später in einer Untersuchung des KFN ermittelt wurden. Im Jahr 2011 interviewte das KFN 11.428 Personen im Alter ab 16 Jahren, wobei ebenfalls ein „Drop-Off"-Fragebogen verwendet wurde.[14] Bezogen auf den 5-Jahreszeitraum vor der Befragung (zugrunde gelegt wurde also ein engerer Zeitraum als in der Studie von 2004) gaben 10,4 % der Frauen und 12,6 % der Männer an, Opfer physischer Gewalt geworden zu sein. 2,4 % der Frauen berichteten über sexuelle Gewalt innerhalb der letzten 5 Jahre; bezogen auf die Lebenszeitprävalenz berichteten hiervon 4,9 %. Eine große Zahl von Viktimisierungen hatte dabei wiederum im sozialen Nahbereich, also innerhalb der Familie oder des Haushalts stattgefunden. 16

Dieselbe „Drop-Off"-Technik wurde vom KFN auch angewandt, um Aufschluss über **Gewalterfahrungen in der Kindheit** zu erhalten.[15] Hier zeigte sich, dass gut ein Drittel aller Befragten (35,7 %) über körperliche Züchtigungen durch die Eltern und immerhin etwa 13 % über körperliche Misshandlungen berichteten (Männer: 12,6 %; Frauen: 13,3 %), also über Verhaltensweisen, die unzweifelhaft nicht mehr durch das elterliche Erziehungsrecht gedeckt sind (vgl. § 1631 II BGB). Über sexuellen Missbrauch in der Kindheit bzw. Jugend wurde ebenfalls von nicht wenigen Befragten berichtet, wobei der Anteil der betroffenen Frauen etwa viermal höher lag als der der betroffenen Männer: Während 9,9 % der Frauen von irgendeiner Form sexuellen Missbrauchs vor ihrem 16. Lebensjahr und 7,0 % von Missbrauchserfahrungen mit Körperkontakt berichteten, waren von Missbrauch allgemein nur 2,3 % und von Missbrauch mit Körperkontakt nur 1,5 % der Männer betroffen. 17

Auskünfte über die **Gewalterfahrungen von älteren und pflegebedürftigen Menschen** sind mit dem Instrument der Opferbefragung nicht zu erlangen. In einer 2018 durchgeführten Untersuchung wurde deshalb ersatzweise mit Täterbefragungen gearbeitet und nach unangemessenen, nicht notwendig kriminellen Handlungen gegenüber pflegebedürftigen Angehörigen gefragt. Die Stichprobe bestand aus 1.006 Personen im Alter zwischen 40 und 85 Jahren, die in ihrem privaten Umfeld seit mindestens sechs Monaten mindestens einmal pro Woche einen pflegebedürftigen Menschen im Alter ab 60 Jahren 17a

14 *Hellmann* 2014, 129 ff., 135 ff.

15 *Hellmann* 2014, 81 ff.; 102 ff.; differenziertere Ergebnisse zum sexuellen Missbrauch bei *Stadler/Bieneck/Pfeiffer* 2012; *Posch/Kemme*, in: Guzy/Birkel/Mischkowitz 2015, 211 ff.

pflegten.[16] Die Befragung führte zu Prävalenzen, die deutlich höher lagen als die Prävalenzen, die für Gewalt in Paarbeziehungen und gegenüber Kindern ermittelt wurden. Zwei Fünftel der Befragten (40 %) gaben an, in den letzten sechs Monaten mindestens einmal ein Verhalten gezeigt zu haben, das sich als Gewalthandeln einordnen ließ. Dabei entfiel allerdings der größte Teil (32 %) auf nicht strafbare Formen der psychischen Gewalt wie Anschreien oder Herumkommandieren, 12 % der Befragten bekannten sich zu körperlicher Gewalt, 11 % zu Formen der Vernachlässigung. 6 % gaben an, sie hätten zu freiheitsentziehenden oder -einschränkenden Maßnahmen gegriffen. Zu berücksichtigen ist dabei, dass es auch in der Gegenrichtung – also von Seiten des Pflegebedürftigen gegen den Pflegenden – zu Gewalthandlungen kommen kann.

18 Die Ergebnisse machen deutlich, dass der soziale Nahbereich für Frauen und Kinder, aber auch für ältere, pflegebedürftige Menschen ein **erhebliches Gefahrenpotential** bietet. Die innerfamiliäre physische und sexuelle Gewalt hat ein größeres Ausmaß als in der Öffentlichkeit meist angenommen wird. Das Gewaltphänomen innerhalb der Familie ist dabei nicht nur deshalb bedeutsam, weil es mit unmittelbaren körperlichen und seelischen Schäden einhergeht. Kriminologisch bedeutsam sind bei Kindern auch die Langzeitfolgen: Die Erfahrung innerfamiliärer Gewalt kann zu einem Risikofaktor für die Begründung einer eigenen Delinquenzkarriere werden (→ Rn. 43 ff.).

3. Unterschiede zwischen Opfern und Nichtopfern

19 Die skizzierten Befunde geben an, wie hoch das Risiko ist, zum Opfer bestimmter Straftaten zu werden. Sie lassen jedoch offen, ob sich das Viktimisierungsrisiko in der Bevölkerung gleich verteilt oder ob es Bevölkerungsgruppen gibt, die in besonderer Weise von der Gefahr krimineller Viktimisierung bedroht sind. Versucht man, die wichtigsten Befunde der deutschen Untersuchungen zusammenzufassen, lassen sich vor allem drei Feststellungen treffen:[17]

20 (1) Das Risiko, Opfer einer Straftat zu werden, variiert mit dem **Alter.** Junge Menschen, namentlich Jugendliche und Heranwachsende, tragen ein deutlich größeres Risiko als ältere Menschen. Be-

16 *Eggert/Schnapp/Sulmann* 2018, 17 ff.

17 *Birkel u. a.* 2019, 18 ff., LKA Niedersachsen 2018, 43; *Dreißigacker* 2017, 36; *Hellmann* 2014, 67, 89, 105, 114, 136; *Bergmann/Kliem/Krieg/Beckmann* 2019, 37.

sonders deutlich ist dieser Zusammenhang bei denjenigen Delikten, bei denen ein direkter Kontakt zwischen Täter und Opfer besteht, inbes. bei Gewalt- und Sexualdelikten (→ Rn. 14). Aber auch bei anderen Delikten wie Diebstahl und Betrug ist das Viktimisierungsrisiko in jungen Jahren hoch und geht mit zunehmendem Alter zurück. Anzunehmen ist, dass ältere Menschen mit dem Risiko bewusster umgehen und ein stärkeres Vorsichtsverhalten an den Tag legen.

(2) Das Viktimisierungsrisiko variiert auch mit dem **Geschlecht**, al- 21
lerdings sind die Zusammenhänge hier weniger eindeutig als beim Alter. Nur zwei Deliktsgruppen ragen deutlich heraus: Männer sind stärker von körperlicher Gewalt betroffen, und das Viktimisierungsrisiko von Frauen ist bei Sexualdelikten überproportional groß. Die bisherigen Untersuchungen deuten darauf hin, dass Männer darüber hinaus auch von Betrug, Sachbeschädigung und manchen Formen der Internetkriminalität stärker betroffen sind als Frauen. Bei Diebstahl persönlichen Eigentums ist das Viktimisierungsrisiko für beide Geschlechter dagegen etwa gleich groß.

(3) Zum dritten werden Zusammenhänge mit dem **Migrationshin-** 22
tergrund deutlich. Dabei kommt es teilweise nicht nur darauf an, ob eine Person überhaupt einen Migrationshintergrund aufweist, sondern auch, woher sie stammt. Allgemein lässt sich nach dem „Deutschen Viktimisierungssurvey 2017" sagen, dass Personen mit Migrationshintergrund vor allem von Betrug, Körperverletzung und, sofern sie das Internet nutzen, von Schadsoftware stärker betroffen sind als Personen ohne Migrationshintergrund. Im Hinblick auf Sexualdelikte liefern Repräsentativbefragungen des KFN Hinweise darauf, dass von sexuellem Missbrauch vor allem Kinder ohne Migrationshintergrund und russischstämmige Kinder, von sexueller Gewalt vor allem Frauen mit russischem Migrationshintergrund betroffen sind. Auch in den Schülerbefragungen des KFN zeigte sich, dass das Viktimisierungsrisiko mit der ethnischen Herkunft der Befragten variiert.

Das Forschungsfeld ist damit nur angerissen. Die genannten Be- 23–25
funde machen aber bereits deutlich, dass sich zwischen Opfern und Nichtopfern durchaus Unterschiede feststellen lassen; das Viktimisierungsrisiko ist in der Bevölkerung nicht gleich verteilt. Für weitergehende Schlussfolgerungen insbesondere zur Prävention sind die Befunde allerdings noch zu abstrakt; sie müssen angereichert werden durch Untersuchungen, die sich mit den spezifischen Bedingungen von Viktimisierungsprozessen in den einzelnen Kriminalitätsbereichen beschäftigen. Zu den zentralen Themen dieser **„differentiellen**

Viktimologie" gehören die sexuelle Gewalt gegenüber Frauen, Misshandlung und Missbrauch von Kindern, die Viktimisierung von alten Menschen sowie in jüngerer Zeit die „Hasskriminalität" (hate crime), worunter rechtsextremistische, fremdenfeindliche und antisemitische Straftaten zu verstehen sind, die sowohl online als auch offline begangen werden. Im Mittelpunkt steht jeweils die Analyse der sozialen Situationen, in denen Menschen zu Opfern werden. Dies schließt die Analyse der Interaktionen von Tätern und Opfern ebenso ein wie die der personalen und sozialen Risikofaktoren, die die Wahrscheinlichkeit der Viktimisierung erhöhen.

III. Viktimologische Theorien

26 Wie bei allen empirisch feststellbaren Verteilungen stellt sich auch in der Opferforschung die Frage nach der Erklärung. Die Frage, *warum* Menschen zu Opfern von Straftaten werden, werden dabei von den viktimologischen Theorien beantwortet. Die viktimologischen Theorien knüpfen an die empirischen Befunde zur Verteilung des Viktimisierungsrisikos und daraus ableitbare Risikofaktoren an und versuchen, die Entstehung, Entwicklung und Struktur von Viktimisierungen theoretisch zu erklären. Die viktimologischen Theorien bilden damit den auf die Opferperspektive bezogenen Ausschnitt aus den kriminologischen Theorien (→ § 3 Rn. 1). Ihre Qualität ist nach denselben Kriterien zu beurteilen, die auch für die Beurteilung der Kriminalitätstheorien gelten (Erklärungswert, Praxisrelevanz und empirische Absicherung).

27 Um zu erklären, warum Menschen zu Opfern von Straftaten werden, kommen vor allem drei Anknüpfungspunkte in Betracht: die Person des Opfers, die Beziehungen des Opfers zum Täter und die Tatsituation. Weitere Anknüpfungspunkte können sich aus den sozialstrukturellen Rahmenbedingungen (Machtlosigkeit der Opfer) oder kulturellen Einflüssen (Zugehörigkeit der Opfer zu einer kulturellen Minderheit in der Bevölkerung) ergeben.[18] Wegen ihrer geringeren Praxisrelevanz bleiben diese weiteren Ansätze im Folgenden jedoch außer Betracht.

18 Überblick bei *Doerner/Lab* 2015, 49ff.; *Sautner* 2014, 57ff.

1. Theorie der erlernten Hilflosigkeit

Wenn man für die Erklärung von Viktimisierungsprozessen an die Person des Opfers anknüpft, können – konzeptionell gewendet – dieselben Bezugspunkte herangezogen werden, die auch für die Erklärung des Täterhandelns dienen. Theoretisch ist es also durchaus möglich, die Opferwerdung mit dem Einfluss zB von Persönlichkeitsmerkmalen wie der Fähigkeit zur Selbstkontrolle, Sozialisationserfahrungen oder Lernprozessen zu erklären. Eine Theorie, die im Zusammenhang mit **Lernprozessen des Opfers** häufig genannt wird, ist die Theorie der erlernten Hilflosigkeit. Diese Theorie, die von dem Amerikaner *Martin Seligman* aus Beobachtungen bei Tierversuchen entwickelt wurde, besagt, dass die Erfahrung, die Konsequenzen einer Situation nicht vorhersehen und damit beeinflussen zu können, passives Verhalten („erlernte Hilflosigkeit“) zur Folge haben kann.[19] Übertragen auf die Situation der Viktimisierung bedeutet dies etwa: Jemand, der sich wiederholt oder über einen längeren Zeitraum (zB in der Kindheit oder in einer Partnerbeziehung) in einer traumatisierenden, ausweglosen Situation befindet, kann auf diese Erfahrung in einer Weise reagieren, dass er nach Beendigung dieser Situation nicht mehr in der Lage ist, zu einem normalen Verhalten zurückzukehren. Sofern die Gefahr einer kriminellen Viktimisierung besteht, kann er der Gefahr nicht ausweichen, weil er nicht gelernt hat, dass er Gefahren erfolgreich abwenden kann.[20] Schon die Bezugnahme auf längerfristige Lernprozesse zeigt dabei jedoch, dass sich die Theorie der erlernten Hilflosigkeit nur für die Erklärung der Viktimisierung einer bestimmten, kleinen Opfergruppe eignet. Die Theorie kann vornehmlich erklären, warum jemand wiederholt zum Opfer wird bzw. an einer einmal bestehenden Opferrolle festhält (zB warum er nicht aus einer durch Gewalt geprägten Partnerbeziehung ausbricht oder warum er sich einen neuen, wiederum gewalttätigen Partner sucht). Sie eignet sich damit zwar gut für die Erklärung von **Mehrfachviktimisierungen,** aber kaum für die Erklärung einmaliger oder nur gelegentlicher Viktimisierung. 28

19 *Seligman* 1992, 42 ff.
20 Vgl. die Fortführungen von *Fischer/Riedesser* 2009, 154 ff.

2. Interaktionistische Theorien; Opferpräzipitation

29 Auch wenn man an die Beziehungen des Opfers zum Täter anknüpft, steht hierfür eine bereits bekannte Theorietradition zur Verfügung: die interaktionistische Theorie. Viktimologisch gewendet kann man die Viktimisierung als das **Ergebnis einer verfehlten Täter-Opfer-Interaktion** erklären. Dabei ist namentlich an solche Fälle zu denken, in denen die Tat eine „Vorgeschichte" hat und sich aus der Beziehung zwischen Täter und Opfer heraus entwickelt (zB Tötung des Intimpartners; Beleidigung im Nachbarschaftsverhältnis), sowie an solche Fälle, in denen es infolge einer Situationsverkennung des Täters zur Tat kommt (zB bei der Putativnotwehr). Die Beispiele zeigen jedoch, dass sich der interaktionistische Ansatz nur für die Erklärung von **Kontaktdelikten** eignet. Bei Delikten, die stattfinden, ohne dass es zum direkten Kontakt zwischen Täter und Opfer kommt (zB Diebstahl, Sachbeschädigung, Online-Delikte), führt der Ansatz nicht weiter.

30 Auf die besondere Beziehung des Opfers zum Täter stellten früher auch diejenigen Autoren ab, die das Tatgeschehen auf die Mitursächlichkeit des Opfers zurückführten („Opferpräzipitation"). Schon *v. Hentig* betonte, dass das Opfer nicht nur als passiv leidendes, die Tat erduldendes Objekt gesehen werden dürfe, sondern dass es in vielen Fällen einen aktiven Beitrag zur Entstehung und Entwicklung des Verbrechens leiste.[21] Als Konsequenz dieser Betrachtungsweise wurden zahlreiche Untersuchungen zur Mitwirkung des Opfers an der Tat durchgeführt. *Wolfgang* etwa stellte 1958 im Zusammenhang mit der Untersuchung von Tötungsdelikten darauf ab, ob der später Getötete als erster physische Gewalt angewandt hatte, indem er den Täter schlug oder gegen ihn eine gefährliche Waffe einsetzte, und stellte fest, dass diese Konstellation bei 26 % der untersuchten Tötungsdelikte vorlag.[22] *Amir* untersuchte 1971 das Ausmaß der Opferbeteiligung bei Vergewaltigungsdelikten und stellte darauf ab, ob die Frau der sexuellen Beziehung zunächst zugestimmt hatte bzw. sie durch „obszöne Sprache" oder „unanständige Gesten" gefördert hatte; eine derartige Beteiligung der Frauen an der Tat ließ sich in 19 % der Fälle feststellen.[23] Abgesehen von ihrem unklaren Erklärungswert waren diese älteren Ansätze problematisch, weil sie eine Betrachtungsweise förderten, bei der die Mitursächlichkeit des Opfers als Mitschuld erschien; Einstellungen und Strategien der unangemessenen Opferbelastung, des „blaming the victim" („Selbst schuld!"), wurden begünstigt.

21 *Von Hentig* 1948, 383 ff.
22 *Wolfgang* 1958, 254; *ders.*, in: Drapkin/Viano 1974, 82.
23 *Amir* 1971, 266.

3. Situationsorientierte Ansätze

31 Für die Erklärung von Viktimisierungen kann man zum dritten auf die Analyse der sozialen Situation abstellen, in denen Personen zu Opfern werden. Nach den situationsorientierten Ansätzen ist das Viktimisierungsrisiko die Folge der differentiellen Wahrscheinlichkeit, mit der sich Opfer und Nichtopfer zu bestimmten Zeiten unter bestimmten Umständen an bestimmten Orten aufhalten und mit bestimmten Menschen (tatgeneigten und nicht tatgeneigten) zusammentreffen. In diesem Zusammenhang verdienen zwei eng miteinander zusammenhängende Erklärungsansätze Aufmerksamkeit: das Lebensstil-Konzept und das Konzept der Routineaktivitäten.

32 Das **Lebensstil-Konzept** (lifestyle model) erklärt die Viktimisierung als Folge des unterschiedlichen Lebensstils von Opfern und Nichtopfern.[24] Der „Lebensstil" wird geprägt durch die täglichen Verhaltensregelmäßigkeiten im Arbeits- und Freizeitbereich (zur Arbeit oder Schule gehen, den Haushalt machen, Freizeit- und Konsumverhalten etc.). Der gewählte oder vorgegebene Lebensstil hat Auswirkungen auf das Ausmaß, mit dem man sich bestimmten Risiken aussetzt, und auf die Wahrscheinlichkeit, mit der man mit tatgeneigten Personen zusammentrifft; er wird seinerseits bestimmt durch die Rollenerwartungen und sozialstrukturellen Zwänge, denen der einzelne ausgesetzt ist. Der Überfall auf einen Bankangestellten lässt sich damit ebenso auf den „Lebensstil" des Opfers zurückführen wie der Einbruchsdiebstahl, der bei dem Angestellten während derselben Zeit zu Hause durchgeführt wird: Beides ist die Konsequenz der Tatsache, dass der Betreffende, um Geld zu verdienen, in der Bank arbeitet und dort als Opfer zur Verfügung steht, während er gleichzeitig von zu Hause abwesend ist und so einem Einbruch keine Hindernisse entgegensetzt.

33 Auch nach dem **Konzept der Routineaktivitäten** (routine activity approach) ist das Viktimisierungsrisiko die Konsequenz bestimmter zielorientierter Verhaltensregelmäßigkeiten („Routineaktivitäten", Alltagsaktivitäten) wie Arbeiten, Ausgehen, Urlaub machen etc., die die Gelegenheit zur Begehung von Straftaten beeinflussen.[25] Welche

---

24 *Hindelang/Gottfredson/Garofalo* 1978, 241 ff.; vgl. auch *Garofalo,* in: Gottfredson/Hirschi 1987, 23 ff.; *Hermann/Dölling* 2001, 30 ff.; *Hermann,* in: Obergfell-Fuchs/Brandenstein 2006, 295 ff.

25 Grundlegend *Cohen/Felson* ASR 44 (1979), 588 ff.

Verhaltensregelmäßigkeiten jemand an den Tag legt, wird auch nach diesem Ansatz durch die gesellschaftlichen Rollenerwartungen sowie durch die individuellen und sozialstrukturellen Handlungsbedingungen bestimmt. Der Unterschied liegt in der Ausdifferenzierung der Bedingungen, unter denen es zu einer Straftat kommt: Von einer das Viktimisierungsrisiko erhöhenden Gelegenheit wird nach dem Konzept der Routineaktivitäten dann ausgegangen, wenn drei Faktoren zusammentreffen: Es muss eine Person geben, die zur Begehung einer Straftat bereit ist (motivated offender), das potentielle Opfer oder die ihm gehörenden Gegenstände müssen für den potentiellen Täter einen hohen materiellen oder symbolischen Wert aufweisen (availability of a suitable target) und gleichzeitig müssen drittens wirkungsfähige Schutzmechanismen fehlen, wie etwa schutzbereite Dritte (absence of a capable guardian).[26]

34 Ob die Erklärungskraft des Konzepts des „Lebensstils" bzw. der „Routineaktivitäten" wirklich so groß ist, wie gelegentlich angenommen wird, sei dahingestellt. Hiergegen könnte sprechen, dass es zu Straftaten auch und gerade dann kommen kann, wenn sich ein potentielles Opfer *außerhalb* der üblichen Verhaltensroutinen bewegt und damit leichter in Situationen geraten kann, in denen ihm keine ausreichenden Schutzmechanismen zur Verfügung stehen. Problematisch ist das Konzept auch deshalb, weil sich das Viktimisierungsgeschehen im sozialen Nahbereich kaum mit „Routineaktivitäten" in Verbindung bringen lässt. Weiterführend erscheint hingegen der Hinweis auf die situativen Bedingungen, also auf die Attraktivität des potentiellen Tatziels und das Fehlen wirksamer Schutzmechanismen. Hierin liegt nicht nur ein vergleichsweise universeller Ansatz, der sich auf sämtliche Viktimisierungssituationen beziehen lässt, sondern auch ein praxisrelevanter Anknüpfungspunkt, der von potentiell Betroffenen für die Entwicklung von Präventionsstrategien genutzt werden kann (→ § 10 Rn. 10 ff.).

26 Fortführung des Konzepts bei *Felson* Crime Prevention Studies 4 (1995), 53 ff.; *Eck* Crime Prevention Studies 15 (2003), 79 ff.

IV. Das Opfer nach der Tat: Die Folgen der Tat und die Bedürfnislage der Opfer

Neben der Analyse und Erklärung des Viktimisierungsrisikos ist es das zweite Anliegen der Viktimologie, über die Konsequenzen der Viktimisierung, namentlich über die Folgen der Tat für das Opfer sowie über die Interessen und Bedürfnisse nach der Tat Erkenntnisse zu gewinnen.[27] Bedeutung kommt dabei auch der Frage zu, wie die soziale Umwelt mit dem Tatgeschehen umgeht, ob und inwieweit sie dem Opfer bei der Bewältigung der Tatfolgen Hilfe und Unterstützung leistet oder umgekehrt durch Desinteresse oder übertriebene Dramatisierung die Verarbeitung des Tatgeschehen erschwert. Es besteht die Gefahr, dass das Opfer, das bereits durch die Tat geschädigt worden ist, durch unangemessene Reaktionen der Umwelt weitere Schädigungen erleidet (**„sekundäre“** im Unterschied zur ersten, der „primären“ **Viktimisierung**).[28] Angesprochen ist damit nicht nur der soziale Nahraum des Opfers (Familie, Freunde, Nachbarn, Arbeitskollegen etc.), sondern etwa auch die Berichterstattung in den Medien und die Position des Opfers im Strafverfahren. Vor allem die Art und Weise, in der Polizei und Justiz nach der Tat mit dem Opfer umgehen, kann für das Opfer im Einzelfall belastend sein. Allerdings muss man sehen, dass der Gesetzgeber die verfahrensrechtliche Stellung des Opfers mit dem Opferschutzgesetz von 1986, dem Zeugenschutzgesetz von 1998 sowie dem 1., 2. und 3. Opferrechtsreformgesetz von 2004, 2009 und 2015 erheblich verbessert hat. Auch das Opferentschädigungsgesetz von 1976/1985, die Förderung des Wiedergutmachungsgedankens im Strafrecht durch Gesetze von 1990 (JGGÄndG), 1994 (VerbrBekG) und 1999 (Gesetz zur Verankerung des Täter-Opfer-Ausgleichs) sowie das zivilrechtliche Gewaltschutzgesetz von 2001 haben maßgeblich zu einer Verbesserung der Position des Opfers nach der Tat beigetragen.[29] **35**

In der Literatur wird zum Teil angenommen, eine sekundäre Viktimisierung könne auch davon ausgehen, dass eine Frau nach einer Anzeige wegen Verge- **35a**

27 *Greve/Rühs/Kappes*, in: Guzy/Birkel/Mischkowitz 2015, 489 ff.
28 *Volbert*, in: Volbert/Steller 2008, 198 ff.
29 Vertiefend *Kanz* MschrKrim 100 (2017), 228 ff.; *Kunz/Singelnstein* 2016, § 24 Rn. 23 ff.

waltigung erleben müsse, dass der beschuldigte Täter freigesprochen werde.[30] Erleben zu müssen, dass einem nicht geglaubt wird, kann für Opfer in der Tat sehr belastend sein (→ Rn. 47). Vermeiden lässt sich diese Form der sekundären Viktimisierung gleichwohl nicht. In einem Rechtsstaat sind es die unabhängigen Gerichte, die einen Rechtsbruch in einem aufwendigen Verfahren für alle Seiten verbindlich feststellen. Insbesondere der in diesem Verfahren geltende „in dubio pro reo"-Grundsatz (Art. 6 II EMRK) ist das Ergebnis einer Rechtsentwicklung, die sich für die befriedende Lösung gesellschaftlicher Konflikte als vorteilhaft erwiesen hat.

1. Die Folgen der Tat für das Opfer

36 Der übereinstimmende Befund aller bisherigen Untersuchungen zu den Folgen der Tat für das Opfer ist, dass man **mit Verallgemeinerungen** sehr **vorsichtig** sein muss. Jedes Opfer wird durch die Tat unterschiedlich belastet; jedes Opfer geht mit den Folgen der Tat unterschiedlich um. Zwar ist es sinnvoll und notwendig, für die Betrachtung der Folgen darauf abzustellen, welches Delikt begangen worden ist; Eigentums- und Vermögensdelikte ziehen typischerweise andere Folgen nach sich als Gewalt- und Sexualdelikte, und eine ganz besondere Bedeutung kommt sicherlich solchen Viktimisierungen zu, die wie etwa beim Cybermobbing die Folge online begangener, und damit auf Dauer sichtbar bleibender Straftaten sind. Aber schon das aus juristischer Sicht eindeutig den Eigentumsdelikten zuzuordnende Delikt des Wohnungseinbruchsdiebstahls ist bei viktimologischer Betrachtung kein eindeutiges Eigentumsdelikt, sondern liegt wegen des Eindringens des Täters in die nach außen hin meist sorgsam abgeschottete Privat- und Intimsphäre der Wohnung auf der Grenze zu den Gewaltdelikten.[31] Gewaltdelikt ist andererseits nicht gleich Gewaltdelikt; bei der Körperverletzung etwa kann das Spektrum von der mehr oder weniger einvernehmlichen Rauferei auf dem Schulhof bis hin zum fremdenfeindlichen Hassdelikt mit lebensgefährlichen Verletzungen reichen.

36a Für die Frage, wie weitreichend die Folgen der Tat für ein Opfer ist und wie es auf die Tat reagiert, kommt es dementsprechend auf eine Vielzahl von Umständen an, die im Einzelfall sehr unterschiedlich gelagert und für den Einzelnen unterschiedlich bedeutungsvoll sein können. Eine zentrale Rolle scheint der Umstand zu spielen, ob sich

---

30 *Hellmann/Pfeiffer* MschrKrim 98 (2015), 539f.; zu der Rolle von Vergewaltigungsmythen in diesem Zusammenhang *Möller* 2018.

31 Vgl. *Baier u. a.* Kriminalistik 2012, 735f.; *Wollinger* MschrKrim 98 (2015), 365ff.

Täter und Opfer vor der Tat bereits gekannt haben und zwischen ihnen eine **Vertrauensbeziehung** bestanden hat. Die durch die Tat beim Opfer bewirkte Erschütterung ist hier deshalb besonders komplex und weitgreifend, weil das Opfer meist auch in seinem Urvertrauen in die Zuverlässigkeit sozialer Beziehungen erschüttert wird.[32] Darüber hinaus scheinen Persönlichkeitsvariablen wie das Selbstwertgefühl, aber etwa auch die Verfügbarkeit von Unterstützung im sozialen Nahraum (Freunde, Verwandte) oder durch die institutionalisierten Formen der Opferhilfe (Weisser Ring, Frauenhaus/Frauennotruf etc.) eine erhebliche Rolle zu spielen.

Zur Verdeutlichung sei auf einige schon etwas ältere Untersuchungsergebnisse genauer eingegangen. Zu den Folgen der Tat für das Opfer sowie den sich hieraus ergebenden Interessen und Bedürfnissen wurde in Deutschland Anfang der 1990er Jahre eine bis heute bedeutsame Untersuchung von *Kilchling* durchgeführt.[33] Das Deliktsspektrum wurde eingeteilt in Kontakt- und Nichtkontaktdelikte; gesondert wurde die Bedeutung des Wohnungseinbruchs untersucht. Zwischen Deliktsart und **Schadensart** zeigte sich ein hochsignifikanter Zusammenhang: Bei den Nichtkontaktdelikten dominierte der Sachschaden; 9 von 10 Opfern gaben an, dass sie durch die Tat einen materiellen Schaden erlitten hatten. Bei Einbruch gaben zwei Drittel der Opfer an, dass sie einen Sachschaden erlitten hätten; umgekehrt gaben bei den Kontaktdelikten zwei Drittel an, dass sie entweder körperliche oder seelische Schäden erlitten hätten. Während diese Schadensverteilung vergleichsweise trivial ist, verdient Beachtung, dass bei einem Einbruch etwa 30 % der Befragten angaben, die Tat habe nicht zu materiellen, sondern zu anderen, vor allem seelischen Schäden geführt, und bei Kontaktdelikten knapp 30 % erklärten, die Tat habe zu gar keinem Schaden geführt. In diesem Befund zeigt sich deutlich, dass der Einbruchsdiebstahl viktimologisch nicht allein unter dem Gesichtspunkt des verletzten Rechtsguts gesehen werden darf. Die hohe Quote fehlender Schäden bei den Kontaktdelikten deutet andererseits darauf hin, dass die persönliche Relevanz von Viktimisierungserfahrungen individuell sehr verschieden ausfallen kann und die in der Tatsituation erfolgende Konfrontation mit dem Täter von den Opfern nicht zwingend als schädigendes Ereignis empfunden wird. 37

Letzteres bestätigt sich dann, wenn man nicht auf die Art der Schäden, sondern auf das **subjektive Schwereempfinden** abstellt und danach fragt, inwieweit sich das Opfer durch die Tat persönlich beeinträchtigt gefühlt hat. Die Opfer von Kontakt- und Einbruchsdelikten zeigten hier ohne signifikante Unterschiede etwa gleich hohe Werte (drei Viertel der Opfer bejahten eine subjektive Beeinträchtigung), während die Nichtkontaktopfer deutlich selte- 38

32 *Fischer/Riedesser* 2009, 158.
33 *Kilchling* 1995, 135, 153, 162.

ner (49,4 %) angaben, dass sie sich durch die Tat beeinträchtigt fühlten. Die weitere, vor allem für das Verständnis der Kontaktdelikte wichtige Aufschlüsselung macht indessen deutlich, dass es für das Schwereempfinden gar nicht einmal so sehr auf die Art des Delikts bzw. die persönliche Begegnung mit dem Täter ankommt als vielmehr auf den Umstand, dass sich Täter und Opfer schon vor der Tat kannten. Von denjenigen Opfern, bei denen in der Studie von *Kilchling* Opfer und Täter vor der Tat einander kannten, empfanden 83,7 % der Opfer die Tat als belastend, der überwiegende Teil hiervon sogar als *sehr* belastend. Waren Opfer und Täter hingegen nur flüchtig miteinander bekannt, reduzierte sich der Anteil auf 71,4 %, wobei nur ein geringer Teil die Tat noch als „sehr belastend" einstufte. Bestand gar keine Vorbeziehung, so war der Anteil derjenigen, die die Tat als belastend empfanden, am geringsten (54,9 %).

39 In der Viktimologie werden **Sexualdelikte** von jeher mit einer besonderen Aufmerksamkeit behandelt.[34] Dass die psychosozialen Folgen auch in diesem Bereich sehr unterschiedlich ausfallen, zeigt eine andere schon etwas ältere, aber ebenfalls nach wie vor bedeutsame Studie von *Baurmann,* die sich auf registrierte Sexualopfer in Niedersachsen bezog. Die Untersuchung ergab, dass Sexualtaten auf der einen Seite – insofern vergleichbar mit den Beobachtungen von *Kilchling* – nicht zwingend zu einer psychischen Schädigung des Opfers führen müssen: Bei etwa der Hälfte der Opfer ließ sich kein Schaden feststellen. Auf der anderen Seite waren bei den übrigen Opfern zum überwiegenden Teil erhebliche Schädigungen zu beobachten; das Spektrum reichte hier von Störungen wie Angst und Misstrauen, über Sexualstörungen bis hin zu Schlafstörungen und depressiven Verstimmungen. Dabei ist zu berücksichtigen, dass sich *Baurmanns* Untersuchung auf das Gesamtspektrum der Sexualkriminalität bezog, also auch die eher leichteren Formen wie Exhibitionismus erfasste. Bei den schwereren Formen, insbesondere bei Anwendung von Gewalt und den intensiveren Formen von sexuellen Handlungen, nahm auch in der Untersuchung von *Baurmann* der Anteil der stark geschädigten Opfer zu.[35] Auch in einer aktuelleren Untersuchung zu sexueller Gewalt berichteten lediglich 11 % der befragten Frauen, dass die Tat für sie völlig ohne Folgen geblieben sei.[36]

40, 41 In Ausnahmefällen kann die erlittene Viktimisierung für die Opfer eine Bedeutung erlangen, die es ohne professionelle Hilfe nicht mehr bewältigen kann. In der Langfristperspektive spricht man insoweit von **„posttraumatischer Belastungsstörung"** (post-traumatic stress disorder, PTSD), einem in der Psychiatrie bekannten Krankheitsbild, das sich nicht nur zB nach schweren Vergewaltigungen, sondern etwa auch nach Flugzeugentführungen, Geiselnahmen, militärischen Aus-

---

34 Zusammenfassend *Schlumpf/Jähncke* und *Müller-Pfeiffer,* in Gysi/Rüegger 2018, 107 ff. bzw. 117 ff.

35 *Baurmann* (1983) 1996, 409 ff.

36 *Hellmann* 2014, 142 f.

einandersetzungen oder dem unerwarteten Tod naher Angehöriger beobachten lässt.[37] Freilich muss bei allen nach der Tat feststellbaren psychischen Störungen auch immer gefragt werden, ob sie ihre Ursache tatsächlich im Viktimisierungserleben haben oder ob sie nicht (zumindest auch) auf andere Umstände, namentlich auf eine psychische Vorschädigung, zurückzuführen sind.

Obwohl sich das Viktimisierungserleben als eine das Opfer durch- 42
aus belastende Erfahrung darstellen kann, darf im Übrigen nicht übersehen werden, dass die Opfererfahrung ungeachtet allen Leids in der Langfristperspektive auch positive Wirkungen haben kann: Der mit der Viktimisierung verbundene Einschnitt in die bisherige Lebenskontinuität kann für das Opfer auch zum „turning point" werden und mit einem „Neubeginn" unter veränderten Vorzeichen verbunden sein, der langfristig als positiv erlebt wird (zB Trennung von Beziehungen, neue Kontakte, neue Kompetenzen). Erste empirische Befunde zu dieser **Ambivalenz von Opfererfahrungen** deuten darauf hin, dass es insoweit vor allem auf die Art des begangenen Delikts ankommt.[38]

2. Viktimisierung und spätere Delinquenz

Ein Sonderproblem bildet die Frage nach dem Zusammenhang 43
zwischen Viktimisierung und späterer eigener Delinquenz. Die Aufmerksamkeit gilt dabei vor allem der Frage, ob und inwieweit sich **an Kindern verübte Missbrauchs- oder Gewalthandlungen** langfristig in späteren Auffälligkeiten niederschlagen. Der Forschungsstand lässt sich insoweit derart zusammenfassen, dass ein solcher Zusammenhang wohl besteht: Kinder, die misshandelt, missbraucht oder auf strafbare Weise vernachlässigt werden, treten im weiteren Verlauf ihrer Entwicklung häufiger als Straftäter in Erscheinung als Kinder, die keine derartigen Viktimisierungserfahrungen gemacht haben.[39] Dieser Zusammenhang scheint unabhängig vom Geschlecht zu bestehen: Sowohl viktimisierte Jungen als auch viktimisierte Mädchen werden später in erhöhtem Maß auffällig, wenngleich die Prävalenzrate der Frauen dabei erwartungsgemäß und in Übereinstimmung mit den

37 Vgl. *Dressing/Foerster* FPPK 2014, 26ff.; *Wirtz* BewHi 2010, 278ff.

38 *Richter* 1997, 120ff.; krit. *Hassemer/Reemtsma* 2002, 129.

39 *Widom* Criminology 27 (1989), 260; *Nieder/Lau*, in: Briken u. a. 2010, 58ff.; *Urban/Fiebig* ZfS 2011, 42ff.; *Remschmidt* MschrKrim 97 (2014), 462ff.; kritisch den Forschungsstand aufarbeitend *Lichstein* 2017.

sonstigen Befunden der Kriminologie deutlich geringer ist als die der Männer.[40]

44 Allerdings sind beim Zusammenhang zwischen Viktimisierungserfahrungen und späterer Delinquenz verschiedene Einschränkungen angebracht. Zum einen muss man sich darüber im Klaren sein, dass *nicht jede* Gewaltanwendung oder Misshandlung gegenüber einem Kind im späteren Lebensweg des Kindes zu Kriminalität führt. Die entsprechenden Viktimisierungserfahrungen begründen lediglich einen *Risikofaktor* für Kriminalität, dessen Bedeutung nicht überschätzt werden darf. Auch Kinder reagieren auf die erlittenen Misshandlungen **individuell sehr unterschiedlich,** wobei sich vermuten lässt, dass die spezifische Form der Reaktion nicht nur durch die objektiven Qualitäten des belastenden Ereignisses (zB die Art, Schwere, Häufigkeit und/oder Dauer der Misshandlungen bzw. des Missbrauchs), sondern auch durch die subjektiven Dispositionen, Deutungsmuster und Handlungskompetenzen (Resilienz) sowie durch die Verfügbarkeit hilfreicher sozialer Beziehungen bestimmt wird.[41] Dass das Kind auf erlittene Traumatisierung mit eigener Delinquenz/Kriminalität reagiert, ist eine zwar mögliche, aber keine automatische Folge.

45 Zum zweiten muss man im Blick behalten, mit welchen Erscheinungsformen deliktischen Verhaltens Misshandlungserfahrungen korrelieren. Ausdrücke wie „Gewalt gebiert Gewalt" oder „Kreislauf der Gewalt" suggerieren, dass Gewalthandeln der Eltern bei den betroffenen Kindern ebenfalls zu Gewalthandeln führt. Ein derartiger Zusammenhang lässt sich empirisch zwar nachweisen,[42] doch es ist nicht ganz klar, ob daneben nicht noch andere, und vielleicht sogar stärkere Zusammenhänge existieren. Es gibt jedenfalls auch Untersuchungen, die zu dem Ergebnis geführt haben, dass erlittene Misshandlungen vor allem und in erster Linie **mit allgemeiner Kriminalität,** namentlich mit Eigentumskriminalität und geringerer Delinquenz (status offences) korrelieren.[43] In der Literatur wird dies damit erklärt, dass Misshandlungserfahrungen offenbar weniger in der Weise wirken, dass sie bei den Betroffenen Lernprozesse auslösen (zB „Gewalt zahlt

40 *Widom* Criminology 27 (1989), 260f.
41 Vgl. *Fischer/Riedesser* 2009, 149ff.
42 *Widom* Criminology 27 (1989), 264f. (nur bezogen auf Männer); *Wetzels/Enzmann/Mecklenburg/Pfeiffer* 2001, 247ff.; *Hosser/Raddatz* ZJJ 2005, 15ff.; *Weiss/Link/Stemmler* RPsych 2015, 285ff.
43 *Zingraff/Leiter/Myers/Johnsen,* Criminology 31 (1993), 190ff.; *Enzmann/Greve,* in: Bereswill/Greve 2001, 131ff.

sich aus"), als vielmehr in der Weise, dass sie die Bindungen des Betroffenen an die Eltern bzw. die Gewalt ausübenden Bezugspersonen in entscheidender Weise schwächen.[44]

Zum dritten schließlich muss man bei der Analyse des Zusammenhangs zwischen Viktimisierungserfahrungen und eigener Delinquenz den Kontext berücksichtigen, in dem es zu Misshandlungen kommt. Körperliche Misshandlungen können ihrerseits durch das schwierige, hohe Anforderungen an die Toleranz und Erziehungsfähigkeit der Eltern stellende Verhalten des Kindes bedingt sein und müssen deshalb grundsätzlich in demselben durch Wechselwirkungen geprägten **System von innerfamiliären Beziehungen** gesehen werden wie die anderen, bereits erörterten Risikofaktoren aus dem Bereich der Herkunftsfamilie (→ § 6 Rn. 33 ff.). 46

3. Interessen und Bedürfnisse des Opfers nach der Tat

Ebenso wie die Tatfolgen sind auch die Interessen und Bedürfnisse des Opfers nach der Tat individuell sehr unterschiedlich. Die meisten Opfer wollen nach der Tat vor allem **über das Geschehen reden**; sie benötigen einen Gesprächspartner, der ihnen verständnisvoll und geduldig zuhört.[45] Für die psychische Verarbeitung des Geschehens erfüllt allein schon die Möglichkeit des Darüberredenkönnens eine wichtige Entlastungsfunktion. Weitere typische Bedürfnisse nach der Tat sind: 47

- Das Opfer möchte **Sicherheit**; das Geschehen soll sich nicht noch einmal wiederholen, weitere Viktimisierungen sollen unterbleiben.
- Es möchte ernst genommen und **als „Opfer" anerkannt** werden; seine Darstellung soll nicht in Zweifel gezogen, ihm sollen keine Vorwürfe gemacht werden.
- Es möchte den materiellen **Verlust ersetzt** bekommen; die Folgen der Tat sollen ausgeglichen, wiedergutgemacht werden.
- Bei schweren Delikten, die mit gravierenden körperlichen oder seelischen Beeinträchtigungen verbunden gewesen sind, möchte es, dass der Täter **bestraft** wird.

---

44 *Enzmann/Greve,* in: Bereswill/Greve 2001, 141 f.

45 *Fischer/Riedesser* 2009, 208 ff.; zu den Verarbeitungsprozessen nach einer Viktimisierung vgl. auch *Hartmann* DVJJ-Journal 2002, 24 f.

- Schließlich möchte das Opfer **„in Ruhe gelassen"** werden; es möchte die Tat vergessen und in die Normalität des Lebens zurückkehren.

48 Welche Bedürfnisse im Einzelfall im Vordergrund stehen, bestimmt sich in erster Linie nach der **Art und Schwere des Delikts.** Je weniger sich das Opfer durch die Tat subjektiv beeinträchtigt fühlt, desto stärker ist nach der Tat sein Interesse am Ersatz des materiellen Schadens; je stärker es sich beeinträchtigt fühlt, desto stärker ist sein Wunsch nach Bestrafung des Täters und ggf. persönlicher Mithilfe bei den polizeilichen Ermittlungen.

49 Die Abhängigkeit der postdeliktischen Bedürfnislage von der Art des Delikts zeigte sich in der bereits angesprochenen Untersuchung von *Kilchling*.[46] Bei den Nichtkontaktdelikten, namentlich beim Diebstahl von Fahr- und Motorrädern, dominierte der Wunsch nach Ersatz des materiellen Schadens; 60,8 % der Befragten gaben an, dass ihnen dieser Gesichtspunkt nach der Tat am wichtigsten war. Bei Einbruch stand der Wunsch nach Schadensersatz zwar ebenfalls an erster Stelle (36,8 %); daneben gab es hier jedoch auch einen erheblichen Anteil an Befragten (26,5 %), für die es am wichtigsten war, bei den polizeilichen Ermittlungen gegen den Täter behilflich sein zu können. Ganz anders stellte sich die Bedürfnislage demgegenüber bei den Kontaktdelikten dar. Hier standen nahezu gleichgewichtig im Vordergrund der Wunsch, die Tat zu vergessen (31,8 % bezogen auf alle Kontaktdelikte; bei dem Einzeldelikt sexueller Angriff sogar 66,7 %), und der Wunsch, dass der Täter bestraft werden sollte (28,4 % bezogen auf alle Kontaktdelikte; bei dem Einzeldelikt tätlicher Angriff/Bedrohung 43,8 %). Anders als bei den beiden anderen Deliktsgruppen gab es bei den Kontaktdelikten im Übrigen auch eine vergleichsweise große Gruppe von Befragten (17,0 %), die sich persönliche Hilfe zur Bewältigung der Sache wünschten.

50 Aus kriminologischer Sicht interessiert vor allem, ob sich das Opfer in der Nachtatsituation an die Strafverfolgungsorgane wendet, namentlich an die Polizei. Empirisch lässt sich insoweit feststellen, dass sich das **Anzeigeverhalten** der meisten Opfer in erheblichem Maß an rationalen Aufwand-Nutzen-Überlegungen orientiert. Da die meisten Opfer wissen, dass sie das Strafverfahren nach der Anzeigeerstattung nicht mehr beeinflussen können (die Anzeige kann wegen des Offizialprinzips nicht wieder „zurückgenommen" werden), nehmen sie von einer Strafanzeige Abstand, wenn sie davon ausgehen, dass die mit einem Strafverfahren verbundenen Belastungen (insbes. die wiederholte Verpflichtung zur Zeugenaussage) in keinem ausgegli-

46 *Kilchling* 1995, 181 f.

chenen Verhältnis zu den erzielbaren Effekten (Sicherheit, Schadensersatz und ggf. Bestrafung) stehen. Auch Opfer, die unmittelbar nach der Tat ein erhebliches punitives Reaktionsbedürfnis zeigen, sehen deshalb nicht selten von der Anzeige ab.

Deutlich wird dies, wenn man sich vor Augen führt, dass die Anzeigequoten nicht bei allen Delikten gleich hoch sind, sondern mit der Deliktsart und noch weiteren Einflussfaktoren (dazu genauer → § 9 Rn. 34 ff.) variieren. Hoch ist die **Anzeigebereitschaft** vor allem bei den Nichtkontaktdelikten, bei denen das Ersatzinteresse im Vordergrund steht: Bei Kfz-Diebstahl liegt die Quote nach repräsentativen Erhebungen bei über 90 %, bei vollendetem Wohnungseinbruchsdiebstahl bei über 80 %.[47] Hier spielt offenbar eine Rolle, dass die Erlangung von Versicherungsleistungen in den AGB der Versicherer an die vorherige Anzeigeerstattung geknüpft ist; die Opfer setzen die Strafanzeige also gezielt dazu ein, um ihr materielles Ersatzinteresse durchzusetzen.[48] Bei anderen Arten des Diebstahls werden deutlich weniger Taten angezeigt, wobei sich schon an der geringeren Anzeigequote für Fahrraddiebstahl (etwa 50 %) ablesen lässt, dass Fahrräder anders als Autos typischerweise nicht gegen Diebstahl versichert sind. Anders ist es demgegenüber bei den Kontaktdelikten, bei denen das Opfer den Täter häufig persönlich kennt. Einfache Körperverletzungen, bei denen keine Waffe verwendet wurde, werden nur in gut einem Viertel der Fälle (zwischen 25 und 30 %) angezeigt; die Anzeigebereitschaft steigt auf bis zu drei Viertel, wenn eine Waffe eingesetzt oder das Opfer bei der Tat schwer verletzt wurde. Sexualdelikte werden nur sehr selten zur Anzeige gebracht. Bei sexueller „Bedrängung" (zur Problematik des Begriffs → Rn. 13) liegen die Anzeigequoten zwischen 4 und 7 %, bei sexueller Gewalt bei etwa 15 %. Häufigster Grund für die Nichtanzeige ist nach einer Erhebung von *Hellmann*, dass die Tat der betroffenen Frau peinlich ist; daneben spielen auch der Umstand, dass sich der Täter entschuldigt hat, sowie die Angst vor dem Verfahren eine nennenswerte Rolle.[49] 51

V. Viktimisierung im Hellfeld

Wie stellt sich vor diesem Hintergrund das „Hellfeld" der Kriminalität und damit die Art und das Ausmaß der den Strafverfolgungsorganen bekannt gewordenen Viktimisierung dar? Ehe man sich dieser Frage genauer zuwendet, muss man sich vergegenwärtigen, dass das Opfer jedenfalls im Bereich der klassischen Kriminalität maßgeb- 52

47 LKA Niedersachsen 2018, 53; *Dreißigacker* 2017, 42; *Hellmann* 2014, 61, 76, 123 f., 148; vgl. auch *Birkel u. a.* 2019, 40; *Bley* 2018, 104; *Enzmann*, in: Guzy/Birkel/Mischkowitz 2015, 511 ff.
48 *Hellmann* 2014, 62 f.; LKA Niedersachsen 2018, 62; *Dreißigacker* 2017, 46.
49 *Hellmann* 2014, 152; vgl. auch *Treibel/Dölling/Hermann* FPPK 2017, 355 ff.

lichen Einfluss darauf hat, welche Taten der Polizei bekannt werden und welche nicht. Einer schon etwas älteren Untersuchung zufolge gehen in den klassischen Kriminalitätsbereichen Diebstahl, Betrug, Unterschlagung, Raub und Vergewaltigung zwischen 77 und 88 % aller Strafverfahren auf eine Anzeige des Opfers zurück, zwischen 9 und 18 % auf die Anzeige eines Dritten, aber nur zwischen 3 und 6 % auf eigene Wahrnehmungen der Polizei, die bei Kontrollen gemacht werden.[50] Ob diese Zahlen auch heute noch gültig sind, wird z. T. bezweifelt.[51] Feststehen dürfte aber auch heute noch, dass in den genannten Bereichen bei einem Verzicht des Verletzten auf die Anzeigeerstattung eine hohe Wahrscheinlichkeit dafür besteht, dass die Polizei auf andere Weise keine Kenntnis von dem Geschehen erhält und die Tat damit im Ergebnis unverfolgt bleibt. Zur Kennzeichnung dieses Sachverhalts wird das Opfer deshalb zuweilen auch als der **„Torwächter“** (gate keeper) **des Strafjustizsystems** bezeichnet. Vor dem Hintergrund der empirischen Befunde zum Anzeigeverhalten bedeutet dies für die Interpretation der Hellfelddaten, dass diese nicht nur einen Ausschnitt aus der tatsächlich erlebten Viktimisierung darstellen, sondern auch einen Ausschnitt, der durch die ganz unterschiedlichen Interessen und Bedürfnisse der Opfer nach der Tat in vielfacher Weise verzerrt ist.

53 Für einen Überblick über die im Hellfeld bekanntgewordene Viktimisierung steht allein die Polizeiliche Kriminalstatistik (PKS) zur Verfügung. Die PKS vermittelt insoweit allerdings nur ein unvollkommenes Bild, denn sie weist Daten über die Opfer nur zu den Delikten gegen höchstpersönliche Rechtsgüter, namentlich zu den Gewalt- und den Sexualdelikten aus (→ § 5 Rn. 6), nicht aber zu den sonstigen Delikten, bei denen ebenfalls eine natürliche Person geschädigt worden sein kann; insbesondere der große Bereich der Eigentums- und Vermögenskriminalität bleibt ausgeblendet.

54 Bezogen auf die Gewalt- und Sexualkriminalität lässt sich anhand der PKS feststellen, dass im Hellfeld auch aus Opfersicht (zur Zahl der Tatverdächtigen → Tab. 5.3) die **Körperverletzung** im Mittelpunkt steht. Die vollendete einfache Körperverletzung ist dasjenige Einzeldelikt, das am häufigsten zur Kenntnis der Polizei gelangt. Im Jahr 2019 wurden bundesweit mehr als 398.000 Personen Opfer einer (vollendeten) einfachen, mehr als 138.000 Personen Opfer einer gefährlichen oder schweren Körperverletzung. Am zweithäufigsten

50 *Blankenburg/Sessar/Steffen* 1978, 119 ff.; vgl. auch *Dölling* 1987, 127, 191, 218, 238.
51 *Antholz*, Kriminalistik 2013, 663 f.

wurden von der Polizei Opfer einer **Bedrohung und Nötigung** registriert (mehr als 213.000 Personen). In der Häufigkeitsskala folgten **Raub und räuberische Erpressung** mit mehr als 32.000 Verletzten und der **sexuelle Missbrauch von Kindern,** bei dem mehr als 14.000 Verletzte registriert wurden. Unabhängig von der Deliktsart gilt, dass die PKS in der Regel (Ausnahme: bei den Tötungsdelikten) mehr Verletzte vollendeter als versuchter Taten registriert; dies dürfte darauf zurückzuführen sein, dass die Anzeigebereitschaft bei Versuch deutlich geringer ist.

Um die Opferbelastung der einzelnen Alters- und Geschlechts- 55
gruppen zu ermitteln, müssen **Opfergefährdungszahlen** (OGZ) berechnet werden, die die Anzahl der polizeilich registrierten Opfer pro 100.000 der jeweiligen Alters- und Geschlechtsgruppe in der Wohnbevölkerung angeben (zur parallelen Problematik der Tatverdächtigenbelastungszahlen → § 5 Rn. 37f. und Tab. 5.3). Dabei zeigt sich, dass sowohl von der einfachen als auch von der gefährlichen / schweren Körperverletzung vor allem männliche Jugendliche und Heranwachsende betroffen sind (Tab. 8.1). Auch von Raub / räuberischer Erpressung ist diese Gruppe besonders betroffen, wenngleich auf geringerem Niveau. Die Sexualdelikte werden andererseits vor allem gegenüber Mädchen und jungen Frauen verübt; hier tritt die erhebliche Belastung der unter 14-jährigen Mädchen mit sexuellem Missbrauch deutlich hervor. Soweit es vorsätzliche Tötungsdelikte betrifft, ergibt sich aus Tab. 8.1 eine annähernde Gleichbelastung bzgl. alter und Geschlecht. Insoweit zeigen erst weiterführende Analysen, dass das Risiko, Opfer eines Tötungsdelikts zu werden, in den ersten sechs Lebensmonaten am höchsten ist, wobei die größte Opfergruppe diejenige ist, die bereits am ersten Lebenstag getötet wird.[52]

52 *Höynck/Behnsen/Zähringer* 2015, 48.

Tab. 8.1: Opfergefährdung nach Alter und Geschlecht 2019 (nur vollendete Delikte)[53]

Straftaten(gruppen)	**Opfer** insges. N	**Kinder** unter 14		**Jugendliche** 14 bis 18		**Heranw.** 18 bis 21		**Erwachsene** 21 bis 60		über 60	
		m.	w.	m.	w.	m.	w.	m.	w.	m.	w.
Mord und Totschlag (§§ 211, 212, 213, 216 StGB)	545	0,5	0,3	0,4	0,3	0,7	0,4	0,8	0,6	0,6	0,7
Körperverletzung mit Todesfolge	78	0,1	0,0	0,0	0,0	0,1	0,0	0,1	0,0	0,3	0,1
Gefährliche und schwere Körperverletzung	138.397	94	48	666	280	1.003	303	313	111	37	15
Vorsätzliche einfache Körperverletzung	398.899	314	171	1.420	912	1.785	1.124	702	561	132	80
Vergewaltigung (§ 177 VI, VII, VIII StGB)	7.716	1	3	5	115	5	96	1	19	0	1
Sexueller Übergriff und sexuelle Nötigung (§ 177 I, II, IV, V, IX StGB)	5.236	1	3	8	84	6	57	1	11	0	2
Sexueller Missbrauch von Kindern (§§ 176, 176a, 176b StGB)	14.898	66	221	–	–	–	–	–	–	–	–
Raub, räuberische Erpressung und räuberischer Angriff auf Kraftfahrer	32.772	20	3	228	29	209	51	67	30	14	12

Quelle: PKS 2019, Tab. 91

53 Anzahl der polizeilich bekannt gewordenen Opfer je 100.000 der jeweiligen Alters- und Geschlechtsgruppe in der Wohnbevölkerung 2019.

Als Fazit verdient festgehalten zu werden, dass die Opfergefährdung im Hellfeld ebenso im Dunkelfeld am höchsten bei Jugendlichen und Heranwachsenden ist. Erwachsene, und insbesondere über 60-jährige Senioren sind von Gewalt- und Sexualdelikten bezogen auf ihren Bevölkerungsanteil deutlich seltener betroffen. 56

Berücksichtigen muss man bei diesen Daten, dass sich die OGZ anders als die TVBZ nicht nur auf Deutsche, sondern auf die Gesamtbevölkerung bezieht. Wenn und soweit die Nichtdeutschen in den Zahlen für die Wohnbevölkerung unterrepräsentiert sind, weist die OGZ in der Tendenz also überhöhte Werte aus. Darüber hinaus unterscheidet sich die OGZ von der TVBZ darin, dass Personen, die innerhalb eines Jahres mehrfach viktimisiert werden, in der PKS mehrfach gezählt werden; auch dies führt bei der Opfergefährdung im Ergebnis zu überhöhten Werten.

Das anhand von Dunkelfelduntersuchungen ermittelte enorme 57
Viktimisierungsrisiko im sozialen Nahbereich (s. o. Rn. 15 ff.) schlägt sich im Hellfeld nur eingeschränkt nieder. Zwar geht beinahe die Hälfte der vollendeten Tötungsdelikte (im Jahr 2019: 48,3 %) auf das Konto von Partnern oder Verwandten (Tab. 8.2). Im Übrigen spielen Verwandte als Täter bei der Polizei jedoch eine weniger herausgehobene Rolle. Dies gilt insbesondere auch für das Delikt des sexuellen Missbrauchs von Kindern. Hier besteht bei einem erheblichen Teil der offiziell bekannt gewordenen Taten zwischen Täter und Opfer keine (32,1 %) oder nur eine informelle soziale Vorbeziehung (32,6 %), dh die Tatverdächtigen sind hier Freunde oder Bekannte des Opfers. Die aus der PKS ersichtlichen Verteilungen bestätigen damit den aus älteren Dunkelfelduntersuchungen bekannten Befund, dass Opfer die Anzeige vor allem dann scheuen, wenn sie sich gegen einen Täter aus dem Bereich der Familie richtet.[54] Dies ist nachvollziehbar, wenn man sich vergegenwärtigt, dass die Öffentlichmachung des innerfamiliären Übergriffs meist zur vollständigen, abgesehen von Opfer und Täter auch die anderen Familienmitglieder berührenden Auflösung des Familienverbunds führt.

54 *Wetzels/Pfeiffer* 1995, 15 f.; *Kaiser* 1996, § 50 Rn. 11.

Tab. 8.2: Beziehung des Opfers zum Tatverdächtigen 2019 (nur vollendete Delikte; Prozentzahlen).

Straftaten(gruppen)	Ehe/Partnerschaft/Familie	Informelle soziale Beziehung	Formelle soziale Beziehung	Keine Beziehung	Ungeklärt
Mord und Totschlag (§§ 211, 212, 213, 216 StGB)	48,3	27,0	3,1	12,1	9,5
Körperverletzung mit Todesfolge	24,4	21,8	15,4	30,8	7,7
Gefährlich und schwere Körperverletzung	16,2	24,0	3,9	43,5	12,4
Vorsätzliche einfache Körperverletzung	30,2	23,0	4,6	35,2	7,0
Vergewaltigung (§ 177 VI, VII, VIII StGB)	27,9	48,0	2,8	13,4	8,0
Sexueller Übergriff und sexuelle Nötigung (§ 177 I, II, IV, V, IX StGB)	16,5	40,9	7,8	27,6	7,2
Sexueller Missbrauch von Kindern (§§ 176, 176a, 176b StGB)	22,5	32,6	5,7	32,1	7,1
Raub, räuberische Erpressung und räuberischer Angriff auf Kraftfahrer	3,7	14,1	1,2	65,5	15,5

Quelle: PKS 2019, Tab. 92

Ehe/Partnerschaft/Familie: Ehe, Partnerschaft, Verwandte, Verschwägerte, sonstige Angehörige

Informelle soziale Beziehung: Freundschaft, Bekanntschaft (private Ebene)

Formelle soziale Beziehung: Beziehungen in Institutionen, Organisationen und Gruppen

VI. Kriminalpolitische Konsequenzen

Welche kriminalpolitischen Konsequenzen lassen sich aus den dargestellten Befunden ziehen? Die in den Dunkelfelduntersuchungen ermittelten Ergebnisse zur Häufigkeit von Opfererfahrungen geben Anlass, die Aufmerksamkeit vorrangig auf die Frage zu richten, wie Viktimisierungen von vornherein vermieden werden können. Selbst wenn jedes Opfer durch die Tat unterschiedlich belastet wird und nicht jede Straftat ein Opfer schwer traumatisiert, ist kriminalpolitisch eine Strategie gefordert, die darauf abzielt, dass Straftaten gar nicht erst begangen werden. Angesprochen ist damit der große Bereich der **Prävention** (→ § 10 Rn. 1 ff.). Eine besondere Herausforderung stellt insoweit der Tabubereich der innerfamiliären Delinquenz dar. Gerade weil hier mit besonders gravierenden psychischen Belastungen gerechnet werden muss (→ Rn. 36a), ist es erforderlich darüber nachzudenken, wie der Schutz der besonders gefährdeten Familienmitglieder (Kinder, Frauen und ältere Menschen) weiter verbessert werden kann. 58

Auch die empirischen Befunde zur Bedürfnislage der Opfer nach der Tat geben Anlass zu weiteren rechts- und kriminalpolitischen Aktivitäten. Vergleicht man die Aufzählung der typischen Opferbedürfnisse nach der Tat mit dem typischen (straf-)juristischen Verständnis von Konfliktlösung, zeigt sich eine rechtspolitisch bedeutsame Kluft. Zwar kann die Justiz den Opferbedürfnissen durchaus Rechnung tragen; sie kann den Täter in Untersuchungshaft nehmen und dem Opfer dadurch Sicherheit bieten, sie kann ein Urteil erlassen, das den Opferstatus öffentlich anerkennt, sie kann den Täter zur Schadenswiedergutmachung verpflichten und sie kann ihn bestrafen. Die Funktion der Strafjustiz besteht indessen nicht nur darin, den individuellen Opferbedürfnissen Rechnung zu tragen; die Strafjustiz hat auch (und zwar in erster Linie) die Funktion, im Interesse der Allgemeinheit zu handeln, den Sachverhalt aufzuklären und über das „Ob“ und „Wie“ einer Sanktion zu entscheiden (→ § 9 Rn. 13 ff.). In der Praxis stehen die Opferbedürfnisse deshalb in einem **Spannungsverhältnis** zu den andersgelagerten Interessen der Justiz.[55] Praktisch wirkt sich dies oft zum Nachteil der Opfer aus: Die Justiz 59

55 Zur Psychotraumatologie in Sexualstrafverfahren *Gysi*, in: Gysi/Rüegger 2018, 17 ff.

erkennt das Opfer nicht ohne weiteres als „Opfer“ an, sondern überprüft die Glaubhaftigkeit seiner Aussage und spricht den beschuldigten Täter frei, wenn letzte Zweifel bleiben (→ Rn. 35a). Sie kümmert sich in der Regel nicht um die Schadenswiedergutmachung, sondern verweist das Opfer auf den Zivilrechtsweg. Sofern die Schwere der Schuld nicht entgegensteht, stellt sie das Strafverfahren häufig ein; dem Opfer stehen hiergegen bei den in der Praxis besonders bedeutsamen Opportunitätseinstellungen keine Rechtsmittel zur Verfügung. Und die Strafjustiz lässt das Opfer solange nicht „in Ruhe“, wie der Strafprozess läuft; wird der Instanzenzug durchlaufen, kann das Opfer auch noch nach langer Zeit zu einer Zeugenaussage verpflichtet werden.

59a Auch wenn man die Strafjustiz unzweifelhaft nicht „Dienstleister“ der Opfer ist, muss man sehen, dass die Justiz faktisch von der Anzeigeerstattung des Opfers weitgehend abhängig ist; wenn das Opfer in der Anzeige keinen Sinn sieht, wird es sie nicht erstatten (→ Rn. 50). Politisch ist es daher durchaus sinnvoll, die Opferbedürfnisse nicht negieren, sondern noch stärker als bisher in den Prozess integrieren (vgl. dazu genauer → § 9 Rn. 26 ff.). Notwendig sind die (Re-)Personalisierung des abstrakten Normbruchs und seiner Folgen sowie die weitere Verankerung der Opferstellung im Verfahren, namentlich im Ermittlungsverfahren. Anzuerkennen ist zwar, dass der Gesetzgeber seit den 1980er Jahren zahlreiche Bemühungen um die Aufwertung des Opfers unternommen hat (→ Rn. 35). Dennoch wird man kaum sagen können, dass das Ziel einer (auch) opferbezogenen Strafrechtspflege[56] schon erreicht ist. Die bessere Integration der Opfer in den Prozess der strafrechtlichen Aufarbeitung des Tatgeschehens bleibt deshalb weiterhin Aufgabe und Herausforderung.

Empfehlungen zur vertiefenden Lektüre: *Greve/Rühs/Kappes*, Folgen von kriminellen Viktimisierungen und Umgang mit Opfern, in: Guzy/Birkel/Mischkowitz 2015, 489–509; *Gysi*, Psychotraumatologie in Sexualstrafverfahren, in: Gysi/Rüegger 2018, 17–34; *Hellmann/Pfeiffer*, Epidemiologie und Strafverfolgung sexueller Gewalt gegen Frauen in Deutschland, MschrKrim 98 (2015), 527–542; *Kanz*, Alles im Interesse der Opfer?! Eine kritische Bestandsaufnahme rechtlicher Veränderungen, politischer Motivationen und empirischer Erkenntnisse der letzten 30 Jahre, MschrKrim 100 (2017), 227–249.

56 Grundlegend hierzu *Rössner/Wulf* 1987.

§ 9. Strafrechtliche Sozialkontrolle

I. Begriff und Bedeutung der sozialen Kontrolle

Um im Zusammenhang mit Kriminalität die Tätigkeit der Strafverfolgungsorgane zu analysieren, wird in der Kriminologie häufig der Begriff der **„sozialen Kontrolle"** herangezogen. Der aus der nordamerikanischen Soziologie stammende, bereits mehr als 100 Jahre alte Begriff[1] ist in seinem Bedeutungsgehalt unscharf. In seiner allgemeinen Form steht er für die Fähigkeit einer Gesellschaft, sich nach den jeweils erwünschten Prinzipien und Werten selbst zu regulieren und soziale Ordnung herzustellen. Er bezeichnet die Instrumente, Mechanismen und Prozesse, mit deren Hilfe Gegensätzlichkeiten, Spannungen und Konflikte überwunden werden und Verhaltenskonformität erreicht wird.[2] 1

Zwei Elemente sind für alle Erscheinungsformen sozialer Kontrolle konstitutiv: die Existenz von Normen, deren Befolgung als im Interesse der Gewährleistung von Ordnung liegend angesehen wird, und die Verfügbarkeit von Steuerungsmechanismen, mit deren Hilfe normkonformes Verhalten hergestellt wird. Der Begriff der **Norm** ist in diesem Zusammenhang nicht als Rechtsnorm zu verstehen. „Norm" ist unabhängig vom juristischen Sprachgebrauch jede rechtliche, ethische oder soziale Norm, deren Befolgung unter bestimmten Bedingungen von den Mitgliedern der Gesellschaft erwartet wird. Es kann sich um einen Brauch handeln, „Normen" sind aber auch Sitte, allgemeine Moralvorstellungen sowie in ihren entwickeltsten Formen die Normen des Rechts und die Sätze der philosophischen Ethik. 2

Auch die **Steuerungsmittel** können vielfältig sein. Es kann sich um Maßnahmen der *aktiven Kontrolle* handeln, die das unerwünschte Verhalten präventiv auszuschließen versuchen, oder um Maßnahmen der *reaktiven Kontrolle,* die ein bestimmtes Verhalten sanktionieren. Die aktive Kontrolle kann *äußere Schranken* setzen, sie kann aber auch in die Sozialisation des Einzelnen hineinwirken und zum Aufbau *innerer Kontrollen* und *Bindungen* an andere (insbes. Familie, Schule, Beruf) beitragen. Das Konzept der sozialen Kontrolle trifft sich hier mit dem kriminalitätstheoretischen Konzept der Kontrolltheorien, die kriminelles Verhalten als die Folge geringer Selbstkontrolle bzw. feh- 3

---

1 Grundlegend *Ross* 1901; zum Kontext *Rehbinder* 2014, Rn. 111 f.; zur Entwicklung des Begriffs in der Kriminologie *Peters*, in: G. Albrecht/Groenemeyer 2012, 1255 ff.

2 *Kaiser* 1996, § 28 Rn. 4.

lender oder geschwächter Bindungen erklären (→ § 3 Rn. 76). Die reaktive Kontrolle wiederum kann entweder normkonformes Verhalten *positiv* sanktionieren – zB durch Prämien, Belohnungen oder Beförderungen – oder auf normabweichendes Verhalten mit *negativen* Sanktionen reagieren – zB mit Stigmatisierung, Übelszufügung und Ausschluss.

4 Die negative Reaktion auf normabweichendes Verhalten kann, allgemein betrachtet, in *förmlichen Reaktionen* bestehen – beispielsweise im Tätigwerden des Jugendamts, der Polizei oder der Justiz –; es kann sich aber auch um *informelle Reaktionen* handeln – um Reaktionen in Familie, bei Freunden (Peers) oder am Arbeitsplatz –, Reaktionen, die in ihrem Spektrum von Auslachen und Spott über ausdrückliche Missbilligung bis hin zum Abbrechen der Beziehung reichen können. Die Bedeutung der reaktiven Maßnahmen, gleich ob es sich um formelle oder um informelle Maßnahmen handelt, erschöpft sich wiederum nicht in der *direkten Reaktion,* sondern sie bezieht ihre verhaltenssteuernde Kraft vor allem aus den von der Reaktion ausgehenden indirekten, den *präventiven Momenten:* Die Adressaten antizipieren die Reaktionen und stellen sich in ihrem weiteren Verhalten darauf ein. Auch die reaktive Kontrolle kann so in die Sozialisation des Einzelnen hineinwirken und einen Beitrag zum Aufbau innerer Kontrollen leisten.

5 Für die Analyse der Strafverfolgungstätigkeit eignet sich das Konzept der Sozialkontrolle deshalb besonders gut, weil es deutlich macht, dass die strafrechtlichen Bemühungen um die Herstellung von Verhaltenskonformität in einem größeren **Gesamtzusammenhang von gesellschaftlichen Prozessen** stehen, die auf die Beeinflussung und Veränderung von Verhalten abzielen.[3] In dem umfassenden System der sozialen Kontrolle stellt das Recht nur einen *Ausschnitt* dar, der Rechtsbruch macht nur einen *Teil* allen abweichenden Verhaltens aus, die Strafe bildet nur *eine* von zahlreichen Kontrollmöglichkeiten und die Justiz ist nur *ein* Träger sozialer Kontrolle neben anderen. Außer von der Justiz wird soziale Kontrolle vor allem – je nach Alter – von der Familie, Partnerinnen/Partnern, Bildungseinrichtungen, dem Arbeitsumfeld, Freunden, Bekannten und auch den sozialen Medien ausgeübt. Die Strafverfolgungstätigkeit des Staates ist mit diesen anderen Instrumenten, Mechanismen und Prozessen der Kontrolle in vielfältiger Weise verknüpft und verwoben. Sie wirkt nicht unabhängig von ihnen, sondern sie setzt sie voraus, führt sie fort und ergänzt sie.

Beispiel: Auf bekannt gewordene Straftaten eines Jugendlichen kann nicht nur mit den Mitteln des (Jugend-) Strafrechts reagiert werden. Auch die Eltern

3 *Rössner,* in: Feltes/Pfeiffer/Steinhilper 2006, 1129 ff.

des Jugendlichen können hierauf reagieren, zB mit Taschengeldentzug, Fernseh- und Handy-Verbot oder anderen informellen Sanktionen. Ist die Tat in der Schule begangen worden, kann von Seiten der Schule mit besonderen pädagogischen oder disziplinarischen Mitteln reagiert werden (zB Überweisung in eine Parallelklasse, Ausschluss vom Unterricht). Die Tat kann zivilrechtliche Folgen nach sich ziehen (Verpflichtung zur Herausgabe, Schadensersatz, Schmerzensgeld etc.). Das Opfer der Tat, das faktisch über die Einleitung der strafrechtlichen Maßnahmen entscheidet (→ § 8 Rn. 52), kann den Jugendlichen mit der Drohung der Strafanzeige unter Druck setzen und zur Erfüllung der zivilrechtlichen Ansprüche veranlassen. Alle Akteure leisten mit ihren ganz unterschiedlichen Reaktionen einen Beitrag dazu, dass der Jugendliche etwas lernt und die Begehung weiterer Straftaten unwahrscheinlicher wird; die Mechanismen der externen Kontrolle können indirekt zum Aufbau innerer Kontrollen beitragen. Dabei ist freilich, worauf der labeling approach hingewiesen hat, im Blick zu behalten, dass insbesondere die Reaktionen von Polizei und Justiz in ihrer Wirkung auch ambivalent sein und (ungewollt) auch einen Beitrag dazu leisten können, dass sich kriminelle Karrieren erst entwickeln und verfestigen (→ § 3 Rn. 97).

In diesem Gesamtgefüge der Sozialkontrolle kommt der **Tätigkeit der Strafverfolgungsorgane** eine **herausgehobene Bedeutung** zu. Das (Straf-)Recht stellt dasjenige Teilsystem der sozialen Kontrolle dar, das am stärksten formalisiert und rational durchgebildet ist. Sein Geltungsanspruch ist allgemein und unbedingt. Es verfügt mit der Justiz über einen eigenständigen (sogar verfassungsrechtlich abgesicherten, vgl. Art. 92ff. GG), spezialisierten und professionalisierten Apparat, der für die Durchführung der Sanktion bei Übertretung der Rechtsnormen auf staatliche Gewaltmittel zurückgreifen kann. Die kritische Auseinandersetzung mit der strafrechtlichen Sozialkontrolle (Verbrechenskontrolle, crime control) gehört deshalb seit langem zu den zentralen Gegenständen, mit denen sich die Kriminologie beschäftigt. 6

II. Das System der strafrechtlichen Sozialkontrolle

Betrachtet man das System der strafrechtlichen Sozialkontrolle genauer, bedürfen zunächst die beiden Strukturmerkmale der Sozialkontrolle – die Normen und die Reaktionen – der Konkretisierung. Den Anknüpfungspunkt für die Tätigkeit der staatlichen Kontrollorgane bilden die **Straftaten,** also diejenigen Verhaltensweisen, die durch ein präzise formuliertes, nicht analogiefähiges und der Rück- 7 wirkung entzogenes Gesetz bei Androhung von Strafe verboten sind (vgl. Art. 103 Abs. 2 GG). Erfüllt ein Verhalten nicht den Tatbestand eines Strafgesetzes, stellt es also zB nur eine Vertragsverletzung oder eine Ordnungswidrigkeit dar, so darf auf dieses Verhalten nicht mit staatlicher Strafe reagiert werden. Dass die Strafverfolgungsorgane in diesem Fall gleichwohl ermittelnd tätig werden dürfen, ergibt sich aus der Tatsache, dass das Vorliegen einer Straftat zu Beginn der staatlichen Kontrolltätigkeit in der Regel nicht zuverlässig beurteilt werden kann. Die Tätigkeit der Strafverfolgungsorgane kann sich immer nur an einem **Tatverdacht** orientieren, der sich im Verlauf des Strafverfahrens vom Anfangsverdacht (§ 152 II StPO) über den hinreichenden Tatverdacht bei Anklageerhebung (§ 170 I StPO) bis hin zur persönlichen Gewissheit des verurteilenden Gerichts (§ 261 StPO) verdichten muss, wenn gegen den Täter eine Strafe verhängt werden soll.

8 Während mit den Straftaten bzw. dem entsprechenden Verdacht ein einheitlicher Anknüpfungspunkt für die Verbrechenskontrolle gegeben ist, sind die **Reaktionsmöglichkeiten** der Strafverfolgungsorgane breiter gefächert. Die in den Strafnormen regelmäßig angedrohten Geld- und Freiheitsstrafen stellen nur *eine* Form der Reaktion dar. Sie werden ergänzt durch die besonderen Sanktionsformen des Jugendstrafrechts (Erziehungsmaßregeln, Zuchtmittel, Jugendstrafe) sowie durch die Rechtsfolgen, die wie die Maßregeln der Besserung und Sicherung neben oder anstelle einer Strafe gegen den Täter festgesetzt werden können (bspw. Entziehung der Fahrerlaubnis). Alle diese Rechtsfolgen setzen voraus, dass ein richterliches **Urteil** ergeht. Die verschiedenen Strafarten stehen dabei in einem durch Schuld- und Verhältnismäßigkeitserwägungen bestimmten Stufenverhältnis zueinander; die schwereren Strafarten, insbesondere die nicht zur Bewährung ausgesetzte Jugend- oder Freiheitsstrafe, dürfen nur dann verhängt werden, wenn die Strafzwecke (→ Rn. 14 ff.) nicht auf andere Weise erreicht werden können.

9 Das Verfahren kann indes auch ohne Urteil beendet werden, und zwar nicht nur aus Gründen der fehlenden Nachweisbarkeit von Tat oder Täter (Verfahrenseinstellung nach § 170 II StPO, Ablehnung der Eröffnung des Hauptverfahrens gem. § 204 StPO), sondern auch aus Gründen der Opportunität (= der Zweckmäßigkeit; insbes. §§ 153 ff. StPO, §§ 45, 47 JGG). Derartige **Opportunitätseinstellungen** kommen vor allem in zwei Konstellationen in Betracht. Zum einen kann das Verfahren ohne weitere Folgen eingestellt werden, wenn sich der

Vorwurf auf eine vergleichsweise geringfügige Angelegenheit bezieht (zB einen Diebstahl geringwertiger Sachen) und die weitere Verfolgung nicht im öffentlichen Interesse geboten ist (dh im Interesse an der Wiederherstellung der „Ordnung" im strafrechtlich geschützten Normbereich). Zum zweiten kann das Verfahren eingestellt werden, wenn das öffentliche Interesse an der Strafverfolgung durch „alternative" Sanktionsformen, namentlich durch die Erfüllung von Auflagen und Weisungen (zB durch Schadenswiedergutmachung oder durch die Zahlung einer Geldbuße an die Justizkasse) beseitigt werden kann. Dass auch diese letzteren Maßnahmen aus kriminologischer Sicht als Sanktionen angesehen werden müssen, ergibt sich aus ihrer strafersetzenden Funktion: Da die Auflagen dem Ausgleich für das begangene Unrecht und die Weisungen der (erzieherischen) Einwirkung auf den Täter dienen, werden mit ihnen dieselben verhaltenssteuernden Ziele verfolgt wie mit der Strafe.

Das System der strafrechtlichen Sozialkontrolle lässt sich vor die- 10
sem Hintergrund nicht als statisches Ordnungsgebäude verstehen. Es ist ein **dynamischer Prozess,** der durch das Zusammenwirken verschiedener staatlicher Organe, einen sich allmählich verdichtenden Tatverdacht und eine abgestufte Palette unterschiedlicher Reaktionsformen gekennzeichnet ist. Zur Verhängung von Strafen und Maßregeln kommt es in diesem dynamischen Geschehen nur dann, wenn sich der Tatverdacht im Verlauf des Verfahrens zur persönlichen Gewissheit des Gerichts verdichtet und etwaige Alternativen zur förmlichen Reaktion, insbesondere die folgenlose Verfahrenseinstellung nach Opportunitätsgrundsätzen, nicht in Betracht kommt. Freiheitsentziehende Sanktionen werden nur dann verhängt, wenn ambulante Maßnahmen nicht ausreichen. Man kann deshalb sagen, dass sich die Verbrechenskontrolle über einen **Prozess der Selektion und differentiellen Reaktion** vollzieht: Selektiert (aus dem System „ausgefiltert") werden alle diejenigen Beschuldigten, bei denen die Verhängung einer förmlichen Sanktion nicht notwendig erscheint; sanktioniert wird nach dem Prinzip der Schuldangemessenheit und präventiven Gebotenheit.

Verdeutlichen lässt sich der Selektionsprozess anhand von Übersicht 9.1. 11
Erkennbar sind hier in den einzelnen Kästen zunächst die unterschiedlichen Ebenen der formellen Verbrechenskontrolle: Polizei, Staatsanwaltschaft, Gericht und Strafvollzug. Darüber hinaus wird deutlich, dass sowohl die Staatsanwaltschaft als auch das Gericht das Verfahren entweder wegen Nichtnachweisbarkeit der Tat oder wegen Geringfügigkeit bzw. fehlenden öffentlichen

Interesses an der Strafverfolgung (Nichterforderlichkeit einer Sanktion) beenden können; in letzterem Fall kann die Verfahrenseinstellung dabei von der vorherigen Erfüllung der erwähnten Auflagen oder Weisungen abhängig gemacht werden. Angesichts der zahlreichen Möglichkeiten zur „alternativen" Verfahrenserledigung (dh zur Erledigung ohne Verurteilung) ist dabei von vornherein zu erwarten, dass nicht alle Personen, die von der Polizei als Tatverdächtige ermittelt werden, von den Gerichten auch verurteilt und bestraft werden. Nicht zuletzt im Hinblick auf die beschränkten Ressourcen, die der Justiz zur Verfügung stehen, muss vielmehr damit gerechnet werden, dass nur ein Teil derjenigen Personen, die in ein Strafverfahren verwickelt werden, dieses Strafverfahren bis zu seinem regulären Ende durchläuft und förmlich sanktioniert wird.

12 Dass der beschriebene Selektionsprozess in der Praxis eine erhebliche quantitative Bedeutung hat, sei anhand der Zahlen für 2018 verdeutlicht:[4] Die *Staatsanwaltschaften* bei den Landgerichten und den Oberlandesgerichten führten in diesem Jahr gegen 5.623.344 Beschuldigte (100 %) Ermittlungsverfahren durch. Nur 478.696 Beschuldigte (8,5 %) wurden angeklagt, gegen 549.934 Beschuldigte (9,8 %) wurde ein Strafbefehlsantrag gestellt; insgesamt kam also deutlich weniger als ein Fünftel der in ein Ermittlungsverfahren verwickelten Personen (1.028.589 Personen; 18,3 %) sofort vor Gericht.[5] Von den *Gerichten* in einer Hauptverhandlung oder im Strafbefehlsverfahren verurteilt wurden im Jahr 2018 in Deutschland insgesamt 712.338 Personen (grob geschätzt 12,7 % aller Beschuldigten). Davon erhielten eine Freiheits- oder Jugendstrafe 111.978 Verurteilte (2,0 % der Beschuldigten), und nur bei 36.554 Personen (0,7 % aller Beschuldigten) wurde die Strafvollstreckung nicht zur Bewährung ausgesetzt; die übrigen Verurteilten erhielten ambulante Sanktionen wie typischerweise eine Geldstrafe.[6] Auch wenn die Angaben der Strafverfolgungsstatistik mit denen der Staatsanwaltschaftsstatistik nicht unmittelbar vergleichbar sind (→ § 5 Rn. 15), belegen die Prozentangaben doch die enorme Selektivität des strafrechtlichen Kontrollsystems. Die kriminologische Betrachtung muss sich deshalb besonders mit den Kriterien für die Selektion beschäftigen (→ Rn. 32 ff.).

---

4 Zum „Trichtermodell" der strafrechtlichen Sozialkontrolle vgl. auch *Heinz*, in: Safferling u. a. 2017, 443 ff.

5 Statistisches Bundesamt, Staatsanwaltschaften 2018 (Fachserie 10, Reihe 2.6), Tab. 2.4.1 und 6.1; im Internet abrufbar unter www.destatis.de. Zu berücksichtigen ist allerdings, dass zusätzlich viele Verfahren mit anderen Verfahren verbunden oder an eine andere Staatsanwaltschaft abgegeben werden und die Beschuldigten in diesen Fällen nicht ausschließbar ebenfalls vor Gericht gestellt werden.

6 Statistisches Bundesamt, Strafverfolgung 2018 (Fachserie 10, Reihe 3), Tab. 2.1, 3.1 und 4.1.

Übersicht 9.1: Der Prozess der Kriminalisierung und Sanktionierung

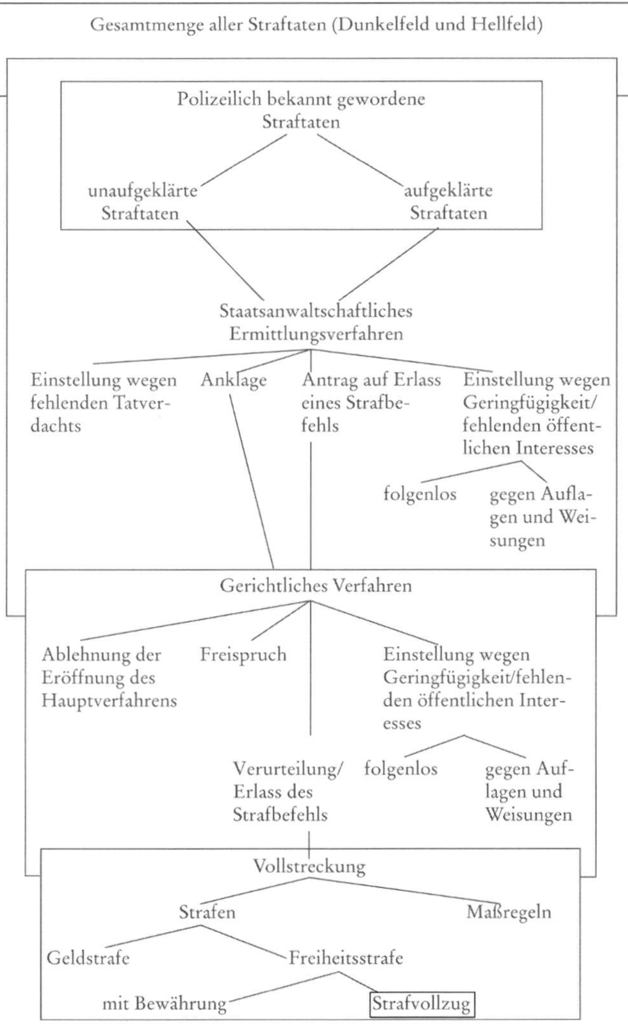

III. Die Strategien der strafrechtlichen Sozialkontrolle und ihre Problematik

1. Prävention als Leitgedanke des modernen Strafrechts

13 Fragt man zunächst danach, an welchen Maximen sich das Handeln der strafrechtlichen Kontrollorgane orientiert, so sticht der Gesichtspunkt der Prävention heraus. Das gesamte Handeln der Strafverfolgungsorgane ist darauf ausgerichtet, einen Beitrag zum **präventiven Rechtsgüterschutz** zu leisten: Indem auf einen bekannt gewordenen Tatverdacht reagiert, der Sachverhalt aufgeklärt, die Verantwortlichkeit für die Tat festgestellt und ggf. eine Sanktion verhängt und vollstreckt wird, soll die durch die Tat gestörte Ordnung wiederhergestellt und für die Zukunft gesichert werden.

14 Die Kontrollorgane nehmen also eine doppelte Perspektive ein: Sie blicken einerseits zurück auf die Störung der Ordnung durch die Tat und fragen nach der Möglichkeit des Ausgleichs dieser Störung durch die Sanktion, und sie blicken andererseits in die Zukunft und fragen danach, wie durch eine Sanktion weitere Taten verhindert werden können. Welche dieser beiden Perspektiven die Sanktionen legitimiert, ist Gegenstand eines langen Streits. Im Vordergrund steht nach dem heute vorherrschenden Verständnis die präventive, in die Zukunft gerichtete Perspektive. Dies gilt auch für diejenige Sanktionsform, die dem Strafrecht seinen Namen verleiht: die Strafe.[7] Die Strafe wird nicht um der Verwirklichung von Gerechtigkeit willen verhängt, sondern um in der Gesellschaft sozial nützliche Wirkungen zu erzielen. Die begangene Tat bildet lediglich den Bezugspunkt, da sich aus ihr die Rechtfertigung des staatlichen Eingriffs und der Maßstab für die Schwere der Strafe ergeben; die Strafe darf nicht ohne schuldhaft begangene Tat verhängt werden, ihre Schwere muss zur Schwere der Tat und der Schuld des Täters in einem angemessenen Verhältnis stehen. Sind diese beiden Voraussetzungen erfüllt, kommt der Strafe die Aufgabe zu, künftigen Rechtsgutsverletzungen entgegenzuwirken: Indem die begangene Tat nicht reaktionslos hingenommen wird, sollen solche Verhaltensweisen, die das gesellschaftliche Zusammenleben in besonders gravierender Weise beeinträchtigen, für die Zukunft verhindert, zumindest jedoch unwahrscheinlicher gemacht werden. Auf eine Kurzformel gebracht lässt sich der Mechanismus als **„Prävention durch Repression"** bezeichnen.

7 Vgl. zum folgenden *Hassemer/Neumann*, in: Kindhäuser/Neumann/Paeffgen 2017, Vor § 1 Rn. 105ff.; *Streng* 2012, 6ff.; *Meier* 2019, 35ff.

Sieht man den Leitgedanken in der Prävention, so lässt sich genauer fragen: Woraus beziehen die Sanktionen ihre verhaltenssteuernde Kraft? Die Frage nach dem Beitrag des Strafrechts zum präventiven Rechtsgüterschutz stellt sich vor allem im Hinblick auf die Strafen, die sowohl nach dem Selbstverständnis der Strafrechtstheorie als auch in der justiziellen Praxis im Mittelpunkt des strafrechtlichen Sanktionskatalogs stehen. Welche Wirkungen hat die Strafe? 15

Die Strafe wird durch zwei Elemente konstituiert: Sie enthält ein dem Täter **zwangsweise auferlegtes Übel** (bei der Geldstrafe die Einschränkung des Lebensstandards, bei der Freiheitsstrafe die Entziehung der Fortbewegungsfreiheit) und sie enthält als Folge des Schuldspruchs ein **öffentliches sozialethisches Unwerturteil** über die begangene Tat.[8] Während die Strafe den Täter mit dem ersten Element der staatlichen Machtausübung unterwirft, wirkt sie mit ihrem zweiten Element auf der politisch-gesellschaftlich-symbolischen Ebene: Sie drückt die Ächtung des dem Normbruch zugrunde liegenden Geschehens aus, sie weist für die Tat personale Verantwortung zu, sie bekundet die Solidarität der Gemeinschaft mit dem Opfer und sie verdeutlicht und bekräftigt durch einen autoritativen Spruch die Geltung der verletzten Norm.[9] Mit diesen beiden Elementen, die das „Wesen" der Strafe ausmachen, kann die Strafe Wirkungen auf zwei Ebenen erzielen: auf der individuellen Ebene des verurteilten Täters und auf der gesellschaftlichen Ebene der anderen Normadressaten, zu denen auch das Opfer der Tat gehört. In der Literatur werden die Wirkungen auf der individuellen Ebene als „Individual- oder **Spezialprävention**" bezeichnet, die Wirkungen auf der Ebene der Allgemeinheit als „**Generalprävention**". 16

Beide Wirkungsebenen lassen sich weiter ausdifferenzieren.[10] Auf der Ebene des **Täters** lassen sich die Abschreckungs-, die Sicherungs- und die Besserungswirkung der Strafe unterscheiden. „**Abschreckung**" bedeutet, dass der Täter mit der Strafe einen „Denkzettel" erhält, an den er sich bei späteren Gelegenheiten erinnern soll. „**Sicherung**" bedeutet, dass der Täter durch staatlichen Zwang daran gehindert wird, weitere Straftaten zu begehen. Dabei ist im Blick zu behalten, dass nicht alle Strafen die Sicherungsfunktion in der gleichen Weise erfüllen. Ist der Täter bspw. in der geschlossenen Umgebung eines Gefängnisses untergebracht, so ist er *physisch* daran gehindert, außerhalb der 17

8 *Meier* 2019, 15 ff.
9 *Rössner*, in: Schünemann u. a. 2001, 982 ff.
10 Vgl. *Meier* 2019, 21 ff.; *Streng* 2012, 13 ff.

Mauern Straftaten zum Nachteil der Allgemeinheit zu begehen. Ist ihm hingegen ein Fahrverbot auferlegt worden, so ist er nur *rechtlich* daran gehindert, aktiv am Straßenverkehr teilzunehmen; nimmt er dennoch teil, so macht er sich erneut einer Straftat schuldig (§ 21 I StVG). **„Besserung“** schließlich bedeutet, dass der Täter mit der Strafe befähigt werden soll, künftig keine Straftaten mehr zu begehen. Auch insoweit ist im Blick zu behalten, dass die Besserungsfunktion der Strafe nicht bei allen Strafen dieselbe ist, sondern von der konkret gegen den Täter verhängten Strafart abhängig ist. Zu denken ist etwa daran, dass der Täter vom Gericht verpflichtet werden kann, an einem Verkehrsunterricht teilzunehmen (§ 59a II StGB) oder eine Entziehungskur durchzuführen (§ 56c III StGB) oder dass er einen Bewährungshelfer an die Seite gestellt bekommt, der ihm im Umgang mit seinen psychosozialen Problemen (Arbeitslosigkeit, Verschuldung, Obdachlosigkeit, Substanzabhängigkeit etc.) hilft (§ 56d StGB). Auch der Strafvollzug zielt der Idee nach darauf ab, den Täter zu einem Leben ohne Straftaten zu befähigen. Besondere Bedeutung kommt im Hinblick auf die Besserungsfunktion der Strafe jedoch den sozialtherapeutischen Anstalten zu, die mit besonderen therapeutischen Mitteln und sozialen Hilfen auf die Resozialisierung des Gefangenen hinarbeiten. „Abschreckung“ und „Sicherung“ werden meist unter dem Begriff der „negativen Spezialprävention“ zusammengefasst; die „Besserung“ wird als „positive Spezialprävention“ bezeichnet.

18 Auch auf der Ebene der **Allgemeinheit** lässt sich zwischen „negativer“ und „positiver Generalprävention“ unterscheiden. Als „negative Generalprävention“ wird auch hier die **Abschreckungswirkung** der Strafe bezeichnet. Indem der Täter für seine Tat bestraft wird, sollen auch andere von der Begehung von Straftaten abgehalten werden. Sie sollen wissen, was sie erwartet, wenn sie die Normen des Strafrechts übertreten. Als „positive Generalprävention“ wird die **Verdeutlichungsfunktion** der Strafe bezeichnet. Indem der Täter bestraft wird, wird gegenüber der Allgemeinheit die „Unverbrüchlichkeit des Rechts“ demonstriert. Die Bestrafung zeigt der Allgemeinheit, dass sich das Recht gegenüber dem Unrecht durchsetzt; das Urteil verdeutlicht die durch die Tat verletzte Norm und bekräftigt, dass diese Norm gültig und von allen zu beachten ist. Die positive Generalprävention wird zum Teil auch als „Integrationsprävention“ bezeichnet.

19 Die Rechtsgüter (Leben, Gesundheit, sexuelle Selbstbestimmung, Eigentum etc., → § 1 Rn. 18f.) werden also dadurch geschützt, dass nach einer Tat mit der Strafe sowohl auf den Täter als auch auf die Allgemeinheit eingewirkt wird. Damit ist freilich zunächst nur der Anspruch der Strafrechtstheorie formuliert. Eine ganz andere Frage ist die, ob die Strafe die in sie gesetzten Erwartungen auch erfüllt und die Rechtsgüter tatsächlich schützt. Hierbei handelt es sich um eine kriminologische, nur mit empirischen Mitteln aufklärbare Frage. Kriminalitätstheoretisch ist die Annahme, dass die Strafe verhaltens-

steuernde Wirkungen habe, nicht unplausibel: Auch manche Kriminalitätstheorien nehmen an, dass die Drohung mit Strafe die Entscheidung des potentiellen Straftäters beeinflussen oder zu Lerneffekten führen kann (→ § 3 Rn. 15 ff., 73 ff.). Der empirische Nachweis der verhaltenssteuernden Wirkung ist freilich schwierig. Geht man der Frage aus empirischer Sicht weiter nach, stellen sich zwei Probleme.

Zunächst besteht in methodischer Hinsicht das Problem, dass mit 20
den Begriffen der Spezial- und der Generalprävention theoretische Konzepte formuliert werden, die sich in dieser Klarheit in der Wirklichkeit der Strafjustiz nicht wiederfinden. Über die Strafe wird von den Gerichten nicht nur unter dem Gesichtspunkt der Erzielung von sozial nützlichen Wirkungen entschieden, vielmehr müssen auch andere Erwägungen wie insbesondere die erwähnte Schwere der Schuld berücksichtigt werden (§ 46 I StGB). Die von den Gerichten verhängten Strafen spiegeln dementsprechend keine eindeutig definierten Zielsetzungen wider, sondern sind das Ergebnis von komplexen Abwägungsvorgängen, bei denen unterschiedliche Zweckvorstellungen berücksichtigt und zu einem Ausgleich gebracht werden; in der Strafrechtslehre spricht man insoweit von **„Vereinigungstheorie"**.[11] Lediglich bei den jugendstrafrechtlichen Sanktionen (Ausnahme: Jugendstrafe wegen Schwere der Schuld, § 17 II JGG) und bei den Maßregeln der Besserung und Sicherung (§§ 61 ff. StGB) ist dies anders; hier orientiert sich die richterliche Bestimmung der Rechtsfolgen ausschließlich am Strafzweck der Spezialprävention. Für die Kriminologie bedeutet dies, dass sich isolierte Effekte (zB ist der Täter „gebessert", die Allgemeinheit „abgeschreckt" worden?) nur schwer messen lassen, da die Strafe von vornherein gar nicht den Anspruch erhebt, nur diese einzelnen Zwecke verfolgen (also *nur* den Täter bessern oder *nur* die Allgemeinheit abschrecken) zu wollen.

Zum zweiten stellt sich das Problem der **Ambivalenz der Straf-** 21
wirkungen. Mit den Begriffen der Spezial- und der Generalprävention beschreibt die Strafrechtstheorie diejenigen Wirkungen, mit denen die Strafe die Verhaltenskonformität im strafrechtlichen geschützten Normbereich fördern soll. Damit ist indessen nur die *eine* Seite der Strafwirkungen beschrieben. Die Strafe kann dem Ziel des präventiven Rechtsgüterschutzes auch entgegenwirken. Indem sie

11 *Meier* 2019, 35 ff.

die Handlungsfreiheiten des Täters beschneidet (seinen Lebensstandard beschränkt, ihm seine Fortbewegungsfreiheit nimmt etc.), schreibt sie die potentiell kriminalitätsfördernden Lebenslagen aus kriminologischer Sicht eher fest als dass sie sie auflöst; die Strafe kann für den Täter auch eine Belastung sein, die durch Stigmatisierung und Ausschluss zu einer weiteren Schwächung seiner sozialen Bindungen führt (zu deren Relevanz → § 3 Rn. 80ff.). Auch durch die öffentliche Ächtung der Tat kann die Strafe – dies ist das zentrale Thema der interaktionistischen Kriminalitätstheorien, insbesondere des labeling approach (→ § 3 Rn. 91 ff.) – Prozesse auslösen, die im Ergebnis die Begehung weiterer Straftaten und letztlich die Verstetigung krimineller Karrieren zur Folge haben können. Für die Kriminologie ergibt sich hieraus, dass sie sich nicht nur auf die Frage konzentrieren darf, ob und inwieweit die Strafe das Ziel des Rechtsgüterschutzes tatsächlich erreicht; sie muss sich auch mit der Frage beschäftigen, ob und inwieweit die Strafe dysfunktional ist und entgegen seiner Zielsetzung weitere Taten eher fördert als verhindert.

22 Die kriminologische Sichtweise ist nach alledem eine andere als die Sichtweise der Strafrechtstheorie. Die spezifische Aufgabe der Kriminologie besteht gerade darin, die in der strafrechtstheoretischen Diskussion entwickelten Aussagen auf ihre Praxistauglichkeit hin zu überprüfen und kritisch zu bewerten.

2. Entformalisierung und Diversion

23 Das System der strafrechtlichen Sozialkontrolle leistet seinen Beitrag zur Prävention indes nicht nur dadurch, dass es gegen den Täter ein Urteil erlässt und Strafen verhängt. Ein Großteil der Fälle, die den Strafverfolgungsorganen bekannt werden, wird **informell,** dh ohne ein das Verfahren förmlich abschließendes Urteil erledigt. Die meisten Verfahren gelangen noch nicht einmal bis auf die Ebene des Gerichts, sondern werden schon von der Staatsanwaltschaft nach Opportunitätsgrundsätzen eingestellt (→ Rn. 9; Übersicht 9.1). In Anlehnung an die anglo-amerikanische Terminologie wird die informelle Erledigung des Verfahrens dabei als **„Diversion“** bezeichnet (to divert = umleiten).

24 Rechtlich gesteuert wird diese Erledigungspraxis durch die bereits angesprochenen Einstellungsregeln. Eine einheitliche kriminalpolitische Grundkonzeption liegt diesen Normen nicht zugrunde. Maßgebliche Bedeutung

kommt jedoch dem Gesichtspunkt der Justizökonomie zu: Die Arbeitsfähigkeit der Strafrechtspflege soll angesichts eines kontinuierlich hohen Anteils an Klein- und Bagatellkriminalität, dessen Abarbeitung im strafprozessualen Regelverfahren mit Hauptverhandlung und förmlichem Urteil die meisten Kapazitäten binden würde, erhalten und auf das Wesentliche konzentriert werden, nämlich auf die Verfolgung der schwereren, die Ordnung und den gesellschaftlichen Frieden stärker gefährdende Kriminalität. Verfahren, bei denen der Tatvorwurf gering ist und kein weitergehendes Interesse an der Verfolgung besteht, können daher folgenlos oder gegen Auflagen und Weisungen eingestellt werden. Über die Einstellung entscheidet die Staatsanwaltschaft, uU nach Zustimmung des Gerichts. Soweit der Beschuldigte durch Auflagen oder Weisungen belastet werden soll, muss auch er zustimmen. Nach Anklageerhebung kann das Verfahren ebenfalls noch eingestellt werden; in diesem Fall entscheidet über die Einstellung das Gericht mit Zustimmung der Staatsanwaltschaft und wiederum ggf. mit Zustimmung des Beschuldigten. Der Verletzte muss in diesen informellen Verfahren nicht gehört werden; er hat auch kein Widerspruchs- oder Kontrollrecht (vgl. § 172 II 3 StPO). In der Praxis wird die Einstellung des Verfahrens häufig zum Gegenstand von Absprachen zwischen Verteidigung, Staatsanwaltschaft und Gericht gemacht (die Verteidigung bietet bspw. ein Geständnis an und erleichtert hierdurch die Beweisführung, im Gegenzug verzichtet die Staatsanwaltschaft auf die öffentliche Durchführung der Hauptverhandlung und stellt das Verfahren gegen Zahlung einer Geldbuße ein; vgl. § 257b/c StPO).[12]

Die beschriebene Entwicklung wirft eine Vielzahl von Fragen auf, 25
nicht zuletzt die politische Frage nach der Bewertung der Machtverlagerung vom Gesetzgeber auf die Strafverfolgungsorgane, denn dies führt im Ergebnis zu einer Gefährdung des Gedankens der Gleichheit vor dem Gesetz.[13] Aus kriminologischer Sicht stellt sich die Frage, ob und inwieweit auch diese informellen Verfahren einen Beitrag zum präventiven Rechtsgüterschutz (→ Rn 13.) leisten. Lassen sich mit einer Einstellung dieselben **spezial- und generalpräventiven Effekte** erzielen wie mit einer förmlich verhängten Strafe? Die Antwort liegt auf der Hand: Nein, dieselben Effekte sind nicht erzielbar. Zwar kann dem Täter bei einer Einstellung nach § 153a StPO ein „Denkzettel“ verpasst und eine auf „Besserung“ abzielende Weisung erteilt werden. Sichernde Maßnahmen sind jedoch nicht möglich. Und selbst wenn eine Auflage oder Weisung erteilt wird, ist es unvermeidlich, dass der Täter aus dem Verfahren mit dem Eindruck geht, er sei „noch einmal davongekommen“. Auch die Abschreckung der

12 Zur Praxis der Absprachen aus rechtstatsächlicher Sicht *Altenhain/Dietmeier/May* 2013.

13 Vertiefend *Burghardt*, in: Boulanger/Rosenstock/Singelnstein 2019, 259ff.; *Burghardt* KrimJ 2019, 172ff.; *Berberich/Singelnstein* KrimJ 2019, 192ff.

Allgemeinheit und die autoritative Bekräftigung, dass die Strafrechtsnormen für alle Normadressaten in der gleichen Weise gelten, lassen sich mit einer Verfahrenseinstellung kaum erreichen. Eher ist das Gegenteil der Fall, wie sich vor allem bei der Einstellung von Verfahren gegen Prominente beobachten lässt, wenn und soweit hierüber groß aufgemacht in den Medien berichtet wird.[14]

25a Dennoch darf man nicht übersehen, dass das augenscheinliche „spezialpräventive Defizit“ der Opportunitätseinstellungen durch einen gravierenden Vorteil kompensiert wird, der sich aus der angesprochenen Ambivalenz der Strafwirkungen ergibt: Wenn das Verfahren formlos beendet wird, wird hierdurch nicht nur die mit der öffentlichen Hauptverhandlung und dem Urteil verbundene Stigmatisierung vermieden, sondern dem Täter wird auch noch einmal „eine Chance gegeben“; ihm wird die Erwartungshaltung der Strafverfolgungsorgane signalisiert, dass er jemand ist, der sich nicht „wie ein Verbrecher“ behandeln zu lassen braucht. Für die Förderung der Legalbewährung kann dies sehr viel nützlicher sein als die förmliche Verurteilung. Unter spezialpräventiven Gesichtspunkten sind mit der Einstellung Effekte erzielbar, die sich mit der förmlichen Bestrafung gerade *nicht* erzielen lassen. Es ist deshalb richtig, auch in der formlosen Erledigung des Verfahrens ein spezifisches (allerdings nur unter dem Druck der andernfalls drohenden Verurteilung wirksames) Instrument zum Schutz der strafrechtlichen Rechtsgüter zu sehen, welches freilich trotz aller spezialpräventiven Vorzüge über ein kaum bestreitbares „generalpräventives Defizit“ verfügt.

3. Konfliktschlichtung und Wiedergutmachung

26 Seit den 1980er Jahren sind von der Kriminalpolitik erhebliche Anstrengungen unternommen worden, den Tätigkeitsbereich der Kontrollorgane um ein weiteres Aufgabenfeld anzureichern. Ausgehend von der Feststellung, dass den legitimen Bedürfnissen des Opfers nach der Tat im Strafprozess oft nicht ausreichend Rechnung getragen wird (→ § 8 Rn. 47 ff., 59), aber auch unter dem Eindruck der ernüchternden Befunde, die die empirische Forschung zur spezialpräventiven Effektivität der Sanktionen erbracht hatte (→ Rn. 81), etablierte der Gesetzgeber in mehreren Schritten eine neue Form des Umgangs mit den Folgen der Tat: die autonome (eigenverantwortli-

14 *Brüning*, in: Rotsch/Brüning/Schady 2015, 125 ff.

che) Verständigung der Tatbeteiligten über die zum Ausgleich erforderlichen Leistungen. Zwei Kernelemente stehen im Zentrum dieser neuen Kontrollstrategie: der Täter-Opfer-Ausgleich und die freiwillige Schadenswiedergutmachung.[15]

Der Begriff des **„Täter-Opfer-Ausgleichs"** steht für ein außergerichtliches Verfahren, in dem der mit der Straftat verbundene Konflikt mit dem Ziel bearbeitet wird, zu einer für den Beschuldigten und den Verletzten akzeptablen Regelung über den Umgang mit den Folgen der Tat zu gelangen. Der Täter-Opfer-Ausgleich soll dem Opfer die Möglichkeit bieten, tatbedingte psychische und ggf. auch materielle Belastungen abzubauen und das Vertrauen in die Rechtsordnung wiederzugewinnen. Den Täter soll er zu Einsicht in das begangene Unrecht bringen und ihm die Möglichkeit geben, die Verantwortung für die Tat zu übernehmen. Der Täter-Opfer-Ausgleich geht damit weit über die zivilrechtliche Regulierung des Schadens hinaus. Im Vordergrund stehen die *Kommunikation* der Beteiligten über den Konflikt und der Interessenausgleich, nicht so sehr ein bestimmtes Ergebnis. Mit dem Begriff der **„Schadenswiedergutmachung"** wird demgegenüber die vom Täter zu erbringende *Leistung* in den Vordergrund gestellt. Hier dominieren die zivilrechtlichen Formen des Schadensersatzes (Naturalherstellung, Geldersatz, Schmerzensgeld), der Täter kann aber auch andere Leistungen erbringen, die dem Schadensausgleich dienen (zB eine Ehrenerklärung bei Beleidigung). Die freiwillige Schadenswiedergutmachung kann erfolgen, ohne dass zuvor ein Täter-Opfer-Ausgleich stattgefunden hat. 27

Der erfolgreich durchgeführte Täter-Opfer-Ausgleich ebenso wie die Wiedergutmachung des bei der Tat angerichteten Schadens können im geltenden Recht sowohl als Instrumente für die informelle Verfahrenserledigung genutzt werden (§ 153a I 2 Nr. 1 und 5 StPO, § 45 II 2 JGG) als auch als Instrumente, die zur Milderung oder zum Absehen von Strafe führen (§ 46a StGB). Obwohl die Praxis dies weithin anzunehmen scheint, sind die sozial-konstruktiven Möglichkeiten also nicht auf die Diversionslösung fixiert. Damit korrespondiert, dass Staatsanwaltschaft und Gericht in jedem Stadium des Verfahrens die Möglichkeit prüfen sollen, einen Ausgleich zwischen dem Beschuldigten und dem Verletzten zu erreichen (§ 155a StPO).[16] Gleichzeitig wird damit deutlich, dass der Täter-Opfer-Ausgleich und die Wiedergutmachung das Strafrechtssystem lediglich ergänzen, aber nicht an seine Stelle treten; beide Formen eines opferbezogenen Umgangs mit den Folgen der Tat sind kein Ansatzpunkt für die Abschaffung des Strafrechts.[17] 28

Fragt man nach den Wirkungen dieser neuen Formen des Tatfolgenausgleichs, so ist zunächst darauf hinzuweisen, dass die Prävention 29

15 *Meier* 2019, 407 ff.; *ders.* JZ 2015, 488 ff.
16 Zur Bedeutung des Täter-Opfer-Ausgleichs in der Praxis *Hartmann/Schmidt/Kerner* 2018; *Kerner/Belakouzova* ZJJ 2020, 232 ff.
17 Weitergehend *Temme* KrimJ 2019, 240 ff.; *Willms* KrimJ 2020, 231 ff.

nicht das vorrangige Ziel ist. Vorrangig kommt es darauf an, dass den Beteiligten bei der Bewältigung der Tatfolgen ein gewisses Maß an **Autonomie** gewährt, ihnen ihre Kompetenz zur Konfliktlösung „zurückgegeben"[18] und die Verfahrensposition des Opfers aufgewertet wird. Als „erfolgreich" kann die Konfliktschlichtung daher bereits dann bezeichnet werden, wenn sich das Opfer in seinen persönlichen Interessen durch die Leistung des Täters befriedigt sieht; weitergehende Interessen der Allgemeinheit spielen bei der autonomen Konfliktschlichtung keine Rolle. Dies bedeutet indessen nicht, dass die Präventionsinteressen völlig bedeutungslos wären. Auch wenn die Beteiligten allein „ihren" Konflikt eigenverantwortlich lösen, wird das Ergebnis ihres Aushandelns von den strafrechtlichen Kontrollorganen einer abschließenden Prüfung unterzogen und es wird danach gefragt, ob und in welchem Maß die Konfliktschlichtung die Strafzwecke erfüllt. Mittelbar spielen die Präventionsinteressen also auch beim Täter-Opfer-Ausgleich und der Wiedergutmachung eine Rolle.

30 Geht man weiter der Frage nach, ob und inwieweit die autonomen Formen des Tatfolgenausgleichs **präventiv** wirken (können), zeigt sich wiederum, dass die Effekte nicht dieselben sind wie bei der Strafe.[19] Präventiv dürfte der wichtigste Effekt in der positiven Wirkung auf den Täter, der „Besserung", liegen. Die eigenverantwortliche Bereinigung des durch die Straftat entstandenen Konflikts ebenso wie die Beseitigung der Folgen der Tat durch die freiwillige Wiedergutmachung eröffnen dem Täter das Feld für fallbezogenes soziales Lernen. Die direkte Konfrontation mit dem Opferleid kann den sozialpsychologischen Mechanismen der „Neutralisierung" entgegenwirken (→ § 3 Rn. 69 ff.). Gleichzeitig werden die negativen Wirkungen der Strafe vermieden; die autonomen Formen haben keine stigmatisierenden oder desintegrierenden Begleiteffekte. Der Strafzweck der negativen Spezialprävention (→ Rn. 17) lässt sich mit der Konfliktschlichtung demgegenüber kaum erreichen; die neuen Formen haben keine sichernden und nur geringe abschreckende Funktionen. Ähnlich wird man die generalpräventiven Effekte einzuschätzen haben. Auch hier dürfte der wichtigere Effekt in der Signalwirkung für die Allgemeinheit liegen: Indem der Täter die Verantwortung für die Tat übernimmt und die Interessen des Opfers befriedigt, bringt er zum Ausdruck, dass er die Geltung der Norm akzeptiert und für die Folgen seiner

18 Zum Bild des „Eigentums" am Konflikt vgl. *Christie* BritJCrim 17 (1977), 1 ff.
19 Vgl. zum folgenden *Meier* 2019, 428 ff.; *Rössner* BewHi 2009, 259 ff.

Tat einsteht; die Allgemeinheit sieht, dass sich das Recht gegenüber dem Unrecht durchsetzt. Andererseits dürfte sich auch die Allgemeinheit nur in geringem Maß dadurch abschrecken lassen, dass sie nach einer Straftat (lediglich) mit der Erwartung konfrontiert wird, an einem Täter-Opfer-Ausgleich teilnehmen und den angerichteten Schaden wiedergutmachen zu müssen.

Die Gesamtbewertung fällt mithin gespalten aus: Auf der einen Seite führen die neuen Formen zu einem Umgang mit den Folgen der Tat, der den Opferbedürfnissen sehr viel besser gerecht werden kann als die Verhängung einer Strafe. Auf der anderen Seite können sie die Funktionen der Strafe nicht vollständig übernehmen; es bleiben „Residualfunktionen“, die nur durch den staatlichen Zwangseingriff erfüllt werden können. 31

4. Ausweitung und Vorverlagerung der strafrechtlichen Kontrolle

Auch wenn nach wie vor kaum zweifelhaft sein kann, dass die zentrale Aufgabe des Strafrechts darin besteht, einen Beitrag zum präventiven Rechtsgüterschutz zu leisten (→ Rn. 13), verstärken sich doch seit geraumer Zeit die Anzeichen dafür, dass sich das strafrechtliche Kontrollsystem in einem grundlegenden Funktionswandel befindet. 31a

Veränderungen lassen sich sowohl im materiellen Strafrecht als auch im Prozessrecht beobachten. Im materiellen Strafrecht finden sich seit dem Beginn der 1990er Jahre zahlreiche neue Straftatbestände, die den Strafrechtsschutz weit in das Vorfeld der eigentlichen Rechtsgutsverletzung vorverlagern. Beispiele sind die Schaffung neuer Tatbestände, mit denen neue abstrakte Gefährdungsdelikte konstituiert werden, etwa im Bereich der Organisierten Kriminalität und der Terrorbekämpfung; das Spektrum reicht von dem 1992 neu eingeführten Geldwäschetatbestand (§ 261 StGB) bis zur Kriminalisierung der Vorbereitung (also nicht nur des Versuchs!) schwerer staatsgefährdender Gewalttaten im Jahr 2009 (§§ 89a/b StGB). Beispiele bilden aber auch die Tatbestände, in denen schon die bloße Mitgliedschaft in terroristischen Vereinigungen (§§ 129a/b StGB) oder der bloße Besitz von Gegenständen bestraft wird (§§ 184b/c III StGB). Im Bereich der Rechtsfolgen der Tat sind die schuldunabhängigen Maßnahmen (§ 11 I Nr. 8 StGB) konsequent ausgebaut worden. Hinzuweisen ist auf die 1992 neu eingeführte erweiterte Einziehung von Taterträgen (§ 73a StGB) und vor allem auf den kontinuierlichen Ausbau der Sicherungsverwahrung in den Jahren 1998 bis 2009 (§§ 66–66b StGB, § 7 II–V, § 106 III–VII JGG). Nicht übersehen werden dürfen aber auch die zahlreichen 31b

Neuregelungen zur erleichterten Ausweisung von Nichtdeutschen im Zusammenhang mit der Begehung von Straftaten (§§ 53 ff. AufenthG).

31c Im Prozessrecht ist auf die neuen Eingriffsermächtigungen hinzuweisen, die der Gesetzgeber seit dem Beginn der 1990er Jahre geschaffen hat. Im Mittelpunkt stehen die heimlichen, überwiegend technikgestützten Ermittlungsmaßnahmen, die Eingriffe in die grundrechtlich geschützte Privatsphäre erlauben, ohne dass der Betroffene dies mitbekommt; prominente Beispiele sind die Überwachung der Telekommunikation (§ 100a StPO), die Online-Durchsuchung (§ 100b StPO) und die akustische Wohnraumüberwachung (§ 100c StPO). Indes geht es hier nicht nur um den Ausbau der strafprozessualen Befugnisnormen. Eine wesentliche Rolle spielt auch die rein faktische Gewichtsverlagerung im Verhältnis von Staatsanwaltschaft zu Polizei, die seit geraumer Zeit zu beobachten ist.[20] Obwohl an dem gesetzlichen Leitbild der Gesamtverantwortung der Staatsanwaltschaft für die Durchführung und Erledigung des Strafverfahrens (§ 161 I StPO, § 152 GVG) (noch) nicht gerüttelt wird, sieht die Rechtswirklichkeit weitgehend anders aus: Jedenfalls im Bereich der kleinen und mittleren Kriminalität führt die Polizei die Ermittlungen weitgehend selbstständig durch und übersendet die Akten erst dann an die Staatsanwaltschaft, wenn sie den Sachverhalt für ausermittelt hält. Dahinter steht nicht nur der Umstand, dass die Polizei an der Kriminalitätswirklichkeit „näher dran" ist. Maßgeblich ist vor allem die bessere personelle, kriminalistische und technische Ausstattung der Polizei. Auch darf die Tatsache, dass die Polizei über umfangreiche Datensammlungen und Informationssysteme verfügt, die der Staatsanwaltschaft nicht zugänglich sind, in ihrer Bedeutung für die zunehmende „Verpolizeilichung" des Strafverfahrens nicht unterschätzt werden.

31d Die einstmals klare Grenze zwischen der (präventiven) Gefahrenabwehraufgabe der Polizei und der (repressiven) Aufgabe der Strafverfolgung ist durch die skizzierten und ähnliche Entwicklungen undeutlicher geworden. Dabei geht es gar nicht einmal so sehr darum, dass der Polizei zunehmend die neue Aufgabe der **„vorbeugenden Verbrechensbekämpfung"** zugewachsen ist, also die Aufgabe, die im Zusammenhang mit einem Strafverfahren gewonnenen Erkenntnisse nicht nur für die Beweisführung im konkreten Fall zu verwenden, sondern auch für die Verfolgung künftiger Straftaten vorzuhalten (→ Rn. 57); dabei werden auch Private in diese Form der Datensammlung eingebunden (§ 24c KWG, §§ 111 ff. TKG). In Frage gestellt wird vielmehr zunehmend, ob die Funktion des Strafverfahrens überhaupt noch zutreffend gekennzeichnet wird, wenn sie auf die Verhängung und Vollstreckung von „Strafe" bezogen wird. Mög-

20 Vgl. *Hüls* 2007, 235 ff.; *Popp* BewHi 2011, 335 ff.; *Creemers/Guagnin* KrimJ 2014, 138 ff.; *Goeckenjan* ZJJ 2015, 26 ff.

licherweise geht es bei der strafrechtlichen Sozialkontrolle heute gar nicht mehr (nur) um die in der Strafe liegende Verantwortungszuweisung für die Tat, sondern (auch, und vielleicht zunehmend) um die Beobachtung und Identifizierung von Verdächtigen, um die Optimierung und Auswertung von Datensammlungen zum Zweck der Sichtbarmachung und die Reduzierung von Risiken, kurz: um **Überwachung von Verdachts- und Gefahrenlagen** zur Gewährleistung von mehr **Sicherheit**.[21] Wenn dies aber so ist, darf das damit angesprochene Spannungsverhältnis von Sicherheit und Freiheit nicht aus dem Blick verloren werden; die dem Strafrecht historisch zugewachsene Funktion, nur als „letztes Mittel" (ultima ratio) des Rechtsgüterschutzes zu dienen,[22] war ein zivilisatorischer Fortschritt, der nicht ohne Weiteres wieder preisgegeben werden sollte.

IV. Die Selektivität des strafrechtlichen Kontrollsystems

Die strafrechtliche Sozialkontrolle vollzieht sich über einen Prozess der Selektion und differentiellen Reaktion (→ Rn. 10). Für die Kriminologie stellt sich damit die Frage nach den **Selektionskriterien:** Anhand welcher Gesichtspunkte entscheiden die Kontrollorgane, ob ein Fall im System „hängen bleiben" oder „herausfallen" soll? Ob ein Beschuldigter förmlich sanktioniert oder ob das Verfahren gegen ihn eingestellt werden soll? 32

Es liegt auf der Hand, dass der Selektionsprozess vor allem durch **Rechtsnormen** gesteuert wird. Die Normen des Strafverfahrensrechts legen die Voraussetzungen fest, unter denen die Aufnahme von Ermittlungen, die Erhebung einer Anklage und die Verurteilung zulässig sind bzw. unter denen von der Durchführung eines Verfahrens abgesehen werden darf. Über diese Normen finden auch die genannten Kontrollstrategien Eingang in das Verfahren (→ Rn. 13 ff.). Doch das Gesetz lässt an zahlreichen Stellen Spielräume; es enthält unbestimmte Rechtsbegriffe (zB „öffentliches Interesse") und räumt den Rechtsanwendern zum Teil ein breites Ermessen ein („kann"). Um das Handeln der Strafverfolgungsorgane dennoch transparent und vorhersehbar zu machen, gibt es zwar Verwaltungsvorschriften (zB Richtlinien für das Straf- 33

21 In der Kriminologie erstmals thematisiert von *Garland* 2001; vgl. auch *Kunz/Singelnstein* 2016, § 22 Rn. 1 ff.; *Singelnstein/Stolle* 2012; *Brunhöber*, in: Puschke/Singelnstein 2018, 193 ff.; aus strafrechtlicher Sicht *Paeffgen*, in: Kindhäuser/Neumann/Paeffgen 2017, § 89a Rn. 1 ff.

22 BVerfGE 88, 203 (257 f.); 120, 224 (239 f.).

verfahren und das Bußgeldverfahren, Diversionsrichtlinien). Doch abgesehen davon, dass die Gerichte (anders als die Staatsanwaltschaften und die Polizei) an diese Verwaltungsvorschriften nicht gebunden sind, enthalten auch die Verwaltungsvorschriften oft genug Spielräume, die von den Verfolgungsorganen unterschiedlich interpretiert werden können.[23] Die Kriterien, nach denen sich die Selektion im Strafverfahren vollzieht, lassen sich deshalb allein mit dem Blick auf die Rechtsnormen nicht abschließend erfassen. In den Blick genommen werden müssen auch die *informellen* Handlungsnormen, dh diejenigen nicht normierten Maximen, an denen sich das Handeln in der Praxis faktisch orientiert. In der Kriminologie spricht man insoweit vom **„zweiten Code“** („second code“), der für das Handeln der Praxis noch bedeutsamer sei als der „erste“, der rechtlich normierte Code.[24] Der „zweite Code“ lässt sich nur mit empirischen Mitteln aufklären. Dabei ist zwischen den einzelnen Ebenen des strafrechtlichen Kontrollprozesses zu unterscheiden.

1. Determinanten des Anzeigeverhaltens

34 In rechtlicher Hinsicht ist die wesentliche Voraussetzung für das Tätigwerden der strafrechtlichen Kontrollorgane das Vorliegen eines Anfangsverdachts, dh zureichender tatsächlicher Anhaltspunkte dafür, dass eine Straftat begangen worden ist (§ 152 II StPO). In der Rechtswirklichkeit gehen die meisten Verfahren wegen personenbezogener Delikte auf eine Strafanzeige zurück. Die kriminologische Beschäftigung mit der Selektion im Strafverfahren muss deshalb bei der Frage beginnen, welche Umstände dafür maßgeblich sind, ob ein Sachverhalt zur Anzeige gebracht wird (vgl. hierzu bereits → § 8 Rn. 50 f.). Die vorliegenden Untersuchungsbefunde lassen sich wie folgt zusammenfassen:[25]

35 (1) Das Anzeigeverhalten wird in hohem Maß durch die **Schwere der Tat** beeinflusst. Eigentums- und Vermögensdelikte werden umso eher angezeigt, je höher der Schaden ist. Die Anzeigebereitschaft steigt, wenn das Opfer gegen den Verlust versichert und eine Strafanzeige die Bedingung zur Erlangung der Versicherungssumme ist. Bei Körperverletzungsdelikten scheint das Anzeigeverhalten weniger von der objektiven Schwere der Tat als von der subjektiv empfundenen Schwere und der Tathäufigkeit (Inzidenz) abzuhängen. Die Anzeigebereitschaft nimmt zu, wenn der Täter bei der Tat eine Waffe benutzt hat.

---

23 Vertiefend *Ruch* MschrKrim 100 (2017), 328 ff.

24 *MacNaughton-Smith*, in: Lüderssen/Sack 1975a, 197 ff., 210.

25 *Enzmann*, in: Guzy/Birkel/Mischkowitz 2015, 529 ff.; *Köllisch* 2004, 156 ff.; *ders.* MschrKrim 92 (2009), 28 ff.; *Hellmann* 2014, 61, 76, 123 f., 148; LKA Niedersachsen 2018, 53; *Dreißigacker* 2017, 42 ff.

(2) Das Anzeigeverhalten wird auch durch **Opfermerkmale** beeinflusst. Jüngere Opfer bringen einen Sachverhalt seltener zur Anzeige als Opfer im mittleren Alter oder ältere Geschädigte. Dies kann darauf zurückzuführen sein, dass jüngere Opfer informelle Mechanismen der Konfliktregelung bevorzugen. Häusliche Gewaltdelikte werden eher von Frauen als von Männern angezeigt. Nichtdeutsche zeigen einen Diebstahl seltener an als Deutsche, was auf geringere subjektive Kompetenzen bei der Anzeigeerstattung zurückzuführen sein kann. 36

(3) **Tätermerkmale** haben ebenfalls Einfluss auf das Anzeigeverhalten. Jüngere Täter, namentlich Kinder und Jugendliche, werden ebenso wie ältere Täter (über 60-jährige) seltener angezeigt als Täter im mittleren Alter. Dies deutet auf Toleranz und Nachsicht im Umgang mit diesen Tätergruppen hin. Soweit es die Kinder betrifft, kann die geringere Anzeigequote auch damit zusammenhängen, dass die den Beginn der strafrechtlichen Verantwortlichkeit markierende 14-Jahresgrenze allgemein bekannt ist. Dass Nichtdeutsche häufiger angezeigt würden als Deutsche, wird häufig vermutet. Die empirische Befundlage ist insoweit jedoch undeutlich. Wesentlich scheint vor allem zu sein, ob Täter und Opfer unterschiedlichen Ethnien angehören (deutsch/nichtdeutsch); gehören sie derselben Ethnie an (deutsch/deutsch oder nichtdeutsch/nichtdeutsch), sinkt die Anzeigehäufigkeit. 37

(4) Das Anzeigeverhalten wird in erheblichem Maß durch die **Beziehung zwischen Täter und Opfer** beeinflusst. Besteht eine enge persönliche Beziehung, so ist die Bereitschaft zur Anzeige nur gering. Dies kann verschiedene Ursachen haben: Das Opfer kann den Gang zur Polizei als inadäquaten Weg der Konfliktbewältigung ansehen, es kann die erlebte Viktimisierung als so peinlich ansehen, dass es den Vorgang nicht öffentlich machen möchte, oder es kann Angst vor Rache oder Vergeltung haben. Berücksichtigt werden muss auch die Möglichkeit, dass das Opfer bestimmte Vorgänge möglicherweise gar nicht als „kriminelles Unrecht“ wahrnimmt und bewertet.[26] 38

Ergänzt werden die genannten objektiven Determinanten durch die in Befragungen ermittelten **Motive,** die die Opfer von Straftaten zur Begründung ihres Anzeigeverhaltens angeben.[27] Danach wird die Anzeige bei Eigentums- und Vermögensdelikten maßgeblich durch den Wunsch nach Wiedererlangung des entwendeten Guts bzw. nach Schadensausgleich motiviert. Das Befolgen der in den Versicherungsbedingungen genannten Anforderungen spielt eine wichtige Rolle. Bei Gewaltdelikten stehen stärker nicht-materielle Motive im Vordergrund. Hier wird als Grund für die Anzeige häufig – insbesondere bei den als schwer erlebten Delikten – der Wunsch nach Be- 39

26 Vgl. *Wetzels* MschrKrim 79 (1996), 5 ff.
27 *Enzmann*, in: Guzy/Birkel/Mischkowitz 2015, 529 ff. sowie LKA Niedersachsen 2018, 61 ff.; *Dreißigacker* 2017, 46 ff.; *Bley* 2018, 117 ff.; *Birkel u. a.* 2019, 42 ff.

strafung genannt. Aber auch andere nicht-materielle Motive werden genannt wie der Wunsch, durch die Anzeige weiteren Straftaten vorbeugen zu wollen. Wichtigstes Motiv für die *Nicht*-Anzeige eines Sachverhalts ist unabhängig vom Deliktstyp die Geringfügigkeit des Schadens. Sofern keine Schadensversicherung eingreift, wird der Verzicht auf den Gang zur Polizei durch die Vorstellung dominiert, dieser Gang zur Polizei „lohne nicht". Auch die voraussichtliche Erfolglosigkeit der polizeilichen Bemühungen wird häufig als Grund für den Verzicht auf die Anzeige genannt.

40 Die empirischen Befunde weisen damit darauf hin, dass das Anzeigeverhalten durch ein breites Spektrum von unterschiedlichen Gesichtspunkten bestimmt wird. Die Entscheidung, einen Fall den Strafverfolgungsorganen anzuzeigen, geht offenbar auf eine **Abwägung** zurück, bei der **Aufwand und Nutzen** miteinander verglichen werden. Während sich der Aufwand relativ einheitlich aus den Belastungen ergibt, die mit dem Gang zur Polizei und dem späteren Verfahren (Vernehmung als Zeuge) verbunden sind, wird der Nutzen einer Anzeige individuell sehr unterschiedlich und in starker Abhängigkeit von dem jeweils zugrundeliegenden Deliktstyp eingeschätzt (→ § 8 Rn. 48 ff.). Dabei ist zu beachten, dass die mitgeteilten Befunde lediglich einfache Verteilungen wiedergeben; komplexere Strukturen, bei denen gegenläufige Gesichtspunkte abgewogen werden (zB schwere Straftat durch einen nahen Angehörigen), sind empirisch bislang noch nicht genügend erforscht.

41 Vergleicht man die Befunde zu den Determinanten des Anzeigeverhaltens mit den Grundsätzen, an denen sich das Handeln der strafrechtlichen Kontrollorgane orientiert (→ Rn. 13 ff.), werden unterschiedliche Zielrichtungen sichtbar. Die **Anzeigeerstatter** verfolgen vor allem **private Zwecksetzungen.** Besonders deutlich kommt dies dann zum Ausdruck, wenn es den Anzeigeerstattern um den Ausgleich des bei der Tat erlittenen Schadens geht. Aber auch der Wunsch nach Strafe beruht nach den vorliegenden Befunden wohl mehr auf dem aus der individuellen Verletzung erwachsenen Bedürfnis nach Vergeltung als auf dem allgemeineren Interesse an der Prävention. Die **Strafverfolgungsorgane** verfolgen demgegenüber ausschließlich **allgemeine Interessen;** ihnen geht es darum, die durch die Tat gestörte Ordnung wiederherzustellen und für die Zukunft zu sichern. Auf die Befriedigung der privaten Bedürfnisse ist das strafrechtliche Kontrollsystem nicht zugeschnitten. In dieser Inkongruenz zwischen den privaten Zwecksetzungen, die mit der Erstat-

tung einer Anzeige verfolgt werden, und den ganz anders gelagerten öffentlichen Interessen, die die Tätigkeit der Strafverfolgungsorgane bestimmen, liegt eine der Wurzeln für die im Folgenden genauer zu betrachtende Selektivität des strafrechtlichen Kontrollprozesses.

2. Die Kontrollmacht der Polizei

Die Polizei ist rechtlich verpflichtet, die ihr zur Kenntnis gebrachten Sachverhalte aufzuklären (§ 163 I StPO). Dass die Polizei tatsächlich nur etwa jeden 2. Fall erfolgreich abschließt, wurde bereits gesagt (→ § 5 Rn. 30). Für die Kriminologie stellt sich damit die Frage, welche Bedeutung dieser Diskrepanz von normativem Anspruch und Rechtswirklichkeit im strafrechtlichen Kontrollprozess zukommt und an welchen Maximen sich das Handeln der Polizei faktisch orientiert. Dies erfordert zunächst einen Blick auf das „Ausgangsmaterial" der polizeilichen Ermittlungen. Den Anknüpfungspunkt bildet insoweit der Rechtsbegriff des Anfangsverdachts. 42

a) Die Entstehung des Anfangsverdachts

Der Anfangsverdacht, der die Verpflichtung der Polizei zur Sachverhaltsaufklärung auslöst, kann auf eine Strafanzeige oder auf Kenntniserlangung von Amts wegen zurückzuführen sein (§§ 160 I, 163 I StPO). Im ersten Fall wird die Polizei „reaktiv", im zweiten „proaktiv" tätig. Welche Form der Kenntniserlangung in der Praxis dominiert, ist deliktsabhängig (→ § 5 Rn. 31 f.). In beiden Konstellationen hat die Polizei bei der Frage, ob sie „zureichende" tatsächliche Anhaltspunkte wahrnimmt, die auf die Begehung einer Straftat hindeuten (vgl. § 152 II StPO), einen gewissen Beurteilungsspielraum. Beide Konstellationen sind daher anfällig für rechtlich nicht normierte Einflüsse. 43

Wenn bislang davon ausgegangen wurde, dass das Opfer der Tat oder ein Dritter bei der Polizei eine **„Anzeige erstattet"** (oben Rn. 34), wurde unterstellt, dass die Anzeige von der Polizei entgegengenommen und der Verdacht damit „offiziell" gemacht wurde. Der Anzeigevorgang ist indessen kein schematisch ablaufender, unproblematischer Vorgang, dessen Ergebnis nicht zweifelhaft ist. Empirisch lässt sich zeigen, dass die Reaktion der Polizei auf den Versuch, eine 44

Anzeige zu erstatten, sehr unterschiedlich ist.[28] Während bei Delikten gegen Eigentum und Vermögen nahezu immer eine Strafanzeige protokolliert wird, ist die Polizei bei Straftaten gegen die Person zurückhaltender. Hier scheint die Schwere des gemeldeten Sachverhalts von Bedeutung zu sein; für Bagatellen fühlt sich die Polizei nicht zuständig. Die Polizei neigt in der Tendenz dazu, Sachverhalte zu bagatellisieren, sie als „Privatsache" bzw. als allein zivilrechtlich relevante Angelegenheit einzustufen. Maßgeblich dafür, ob ein gemeldeter Vorgang „offiziell" gemacht (dh ein förmliches Protokoll über die Anzeige aufgenommen) wird, ist nach den empirischen Befunden eine eigene, **polizeispezifische Einschätzung der Strafwürdigkeit** des Vorgangs. Über die Kriterien, die für die Polizei insoweit maßgeblich sind, ist in der Kriminologie nur wenig bekannt. Nicht auszuschließen ist, dass die polizeispezifische Einschätzung regional sehr unterschiedlich ausgeprägt ist und dass hierin einer der Gründe für die großen regionalen Unterschiede in der polizeilich registrierten Kriminalität liegt (→ § 5 Rn. 23).

45 Unbeschadet der Tatsache, dass im Bereich der „klassischen", personenbezogenen Kriminalität mehr als 90 % der Strafverfahren auf eine Anzeige zurückgehen (→ § 8 Rn. 52), wird die Polizei bei der Einleitung von Strafverfahren auch von sich aus, **proaktiv** tätig. Zu denken ist an Streifengänge oder Kontrollfahrten, bei denen Orte und Personen überprüft werden, aber gedacht werden kann auch an „virtuelle Streifenfahrten" im digitalen Raum bspw. zum Aufspüren von kinderpornographischem Material.[29] In den Blick geraten damit die Kriterien, anhand derer die Polizei in einer bestimmten Situation den Verdacht schöpft, dass eine Straftat begangen worden sein könnte. Die Kriminalistik unterscheidet zwischen verschiedenen **Verdachtgewinnungsstrategien**, die von der intuitiven Verdachtschöpfung über die Orientierung an bestimmten Verdachtsindikatoren bis hin zur Nutzung von Künstlicher Intelligenz reichen, wobei bei letzterer als Beispiel an den Einsatz von Gesichtserkennungssoftware zu denken ist.[30] Sie alle zielen darauf ab, dass anhand bestimmter Erfahrungen zwischen „Verdächtigem" und „Unverdächtigem" (Gegenden, Aussehen, Verhalten etc.) unterschieden wird. Solche Verdachts-

28 Zusammenfassend *Enzmann*, in: Guzy/Birkel/Mischkowitz 2015, 523 ff.; zur Größenordnung des „Dämmerfelds" *Antholz* MschrKrim 93 (2010), 409 ff.

29 *Kunze*, in: Rüdiger/Bayerl 2020, 135 ff.

30 *Kunze*, Der Kriminalist 2019, Heft 7/8, 26 ff.; aus juristischer Sicht *Steege* MMR 2019, 715 ff.

lagen werden daraufhin überprüft, ob sie sich zu einem „Anfangsverdacht" erhärten lassen.

Es liegt auf der Hand, dass bei dieser Form der Verdachtgewinnung vor allem solche Situationen und Personen im Raster „hängen bleiben", die sich in irgendeiner Weise „auffällig" verhalten.[31] Systematische Untersuchungen zu den Kriterien der Verdachtgewinnung und ihrer Reliabilität fehlen zwar weitgehend. Plausibel erscheint jedoch die Annahme, dass sich intuitive, unspezifisch an „Auffälligkeiten" orientierende Verdachtgewinnungsstrategien zu Lasten von jungen Menschen und Menschen mit Migrationshintergrund auswirken können, die aufgrund ihres Auftretens in der Öffentlichkeit oder ihrer Erscheinung die Aufmerksamkeit der Polizei in besonderer Weise auf sich ziehen können. Dies könnte (neben der „objektiv" häufigeren Begehung von Straftaten) eine Erklärung dafür sein, warum gerade die genannten Gruppen von Tatverdächtigen in der polizeilich registrierten Kriminalität eine so große Rolle spielen (→ § 5 Rn. 37ff., 45ff.). **45a**

In der jüngeren Zeit wurde die Problematik vor allem mit Blick auf die Strategie des „**Racial Profiling**" diskutiert. Darunter wird ein Vorgehen verstanden, bei dem sich die Polizei nicht am Verhalten einer Person, sondern an deren Aussehen orientiert und systematisch nur solche Personen überprüft, die in ein bestimmtes, ethnisch geprägtes Raster fallen (zB schwarzhäutig sind). Wegen seiner diskriminierenden Wirkung ist das Vorgehen mit dem Gleichheitsgrundsatz nicht zu vereinbaren (vgl. Art. 3 Abs. 3 GG)[32] und wird zu Recht mit institutionellem Rassismus in Verbindung gebracht.[33] Will man Kontrollmaßnahmen wegen möglicherweise zu geringer Effektivität nicht am Zufall ausrichten (zB Kontrolle jeder 10. Person), lässt sich eine Diskriminierung nur dann vermeiden, wenn der Verdacht zusätzlich an weiteren verhaltens- oder situationsbezogenen Umständen festgemacht wird. **45b**

b) Die Determinanten des polizeilichen Handelns

Wenn die Polizei „offiziell" zureichende tatsächliche Anhaltspunkte dafür hat, dass eine Straftat begangen worden ist, stellt sich die Frage, an welchen Gesichtspunkten sie ihre Entscheidung über das „Ob" und „Wie" der Ermittlungen orientiert. Dabei ist davon auszugehen, dass die Polizei nicht in der Lage ist, in allen Fällen gleichermaßen intensive Ermittlungsbemühungen zu entfalten. Da ihr **46**

31 Anschaulich bereits *Feest/Blankenburg* 1972; vgl. auch *Feuerhelm* 1987, 193ff. (Sinti und Roma); *Stock/Kreuzer* 1996, 73ff. (Btm-Kriminalität).
32 *Liebscher* NJW 2016, 2779ff.; *Riegner/Schnitzer* JuS 2014, 1003ff.
33 *Belina/Keitzel* KrimJ 2018, 18.

nur beschränkte Ressourcen zur Verfügung stehen, ist sie faktisch zur **Schwerpunktsetzung** gezwungen. Die Frage nach den Determinanten des polizeilichen Handelns stellt sich dabei vor allem im Hinblick auf den Umgang mit gleich schweren Delikten. Dass die Polizei Delikte, die unterschiedlich schwer sind, auch mit unterschiedlicher Intensität verfolgt (man denke zB an den großen Aufwand, der zur Aufklärung von Tötungsdelikten betrieben wird), folgt den Wertentscheidungen des Gesetzes und stellt keine rechtlich oder kriminologisch problematische Ungleichbehandlung dar.

47 Die bisherigen, älteren Untersuchungen zeigen, dass sich die Polizei bei der Entscheidung über die Intensität der Ermittlungen vor allem an der **antizipierten Aufklärungswahrscheinlichkeit** orientiert.[34] Damit ist folgendes gemeint: Die für die Aufklärung eines Falls maßgeblichen Faktoren sind für die Polizei zu einem großen Teil bereits nach Abschluss des ersten Ermittlungsabschnitts (zB innerhalb von 24 Stunden nach der Anzeige) erkennbar. Es ist deshalb möglich, den Erfolg der polizeilichen Aufklärungsbemühungen, aber auch die Wahrscheinlichkeit von Anklage und Verurteilung schon in einem relativ frühen Stadium des Verfahrens vergleichsweise genau vorherzusagen (zu „antizipieren"). Die Polizei macht sich bei ihrer Arbeit diese Möglichkeit der Vorhersage zu eigen. Ergeben sich nach dem ersten Ermittlungsabschnitt erfolgversprechende Anhaltspunkte für die Aufklärung, so geht die Polizei diesen nach und bemüht sich um die Durchermittlung des Falls. Liegen demgegenüber keine solchen Anhaltspunkte vor, so kommt es für die Entscheidung, ob die Polizei dennoch Ermittlungsbemühungen entfaltet, auf die Art und Schwere des betreffenden Delikts an. Intensivere Ermittlungsbemühungen, die mit einem erheblichen Maß an kriminalistischer „Kleinarbeit" verbunden sind, entfaltet die Polizei vor allem bzw. nur bei den schwereren Delikten.

48 Dass dieser nach der Aufklärungswahrscheinlichkeit differenzierende Ansatz empirisch begründet ist, zeigte schon eine Untersuchung von *Dölling* in den 1980er Jahren. *Dölling* stellte fest, dass es für die Aufklärung der Tat im Bereich Einbruchsdiebstahl, Raub, Vergewaltigung und Betrug maßgeblich auf die Wahrnehmung von Tat und Täter durch einen Zeugen sowie auf das Anzeige- und Aussageverhalten dieses Zeugen ankommt.[35] Wenn ein Zeuge (zB das Opfer) zur Verfügung steht, der der Polizei den Namen des Tatverdächtigen nennen oder sonstige weiterführende Informationen über den Täter

---

34 *Steffen* 1976, 145 ff., 151; *Dölling* 1987, 262; vgl. auch *Dölling*, in: Geisler 1999, 45 ff.
35 *Dölling* 1987, 258 ff.

liefern kann (Personenbeschreibung, Aufenthaltsort etc.), dann gelingt es der Polizei mit hoher Wahrscheinlichkeit, den Fall noch im ersten Ermittlungsabschnitt (im Polizeijargon: „erster Angriff") aufzuklären. Die Sicherung und Auswertung von Spuren am Tatort, die Auswertung von Zusammenhängen mit anderen bekannt gewordenen Taten und Besonderheiten des Tatablaufs haben für die Aufklärung zwar ebenfalls eine gewisse, deliktsspezifisch unterschiedliche Bedeutung. Ihr Einfluss auf den Ermittlungserfolg bleibt jedoch hinter dem der Zeugenaussage deutlich zurück. Gelingt es der Polizei demgegenüber nicht, einen Tatverdächtigen bereits im ersten Ermittlungsabschnitt festzustellen, dann wird die Aufklärungswahrscheinlichkeit insgesamt deutlich geringer. Mit der herkömmlichen kriminalistischen Methode, den Täter im Wege einer langwierigen und mühsamen Kleinarbeit zu ermitteln, bei der Mosaikstein an Mosaikstein gesetzt wird, ist die Polizei nur vergleichsweise selten erfolgreich.

c) Einflussfaktoren für den Ermittlungserfolg

Für die Aufklärung eines Falls kommt es nicht nur darauf an, einen 49 Tatverdächtigen zu ermitteln. Erforderlich ist, dass die Tat dem Verdächtigen auch nachgewiesen werden kann. Dabei ist die polizeiliche Perspektive eher von untergeordneter Bedeutung. Maßgeblich ist letztlich die justizielle Perspektive; entscheidend ist, ob Staatsanwaltschaft und Gericht die von der Polizei erhobenen Beweise für ausreichend und verwertbar halten. Dass polizeiliche und justizielle Perspektive auseinanderfallen können, lässt sich in der Praxis immer wieder feststellen. Ein nennenswerter Anteil derjenigen Verfahren, die von der Polizei als „aufgeklärt" eingestuft werden, wird von der Staatsanwaltschaft wegen der fehlenden Nachweisbarkeit der Tathandlung nach § 170 II StPO eingestellt.[36]

Fraglich ist somit, welche Gesichtspunkte dafür ausschlaggebend 50 sind, ob der Polizei der Tatnachweis in einer Weise gelingt, dass die Sache auch aus justizieller Sicht als „aufgeklärt" angesehen und der Beschuldigte verurteilt werden kann. Die vorliegenden Befunde zeigen, dass der Erfolg der polizeilichen Arbeit jedenfalls bei Delikten wie Einbruchsdiebstahl, Raub, Vergewaltigung und Betrug vor allem von solchen Informationen abhängt, die der Polizei vom Anzeigeerstatter (typischerweise dem Geschädigten), anderen Zeugen und auch vom Tatverdächtigen selbst geliefert werden („Personalbeweis"). Sonstige Umstände haben in erster Linie die Funktion, bereits beste-

36 Vgl. *Dölling* 1987, 183f., 213, 233, 252f.

hende Verdachtslagen zu erhärten. Im Einzelnen haben sich folgende Zusammenhänge feststellen lassen:[37]

51 (1) Von zentraler Bedeutung ist die **Glaubhaftigkeit der Aussage des Opfers.** Die Wahrscheinlichkeit einer späteren Verurteilung ist dann nur gering, wenn das Opfer nur teilweise über den Tatablauf aussagt, wenn die Aussage entlastende Momente oder Widersprüche enthält, wenn das Opfer nur eine geringe Bereitschaft zur Kooperation mit den Strafverfolgungsorganen zeigt oder wenn Anhaltspunkte für das Vortäuschen einer Straftat bestehen.

52 (2) Ebenfalls bedeutsam ist, ob außer der Aussage des Opfers **weitere belastende Beweismittel** zur Verfügung stehen. Eine Rolle spielen in der älteren Untersuchung von *Dölling* – bei deliktsspezifischen Unterschieden – die Verfügbarkeit eines zweiten Belastungszeugen, die Existenz von belastenden Augenscheinsobjekten (Spuren, entwendete Gegenstände, Tatwerkzeuge etc.) und von schriftlichen Erklärungen. In einer aktuelleren Untersuchung von *Dreißigacker u. a.* zum Wohnungseinbruch spielen – der technologischen Entwicklung entsprechend – die Verfügbarkeit von Videoaufzeichnungen und DNA-Spuren eine wichtige Rolle.

53 (3) Besonders bedeutsam ist ferner das **Aussageverhalten des Beschuldigten.** Legt der Beschuldigte ein Geständnis ab, so ist die Nachweisbarkeit der Tat deutlich besser gesichert als dann, wenn er den Tatvorwurf leugnet. Dies gilt auch dann, wenn man diejenigen Beschuldigten unberücksichtigt lässt, die die Tat aus der justiziellen Perspektive betrachtet *tatsächlich nicht* begangen haben (dh im Ergebnis freigesprochen werden). Das Geständnis erfüllt für die Beweisführung offenbar insofern wichtige Funktionen, als man davon ausgehen muss, dass eine Verurteilung allein auf der Grundlage der übrigen Beweismittel häufig nicht erfolgen könnte.

54 (4) Sonstige Umstände, die sich auf die Person des Tatverdächtigen beziehen, spielen eine geringere Rolle. Hervorzuheben ist insoweit lediglich, dass die Nachweisbarkeit der Tat mit dem **Alter des Beschuldigten** korreliert: Jüngere Tatverdächtige werden im weiteren Verlauf des Verfahrens eher verurteilt als ältere. Dieser Zusammenhang erklärt sich vermutlich daraus, dass der Tatnachweis bei Kindern und Jugendlichen leichter zu führen ist. Ihre Taten sind einfacher strukturiert und die Tatverdächtigen sind eher zu einem Geständnis bereit.

d) Abschließende Einschätzung

55 Im Prozess der strafrechtlichen Sozialkontrolle nimmt die Polizei die Mittlerstellung zwischen den informellen Kontrollinstanzen (dem Opfer bzw. Anzeigeerstatter) und der Justiz ein. Auch wenn

37 *Dölling* 1987, 260 ff.; *Steffen* 1976, 165 ff., 186 ff.; *Kawelovski* Kriminalistik 2012, 741 ff.; *Dreißigacker u. a.* 2016, 74 ff.

die Polizei rechtlich keinerlei Entscheidungsbefugnisse hat, kommt ihr **faktisch die Funktion des zentralen Selektionsorgans** (gate keeper) zu. Zwar werden nicht alle diejenigen Fälle, in denen die Polizei einen Tatverdächtigen ermittelt, von der Staatsanwaltschaft auch angeklagt und vom Gericht abgeurteilt. Hinsichtlich der von der Polizei als „aufgeklärt" angesehenen Fälle wirken die Instanzen der Justiz im strafrechtlichen Kontrollprozess als zusätzliche Filter, die den ermittelten Sachverhalt unter juristischen Aspekten weiteren Überprüfungen unterziehen. Anders ist es jedoch in denjenigen Fällen, in denen es der Polizei *nicht* gelingt, einen Tatverdächtigen zu ermitteln („Unbekanntsachen"). In diesen Fällen bedeutet das negative polizeiliche Ermittlungsergebnis faktisch das „Aus" für den strafrechtlichen Kontrollprozess; das Ermittlungsverfahren wird von der Staatsanwaltschaft nach § 170 II StPO eingestellt.[38] Da die Staatsanwaltschaft nur geringe Möglichkeiten hat, eigene Ermittlungen durchzuführen (im Wesentlichen hat sie nur die Möglichkeit zur Durchführung von Vernehmungen), kann sie das von der Polizei präsentierte Ergebnis faktisch nicht mehr korrigieren.

In ihrem Handeln orientiert sich die Polizei vor allem an der Art 56
und Schwere des Delikts sowie an der antizipierten Erfolgswahrscheinlichkeit. Dabei spielen die Aussagen des Opfers und ggf. weiterer Zeugen sowie – wenn ein Tatverdächtiger namentlich bekannt ist – ein etwaiges Geständnis des Beschuldigten eine wesentliche Rolle. Diese von der empirischen Forschung herausgearbeiteten Kriterien sind **sachangemessen** und ermöglichen der Polizei auch unter dem Druck knapper Ressourcen eine **effektive Tätigkeit.** Abgesicherte Belege für eine ungerechtfertigte Ungleichbehandlung von Sachverhalten oder die gezielte Diskriminierung von Personen hat die empirische Forschung bislang nicht erbracht.[39] Unübersehbar ist jedoch, dass vor allem die proaktiven polizeilichen Strategien zur Gewinnung von Anhaltspunkten für die Begehung von Straftaten mit solchen Gefahren verbunden sind (→ Rn. 45 ff.). Die polizeiliche Tätigkeit bedarf daher gerade in diesem Bereich der Beobachtung.

Noch weitgehend unerforscht ist im Übrigen, welche Bedeutung 57
den von der Polizei in den letzten Jahren verstärkt unternommenen Bemühungen um die vorbeugende Verbrechensbekämpfung zu-

38 *Steffen* 1976, 264 ff.; *Dölling* 1987, 262.

39 *Killias/Kuhn/Aebi* 2011, 321 ff.; kritischer *Oberwittler/Lukas*, in: Hormel/Scherr 2010, 221 ff.; vgl. hierzu auch *Sessar*, in: Hilgendorf/Rengier 2012, 266 ff.

kommt (→ Rn. 31d). Unter **„vorbeugender Verbrechensbekämpfung“** sind diejenigen polizeilichen Aktivitäten zu verstehen, die der Aufklärung künftiger oder zwar bereits begangener, aber noch nicht polizeilich bekannt gewordener Straftaten dienen. Die Polizei wird mithin tätig, *ohne* dass ein „Anfangsverdacht“ im o. g. Sinn gegeben ist. Zu denken ist etwa an die Speicherung von Daten nach erkennungsdienstlicher Behandlung (§ 81b StPO) oder der Ermittlung von DNA-Identifizierungsmustern (§ 81g StPO). Angesichts der rechtspolitischen Brisanz dieses neuen Tätigkeitsfelds wäre hier ein stärkeres Engagement der empirischen Forschung wünschenswert.

3. Die Selektionsmechanismen auf staatsanwaltschaftlicher Ebene

58 Während die Polizei für die Erforschung des Sachverhalts zuständig ist, ist die Staatsanwaltschaft dasjenige Organ im Kontrollprozess, das für die **rechtliche Überprüfung** des polizeilichen Ermittlungsergebnisses und die Entscheidung über den weiteren Gang des Verfahrens zuständig ist.

59 Die Staatsanwaltschaft hat im Wesentlichen zwei Entscheidungsmöglichkeiten (s. Übersicht 9.1): Sie kann den Fall entweder zur Anklage bringen (§ 170 I StPO) bzw. einen Antrag auf Erlass eines Strafbefehls stellen (§§ 407 ff. StPO) und das Verfahren hierdurch in die Zuständigkeit des Gerichts abgeben. Oder sie kann das Verfahren einstellen und den Kontrollprozess damit beenden. Dabei sind wiederum zwei Alternativen auseinander zu halten: die Einstellung wegen fehlenden hinreichenden Tatverdachts (§ 170 II StPO), die dann erfolgt, wenn kein Tatverdächtiger ermittelt („Unbekanntsache“) oder ihm die Tat nicht nachgewiesen werden kann, und die Einstellung aus Gründen der Opportunität (§§ 153 ff. StPO, § 45 JGG; → Rn. 9, 23 ff.).

60 In welchem Ausmaß die Staatsanwaltschaften die ihr vom Gesetz eingeräumten Möglichkeiten nutzt, lässt sich nur mit Einschränkungen feststellen, da die **„Unbekanntsachen“** in den amtlichen Statistiken nur unzureichend ausgewiesen werden. Man kann aber davon ausgehen, dass die „Unbekanntsachen“ bei den Staatsanwaltschaften etwa 40 % aller erledigten Fälle ausmachen.[40] Auf welche Weise die Staatsanwaltschaften die Verfahren erledigen, die sich gegen einen namentlich bekannten Tatverdächtigen richten, zeigt Tab. 9.1. Die Tabelle unterscheidet zwischen Staatsanwaltschaften bei den Landgerichten und Oberlandesgerichten; letztere sind vor allem für die Verfolgung der (seltenen) Staatsschutzkriminalität (namentlich Terrorismus) zu-

40 Vgl. Statistisches Bundesamt, Staatsanwaltschaften 2019, Tab. 1.1.

ständig. Von den Staatsanwaltschaften bei den Landgerichten wird weniger als ein Viertel der Verfahren (19,6 %) mit der Erhebung einer Anklage oder einem Strafbefehlsantrag abgeschlossen. Mehr als drei Viertel der Verfahren werden auf andere Weise erledigt, wobei hier wieder den größten Anteil die Einstellung nach § 170 II StPO und die folgenlose Einstellung nach Opportunitätsgrundsätzen ausmachen.

Tab. 9.1: Die Erledigungspraxis der Staatsanwaltschaften 2019

	StA beim LG einschl. Amtsanwaltschaften		StA beim OLG	
	N	%	N	%
erledigte Verfahren insg.	4.938.651	100,0	335	100,0
davon beendet durch:				
Anklage	418.709	8,5	37	11,0
Strafbefehlsantrag	547.665	11,1	–	–
Einstellung mit Auflage	167.561	3,4	3	0,9
Einstellung ohne Auflage	1.214.311	24,6	72	21,5
Verweisung auf den Privatklageweg (§ 376 StPO)	197.703	4,0	–	–
Einstellung wegen fehlenden hinreichenden Tatverdachts (§ 170 II StPO)	1.407.425	28,5	192	57,3
sonstige Art der Erledigung[41]	985.227	19,9	31	9,3

Quelle: Statistisches Bundesamt, Staatsanwaltschaften 2019, Tab. 2.2.1 und 6.1.

Empirische Untersuchungen zu der Frage, wann sich die Staatsanwaltschaft für die Anklage bzw. einen Strafbefehlsantrag und wann sie sich für die Einstellung nach Opportunitätsgesichtspunkten entscheidet, haben gezeigt, dass die staatsanwaltschaftliche Entscheidung das Ergebnis eines komplexen Prozesses ist, in dem normative und pragmatische Kriterien gegeneinander abgewogen werden.[42] Je nach Beweislage und Verfolgungsintensität kann dabei jedes Kriterium grundsätzlich in jede Richtung Einfluss nehmen. Einzelne Umstände, die die gesetzlichen Vorgaben konkretisieren, erweisen sich in empirischen Untersuchungen allerdings immer wieder als durchsetzungs- 61

41 Insbes. Abgabe an die Verwaltungsbehörden als Ordnungswidrigkeit, Abgabe an eine andere StA und Verbindung mit einer anderen Sache.

42 *Blankenburg/Sessar/Steffen* 1978, 241.

stark.[43] Dies gilt vor allem für Merkmale, die die **Tatschwere** kennzeichnen, sei es, dass dabei auf abstrakte Kategorien wie den Strafrahmen oder auf deliktsspezifische Umstände wie die Schadenshöhe oder die Schwere von Verletzungen abgestellt wird. Ebenfalls zeigt sich in empirischen Untersuchungen, dass es darauf ankommt, ob der Beschuldigte ein **Mehrfachtäter** ist, sei es, dass das gegen ihn gerichtete Verfahren wegen mehrerer Delikte durchgeführt wird, sei es, dass er bereits vorbestraft ist. Die mehrfache Auffälligkeit wird von der Staatsanwaltschaft als Indikator für die spezialpräventive Notwendigkeit von Strafe angesehen und steht einer Einstellung typischerweise entgegen. Zum dritten zeigt sich, dass die Staatsanwaltschaft bei ihrer Entscheidung berücksichtigt, für wie wahrscheinlich sie es hält, dass der Beschuldigte vom Gericht verurteilt werden wird. Umstände, die die **Beweislage** kennzeichnen – zu denken ist etwa an ein Geständnis, belastende Zeugenaussagen oder sonst belastendes Beweismaterial –, erhöhen die Wahrscheinlichkeit, dass Anklage erhoben oder ein Strafbefehlsantrag gestellt wird.

61a Problematisch ist es, wenn die staatsanwaltschaftliche Entscheidung darüber hinaus auch durch **Sozialmerkmale des Beschuldigten** beeinflusst wird, widerspricht ein solches Vorgehen doch dem Ideal, dass alle Betroffenen in der Rechtsanwendung gleichbehandelt werden. Aufmerksamkeit verlangen insbesondere solche Untersuchungen, die zeigen, dass der sozioökonomische Status des Beschuldigte die Abschlussentscheidung der Staatsanwaltschaft beeinflusst.

61b Hinweise hierauf lassen sich einer Untersuchung von *Kolsch* entnehmen, die prüfte, von welchen Umständen es abhängt, wie die Staatsanwaltschaft ein Verfahren wegen einfacher Körperverletzung abschließt. Sie konnte zeigen, dass der sozioökonomische Status des Beschuldigten neben der Vorstrafenbelastung der einflussstärkste Faktor war: Je höher der Status des Beschuldigten war, desto größer war die Wahrscheinlichkeit, dass das Verfahren nach § 153a StPO gegen Auflagen oder Weisungen eingestellt wurde. *Kolsch* erklärte den Zusammenhang mit den Handlungsroutinen der Staatsanwaltschaft: Beschuldigten mit höherem Einkommen und Vermögen falle es leichter als schlechter gestellten Beschuldigten, der Staatsanwaltschaft am Ende des Ermittlungsverfahrens eine Geldzahlung anzubieten. Die Staatsanwaltschaften seien deshalb eher bereit, das Verfahren nach § 153a StPO einzustellen, weil ihnen die Auf-

43 Zum Folgenden *Blankenburg/Sessar/Steffen* 1978, 219ff.; *Ludwig-Mayerhofer/Rzepka* ZfRSoz 1993, 115ff.; *Mansel* MschrKrim 92 (2009), 54ff.; *Dreißigacker u. a.* 2016, 93ff.; vgl. auch *Ludewig u. a.* SZK 2012, 29ff.

lage als unproblematisch realisierbar erscheine. In den übrigen Fällen sei der Strafbefehlsantrag oder die Anklage der einfachere Weg.[44]

Eine gewisse Rolle scheint bei der Abschlussentscheidung auch die **Ressourcenknappheit der Justiz** zu spielen: In Gerichtsbezirken mit einem hohen Fallaufkommen werden mehr Verfahren eingestellt als in Bezirken, in denen das Fallaufkommen geringer ist.[45] Dem entspricht es, dass die staatsanwaltschaftlichen Entscheidungspraxis im bundesrepublikanischen Vergleich durch große regionale Ungleichheit geprägt sind.[46] 61c

Die Selektivität des staatsanwaltschaftlichen Handelns kann sich im Übrigen nicht nur in der Alternative Einstellung oder Anklageerhebung ausdrücken. Sie kann auch darin zum Ausdruck kommen, dass die Staatsanwaltschaft ein strafbares Verhalten anders definiert als die Polizei. Besonders deutlich wird dieser Prozess der **Umdefinition des Tatvorwurfs** bei den Tötungsdelikten. Der wichtigste Ansatzpunkt für ein derartiges selektives Vorgehen ist die Verneinung des Tötungsvorsatzes mit anschließender Anklage wegen fahrlässiger Tötung oder Körperverletzung mit Todesfolge. Die dem Beschuldigten drohende Sanktion kann sich hierdurch im Extremfall von lebenslanger Freiheitsstrafe (§ 211 I StGB) auf Freiheitsstrafe bis zu fünf Jahren oder Geldstrafe (§ 222 StGB) reduzieren. 62

Empirisch lässt sich feststellen, dass sich die Definition des Tötungsvorsatzes durch die Staatsanwaltschaft in erster Linie nach tatbezogenen Merkmalen richtet:[47] Der Tötungsvorsatz wird häufiger bejaht im Fall des Todes oder der Invalidität des Opfers, er wird tendenziell verneint bei schweren, leichten oder gar keinen Verletzungen. Ein weiterer wichtiger Einflussfaktor ist neben dem Tatausgang die besondere Form der Tatbegehung (zB schießen oder stechen); erst danach erlangen Merkmale Bedeutung, die mit der Person des Verdächtigen oder des Opfers oder ihrer Beziehung zueinander zu tun haben. 63

Auf der Ebene der Staatsanwaltschaft lassen sich also zwei verschiedene Arten von Selektionsmechanismen feststellen: Selektion durch Ausscheiden aus dem Strafverfolgungsprozess und Selektion durch Umdefinition des von der Polizei ermittelten Tatverdachts. In den amtlichen Statistiken kommt der zweite Mechanismus nicht zum Ausdruck, denn der Beschuldigte bleibt im System „hängen"; er wird 64

44 *Kolsch* 2020, 275 ff., 282; vgl. auch schon *Ludwig-Mayerhofer/Rzepka* ZfRSoz 1993, 125 ff.
45 *Dittmann* 2004, 211 ff.
46 *Heinz*, in: Esser u. a. 2013, 223 ff.; *Verrel* ZIS 12/2015, 614 ff.
47 *Sessar* 1981, 149 ff.; vgl. auch *Hess* 2010; *Dünkel/Hess*, in: Boers 2012, 199 ff.

angeklagt, verurteilt und bestraft. Für die Gesamtbeurteilung der Selektivität des strafrechtlichen Kontrollprozesses ist jedoch auch diese zweite, „qualitative" Form der Selektion von hoher Bedeutung.

4. Die Selektionsmechanismen auf gerichtlicher Ebene

65 Auch auf der gerichtlichen Ebene vollziehen sich Selektionsmechanismen, die jedoch in der Kriminologie bislang kaum systematisch aufgehellt worden sind.

66 Rechtlich hat das Gericht vor allem zwei Entscheidungsmöglichkeiten (s. Übersicht 9.1): Es kann das Verfahren mit dem Erlass eines Urteils beenden oder es kann das Verfahren nach Opportunitätsgrundsätzen (die §§ 153 ff. StPO sind auch insoweit anwendbar) einstellen und den Kontrollprozess damit beenden. Das Urteil kann entweder eine Verurteilung oder ein Freispruch sein. Wird der Angeklagte freigesprochen, so ist der Kontrollprozess damit ebenfalls beendet (sofern nicht die Staatsanwaltschaft erfolgreich Rechtsmittel einlegt). Wird der Angeklagte hingegen verurteilt, so wird hierdurch, sofern keine Rechtsmittel eingelegt werden, der nächste Abschnitt des Kontrollprozesses eröffnet: das Vollstreckungsverfahren, in dem die gegen den Verurteilten verhängte Sanktion praktisch umgesetzt wird (Einziehung der Geldstrafe, Ladung zum Strafantritt im Vollzug etc.).[48]

67 Wie die Gerichte mit den bei ihnen erhobenen Anklagen bzw. Strafbefehlsanträgen umgehen, zeigt Tab. 9.2. Die Erledigungspraxis ist unterschiedlich je nachdem, welchen Spruchkörper man betrachtet. Die größte Selektion findet auf der Amtsgerichtsebene statt, wo auch die große Masse der Kriminalität verhandelt wird. Hier werden mehr als 50 % der Verfahren anders als durch Urteil beendet. Die Freispruchquote (in Tab. 9.2 nicht ausgewiesen) lässt sich nur undifferenziert für alle Spruchkörper angeben. Sie liegt im Durchschnitt knapp unter 3 % und variiert in Abhängigkeit vom Deliktstyp.[49]

---

48 Zur Häufigkeit der einzelnen Sanktionsarten *Jehle* 2019, 32 ff.; *Meier* 2019, 52 f.
49 Statistisches Bundesamt, Strafverfolgung 2018, Tab. 2.2.

Tab. 9.2: Die Erledigungspraxis der Strafgerichte 2019

	Amtsgerichte		LG 1. Instanz		OLG 1. Instanz	
	N	%	N	%	N	%
erledigte Verfahren insges.	660.816	100,0	14.039	100,0	71	100,0
davon beendet durch: Urteil	263.333	39,8	9.200	65,5	61	85,9
Erlass eines Strafbefehls nach Eröffnung des Hauptverfahrens	29.758	4,5	–	–	–	–
Einstellung (mit und ohne Auflagen)	178.040	26,9	1.042	7,4	4	5,6
Ablehnung der Eröffnung des Hauptverfahrens (§ 204 StPO)	2.071	0,3	264	1,9		
Zurücknahme der Anklage (§ 156 StPO)[50]	15.526	2,3	354	2,5	1	1,4
Zurücknahme des Einspruchs gegen einen Strafbefehl[51]	35.846	5,4	–	–	–	–
sonstige Art der Erledigung[52]	136.242	20,6	3.175	22,6	5	7,0

Quelle: Statistisches Bundesamt, Strafgerichte 2019 (Fachserie 10, Reihe 2.3), Tab. 2.2, 4.2 und 7.2.

Empirische Untersuchungen zu der Frage, wovon es abhängt, ob Angeklagte verurteilt werden (durch Urteil oder Erlass eines Strafbefehls) oder ob das Verfahren nach Opportunitätsgrundsätzen eingestellt wird, fehlen weitgehend. Eine wichtige Rolle dürfte insoweit die sich in der Hauptverhandlung entwickelnde Verfahrensdynamik spielen.[53] Die Selektivität des gerichtlichen Entscheidungshandelns kann sich im Übrigen aber auch darin ausdrücken, wie Angeklagte im Fall der Verurteilung sanktioniert werden, insbes. darin, ob sie eine ambulante oder eine stationäre, freiheitsentziehende Sanktion erhalten und damit in den Straf- oder Maßregelvollzug gelangen. 67a

Die Komplexität der Problematik lässt sich an der bereits angesprochenen Untersuchung von *Kolsch* aus dem Bereich der minderschweren Kriminalität (einfache Körperverletzung) zeigen. Im Fall der Verurteilung kommt hier praktisch nur eine Geldstrafe in Betracht. Für die Bemessung der Geldstrafe 67b

50 Einschl. Zurücknahme der Klage (§ 411 Abs. 3 StPO) und entsprechender Anträge.
51 Einschl. Zurücknahme des Einspruchs gegen einen von der Finanzbehörde beantragten Strafbefehl.
52 Inbes. Verbindung mit einer anderen Sache.
53 Hierzu genauer *Eisenberg/Kölbel* 2017, § 31 Rn. 9, 46 ff., § 32 Rn. 10 ff.

gelten klare gesetzliche Vorgaben, die sicherstellen sollen, dass es für die Schwere des Strafübels nicht darauf ankommt, wie hoch das Einkommen des Verurteilten ist (§ 40 StGB; Tagessatzsystem). Um den Gerichten die Strafzumessung zu erleichtern, können die Einkünfte des Täters geschätzt werden. In der Untersuchung von *Kolsch* zeigte sich, dass die Staatsanwaltschaften diese Möglichkeit bei der Beantragung eines Strafbefehls (und die Gerichte bei ihrer Unterschrift) häufig in der Weise nutzen, dass sie die Einkünfte „ins Blaue hinein" schätzen und so zu Geldstrafenbeträgen kommen, die von den Verurteilten in einem Fünftel der Fälle nicht problemlos bezahlt werden können. In 12,3 % der von *Kolsch* untersuchten Fälle musste die Geldstrafe deshalb im Vollstreckungsverfahren wenigstens teilweise durch die Verbüßung einer Ersatzfreiheitsstrafe ersetzt werden.[54] Die Verurteilten verbüßten damit eine Strafe, die vom Gericht weder unter Schuld- noch unter Präventionsgesichtspunkten für angemessen gehalten worden war. Schätzungen „ins Blaue hinein" sind verfassungsrechtlich unzulässig,[55] kommen in der Praxis aber unter einem hohen Erledigungsdruck immer wieder vor und wirken sich faktisch in einer Benachteiligung wirtschaftlich schlecht gestellter Täter aus.

5. Zusammenfassung

68 Eine der großen Fragen der Kriminologie an die strafrechtliche Sozialkontrolle ist die Frage nach den informellen Handlungsmustern, die den Prozess der Selektion und differentiellen Sanktionierung steuern („second code"). Die empirischen Befunde zeigen insoweit zweierlei. Zum einen lässt sich feststellen, dass sich die unterschiedlichen Kontrollorgane am Kontrollprozess mit **jeweils eigenen Perspektiven und Interessen** beteiligen. Die Anzeigeerstatter verfolgen andere Anliegen als die Polizei, und diese hat wiederum eine andere Sichtweise als die beiden Justizorgane Staatsanwaltschaft und Gericht. Der Handlungsrahmen für Polizei und Justiz wird weitgehend durch normative Vorgaben gesteuert, aber wie sich insbesondere bei der Justiz zeigt, spielen bei der konkreten Durchsetzung des staatlichen Kontrollanspruchs auch die personelle (Minder-) Ausstattung und der Erledigungsdruck eine wesentliche Rolle. Zum anderen ist festzustellen, dass sich das Handeln der Strafverfolgungsorgane unter dem Druck knapper Ressourcen im Rahmen der gesetzlichen Vorgaben typischerweise an einigen wenigen Merkmalen orientiert, in denen sich auf einer pragmatischen Ebene die Strafziele und die gesetzlichen Anforderungen an die Überführung des Täters widerspiegeln:

54 *Kolsch* 2020, 297 ff., 338 ff.
55 BVerfG NStZ-RR 2015, 335.

Deliktsschwere, Sozialschädlichkeit des Delikts, antizipierte Aufklärungs- bzw. Verurteilungswahrscheinlichkeit, Geständnisbereitschaft, Verfügbarkeit weiterer Beweismittel und die strafrechtliche Vorbelastung des Beschuldigten. Es handelt sich vornehmlich um **Kriterien der Beweislage und der Strafwürdigkeit.** Sonstige täterbezogene Merkmale wie Alter, Geschlecht, Migrationshintergund und sozioökomischer Status des Beschuldigten sind demgegenüber typischerweise nicht von Bedeutung.

Trotz dieses insgesamt zufrieden stellenden Befunds liefert die empirische Forschungsliteratur auch Hinweise darauf, dass es im strafrechtlichen Kontrollprozess immer wieder zu Fehlhaltungen und -verhaltensweisen kommt, die mit den normativen Vorgaben nicht vereinbar sind. In quantitativen empirischen Untersuchungen werden diese Entwicklungen zum Teil nicht sichtbar, weil es sich nur um wenige Fälle handelt, die im Gros der täglichen Fallarbeit verschwinden. Andererseits handelt es sich nicht nur um persönliche Fehlleistungen und Einzelfälle, die im politischen Sprachgebrauch gern „schwarzen Schafen" zugeordnet werden, sondern um **systembedingte Fehlleistungen**, die einer kriminalpolitischen Nachsteuerung bedürften. Auf zwei Problemfelder wurde exemplarisch hingewiesen: auf „racial profiling" bei der polizeilichen Verdachtsgewinnung (→ Rn. 45a) und auf pure Gedankenlosigkeit bei der Bemessung von Tagessatzhöhen, wenn aus den Akten keine weiteren Informationen ersichtlich sind (→ Rn. 67b). Gerade bei letzterem zeigt sich, dass die Schätzung „ins Blaue hinein" nur aus der Sicht des jeweiligen Dezernenten ein adäquater Lösungsansatz ist; systemisch gesehen führen die notwendigen Bemühungen um die Einbringung der Geldstrafe und die Vollstreckung der Ersatzfreiheitsstrafe nicht nur zu Akzeptanzverlusten beim Verurteilten, sondern auch zu einem erheblichen Mehraufwand für die Justiz. Auch wenn das Gesamtbild, das der strafrechtliche Kontrollprozess aus empirischer Sicht vermittelt, durchaus zufrieden stellend ist, muss man deshalb sehen, dass das Strafrecht auch eine „dunkle Seite" hat, die es zu einem ambivalenten, nur mit großer Zurückhaltung einzusetzenden Instrument macht.[56] **68a**

56 *Kölbel* NK 2019, 249ff.

V. Kriminologische Erfolgsbeurteilung

69 Auch wenn das strafrechtliche Kontrollsystem durch ein hohes Maß an Selektivität gekennzeichnet ist und im Ergebnis nur ein kleiner Teil derjenigen Beschuldigten, gegen die ein Ermittlungsverfahren durchgeführt wird, von den Gerichten förmlich bestraft wird (→ Rn. 12), stehen die Strafe und die mit ihr erzielten Wirkungen seit jeher im Blickpunkt der Kriminologie. Schon von *v. Liszt* wurde 1899 der Begriff der „Pönologie" verwendet, um die Notwendigkeit einer eigenständigen kriminologischen Sanktionsforschung zu unterstreichen (poena = Strafe).[57] Bei der modernen Sanktionsforschung geht es vor allem um den Beitrag, den die Strafe, aber auch die anderen Rechtsfolgen der Tat im Gesamtsystem der Sozialkontrolle für die Erreichung der Strafzwecke leisten. Wenn man mit der Strafrechtstheorie davon ausgeht, dass die Aufgabe des Strafrechts im präventiven Rechtsgüterschutz besteht (→ Rn. 13 ff.), dann ist ein Anspruch formuliert, der der empirischen Überprüfung zugänglich ist. In der Kriminologie sind dementsprechend vielfältige Anstrengungen unternommen worden, um mit den Mitteln der empirischen Sozialforschung aufzuklären, ob die von der Strafrechtstheorie postulierten Wirkungen tatsächlich eintreten oder nicht. Entsprechend den beiden Wirkungsebenen der strafrechtlichen Prävention ist dabei zwischen den spezialpräventiven und den generalpräventiven Wirkungen zu unterscheiden.

69a Bei der Betrachtung der empirischen Forschungsbefunde ist von vornherein davon auszugehen, dass die Strafe trotz ihrer herausgehobenen normativen Bedeutung und der Möglichkeit, tief in die Lebensführung des Einzelnen einzugreifen, in ihrer präventiven, also über die Vollstreckung der jeweiligen Strafe hinaus weisenden Wirkung begrenzt ist. Der Grund hierfür liegt darin, dass diese weitergehende, auf künftige Normbefolgung abzielende Wirkung auf der Seite der Adressaten vom Vorliegen bestimmter persönlicher und umfeldbezogener Voraussetzungen abhängig ist (zB der Akzeptanz der Norm und dem Willen zur Normbefolgung, dem Unterstützen der Sanktionsziele durch das soziale Umfeld); diese Voraussetzungen sind nicht bei allen Menschen gleich ausgeprägt, da sie auch durch andere Mechanismen und Prozesse beeinflusst werden (→ Rn. 5). (Straf-)Recht ist nicht allein schon deshalb wirksam, weil es vom Gesetzgeber verbindlich festgesetzt wird, sondern weil es

57 *v. Liszt* 1905a, 293.

von den Normadressaten – ggf. um der Vermeidung weiterer Nachteile willen – als Leitschnur für das eigene Handeln anerkannt wird. Eine Analyse der spezial- und generalpräventiven Wirkungen der Strafe setzt deshalb immer auch die Berücksichtigung der Besonderheiten bei den jeweiligen Adressaten voraus.

1. Spezialpräventionsforschung

a) Erfolgsbegriff und methodische Schwierigkeiten der Erfolgsmessung

Die kriminologische Erforschung der spezialpräventiven, beim Verurteilten eintretenden Wirkungen ist mit einer Reihe von methodischen Problemen konfrontiert, die zu den bereits genannten allgemeinen Schwierigkeiten (unzureichende Isolierbarkeit der Strafzwecke und Ambivalenz der Strafwirkungen, → Rn. 20 f.) hinzutreten. 70

Vergröbernd lassen sich zwei Gruppen von Problemen unterscheiden: Die erste Gruppe betrifft die Frage, anhand welcher Kriterien der **Erfolg** der strafrechtlichen Sanktionen gemessen werden kann. Überwiegend wird heute davon ausgegangen, dass das maßgebliche Kriterium die **Legalbewährung** ist, also die Tatsache, dass keine weiteren Straftaten begangen werden. Ausgeschieden werden damit Kriterien wie bspw. die Lebens- oder Sozialbewährung oder die Befreiung von einer Sucht.[58] Die Legalbewährung ist allerdings kein unproblematisches Kriterium, denn sie wirft die Frage auf, *wie* sie gemessen werden soll. Soll es auf die amtliche Registrierung neuer Straftaten ankommen, gar auf die erneute Verurteilung, oder soll die Begehung einer im Dunkelfeld verbleibenden Tat genügen, um von einem „Misserfolg" zu sprechen? Von der Funktion der Sanktionen her betrachtet, wäre es konsequent, in *jeder* erneuten Straftat einen Misserfolg zu sehen, unabhängig davon, ob die Tat offiziell bekannt wird oder nicht. Zweifelhaft ist indessen, ob eine Befragung des Täters zu seinem Legalverhalten nach der Sanktion zu hinreichend zuverlässigen Ergebnissen führen würde; angesichts der Konsequenzen, die dem Täter bei Bekanntwerden eines „Rückfalls" drohen, ist mit erheblichen Beschönigungstendenzen zu rechnen. Die empirische Forschung arbeitet deshalb meist mit Hellfelddaten und untersucht lediglich die offiziell bekannt gewordene Rückfallkriminalität.

58 Kritisch *Obergfell-Fuchs/Wulf* FS 2008, 231 ff.; vertiefend *Suhling*, in: Koop/Kappenberg 2009, 111 ff.; *Suhling*, in: Wischka/Pecher/van den Boogaart 2012, 162 ff.; *Suhling* FS 2016, 163 ff.

71 Die Basisraten des Rückfalls lassen sich einer vom Bundesjustizministerium veranlassten, nicht-amtlichen Auswertung des Bundeszentralregisters entnehmen, in das alle von den Gerichten ergangenen Verurteilungen eingetragen werden.[59] Ungeachtet rechtstechnischer Besonderheiten (vgl. §§ 3f. BZRG) lässt sich damit jede nach einer Verurteilung erfolgende, weitere Registereintragung als Beleg für eine Rückfalltat interpretieren. In der in mittlerweile drei Erhebungswellen durchgeführten Rückfallstatistik wird angegeben, welcher Prozentsatz derjenigen Personen, die in den Bezugsjahren 2004, 2007 und 2010 zu einer Geld- oder Bewährungsstrafe verurteilt oder aus dem Strafvollzug entlassen wurden, innerhalb von 3 Jahren in dem Sinne rückfällig wurde, dass es zu einer weiteren Eintragung kam. Unabhängig von der konkreten Sanktion kann man sagen, dass innerhalb von 3 Jahren etwa ein Drittel aller Verurteilten einen weiteren Eintrag erhält, also rückfällig wird. Tab. 9.3 gibt auf dieser Grundlage an, wie sich die Basisraten des Rückfalls bei den einzelnen Sanktionsarten verteilen. Verallgemeinernd lässt sich feststellen, dass die Rückfallraten umso höher ausfallen, je schwerer die verhängte Strafe ist.

Tab. 9.3: Rückfallraten nach unterschiedlichen Sanktionsformen

	2004	2007	2010
Geldstrafe	27,8	28,9	30,1
Freiheitsstrafe mit Bewährung	38,1	38,8	39,4
Ohne Bewährungshilfe	32,3	31,7	30,5
Mit Bewährungshilfe	50,4	50,5	49,3
Freiheitsstrafe ohne Bewährung	48,1	46,2	44,9

Quelle: *Jehle u. a.* 2010, 54, 78; 2013, 48, 73; 2016, 56, 74.

72 Die zweite Gruppe von Problemen betrifft die Frage der Nachweisbarkeit der **Kausalität der Sanktion** für den gemessenen Erfolg, also die Frage, ob und inwieweit man ein zeitlich nach der Verhängung einer Sanktion beobachtbares Verhalten (zB die Legalbewährung) kausal als Wirkung *gerade der verhängten Sanktion* interpretieren kann. Eine Kausalbeziehung kann empirisch grundsätzlich nur mit einer experimentellen Untersuchungsanordnung nachgewiesen werden, was die Veränderbarkeit der unabhängigen (Sanktionsart) und die Kontrollierbarkeit der Moderatorvariablen (zB Alter, Geschlecht, Vorstrafenbelastung) voraussetzt (→ § 4 Rn. 18ff.). Zu den Moderatorvariablen gehört dabei auch der soziale Empfangsraum, in den ein Täter nach Verbüßung einer freiheitsentziehenden Sanktion entlassen wird (zB Wiedereingliederung in den Arbeitsprozess, Auf-

59 *Jehle u. a.* 2010; 2013; 2016; vertiefend im Hinblick auf den Strafvollzug *Hohmann-Fricke/Jehle* FS 2017, 116ff.

nahme partnerschaftlicher Beziehungen). In der Praxis sind die Moderatorvariablen aus rechtlichen und ethischen Gründen nur schwer und die unabhängigen Variablen (also die Art und Schwere der Sanktion) fast gar nicht zu kontrollieren; die Strafzumessung darf sich allein an rechtlichen Erwägungen orientieren. Methodisch gesehen muss die empirische Sanktionsforschung deshalb in der Regel auf versuchs*ähnliche* Untersuchungsanordnungen (Quasi-Experimente und ex-post-facto-Anordnungen; → § 4 Rn. 21 f.) zurückgreifen.

Als Wirkung gerade der verhängten Sanktion lässt sich die Legal- 73
bewährung auch bei einer experimentähnlichen Untersuchungsanordnung nur dann interpretieren, wenn die erzielten Resultate mit den Ergebnissen aus einer **Kontrollgruppe** verglichen werden können, in der die betreffende Sanktion *nicht* verhängt wurde. Die Bildung einer aussagekräftigen Kontrollgruppe bereitet in der Forschungspraxis meist erhebliche Schwierigkeiten. Da die Sanktionsverhängung und -bemessung im Rahmen der gesetzlichen Vorgaben stattfindet, die gesetzlichen Vorgaben aber auf genau festgelegte Umstände in der Tat oder der Person des Täters Bezug nehmen, werden die Ergebnisse einer Rückfallanalyse in der Untersuchungs- und der Kontrollgruppe nicht nur durch die Sanktion, sondern auch durch diese tat- und täterbezogenen Anknüpfungstatsachen geprägt.

Beispiel: In Tab. 9.3 lässt sich die Legalbewährung von Tätern, die eine zur Bewährung ausgesetzte Freiheitsstrafe erhalten haben, vergleichen mit der Legalbewährung von Tätern, die eine *nicht* zur Bewährung ausgesetzte Freiheitsstrafe erhalten haben. Während die Legalbewährung in der ersten Gruppe bei gut 60 % liegt (knapp 40 % der Verurteilten weisen innerhalb von 3 Jahren im Bundeszentralregister eine Folgeeintragung auf), beträgt sie in der zweiten Gruppe nur gut 50 %. In dem besseren Abschneiden der ersten Gruppe scheint sich eine bessere spezialpräventive Wirksamkeit der Aussetzungsentscheidung widerzuspiegeln. Dies kann, muss aber nicht richtig sein. Da eine Freiheitsstrafe nur dann zur Bewährung ausgesetzt werden darf, wenn das Gericht zu der Überzeugung gelangt, der Täter werde „künftig auch ohne die Einwirkung des Strafvollzugs keine Straftaten mehr begehen" (§ 56 I 1 StGB), besagt der Unterschied in den Legalbewährungsquoten lediglich, dass die Gerichte die Rückfallwahrscheinlichkeiten offenbar richtig eingeschätzt haben. Die Ergebnisse spiegeln möglicherweise nur den Selektionseffekt wider, der bereits im Gesetz angelegt ist. Ähnlich verhält es sich mit dem aus Tab. 9.3 ersichtlichen besseren Abschneiden derjenigen zu einer Bewährungsstrafe Verurteilten, die *nicht* der Bewährungshilfe unterstellt werden. Die Unterstellung erfolgt nur bei solchen Verurteilten, bei denen das Rückfallrisiko vom Gericht höher eingeschätzt wird und die Unterstellung deshalb angezeigt erscheint, um die verurteilte Person von weiteren Straftaten abzuhalten (§ 56d I StGB).

74 Da die methodischen Probleme auch bei Verwendung ausgefeilter Untersuchungsdesigns nur schwer „in den Griff" zu bekommen sind, bewegen sich Untersuchungen zur Wirksamkeit von Strafmaßnahmen häufig nur auf Plausibilitätsniveau. Methodisch bieten zwar **Metaanalysen** einen gewissen Ausweg aus dem Dilemma. Bei derartigen Metaanalysen werden die Ergebnisse einer Vielzahl von Primärstudien unter Berücksichtigung ihrer jeweiligen methodischen Anlage mit statistisch-quantitativen Mitteln neu ausgewertet (→ § 4 Rn. 45a). Soweit allerdings Primärstudien berücksichtigt werden, die mit einem methodisch unzulänglichen Design gearbeitet haben, gelangen auch Metaevaluationen nicht zu überlegenen Ergebnissen.

b) Empirische Befunde

75 Die Befunde der empirischen Forschung zur Spezialprävention lassen sich unter zwei Leitgedanken zusammenfassen. Zum einen haben zahlreiche Untersuchungen zu dem Ergebnis geführt, dass die verschiedenen vom Strafrecht zur Verfügung gestellten **Sanktionsformen** unter präventiven Gesichtspunkten in weiten Bereichen **austauschbar** sind.[60] Anders als es in der Kriminalpolitik gelegentlich vertreten wird, lässt sich empirisch nicht nachweisen, dass mit härteren Sanktionen in dem Sinne nachhaltiger auf Verurteilte eingewirkt werden kann, dass sie keine weiteren Straftaten begehen. Härtere Sanktionen senken die Rückfallwahrscheinlichkeit nicht, sondern führen bestenfalls zu denselben Rückfallquoten wie mildere Sanktionen.

76 Ansatzweise lässt sich dieser Befund bereits anhand von Tab. 9.3 nachvollziehen. Aus der Rückfallstatistik ergibt sich, dass die Rückfallquoten nach Freiheitsstrafe höher sind als nach Geldstrafe, und dass sie nach vollstreckter Freiheitsstrafe höher sind als nach zur Bewährung ausgesetzter Freiheitsstrafe. Wenn überhaupt, nimmt die Rückfallwahrscheinlichkeit also zu, je schwerer die Strafe ist. Direkt miteinander vergleichen lassen sich die Ergebnisse jedoch nicht, da die Freiheitsstrafe unter anderen Voraussetzungen verhängt wird als die Geldstrafe (→ Rn. 73); sie wird vor allem bei schwereren Taten ausgesprochen sowie dann, wenn das Gericht von einer hohen Rückfallgefahr ausgeht. Wenn man sich in methodisch anspruchsvolleren Untersuchungen darum bemüht, nur solche Fälle miteinander zu vergleichen, die mit Blick auf die wichtigsten Strafzumessungsfaktoren vergleichbar sind (zB wenn die Entlassungspraxis zweier unterschiedlich hart entscheidender Gerichte miteinander

60 *Streng*, in: Lösel/Bender/Jehle 2007, 66 ff.; *Meier* JZ 2010, 113 ff.; *Tetal*, in: Walsh u. a. 2018, 533 ff.

verglichen wird),[61] zeigt sich, dass die präventive Erfolgschance unterschiedlicher Sanktionsstrategien meist etwa gleich groß ist; härtere Entscheidungen führen nicht automatisch zu höheren, aber auch nicht zu geringeren Rückfallquoten. Kriminalitätstheoretisch ist das letztere Ergebnis auch plausibel, denn die negativen Folgen insbesondere des Strafvollzugs liegen etwa mit Blick auf die desintegrierenden Wirkungen des Freiheitsentzugs und die im Strafvollzug unvermeidbaren Kontakte zu anderen Straffälligen auf der Hand.

Weitere Untersuchungen zur Legalbewährung nach unterschiedlichen strafrechtlichen Sanktionen machen darüber hinaus deutlich, dass nicht nur die Auswirkungen der Strafhärte auf die Rückfallquote nur gering sind, sondern dass auch die Straf*schnelligkeit* kaum Auswirkungen auf die Rückfallquote hat. Entgegen der häufig geäußerten Ansicht, dass die Strafe der Tat „auf dem Fuße folgen" müsse, um wirksam zu sein (eine Formulierung aus den Richtlinien zu § 43 JGG), hat sich ein Zusammenhang zwischen der Dauer des Zeitraums bis zur Verurteilung und Rückfallwahrscheinlichkeit in der empirischen Forschung nicht bestätigen lassen.[62] Ein „kurzer Prozess" mag viele Vorteile haben, er mag bei den Verfahrensbeteiligten für schnelle Klarheit sorgen, er mag die Strafbedürfnisse der Allgemeinheit befriedigen und er mag als Ausprägung des Beschleunigungsgebots auch rechtlich gefordert sein. Für die Annahme aber, dass der „kurze Prozess" den Verurteilten besonders beeindruckt und ihn schon wegen der Schnelligkeit der Reaktion zu einer Änderung seines Verhaltens veranlasst, gibt es keine Belege. 77

Wenn nach den empirischen Befunden davon auszugehen ist, dass sich die Rückfallwahrscheinlichkeit vom Gericht mit der Art und Schwere der Sanktion nur in geringem Maß beeinflussen lässt, ergibt sich hieraus für den Umgang mit dem Verurteilten eine wichtige Konsequenz: Die richterliche Sanktionsentscheidung muss sich mit Blick auf die Spezialprävention strikt am **Verhältnismäßigkeitsgrundsatz** orientieren; bei zwei gleichermaßen in Betracht kommenden Sanktionsarten oder -quanten (zB bei der Zumessung der konkreten Strafschwere innerhalb des Schuldspielraums[63]) muss unter dem Gesichtspunkt der Spezialprävention die den Verurteilten weniger belastende Sanktion gewählt werden. Zwar darf das Gericht seine Entscheidung im Erwachsenenstrafrecht nicht nur am Strafzweck der 78

61 Vgl. bspw. *Hirtenlehner/Birkelbauer* NK 2008, 25 ff.
62 *Thomas* 2014, 67 ff.; *Bliesener/Thomas* ZJJ 2012, 382 ff.; *Verrel*, in: Hilgendorf/Rengier 2012, 521 ff.
63 Dazu genauer *Meier* 2019, 171 ff.

Spezialprävention ausrichten, sondern muss auch Aspekte der Generalprävention sowie den Gedanken des Schuldausgleichs berücksichtigen. Soweit es die Spezialprävention betrifft, lässt sich allerdings feststellen, dass milde Sanktionen spezialpräventiv jedenfalls nicht schlechter abschneiden und nicht zu höheren Rückfallrisiken führen als harte, namentlich stationäre Sanktionen. Bei prognostisch gleich einzustufenden Tätern begründen milde Sanktionen kein Sicherheitsrisiko für die Allgemeinheit.

79 Neben diesem ersten Befund der weitgehenden Gleichwirkung der Sanktionen hat die empirische Forschung zu einem zweiten Ergebnis geführt, das dem ersten Befund nur scheinbar widerspricht: Die Rückfallquote lässt sich zwar nicht durch die Sanktionsart und -schwere, wohl aber durch die konkrete Ausgestaltung der Sanktion in der Strafvollstreckung beeinflussen. **Individualisierende, ursachenbezogene Maßnahmen**, die an eine individuelle Risiko- und Bedarfsanalyse anknüpfen, führen präventiv zu **besseren Ergebnissen** als standardisierte Maßnahmen, die in keinem direkten Bezug zu den im Einzelfall feststellbaren Ursachen der Straffälligkeit stehen. Resozialisierungsbemühungen im Strafvollzug, aber auch ambulante Maßnahmen, die darauf abzielen, einen Verurteilten zu einem Leben ohne Straftaten zu befähigen und die dabei an die Besonderheiten des jeweiligen Einzelfalls anknüpfen, sind in der Vergangenheit vielfach positiv evaluiert worden und können deshalb mit einer gewissen Berechtigung als „erfolgreich" bezeichnet werden.[64]

80 Angestoßen durch kanadische Forschungen haben viele, auch in Deutschland durchgeführte Untersuchungen zu dem Befund geführt, dass sich eine signifikante Absenkung der Rückfallquote dann feststellen lässt, wenn bei der Anwendung einer Maßnahme drei Prinzipien Rechnung getragen wird (**RNR-Prinzipien**): der unterschiedlichen Gefährlichkeit des Täters (risk), den unterschiedlichen Behandlungsbedürfnissen, die sich in den bisherigen Straftaten ausdrücken (need), und der unterschiedlichen Ansprechbarkeit der Täter auf einzelne Programme (responsivity).[65] Mit dem ersten Aspekt ist gemeint, dass sich die Interventionstiefe einer Maßnahme an der Gefährlichkeit orientieren soll; Verurteilte mit hoher Rückfallwahrscheinlichkeit müssen intensiver behandelt werden als Verurteilte, bei denen die Rückfallwahrscheinlichkeit nur gering ist. Bei den Behandlungsbedürfnissen, dem zweiten Aspekt, geht es um die Identifizierung der individuell unterschiedlichen Risi-

64 Vertiefend *Lösel* FPPK 2020, 35ff.; *Lösel/Bender* FS 2018, 48ff., 144ff.; *Wilson*, in: Weisburd/Farrington/Gill 2017, 193ff.

65 Grundlegend *Andrews et al* Criminology 28 (1990), 369ff.; *Bonta/Andrews* 2017, 175ff.; *Göbbels/Zimmermann* FPPK 2013, 12ff.

kofaktoren, aus denen sich das kriminelle Verhalten in der Vergangenheit entwickelt hat; dabei ist etwa an antisoziale Wahrnehmungs- und Gefühlsmuster, das Fehlen positiver sozialer Beziehungen oder an Substanzmittelabhängigkeiten zu denken. Der dritte Aspekt, die Ansprechbarkeit, nimmt darauf Bezug, dass eine Behandlungsmaßnahme von ihrer Methodik her geeignet sein muss, kriminalitätsbegünstigendes Täterverhalten zu beeinflussen (so haben sich in der Vergangenheit bspw. kognitiv-verhaltenstherapeutische Programme als wirksam erwiesen), und dass sie dem unterschiedlichen Lernvermögen der Verurteilten Rechnung tragen muss. Festzustellen ist allerdings, dass die RNR-Prinzipien in der Literatur z. T. nicht ganz unkritisch gesehen werden und dass es für die Straftäterbehandlung auch noch andere Ansätze gibt, die weniger auf die Risiken als auf die Stärken des Verurteilten abstellen (**Good Lives Model**).[66]

Auch wenn es immer wieder Untersuchungen gibt, die zu keinem übergroßen Optimismus Anlass geben, haben die jüngeren Forschungen gezeigt, dass die Befundlage keineswegs so eindeutig negativ ist, wie es in der Kriminologie lange Zeit vermutet und in den 1970er/80er Jahren unter dem resignierenden Stichwort „nothing works" diskutiert wurde.[67] Viel spricht für die Vermutung, dass die Erfolglosigkeit von Bemühungen um die Resozialisierung von Straftätern meist die Folge von Sanktions- und Behandlungsstrategien ist, die unabhängig von den Ursachen der Tat und den individuellen biografischen Entwicklungen des Täters primär den Schuldausgleich suchen und die individualisierende Einwirkung auf den Täter weitgehend vernachlässigen. Schon weiter oben (→ Rn. 69a) wurde darauf hingewiesen, dass sich präventive Effekte nicht „von selbst" einstellen, sondern vom Vorliegen bestimmter Voraussetzungen abhängig sind; zu denken ist insbesondere an die individuell unterschiedlich ausgeprägte Fähigkeit und Bereitschaft zur künftigen Normbefolgung. Die neueren empirischen Befunde bestätigen diese Sichtweise und geben Anlass zu der Annahme, dass Strafen auf der Ebene des Verurteilten dann wirksam sein können (ein Versprechen liegt hierin nicht), wenn mit differenzierenden Behandlungsstrategien gearbeitet wird, die die Deliktsart und die hierin zum Ausdruck gelangenden individuellen (Fehl-)Entwicklungen zum Ausgangspunkt ihrer Bemühungen machen. An die Stelle der früheren Einschätzung „nothing works" ist in jüngerer Zeit deshalb zu Recht eine positivere Sichtweise getreten. **81**

66 *Schmidt* BewHi 2019, 211 ff.
67 Grundlegend *Weisburd/Farrington/Gill* 2017; *dies.* CPP 2017, 415 ff.

2. Generalpräventionsforschung

a) Methodische Probleme

82 Auch die Erforschung der generalpräventiven, bei der Allgemeinheit eintretenden Wirkungen ist mit schwierigen methodischen Problemen konfrontiert. Auch insoweit stellt sich zunächst die Frage nach dem **Erfolgskriterium:** Anhand welcher Indikatoren soll gemessen werden, ob sich die Allgemeinheit in ihrem Verhalten von Strafe beeinflussen lässt? Einigkeit besteht hier darüber, dass allein das Legalverhalten von Interesse ist. Zur Ermittlung des Zusammenhangs zwischen Strafe und dem Legalverhalten der Allgemeinheit haben sich in der Forschungspraxis zwei Ansätze entwickelt: Zum einen wird auf offiziell ermittelte Kriminalitätsraten abgestellt (also zB auf die PKS), die mit den Verfolgungs- und Sanktionierungsstrategien verglichen werden, die sich ebenfalls aus den offiziellen Statistiken ergeben (also zB mit den Daten aus der StVS; sog. Aggregatdatenanalyse). Zum anderen wird mit Befragungsstudien gearbeitet, in denen auf der individuellen Ebene die Häufigkeit der Begehung von Straftaten mit subjektiven Annahmen der Befragten über die Wahrscheinlichkeit und Schwere von Strafen in Beziehung gesetzt wird. Beide Vorgehensweisen, die Analyse von Aggregatdaten auf der „Makroebene" und die Erhebung von Individualdaten auf der „Mikroebene", haben ihre methodischen Vor- und Nachteile (→ § 4 Rn. 2 ff.). In einer Metaanalyse von 700 Untersuchungen konnte gezeigt werden, dass sich das unterschiedliche Design auch auf die Ergebnisse auswirkt: In Untersuchungen auf der Aggregatdatenebene werden häufiger generalpräventive Effekte ermittelt als in Untersuchungen, die mit Individualdaten arbeiten.[68] Die Analysen auf der „Makroebene" sind allerdings größeren methodischen Einwänden ausgesetzt, weil Moderatorvariablen hier nur unzureichend berücksichtigt werden können.

82a Das zweite methodische Problem besteht auch in der Generalpräventionsforschung beim **Kausalitätsnachweis,** also bei der Prüfung, ob zwischen einer bestimmten Sanktionsstrategie und dem Legalverhalten der Allgemeinheit der von der Straftheorie postulierte Zusammenhang festgestellt werden kann. Im Grundsatz gilt auch hier, dass sich die Kausalität nur mit Hilfe von Experimenten nachweisen lässt.

68 *Dölling et al.* EurJCrimPolicyRes 2009, 204 ff.; *Spirgath* 2013, 192 ff.

Experimentelle Untersuchungsanordnungen mit Kontrollgruppendesign sind hier indes noch seltener möglich als bei der Erforschung von spezialpräventiven Behandlungseffekten, so dass auch in der Generalpräventionsforschung meist auf Quasi-Experimente und ex post facto-Anordnungen zurückgegriffen wird (→ § 4 Rn. 21 f.). Eine herausgehobene Rolle nehmen Quasi-Experimente ein, bei denen die Implementation neuer Verfolgungs- und Sanktionierungsstrategien durch Vorher-/Nachher-Messungen begleitet wird. Beispiele bilden Untersuchungen zur verhaltenssteuernden Wirkung neuer straf- oder bußgeldbewehrter Regelungen im Straßenverkehr, etwa zur Anlegung von Sicherheitsgurten oder zur Absenkung von Alkohol-Grenzwerten.[69] Hier ist allerdings zu berücksichtigen, dass die Implementation neuer Verfolgungs- und Sanktionierungsstrategien meist nur vorübergehend zu einer Verhaltensänderung führt. Anfängliche Abschreckungseffekte scheinen sich nach geraumer Zeit abzuschleifen.[70]

b) Empirische Befunde

Zentrale Erkenntnis der Generalpräventionsforschung ist, dass die 83
Verhängung und Vollstreckung von Strafe das Legalverhalten der Allgemeinheit nur in geringem Maß direkt beeinflusst. Unterscheidet man zwischen der Schwere, der Wahrscheinlichkeit und der Schnelligkeit, mit der Strafe verhängt bzw. von Befragten erwartet wird, gilt dies jedenfalls für die **Schwere der Strafe**. Entgegen der in der Kriminalpolitik häufig vertretenen Annahme, potentielle Straftäter ließen sich vor allem durch harte Strafen von der Tatbegehung abhalten, hat die empirische Forschung hierfür nur wenige Belege erbracht. Eine deutlich größere Bedeutung als der Strafschwere kommt nach den empirischen Befunden der **Entdeckungs- bzw. Bestrafungswahrscheinlichkeit** zu: Je größer das Risiko eingeschätzt wird, für das Handeln zur Verantwortung gezogen, also bestraft zu werden, desto eher wird von der Begehung von Straftaten Abstand genommen.[71] Die **Schnelligkeit** als dritte denkbare Einflussgröße ist in ihren Auswirkungen auf das Legalverhalten der Allgemeinheit dem-

69 Übersicht bei *Killias/Kuhn/Aebi* 2011, 395 ff.; Beispiel bei *Killias* EurJCrim 2009, 387 ff.

70 *Nagin* Crime and Justice 23 (1998), 8 ff.; *Spirgath* 2013, 216 f.

71 *Dölling et al.* EurJCrimPolicyRes 2009, 209 ff., 216; einschränkend *Killias/Kuhn/Aebi* 2011, 386 (nicht-linearer Zusammenhang).

gegenüber bislang nur unzureichend untersucht;[72] die Forschung konzentriert sich auf die Strafhärte und Entdeckungs- bwz. Bestrafungswahrscheinlichkeit.

83a Dass es nicht die Strafhärte ist, die potentielle Straftäter dazu veranlasst sich rechtstreu zu verhalten, lässt sich am Extremfall einer harten Strafe, der **Todesstrafe,** verdeutlichen. Schon in den ersten Untersuchungen, die zur Abschreckungswirkung der Todesstrafe in den USA durchgeführt wurden, zeigte sich, dass die Todesstrafe keinen Einfluss auf die Rate der Tötungsdelikte hat, für die sie angedroht wird.[73] Eine neuere Metaanalyse, in der 82 Studien qualitativ ausgewertet wurden, führt zu demselben Ergebnis: Berücksichtigt man die methodologischen Anlagen der Untersuchungen und die (oft fehlende) Sensibilität der Autoren bei der Dateninterpretation, ist die Abschreckungswirkung der Todesstrafe nicht belegt.[74]

84 Der Umstand, dass nach den empirischen Befunden nicht die Strafhärte, wohl aber die vermutete Entdeckungs- bzw. Bestrafungswahrscheinlichkeit für die Verhaltenssteuerung bedeutsam ist, deutet, jedenfalls soweit es die Entdeckungswahrscheinlichkeit betrifft, auf eine **indirekte Wirkung** der Strafe hin. Wenn die Entdeckung gefürchtet wird, werden die Unannehmlichkeiten und Nachteile gefürchtet, die mit dem auf die Entdeckung folgenden Verfahren verbunden sind: die Ermittlungshandlungen der Polizei, die den Verdacht öffentlich (für die Familie, die Freunde, die Verwandten sichtbar) machen und den Beschuldigten möglicherweise zum Gegenstand des Geredes und Gespötts werden lassen; der Freiheitsverlust schon weit vor dem Urteil (Festnahme, ggf. Untersuchungshaft), der dazu führt, dass die Partnerschaft und der Kontakt zur Familie gefährdet werden, dass der Arbeitsplatz in Gefahr gerät und damit die wirtschaftliche Existenzgrundlage gefährdet wird. Diese eher informellen, sozialen Wirkungen beziehen ihre abschreckende Kraft nicht ausschließbar gerade daraus, dass im Hintergrund das Stigma der Strafe und die Macht des drohenden staatlichen Eingriffs stehen; die zu erwartende staatliche Reaktion bietet auch für das soziale Umfeld den Orientierungspunkt für die eigene, informelle Reaktion. Dass die eigentliche Strafe, auch die harte Strafe, im Vergleich zu den anderen bei einer Entdeckung drohenden Nachteilen eine geringere Bedeutung hat, macht dabei noch einmal deutlich, dass die (eingeschränkte) Wirkung des Strafrechts immer nur im Zusammenhang

72 Vgl. hierzu *Killias/Kuhn/Aebi* 2011, 379.
73 *Sellin* 1959, 19ff.
74 *Folter* 2013, 326.

mit den anderen Mechanismen und Prozessen verständlich wird, die auf die Beeinflussung und Veränderung des Verhaltens abzielen und die in ihrer Gesamtheit unter dem Begriff der Sozialkontrolle zusammengefasst werden (→ Rn. 5, 69a, 81).

Kriminalpolitisch ist es vor diesem Hintergrund nur konsequent, die generalpräventive Wirkung nicht – wie im politischen Raum meist üblich – über die Verschärfung der Strafdrohung, sondern über die **Erhöhung des Entdeckungsrisikos** zu erzeugen bzw. zu effektivieren. Hierfür kann einerseits über eine bessere Ausstattung des Polizeiapparats und andererseits über die Einführung gesetzlicher Meldepflichten an die Strafverfolgungsbehörden nachgedacht werden. Der letztgenannte Weg ist in der jüngeren Zeit bspw. gewählt worden, um wirksamer gegen Rechtsextremismus und Hasskriminalität im Netz vorgehen zu können (§ 3a NetzDG).[75] Allein mit der Erhöhung des Entdeckungsrisikos lassen sich allerdings keine nachhaltigen präventiven Erfolge erzielen. Um glaubhaft zu sein, muss sich an die Aufdeckung und Öffentlichmachung des Sachverhalts auch ein Strafverfahren anschließen, von dem Nachteile erwartet werden. Bluff mit Strafe, so das Diktum des Schweizer Kriminologen *Killias*, wirkt auf die Dauer nicht.[76] 85

Auch bei den generalpräventiven Wirkungen müssen im Übrigen die **Randbedingungen** berücksichtigt werden, unter denen die strafrechtlichen Sanktionen ihre Abschreckungswirkung entfalten. Ebenso wie in der Behandlungsforschung (→ Rn. 79 f.) ist es in der Abschreckungsforschung kurzschlüssig anzunehmen, dass die strafrechtlichen Sanktionen bei allen Sanktionsadressaten in der gleichen Weise wirken; hier wie dort liegt es vielmehr nahe, dass bestimmte Adressaten aufgrund ihrer Sozialisation und Entwicklung für die Sanktionswirkungen **empfänglicher** sind als andere.[77] Personen, die ohnehin entschlossen sind, die Rechtsnormen und die dahinter stehenden Wertentscheidungen zu achten (zB weil sie entsprechend erzogen worden sind), sind hierzu meist völlig unabhängig von der Strafe bereit, wie es umgekehrt auch Personen geben kann, die zB infolge von Gewohnheiten oder besonderer (bspw. politischer) Überzeugungen entschlossen sind, völlig unabhängig von drohender Strafe rechtswidrig zu handeln. Eine Abschreckungswirkung kann die Strafe nur innerhalb dieses durch die moralische Bewertung vorstrukturierten Rahmens entfalten, ein Aspekt, dem auch von der gegen- 86

75 BT-Drs. 19/17741, 41 ff.
76 *Killias/Kuhn/Aebi* 2011, 393.
77 Zum Konzept der individuellen Abschreckungsfähigkeit *Jacobs* Criminology 48 (2010), 420 ff.

wärtig breit diskutierten Situational Action Theory (→ § 3 Rn. 125ff.) Bedeutung beigemessen wird.

87 Schon früh wurde festgestellt, dass zwischen der moralischen Bewertung von Normen, den formellen Sanktionen des Strafrechts und der Bereitschaft zur Begehung von Straftaten ein Zusammenhang besteht. *H.-J. Albrecht* wies schon 1980 darauf hin, dass die Perzeption des Bestrafungsrisikos die Bereitschaft zur Begehung von Straftaten vor allem bei solchen Personen beeinflusst, die nur über eine schwache Normbindung verfügen.[78] Das Verhalten im strafrechtlich geschützten Normbereich schien ihm deshalb eine Funktion des Zusammenwirkens von Mechanismen der internen und der externen Kontrolle zu sein, wobei die externe Kontrolle von der Abschreckungswirkung der Sanktionen ausging, während die interne Kontrolle die Konsequenz der Bindung an bestimmte Wertvorstellungen war. In einer anderen Untersuchung wurde derartigen Überlegungen mit Blick auf das Konzept der Selbstkontrolle im Sinne von *Gottfredson/Hirschi* (→ § 3 Rn. 84ff.) nachgegangen. Die Untersuchung zeigte, dass der Abschreckungseffekt, der vom Entdeckungsrisiko ausgeht, bei denjenigen Befragten am größten ist, die nur über ein geringes Maß an Selbstkontrolle verfügen. Bei Personen, deren Fähigkeit zur Selbstkontrolle stark ausgeprägt war, zeigte sich demgegenüber kein Einfluss der Strafvariablen auf die selbstberichtete Kriminalität.[79]

88 Bei der Spezifikation der Randbedingungen, unter denen das Strafrecht seine generalpräventiven Wirkungen entfaltet, ist jedoch nicht nur auf die spezifische Empfänglichkeit der Sanktionsadressaten abzustellen. Eine nicht unwesentliche Rolle spielt auch die **Schwere der Taten**, um deren Prävention es geht. In etlichen Untersuchungen hat sich gezeigt, dass die Abschreckungswirkung der Sanktionen bei leichten Delikten größer ist als bei schweren. Zwar werden in den meisten Befragungsstudien ausschließlich Delikte thematisiert, die dem Bagatellbereich der Kriminalität zuzuordnen sind und sich unter dem Gesichtspunkt der Tatschwere kaum in eine Rangordnung bringen lassen; zu denken ist etwa an Ladendiebstahl, Beförderungserschleichung, Drogengebrauch oder Trunkenheit im Straßenverkehr. Soweit jedoch eine Skalierung möglich ist (zB indem nach dem Wert entwendeter Gegenstände unterschieden wird), zeigt sich, dass die Abschreckungswirkung der formellen Sanktionen mit zunehmender Tatschwere abnimmt; je schwerer das Delikt ist, desto größer ist der Einfluss, der für die Strafnormakzeptanz oder ein anderes Maß für

78 *H.-J. Albrecht*, in: Forschungsgruppe Kriminologie 1980, 318ff.
79 *Wright et al.* JResCrim 2004, 180ff.; vgl. auch *Hirtenlehner/Meško* EurJCrim 2019, 689ff.

die innere Kontrolle ermittelt wird.[80] Dieser Befund ist insofern plausibel als er die bis in das Mittelalter zurückreichende Unterscheidung in „delicta mala per se" und „delicta mala quia prohibita" widerspiegelt, die gerade darauf abstellte, dass sich bestimmte Delikte der moralischen Bewertung entziehen und die Normbefolgung nur über die Sanktionsdrohung erzwungen werden kann (→ § 1 Rn. 16).

Auch wenn man davon ausgeht, dass Strafe nicht schlechthin ab- 89
schreckend wirkt, sondern nur unter bestimmten, individuell und sachlich genauer zu spezifizierenden Voraussetzungen, ergibt sich hieraus keineswegs, dass auf Strafe verzichtet werden kann. Vielmehr ist es auch beim gegenwärtigen, eingeschränkten Erkenntnisstand durchaus **sinnvoll**, auf Normverletzungen **mit Strafe zu reagieren.** Selbst wenn sich die Allgemeinheit hierdurch nicht in ihrer Gesamtheit beeinflussen lässt, scheint die Strafe unter bestimmten Bedingungen jedenfalls bei einzelnen Teilen der Allgemeinheit wirksam zu sein. Und auch bei denjenigen Teilen, bei denen augenscheinlich eher eine „innere Kontrolle" wirkt, ist nach der Theorie der positiven Generalprävention nicht auszuschließen, dass das Strafrecht hier indirekt und langfristig wirkt, indem es diese inneren Mechanismen stärkt und stabilisiert. Als Ganzes stellt sich das Strafjustizsystem nach den empirischen Befunden als eine generalpräventiv wirksame und für die Verhaltenskontrolle sinnvolle Einrichtung dar.

Bei dieser Einordnung darf die **präventive Wirksamkeit** des Straf- 90
rechts jedoch **keinesfalls überschätzt** werden. Aus den empirischen Befunden lässt sich gleichzeitig die Schlussfolgerung ziehen, dass es aus kriminologischer Sicht *nicht* notwendig ist, auf Normverletzungen mit Härte zu reagieren. Die Abschreckungswirkung der Strafschwere nimmt nach den vorliegenden Befunden *nicht* mit der Härte der erwarteten Sanktion linear zu; härtere Strafen führen in der Allgemeinheit *nicht* notwendig zu größerer Normbefolgung. Oberhalb eines bestimmten, individuell unterschiedlichen Schwellenwerts scheint die Strafschwere ihre Bedeutung als ernstzunehmender Parameter für die individuelle Kosten/Nutzen-Entscheidung zu verlieren. Für die Entscheidung, eine Straftat zu begehen, ist es augenscheinlich irrelevant, ob für die Tat eine hohe (zB 8 oder 10 Jahre) oder eine noch höhere (12 oder 15 Jahre) Strafe angedroht wird; der zusätzliche

80 *Dölling/Hermann,* in: H.-J. Albrecht/Entorf 2003, 157 ff.; differenzierend und weniger eindeutig dagegen *Spirgath* 2013, 227 ff.

Abschreckungs-"gewinn" nähert sich Null.[81] Auch mit Blick auf die Generalprävention gilt deshalb, dass sich die richterliche Sanktionsentscheidung strikt am Verhältnismäßigkeitsgrundsatz orientieren und das Gericht im Zweifel die den Verurteilten weniger belastende Sanktion wählen muss (so schon → Rn. 78).

91 Die bislang vorliegenden Befunde mahnen nach alledem zu **Vorsicht und Zurückhaltung** im Umgang mit kriminalpolitischen Argumentationsfiguren, die die Notwendigkeit von Strafe generalpräventiv begründen. Ihre generalpräventive Kraft entfalten die staatlichen Sanktionen nicht isoliert, sondern erst im Kontext der Gesamtheit aller psycho-sozialen Prozesse, die das individuelle Verhalten im strafrechtlich geschützten Normbereich beeinflussen (→ § 6 Rn. 66).

VI. Zusammenfassung und Schlussfolgerungen

92 Die strafrechtliche Sozialkontrolle erweist sich als ein komplexes System von unterschiedlichen Instrumenten, Mechanismen und Prozessen, mit dem auf die Begehung von Straftaten reagiert wird. Die Eingriffsvoraussetzungen ebenso wie die Verfahrensabläufe und die Sanktionsmöglichkeiten sind rechtlich normiert und folgen bestimmten, von der Strafrechtstheorie entwickelten Leitvorstellungen. Dennoch bestehen breite Handlungsspielräume, die von der Praxis nach eigenen, pragmatischen Kriterien ausgefüllt werden. Die Tätigkeit der strafrechtlichen Kontrollorgane mündet dementsprechend in der Regel nicht in die Verhängung und Vollstreckung der im Gesetz angedrohten Strafe; vielmehr kennt und nutzt die Praxis in großem Maß auch andere Möglichkeiten des Umgangs mit dem bekannt gewordenen Tatverdacht. Die strafrechtliche Sozialkontrolle verwirklicht sich über einen Prozess der Selektion und differentiellen Reaktion. Ein Fall bleibt typischerweise nur dann im System „hängen" und wird von den einzelnen Kontrollinstanzen bis zur Verurteilung und Vollstreckung hin „durchgereicht", wenn dies im Hinblick auf die Schwere des Delikts und/oder die Vorbelastung des Beschuldigten zum Zweck des präventiven Rechtsgüterschutzes notwendig erscheint. Ob dabei die von der Strafrechtstheorie erwarteten Wirkungen eintreten, kann derzeit nur ansatzweise beurteilt werden. Die em-

81 *Vilsmeier* MschrKrim 73 (1990), 273 ff.; zur nicht-linearen Abschreckungswirkung vgl. auch *Killias/Kuhn/Aebi* 2011, 382 ff.

pirischen Befunde geben Anlass zu Skepsis und Zurückhaltung gegenüber zu großen Versprechungen, ohne dass hieraus jedoch umgekehrt gefolgert werden dürfte, dass die spezifisch strafrechtlichen Mechanismen und Strategien der Sozialkontrolle deshalb bedeutungslos wären.

Was folgt aus den dargestellten Befunden für die rechtspolitische 93
Gestaltung des strafrechtlichen Kontrollsystems? Auch wenn derzeit keine Anhaltspunkte dafür bestehen, dass es Formen des Umgangs mit sozialschädlichem Verhalten gibt, die den Schutz der bedrohten Werte und Interessen im Zweifel besser und effektiver verwirklichen können als das Strafrecht, darf die Frage nach den **Alternativen zum Strafrecht** nicht aus den Augen verloren werden. Die Überlegungen können hier nur angerissen werden. Wenn man sich vergegenwärtigt, dass im Kernbereich der Kriminalität die meisten Strafverfahren durch eine Anzeige des Tatopfers in Gang gesetzt werden, erscheint es als Alternative zum Strafverfahren sinnvoll, die innerhalb und außerhalb des Strafjustizsystems angesiedelten Möglichkeiten der Konfliktschlichtung zu stärken. Soweit Strafverfahren eingeleitet worden sind, stellt die Förderung der unter dem Dach des Strafrechts stattfindenden autonomen Möglichkeiten zur Konfliktschlichtung und Wiedergutmachung eine wichtige, auch künftig noch weiter auszubauende Alternative zu den herkömmlichen Sanktionierungsstrategien dar. Insbesondere der Täter-Opfer-Ausgleich steht für einen Umgang mit den Folgen der Tat, der die Schwierigkeiten vermeidet, die sich aus der skizzierten, weitgehend ungeklärten und wohl eher nur geringen präventiven Effizienz der strafrechtlichen Sanktionen für die Legitimation des strafrechtlichen Eingriffs ergeben. Der Täter-Opfer-Ausgleich muss freilich professionell von einer unabhängigen Stelle durchgeführt werden und darf nicht durch verfahrensinterne Interessen und Absprachen überlagert werden.

Bei alledem darf man die Augen nicht vor der *tatsächlich* stattfind- 94
enden Entwicklung verschließen. Im strafrechtlichen Kontrollsystem findet seit geraumer Zeit eine Entwicklung statt, die gerade in die *entgegen*gesetzte Richtung weist. In der praktischen Kriminalpolitik geht es **gegenwärtig** weniger um die Suche nach Alternativen zum Strafrecht als vielmehr um die **Ausdehnung und Verschärfung** der strafrechtlichen Sozialkontrolle. Eingriffstatbestände werden vermehrt und ausgeweitet, die Möglichkeiten zur Aufklärung von Sachverhalten ausgebaut und die Sanktionierungsinstrumente perfektioniert, kurz: Zu beobachten ist nicht die Einschränkung der

formellen Sozialkontrolle auf das unabdingbar Erforderliche („ultima ratio“ – Funktion des Strafrechts), sondern umgekehrt die Expansion und Hinentwicklung zu einem System, in dem sich die Grenzen zu einem allgemeinen Gefahrenabwehrrecht zunehmend verwischen. Immer wieder finden Veränderungen statt, die als „Effektivierung“ des Strafrechtssystems legitimiert werden, in der Sache aber vor allem dem Ziel dienen, punitive, auf mehr Repression und Verschärfung drängende kriminalpolitische Strömungen aufzugreifen und zu befriedigen, um auf diesem Weg politische „Handlungsfähigkeit“ zu demonstrieren.[82] Die Kriminologie muss sich diesen Veränderungen stellen und auch insoweit kritisch fragen, welche beabsichtigten und unbeabsichtigten Konsequenzen sich hieraus für das Sozialverhalten im strafrechtlich geschützten Normbereich ergeben.

Empfehlungen zur vertiefenden Lektüre: *Dölling u. a.*, Is Deterrence Effective? Results of a Meta-Analysis of Punishment, EurJCrimPolicyRes 19 (2009), 201–224; *Enzmann*, Anzeigeverhalten und polizeiliche Registrierungspraxis, in: Guzy/Birkel/Mischkowitz 2015, 511–541; *Heinz*, Was ist Strafe? Eine empirische Annäherung, in: Müller-Dietz u. a. 2007, 273–297; *Kölbel*, Die dunkle Seite des Strafrechts, NK 2019, 249–268; *Lösel*, Entwicklungspfade der Straftäterbehandlung: skizzierte Wege und Evaluation der Zielerreichung, FPPK 2020, 35–49.

82 Hierzu vertiefend *Heinz* NK 2011, 14 ff.; *ders.*, in: Kühl/Seher 2011, 435 ff.; *Kury*, in: Boers 2012, 227 ff.; *ders.*, in: Kuhn u. a. 2013, 247 ff.

§ 10. Kriminalprävention

I. Begriff und Bedeutung der Kriminalprävention

Als „Kriminalprävention“ bezeichnet man die Gesamtheit aller privaten und staatlichen Bemühungen, die auf die Verhinderung von Straftaten abzielen (Verbrechensvorbeugung, crime prevention). Inhaltlich weist der Begriff Überschneidungen mit dem Begriff der strafrechtlichen Sozialkontrolle auf, denn auch diese ist darauf ausgerichtet, einen Beitrag zur Prävention zu leisten (→ § 9 Rn. 13 ff.). Dennoch bestehen Unterschiede: Während das Konzept der Sozialkontrolle die Fragen der Einflussnahme und Verhaltenssteuerung thematisiert (→ § 9 Rn. 1 ff.), stellt das Konzept der Kriminalprävention das *Ziel* dieser Steuerung in den Mittelpunkt: die **Verhinderung von Straftaten.** Sachlich ist das Konzept der Kriminalprävention damit breiter angelegt als das der strafrechtlichen Sozialkontrolle: Straftaten können nicht nur mit den strafrechtlichen Instrumenten, sondern auch auf anderen Wegen (etwa durch technische Maßnahmen) verhindert werden; die strafrechtliche Sozialkontrolle bildet nur einen *Ausschnitt* aus der übergreifenden Gesamtheit aller Bemühungen um die Verhinderung von Straftaten. 1

Da sich die theoretisch vergleichsweise klaren Unterschiede praktisch nur schwer voneinander trennen lassen, findet sich im kriminologischen Sprachgebrauch gelegentlich ein etwas engeres, die Unterschiede deutlicher hervorhebendes Verständnis: Mit dem Begriff der (strafrechtlichen) Sozialkontrolle werden die reaktiven, *post*deliktischen Formen der Einwirkung auf den Täter bezeichnet, mit dem der Kriminalprävention hingegen die aktiven, prädeliktischen, auf die *Verhinderung* der Tatbegehung abzielenden Maßnahmen. Gleichwohl ist das weitere Begriffsverständnis vorzuziehen, da die prä- und die postdeliktischen Formen der Prävention nicht selten eng miteinander verknüpft sind. Kaum irgendwo zeigt sich dies deutlicher als in der Institution der Polizei, die sowohl präventiv, nämlich auf der Grundlage des Gefahrenabwehrrechts, als auch reaktiv (repressiv), auf der Grundlage des Strafprozessrechts, mit der „Bekämpfung“ von Straftaten befasst ist. 2

Kriminalprävention ist in Deutschland erst in den 1990er Jahren zu einem breit diskutierten Thema geworden. Bis in diese Zeit hinein wurde die Prävention allein als Aufgabe der strafrechtlichen Kon- 3 trollorgane gesehen. Für die Erweiterung des Blickfelds um die aktive, prädeliktische Prävention, die zudem auch die *nicht*staatlichen Maßnahmen mit einbezieht, waren unterschiedliche Gründe maßgebend.

4 Zum Teil wirkte die in den 1970er und 1980er Jahren verbreitete Skepsis gegenüber der präventiven Effektivität der strafrechtlichen Sanktionen („nothing works"-Debatte) nach (→ § 9 Rn. 81): Wenn die Möglichkeiten zur Verhaltensbeeinflussung durch Strafe begrenzt waren, musste nach anderen Ansatzpunkten für die Verhinderung von Straffälligkeit gesucht werden. Aber auch die gewachsene Sensibilität für das Opferleid spielte eine wichtige Rolle: Je stärker das Opfer in das Zentrum der kriminalpolitischen Aufmerksamkeit rückte, desto brennender stellte sich die Frage, wie verhindert werden konnte, dass es überhaupt zu Viktimisierungsprozessen kam (→ § 8 Rn. 58). Die wichtigste Triebfeder ergab sich indes aus dem in den 1990er Jahren gewachsenen Bewusstsein für die durch Kriminalität verursachten gesamtgesellschaftlichen Kosten: Schon rein ökonomische Kosten-Nutzen-Überlegungen legten es nahe, nach Lösungen zur Verhinderung von Rechtsgutsbeeinträchtigungen zu suchen, die effektiver und kostengünstiger waren als der Einsatz der strafrechtlichen Instrumente.

5 Obwohl das breite Interesse an der Kriminalprävention für eine vergleichsweise junge Entwicklung steht, hat die Frage nach der Prävention in der Kriminologie seit jeher eine wichtige Rolle gespielt. Nicht nur die von kriminologischer Seite maßgeblich geförderten relativen Straftheorien (→ § 9 Rn. 16 ff.), sondern auch die Kriminalitätstheorien (→ § 3 Rn. 1 ff.) haben stets im Blick gehabt, welche Konsequenzen sich aus ihren jeweiligen Aussagen für die Prävention ableiten lassen. Deutlich wird die präventive Perspektive bereits bei *Beccaria* (→ § 2 Rn. 4), der schon 1764 in seiner Streitschrift feststellte: „Besser ist es, den Verbrechen vorzubeugen als sie zu bestrafen."[1]

6 Auch wenn an der Kriminalprävention heute ein breites Interesse von Staat und Gesellschaft besteht und die Anfänge der Diskussion weit zurück reichen, ist eine eigenständige „Theorie der Kriminalprävention" bislang nicht entwickelt worden. Das Konzept der Kriminalprävention liefert kaum mehr als einen **heuristischen Bezugsrahmen** für alle möglichen Ansatzpunkte, Handlungsfelder und Institutionen, deren gemeinsames Ziel die Verhütung von Straftaten ist. „Kriminalprävention" steht für ein in erster Linie kriminalpolitisch motiviertes, pragmatisches Konzept, das sich nur an einzelnen

1 *Beccaria* 1988 (1764), 167.

Stellen auf theoretische Vertiefungen gründet. Das seit den 1990er Jahren gewachsene Interesse an der Kriminalprävention kennzeichnet damit eine Entwicklung, die nicht die Grundlagenfragen, sondern den Anwendungsbezug der kriminologischen Erkenntnisse in den Vordergrund stellt (→ § 1 Rn. 31 ff.). Hieran ist nichts zu kritisieren, solange sich auch die Kriminalprävention den empirisch-methodischen Erfordernissen der Evaluation stellt und zur Korrektur etwaiger Fehlvorstellungen bereit ist.

II. Ansatzpunkte und Wirkungsebenen der Prävention

1. Kriminalitätstheoretische Anknüpfungspunkte

Selbst wenn die Idee der Kriminalprävention über kein ausgearbeitetes theoretisches Fundament verfügt, lassen sich in der Praxis doch grob zwei Ansatzpunkte für kriminalpräventives Handeln unterscheiden: Zum einen werden Verhaltensprobleme und Kriminalität als Ergebnis von Entwicklungsprozessen gedeutet, in die durch geeignete Maßnahmen eingegriffen werden kann (**entwicklungsbezogene Kriminalprävention;** developmental crime prevention). Im Hintergrund dieses Ansatzes stehen die entwicklungskriminologischen Annahmen über die bio-psycho-sozialen Hintergründe von Straftaten (→ § 3 Rn. 102 ff.). Grundgedanke ist es, in solche prädeliktischen (Fehl-) Entwicklungen, Verstärkerkreisläufe oder Interaktionsprozesse einzugreifen, von denen nach den kriminologischen Befunden anzunehmen ist, dass sie kriminelles Handeln begünstigen. Die Bemühungen gehen dahin, diese kriminologisch relevanten Zusammenhänge zu durchbrechen, (Fehl-) Entwicklungen zu stoppen und neue, individuelle Kompetenzen und Ressourcen stärkende Entwicklungslinien anzustoßen.[2] 7

Beispiel: Wenn nach den empirischen Befunden davon auszugehen ist, dass die Grundlagen für spätere (Fehl-) Entwicklungen häufig schon in sehr jungen Jahren gelegt werden (→ § 6 Rn. 33 ff.), ist es aus präventiver Sicht naheliegend, auf diese Phase besonderes Augenmerk zu legen und schon hier durch geeignete (Gegen-) Maßnahmen gegenzusteuern. Exemplarisch für dieses Vor- 8

---

2 *Lösel* FPPK 2012, 71 ff.; *Beelmann* FPPK 2012, 85 ff.; *ders.*, in: Bliesener/Lösel/Köhnken 2014, 106 ff.; *Tremblay/Craig* Crime and Justice 19 (1995), 151 ff.

gehen ist ein in der Kriminologie wegen seiner erwartungswidrigen Ergebnisse viel diskutiertes Projekt, das von 1939 bis 1945 in zwei Bostoner Vorstädten durchgeführt und unter dem Namen „Cambridge Somerville Youth Study" bekannt wurde. 325 delinquenzgefährdete Jungen im Alter zwischen 5 und 13 Jahren und ihre Familien erhielten über einen Zeitraum von 5 Jahren intensive Einzelfallunterstützung und Beratung bei der Bewältigung von familiären und schulischen Problemen. Eine Evaluation des Projekts konnte zwar keine positiven Auswirkungen auf die Kriminalitätshäufigkeit in späteren Jahren belegen;[3] spätere Evaluationen anderer, vergleichbarer Projekte der Frühprävention erzielten jedoch deutlich positivere Ergebnisse.[4]

9 Die entwicklungsbezogene Kriminalprävention ist nicht auf Interventionen im Kindes- und Jugendalter beschränkt, sondern erfasst auch spätere Entwicklungsphasen, etwa Maßnahmen, die während der Vollstreckung strafrechtlicher Sanktionen ergriffen werden, um die Lebensführung eines Verurteilten zu beeinflussen.[5] Auch opferbezogene Präventionsmaßnahmen, die auf die Reduzierung der Wahrscheinlichkeit von Viktimisierungen abzielen, lassen sich der entwicklungsbezogenen Prävention zuordnen. Die Fähigkeit zum Erkennen und Bewältigen von Gefahrensituationen lässt sich erlernen und trainieren.[6]

10 Der zweite Ansatzpunkt für kriminalpräventives Handeln besteht darin, nicht auf die Beeinflussung von Personen, sondern auf die Veränderung von sozialen Räumen (Ortsteilen, Stadtvierteln, „Brennpunkten") und potentiellen Tatgelegenheiten abzuzielen (**situationsbezogene Kriminalprävention**; situational crime prevention).[7] Den theoretischen Bezugspunkt bilden insoweit meist diejenigen Konzepte, die für die Kriminalitätserklärung auf den Grad der sozialen Desorganisation eines Gebiets und/oder auf Kosten-/Nutzen-Abwägungen potentieller Täter abstellen (→ § 3 Rn. 15 ff., 46 ff.).

11 Wenn man davon ausgeht, dass Delinquenz und Kriminalität durch die sozial-räumliche Umwelt des Menschen beeinflusst werden, dann liegen Präventionsstrategien nahe, die auf die Veränderungen in den Gegebenheiten vor Ort, bspw. in einzelnen Stadtvierteln abzielen.[8] Typischerweise bestehen solche Maßnahmen in der Beseitigung von Anzeichen der äußeren Unordnung. Ihr

3 *W. und J. McCord* 1959; *J. und W. McCord* Annals of the American Academy of Political and Social Science 322 (1959), 89 ff.; *J. McCord* ebd. 587 (2003), 16 ff.

4 *Welsh/Farrington*, Journal of Criminal Justice 41 (2013), 448 ff.; *Beelmann*, in: Walsh u. a. 2018, 397 ff.

5 Vertiefend *Lösel*, in: Baier/Mößle 2014, 423 ff.

6 Zum Konzept der „survivability" *Füllgrabe* Kriminalistik 2016, 23 ff.

7 *Bliesener*, in: Bliesener/Lösel/Köhnken 2014, 126 ff.; *Clarke* Crime and Justice 19 (1995), 91 ff.

8 Vgl. zum folgenden *Oberwittler*, in: H.-J. Albrecht 1999, 403 ff.

Ziel ist bspw. die Beseitigung städtebaulicher Verfallserscheinungen („fixing broken windows"), die Unterdrückung von auffälligem und abweichendem Verhalten („zero tolerance"), die Herstellung einer größeren Übersichtlichkeit und/oder die Stärkung der informellen und formellen Kontrollmechanismen. Derartige Maßnahmen können in dem betreffenden Gebiet kriminalpräventiv durchaus wirksam sein. Auch kann die Beseitigung von „Unordnung" in einem Stadtviertel positive Auswirkungen auf die Kriminalitätsfurcht der dort lebenden Menschen haben und damit zu einer Anhebung der allgemeinen Lebensqualität beitragen. Dennoch lässt sich nicht übersehen, dass mit derartigen Maßnahmen die sozial*strukturellen* Bedingungen in dem jeweiligen Gebiet in der Regel nicht verändert werden. Arbeitslosigkeit, Armut und Abhängigkeit von Sozialhilfeleistungen bleiben meist unverändert bestehen.

Geht man von der Auffassung aus, dass Delinquenz und Kriminalität durch Gelegenheitsstrukturen und die Attraktivität möglicher Zielobjekte beeinflusst werden, dann ergeben sich hieraus Präventionsstrategien, die die Gelegenheiten zur Begehung von Straftaten vermindern Dem Konzept der Routineaktivitäten folgend (→ § 8 Rn. 33 f.) kommen für präventive Maßnahmen vor allem zwei Ansatzpunkte in Betracht: die Erschwerung des Zugriffs auf die potentiellen Zielobjekte und die Verstärkung des Schutzes durch Dritte. Die diesem Ansatz folgenden Präventionsmaßnahmen sind dabei nicht auf den Schutz von Gegenständen durch den Einbau zusätzlicher technischer Sicherungen (Einbruchssicherungen, Wegfahrsperren etc.; „hardening the target") beschränkt, sondern können auch auf den (Selbst-)Schutz von gefährdeten Personen abzielen (Beratung, Aufklärung, Selbstverteidigung etc.). Bei der Verstärkung des Schutzes durch Dritte ist ebenso an die Einrichtung von privaten Wachdiensten wie an die Erhöhung der präventiven Kontrolltätigkeit der Polizei zu denken. Da die wesentliche Funktion der schutzbereiten Dritten in der Erhöhung des Entdeckungs- und Verfolgungsrisikos für die potentiellen Täter liegt, kann die Funktion der „Dritten" aber auch von technischen Überwachungseinrichtungen (zB Videoüberwachung) übernommen werden.[9] 12

2. Universelle, selektive und indizierte Prävention

Maßnahmen der Kriminalprävention lassen sich nicht nur danach unterscheiden, ob sie eine täter-, opfer- oder situationsbezogene Perspektive haben. Um die unterschiedlichen Wirkungsebenen der Kriminalprävention deutlich zu machen, lässt sich auch zwischen Maßnahmen der universellen, selektiven und indizierten Prävention unterscheiden. 13

(1) Unter **universeller** (primärer) **Kriminalprävention** werden diejenigen Maßnahmen verstanden, die sich an die Allgemeinheit richten 14

9 Vertiefend *Baur* ZIS 2020, 275 ff.

und auf die Beeinflussung der allgemeinen Ursachen der Kriminalität abzielen. In der Sache geht es um die Einflussnahme auf Erziehung und Sozialisation, Ausbildung und Beruf, Wohnung, Freizeit und Erholung. Die Maßnahmen gelten allen Personen in der gleichen Weise, dh unabhängig von einem spezifischen Kriminalitätsrisiko. In diesen Zusammenhang gehört auch die allgemeine Einflussnahme auf die Sozialisation durch das Recht, namentlich das Strafrecht (Androhungsgeneralprävention).

15 (2) Zur **selektiven** (sekundären) **Kriminalprävention** werden diejenigen Maßnahmen gerechnet, die an bereits erkennbare Risiken und Gefährdungslagen anknüpfen. Die Maßnahmen können sich an potentielle Täter und Opfer wenden, aber auch auf die Beeinflussung von kriminalitätsgefährdeten Orten oder Situationen abzielen. Die Absicht ist die Durchbrechung solcher Entwicklungen, bei denen absehbar ist, dass sie mit einer gewissen Wahrscheinlichkeit in die Begehung von Straftaten einmünden. Typische Instrumente der sekundären Prävention sind die Beratung, die Schaffung von technischen Schutzvorkehrungen und die Gefahrenabwehr durch den Einsatz polizeirechtlicher Mittel.

16 (3) Als **indizierte** (tertiäre) **Kriminalprävention** werden diejenigen Maßnahmen bezeichnet, die sich an Personen wenden, bei denen sich das Risiko bereits verwirklicht hat, die also als Straftäter in Erscheinung getreten sind. Das Ziel ist die Verhinderung von Wiederholungstaten. Zu den Maßnahmen der tertiären Prävention gehören alle Formen der reaktiven sozialen Kontrolle, namentlich der Einsatz der strafrechtlichen Sanktionen (Spezialprävention).

17 Aus der Zusammenfassung der unterschiedlichen Ansatzpunkte und Wirkungsebenen der Kriminalprävention lässt sich eine neungliedrige Matrix erstellen, in die sich die meisten Präventionsprojekte einordnen lassen (Übersicht 10.1).

Die in den einzelnen Feldern von Übersicht 10.1 enthaltenen Beispiele dienen lediglich der Veranschaulichung; es sollen keine besonders wirksamen Präventionsansätze herausgehoben werden. An sich wäre es erforderlich, für jedes Kriminalitätsphänomen eigene Matrizen zu erstellen; ein Bankraub muss mit anderen Mitteln verhindert werden als zB eine Vergewaltigung, und auch hier gelten z. T. unterschiedliche Maßnahmen, je nachdem, ob die Tat im öffentlichen Raum oder im sozialen Nahraum begangen wird. Die Zuordnungen sind im Übrigen nicht immer eindeutig möglich; insbesondere zwischen universeller und selektiver Prävention kann die Abgrenzung im Einzelfall schwierig sein.

Übersicht 10.1: Beispiele für die unterschiedlichen Ansatzpunkte und Wirkungsebenen der Kriminalprävention

	Universelle Prävention	Selektive Prävention	Indizierte Prävention
Täterbezogene Prävention	– Kontrolle des Umgangs mit Btm, Anti-Drogen-Kampagnen – Kontrolle des Zugangs zu Horror- und Gewaltvideos – Androhung von Strafe für den Fall der Normübertretung	– Beratungsstellen, zB Suchtberatung – Maßnahmen der polizeilichen Gefahrenabwehr, zB Platzverweis, Ingewahrsamnahme	– Psychotherapie – Scheidung; Entziehung des Umgangs- und Sorgerechts – Verhängung und Vollstreckung von Strafe
Situationsbezogene Prävention	– Kontrolle des Zugangs zu Waffen und gefährlichen Gegenständen – Veränderung der Stadtplanung und Wohnarchitektur (zB Slumsanierung)	– Videoüberwachung an besonders gefährdeten Orten, zB U-Bahn, Bahnhof, Kaufhäuser, Banken – technische Prävention, zB Lenkradschlösser, Wegfahrsperren, Alarmanlagen – private Wachdienste; Neighbourhood-Watch; Gated Communities	– Einziehung der Tatwerkzeuge – Entziehung von Konzessionen (Gaststätten, Diskotheken etc.) – beschädigte oder zerstörte Gegenstände reparieren – Umwidmung/ Neugestaltung von Straßen, Wegen oder Plätzen
Opferbezogene Prävention	– Sexuelle Aufklärung – Selbstbehauptungstraining („nein“ sagen können) – Selbstverteidigungskurse für Frauen und Mädchen	– Frauen-Nachttaxi; Disco-Abholdienst – sich in einer kritischen Situation zur Wehr setzen – Personenschutz für hochrangige Politiker und Wirtschaftsmanager	– Frauenhaus – – Unterbringung in einer Wohngemeinschaft oder Pflegefamilie – Therapieangebote

III. Kriminalprävention in der Praxis

1. Organisation von Kriminalprävention

18 Als sich das Konzept der Kriminalprävention in den 1990er Jahren etablierte und sich erste Organisationsstrukturen herausbildeten, stand der Ortsbezug der Kriminalität im Vordergrund. Kriminalität weist in der Regel eine starke lokale Bindung auf. Der Tatort ist meist mit dem Wohnort des Täters identisch; viele Straftaten werden an Orten begangen, die von der Wohnung des Täters nicht weit entfernt liegen. Vergleichbares gilt für die Opfer: Die meisten Personen werden zu Hause, in der unmittelbaren Nähe der Wohnung oder im weiteren Umfeld ihres Wohnorts viktimisiert. Auch die Verbrechensfurcht vieler Menschen hat einen lokalen Bezug. Die Einschätzung des Viktimisierungsrisikos orientiert sich vor allem an Orten und Situationen, die im Hinblick auf ihre Unübersichtlichkeit, Unordnung (incivilities) und/oder Unbelebtheit als bedrohlich empfunden werden. Die formellen und – vor allem – die informellen Instanzen der Sozialkontrolle (Familie, Schule, Freunde, Beruf etc.) sind ebenfalls in die lokalen Strukturen eingebunden. Es ergab sich daher beinahe von selbst, auch die Maßnahmen der Kriminalprävention „vor Ort", dh im kommunalen Bezugsfeld anzusiedeln und der Kriminalität dort vorzubeugen, wo sie entstand. Der zentrale Anknüpfungspunkt für Kriminalprävention wurde in der „kommunalen Kriminalprävention" bzw. – präziser – in der **„Kriminalprävention auf kommunaler Ebene"** gesehen.[10]

19 Die Organisation von – vorwiegend situationsbezogener – Kriminalprävention „vor Ort" stellt die Beteiligten vor erhebliche Herausforderungen. Kriminalprävention lässt sich nicht von Einzelnen betreiben, sondern ist ein ressortübergreifendes Anliegen, an dem die Kommune, Polizei, Justiz sowie andere staatliche und nichtstaatliche Einrichtungen beteiligt werden müssen. Erforderlich ist die **Vernetzung und Kooperation** aller Personen und Institutionen, die am Gelingen eines Präventionsprojekts ein Interesse haben und dazu einen direkten oder indirekten Beitrag leisten können.

---

10 *Wulf/Obergfell-Fuchs*, in: Boers u. a. 2013, 531 ff.; *Hermann*, in: Boers u. a. 2013, 359 ff.; *Hermann/Dölling*, in: Walsh u. a. 2018, 709 ff.

Beispiel: Wenn sich in einer Großstadt der Bahnhofsbereich zu einem „Brennpunkt" entwickelt, an dem sich zunehmend Btm-Konsumenten aufhalten und an dem es infolgedessen vermehrt zu Belästigungen (Betteln, Prostitution, Urinieren im öffentlichen Raum) und Straftaten (Btm-Kleinhandel, Beschaffungskriminalität) kommt, müssen sich an der Lösung dieses Problems zumindest die folgenden Einrichtungen beteiligen: Deutsche Bahn AG als Eigentümerin des Geländes und Hausrechtsinhaberin, Bundespolizei (Bahnpolizei) und ggf. private Wachdienste, Staatsanwaltschaft und örtliche Polizeidienststellen, das Ordnungsamt der Stadt und die Drogenberatungsstellen. Isolierte, nicht abgestimmte Initiativen nur einzelner Einrichtungen sind weder sinnvoll noch erfolgversprechend.

Organisatorisch vollzieht sich die Vernetzung in eigens zu diesem Zweck geschaffenen und je nach Bedarf zusammentretenden **Präventionsgremien.** Die Zusammensetzung, Organisation, Aufgabenstellung und tatsächlichen Aktivitäten dieser Gremien sind in den Kommunen sehr unterschiedlich; Begriffe wie „Präventionsrat", „kriminalpräventiver Arbeitskreis" oder „Sicherheitskonferenz" sind üblich. Der ressortübergreifende Ansatz, die Beteiligung der Bürger und die Teilnahme hochrangiger Vertreter aus der Verwaltungsspitze werden dabei gemeinhin als wesentliche Strukturelemente dieser Gremien angesehen. 20

Kriminalprävention ist zwar eine Aufgabe, die in erster Linie auf der kommunalen Ebene bewältigt werden muss. Gleichwohl ist es sinnvoll und notwendig, dass es auch auf höheren Ebenen Gremien gibt, die die Arbeit der kommunalen Präventionsgremien unterstützen, kritisch begleiten und mit neuen Ideen bereichern und die zudem für den Kontakt in die Landes- und Bundespolitik zur Verfügung stehen. Auch auf **Landesebene** gibt es deshalb Gremien, die ebenso wie die kommunalen Gremien mit Vertretern unterschiedlicher staatlicher und nichtstaatlicher Einrichtungen besetzt sind. Beispielhaft sei insoweit der Landespräventionsrat Niedersachsen genannt, der sich inzwischen aus rund 270 Mitgliedern aus allen staatlichen und gesellschaftlichen Bereichen Niedersachsens zusammensetzt.[11] Auf **Bundesebene** werden die Bemühungen koordiniert durch das Deutsche Forum Kriminalprävention (DFK), das im Jahr 2001 auf Initiative der Innenministerkonferenz von Bund und Ländern gegründet wurde und das neben der Vernetzung und Bündelung sämtlicher bekannter Präventionsaktivitäten das Ziel verfolgt, wissenschaftliche Erkenntnisse und Erfahrungen zu erheben, zu sammeln 21

11 https://lpr.niedersachsen.de/; *Groeger-Roth/Marks/Meyer*, in: Walsh u. a. 2018, 145 ff.

und zu verbreiten.[12] Ebenfalls auf Bundesebene aktiv ist die Deutsche Stiftung für Verbrechensverhütung und Straffälligenhilfe (DVS), die u. a. den jährlich stattfindenden Kongress „Deutscher Präventionstag“ organisiert.[13]

2. Beispiele kriminalpräventiven Handelns

22 Die Handlungsfelder, in denen kriminalpräventive Bemühungen entfaltet werden, sind heute breit gestreut und lassen sich am besten anhand von Beispielen verdeutlichen. Eine große Bedeutung hat – schon um der Vermeidung der oftmals gravierenden Folgen für die Opfer willen – die **Gewaltprävention.** Gewalthandlungen haben in der Regel eine Vorgeschichte; viele Erscheinungsformen von Gewalt gehen auf das Zusammenwirken personaler, im Verlauf der Entwicklung erworbener Faktoren (zB negativen Erfahrungen oder problematischen Einstellungen) und spezifischer tatsituativer Merkmale (zB einer Provokation oder Alkoholeinfluss) zurück.[14] Um hier entgegenzuwirken ist es, wie schon dargelegt (→ Rn. 8), sinnvoll, möglichst früh im Entwicklungsverlauf einzugreifen und entsprechende Risikofaktoren abzuschwächen oder zu beseitigen. Ein Beispiel ist das Programm „Entwicklungsförderung in Familien: **Eltern- und Kinder-Training** (EFFEKT)“, mit dem die soziale Kompetenz und die Problemlösefähigkeiten schon von Kindergartenkindern sowie die Erziehungskompetenz der Eltern und ihre Fähigkeit zum Umgang mit schwierigen Erziehungssituationen gefördert und gestärkt werden. Die Evaluation des Projekts führte zu positiven Ergebnissen und zeigte bei den trainierten Kindern auch über einen längeren Zeitraum hinweg signifikant weniger Problemverhalten als bei den Kindern aus der Kontrollgruppe.[15]

23 Ein weiteres Handlungsfeld für die Gewaltprävention ist die **Schule.** Aus kriminologischer Sicht ist Schule deshalb so ein wichtiger, sich für Präventionsmaßnahmen anbietender Bereich, weil hier wegen der allgemeinen Schulpflicht alle Kinder und Jugendlichen aus allen gesellschaftlichen Gruppen zusammentreffen und ein erheb-

---

12 https://www.kriminalpraevention.de/; *Daniel*, in: Walsh u. a. 2018, 95 ff.
13 https://www.praeventionstag.de; vertiefend zur Entwicklung der Kriminalprävention in Deutschland *Kerner*, in: Walsh u. a. 2018, 21 ff.
14 Vgl. *Endres/Breuer*, in: Bliesener/Lösel/Köhnken 2014, 87 ff.
15 *Lösel u. a.* Zeitschrift für Klinische Psychologie und Psychotherapie 35 (2006), 127 ff.; *Bender/Lösel*, in: Walsh u. a. 2018, 407 ff.

liches Maß an Zeit miteinander verbringen. Unabhängig von ihrem Bildungsauftrag wird Schule hierdurch zu einem Ort der Sozialisation und des sozialen Lernens, des Ausgleichs von Benachteiligungen und Startschwierigkeiten, der Integration, aber auch der Selektion und der Eröffnung bzw. Versagung des Zugangs zu formalen Abschlüssen und gesellschaftlichen Positionen. Gleichzeitig ist Schule ein Ort, an dem auf allen Ebenen Gewalthandeln stattfindet, physische und psychische Gewalt unter den Schülerinnen und Schülern, Gewalt gegen Sachen in Form von Vandalismus, aber auch subtile psychische und strukturelle Gewalt, die von den Lehrerinnen und Lehrern ausgeübt wird.[16]

Ein Phänomen, das an vielen Schulen verbreitet ist, ist das 24
Bullying, bei dem mehrere Schülerinnen und Schüler („bullies") einen schwächeren Schüler aus dem Klassenverband isolieren und attackieren. Das kann verbal geschehen durch Hänseleien und Demütigungen, physisch durch Schlagen, Schubsen oder Treten oder indirekt durch sozialen Ausschluss. Eine nicht geringe Rolle spielt auch das Cyberbullying, bei dem sich die Handlungen im virtuellen Raum vollziehen, wo die Anonymität die handelnden Personen weniger greifbar macht und wo der Verbreitungsgrad größer ist, wodurch sich die betroffenen Opfer zusätzlich gedemütigt fühlen.[17] Präventionsmaßnahmen, um Bullying entgegenzuwirken, sind in der Vergangenheit zahlreich entwickelt worden. Prominent geworden ist das Bullying Prevention Program des Norwegers *Dan Olweus*, bei dem dem problematischen Schülerverhalten auf mehreren Ebenen gleichzeitig (Schulebene, Klassenebene, individuelle Ebene) entgegengetreten und die klare Botschaft vermittelt wird, dass Mobbing nicht toleriert wird und niemandem hieraus Vorteile erwachsen. Auch dieses Programm wurde positiv evaluiert und wird heute an vielen Schulen eingesetzt.[18]

Ein anderes Phänomen, das meist mit „Schulgewalt" verbunden 25
wird, obwohl es hierauf ebenfalls nicht beschränkt ist, ist der **Amoklauf** („school shooting"). In der Sache geht es um den Extremfall schwerer Gewalt in Form von Mehrfachtötungen aus unklarem Motiv. Häufig genannte Referenzbeispiele sind die Tötung von 14 Personen in Littleton, Colorado, an der Columbine High School im Jahr

16 Beiträge von *Oertel/Bilz/Melzer* und *Schubarth/Ulbricht*, in: Melzer u. a. 2015, 256 ff., 278 ff.
17 Beiträge von *Olthof* und *Sitzer*, in: Melzer u. a. 2015, 267 ff., 295 ff.
18 *Olweus* Kriminalistik 2010, 351 ff.; *Ttofi/Farrington* J Exp Criminol 2011, 27 ff.

1999 und die Tötung von 17 Personen in Erfurt am Gutenberg-Gymnasium im Jahr 2002. Derartige Mehrfachtötungen sind extrem seltene Ereignisse und dementsprechend schwierig ist es, wirksame Präventionsmaßnahmen zu ergreifen; manchmal entwickeln sich derartige Gewaltexzesse für alle Beteiligten überraschend und die Abwendung ist nicht mehr möglich – mit verheerenden Konsequenzen nicht nur für die direkten, sondern auch für die indirekten Opfer (→ § 8 Rn. 6). Für die Prävention kann jedoch genutzt werden, dass Mehrfachtötungen von den Betreffenden meist vorher angedroht werden („leaking"); solche Drohungen gelten in Kombination mit weiteren Auffälligkeiten wie einer hohen Affinität für Waffen und einer akuten Suizidalität als Prädiktoren für eine hohe Ausführungsgefahr.[19] Werden derartige Androhungen bekannt und gelingt es, etwaige akute Bedrohungslagen durch geeignete, insbesondere auch polizeiliche Sicherungsmaßnahmen rechtzeitig zu entschärfen, werden bei den Tätern in der Regel psychiatrische und psychotherapeutische Maßnahmen angebracht und notwendig sein, um die meist hinter ihren Drohungen stehenden massiven Entwicklungs- und Anpassungsprobleme aufzuarbeiten und Weiterungen durch Behandlung entgegenzuwirken.[20]

26 Standardbeispiel für Maßnahmen der situationsbezogenen Kriminalprävention und gleichzeitig ein ganz anderes Handlungsfeld ist die **Videoüberwachung** im öffentlichen Raum. Präventiv kann die Videoüberwachung dann wirken, wenn potentielle Straftäter eine Tat unterlassen, weil sie davon ausgehen, dass sie anhand des Bildmaterials überführt und zur Verantwortung gezogen werden können (→ Rn. 12). Dieser präventive Mechanismus setzt allerdings zweierlei voraus: Der Täter muss vor der Tat eine Abwägung treffen (die drohenden Konsequenzen dürfen ihm in der konkreten Tatsituation nicht gleichgültig sein) und er muss wissen, dass die betreffende Örtlichkeit überwacht wird (was bei versteckt platzierten Kameras nicht gewährleistet ist). Ob der präventive Effekt eintritt, lässt sich durch einen Kriminalitätsrückgang in dem betreffenden Bereich feststellen; dabei ist auch die Möglichkeit der Verlagerung der Kriminalität an andere, nicht überwachte Orte zu berücksichtigen.[21] Die bisherigen

---

19 *Endrass u. a.* Kriminalistik 2014, 469; *Fiedler u. a.*, in: Walsh u. a. 2018, 425 ff.
20 *Bannenberg* ZIS 5/2011, 300 ff.; *dies.*, in: Hilgendorf/Rengier 2012, 371 ff.; vgl. auch *Bannenberg/Bauer/Kirste* FPPK 2014, 229 ff.
21 *Steinbauer* MschrKrim 93 (2010), 214 ff.; *Kett-Straub* ZStW 123 (2011), 118 ff.; vgl. auch *Glaubitz u. a.* 2018.

Evaluationen vermitteln ein gespaltenes Bild: Präventive Effekte lassen sich vor allem in Parkhäusern nachweisen (Eigentumsdelikte), während an anderen Orten (Stadtzentren, öffentliche Gebäude, öffentliche Verkehrsmittel) kaum Effekte nachweisbar sind.[22] Die geringe präventive Effektivität schließt dabei jedoch nicht aus, dass die Videoüberwachung in diesen Bereichen andere Ziele erreicht, zB nach der Tat der Justiz die Überführung des Täters erleichtert oder einen Beitrag zur Stärkung des allgemeinen Sicherheitsgefühls leistet.

Besondere Herausforderungen für die Prävention stellen sich im 27
Zusammenhang mit der **Internetkriminalität (Cybercrime)**. Ungeachtet des Umstands, dass der Phänomenbereich breit gefächert ist und Verallgemeinerungen schwierig sind,[23] lässt sich für die Prävention grob zwischen zwei Deliktsgruppen unterscheiden: Delikten, die sich gegen individuelle Rechtsgüter richten (zB Ehre, Vermögen, Datenschutz), und Delikten, die sich gegen überindividuelle Rechtsgüter richten (zB öffentlicher Frieden, öffentliche Sicherheit). Die Verletzung individueller Rechtsgüter kann präventiv nur von den potentiellen Opfern selbst abgewehrt werden (zB mit Verschlüsselungssoftware, Virenschutz, sicheren Passwörtern). Dies setzt auf der Seite der potentiellen Opfer eine Sensibilität für die drohenden Gefahren voraus, die mit entsprechenden Aufklärungskampagnen (zB „Safer Internet Day“) oder anderen Maßnahmen der universellen Prävention gefördert werden kann. Die Prävention von überindividuellen Rechtsgutsbeeinträchtigungen, wie sie etwa im Zusammenhang mit Radikalisierung und politischem Extremismus möglich sind, kann demgegenüber nur durch die Sicherheitsbehörden erfolgen,[24] etwa durch anlasslose präventive Überwachung des Internet- und Surfverhaltens. Über Einzelheiten und insbesondere die Effektivität dieser zuletzt genannten Maßnahmen ist öffentlich nur wenig bekannt.[25]

22 *Welsh/Farrington* Just. Q. 2009, 716 ff.; *Farrington et al.* J Exp Criminol 2007, 21 ff.
23 *Büchel/Hirsch* 2014; *Meier* MschrKrim 95 (2012), 184 ff.
24 Übersicht bei *Büchel/Hirsch* 1984, 154 ff.
25 Vgl. etwa *Weimann* Journal of Terrorism Research 2012, 75 ff.

IV. Wirksamkeit von Kriminalprävention

1. Notwendigkeit der wissenschaftlichen Projektevaluation

28 Bei allen Maßnahmen der Kriminalprävention stellt sich aus empirisch-kriminologischer Sicht die Frage nach der **Wirksamkeit.** Als „wirksam“ können kriminalpräventive Maßnahmen oder Projekte nur dann angesehen werden, wenn sich empirisch nachweisen lässt, dass als Konsequenz der Maßnahme weniger Straftaten begangen werden. Dabei kann entweder auf Personen abgestellt werden, die seltener als Täter oder Opfer in Erscheinung treten, oder es kann danach gefragt werden, ob sich die Kriminalitätsbelastung in einem Gebiet verringert oder in Abweichung von einem in anderen Gebieten zu beobachtenden Trend jedenfalls nicht erhöht hat. Methodisch ist die Evaluation kriminalpräventiver Maßnahmen mit erheblichen Schwierigkeiten verbunden. Dabei sind die methodischen Probleme strukturell identisch mit den Problemen, die sich bei der Evaluation der spezial- und generalpräventiven Effektivität der strafrechtlichen Sanktionen stellen (→ § 9 Rn. 70ff., 82f.); es geht also vor allem um Fragen des Erfolgskriteriums und der Kausalität. Gleichwohl kann aus kriminologischer Sicht nicht auf den empirischen Nachweis von Veränderungen verzichtet werden. Präventionsprojekte mögen in einem Handlungsfeld, bspw. in einer Kommune eine Vielzahl von Funktionen erfüllen; insbesondere mögen sie zur Verringerung der Kriminalitätsfurcht und damit zur Verbesserung der allgemeinen Lebensqualität in einer Gemeinde beitragen. Aus kriminologischer Sicht sind diese eher allgemeinpolitischen Veränderungen jedoch solange ohne Belang, als sie sich nicht nachweisbar in einer Veränderung der objektiven Kriminalitätslage niederschlagen. Die Befreiung von Furcht ist bedeutungslos (und vielleicht sogar kontraproduktiv), wenn das Viktimisierungsrisiko tatsächlich hoch bleibt.

2. Systematische Forschungsübersichten

29 Seit den 1990er Jahren sind vielfältige Bemühungen unternommen worden, um die Wirksamkeit kriminalpräventiver Maßnahmen wissenschaftlich zu untersuchen. Überwiegend geht es dabei um Begleit-

forschung, die mit unterschiedlich hohem methodischem Aufwand zu einzelnen Maßnahmen und Projekten durchgeführt wird. Eine nicht zu unterschätzende Bedeutung haben aber auch systematische Forschungsübersichten bzw. -synthesen, die den Stand der wissenschaftlichen Forschung zusammenfassen und nach den **allgemeinen, projekt*übergreifenden* Strukturen** fragen, die für die Wirksamkeit von kriminalpräventiven Maßnahmen maßgeblich sind. Deutlicher noch als bei der Evaluation einzelner Projekte werden hier die Grundprinzipien erkennbar, die bei der Implementation neuer Maßnahmen genutzt werden müssen, wenn sie wirksam sein sollen. Als Vorbild für derartige, eine Vielzahl von Einzeluntersuchungen in den Blick nehmende Forschungsübersichten (Synthesen) nahm der 1997 veröffentlichte und weltweit beachtete *Sherman*-Report lange Zeit eine zentrale Stellung ein.

a) Der Sherman-Report

Im Jahr 1996 wurde eine Forschungsgruppe der Universität Maryland unter der Leitung von *Lawrence Sherman* mit der Erstellung eines Gutachtens über die Effektivität der vom US Department of Justice finanzierten Präventionsprogramme beauftragt. In dem 1997 unter dem Titel **„Preventing Crime: What Works, What Doesn't, What's Promising"** vorgelegten Gutachten wurden über 500, vorwiegend amerikanische Präventionsprojekte ausgewertet.[26] Die erfassten Projekte waren auf unterschiedlichen Ebenen angesiedelt; dabei wurde in dem Bericht grob unterschieden zwischen der kommunalen Ebene, Familie, Schule, Arbeitsmarkt, öffentlichen Räumen sowie polizeilichen und strafjustiziellen Maßnahmen. Für die Einordnung der Projekte wurden vier Stufen entwickelt: wirksam („works"), vielversprechend („promising"), unwirksam („doesn't work") und unbekannt („unknown"). 30

Um zu entscheiden, welche Präventionsprojekte wirksam waren, wurden die zu den einzelnen Projekten durchgeführten Evaluationsstudien auf einer 5-stufigen Qualitätsskala eingeordnet („Maryland Scientific Methods Scale"[27]). Ein Präventionsprojekt wurde nur dann als wirksam bezeichnet, wenn zu ihm wenigstens zwei empirische Untersuchungen vorlagen, die wenigstens einen mittleren methodischen Qualitätsstandard aufwiesen (u. a. zwei Messzeit- 31

26 *Sherman et al.* 1997; aktualisierte Fassung *Sherman et al.* 2002; zusammenfassend *Bannenberg/Rössner* ZJJ 2003, 111 ff.
27 Vgl. *Meier*, in: Bloy u. a. 2010, 506 f.; *Heinz*, in: Lösel/Bender/Jehle 2007, 499 ff.

punkte; Kontrollgruppenvergleich) und zum Ergebnis führten, dass sich Kriminalität oder kriminalitätsbegünstigende Faktoren nach Durchführung des Projekts signifikant verringert hatten.

32 Aus der Vielzahl der Ergebnisse seien die folgenden drei als wirksam eingestuften Ansätze für Präventionsmaßnahmen herausgehoben:

(1) Im Bereich der **familienbezogenen Prävention** zeigte sich, dass regelmäßige Hausbesuche von ausgebildeten Betreuungskräften (Hebammen, Familienhelferinnen, Erzieherinnen) bei Eltern mit Kleinstkindern bzw. Kindern im Vorschulalter die Gefahr von Misshandlung und Missbrauch sowie die Wahrscheinlichkeit der späteren Inhaftierung der betreffenden Kinder signifikant verringerten. Familientherapeutische Maßnahmen und Trainingsprogramme für Eltern verringern bei gefährdeten Jugendlichen Hyperaktivität und Aggressivität.[28]

33 (2) Auf der **schulischen Ebene** erwies es sich als wirksam, wenn klare Verhaltensregeln aufgestellt und kommuniziert wurden und positives Verhalten belohnt wurde. Lehrpläne, die auf die Stärkung der sozialen Kompetenz abzielen und die Fähigkeit zur Bewältigung von Stress, zur Lösung von Problemen, zur Selbstkontrolle und zur emotionalen Intelligenz fördern, reduzieren die Wahrscheinlichkeit von Verhaltensproblemen, Drogenmissbrauch und Delinquenz.[29]

34 (3) Bezüglich der **polizeilichen Maßnahmen** zeigte sich, dass zusätzliche polizeiliche Kontrollen in besonders kriminalitätsbelasteten Gebieten („hot spots“) die Zahl der Straftaten in diesen Gebieten reduzierten. Keine kriminalitätsreduzierenden Effekte konnten demgegenüber nachgewiesen werden für polizeiliche Schockmaßnahmen wie die Verhaftung von Jugendlichen, denen lediglich ein Bagatelldelikt zur Last gelegt wurde. Auch die polizeiliche Initiierung von privaten Bürgerwehren erwies sich nicht als ein erfolgreiches Konzept.[30]

35 Der *Sherman*-Report ging weit über diese hier nur exemplarisch genannten Ergebnisse hinaus. Dabei sind die Einzelbefunde zu disparat, um aus ihnen Schlussfolgerungen für eine „Theorie der Kriminalprävention“ ableiten zu können. Dennoch lässt sich erkennen, dass **Maßnahmen, die** im prädeliktischen Bereich **an erkennbare Risiken und Gefährdungslagen anknüpfen** (Maßnahmen der selektiven Prävention), **erfolgversprechender** sind **als Maßnahmen der universel-**

28 *Farrington/Welsh*, in: Sherman et al. 2002, 22 ff.
29 *Gottfredson et al.*, in Sherman et al. 2002, 56 ff.
30 *Sherman/Eck*, in: Sherman et al. 2002, 295 ff.

len Prävention, die nach dem „Gießkannenprinzip" ohne weitere Differenzierung allen Normadressaten in der gleichen Weise zugutekommen. In der neueren Forschung zur spezialpräventiven Effektivität von strafrechtlichen Sanktionsmodellen (indizierte Prävention) wurden insoweit ähnliche Beobachtungen gemacht (→ § 9 Rn. 79 ff.). Darüber hinaus lassen die Ergebnisse des *Sherman*-Reports erkennen, dass es bei entsprechenden individuellen (dh nicht situationsbezogenen) Gefährdungslagen sinnvoll ist, **möglichst früh** mit dem Einsatz kriminalpräventiver Maßnahmen zu beginnen. Wenn und soweit Risikofaktoren zutage treten, die im kriminologisch relevanten Bereich auf Fehlentwicklungen hindeuten (→ § 6 Rn. 26 ff., 32 ff.), scheinen dabei vor allem solche Maßnahmen erfolgversprechend zu sein, die auf die Stärkung der informellen sozialen Kontrollmechanismen in Familie und Schule abzielen.

b) Evidenzbasierte Kriminalprävention

Der *Sherman*-Report lieferte die Grundlage für ein Forschungs- 36
und Betätigungsfeld, das heute als wissens- bzw. evidenzbasierte Kriminalprävention (evidence-based crime prevention) bezeichnet wird. Grundgedanke ist, dass aus der Vielzahl möglicher Ansatzpunkte für die Prävention nur – oder zumindest vor allem – solche Maßnahmen zur Förderung vorgeschlagen werden, deren Wirksamkeit in methodologisch anspruchsvollen, wissenschaftlichen Untersuchungen nachgewiesen wurde; ein Kontrollgruppendesign gilt insoweit als unverzichtbares „Muss".[31] Angesichts des hohen Stellenwerts, der der Kriminalprävention um der Vermeidung von Rechtsgutsverletzungen willen zukommt, und der eingeschränkten Ressourcen, die für die Kriminalprävention zur Verfügung stehen, wird es als nicht sinnvoll angesehen, Maßnahmen zu fördern, die, auch wenn sie von den jeweiligen Akteuren mit viel gutem Willen durchgeführt werden, nicht zu einer Verbesserung und im ungünstigsten Fall sogar zu einer Verschlechterung des Kriminalitätsrisikos führen. Nicht ausgeschlossen ist es indes, dass auch neue Entwicklungen begonnen und vorangetrieben werden, wenn und soweit es in den betreffenden Bereichen noch keine empirisch untermauerten Erkenntnisse gibt.[32]

---

31 Vertiefend *Armborst*, in: Walsh u. a. 2018, 3 ff.

32 Kritisch zur Evidenzbasierung in der Kriminologie *Dollinger* MschrKrim 98 (2015), 428 ff.; *Graebsch*, in: Dollinger/Schmidt-Semisch 2018, 197 ff.; zur Implementation der Evidenzbasierung in der Praxis *James* ZJJ 2015, 185 ff.

Grundlage der evidenzbasierten Kriminalprävention sind systematische Forschungssynthesen, die zu einzelnen Maßnahmen erstellt werden.[33] In Deutschland erlangte in den Nullerjahren eine Auswertung des Forschungsstands Bedeutung, das als **„Düsseldorfer Gutachten"** bekannt wurde.[34] Das von einer Marburger Forschungsgruppe vorgelegte Gutachten basierte auf der Auswertung von 61 weltweit angefertigten Studien zur Kriminalprävention, die in dem *Sherman*-Report (noch) nicht berücksichtigt worden waren. Methodisch war die Auswertung ähnlich wie die *Sherman*-Studie angelegt, allerdings wurde die Seite der Wirkungen noch stärker ausdifferenziert; das Spektrum der möglichen Wirkungen reichte von „Reduktion" auf der einen (die Maßnahme konnte Kriminalität nachweisbar reduzieren) bis zu „Verdrängung" auf der anderen Seite (die Kriminalität stieg zur selben Zeit in angrenzenden Bereichen an).

37 Im „Düsseldorfer Gutachten" wurden die Ergebnisse des *Sherman*-Reports im Wesentlichen bestätigt, wenngleich Projekte, die auf die Veränderung der Tatgelegenheitsstruktur abzielten, im Vergleich seltener als „erfolgreich" eingestuft wurden. Im „Düsseldorfer Gutachten" erwiesen sich vor allem solche Projekte als wirksam, die sich an die Person des (potentiellen) Täters richteten. Dabei zeigte sich auch hier, dass *allgemeine* Präventionsmaßnahmen, die sich *unspezifisch* an alle Normadressaten in der gleichen Weise richten, *weitgehend wirkungslos* bleiben. Zwar wies die Forschungsgruppe darauf hin, dass dieses Ergebnis methodische Gründe haben könne; präventive Effekte seien möglicherweise nur deshalb nicht nachweisbar, weil unspezifische Präventionsmaßnahmen in dem komplexen Sozialisationsgeschehen methodisch nicht zu isolieren und deshalb der gezielten Wirkungsforschung nicht zugänglich seien.[35] Dennoch müssen Maßnahmen der primären Prävention hinsichtlich ihrer Effektivität mit Skepsis betrachtet werden.

38 Seither hat es eine Vielzahl weiterer Ansätze gegeben, die darauf abzielen, den Stand des verfügbaren Wissens über die Wirksamkeit von Kriminalprävention aufzubereiten, wissenschaftlich zu bewerten und für die Praxis zur Verfügung zu stellen. Bekanntestes Beispiel ist das Netzwerk **„Campbell Collaboration"**, das sich der systematischen Auswertung von empirischen Untersuchungen zur Wirksamkeit sozialer Interventionen widmet und die Ergebnisse über das In-

33 Auch die Forschungssynthesen lassen sich zu einem „review of reviews" zusammenfassen, vgl. *Weisburd/Farrington/Gill* 2017; *dies.* CPP 2017, 415 ff.

34 *Rössner u. a.* 2002; vgl. auch *Rössner*, in: Bannenberg/Coester/Marks 2005, 41 ff.; *Bannenberg/Rössner*, in: Görgen u. a. 2009, 38 ff.; *Coester*, in: Walsh u. a. 2018, 37 ff.

35 *Rössner u. a.* 2002 a, 11 f.; *Bannenberg/Rössner*, in: Görgen u. a. 2009, 40.

ternet zur Verfügung stellt.[36] Ein auf Deutschland bezogenes Beispiel ist das 2015 gegründete „**Nationale Zentrum Kriminalprävention**", dessen Ziel ebenfalls die Ausarbeitung und Vertiefung des empirischen Wissensbestands im Bereich der evidenzbasierten Kriminalprävention ist.[37] Die inhaltlichen Schwerpunkte des NZK liegen bei der Radikalisierungs- und Extremismusprävention sowie beim evidenzbasierten Umgang mit Sexualkriminalität sowie bei der Mehrfach- und Intensivtäterschaft. Neben diesen eher wissenschaftlichen Ansätzen gibt es Datenbanken, in denen schlicht zusammengestellt wird, welche Maßnahmen sich in empirischen Untersuchungen als wirksam erwiesen haben. Bekannt sind in Deutschland zwei dieser Datenbanken: die „**Grüne Liste Prävention**", die danach unterscheidet, ob die Effektivität eines Projekts „theoretisch gut begründet", „wahrscheinlich" oder „nachgewiesen" ist,[38] sowie die vom NZK eingerichtete Datenbank **WESPE** (Wissenschaftliche Erkenntnisse zu Sicherheits- und Präventionsmaßnahmen durch Evaluation), die zusätzlich zu den erzielten Ergebnissen auch angibt, auf welchen methodischen Grundlagen die jeweiligen Untersuchungen durchgeführt wurden.[39] Der Wissensstand über die Wirksamkeit kriminalpräventiver Maßnahmen hat sich hierdurch grundlegend verbessert.[40]

3. Strukturelemente wirksamer Kriminalprävention

Die reichhaltigen Erkenntnisse der bisherigen Forschung lassen sich nicht zu einem allgemeinen Modell wirksamer Kriminalprävention verdichten. Genauso wenig wie es „die" Kriminalitätstheorie gibt, die in der Lage wäre, sämtliche Erscheinungsformen des Verbrechens zu erklären (→ § 3 Rn. 126), gibt es „die" kriminalpräventive Zauberformel, die in der Lage wäre anzugeben, wie das Verbrechen in allen seinen Erscheinungsformen wirksam gestoppt werden kann. Zu unterschiedlich sind die Maßnahmen, die sich in bisherigen empirischen Analysen als effektiv erwiesen haben. **38a**

Will man aus den vorhandenen Erkenntnissen dennoch einige allgemeine Grundgedanken für die Kriminalprävention ableiten,[41] **38b**

36 https://campbellcollaboration.org/
37 https://www.nzkrim.de/; *Armborst*, forum kriminalprävention 1/2019, 4ff.
38 https://www.gruene-liste-praevention.de
39 https://www.nzkrim.de/wespe
40 Zur Einordnung der entsprechenden US-amerikanischen Datenbanken *Fagan/Buchanan* CPP 2016, 617ff.
41 Vertiefend hierzu *Rössner*, in: Boers u. a. 2013, 457ff.

scheint es sinnvoll, sich zwei frühere Beobachtungen zu vergegenwärtigen: Zum einen ist an die Kontextgebundenheit des menschlichen Handelns zu erinnern. Kriminelles Handeln vollzieht sich nicht im „luftleeren" Raum, sondern wird durch eine Vielzahl bio-psychosozialer Umstände beeinflusst. Persönlichkeitsmerkmale, Sozialisationseinflüsse, Lernprozesse und der Grad der sozialen Integration spielen ebenso eine Rolle wie situative Elemente und Gelegenheitsstrukturen (→ § 3 Rn. 118 ff.). Für die Kriminalprävention folgt hieraus, dass es aussichtsreicher ist, wenn eine präventive Maßnahme nicht nur auf einer einzigen dieser Einflussebenen ansetzt (zB für die Prävention von Schulgewalt nur auf der Ebene des Aggressionsabbaus durch ein erweitertes Sportprogramm), sondern **auf mehreren Ebenen gleichzeitig** (multimodal, zB durch die Einbeziehung von Eltern, Lehrern und Mitschülern in die Bemühungen).[42]

38c Zum anderen ist daran zu erinnern, dass die Begehung von Straftaten immer auch eine Funktion von Defiziten der inneren oder äußeren Kontrolle ist. Straftaten werden dann begangen, wenn entweder die Mechanismen der inneren Kontrolle versagen oder wenn kein äußerer Kontrolldruck wahrgenommen wird (→ § 6 Rn. 69 f.; § 9 Rn. 87 f.). Kriminalpräventive Maßnahmen müssen dementsprechend stets auch das **Kontrollproblem** lösen, wenn sie wirksam sein sollen. Die normativen Vorgaben müssen klar kommuniziert, auf Strafnormverletzungen muss reagiert werden (wenn auch nicht zwingend mit Strafe; → § 9 Rn. 93). Lerneffekte, die bei den Adressaten zum Aufbau einer stabilen Selbstkontrolle führen, sind nur dann zu erwarten, wenn die ausgesandten Botschaften eindeutig sind und das rechtswidrige Verhalten nicht durch Non-reaktionen relativiert wird.

V. Rechtspolitische Perspektiven

39 Die Kriminalprävention stellt sich nach alledem als ein praxisbezogenes kriminologisches Betätigungsfeld dar, dem zu Recht von vielen Seiten Aufmerksamkeit entgegengebracht wird. Wenn und soweit es gelingt, durch gezielte Eingriffe in kriminalitätsbegünstigende Zusammenhänge Straftaten zu verhindern und das Kriminalitätsaufkommen in einzelnen Bereichen zu reduzieren, ist die Kriminalprävention eine Idee, die im Hinblick auf das vermiedene Opferleid,

42 *Scheithauer u. a.* 2012, 99.

aber auch unter dem Gesichtspunkt der individuellen und gesamtgesellschaftlichen Kostenersparnis uneingeschränkte Unterstützung verdient. Straftaten schon im Ansatz zu verhindern ist besser als sie im Nachhinein zu verfolgen, anzuklagen und abzuurteilen.

Während sich über das allgemeine Ziel, dass Vorbeugen besser ist als Strafen, relativ schnell Einigkeit herstellen lässt, ist damit noch nicht gesagt, dass auch über den *Weg* zu diesem Ziel Konsens besteht. Soweit es die Maßnahmen der postdeliktischen, indizierten Prävention betrifft, wurde bereits auf die unterschiedlichen rechtspolitischen Konsequenzen hingewiesen, die aus den empirisch-kriminologischen Befunden zur Täterpersönlichkeit und den soziobiografischen Entstehungsgründen der Tat für die Ausgestaltung der strafrechtlichen Sanktion gezogen werden können (→ § 6 Rn. 72ff.). Der fehlende kriminalpolitische Konsens zeigt sich aber auch in den Bereichen der prädeliktischen Prävention. Verallgemeinernd stehen sich stets **zwei Grundlinien** gegenüber: eine primär der **Sicherheit** verpflichtete, auf die Ausdehnung und Verschärfung der formellen Kontrollmechanismen setzende Linie, und eine am Gedanken der **Freiheit** orientierte Linie, die auf die Eigenverantwortung der Beteiligten setzt und hierfür ein gewisses Risiko in Kauf nimmt. Welche Linie die Oberhand erhält, ist eine Frage der gesellschaftlichen Entwicklung. Hochrangige Rechtsnormen wie die Grund- und Menschenrechte sind hier, wie die Entwicklung in anderen Ländern zeigt, zu einer Steuerung nur eingeschränkt in der Lage, da es bei der Prävention in der Regel um Interessenabwägungen geht, für die sich aus dem Verfassungsrecht keine eindeutigen Vorgaben ableiten lassen. 40

Beispiel: In manchen Bundesstaaten der USA gibt es Gesetze, die vorsehen, dass verurteilte Sexualstraftäter der Nachbarschaft mit Namen, Anschrift und Vorstrafenregister bekannt gemacht werden. Die entsprechenden Informationen werden mit einem Foto des Betroffenen über die Lokalzeitung und das Internet veröffentlicht; der Betroffene muss ein Schild im Garten aufstellen und auf seinem Auto einen Sticker mit der Warnung anbringen: „Gefahr – Registrierter Sexualstraftäter im Fahrzeug“. Wenn ein Betroffener mit dieser Situation nicht zurechtkommt und sich ihr durch Selbsttötung entzieht, war die Maßnahme unter Sicherheitsaspekten makaber erfolgreich; weitere Opfer kann es seitens dieses Täters nicht mehr geben. Obwohl eine solche Maßnahme politisch sicherlich auch in Deutschland Befürworter findet, handelt es sich aus deutscher Sicht normativ um eine eindeutige Fehlentwicklung, da 41 jeder Täter, auch der Sexualtäter, einen verfassungsrechtlich verbürgten Anspruch auf Hilfe und Unterstützung bei der Wiedereingliederung hat.[43]

42 Neben den politischen Fragen spielen **ökonomische Überlegungen** eine nicht unerhebliche Rolle. Kriminalpräventive Maßnahmen im kommunalen Bereich müssen in der Regel von der jeweiligen Kommune finanziert werden, während die Kosten für Polizei und Justiz im Landeshaushalt anfallen. Auch müssen präventive Maßnahmen, die auf die Veränderung von Gelegenheitsstrukturen abzielen, von den potentiellen Geschädigten bezahlt werden, während die Kosten für Strafverfolgung und Strafvollzug von der Allgemeinheit getragen werden.

43 **Beispiele:** Autodiebstähle könnten durch wirksamere Sicherungen, Ladendiebstähle durch eine andere Art der Warenpräsentation, Beförderungserschleichungen durch häufigere Kontrollen verringert werden. Gleichwohl werden die entsprechenden Sicherungen unterlassen, weil dies für Industrie, Handel und Dienstleister mit erhöhten Kosten (bzw. aus der Sicht der Abnehmer mit erhöhten Preisen) verbunden wäre. Aus betriebswirtschaftlicher Sicht ist es für die betreffenden Unternehmen günstiger, die Kosten für die Prävention von der Allgemeinheit tragen zu lassen, die aus dem Steueraufkommen die Kosten für die Durchführung der Strafverfolgung bezahlen muss, als die Kosten selbst zu tragen.

44 Aus kriminologischer Sicht muss man zudem zur Kenntnis nehmen, dass das Ziel der Kriminalprävention in Staat und Gesellschaft mit anderen politischen Zielen konkurriert. Kriminalprävention ist zwar *ein* wichtiges Ziel, aber es ist nicht *das* wichtigste Ziel. Deutlich wird dies immer wieder dann, wenn in kriminologischen Untersuchungen danach gefragt wird, welchen Stellenwert die Befragten der Kriminalität als Problem beimessen. In der Regel zeigt sich hier, dass Kriminalität und Sicherheit nicht als vorrangig angesehen werden, sondern hinter andere kommunale Probleme wie Verkehrsprobleme oder Probleme im Sozialbereich (zB unzureichende Jugend- oder Sozialarbeit, unzureichende Freizeiteinrichtungen für Jugendliche etc.) zurücktreten.[44]

45 In welchen Bereichen und in welche Richtung sich die Kriminalprävention als kriminologisches Forschungs- bzw. Betätigungsfeld künftig entwickeln wird, lässt sich vor diesem Hintergrund kaum

43 *Baur/Burkhardt/Kinzig* JZ 2011, 131 ff.; zur präventiven Effektivität in den USA *Zgoba et al.* Just. Q. 27 (2010), 667 ff.

44 *Obergfell-Fuchs* 2001, 411 ff.; vgl. hierzu auch die R+V-Langzeitstudie https://www.ruv.de/presse/aengste-der-deutschen

prognostizieren. Sinnvoll wäre, nur solche Ansätze zu fördern, deren kriminalpräventiver Nutzen empirisch überprüft und belegt worden ist. Allein die Wirksamkeit einer Maßnahme kann dabei allerdings niemals den einzigen Entscheidungsmaßstab bilden; hinzukommen muss, dass sich eine Maßnahme auch mit den gesellschaftlichen Wertvorstellungen vereinbaren lässt. In der schwierigen Abwägung zwischen Sicherheit und Freiheit sollte im Zweifel stets der Freiheit der Vorrang eingeräumt werden.

Empfehlungen zur vertiefenden Lektüre: *Armborst*, Merkmale und Abläufe evidenzbasierter Kriminalprävention, in: Walsh u. a. 2018, 3–19; *Baur*, Maschinen führen die Aufsicht. Offene Fragen der Kriminalprävention durch digitale Überwachungsagenten, ZIS 2020, 275 – 284; *Lösel*, Entwicklungsbezogene Prävention von Gewalt und Kriminalität. Ansätze und Wirkungen, FPPK 2012, 71–84; *Rössner*, Eckpunkte evidenzbasierter Kriminalprävention, in: Boers u. a. 2013, 457–469; *Steinbauer*, Videoüberwachung im öffentlichen Raum, MschKrim 93 (2010), 214–229.

§ 11. Wirtschaftskriminalität

I. Begriff, Gegenstand und kriminologische Bedeutung

1 Die Kriminologie betrachtet die Kriminalität nicht nur in ihrer Gesamtheit, sondern beschäftigt sich auch mit den einzelnen Erscheinungsformen des Verbrechens und fragt insoweit nach Verbreitung, Erklärung, Kontrolle und Prävention. Gewalt-, Sexual- und Straßenverkehrskriminalität sind hierfür ebenso Beispiele wie die Kinder- und Jugendkriminalität oder die Kriminalität von Migrantinnen und Migranten. Als herausgehobenes Beispiel für die Fragestellungen und Ergebnisse dieser besonderen („differentiellen") Kriminologie sei im Folgenden genauer auf den Bereich der **Wirtschaftskriminalität** eingegangen. Die Wirtschaftskriminalität stellt im Gesamtspektrum der Kriminalität zwar quantitativ nur einen relativ kleinen, **qualitativ** aber äußerst **bedeutsamen Ausschnitt** dar. Deutlich wird dies bei einem Blick auf das Ausmaß der jährlich durch wirtschaftskriminelle Handlungen verursachten materiellen Schäden. Obwohl von der Polizei im Jahr 2019 bundesweit lediglich 40.484 Fälle von Wirtschaftskriminalität registriert wurden, was einem Anteil von etwa 0,75 % an der Gesamtkriminalität (ohne Straßenverkehrs- und Staatsschutzdelikte) entspricht, wurde in diesen Fällen ein materieller Gesamtschaden von ca. 2,9 Mrd. Euro ermittelt. Nach den polizeilichen Berechnungen entfielen damit auf 0,75 % der Delikte 44,7 % der von der Polizei registrierten, durch Straftaten verursachten materiellen Schäden.[1]

2 Obgleich die kriminalpolitische Bedeutung der Wirtschaftskriminalität damit kaum zweifelhaft ist, hat die Kriminologie mit der begrifflich-konzeptionellen, methodischen und theoretischen Erfassung dieses Deliktsfelds Schwierigkeiten. Deutlich wird dies bereits im Fehlen einer eindeutigen, allgemein akzeptierten Definition des Begriffs der „Wirtschaftskriminalität". Wie in der allgemeinen Krimino-

1 PKS 2019, Tab. 01 und 07 (Schlüssel 893000).

logie (→ § 1 Rn. 15 ff.) stehen sich auch in der Wirtschaftskriminologie ein materieller und ein formeller Definitionsansatz gegenüber.

1. Materielle Definitionen

Die Versuche, den Begriff der „Wirtschaftskriminalität" materiell, dh unabhängig vom geltenden Recht zu definieren, beginnen bereits in den 1940er Jahren und sind in der Frühzeit eng mit dem angloamerikanischen Konzept des **„white collar crime"** verknüpft. 3

In einem 1939 gehaltenen Vortrag wies *Edwin Sutherland* (→ § 3 Rn. 65 ff.) darauf hin, dass Straftaten nicht nur von Unterschicht-, sondern auch von Mittel- und Oberschichtangehörigen begangen würden – den Straftätern mit einem „weißen Kragen". Das Verständnis und die Erklärung von Kriminalität seien unvollständig und verzerrt, wenn die Kriminalität dieser Tätergruppe in der Kriminologie nicht berücksichtigt werde.[2] Als „white collar crime" bezeichnete *Sutherland* die Straftaten, die von „Personen mit hohem Ansehen und sozialem Status im Rahmen ihrer beruflichen Tätigkeit" begangen würden.[3] Dabei handelte es sich jedoch um keine trennscharfe Definition, sondern eher um ein heuristisches Konzept, das auf die besondere Bedeutung des bis dahin von der Kriminologie vernachlässigten Gegenstandsbereichs aufmerksam machen sollte. *Sutherland* ging es in erster Linie darum, der Kriminalität der „kleinen Leute" die Kriminalität der wirtschaftlich und sozial Mächtigen gegenüberzustellen und damit ein schichtadäquates Gleichgewicht in der kriminologischen Betrachtung herzustellen; die begrifflich-konzeptionelle Durchdringung der Materie war ihm weniger wichtig. 4

Aus heutiger Sicht ist *Sutherlands* Begriffsbestimmung einerseits zu weit geraten, da sie ohne weitere Differenzierung alle Straftaten erfasst, die von den Angehörigen der prestigeträchtigen Berufe begangen werden, auch wenn sie keinen Bezug zum Wirtschaftsleben aufweisen (bspw. den Prozessbetrug eines Rechtsanwalts oder den strafbaren Kunstfehler eines Arztes). Andererseits ist sie für die vollständige Erfassung der Wirtschaftskriminalität zu eng, da sie mit der Beschränkung auf die Kriminalität der sozial mächtigen Täter diejenigen Täter aus der Betrachtung ausschließt, die in der Unternehmenshierarchie unterhalb der Führungsebene tätig sind und in Ausübung ihres Berufes Delikte mit Bezug zur wirtschaftlichen Tätigkeit des Unternehmens begehen (zB Bestechlichkeit und Bestechung im mittleren Management). *Sutherlands* Definition hat sich deshalb in der Kriminologie nicht durchsetzen können. 5

Neuere Konzepte bemühen sich darum, Wirtschaftskriminalität nicht von der *Person* her zu definieren (Täter mit „weißem Kragen"), 6

---

2 *Sutherland* ASR 5 (1940), 1 ff.
3 *Sutherland* 1983 (Original: 1949), 7.

sondern an das *Verhalten* anzuknüpfen, das einen Vorgang zu einem Gegenstand von wirtschaftskriminologischem Interesse macht. Geläufig ist heute die Unterscheidung zwischen Straftaten, die im wirtschaftlichen Interesse von Unternehmen und Verbänden begangen werden (**corporate crimes**), und Straftaten, die im Kontext der Berufsausübung aus Eigennutz begangen werden (**occupational crimes**).[4] Die Unterscheidung ist sinnvoll, da der Kontext der jeweiligen Taten zwar sehr ähnlich sein kann, der motivationale Hintergrund und das Handlungsziel aber völlig unterschiedlich sind.

7 Bei „corporate crimes" steht im Hintergrund allein das Unternehmensinteresse. Die Taten werden typischerweise von Verantwortungsträgern begangen, um die Wettbewerbsfähigkeit des Unternehmens zu erhalten oder zu steigern. Beispiele sind der Betrug gegenüber Verbrauchern durch die systematische Verschleierung der minderwertigen Qualität der veräußerten Ware, die Bestechung von Amtsträgern zur Eröffnung neuer Absatzwege oder umweltschädigende Handlungen durch die Verletzung von Immissionsschutzvorschriften.

8 Bei „occupational crimes" geht es dagegen allein um das Eigeninteresse, das der Täter im Rahmen der Berufsausübung verfolgt. Er nutzt sein beruflich erworbenes Wissen und seine beruflichen Handlungsmöglichkeiten, um sich auf Kosten des Unternehmens selbst zu bereichern. Ein Beispiel sind „kick-back"-Geschäfte: Ein vertretungsberechtigter Angestellter schließt für das Unternehmen einen Vertrag, aus dem der Vertragspartner auf Kosten des Unternehmens einen Gewinn erzielt, den er ohne das kollusive Zusammenwirken mit dem Angestellten nicht erzielt hätte. Zum Ausgleich erhält der Angestellte nach der Abwicklung des Geschäfts eine Rückvergütung („kick back"), die in seine Privatschatulle fließt. Im Hintergrund derartiger Straftaten stehen typischerweise persönliche und finanzielle Krisen, in die der Täter im Zusammenhang mit familiären bzw. ehelichen, beruflichen oder gesundheitlichen Entwicklungen gerät und in denen der Zugriff auf das Vermögen des Unternehmens als Ausweg erscheint.

2. Formelle Definitionen

9 Für die Praxis von Polizei und Justiz sind die skizzierten materiellen Definitionsversuche unbrauchbar, da sie keine klaren Abgrenzungen erlauben. Die Praxis favorisiert formelle Definitionen, bei denen die Zuordnung möglichst unter **Bezugnahme auf das Gesetz** erfolgt. Bei vielen Straftatbeständen lässt sich relativ eindeutig festlegen, dass

4 Vgl. *Bussmann* 2016, Rn. 17 ff.; *ders.*, in: Hermann/Pöge 2018, 342 ff.; *Eisenberg/Kölbel* 2017, § 47 Rn. 3.

ihre Verletzung zum Kreis der Wirtschaftsdelikte gehört: So sind etwa der Subventionsbetrug (§ 264 StGB) und der Kapitalanlagebetrug (§ 264a StGB) unzweifelhaft typische Wirtschaftsdelikte. In manchen Fällen lässt sich die Zuordnung jedoch nicht aus der gesetzlichen Systematik ableiten, sondern bedarf einer **zusätzlichen, kriminologisch-wertenden Betrachtung.**

Beispiel: Im Bereich der Wirtschaftskriminalität spielt der Betrug eine herausgehobene Rolle (→ Rn. 17). Nicht jeder Betrug ist jedoch ein Wirtschaftsdelikt. Zum Wirtschaftsdelikt wird ein Betrug erst dadurch, dass das betreffende Verhalten über die Schädigung von Einzelinteressen hinaus zu einer Gefährdung des allgemeinen Interesses am Bestand und der Arbeitsweise der Wirtschaftsordnung führt. Diese Voraussetzung ist bspw. nicht bei einem Bettel- oder Spendenbetrug gegeben, wohl aber bei einem Arbeitsvermittlungsbetrug, bei dem der Täter über die Vermittlung eines Arbeitsplatzes täuscht und hierfür einen Vorschuss oder eine Gebühr kassiert; an der Zuverlässigkeit (Täuschungsfreiheit) der Arbeitsvermittlung besteht ein übergeordnetes Interesse der Allgemeinheit.

Polizei und Justiz arbeiten dementsprechend mit einer formellen Definition von Wirtschaftskriminalität, die sowohl eine Aufzählung typischer Wirtschaftsdelikte als auch eine Reihe von Straftatbeständen enthält, bei denen eine zusätzliche wertende Betrachtung erforderlich ist. Allerdings sind die polizeiliche und die justizielle Definition nicht ganz deckungsgleich. 10

Beide Definitionen haben ihren Ausgangspunkt in § 74c I GVG, der Norm, die die sachliche Zuständigkeit der Wirtschaftsstrafkammern begründet. Danach gehören zu den Wirtschaftsdelikten alle diejenigen Delikte des Nebenstrafrechts, die der Gesetzgeber in den zahlreichen Regelungen zur Gestaltung des Wirtschaftslebens und der Wirtschaftsordnung normiert hat (zB § 331 Nr. 1 HGB: unrichtige Wiedergabe oder Verschleierung der Verhältnisse der Kapitalgesellschaft im Jahresabschluss), sowie diejenigen Delikte des Kernstrafrechts, deren alleiniges Schutzgut die Funktionsfähigkeit der Wirtschaftsordnung ist (zB § 283 StGB: Bankrott, § 298 StGB: wettbewerbsbeschränkende Absprachen bei Ausschreibungen, § 299 StGB: Bestechlichkeit und Bestechung im geschäftlichen Verkehr). Ebenfalls zu den Wirtschaftsdelikten zählen in beiden Definitionen diejenigen Delikte des Kernstrafrechts, bei denen die Zugehörigkeit nicht eindeutig ist, sondern einer zusätzlichen Begründung bedarf (Betrug, Untreue, Wucher, Vorteilsgewährung und Bestechung, in der justiziellen Definition: auch der Computerbetrug). Zu den Wirtschaftsdelikten gehören diese Straftaten dann, wenn zur Beurteilung des Falls „besondere Kenntnisse des Wirtschaftslebens erforderlich" sind. Die Zuordnung wird hier also nicht vom geschützten Rechtsgut her vorgenommen, sondern wird vom prozessualen Interesse der Strafverfolgungsorgane an der sachver- 11 ständigen Durchdringung der wirtschaftlichen Zusammenhänge des Falls bestimmt.

12 Während sich die justizielle Definition hierin erschöpft, geht die polizeiliche Definition noch weiter. Die Polizei erfasst zusätzlich auch alle diejenigen sonstigen Delikte als Wirtschaftskriminalität, die im Rahmen tatsächlicher oder vorgetäuschter wirtschaftlicher Betätigung begangen werden und die über eine Schädigung von Einzelnen hinaus das Wirtschaftsleben beeinträchtigen oder die Allgemeinheit schädigen können und/oder deren Aufklärung besondere kaufmännische Kenntnisse erfordert.[5] Die Polizei kombiniert also materielle und prozessuale Überlegungen.

3. Erscheinungsformen und Besonderheiten

13 Das von dem Begriff der Wirtschaftskriminalität erfasste **Deliktsspektrum** ist **breit.** Es reicht von Erscheinungsformen wie Buchhaltungs- und Bilanzdelikten, Bankrottdelikten, Steuerhinterziehung, Schutzgelderpressung und Korruption, die im Wirtschaftsleben schon seit langer Zeit bekannt sind, bis hin zu Erscheinungsformen, die erst durch neuere Entwicklungen in Wirtschaft und Technik möglich geworden sind, wie etwa Produktpiraterie, Insidergeschäfte oder die grenzüberschreitende Wirtschaftskriminalität unter Einsatz der digitalen Informations- und Kommunikationsmedien. Hinter dem Begriff der Wirtschaftskriminalität verbirgt sich dementsprechend eine höchst heterogene Gruppe von verschiedenartigsten Sachverhalten und Handlungsweisen. Dabei gilt es im Blick zu behalten, dass als „Wirtschaftskriminalität" auch die Verletzung der einschlägigen Tatbestände des Ordnungswidrigkeitenrechts angesehen wird (bspw. Kartellrechtsverstöße, die nach § 81 GWB mit Geldbuße geahndet werden können).

14 Trotz dieser Verschiedenartigkeit lassen sich einige Gemeinsamkeiten erkennen, die als die typischen Kennzeichen von Wirtschaftskriminalität gelten können.[6] Eins dieser Kennzeichen ist die **geringe Sichtbarkeit des Delikts.** Wirtschaftsdelikte vollziehen sich typischerweise innerhalb unpersönlicher, weitgehend anonymer Handlungs- und Kommunikationsstrukturen. Anders als etwa die Gewalt- oder die Sexualkriminalität ist die Wirtschaftskriminalität weniger eine Kontakt- als eine Distanzkriminalität. Ein zweites Kennzeichen

5 PKS Jahrbuch 2019, Bd. 4, 211.
6 *Kaiser* 1996, § 72 Rn. 3; *Eisenberg/Kölbel* 2017, § 47 Rn. 7 ff.

hängt hiermit eng zusammen und bezieht sich auf die Opfer von Wirtschaftsdelikten: Mit der Distanz verliert das **einzelne Opfer** für den Täter an Bedeutung; es wird **austauschbar**, verflüchtigt sich. Dies gilt vor allem dann, wenn sich die Tat nicht gegen natürliche, sondern juristische Personen, eine anonyme Personenmehrheit (zB die Verbraucher eines Konsumguts) oder eine bürokratische Organisation richtet. Mit der Distanz wird es für den Täter nicht nur leichter, den vom Strafrecht ausgehenden Normappell zu neutralisieren und die Taten subjektiv zu rechtfertigen (→ § 3 Rn. 69ff.). Auch das Interesse des Geschädigten wird geringer, durch Strafanzeige einen Beitrag zur strafrechtlichen Verfolgung des Täters zu leisten. Die Polizei wird deshalb im Bereich der Wirtschaftskriminalität typischerweise nicht reaktiv, sondern proaktiv tätig und nimmt von sich aus Kontrollaktivitäten vor (→ § 9 Rn. 45). Zum dritten zeichnen sich viele Wirtschaftsdelikte dadurch aus, dass sie sich bei oft nicht klar erkennbaren rechtlichen Grenzen typischerweise **im Rahmen legaler Handlungsweisen** vollziehen. Übliches Geschäftsgebaren, das innerhalb der Grenzen des rechtlich Erlaubten liegt, und kriminelles Unrecht können nahtlos ineinander übergehen, was sich zB bei der Korruption besonders deutlich erkennen lässt (Beispiel: übermäßige Bewirtung aus Anlass einer Betriebsbesichtigung). Die strafrechtliche Relevanz eines Geschehensablaufs innerhalb eines grundsätzlich legalen Handlungsrahmens ist oftmals nur schwer zu erfassen, was sich bei der Strafverfolgung oft als zusätzliches Hindernis erweist.

II. Empirische Befunde zur Wirtschaftskriminalität

1. Dunkelfelduntersuchungen

Über das Dunkelfeld der Wirtschaftskriminalität, namentlich über die Prävalenz und Inzidenz einzelner Wirtschaftsdelikte sowie das Ausmaß der dabei verursachten Schäden, lassen sich kaum zuverlässige Aussagen treffen. Erhebungen scheitern typischerweise an der fehlenden Auskunftsbereitschaft der Befragten, die außer ihren persönlichen Interessen auch die Interessen des Unternehmens wahren müssen, für das sie tätig sind. Wenn in der Öffentlichkeit bekannt wird, dass ein Wirtschaftsunternehmen in strafbare Handlungen verwickelt ist, kann dies für das Unternehmen zu Prestigeverlust und **14a** wirtschaftlichen Einbußen führen. Soweit Dunkelfelduntersuchungen als Opferbefragungen durchgeführt werden, kommt hinzu, dass nicht alle Viktimisierungen von den Betroffenen auch bemerkt werden; unzureichende oder fehlende Kontrollmechanismen in den Unternehmen können zur Folge haben, dass die Belastung durch strafbare Handlungen falsch eingeschätzt wird. Dennoch gibt es einige, vor allem von Wirtschaftsprüfungsunternehmen durchgeführte Befragungen, die eine gewisse Orientierung bieten.

14b Bekannt sind die Befragungen, die im zweijährlichen Rhythmus von der Wirtschaftsprüfungsgesellschaft PricewaterhouseCoopers (PwC) und dem Kriminologen *Bussmann* durchgeführt werden, die der Öffentlichkeit allerdings nur mit einigen wenigen Basisdaten zur Verfügung gestellt werden. In der 2017 durchgeführten Erhebung wurden Verantwortliche aus 500 deutschen Unternehmen befragt, die in den Unternehmen für Kriminalprävention und -aufklärung zuständig waren. Erhoben wurden die Häufigkeit von Viktimisierungen und die Schäden, die die Unternehmen in den vorangegangenen 2 Jahren erlitten hatten.[7] 45 % der Befragten berichteten, dass sie Opfer eines der sechs abgefragten Wirtschaftsdelikte geworden waren, wobei es sich in den meisten Fällen um ein Vermögensdelikt gehandelt hatte. Daneben spielte in den Unternehmen auch Cybercrime eine große Rolle, worunter in der Befragung solche Delikte verstanden wurden, die durch gezielte Ausnutzung elektronischer Systeme und Kommunikationsmittel begangen wurden; von entsprechenden Vorfällen berichteten 46 % der Befragten. Die Größenordnung deckt sich mit einer jüngeren Untersuchung des KFN, in der 41,1 % von 5.000 befragten Unternehmen angaben, dass sie innerhalb der vergangenen 12 Monate einen Cyberangriff erlebt hatten.[8]

14c Nach der PwC-Untersuchung hatten die betroffenen Unternehmen durch die Straftaten im Durchschnitt Verluste in Höhe von 723.000 Euro erlitten, wobei größere Unternehmen typischerweise über höhere Schäden berichteten; in Einzelfällen lag die Schadenssumme sogar über 20 Mio. Euro. Die durch Cybercrime verursachten Schäden waren im Durchschnitt geringer als die durch herkömmliche Straftaten verursachten Schäden.[9] Unterscheidet man danach, woher die Täter der betreffenden Delikte stammten, zeigt die jüngste Erhebung von PwC, dass die Täter in einem Viertel der Fälle aus den „eigenen Reihen" stammen, wobei auch das Topmanagement nicht ausgeschlossen ist (Beispielsfall aus dem Jahr 2020: Wirecard). Die Täter kennen offenbar aufgrund ihrer Position die Schwachstellen in der Unternehmensorganisation und nutzen sie zu ihrem persönlichen Vorteil aus.[10]

7 PwC/*Bussmann* 2018, 12f.
8 *Dreißigacker/von Skarczinski/Wollinger* 2020, 101.
9 PwC/*Bussmann* 2018, 21.
10 PwC 2020, 5.

Die Reaktion der Unternehmen auf das Bekanntwerden eines Tatverdachts scheint sich ähnlich wie die der personalen Opfer (→ § 8 Rn. 50) an Kosten-Nutzen-Überlegungen zu orientieren. Im Vordergrund stehen unternehmensinterne Untersuchungen, in die ggf. auch Externe wie Anwaltsfirmen oder Wirtschaftsberatungsgesellschaften eingebunden werden. Sofern Unternehmensangehörige als Tatverdächtige ermittelt werden, wird typischerweise mit unternehmensinternen, insbes. arbeitsrechtlichen Maßnahmen (Kündigung) reagiert. Strafanzeigen kommen vor, sind aber seltener, was auch damit zusammenhängen kann, dass gut ein Viertel der Unternehmen gegenüber Polizei und Justiz Vorbehalte hat, weil es dort zu wenig Wissen über betriebswirtschaftliche Abläufe gebe.[11] **14d**

2. Wirtschaftskriminalität im Hellfeld

Ins Hellfeld der Sichtbarkeit für Polizei und Justiz gelangt vor dem skizzierten Hintergrund nur ein Ausschnitt aus der „tatsächlich" begangenen Wirtschaftskriminalität. Um sich einen Überblick über Art und Umfang der den Strafverfolgungsorganen bekannt gewordenen Wirtschaftskriminalität zu verschaffen, stehen im Wesentlichen zwei Statistiken zur Verfügung: die allgemeine Polizeiliche Kriminalstatistik (PKS) und die Kriminalitätslagebilder des BKA. **15**

Die PKS (→ § 5 Rn. 3 ff.) enthält zur Struktur der Wirtschaftskriminalität nur relativ wenige Angaben und erfasst die den Strafverfolgungsbehörden bekannt gewordenen Delikte zudem nur sehr unvollständig. Nicht erfasst werden in der PKS diejenigen Straftaten, die von den Schwerpunktstaatsanwaltschaften in Wirtschaftsstrafsachen oder den Finanzbehörden unmittelbar und abschließend bearbeitet werden.

Das vom BKA zuletzt für das Jahr 2018 erstellte „Bundeslagebild Wirtschaftskriminalität" beruht auf den Daten aus der PKS und ergänzend auf Daten aus dem besonderen Kriminalpolizeilichen Nachrichtenaustausch bei Wirtschaftsdelikten. Das Bundeslagebild enthält differenzierte Angaben zu einer Reihe kriminologisch bedeutsamer Phänomenbereiche, die von den Finanzierungsdelikten bis zum Abrechnungsbetrug im Gesundheitswesen reichen. Es wird ergänzt durch Jahresberichte zur Bekämpfung von Geldwäsche und Terrorismusfinanzierung sowie durch Lageberichte zur Korruption.

Aus polizeilicher Sicht sind für die Wirtschaftskriminalität die folgenden **Eckdaten** kennzeichnend: Im Jahr 2019 wurden 40.484 Fälle registriert (0,75 % der registrierten Gesamtkriminalität; HZ = 49). Die Zahl liegt deutlich unter den Zahlen für die in manchen früheren **16**

---

11 PwC/*Bussmann* 2018, 6; vgl. auch die Ergebnisse bei *Dreißigacker/von Skarczinski/Wollinger* 2020, 145 ff.; *Isenring/Mugellini/Killias* EurJCrim 2016, 372 ff.

Jahren bekannt gewordenen Wirtschaftsdelikte; so wurden von der Polizei im Jahr 2009 noch 101.340 Fälle registriert, was einem Rückgang um 60 % entspricht. Im Zusammenhang mit dem Rückgang, der auch im Dunkelfeld beobachtet werden kann (s. o. Rn. 14d), kann dies ein Indikator dafür sein, dass im Wirtschaftsleben tatsächlich weniger Straftaten begangen werden, was durch verbesserte Präventions- und Kontrollinstrumente (→ Rn. 30 f.) erklärbar sein mag. Zu berücksichtigen ist allerdings auch, dass die Kriminalitätszahlen im Bereich der Wirtschaftskriminalität anders als bei der Kernkriminalität typischerweise erheblichen Schwankungen unterliegen; hierfür sind die variierenden Anteile komplexer Ermittlungsvorgänge mit zahlreichen Einzelfällen maßgeblich.

17 Wichtigstes Einzeldelikt ist nach der PKS der **Betrug.** Im Jahr 2019 entfielen zwei Fünftel aller als Wirtschaftskriminalität registrierten Fälle (42,6 %) auf § 263 StGB und seine tatbestandlichen Varianten. Umgekehrt ist nicht jeder Betrug auch ein Wirtschaftsdelikt: Von allen bekanntgewordenen Betrugsstraftaten ordnete die Polizei 2019 nur etwa jeden 50. Fall (2,1 %) als Wirtschaftsdelikt ein. Dabei stechen der einfache Anlagebetrug, der Abrechnungsbetrug und der Waren- bzw. Warenkreditbetrug hervor, also diejenigen Erscheinungsformen des Betrugs, die bereits vom Grundtatbestand des § 263 StGB erfasst werden. Die spezialgesetzlich geregelten Varianten (zB der Subventionsbetrug nach § 264 StGB, der Kapitalanlagebetrug nach § 264a StGB oder der Kreditbetrug nach § 265b StGB) spielen eine geringere Rolle.[12] Zweithäufigste Deliktsgruppe waren 2019 die **Insolvenzstraftaten** (§§ 283 ff. StGB, § 15a InsO), die mehr als ein Fünftel der Wirtschaftsdelikte ausmachten (23,7 %). Die Taten im Zusammenhang mit Arbeitsverhältnissen stellten ebenfalls einen nennenswerten Anteil (17,1 %), während die Taten im Anlage- und Finanzierungsbereich (10,1 %) und die Wettbewerbsdelikte (§ 298 StGB und die im UWG normierten Straftaten) zum Teil deutlich geringere Anteile stellten (10,1 % bzw. 2,5 %).

18 Auch wenn sich die Auswirkungen der Covid-19-Pandemie im Jahr 2020 auf die Entwicklung der Wirtschaftskriminalität zum Zeitpunkt der Drucklegung dieses Werks noch nicht abschätzen lassen, ist mit einem coronabedingten Anstieg jedenfalls der Insolvenzstraftaten nicht zu rechnen, da der Gesetzgeber die (strafbewehrte) Insolvenzantragspflicht nach § 15a InsO vorübergehend ausgesetzt hat (Gesetz zur Abmilderung der Folgen der Covid-

12 Vgl. PKS 2019, Tab. 02.

19-Pandemie im Zivil-, Insolvenz- und Strafverfahrensrecht v. 27. März 2020, BGBl. I, 569).

Bei den **Schäden** stehen die unmittelbar durch die Wirtschaftskriminalität verursachten materiellen Schäden im Vordergrund des Interesses. Insoweit lässt sich feststellen, dass die größten Schäden nicht durch die Betrugs-, sondern durch die Insolvenzdelikte erzeugt werden. Auch wenn zuverlässige Aussagen insoweit kaum möglich sind, da einzelne Großverfahren zu erheblichen statistischen Schwankungen führen, betrug der durchschnittliche Schadenswert 2019 bei den Betrugsdelikten 47.072 Euro, bei den Insolvenzdelikten aber 205.370 Euro.[13] Allein die Insolvenzdelikte verursachten 2019 einen Schaden von 1,78 Mrd. Euro, was einem Anteil von ca. 60 % des durch die Wirtschaftskriminalität insgesamt verursachten Gesamtschadens entspricht. 19

Neben den materiellen Schäden sind die immateriellen und die Folgeschäden in die Überlegungen einzubeziehen. So können Verstöße gegen das Lebensmittel- oder das Arzneimittelgesetz zu erheblichen gesundheitlichen Gefährdungen und Schädigungen führen, die allein mit der materiellen Betrachtung nicht erfasst werden; auch die durch umweltschädigendes Verhalten verursachten Schäden (zB strafbare Manipulationen an der Motorsteuerung von Diesel-Fahrzeugen) werden mit der ökonomischen Betrachtung nicht vollständig erfasst. Wirtschaftsdelikte können darüber hinaus Folgewirkungen nach sich ziehen, die ebenfalls nicht übersehen werden dürfen: Die Wettbewerbsvorsprünge, die sich ein mit unlauteren Mitteln arbeitender Wirtschaftsstraftäter verschafft, können eine Ansteckungs- oder Sogwirkung entfalten, wenn andere Wettbewerber versuchen, auf gleiche oder ähnliche Weise Gewinne zu erzielen bzw. Wettbewerbsvorsprünge aufzuholen. Es liegt auf der Hand, dass sich derartige Folgen der statistischen Erfassung weitgehend entziehen. Dennoch darf der Blick auf die Schadensstatistik in der PKS nicht zu dem Schluss verleiten, dass sich die Wirtschaftskriminalität in der Erzeugung ökonomischer Schäden erschöpfen würde.[14] 20

Die **Aufklärungsquote** lag 2019 bei 90,5 %. In dem hohen Prozentsatz spiegelt sich wider, dass die Wirtschaftskriminalität von der Polizei typischerweise proaktiv aufgeklärt wird; mit dem Entstehen des Tatverdachts steht meist auch schnell ein namentlich bekannter Tatverdächtiger fest (→ § 5 Rn. 32). In den aufgeklärten Fällen wurden 22.290 Personen als **Tatverdächtige** registriert. Der Anteil der alleinhandelnden Tatverdächtigen ist bei der Wirtschaftskriminalität 21

13 Berechnet nach PKS 2019, Tab. 07.
14 *Eisenberg/Kölbel* 2017, § 47 Rn. 14.

auffällig gering (58,0 %; in der Kriminalität insgesamt dagegen 82,6 %); Wirtschaftsstraftaten werden also überproportional häufig von Tätergemeinschaften begangen. Bei den Tatverdächtigen handelt es sich weit überwiegend (2019: 97,7 %) um Erwachsene; mehr als drei Viertel (76,5 %) sind Männer. Die Altersverteilung weicht damit erheblich von dem bei der Gesamtkriminalität zu beobachtenden Bild (→ § 5 Rn. 39ff. Tab. 5.4) ab: Wirtschaftsstraftäter sind im Durchschnitt deutlich älter als die Täter im Bereich der konventionellen Kriminalität. Im Hintergrund steht, dass die Täter erst die beruflichen Positionen erreicht haben müssen, die ihnen die spezifische Tatbegehung (bspw. eine Insolvenzverschleppung) ermöglichen; Wirtschaftsdelikte sind „special opportunity crimes (→ Rn. 27).

3. Strafverfolgung im Bereich der Wirtschaftskriminalität

22 Die strafrechtliche Verfolgung der Wirtschaftskriminalität bereitet in der Praxis vielfach Probleme. Die Sachverhalte sind oft umfangreich, komplex und im Tatsächlichen wie im Rechtlichen nur schwer zu erfassen; die finanziellen, personellen und sachlichen Ressourcen, die manche Beschuldigten für ihre Verteidigung mobilisieren können, sind erheblich. Zu Recht werden Wirtschaftsstrafverfahren deshalb als „Verfahrenstyp sui generis“ bezeichnet.[15] Die Strafverfolgungsorgane tragen dieser besonderen Ausgangssituation zwar durch die Bildung von Spezialdienststellen bei der Polizei sowie von Schwerpunktstaatsanwaltschaften und Wirtschaftsstrafkammern in der Justiz Rechnung (§ 74c GVG). Dennoch gehört es zu den typischen Kennzeichen der Verfolgung von Wirtschaftsdelikten, dass die **Verfahren** oft **lang dauern** und nur vergleichsweise **selten Anklage** erhoben wird.

23 Statistische Angaben über die Praxis der Strafverfolgung stehen nur in geringem Umfang zur Verfügung. Die Staatsanwaltschaftsstatistik liefert zwar Angaben zur Verfahrensdauer und den Erledigungsstrukturen in einigen ausgewählten Sachgebieten; die Angaben beziehen sich jedoch auf eine nicht weiter untergliederte Sammelkategorie „Wirtschafts- und Steuerstrafsachen, Geldwäschedelikte“. In der StVS (→ § 5 Rn. 9ff.) wird die abgeurteilte Wirtschaftskriminalität nicht gesondert ausgewiesen.

24 Der Staatsanwaltschaftsstatistik lässt sich immerhin entnehmen, dass sich die durchschnittliche Verfahrensdauer in den genannten Wirtschaftsstraf-

15 *Neubacher* 2020, 187.

sachen 2019 zwischen 6,0 Monaten in Niedersachsen und 12,4 Monaten im Saarland bewegte (Verfahrensdauer vom Tag der Einleitung des Ermittlungsverfahrens bis zur Erledigung durch die Staatsanwaltschaft). In *allen* Strafsachen und *allen* Bundesländern lag der Durchschnittswert demgegenüber deutlich darunter; insoweit ist von einer durchschnittlichen Erledigungsdauer auszugehen, die sich im Durchschnitt lediglich bei 3,7 Monaten bewegt.[16]

Hinsichtlich der Erledigungsart lässt sich der Staatsanwaltschaftsstatistik **25**
entnehmen, dass die Wirtschaftsstrafverfahren 2019 in einem Drittel der Fälle (31,6 %) wegen Nichtnachweisbarkeit der Tat nach § 170 II StPO eingestellt wurden. Folgenlose Opportunitätseinstellungen machten ein Fünftel der Erledigungen aus (20,7 %), Einstellungen gegen Auflagen waren deutlich seltener (3,6 %). Strafbefehle wurden in 9,5 % der Fälle beantragt, Anklagen nur in etwa jedem 20. Fall erhoben (4,6 %).[17] Vergleicht man diese Verteilung mit den Durchschnittswerten, die für *alle* Strafsachen in *allen* Bundesländern gelten (→ Tab. 9.1), zeigt sich, dass die Parameter in etwa ähnlich verteilt sind; deutlich geringer ist im Bereich der Wirtschaftskriminalität allerdings die Anklagequote (4,6 % gegenüber 8,5 %).

Berücksichtigt man, dass die Sachverhalte in Wirtschaftsverfahren typi- **26**
scherweise umfangreich und komplex sind, muss der immer noch hohe Anteil an Strafbefehlen überraschen, denn das Strafbefehlsverfahren ist ein summarisches Verfahren, das vor allem für die Verfolgung der *minder*schweren Kriminalität konzipiert wurde, die sich *schnell und unkompliziert* abhandeln lässt. Erklärlich wird die hohe Quote von Strafbefehlen dann, wenn man sich vergegenwärtigt, dass die Verfahrenserledigung in Wirtschaftsstrafsachen häufig zum Gegenstand von **Absprachen** (§ 257c StPO) gemacht wird: Die Staatsanwaltschaft verzichtet auf die Durchführung einer langdauernden, öffentlichen Hauptverhandlung, die für den Beschuldigten oft mit erheblichen Belastungen verbunden ist (Verteidigerkosten, Zeitaufwand, Medienberichterstattung). Im Gegenzug gesteht der Beschuldigte bestimmte Tatvorwürfe zu oder verzichtet auf die Stellung von Beweisanträgen. Angesichts der beschränkten Ressourcen der Strafverfolgungsorgane wirkt sich die Komplexität der Materie damit im Ergebnis oft zugunsten der Täter aus. Freilich stellt sich auch die Frage, ob es kriminalpolitisch sinnvoll und rechtstheoretisch gerecht sein kann, dass Täter, die umfangreiche und nur schwer aufzuklärende Straftaten begehen, von der Justiz anders (rücksichtsvoller) behandelt werden als Täter, die einfach aufzuklärende Taten begehen. In den unterschiedlichen Erledigungsstrukturen drückt sich ein Umgang der Justiz mit Wirtschaftskriminalität aus, der zur Kritik herausfordert („die Kleinen fängt man, die Großen lässt man laufen").

16 Statistisches Bundesamt, Staatsanwaltschaften 2019, Tab. 3.6.2. und 2.3.2.
17 Statistisches Bundesamt, Staatsanwaltschaften 2019, Tab. 3.6.1.

III. Erklärung der Wirtschaftskriminalität

27 Erklärungen der Wirtschaftskriminalität können an die allgemeinen Kriminalitätstheorien anknüpfen. Angesichts des ökonomischen Interesses, das die meisten Wirtschaftsdelikte motiviert, richtet sich der Blick zunächst auf die **Theorie der rationalen Wahl** (→ § 3 Rn. 15 ff.). Die Wirtschaftskriminalität wird danach durch die Kosten-Nutzen-Abwägungen verständlich, die vor der Tat getroffen werden: Wirtschaftsstraftaten werden vor allem deshalb begangen, weil der Nutzen, den sich die Täter aus der Tatbegehung für das Unternehmen oder auch für sich selbst versprechen, größer erscheint als der Nutzen, den sie sich vom normkonformen Einsatz ihrer Ressourcen versprechen. Die Theorie der rationalen Wahl ist indessen auch im Bereich der Wirtschaftskriminalität dem Einwand ausgesetzt, dass sie die Tatsituation und die Gelegenheitsstrukturen zu wenig berücksichtigt, die die Tatbegehung erst ermöglichen (→ § 3 Rn. 22 ff.). Die Begehung der meisten Wirtschaftsdelikte setzt voraus, dass der Täter eine bestimmte berufliche Position erlangt hat, aus der heraus die kriminellen Aktivitäten geplant, durchgeführt und verschleiert werden können. Wirtschaftsstraftaten werden deshalb auch als **„special opportunity crimes“** (Gelegenheitsverbrechen) bezeichnet.[18] Der Zugang zu diesen beruflichen Positionen knüpft an das Vorliegen bestimmter persönlicher, wirtschaftlicher und sozialer Voraussetzungen an, die in der Gesellschaft ungleich verteilt sind.

27a In der Literatur finden sich aber auch andere Erklärungsansätze. Aufmerksamkeit verdient der empirisch fundierte Hinweis auf die kriminalitätsfördernde Bedeutung einer **geringen Normbindung,** wie sie in der Kontrolltheorie von *Hirschi* (→ § 3 Rn. 80 ff.) oder im moralischen Filter der SAT von *Wikström* thematisiert wird (→ § 3 Rn. 125 ff.).[19] Wirtschaftskriminalität erklärt sich danach aus einer geringen moralischen Bindung an das Recht, die durch eigene vermögensrelevante Viktimisierungserfahrungen (zB Betrug) und die Einbettung in kriminalitätsbejahende Netzwerke (Freunde, Bekannte, Kollegen) verstärkt wird. Die gelegenheitsabhängige Fragmentierung der Normbindung, eigene Viktimisierungserfahrungen und die Ein-

18 *Horoszowski* 1980, 55 ff.; *Tiedemann*, in: Melnizky/Müller 1989, 462.
19 Vertiefend *Geng*, in: Dünkel u. a. 2018, 233 ff.

bettung in entsprechende Netzwerke sollen den Nährboden für ein **(sub-)kulturelles Milieu** liefern, das infolge seiner ausschließlichen Orientierung an ökonomischen Überlegungen die Begehung von Eigentums- und Vermögensdelikten begünstigt.[20] Eine gewisse Bedeutung scheint in diesem Zusammenhang auch Neutralisierungsmechanismen zuzukommen (im Sinne von „Das machen doch alle"; → § 3 Rn. 69 ff.), die es den Tätern erleichtern, verbleibende Skrupel zu überwinden.[21]

Die Zusammenhänge werden in der US-Literatur zum Teil graphisch durch Figuren wie „fraud triangle" oder „fraud diamond" veranschaulicht. Beim „fraud triangle" müssen – ähnlich wie beim Konzept der Routineaktivitäten (→ § 8 Rn. 33) – drei Bedingungen zusammentreffen: ein motivierter Täter, eine durch ineffektive oder fehlende Kontrollen gekennzeichnete Tatgelegenheit und eine Rechtfertigung, die es dem Täter erlaubt, die Rechtswidrigkeit seines Handelns mit moralischen Argumenten (zB dem Erhalt von Arbeitsplätzen) entkräften zu können.[22] Beim „fraud diamond" tritt als viertes Element die persönliche und fachliche Fähigkeit der Täters zur Durchführung der Tat hinzu.[23] **27b**

Die von den allgemeinen Kriminalitätstheorien herausgearbeiteten Konzepte erweisen sich damit für die Erklärung der Wirtschaftskriminalität als durchaus relevant, wenngleich auch hier vor allzu großen Vereinfachungen zu warnen ist. Abgesehen von der wohl zentralen Variable des ökonomisch orientierten Selbstinteresses der Täter lässt sich die Tatbegehung auch im Bereich der Wirtschaftskriminalität nur durch das Zusammenwirken einer Vielzahl von Einflussgrößen erklären, die in den Erfahrungen und Wertorientierungen der Täter, aber auch in dem Erreichen bestimmter beruflicher Positionen und der Zugänglichkeit von Tatgelegenheiten zu suchen sind. Für befriedigende Erklärungen wird man zudem wohl noch weitergehend nach einzelnen Erscheinungsformen der Wirtschaftskriminalität zu differenzieren haben. Delikte gegen die Finanzwirtschaft des Staates wie Steuer- und Subventionsdelikte sind wahrscheinlich anders zu erklären als Straftaten gegen den unlauteren Wettbewerb und diese wiederum anders als Insolvenzdelikte. Überdies wird man das Handeln individueller Akteure (occupational crimes) anders erklären müssen **28**

20 *Coleman* AJS 93 (1987), 414 ff. („culture of competition"); *Singelnstein* MschrKrim 95 (2012), 58 ff.; *Bussmann* 2016 Rn. 881 ff.; *ders.*, in: Hermann/Pöge 2018, 351 f.; *Eisenberg/Kölbel* 2017, § 47 Rn. 15 ff.
21 *Hefendehl* MschrKrim 88 (2005), 444 ff.
22 Meist in Anlehnung an die Studie von *Cressey* 1953.
23 *Wolfe/Hermanson* CPA Journal 12/2004.

als das an ganz anderen Prinzipien orientierte Handeln von Unternehmensverantwortlichen (corporate crimes). Da solche differenzierenden Ansätze derzeit noch weitgehend fehlen, stellt die Erklärung der Wirtschaftskriminalität gegenwärtig ein noch nicht befriedigend gelöstes Problem dar.

IV. Aspekte der Prävention

29 Auch wenn die theoretische Durchdringung der Wirtschaftskriminalität bislang noch nicht abschließend gelungen ist, ist es sinnvoll und legitim, sich auf der pragmatischen Ebene um die Prävention zu bemühen. Präventive Maßnahmen können dabei an verschiedenen Punkten ansetzen und sich unterschiedlicher Mittel bedienen; dabei stehen Maßnahmen der situationsbezogenen Prävention im Vordergrund (→ § 10 Rn. 7 ff.). Zur Prävention von Wirtschaftsdelikten kommen vor allem zwei Wege in Betracht, die eng miteinander verknüpft sind:

- im **prädeliktischen Bereich** der Einsatz präventiver Kontrollen und Mittel technischer Prävention, um die Möglichkeiten zu einer im Nachhinein oft nur unter erheblichen Schwierigkeiten aufklärbaren Tatbegehung zu verringern; den kriminalitätstheoretischen Hintergrund dieser Maßnahmen bilden die Überlegungen zu den besonderen Gelegenheitsstrukturen der Wirtschaftskriminalität;
- im **postdeliktischen Bereich** die Erhöhung des Strafverfolgungsrisikos, insbes. des Risikos der Einziehung der Taterträge und der Bestrafung, um die „Kosten" zu steigern, mit denen der Täter im Fall der Entdeckung rechnen muss; im Hintergrund stehen hier die ökonomischen Erklärungsansätze, die auf die Kosten-Nutzen-Abwägung des Täters vor der Tat verweisen.

30 Auf beiden Ebenen sind in der Vergangenheit vielfältige Bemühungen unternommen worden. Im *prä*deliktischen Bereich lag ein Akzent auf der Einrichtung und dem Ausbau von Verwaltungsbehörden, die in etlichen Teilgebieten des Wirtschaftslebens die präventive Kontrolle wahrnehmen. Prominentes Beispiel ist die 2002 gegründete Bundesanstalt für Finanzdienstleistungsaufsicht (BaFin), deren Aufgabe die Aufsicht über Banken, Versicherungen und den Handel mit Wertpapieren ist (§ 6 KWG). Im *post*deliktischen Bereich steht die Frage nach der angemessenen Sanktionierung von juristischen Personen (bspw. Unternehmen) im Mittelpunkt. Im Sommer 2020 wurde hierzu vom BMJV nach jahrzehntelangen Diskussionen erstmals der Entwurf eines Gesetzes zur Sanktionierung von verbandsbezogenen Straftaten

vorgelegt.[24] Zusätzlich zur Strafe spielt im postdeliktischen Bereich die 2017 neu geregelte Abschöpfung der aus der Straftat erlangten Gewinne eine große Rolle (§§ 73 ff. StGB, § 29a OWiG).

Die Prävention von Wirtschaftskriminalität ist indes nicht nur durch staatliche Maßnahmen möglich. Im Bereich der Unternehmenskriminalität (corporate crime) kommen auch **unternehmensinterne Maßnahmen** in Betracht, um die Einhaltung der gesetzlichen Bestimmungen sicherzustellen und die Unternehmen vor den Negativfolgen zu schützen, die beim Bekanntwerden strafbarer Handlungen durch Unternehmensangehörige eintreten (Strafverfahren gegen die Akteure, zivilrechtliche Haftung des Unternehmens, Image- und Börsenwertschäden). Die von den Unternehmen selbst ergriffenen Maßnahmen werden dabei unter dem Begriff der „**Compliance**" zusammengefasst.[25] Zur „Compliance"-Sicherung werden in der Regel eigenständige Unternehmenseinheiten geschaffen, die vom staatlichen Strafverfolgungsapparat unabhängige, interne Verfahren der privaten präventiven Strafnormdurchsetzung entwickeln (etwa Schulungen, Überwachung von Entscheidungsprozessen, Androhung von Strafanzeigen und arbeitsrechtlichen Sanktionen). Ein Element derartiger Compliance-Prozesse kann die Einführung von Richtlinien zur Unternehmensethik („business ethics") sein, in denen auf die Gültigkeit der strafrechtlichen Normen und die diesbezügliche Gebundenheit aller Unternehmensangehörigen verwiesen wird. Aber auch an die Implementation von Hinweisgeber- („Whistleblower"-) Systemen, mit denen Personen mit Insiderwissen für die Kontrolle aktiviert werden, ist zu denken; die Offenlegung von Informationen über rechtswidrige Handlungen ist vom Gesetzgeber vom Vertrauensschutz für Geschäftsgeheimnisse explizit ausgenommen worden (§ 5 Nr. 2 GeschGehG). Über die Effektivität dieser neu geschaffenen unternehmensinternen Instrumente und ihre Verknüpfung mit dem staatlichen Strafverfolgungssystem ist in der Kriminologie allerdings nur wenig bekannt.[26] 31

24 BR-Drs. 440/20.
25 *Kölbel*, in: Rotsch 2015, 1424 ff.; *Gilch/Weist*, in: Momsen/Grützner 2020, 165 ff.; *Bussmann*, in: Hellmann/Schröder 2011, 57 ff.
26 *Kölbel* MschrKrim 100 (2017), 430 ff.; *ders.*, in: Rotsch 2015, 1424 ff.

V. Zusammenfassung und Ausblick

32 Wirtschaftskriminalität unterscheidet sich in vielfältiger Hinsicht von der klassischen Kriminalität. Wirtschaftsstraftaten zeichnen sich weniger durch ihre Quantität als durch ihre schadenstiftende Qualität aus. Vergleichsweise wenige Delikte führen zu einem materiellen Schaden, der deutlich größer ist als der Gesamtschaden, der durch die Kriminalität im Kernbereich des Strafrechts verursacht wird. Die Taten spielen sich meist im Verborgenen ab; ihr Kennzeichen ist die große Distanz zwischen Täter und Opfer. Auch das Sozialprofil der Täter ist ein anderes: Während die klassische Kriminalität zum überwiegenden Teil auf Täter aus den unteren sozialen Schichten zurückgeht, deren Lebensweg durch Benachteiligungen und Störungen im sozialen Bindungsgefüge gekennzeichnet ist (→ § 6 Rn. 66), ist für Wirtschaftsstraftäter vielfach gerade erst der Zugang zu bestimmten herausgehobenen beruflichen Positionen die Voraussetzung dafür, dass Straftaten der beschriebenen Art begangen werden können. Die Eigenarten der Wirtschaftskriminalität schlagen sich in der Strafverfolgung nieder: Lang dauernde Verfahren und eine niedrige Anklagequote prägen das Bild.

33 Verständlich werden die genannten Besonderheiten dann, wenn man sich vor Augen führt, dass Wirtschaftsstraftaten meist **Ausdruck eines eigenen Werte- und Relevanzsystems** sind, dem subkulturelle Züge anhaften. Im Bereich des wirtschaftlichen Handelns geht es um die Erzielung und Maximierung von Gewinnen bzw. um die Vermeidung von Verlusten; es kommt darauf an, sich im Wettbewerb Vorteile zu verschaffen, wenn man am Markt erfolgreich sein will. Das vorherige Abwägen von zu erwartenden Kosten und Nutzen spielt in diesem Zusammenhang eine zentrale Rolle. Es ist naheliegend anzunehmen, dass diese Prinzipien nicht nur für das Handeln innerhalb des durch die Rechtsordnung gezogenen Rahmens, sondern auch für Gesetzesübertretungen gelten; Normverletzungen werden dann in Kauf genommen oder auch gezielt herbeigeführt, wenn und soweit hiervon aus ökonomischer Sicht mehr Vor- als Nachteile zu erwarten sind. Anders als im Kernstrafrecht, wo das Handeln nicht nur durch die Strafrechtsnormen, sondern auch durch die allgemeine Sozialmoral gesteuert wird (→ § 9 Rn. 85 f.), können dem Normappell des Strafrechts im Wirtschaftsleben damit Motivationsstrukturen und

Handlungszwänge entgegenwirken, die in ihrer alleinigen Ausrichtung auf die ökonomische Perspektive die Bereitschaft zur Übertretung der Grenzen des rechtlich Erlaubten erleichtern **(Subkultur des Wirtschaftslebens).** Gleichzeitig werden damit aber auch Ansatzpunkte für mögliche Präventionsmaßnahmen gekennzeichnet. Gerade *weil* zu vermuten ist, dass im Wirtschaftsleben Kosten und Nutzen rational abgewogen werden, sind präventive Effekte vor allem von solchen Maßnahmen zu erwarten, die das Risiko der Entdeckung und späteren Überführung für potentielle Täter unkalkulierbar erhöhen. Zusätzlich ist an die Stärkung der allgemeinen Sozialmoral der beteiligten Akteure zu denken, indem in unternehmensinternen Leitbildern und Richtlinien die Verbindlichkeit konventioneller Werte festgeschrieben wird.

Empfehlungen zur vertiefenden Lektüre: *Bussmann,* Wirtschaftskriminalität, in: Hermann/Pöge 2018, 339–356; *Geng*, Wirtschaftskriminalität – eine kriminologische Perspektive, in: Dünkel u. a. 2018, 221–241; *Kölbel*, Unternehmenskriminalität und (Selbst-) Regulierung, MschrKrim 100 (2017), 430–452; *Singelnstein*, Wirtschaft und Unternehmen als kriminogene Strukturen? MschrKrim 95 (2012), 52–70.

§ 12. Kriminalität und Strafverfolgung in Europa

I. Die Notwendigkeit des Blicks über die Grenzen

1 Die kriminologische Betrachtung ist nicht auf die Beschreibung und Erklärung der in Deutschland zu beobachtenden Kriminalitätsphänomene beschränkt. Zwar gehört das „ius puniendi", das Recht zu Strafen, und damit auch das Recht, die strafrechtlich geschützten Grenzen der allgemeinen Handlungsfreiheit abzustecken, zum traditionellen Kernbestand der nationalstaatlichen Souveränität. Grundsätzlich ist es deshalb richtig, Kriminalität und Kriminalitätskontrolle als Phänomene anzusehen, die sich nur im Kontext der jeweiligen nationalstaatlichen Rechtsordnung ganz verstehen lassen. Die kriminologische Betrachtung darf dennoch nicht an den Grenzen des Nationalstaats haltmachen, sondern muss darüber hinausgreifen und auch die Entwicklung in anderen Ländern in den Blick nehmen. Dies gilt in besonderer Weise für die Entwicklung in Europa. Durch das Zusammenwachsen Europas, institutionell verkörpert durch die Europäische Union, ist ein neuer kriminalgeografischer Raum entstanden, der nach einer neuen **„europäischen Kriminologie"** verlangt.

2 Die Kernelemente des historisch vorbildlosen Prozesses der Schaffung eines europaweiten „Raums der Freiheit, der Sicherheit und des Rechts" (Art. 67 Abs. 1 AEUV) sind:

- im Schengener Durchführungsübereinkommen (SDÜ, 1990; durch den Vertrag von Amsterdam [1997] in den institutionellen und rechtlichen Rahmen der EU übernommen) wurden die Personenkontrollen an den Binnengrenzen abgebaut;
- im Vertrag von Maastricht (1992) wurden nicht nur die Europäischen Gemeinschaften (EG, Montanunion, Euratom) zur Grundlage der neu errichteten EU gemacht, sondern es wurde neben einer gemeinsamen Außen- und Sicherheitspolitik auch die polizeiliche und justizielle Zusammenarbeit in Strafsachen vereinbart;
- ebenfalls im Maastricht-Vertrag wurden die Grundlagen für eine Wirtschafts- und Währungsunion gelegt, mit der der Euro (1999 als Buchgeld, 2002 als Bargeld) eingeführt wurde;
- im Europol-Übereinkommen (1995) wurde ein Europäisches Polizeiamt konstituiert (vgl. jetzt Art. 88 AEUV);

- auf der justiziellen Ebene wurde 1999 zur Unterstützung der Zusammenarbeit bei der Ermittlung und Verfolgung von schwerer grenzüberschreitender Kriminalität Eurojust eingerichtet (vgl. jetzt Art. 85 AEUV);
- im Vertrag von Lissabon (2007) wurde die im Vertrag von Maastricht begonnene Entwicklung konsolidiert, indem die EG in die EU überführt und die EU mit Rechtspersönlichkeit versehen wurde;
- mit Hilfe von sekundärem Gemeinschaftsrecht treiben das Europäische Parlament und der Rat in zahlreichen Bereichen die Angleichung der nationalen Strafrechtsordnungen voran (vgl. Art. 82 AEUV), wobei die bislang weitreichendste Bedeutung dem 2002 ergangenen Rahmenbeschluss über den Europäischen Haftbefehl zukommt, mit dem die Auslieferung von EU-Bürgern innerhalb der EU vereinfacht wurde.

Auch wenn die Krisen der jüngeren Vergangenheit (insbes. die Finanz- und Schuldenkrise, die Flüchtlingsproblematik, terroristische Anschläge, der Austritt des Vereinigten Königreichs) Anlass geben davon auszugehen, dass sich der Integrationsprozess künftig nicht mehr mit derselben Geschwindigkeit fortsetzen wird, gibt es, abgesehen von dem immer möglichen Austritt weiterer Mitgliedstaaten, keine Anzeichen dafür, dass der geschaffene Rechtsrahmen („Raum der Freiheit, der Sicherheit und des Rechts“) wieder eingeschränkt oder zurückgenommen wird.

Für eine „europäische Kriminologie“ stellen sich vor allem **zwei Aufgaben.** Zunächst geht es darum, für diejenigen Länder, die an der europäischen Integration beteiligt sind, eine Bestandsaufnahme über die Kriminalität und die Mechanismen der Kriminalitätskontrolle vorzunehmen, nach Gemeinsamkeiten und Unterschieden zu fragen sowie nach Erklärungen zu suchen. Das Ziel dieses Ansatzes ist es, aus dem **europäischen Vergleich** neue Einsichten und Erkenntnisse für die Antwort auf die kriminologischen Grundfragen nach der Bedeutung von Kriminalität in der Gesellschaft, nach den Risiko- und Schutzfaktoren kriminellen Handelns, nach den Wechselbeziehungen zwischen Kriminalität und Kriminalitätskontrolle sowie nach den Möglichkeiten von Prävention und Behandlung zu gewinnen.[1] 3

Das skizzierte Interesse am länderübergreifenden Vergleich hat vor allem methodische Gründe. Die Probleme, mit denen sich die Kriminologie beschäftigt, sind in allen Ländern die gleichen; normabweichendes Verhalten wird in allen Gesellschaften und Kulturen als ein erklärungs- und lösungsbedürftiges Problem angesehen. Das Vorkommen desselben Problems in unterschiedlichen soziokulturellen Kontexten erlaubt es, die gesellschaftliche Bedeutung des Problems, den formellen und informellen Umgang mit ihm sowie die Effektivität der jeweiligen Präventions- und Reaktionsformen als ein „quasi-ex- 4

1 Vertiefend und mit Beispielen *Farrington* EurJCrim 2015, 386ff.

perimentelles Forschungsdesign" zu begreifen (→ § 4 Rn. 20ff.): Diejenigen kriminologisch relevanten Bedingungen und Beziehungen, die aus rechtlichen, ethischen oder faktischen Gründen im eigenen Land unveränderbar sein mögen, sind in anderen Ländern möglicherweise auf eine Weise ausgestaltet, die aus kriminologischer Sicht interessant und weiterführend erscheint. Aus dem Vergleich der Problemlagen in den jeweiligen Ländern können deshalb Schlussfolgerungen für die kriminologische Beurteilung der Verhältnisse im eigenen Land gezogen werden. Dieser methodische Gewinn, der aus der grenzübergreifenden Betrachtung gezogen werden kann, wurde in der Kriminologie schon relativ früh erkannt und führte (freilich ohne die hier vorgenommene Beschränkung auf die europäische Perspektive) zu einer eigenständigen Forschungsrichtung innerhalb der Kriminologie, der „international-vergleichenden Kriminologie".[2]

5 Die zweite Aufgabe einer „europäischen Kriminologie" ergibt sich aus den Besonderheiten der europäischen Integration. Mit dem Zusammenwachsen Europas, der Bildung einer Wirtschafts- und Währungsunion, der Einräumung der Grundfreiheiten und der Beseitigung der Grenzkontrollen an den Binnengrenzen ist ein neuer kriminalgeografischer Raum mit neuen, gemeinschaftlichen Institutionen, aber auch mit neuen Erscheinungsformen kriminellen Handelns entstanden. Zu denken ist an Straftaten, die sich gegen die europäischen Institutionen richten oder die aus diesen heraus begangen werden, sowie an Straftaten, die unter gezielter Ausnutzung des Wegfalls der Personenkontrollen an den europäischen Binnengrenzen begangen werden. Das Spektrum der zu befürchtenden neuen transnationalen **„europäischen Kriminalität"** reicht dabei von betrügerischen Handlungen zum Nachteil des Haushalts der EG (zB Subventionsbetrug im Rahmen der europäischen Landwirtschaftsförderung), über Korruption der europäischen Amtsträger bis hin zu Straftaten der organisierten Kriminalität (zB Handel mit Betäubungsmitteln, Waffenhandel, Verschiebung von gestohlenen Kfz, Menschenhandel), die durch den Wegfall der Grenzkontrollen an den Binnengrenzen gefördert, oder doch zumindest nicht mehr wie früher behindert werden. Die Beobachtung und Analyse dieser sich aus der europäischen Integration ergebenden Veränderungen im Kriminalitätslagebild und die kritische Evaluation der Tätigkeit der neu geschaffenen Instanzen der Kriminalitätskontrolle ist eine Fortführung der ursprünglich im nationalstaatlichen Kontext entwickelten Aufgaben der Kriminologie auf der europäischen Ebene (→ § 1 Rn. 28ff.).

2 *H.-J. Albrecht*, in: H. J. Schneider 2007, 255ff.

II. Voraussetzungen und Probleme des europäischen Vergleichs

Europäische Vergleiche sind wie alle internationalen kriminologischen Vergleiche mit einer Vielzahl von Problemen konfrontiert. Schwierigkeiten kann schon die Frage des Zugangs zu den relevanten Informationen bereiten.[3] Als Informationsquelle zum Hellfeld stehen im internationalen Bereich **Polizeistatistiken** zur Verfügung, die verschiedenen supranationalen Organisationen von den nationalen Polizeibehörden (in Deutschland: dem BKA) übermittelt werden. Zu unterscheiden sind: 6

- die der Öffentlichkeit nicht zugängliche, von Interpol herausgegebene Internationale Kriminalstatistik;[4]
- die von den Vereinten Nationen periodisch herausgegebenen „Surveys on Crime Trends and the Operations of Criminal Justice Systems“, die für die Region Europa und Nordamerika von dem European Institute for Crime Prevention and Control (HEUNI) in Helsinki aufbereitet werden;[5]
- die vom Statistischen Amt der EU (Eurostat) veröffentlichten statistischen Daten zur Kriminalität und Strafjustiz in den Mitgliedstaaten der EU;[6]
- das ursprünglich vom Europarat herausgegebene „European Sourcebook of Crime and Criminal Justice Statistics“,[7] das die entsprechenden Daten für die Mitgliedstaaten des Europarats aufbereitet (→ Rn. 13 ff.).

Informationen zum Dunkelfeld liefert vor allem der „**International Crime Victims Survey** (ICVS)“, eine Opferbefragung, die seit 1989 in unregelmäßigen Abständen mit dem gleichen Fragebogen in zahlreichen Ländern der Welt durchgeführt wird.[8] In Deutschland wurde die Befragung nur 1989, 2005 und mit einem Pretest 2010 durchgeführt, so dass für Deutschland über die Jahre hinweg keine 7

3 Übersicht bei *von Hofer*, in: H. J. Schneider 2009, 121 ff.;
4 Allgemein https://www.interpol.int/
5 https://www.heuni.fi/en/index/researchareas/crimestatistics.html
6 https://ec.europa.eu/eurostat/web/crime/overview
7 https://wp.unil.ch/europeansourcebook/
8 *van Kesteren/van Dijk/Mayhew* International Review of Victimology 2014, 49 ff.; *van Dijk* EurJCrim 2015, 437 ff.

Vergleiche möglich sind. Die für die jeweiligen Länder repräsentativen Opferbefragungen werden ergänzt durch international-vergleichende Schülerbefragungen, in denen 12- bis 16-jährige Schülerinnen und Schüler Angaben zu ihren Erfahrungen in den kriminalitätsrelevanten Bereichen machen (**International Self-Report Delinquency Survey,** ISRD).[9]

8 Neben den Problemen des Datenzugangs stellt sich eine Reihe von Problemen bei der Interpretation des Datenmaterials. Dabei sind namentlich die folgenden Probleme zu beachten:[10]

(1) Die bei Strafe **verbotenen Verhaltensweisen** sind **nicht in allen Ländern gleich.** Zwar sind manche Delikte in allen Ländern gleichermaßen verboten. Beispiele für derartige universell anzutreffende Verbrechen sind Mord/Totschlag, Diebstahl, Raub und Vergewaltigung. Bei vielen deliktischen Erscheinungsformen lassen sich im internationalen Vergleich jedoch große Unterschiede feststellen. Zu denken ist etwa an die unterschiedliche strafrechtliche Erfassung des Umgangs mit Alkohol oder Betäubungsmitteln, an die unterschiedliche Ausgestaltung des Schutzes der sexuellen Selbstbestimmung und an die zahlreichen Möglichkeiten zur Abgrenzung von Kriminalität im Bagatellbereich (materielle Lösungen, prozessuale Lösungen, Ordnungswidrigkeitenrecht). Die Konsequenz ist, dass sich die Gesamtzahlen für die amtlich registrierte Kriminalität international nicht miteinander vergleichen lassen, da sie auf zu unterschiedlichen Prämissen beruhen.

9 (2) Der internationale Vergleich muss sich auf den Vergleich von solchen Delikten beschränken, die in allen untersuchten Ländern gleichermaßen verboten sind. Allerdings können in der **Art der strafrechtlichen Erfassung** dennoch nationale Unterschiede bestehen. So stellt etwa das angloamerikanische Konzept des „assault" auf den körperlichen Angriff ab, während das deutsche Konzept von „Körperverletzung" („bodily harm") an den schädigenden Erfolg anknüpft. Derartige Unterschiede stehen einem internationalen Vergleich nicht von vornherein entgegen. Sie müssen jedoch deutlich gemacht und bei der Dateninterpretation berücksichtigt werden.

10 (3) Die **statistischen Erfassungsregeln** sind nicht in allen Ländern gleich. Die Kriminalstatistik wird von der Polizei in manchen Län-

9 *Enzmann u. a.* 2018; *Enzmann* RPsych 2018, 456 ff.; *Marshall/Steketee* EurJCrimPolicyRes 2018, 219 ff.
10 *Harrendorf*, in: Kuhn u. a. 2013, 131 ff.; *ders.*, in: Dessecker/Harrendorf/Höffler 2019, 323 ff.

dern als Eingangsstatistik, in anderen als Ausgangsstatistik geführt, was für die Einordnung des Delikts (zB im Hinblick auf die Herab- oder Heraufstufung des ursprünglichen Vorwurfs) von Bedeutung sein kann. Unterschiedlich können die Regeln für die Erfassung von Mehrfach- und Serientätern sein sowie für die Erfassung der Delikte, die von strafunmündigen Kindern begangen werden (wo verläuft in den einzelnen Ländern die Altersgrenze?). Auch solche Unterschiede müssen kenntlich gemacht werden.

(4) Schließlich ist die **Struktur der strafrechtlichen Kontrollsysteme,** in denen die statistischen Informationen entstehen, nicht in allen Ländern gleich. So stellt sich bei einem Vergleich von Kriminalstatistiken zB die Frage nach den Gemeinsamkeiten und Unterschieden im Anzeigeverhalten. Das Anzeigeverhalten kann davon abhängig sein, welches Vertrauen die Bevölkerung eines Landes in die Tätigkeit ihrer Strafverfolgungsorgane hat, aber auch davon, welche informellen Kontrollmechanismen wirksam sind und ob zur Anzeige bzw. zur Strafverfolgung funktionale Äquivalente existieren. Fraglich ist auch, welche Kompetenzen die Ermittlungsorgane in den nationalen Verfahrensordnungen haben, ob sie jedem Verdacht von Amts wegen nachgehen müssen, ob es Antragsrechte des Geschädigten gibt, welche Einstellungsmöglichkeiten existieren etc. Die Interpretation von Kriminalitätsdaten muss stets mit Bezug zu den Besonderheiten der jeweiligen Kontrollsysteme erfolgen. 11

Auch wenn die praktischen und methodischen Schwierigkeiten, vor denen die international-vergleichende Kriminologie steht, damit immens erscheinen, sind sie dennoch nicht unüberwindbar. Dies zeigt ein ursprünglich vom Europarat initiiertes Projekt, auf das im Folgenden genauer eingegangen werden soll. 12

III. Das „European Sourcebook of Crime and Criminal Justice Statistics"

1. Methodische Anlage

Aus den USA ist das „Sourcebook of Criminal Justice Statistics" bekannt, das seit 1973 jährlich vom US-amerikanischen Bundesjustizministerium herausgegeben wird.[11] Es enthält Angaben über Krimi- 13

11 https://www.albany.edu/sourcebook/

nalität und Strafverfolgung in allen Einzelstaaten der USA, was deshalb bemerkenswert ist, weil sich auch die Gesetzgebung und die Strafverfolgungspraxis in den verschiedenen amerikanischen Einzelstaaten zum Teil deutlich voneinander unterscheiden. Dieses US-amerikanische „sourcebook" lieferte das Vorbild für das 1999 zum ersten Mal herausgegebene „European Sourcebook of Crime and Criminal Justice Statistics", in dem die kriminologisch relevanten Daten aus 36 europäischen Ländern aus den Jahren 1990 bis 1996 zusammengetragen wurden.[12] Inzwischen wird das europäische „Sourcebook" nicht mehr vom Europarat, sondern von einem privaten Netzwerk von Experten aus dem Bereich der Justizforschung getragen, das von nationalen und internationalen Stellen unterstützt wird. 2014 erschien das „European Sourcebook" in der fünften Auflage. Diese bislang letzte Auflage – eine 6. Auflage ist in Vorbereitung – liefert die Daten für 41 europäische Länder und deckt dabei den Zeitraum von 2007 bis 2011 ab. Sämtliche Auflagen des „Sourcebook" stehen im Internet für den Download zur Verfügung.[13]

14 Das „European Sourcebook" ist in sechs Teile untergliedert. Der erste Teil enthält überwiegend Informationen, die in Deutschland aus der PKS bekannt sind: Angaben zur Entwicklung bestimmter Einzeldelikte, zu den Tatverdächtigen und (nicht in der PKS enthalten) zur Polizeistärke (Anzahl Polizeibeamte pro 100.000 Einwohner). Der zweite Teil entspricht der deutschen Staatsanwaltschaftsstatistik. Er nennt die Erledigungszahlen der Strafverfolgungsorgane und die Erledigungsarten. Im dritten Teil folgen die aus der StVS bekannten Angaben zur Zahl der wegen bestimmter Delikte Verurteilten sowie zur Art und Schwere der verhängten Sanktionen. Der vierte Teil entspricht im Wesentlichen der Vollzugsstatistik. Er liefert Informationen zu den europäischen Gefangenenzahlen (Bestand sowie Zu- und Abgang), die jährlich auch vom Europarat in den „Annual Penal Statistics" veröffentlicht werden.[14] Die in Deutschland aus der Bewährungshilfestatistik bekannten Daten sind im „European Sourcebook" im fünften Teil zusammengestellt. Im sechsten und letzten Teil werden die Ergebnisse aus nationalen, repräsentativen Opferbefragungsstudien referiert.

15 Um die in den teilnehmenden Ländern vorhandenen Datenbestände miteinander vergleichbar zu machen, werden die nationalen Unterschiede im „Sourcebook" bei den Deliktsdefinitionen in der Weise herausgearbeitet, dass zu jedem Delikt eine „Standarddefinition" gegeben wird, zu der die jeweilige

12 *Killias/Rau* EurJCrimPolicyRes 2000, 3 ff.; *Jehle*, in: Kuhn u. a. 2013, 191 ff.
13 https://wp.unil.ch/europeansourcebook/
14 https://www.coe.int/en/web/prison/space

nationale Definition in Beziehung gesetzt wird.[15] Als Standarddefinition für „assault" (→ Rn. 9) wird bspw. wie in Deutschland die vorsätzliche körperliche Verletzung einer anderen Person zugrunde gelegt und es wird im Anhang angegeben, dass der Begriff in England und Wales hiervon abweichend auch Bedrohungen umfasst. Auf diese Weise werden die Gemeinsamkeiten und Unterschiede transparent gemacht und es wird ermöglicht, die Qualität und Zuverlässigkeit der im „European Sourcebook" verwendeten Daten und Informationen genauer einzuschätzen.

2. Die Verteilung der Eigentumskriminalität als Beispiel

Die Aussagekraft des „European Sourcebook" lässt sich beispielhaft anhand der Daten zur polizeilich bekannt gewordenen Kriminalität verdeutlichen. Von den zwölf Delikten, über die in der 5. Auflage des „Sourcebook" berichtet wird, ist der **Diebstahl** in ganz Europa das häufigste Einzeldelikt. Im Jahr 2011 wurden in den europäischen Ländern durchschnittlich 1.890 Diebstähle pro 100.000 Einwohner registriert, der Median der Häufigkeitszahl (HZ) lag bei 1.754.[16] Betrachtet man die regionale Verteilung der HZen innerhalb der EU einschließlich der Schweiz, zeigt sich, dass die meisten Taten (HZ über 4.000) in Dänemark, den Niederlanden und Schweden registriert wurden, die wenigsten Taten (HZ unter 900) hingegen in Griechenland, Kroatien, Slowakei, Spanien und Zypern. Deutschland bewegte sich mit einer HZ von 2.940 im oberen Mittelfeld der mit Diebstahlskriminalität belasteten Länder. 16

Die unterschiedlichen Größenordnungen müssen nicht zwingend etwas über die tatsächliche Belastung mit Diebstahlskriminalität aussagen; So hat der schon etwas ältere, 2005 in den „alten" sowie einigen „neuen" Mitgliedstaaten der EU durchgeführte „European Crime and Safety Survey" (s. o. Rn. 7) zB für Griechenland eine überdurchschnittliche hohe Belastung mit Diebstahlstaten ergeben, für Schweden hingegen eine unterdurchschnittliche Belastung.[17] Die im „Sourcebook" abgebildeten Unterschiede können deshalb auch darauf zurückzuführen sein, dass bei „objektiv" gleicher Belastung die Bereitschaft der Opfer zur Anzeigeerstattung und/oder der Polizei zur Entgegennahme einer Anzeige unterschiedlich ausgeprägt ist. Die dargestellten Zahlen lassen deshalb nur Aussagen darüber zu, in welchem Umfang die Polizeibehörden in den betreffenden Ländern genügend Anlass sahen, wegen des 17

15 Ausführlich zur Methodik *Jehle/Harrendorf* 2010; *Harrendorf* EurJCrimPolicyRes 2012, 23 ff.

16 European Sourcebook 2014, Tab. 1.2.1.15.

17 *Van Dijk/van Kesteren/Smit* 2007, 71 (allerdings beschränkt auf „theft of personal property"); vgl. auch European Sourcebook 2014, Tab. 6.2.4.1.

Verdachts eines Diebstahlsdelikts die Ermittlungen aufzunehmen. Dabei können auch Unterschiede in den rechtlichen Rahmenbedingungen handlungsleitend gewirkt haben.

18 Fragt man danach, welche Erscheinungsformen des Diebstahls besonders häufig sind, so ist aus Deutschland bekannt, dass hier der Diebstahl von und an/aus Kfz, der Ladendiebstahl und der Fahrraddiebstahl dominieren; der Einbruchsdiebstahl in Gebäude und Wohnungen spielt demgegenüber eine geringere Rolle (→ § 5 Rn. 26). Auf der europäischen Ebene sind derartig differenzierte Aussagen nicht möglich. Das „European Sourcebook" unterscheidet lediglich zwischen Diebstahl von Kfz, (Gebäude-)Einbruchs- und Wohnungseinbruchsdiebstahl und lässt damit namentlich die in Deutschland wichtigen Kategorien des Laden- und des Fahrraddiebstahls außer Betracht.

19 Von den genannten Kategorien kommt dem **Einbruchsdiebstahl** in ganz Europa die größte Bedeutung zu. Im Durchschnitt ist fast jeder dritte von den Polizeibehörden registrierte Diebstahl ein Einbruchsdiebstahl. Besonders stark belastet (HZen über 1.000) sind Dänemark, Österreich und Schweden, die Schlusslichter bilden Kroatien und die Slowakei. Die aus Opfersicht besonders belastende Form des Wohnungseinbruchsdiebstahls (→ § 8 Rn. 37) spielt vor allem in Belgien, Dänemark und in den Niederlanden eine Rolle, während sie in Tschechien und wiederum der Slowakei erstaunlich gering ist. Im europäischen Vergleich bewegt sich Deutschland auch insoweit im Mittelfeld; im Jahr 2011 lag die HZ für sämtliche Formen des Einbruchsdiebstahls in Deutschland bei 515 (Mittelwert in Europa: 541) und für die Sonderform des Wohnungseinbruchsdiebstahls bei 264 (Mittelwert in Europa: 246).[18]

20 Von den angezeigten Delikten wird bekanntlich nur ein Teil aufgeklärt. Dies bestätigt der Blick auf die **Tatverdächtigenbelastungszahlen** (TVBZen; zum Begriff → § 5 Rn. 37). Europaweit liegen die TVBZen beim Diebstahl deutlich unter den Häufigkeitszahlen für die registrierten Delikte, wobei 2011 die höchste TVBZ aus Finnland gemeldet wurde (1.254; zum Vergleich Deutschland: 621). Auffällig ist, dass der Anteil der ermittelten Tatverdächtigen an der Gesamtzahl der registrierten Diebstähle in denjenigen Ländern besonders gering ist, die am stärksten mit Diebstählen belastet sind (Niederlande: 662,

18 European Sourcebook 2014, Tab. 1.2.1.17. und 1.2.1.18.

Schweden: 322; Angaben für Dänemark fehlen).[19] Über die Gründe für diese Diskrepanz lässt sich nur spekulieren. Auf Unterschiede in der polizeilichen Ausstattung können die Diskrepanzen nicht zurückgeführt werden. Dem „European Soucebook“ lässt sich zwar entnehmen, dass die Zahl der Polizeibeamten pro 100.000 Einwohner sowohl in den Niederlanden (230) als auch in Schweden (217) vergleichsweise gering ist (jeweils bezogen auf das Jahr 2011; der Durchschnittswert lag bei 386). Allerdings ist die Polizeistärke auch in Finnland nicht sehr hoch (150), obwohl dort europaweit die meisten Tatverdächtigen ermittelt werden; die Unterschiede in den Belastungszahlen können also mit den polizeilichen Ressourcen nicht erklärt werden können.[20] Denkbar ist, dass in den betreffenden Ländern der Anteil der Mehrfachtäter unterschiedlich hoch ist. Denkbar ist aber auch, dass der Anteil der „Unbekanntsachen“ variiert, dh der Anteil derjenigen Delikte, bei denen der Tatverdächtige nicht (wie in der Regel beim Ladendiebstahl) von vornherein bekannt ist und deren Aufklärung der Polizei einen hohen Einsatz abverlangt. Anhand der Informationen, die das „European Sourcebook“ liefert, lassen sich die Unterschiede nicht abschließend klären.

Fragt man danach, welche Personen beim Diebstahl von der Polizei als Tatverdächtige ermittelt wurden, so lässt sich feststellen, dass der Anteil der **jungen Täter** (dh der Tatverdächtigen im Alter von unter 18 Jahren) in den einzelnen Ländern stark variiert. In Frankreich und Deutschland waren 2010 beim Diebstahl etwa 30 % der Tatverdächtigen Jugendliche, während in Tschechien, Griechenland und Italien nur etwa jeder 10. Tatverdächtige ein Jugendlicher war. Die Strafmündigkeitsgrenze scheidet als Erklärungsfaktor für die geringere Jugendkriminalität jedenfalls in Griechenland und Italien aus; in Italien liegt sie wie in Deutschland bei 14 Jahren, in Griechenland sogar nur bei 13 Jahren.[21] Die geringere Bedeutung der registrierten Jugendkriminalität ist damit jedenfalls in diesen Ländern wohl eher auf andere Gründe zurückzuführen: Die Jugendlichen können tatsächlich weniger Diebstähle begehen als ihre Altersgenossen in den anderen Ländern; sie können sich bei der Tatbegehung aber auch geschickter anstellen, so dass sie von der Polizei weniger schnell als Täter ermittelt werden. Auch eine unterschiedliche Toleranz der Geschädigten bei der Entscheidung über die Anzeigeerstattung kann eine Rolle spielen. Anhand der im „European Sourcebook“ mitgeteilten Daten lassen sich auch insoweit keine Aussagen treffen. Im Übrigen lässt sich feststellen, dass die Anteile der **Frauen** unter den ermittelten Tatverdächtigen in Deutschland und Schweden hoch, in Kroatien, Polen und Spanien hingegen 21

---

19 European Sourcebook 2014, Tab. 1.2.2.14.
20 European Sourcebook 2014, Tab. 1.2.4.1.
21 *Dünkel* NK 2008, 106.

sehr niedrig liegen. Die **Ausländeranteile** sind beim Diebstahl in Griechenland, Italien, Österreich und Zypern am höchsten, was sozialstrukturelle Ursachen haben mag, aber auch mit spezifischen polizeilichen Verfolgungsstrategien in Zusammenhang stehen kann.[22]

3. Erklärung der Unterschiede

22 Was lässt sich aus kriminologischer Sicht mit derartigen Feststellungen anfangen? Auf einer rein deskriptiven Ebene lassen sich Entwicklungen zunächst beschreiben („crime trends") und miteinander vergleichen, um einen Eindruck von der Sicherheitslage in Europa und etwaigen Veränderungen zu erhalten.[23] Kriminologisch interessiert darüber hinaus aber vor allem die Frage, ob und ggf. wie sich die unterschiedliche Belastung mit Diebstahlsdelikten erklären lässt. Erst wenn es Anhaltspunkte dafür gibt, *warum* in manchen Ländern eine höhere und in anderen Ländern eine geringere Diebstahlskriminalität zu beobachten ist, lassen sich aus dem internationalen Vergleich Schlussfolgerungen für die Prävention ziehen.

23 Einen Ansatzpunkt für weitere Überlegungen kann der an die Theorie der rationalen Wahl (→ § 3 Rn. 15 ff.) und das Konzept der Routineaktivitäten (→ § 8 Rn. 31 ff.) angelehnte Ansatz des niederländischen Kriminologen *Jan van Dijk* bieten. *Van Dijk* erklärt die Eigentumskriminalität eines Landes mit **unterschiedlichen Kosten-/Nutzen-Entscheidungen von Opfern und Tätern.** Die Eigentumskriminalität sei vor allem in solchen Ländern hoch, in denen es viele aus der Sicht potentieller Täter attraktive, aber nur unzureichend geschützte Tatobjekte gebe. Die potentiellen Opfer verzichteten auf ausreichende Schutzmaßnahmen, weil ihnen das Viktimisierungsrisiko zu gering erscheine oder der Verlust des Objekts angesichts der Verfügbarkeit weiterer Objekte zu wenig bedeute. Eigentumskriminalität sei insoweit ein **Wohlstandsphänomen.** Die Eigentumskriminalität sei darüber hinaus aber auch in solchen Ländern hoch, in denen eine große Anzahl potentieller Täter unter hohem ökonomischem Druck stünden. Eigentumsdelikte begingen die potentiellen Täter dann, wenn sie die Kosten der Entdeckung und Verfolgung geringer einschätzten als den Nutzen, den sie aus einer rechtswidrigen

---

22 European Sourcebook 2014, Tab. 1.2.3.14.
23 *Killias/Aebi* EurJCrimPolicyRes 2000, 43 ff.; Gruszczyńska/Heiskanen EurJCrimPolicyRes 2012, 83 ff.

Tat ziehen könnten. Eigentumskriminalität sei deshalb gleichzeitig auch ein **Armutsphänomen,** das vor allem (aber natürlich nicht nur) in wirtschaftlich noch nicht entwickelten Ländern bzw. in Ländern mit großen ökonomischen Spannungen auftrete.[24]

Die Verteilung der Eigentumskriminalität in Europa könnte sich danach also auf zwei Wegen erklären lassen: mit den unterschiedlichen Gelegenheitsstrukturen (= potentiellen Tatobjekten), die es in den einzelnen Ländern Europas gibt, und mit den unterschiedlich hohen Anteilen von Bevölkerungsgruppen, die unter ökonomischem Druck stehen (= potentiellen Tätern). Ob und inwieweit dieser Ansatz allerdings wirklich tragfähig ist, lässt sich allein mit den Informationen, die das „European Sourcebook" bietet, nicht abschließend beurteilen; die geringen HZen in Ländern wie Griechenland, Kroatien und Zypern scheinen eher dagegen zu sprechen. Für die empirische Prüfung von *van Dijks* These müssen die Kriminalitätsdaten zu den sozioökonomischen Parametern (zur Messung des Wohlstandsgefälles[25]), aber auch zu genaueren Informationen über die Verfolgungsintensität in den betreffenden Ländern[26] in Beziehung gesetzt werden. Darüber hinaus dürften das subjektive Empfinden der Schwere von Eigentumsverletzungen und die hiermit einhergehende Bereitschaft zur Anzeigeerstattung (→ § 8 Rn. 50) eine wesentliche Rolle spielen, die sich nur durch Dunkelfelduntersuchungen erheben lassen.[27] Ebenso wie auf der nationalstaatlichen Ebene (→ § 5 Rn. 53) gilt auch für die europäische Kriminologie, dass sich Kriminalitätsphänomene nur bei integrierter Betrachtung von Hellfeld und Dunkelfeld vollständig erfassen und verstehen lassen. **23a**

IV. Neue Kriminalitätsformen in Europa

1. Straftaten gegen die finanziellen Interessen der EU

Während die in den Mitgliedstaaten des Europarats bekannt gewordene konventionelle Kriminalität im „European Sourcebook" zuverlässig dokumentiert wird, sind empirische Informationen über die **24**

24 *Van Dijk* BritJCrim 34 (1994), 105 ff.
25 Beispiel *Entorf/Spengler* 2002.
26 Beispiel *Jehle/Wade* 2006.
27 Vgl. insoweit etwa *van Dijk/van Kesteren/Smit* 2007 und European Sourcebook 2014, Tab. 6.2.

Kriminalitätsformen, die durch das europäische Zusammenwachsen bedingt neu hinzugekommen sind, kaum vorhanden. Dies zeigt sich bereits bei einem Blick auf die Straftaten, die sich gegen die finanziellen Interessen der EU richten. Die EU und ihre Mitgliedstaaten haben die Aufgabe, diese Straftaten mit abschreckenden und effektiven Mitteln zu bekämpfen (Art. 325 AEUV). Zu diesem Zweck hat die Kommission 1999 das **Europäische Amt für Betrugsbekämpfung** (OLAF, *Office européene de lutte antifraude*) eingerichtet, dessen Aufgabe die Durchführung und Koordinierung der entsprechenden Ermittlungshandlungen ist.[28] Über seine Tätigkeit und die erzielten Erfolge veröffentlicht das Amt jährlich Berichte, die jedoch nur einen groben Überblick über Art und Umfang der bearbeiteten Fälle geben.[29]

25 Dem jüngsten Bericht lässt sich entnehmen, dass im Jahr 2019 insgesamt 223 Untersuchungen eingeleitet und 181 Untersuchungen abgeschlossen wurden, bei denen von einem rückforderungsfähigen Gesamtschadensvolumen von 485 Mio. Euro ausgegangen wurde. Mit Blick auf die Schäden kommt Betrugsaktivitäten im Bereich der EU-Strukturfonds (Förderinstrumente zur Festigung des Zusammenhalts in der Union und der Stärkung von Wachstum und Beschäftigung in strukturschwachen Regionen) eine herausgehobene Bedeutung zu; allein in diesem Bereich wurde von einem Schadensvolumen von 88 Mio. Euro ausgegangen.[30] Zu den bearbeiteten Fällen liefern die Berichte statistische Darstellungen, die mit der Schilderung von markanten Einzelfällen angereichert werden. Unzulänglich erscheinen die Informationen demgegenüber im Bereich des „follow-up": Über den Ausgang der von OLAF eingeleiteten Untersuchungen, insbesondere die Art der in den Mitgliedstaaten ergriffenen Maßnahmen und das Ergebnis etwaiger Strafverfahren, werden nur wenige Mitteilungen gemacht.[31] Eine empirisch fundierte Gesamteinschätzung der Tätigkeit von OLAF und eine Bewertung der erzielten Erfolge sind damit für Außenstehende kaum möglich.

2. Grenzüberschreitende Kriminalität

26 Im Bereich der polizeilichen Zusammenarbeit (Art. 87 ff. AEUV) ist die empirische Befundlage geringfügig besser. Die Mitgliedstaaten der EU hatten sich im Rahmen des Vertragsschlusses von Maastricht

28 *Brüner/Spitzer*, in: Sieber u. a. 2011, 677 ff.; *Hecker* 2015, § 4 Rn. 17 ff.; vertiefend § 14.
29 https://ec.europa.eu/anti-fraud/about-us/reports/olaf-report_de
30 OLAF Report 2019, 12 ff.
31 OLAF Report 2019, 36 ff.

bzw. Amsterdam darauf verständigt, zur Verhütung und Bekämpfung der Kriminalität, insbesondere des Terrorismus, des Menschenhandels und der Straftaten gegenüber Kindern, des illegalen Drogen- und Waffenhandels, der Bestechung und Bestechlichkeit sowie des Betrugs eng miteinander zusammenzuarbeiten. Sichtbarsten Ausdruck hat diese Zusammenarbeit im Übereinkommen von 1995 über die Errichtung eines **Europäischen Polizeiamts** (Europol-Übereinkommen) gefunden, das 1998 in Kraft getreten ist.[32] Seit dem 1.1.2010 arbeitet Europol als Agentur auf einer neuen Rechtsgrundlage, einem Ratsbeschluss aus dem Jahr 2009.[33]

Anders als OLAF hat Europol keinerlei eigenständige Ermitt- **27**
lungskompetenzen. Die Hauptaufgabe besteht im Sammeln, Zusammentragen und Analysieren von Informationen über die Entwicklungen in den genannten Kriminalitätsbereichen. Über die dabei gewonnenen neuen Erkenntnisse müssen die zuständigen Behörden der Mitgliedstaaten unterrichtet werden. Die von Europol durchgeführten Analysen schlagen sich in einer Vielzahl von Berichten nieder, die zum Teil auch der Öffentlichkeit zugänglich gemacht werden. Zu den Kriminalitätsfeldern, über die regelmäßig berichtet wird, gehören der Terrorismus, die schwere und organisierte Kriminalität sowie die grenzüberschreitende Internetkriminalität.[34].

Nach der Darstellung von Europol wurden 2019, dem derzeit jüngsten Be- **28**
richtsjahr, in 13 EU-Mitgliedstaaten 119 versuchte oder vollendete terroristische Anschläge registriert, von denen die Mehrzahl einen separatistischen Hintergrund hatte. Vollendete Anschläge mit religiös-fundamentalistischem Hintergrund ereigneten sich 2019 lediglich drei; allerdings wurden mit diesem Hintergrund 436 Personen festgenommen, die im Verdacht standen, einer terroristischen Vereinigung anzugehören oder eine andere, der Vorbereitung von Anschlägen dienende Straftat begangen zu haben (zur Vorverlagerung des Strafrechtsschutzes → § 9 Rn. 31a ff.).[35] Im Bereich der schweren und organisierten Kriminalität ging Europol 2017 von 5.000 Gruppen aus, die in der EU aktiv waren. Kernaktivität der meisten OK-Gruppen war der Drogenhandel. Daneben spielten aber auch Schleusungsdelikte (also das Bewirken der unerlaubten Einreise), Eigentumsdelikte (Kfz- und Einbruchsdiebstahl) sowie Wirtschaftsstraftaten wie Geldwäsche und Betrug eine herausgehobene

32 *Neumann*, in: Sieber u. a. 2011, 701 ff.
33 *Hecker* 2015, § 5 Rn. 59 ff.; zu den Hintergründen und Auswirkungen *Niemeier/Walter* Kriminalistik 2010, 17 ff.
34 Vgl. https://www.europol.europa.eu/activities-services/services-support/strategic-analysis
35 EU Terrorism Situation and Trend Report (TE-SAT) 2020.

Rolle.[36] Die grenzüberschreitende Internetkriminalität wird ebenfalls vor allem im Zusammenhang mit organisierter Kriminalität gesehen. Ein erhebliches Gefahrenpotential ging 2019 von Schadsoftware aus, die zur digitalen Erpressung von Privatpersonen und Firmen oder zu Betrugszwecken genutzt wurde. Daneben stellt die sexuelle Ausbeutung von Kindern ein markantes Kriminalitätsfeld dar; neben der Verbreitung von kinderpornografischem Material geht es hier auch um den Online-Missbrauch, der live im Internet übertragen wird.[37] Aus kriminologischer Sicht interessant ist, dass Europol bei manchen Delikten auch auf die Risikofaktoren („enablers") hinweist, die in den betreffenden Kriminalitätsbereichen wirksam sind, woraus sich nicht nur Ansätze für kriminalpräventives Handeln ergeben, sondern in denen auch Anhaltspunkte für weiterführende kriminologische Analysen gefunden werden können. Insgesamt sind die der Öffentlichkeit zugänglich gemachten Berichte allerdings wenig transparent und aussagekräftig.

V. Offene Fragen und Ausblick

29 In den empirischen Befunden fallübergreifende Strukturen erkennen, erklären, Modelle für die Prävention entwickeln und die kriminalpolitische Entwicklung kritisch begleiten – wenn das die Aufgaben einer europäischen Kriminologie sind, dann ist die Kriminologie in Europa von diesem Idealbild noch weit entfernt. Festzustellen ist, dass sich jedenfalls die deutsche Kriminologie erst in Ansätzen den sich aus dem Zusammenwachsen Europas ergebenden Fragestellungen zugewandt hat; Ansätze finden sich bei vergleichend angelegten Dunkelfeldbefragungen zum Viktimisierungsrisiko und beim Vergleich von Strukturdaten, wie sie durch das „European Sourcebook" ermöglicht werden. Die Gründung einer europäischen Fachgesellschaft („European Society of Criminology") im Jahr 2000[38] und die Etablierung eines entsprechenden wissenschaftlichen Fachjournals („European Journal of Criminology") im Jahr 2004[39] haben zwar den kriminologischen Wissensbestand erweitert. Sie haben aber nicht dazu geführt, dass aus einer vorwiegend nationalstaatlich geprägten, an leicht zugänglichen heimischen Stichproben orientierten Forschung eine grenzüberschreitend arbeitende, europäische Kriminologie geworden ist, die sich um die Nutzung der in Europa vorfindli-

36 EU Serious and Organised Crime Threat Assessment (SOCTA) 2017.
37 The Internet Organised Crime Threat Assessment (IOCTA) 2019.
38 https://www.esc-eurocrim.org/
39 https://journals.sagepub.com/home/euc; hierzu selbstkritisch reflektierend *Smith* EurJCrim 2014, 3ff.;

chen Gemeinsamkeiten und Unterschiede zum Zwecke des kriminologischen Vergleichs und die wissenschaftliche Durchdringung der in den letzten Jahrzehnten entstandenen neuen, „europäischen Kriminalität“ bemüht.[40] Auch wenn das „European Sourcebook“ sowie die Berichte von OLAF und Europol in vielerlei Hinsicht wertvolle Informationen liefern, bleiben aus kriminologischer Sicht **zahlreiche Fragen offen**.

Zu den offenen Fragen gehört etwa die Frage nach der organisierten oder nicht organisierten Wirtschaftskriminalität in Europa. Erscheinungsformen, Verteilung innerhalb Europas, kriminalitätsfördernde und -hemmende Bedingungen, Umstände, die die Entdeckung, Aufklärung und Beweisführung im Prozess beeinflussen, staatliche Sanktionen (Verbandsstrafen) und Auswirkungen auf das Marktgeschehen müssen differenziert erfasst und analysiert werden.[41] Die Aufmerksamkeit darf sich dabei nicht nur auf solche Formen der grenzüberschreitenden Wirtschaftskriminalität beschränken, die zu ökonomischen Einbußen geführt haben, sondern muss auch diejenigen Formen wirtschaftskriminellen Handelns in den Blick nehmen, die sich zum Nachteil der Gesundheit, der Tier- und Pflanzenwelt, von Boden und Luft auswirken; strafbare Verstöße gegen die Verbraucherschutzvorschriften, Verstöße gegen das Kriegswaffenkontrollgesetz und vergleichbare Vorschriften sowie die Umweltkriminalität müssen in einem europäischen Rahmen genauer untersucht werden. 29a

Aber auch im Bereich der konventionellen Kriminalität ergeben sich aus dem Zusammenwachsen Europas neue Fragen nach Unterschieden und Gemeinsamkeiten innerhalb der EU: Welche Bedeutung hat zB das Phänomen der innerfamiliären Gewalt in den einzelnen Ländern? Wie wird hiermit umgegangen? Wo ist die Hasskriminalität (hate crime), insbesondere die gegenüber Flüchtlingen und ethnischen Minderheiten verübte Kriminalität ein Thema und was sind die Gründe hierfür? Welche Probleme bereitet die von Migranten verübte Kriminalität, welche Straftaten werden *gegen* Migranten begangen? Wo ist die sexuelle Ausbeutung von Kindern ein Problem? Erst der Blick auf *alle* Bereiche würde ein halbwegs abgerundetes Bild von der Kriminalitätslage in dem „neuen“ Europa ohne Grenzen entstehen lassen. 30

Das Zusammenwachsen Europas stellt damit auch die Kriminologie vor **neue Herausforderungen.** Erforderlich ist es, die stattfindenden Veränderungen im Kriminalitätslagebild nicht nur quantitativ, sondern auch qualitativ auszuwerten und zu erklären. Die einzelnen Kriminalitätsphänomene müssen künftig differenzierter, als dies gegenwärtig möglich ist, erfasst und in ihrer Bedeutung für die europä- 31

---

40 Anschaulich kommt dies im European Criminology Oral History Project zum Ausdruck: https://www.esc-eurocrim.org/index.php/activities/ecoh

41 Zu ersten Ansätzen in dieser Richtung *van Erp/Lord* EurJCrim 2020, 3 ff.

ische Entwicklung zu einem „Raum der Freiheit, der Sicherheit und des Rechts“ (Art. 67 Abs. 1 AEUV) gewichtet werden. Der „Raum der Freiheit, der Sicherheit und des Rechts“ ist nicht nur ein Raum der *Sicherheit,* in dem Straftaten mit allen Mitteln verhütet und bekämpft werden müssen und dürfen, sondern er ist *auch* ein Raum der *Freiheit* und des *Rechts,* in dem alle Interessen zu einem wechselseitigen Ausgleich gebracht werden müssen. Die Kenntnis der Quantität und der Qualität derjenigen Kriminalitätsformen, über deren Verhütung und Verfolgung (kriminal-) politisch nachgedacht wird, spielt bei dieser Interessenabwägung eine wesentliche Rolle. Ohne bspw. zu wissen, *wie viele* Fälle von transnationalem Rauschgift-, Waffen- oder Menschenhandel von der Polizei aufgedeckt, im Dunkelfeld vermutet und für die Zukunft prognostiziert werden, kann über die Frage, welche Einschränkungen der Freiheit durch die Schaffung von neuen Kontrollorganen und Eingriffsbefugnissen sachangemessen und hinnehmbar erscheinen, kriminalpolitisch kaum ernsthaft diskutiert werden. Die europäische Kriminologie hat in diesem Zusammenhang die Aufgabe, die durch die Integration Europas entstandene kriminalpolitische Unübersichtlichkeit aufzugreifen, mit den empirischen Befunden zu konfrontieren und für die Kritik zugänglich zu machen. Auch im europäischen Kontext ist es das Ziel der Kriminologie, zur Entwicklung möglichst rationaler, freiheitlich-rechtsstaatlicher Prinzipien ebenso wie einer den empirischen Befunden verpflichteten europäischen Kriminalpolitik einen Beitrag zu leisten.

Empfehlungen zur vertiefenden Lektüre: *Farrington,* Cross-national comparative research on criminal careers, risk factors, crime and punishment, EurJCrim 2015, 386–399; *Harrendorf,* Criminal Justice in International Comparison – Principal Approaches and Endeavors, in: Dessecker/Harrendorf/Höffler 2019, 323–3487; *Jehle,* Crime and Criminal Justice in Europe. The Approach of the European Sourcebook, in: Kuhn u. a. 2013, 191–205; *Smith,* Wider and deeper: The future of criminology in Europe, EurJCrim 2014, 3–22; *van Dijk,* Understanding Crime Rates, BritJCrim 34 (1994), 105–121.

Sachverzeichnis

Die **fett** gesetzten Zahlen verweisen auf die Paragrafen des Buches, die mageren auf deren Randnummern.

Agnew **3**, 62 ff.
Akers **3**, 73 ff.
Alkohol **6**, 51 ff.
Alter **3**, 82; **5**, 39 ff.
Anfangsverdacht **9**, 34 f.
Anomie s. *Anomietheorie (Kriminalitätstheorien)*
Anzeige
– Anzeigeerstatter **9**, 41
– Anzeigeverhalten **9**, 34 ff.
Arbeitslosigkeit **6**, 56 ff.
Assoziation **3**, 66 ff.
Aufklärung **2**, 2
– Aufklärungsquote **5**, 30 ff.
– Aufklärungswahrscheinlichkeit **9**, 47
Ausbildung **6**, 37 ff.
Ausländer s. *Kriminalität*
Autonomie **9**, 29

Bagatellbereich **5**, 61
Basisrate **7**, 12, 16
Beccaria **2**, 2, 4, 21; **10**, 5
Becker, Gary **3**, 16 ff.
Becker, Howard **3**, 94 f.
Bentham **2**, 2
Betäubungsmittel **6**, 54
Beziehungen s. *Bindung; Eltern-Kind-Beziehung*
Bindung **3**, 80; **6**, 60 ff.
Broken Windows **3**, 50 ff.; **10**, 11

Chicago-Schule **2**, 18; **3**, 46
Compliance **11**, 31
Corona **5**, 51a; **11**, 18
Corporate crime **11**, 7
Cybercrime **5**, 29; **6**, 50a; **10**, 27; **11**, 14b

Datenerhebung **4**, 23 ff.
DDR **2**, 32 ff.
Delikt **1**, 13 ff.
– delicta mala per se **1**, 16
– delicta mala quia prohibita **1**, 16
– Deliktsstruktur **5**, 26 ff.
Delinquenz **1**, 13
Devianz **1**, 14
Diversion **9**, 23 ff.
Drittes Reich **2**, 27 f.
Drogen **6**, 51 ff.
Drucktheorie s. *Kriminalitätstheorien*
Düsseldorfer Gutachten s. *Prävention*
Dunkelfeld **5**, 52 ff.; **8**, 9 ff.; **11**, 14a ff.
– Begriff **5**, 52
– doppeltes **8**, 15
– Erkenntnisse **5**, 60 ff.; **8**, 11 ff.
Dunkelziffer **5**, 53
Durkheim **2**, 10 f., 16 ff.; **3**, 58

Ehe, Partnerschaft **6**, 60 ff.
Eigentum s. *Kriminalität*
Eltern-Kind-Beziehung **6**, 34 f.
Entwicklungskriminologie **3**, 102 ff.
Erbeinflüsse s. *Vererbung*
Ermittlungserfolg
– Einflussfaktoren **9**, 49 ff.
– polizeiliche Einschätzung **9**, 44
Europa **12**, 1 ff.
– Ausblick **12**, 31
– europäischer Vergleich **12**, 3 ff.
– neue Kriminalitätsformen **12**, 24 ff.
Europäisches
– Amt für Betrugsbekämpfung s. *OLAF*
– Polizeiamt **12**, 26

European Sourcebook **12**, 13 ff.
Europol **12**, 26 ff.
Evidence-based crime prevention **10**, 38a
Experiment **4**, 19 ff.
Eysenck **3**, 33, 42 ff.

Faktoren **6**, 23 ff.
Familie **6**, 33 ff.; **8**, 15 ff., 58
Farrington **6**, 7
Forensische Psychiatrie **3**, 35, 38 f.; **6**, 1; **7**, 31 ff., 40 ff.
Forensische Psychologie **3**, 34 ff.; **6**,1; **7**, 31 ff.
Forschungsfragen **4**, 15 ff.
Französische Schule *s. Kriminologie*
Freiburger Persönlichkeitsinventar **3**, 36
Freizeit **6**, 47 ff.
Frühkriminalität **6**, 67

Garofalo **1**, 16
Gefälle **5**, 20 ff.
Gegensteuerung **6**, 74
Generalprävention *s. Prävention*
– Generalpräventionsforschung **9**, 70 ff.
Geschlecht **5**, 42 ff.
Gewaltkriminalität **5**, 29; **8**, 13 ff., 54 f.
Gewissen **3**, 44
Glueck, Sh. & *E.* **2**, 20; **3**, 115, 119 f.
Gottfredson **3**, 84 ff.
Grenzüberschreitende Kriminalität **12**, 26 ff.

Häufigkeitszahl **5**, 19; **12**, 16 ff.
Hellfeld **1**, 12; **5**, 18 ff.; **8**, 52 ff. *(s. Opfer; Täter)*
Hirschi **3**, 80 ff.
Hormonhaushalt **3**, 28
Hypothesen **4**, 16, 38 ff.

Idealtypisch vergleichende Einzelfallanalyse **7**, 36 f.
Impulsivität **6**, 29 ff.
Innere Sicherheit **5**, 2
Intelligenz **6**, 27 ff.
Intensivtäter **6**, 16 ff.
Internet **5**, 2d, 29; **6**, 50a
Inzidenz **6**, 9, 16 ff.
Italienische Schule *s. Kriminologie*

Jugenddelinquenz **5**, 60 ff.

Kelling **3**, 50 ff.
Klassische Schule *s. Kriminologie*
Kohortenstudien **6**, 6 ff.
Konfliktschlichtung **9**, 26 ff.
Konstitutionsbiologie **2**, 23
Kontrolle
– Begriff **3**, 77
– Kontrollgruppe **4**, 19
– Kontrolltheorien *s. Kriminalitätstheorien*
– Selbstkontrolle **3**, 84
– soziale Kontrolle *s. strafrechtliche Sozialkontrolle*
Korrelationskoeffizient **4**, 40 ff.
Kretschmer **2**, 23
Kriminalbiologie **2**, 22 ff.; **3**, 23 ff.
Kriminalistik **1**, 6
Kriminalität
– Aufklärungsquote **5**, 30 ff.
– Ausländerkriminalität **5**, 45 ff.
– Begriff **1**, 12; **5**, 2a
– Betäubungsmittel~ **5**, 29
– Cybercrime **5**, 29, **11**, 14b
– Deliktsstruktur **5**, 25 ff.
– Dunkelfeld *s. dort*
– Entwicklung **5**, 48 ff.
– Erklärung *s. Kriminalitätstheorien*
– Europa **12**, 6 ff.
– Flüchtlinge **5**, 47a
– gefühlte **5**, 2c
– Geschlecht **5**, 42 ff.
– Gewaltkriminalität **5**, 29; **8**, 43 ff., 54 f.
– grenzüberschreitende ~ **12**, 26
– Internetkriminalität **5**, 29
– Jugendkriminalität **5**, 39 ff., 60 ff.; **6**, 13 f.; **8**, 14; **12**, 21
– Opfer **5**, 6; **8**, 52 ff.

- regionale Verteilung **5**, 18 ff.
- Sexualkriminalität **5**, 29; **8**, 43 ff., 54 f.
- Tatverdächtige **5**, 33 ff., 49
- Wirtschaftskriminalität **5**, 29; **11**, 1 ff.

Kriminalitätstheorien **3**, 1 ff.
- Anomietheorie **3**, 58 ff.
- Begriff **3**, 4
- biologische Erklärungen **2**, 22 ff.; **3**, 23 ff.
- Drucktheorien **3**, 57 ff.
- Entwicklungskriminologie **3**, 102 ff., **6**, 25, 65 ff.
- Erklärungsebenen **3**, 13
- Kontrolltheorien **3**, 76 ff.
- Labeling Approach **3**, 91 ff.
- Lerntheorien **3**, 65 ff.
- Mehrfaktorenansatz **2**, 15, 20; **3**, 118 ff.
- Neutralisierungstechniken **3**, 69 ff.
- Persönlichkeitstheorien **3**, 34 ff.
- rationale Wahl **3**, 15 ff.; **11**, 27 f.; **12**, 23
- Reichweite **3**, 14
- soziale Desorganisation **3**, 46 ff.; **10**, 10 ff.
- Theorieintegration **3**, 123 ff.
- Ziel **3**, 4 ff.

Kriminalpolitik **1**, 8
Kriminalprävention s. *Prävention*
Kriminalprognose s. *Prognose*
Kriminalpsychologie s. *Forensische Psychologie*
Kriminalsoziologie **3**, 46 ff.
Kriminalstatistiken **5**, 3 ff.; **11**, 15; **12**, 6 ff.; s. *Polizeiliche Kriminalstatistik, Strafverfolgungsstatistik*
Kriminologie
- Abgrenzung **1**, 6 ff.
- als Makrophänomen **1**, 12
- Begriff **1**, 9
- Chicago-Schule s. *dort*
- Entwicklung **2**, 1 ff.
- Erkenntnisinteresse **1**, 28 ff.; **12**, 31
- europäische ~ **12**, 1 ff.
- französische Schule **2**, 9 ff.
- Gegenstand **1**, 5
- gegenwärtige Situation **2**, 35 ff.
- italienische Schule **2**, 6 ff.
- international-vergleichende **12**, 4
- klassische Schule **2**, 1 ff.; **3**, 15
- Marburger Schule **2**, 12 ff.
- Methoden **4**, 1 ff.
- positivistische ~ **2**, 5 ff.
- praxisbezogene Aufgaben **1**, 31

Labeling approach **3**, 91 ff.
Längsschnittuntersuchungen **4**, 22a ff.
Lange **2**, 24; **3**, 23.
Laub **3**, 109 ff.
Lebenslauftheorie **3**, 109 ff.
Lebensstil-Konzept **8**, 32
Lemert **3**, 93 f.
Lerntheorien s. *Kriminalitätstheorien*
Liszt, v. **2**, 12 ff.; **3**, 121; **10**, 8
Loeber **6**, 7
Lombroso **2**, 6 ff., 16; **3**, 23

Marburger Schule s. *Kriminologie*
Massenmedien s. *Medien*
Matza **3**, 69 ff.
McKay **3**, 47 ff.
Medien **5**, 2b ff.: **6**, 50a
Mehrfachtäter **6**, 16 ff.
Mehrfaktorenansatz s. *Kriminalitätstheorien*
Merton **3**, 58 ff.
Messinstrumente **4**, 27 ff.
Metaanalyse **4**, 45a
Methoden der Kriminologie **4**, 1 ff.; **5**, 56 ff.
Minnesota Multiphasic Personality Inventory **3**, 36

Nedopil **7**, 40 ff.
Nervensystem **3**, 30 ff.
Neurotransmitter **3**, 29
Neutralisierungstechniken **3**, 69 ff.
Nichtdeutsche s. *Ausländerkriminalität (Kriminalität)*

Nothing Works **9**, 75 ff.

Occupational crime **11**, 8
Öffentliches Interesse **5**, 1 ff.
OLAF (Europäisches Amt für Betrugsbekämpfung) **12**, 24 f.
Opfer
- Begriff **8**, 4 ff.
- Dunkelfeld **8**, 9 ff.
- Erklärungsansätze **8**, 26 ff.
- Folgen der Tat **8**, 36 ff.
- Hellfeld **8**, 52 ff.
- Interessen und Bedürfnisse **8**, 47 ff., 59
- Opfergefährdungszahl **8**, 55
- Opferpräzipitation **8**, 29 ff.
- sozialer Nahbereich **8**, 15 ff., 57
- spätere Delinquenz **8**, 43 ff.
- Täter-Opfer-Ausgleich *s. dort*

Opportunitätseinstellungen **9**, 9

Peer Group **6**, 42 ff.
Periodischer Sicherheitsbericht **5**, 17
Persönlichkeit **3**, 34 ff.; **6**, 26 ff.
- Persönlichkeitsprofile **6**, 26 ff; **6**, 59
- Persönlichkeitsstörungen **3**, 38.
- Persönlichkeitstheorien *s. Kriminalitätstheorien*

Polizei **9**, 42 ff.
Polizeiliche Kriminalstatistik **5**, 3 ff., 18 ff., 64; **8**, 52 ff.; **11**, 15 ff.; **12**, 6 ff.
Pönologie 9, 69
Positivismus **2**, 5
Posttraumatische Belastungsstörung **8**, 40
Prädiktoren **7**, 19 ff.
Prävalenz **6**, 9, 11 ff.; **8**, 11 ff.
Prävention
- Begriff **10**, 1 f.
- durch Strafe **9**, 13 ff.
- Düsseldorfer Gutachten **10**, 36 f.
- entwicklungsbezogene ~ **10**, 7 ff.
- Generalprävention **9**, 18, 82 ff.
- Organisation **10**, 18 ff.
- *Sherman*-Report **10**, 30 ff.
- situationsbezogene ~ **10**, 10 ff.
- Spezialprävention **6**, 74; **9**, 17, 70 ff.
- Theorie der Kriminalprävention **10**, 6, 7 ff.
- Wirksamkeit **10**, 28 ff.
- Wirkungsebenen **10**, 13 ff.
- Wirtschaftskriminalität **11**, 29 ff.
- Zero Tolerance **3**, 54 f.

Prognose
- Begriff **7**, 1 ff.
- Faktoren **7**, 18 ff.
- Fehler **7**, 5
- intuitive **7**, 38 f.
- klinische **7**, 31 ff.
- Kriterienlisten **7**, 40 ff.
- Methodische Probleme **7**, 9 ff.
- Statistische ~ **7**, 25 ff.
- Verfahren **7**, 24 ff.

Protektive Faktoren **6**, 23
Psychopathenlehre **2**, 25

Qualitative Verfahren **4**, 7 f., 34a ff., 45b ff.
Quantitative Verfahren **4**, 5 f., 10 ff., 35 ff.
Querschnittuntersuchungen **4**, 22a ff.

Racial Profiling **9**, 45a
Reckless **3**, 78 f.
Resilienz **6**, 23, 71
Risikofaktoren **6**, 23
Romilly **2**, 2

Sampson **3**, 109 ff.
Schöch **9**, 86
Schule **6**, 37 ff., **10**, 23 ff.
Schutzfaktoren **6**, 71
Second Code **9**, 33
Selbstkontrolle *s. Kontrolle*
Selektion **9**, 10 ff., 32 ff.
- Selektionsmechanismen **9**, 58

Sexualkriminalität **5**, 29; **8**, 13 f., 15b ff., 54 f.
Shaw **3**, 47 ff.
Sherman-Report *s. Prävention*

Sicherheit **5**, 2 ff.; **9**, 31d; **10**, 40
Signifikanzniveau **4**, 41 ff.
Situational Action Theory **3**, 125 ff.
Sozialkontrolle *s. Strafrechtliche Sozialkontrolle*
Soziales Lernen *s. Lerntheorien (Kriminalitätstheorien)*
Sozialprofile **6**, 23
Spätkriminalität **6**, 67
Spezialprävention *s. Prävention*
Städtebaulicher Verfall **3**, 51
Stichprobe **4**, 31 ff.; **5**, 58
Strafrecht **6**, 1
Strafrechtliche Sozialkontrolle
– Anzeigeverhalten **9**, 34 ff.
– Begriff **9**, 1 ff.
– Erfolgsbeurteilung **9**, 70 ff.
– Gerichte **9**, 65 ff.
– Polizei **9**, 42 ff.
– Selektivität **9**, 10 ff., 32 ff.
– Staatsanwaltschaft **9**, 58 ff.
– Strategien **9**, 13 ff.
– System **9**, 7 ff.
Strafverfolgungsstatistik **5**, 9 ff.
Sutherland **3**, 65 ff., 75; **11**, 4
Sykes **3**, 69 ff.

Täter
– Begriff **6**, 2 f.
– Dunkelfeld **5**, 60 ff.; **6**, 10 ff.
– Erklärung **6**, 65 ff.; *s. Kriminalitätstheorien*
– Hellfeld **5**, 33 ff.
– Mehrfach- und Intensivtäter **6**, 16 ff.
– Persönlichkeitsprofile **3**, 34 ff.; **6**, 26 ff.
– Sozialprofile **6**, 32 ff.
Täter-Opfer-Ausgleich **9**, 26 ff.
Tarde **2**, 9; **3**, 65
Tatverdächtige **5**, 33 ff.
Theorie(n)
– Begriff **3**, 1, 4 ff.
– Kriminalitätstheorien *s. dort*
– Qualitätskriterien **3**, 7 ff.
– Theorie der Kriminalprävention **10**, 6, 7 ff.
– Theorie der rationalen Wahl *s. Kriminalitätstheorien*
– Theorie der Wirtschaftskriminalität **11**, 27 f., 33
– Viktimologische Theorien **3**, 22; **8**, 26 ff.; **10**, 10 ff.
Thornberry **3**, 105 ff.; **6**, 7

USA **2**, 16 ff.; **6**, 73; **12**, 13 f.
Variable **4**, 16, 24 ff.
Verbrechen **1**, 15 ff., 23 ff.
– Begriff **1**, 15 ff.
– Verbrechensfurcht **3**, 51

Vereinigungstheorie **9**, 20
Vererbung **3**, 24 ff.
Vergehen **1**, 11
Verhalten
– abweichendes **1**, 14, 20
– antisoziales **1**, 20
– sozialschädliches **1**, 20
– Verhaltensauffälligkeiten **6**, 31; 36
Viktimisierungshäufigkeit **8**, 11 ff., 52 ff.
Viktimologie **8**, 2

Wechselwirkungstheorie **3**, 105 ff.
West **6**, 7
White collar crime **11**, 3 ff.
Wikström **3**, 125 ff.
Wilson **3**, 50 ff.
Wirtschaftskriminalität
– Begriff **11**, 3 ff.
– Empirische Befunde **11**, 15 ff.
– Erklärung **11**, 27 f., 33
– Erscheinungsformen **11**, 13 ff.
– Prävention **11**, 29 ff.
– Schaden **11**, 1, 19 f.
– Strafverfolgung **11**, 22 ff.
– Umfang **5**, 29
Wolfgang **6**, 7

Zentralnervensystem **3**, 30 f.
Zero Tolerance *s. Prävention*